KB268307

수업 비평의
이론과 실제

수업 비평의 이론과 실제

ⓒ 엄훈 외, 2014

2014년 11월 17일 처음 펴냄
2016년　5월 30일 초판 3쇄 찍음

글쓴이 | 이혁규, 엄훈, 심영택, 신지혜, 조용훈, 정재찬, 강성우,
　　　　나귀수, 김향정, 정정인, 김남수, 황세영
기획·편집 | 이진주, 설원민, 김도연
출판자문위원 | 이상대, 박진환
디자인 | 이수정
종이 | 화인페이퍼
인쇄 | 주손디앤피

펴낸이 | 김기언
펴낸곳 | 교육공동체 벗
이사장 | 임덕연
사무국 | 최승훈, 이진주, 설원민, 김기언, 공현
출판등록 | 제2011-000022호(2011년 1월 14일)
주소 | 서울시 마포구 성미산로1길 30 2층
전화 | 02-332-0712, 070-8250-0712
전송 | 0505-115-0712
홈페이지 | communebut.com
카페 | cafe.daum.net/communebut
ISBN 978-89-6880-013-9 93370

이 도서의 국립중앙도서관 출판예정도서목록(CIP)은 서지정보유통지원시스템 홈페
이지(seoji.nl.go.kr)와 국가자료공동목록시스템(www.nl.go.kr/kolisnet)에서 이용
하실 수 있습니다.(CIP제어번호: CIP2014032040)

교사 전문성 개발 총서

Class
Critique

수업 비평의 이론과 실제

이혁규
엄 훈
심영택
신지혜
조용훈
정재찬
강성우
나귀수
김향정
정정인
김남수
황세영

교육공동체벗

〈교사 전문성 개발 총서〉는 2008년 한국연구재단의 중점연구소로 지정된 청주교육대학교 교육연구원의 연구 성과를 집대성한 시리즈이다. 교육연구원은 '교사의 자기주도적 교수 역량 강화를 위한 PDS 구축 연구'라는 프로젝트 명 아래 수업 개선과 학교 문화 혁신을 위한 실행 연구를 전개해 왔다. 이번에 펴내는 《수업 비평의 이론과 실제》는 〈교사 전문성 개발 총서〉의 1권이며, 앞으로 5권 정도의 시리즈 총서를 더 간행할 예정이다.

청주교육대학교 교육연구원은 한국연구재단의 중점연구소로 지정된 이래 '수업 설계와 실행', '수업 성찰', '수업 소통'이라는 세부 주제를 설정하고 수업과 학교 문화의 변화를 모색해 왔다. 교육연구원이 걸어오고 추구해 가는 교육 연구의 길은 다음의 세 가지 점에서 지금까지의 교육 연구와 차별화되는 인식과 실천의 전환을 보여 주고 있다. 첫째, 우리 교육연구원이 추구하는 연구 방법론은 교육 현장의 문제 해결을 지향하는 실행 연구라는 점이다. 둘째, 교육 현장의 문제 해결을 지향할 때 초점으로 삼은 것이 현장 문제의 당사자인 교사의 전문성 개발이라는 점이다. 셋째, 교사의 전문성을 개발하는 방법으로 선택한 것이 현장에서 이루어지는 체계적이고 집단적인 공동체 학습이라는 점이다. 이 세 가지 특징은 지금까지 이루어져 온 숱한 교육개혁 연구 프로젝트가 필연적으로 맞닥뜨린 좌절의 벽을 넘어서는 인식과 실천의 전환점이다.

실행 연구Action Research는 우리 교육연구원의 연구 방법론이다. 실행 연구는 문제에 대한 외부 전문가의 객관적인 관찰과 해석, 그에 기초한 합리적 처방을 모색하는 기존의 연구 방법과는 다른 접근법을 취한다. 교육에서의 실행 연구는 교육 현장의 당사자인 교사와 그들의 조력자가 연구의 주체가 되어 학교 현장의 문제를 인식하고 문제 해결을 위한 실행을 하고 실행의 과정과 결과를 성찰한다. 예컨대 수업 개선을 위한 교사 학습 공동체Professional Learning Community: PLC 운영에서 외부의 조력자는 느리게 가더라도 현장의 교사들이 주체가 되어 수업 개선 방향을 모색하도록 돕는다. 이것은 문제의 당사자가 실행 연구의 주체가 된다는 실행 연구의 원칙에 따른 것이다. 실행 연구는 문제의 해결을 목적으로 삼는다. 실행 연구가 '계획 – 실행 – 성찰 – 새로운 계획'이라는 심화·확장되는 나선형 발전 과정을 거치는 것도 현장 문제의 해결을 지향점으로 삼는 실행 연구의 본질에 따르는 양상이라 할 수 있다.

교사의 전문성 개발은 우리 교육연구원이 선택한 연구의 초점이다. '교육의 질은 교사의 질을 넘어서지 못한다'는 말에서 보듯이 교사는 교육의 질을 가늠하는 바로미터이다. 우리는 교사의 전문성 개발을 현장의 수업을 개선하고 학교 문화를 변화시키는 지렛대로 삼으려 했으며, 수년에 걸친 실행 연구의 과정에서 그러한 선택이 올바른 선택이었음을 확신하게 되었다.

교사의 전문성 개발을 위해 우리 교육연구원이 선택한 접근 방법은 체계적이고 자율적인 공동체 학습이다. 즉, 교사 개개인의 교육 역량 강화에 초점을 맞추기보다는 교사들의 자율적이고 집단적인 노력과 전문적인 질 관리에 중점을 두고 있다. 이러한 접근 방법으로 실현되는 것이 다름 아닌 교사의 전문성 개발 과정 자체가 현장의 변화를 수반하는 전문성 개발 체제(Professional Development System: PDS)이다.

청주교육대학교 교육연구원은 이러한 연구 주제와 방향에 따라 6년째 실행 연구를 진행해 오고 있으며, 3단계 연구 진입을 앞둔 시점에서 다음과 같은 네 가지 범주에서 성과가 나타나고 있다. 첫째, 현장 교사의 교육과정 문해력 향상을 위한 연구 성과이다. 현장 교사들은 전문가가 해석해 주는 교육과정을 소비하는 수동적인 주체가 아니라 스스로 교육과정을 읽고 쓰는 능동적인 주체로 새롭게 자리매김을 하고 있다. 둘째, 수업 비평을 통한 안목의 성장과 교류이다. 수업 비평은 수업을 새롭게 바라보는 성찰의 도구이고, 안목을 성장시키는 교육의 방법이며, 수업 문화를 나누는 교류의 방편이다. 수업 비평은 수업을 나누는 장을 엶으로써 우리 수업 문화의 폐쇄성을 극복하는 대안이 되고 있기도 하다. 셋째, 다양한 교사 학습 공동체 운영의 경험이다. 학교 현장의 요구에 따른 다양한 교사 학습 공동체 운영 경험을 통해 현장 교사가 중심이 되는 수업과 학교 문화의 변화 사례를 만들어 내었으며 학교 단위의 교사 학습 공동체가 학교 문화 변화의 핵심이 될 수 있음을 보여 주고 있다. 넷째, 대안적 수업을 위한 특화된 교사 학습 공동체의 개발이다. '읽기 회복(reading recovery)'과 '거꾸로 교실(flipped classroom)'은 교사 주도의 일제식 수업을 보완하는 대안으로서의 의미뿐 아니라 교사 전문성을 체계적으로 개발하고 관리하는 전형적인 PDS이기도 하다.

청주교육대학교 교육연구원의 〈교사 전문성 개발 총서〉 첫 번째 권인 《수업 비평의 이론과 실제》는 수업 비평을 통한 전문적 안목의 신장과 교류를 다루고 있다. 《수업 비평의 이론과 실제》에 이어 앞서 소개한 네 가지 범주에 해당하는 연구 성과들이 계속해서 묶여 나올 것이다. 〈교사 전문성 개발 총서〉는 교육 현장에서의 실행 연구를 통해 만들어진 것인 만큼 앞으로도 현장 교사의 연구와 실천에 동반자가 되기를 기대한다. 교육 분야에서의 연구와 실천이 지속적인 개선의 나선형적 발전을 거치는 것처럼 이 총서 또한 지속적인 개선과 발전을 거듭할 것이다. 그 개선과 발전의 길에 현장 교사들의 편달을 바란다.

2014년 11월
청주교육대학교 교육연구원장 엄훈

한국에서 수업 비평이 논의되고 실천되기 시작한 것은 2000년대 초반이다. 10여 년 만에 한 권의 학술서를 발간하니 감회가 적지 않다. 엄훈 교수는 한국에서 전개된 수업 비평의 관념을 '수업 연구 방법으로서의 수업 비평', '새로운 수업 읽기로서의 수업 비평', '비판적 글쓰기로서의 수업 비평', '수업에 대한 이야기의 생산과 소통', '새로운 수업 문화 운동으로서의 수업 비평', '장르로서의 수업 비평'으로 정리한 바가 있다. 그만큼 수업 비평은 다양한 의미를 지니고 전개되고 확산되고 있다.

한국에서 수업 비평은 한 사람의 독창적인 아이디어에 의존하기보다는 한국 수업 현실을 연구하고 개선하기를 갈망하는 많은 연구자와 실천가들의 공동 노력에 의해 발전해 왔다. 2005년 《우리교육》에서 수업 비평을 처음 연재할 때도 자신의 수업을 열고 소통하려는 많은 현장 실천가와 수업 현상을 깊게 성찰하려는 많은 연구자들이 공동으로 참여하였다. 그 후 단위 학교 수준의 여러 수업 비평 모임이 생겨났으며, 경기도 '중등수업비평교육연구회'나 충남 천안·아산 지역의 '다온'과 같이 전문적인 현장 연구자 그룹도 생겨났다. 일일이 언급할 수 없지만 다양한 관점에서 수업 비평을 연구하여 논문도 쓰고 단행본도 출간한 적지 않은 연구자들도 존재한다. 2008년에 청주교육대학교 교육연구원이 한국연구재단의 인문사회분야 대학중점연구소로 선정되어 9년의 장기 연구를 수행할 수 있게 된 것도 수업 비평 연구를 지속하는 데 큰 힘이 되었다. 그런 집합적인 노력이 따로 또 같이 서로 접속하고 감응하면서 수업 비평에 대한 실천과 이론을 지금도 발전시켜 가고 있다. 이 책은 그러한 협력적 노력의 작은 결실인 셈이다.

겸손히 말하건대 나는 이 책이 대단한 역작이라고 생각하지는 않는다. 그러나 눈덩이 효과^{snowball effect}처럼 여러 사람들이 함께 굴린 눈송이가 이만큼 자라났다는 데 자부심을 갖는다. 우리 수업에 대해서 고민하고 성찰하려는 사람들이 기댈 수 있는 작은 둔덕 하나쯤 만든 기분이라고 할까? 수업 비평은 한국의 현실을 반영하는 실천이자 연구이다. 수업 비평이라는 개념이 미국의 교육학자 아이즈너^{Eisner}의 '교육적 감식안'과 '교육 비평'에 얼마간 빚지고 있는 것은 사실이다. 그러나 수업 비평을 개념화하고 현장에서 실천하고 이를 다시 이론화하는 작업은 대부분 우리 연구자와 실천가의 독자적인 노력을 통해서 성취된 것이다. 그 점에서 이 책에 실려 있는 많은 내용들은 한국적인 교육 실천과 교육 이론으로서 의미를 지닌다는 점도 꼭 언급해 두고 싶다.

목차에서 보듯이 이 책은 크게 4부로 구성되어 있다. 1부 〈수업 비평의 기초〉에는 수업 비평의 개념, 의미, 위상을 드러내는 4편의 논문이, 2부 〈수업 비평의 방법〉에는 수업 비평의 일반적 절차와 방법, 수업 비평 글쓰기 방법, 수업 비평적 담화의 방법, 수업 비평 수업을 운영하는 방법 등에 대한 5편의 논문이 수록되어 있다. 3부 〈수업 비평의 실제〉에는 실제 수업을 관찰하여 그 의미를 기술하고 해석한 5편의 사례가 실려 있다. 4부 〈수업 비평의 활용〉은 수업 비평이 실제 현장에서 활용될 수 있는 방법을 안내하는 글들이다. 각각의 글들에 대한 자세한 설명은 생략하겠다. 여기 실린 글들은 모두 한국연구재단 등재후보지 이상의 학술지에 게재된 글로 학술적인 비평을 통과한 글들이다. 많은 독자들에게 읽혀서 수업 비평에 대한 새로운 연구와 실천을 자극하는 촉매제 역할을 했으면 좋겠다.

나는 수업 비평이 학술적으로 정리되는 것 못지않게 현장에서 풍부하게 실천되기를 희망한다. 그 점에서도 수업 비평은 풍부한 가능성을 지니고 있다. 몇 가지 사례만 열거해 보겠다. 학교 현장에서는 수업 비평이 수업에 대한 대화와 성찰을 통해 교사 학습 공동체를 활성화하는 데 기여하고 있다. 교사 양성 대학에서는 수업 비평 수업이 예비 교사들의 수업에 대한 안목과 실천 능력을 함양하는 계기를 제공하고 있다. 전국 교육대학교 연합 행사로 예비 교사의 수업 시연과 비평문 쓰기가 결합된 수업연구대회도 매년 열리고 있다. 다양한 경력의 교사들이 작성한 수업 비평문을 메타 분석하여 수업을 보는 안목이 어떻게 변화해 가는지를 검토하는 것도 가능해지고 있다. 온라인 수업 비평 사이트를 통해서 다수의 수업 실천가와 비평가가 열린 공간에서 수업의 의미를 함께 탐색하는 것도 부분적으로 시도되고 있다. 수업 관찰, 비평문 쓰기, 비평문에 대한 메타 비평 등이 결합된 수업 비평 연수 프로그램은 경력 교사들의 수업 비평, 장학, 컨설팅 능력을 신장하는 데 활용되고 있다. 종합해 보자면 수업 비평은 수업을 기록하고 보존하고 연구하는 것의 중요성을 일깨워 주었으며, 비평과 메타 비평을 통한 상호 소통적 해석 공동체가 온라인과 오프라인 등 다양한 차원에서 생성되게 하였다. 예비 교사와 현장 교사들의 수업 전문성 신장과 함께 학교 문화 변화에도 작은 기여를 하고 있다.

나는 이런 일련의 흐름들이 종국적으로 우리 수업 문화를 혁신하는 데 기여하리라 믿는다. 무엇보다도 유행에 민감한 우리 교육계에서 수업 비평이 유행과 관계없이 행복한 수업 실천을 꿈꾸는 모든 이들이 함께 참여하는 일상의 수업 문화로 정착되었으면 좋겠다. 공교육의 위기가 심각해지는 오늘날, 수업 현장은 교사와 학생이 만나는 교육의 최전선이다. 수업 비평이 이 공교육의 최전선에 있는 모든 도반들이 행복하게 함께 성장하는 것을 돕는 도구로서 힘 있게 활용되기를 마음 깊이 갈망한다.

글을 마무리하면서 그동안 직간접으로 수업 비평에 관심을 가져 준 많은 현장 실천가들과 연구자들에게 감사를 드린다. 이들의 애정과 격려가 없었으면 이 책은 탄생하기 어려웠을 것이다. 아울러 《우리교육》 연재에 함께했던 많은 교사들과 연구자들, 그리고 이 책을 출간해 준 교육공동체 벗과 도반으로 함께하는 많은 교육의 벗들에게도 감사드린다.

2014년 11월
저자들을 대표하여 이혁규

수업 비평의 기초

수업 비평의 개념과 위상

이혁규

I. 들어가며

> 필자 수업 장학에 대해서 들어 보셨나요?
>
> 연수생들 (당연하다는 듯) 예.
>
> 필자 수업 평가에 대해서 들어 보셨나요?
>
> 연수생들 (역시 당연하다는 듯) 예.
>
> 필자 수업 컨설팅에 대해서 들어 보셨나요?
>
> 연수생들 (다소 인원이 줄기는 하였지만 역시 다수가) 예.
>
> 필자 그러면 수업 비평이란 말은 들어 보셨는지요?
>
> 연수생들 …….

필자는 수업 관련 연수를 비교적 자주 다니는 편이다. 위의 에피소드는 연수를 다닐 때 현장 교사들과 나눈 질문과 대답의 한 장면을 묘사한 것이다. 최소한 2008년까지만 해도 현장 교사들 대부분이 수업 비평이란 말을 접해 본 적이 없다고 했다. 수업 비평이라는 말은 우리 나라에서는 거의 사용되지 않던 용어이다. 그러니 모른다는 반응이 당연히 나올 수밖에 없다.

국회도서관에서 '수업 비평' 관련 선행 연구들을 검색해 보면 많지 않은 자료가 검색된다. 수업 비평 관련 단행본과 논문들은 모두가 2000년 대에 들어와서 등장한다. 유일한 예외는 1947년 조선교육연구회의 학회지 《조선교육》 10월호에 실린 최근학의 〈국어 수업 비평의 착안점〉이라는 글이다.[1] 최근학의 글이 3쪽에 불과한 짧은 글이기 때문에 그가 사용한 '비평' 개념이 요즘 논의되는 '수업 비평'과 유사한 문제의식과 방법을 가지고 있는지 정확히 확인하기 어렵다. 만약 유사한 개념이라면 한국에서 수업 비평이라는 말은 60년 가까운 세월 동안 사라진 전통이 되는 셈이다. 만약 유사한 개념이 아니라면 '수업 비평'은 2000년에 들어와서 새롭게 등장한, 수업을 관찰하는 관점이자 방법이다.

수업 비평이라는 용어를 직간접적으로 사용하거나 수업을 직접 비평한 논문으로는 이혁규 외(2003)의 〈초등 예비 교사의 실습 체험에 대한 내러티브 연구〉, 류현종(2004a)의 〈초등학교 역사 수업에서 만난 두 '아우라': 예술 비평 관점을 통한 수업 비평〉, 류현종(2004b)의 〈사회과 수업 비평: 예술 비평적 접근〉, 신헌재(2005)의 〈국어 수업 관찰과 비평의 방향〉, 이정숙(2005)의 〈문화 현상으로서의 국어 수업 비평〉, 정재찬(2006)의 〈국어 수업 비평론〉, 이혁규(2007)의 〈수업 비평의 필요성

. . .

1 최근학(1947: 357)은 이 글에서 "대개 교육이라는 것은 어떤 목적을 위하여 교재를 매개로 하여 교사와 아동이 직접 혹은 간접으로 정신적으로 육체적으로 교섭하는 작용이라고 하겠다. 그러므로 어떤 학과의 수업을 물론하고 관찰하고 비평을 하려면 다음 세 가지 부면에 의거하여 연구하는 것이 좋을 듯하다. 1. 그 교재의 본질, 또는 목적으로 보아서 그 수업이 완전한 성과를 거두었다고 할 수 있는가? 2. 그 목적을 달성시키기 위하여 이 교재가 타당하였나? 또는 이 교재를 목적 달성시키기 위하여 여하히 운영하였나? 3. 그 교재를 매개로 한 교사와 학생 사이의 교섭 작용이 적절하였나? 이 세 점이다. 따라서 남의 수업을 비평하자면 자기가 먼저 이 세 부면의 연구를 충분히 하여 정확한 이해가 있어야 한다."고 적고 있다. 즉 수업 비평을 하기 위해서는 수업의 목적, 교재, 교사와 학생의 교섭 작용을 살펴보아야 한다. 그러나 그것을 살펴보는 구체적인 방법에 대해서는 밝히고 있지 않다.

과 방법에 대한 탐색적 논의〉, 송영민과 지준호(2007)의 〈도덕과 수업 비평: 의미론적 접근〉 등이다. 단행본이 출간된 시기도 유사하다. 수업 비평이라는 용어를 사용하고 있는 단행본은 곽영순(2003)의 《질적 연구로서 과학 수업 비평》, 유정애(2003)의 《체육 수업 비평》, 이혁규 외(2007)의 《수업, 비평을 만나다》, 이혁규(2008)의 《수업, 비평의 눈으로 읽다》 등이다. 이렇게 2000년 중반을 전후하여 여러 교과 영역에서 수업 비평 관련 논문과 단행본이 출간된 것은 흥미롭다.

그런데 수업 비평이 교사 일반의 관심을 얻게 된 계기는 필자를 비롯한 여러 동료 교수들이 2005년 3월부터 《초등 우리교육》에 〈다시 시작하는 수업 읽기〉 코너를 연재하면서부터이다. 이 코너는 《우리교육》 기자와 필진들이 수업을 공개하려는 현장 교사를 찾아 수업을 관찰하고 비디오 촬영을 한 후에 수업 내용을 분석하고 해석하여 비평하는 비평문을 연재하는 형식으로 진행되었다.[2] 〈다시 시작하는 수업 읽기〉는 2005년 3월부터 2006년까지 《초등 우리교육》에 연재되었다. 그리고 2007년부터는 〈수업 비평으로 여는 수업 이야기〉라는 제목으로 이름을 바꾸어 《초등 우리교육》뿐 아니라 《중등 우리교육》까지 확대되어 2년 동안 연재되었다. 이 연재는 독자들에게 나름의 인기를 끌었으며, 이를 계기로 수업 비평을 스스로 실천하는 교사 소모임도 생겨나게 되었다. 그리고 연재의 결과물이 단행본으로 출간되면서 더 많은 독자들이 수업 비평문을 접할 수 있게 되었다.[3]

* * *

2 이와 유사한 첫 시도는 2001년 《초등 우리교육》에 연재되었던 서근원의 〈함께 나누는 수업 이야기〉 시리즈였다. 서근원은 교육인류학적 관점에서 학교 현장의 개별 수업을 관찰하고 이에 대한 해석을 하였다. 그리고 그 결과를 《수업을 왜 하지?》라는 제목의 단행본으로 출간하였다. 2002년에는 《초등 우리교육》에 〈함께 나누는 수업 이야기 II〉가 연재되었는데 이번에는 현장 교사들이 주체가 되어 수업 공개 교사의 수업을 분석하고 이에 대해서 논평을 하였다.

3 《초등 우리교육》의 수업 비평문 연재는 학계와 현장과의 만남의 좋은 선례라고 할 수 있다. 수업을 연구하는 교수들과 현장의 실천가들이 수업 비평을 매개로 하여 직접 소통하고 여기에 월간지의 독자들이 〈독자의 소리〉를 통해서 종종 소감을 표명함으로써 학계와 현장과의 소통의 한 가지 가능성을 선보였다.

이와 더불어 수업 비평을 연구하는 현장 연구 모임도 서서히 생겨나
게 되었다. 필자가 알기로 가장 먼저 수업 비평을 연구하기 위해서 결성
된 모임은 충남 천안·아산 지역의 수업 연구 모임인 '다온'[4]이다. 이 모임
은 2005년에 《초등 우리교육》에 연재된 수업 비평문을 접하고 수업을 공
개하고 비평하는 연구 모임을 결성하여 활발하게 활동하고 있다.[5] 최근에
들어와서는 전국역사교사모임, 인천초등포럼, 전교조 대전지부 초등위
원회 등 여러 곳에서 수업 비평을 연구하는 모임이 이루어지는 것으로 알
고 있으며, 교육청 차원에서는 경기도교육청에서 전국 교육청 중 처음으
로 '중등수업비평교육연구회'를 결성하여 수업 연구를 시작하였다.[6]

본 논문은 이렇게 학계의 논의 및 현장 교육 실천 차원에서 수업 비
평에 대한 관심이 증가하고 있는 현 시점에서 수업 비평이 하나의 현
상으로 새롭게 등장하게 된 의미를 따져 보고 수업 비평의 개념과 위
상에 대해서 논의한 후에 수업 비평을 어떻게 활성화할 수 있는지에
대해서 논하고자 한다.

II. 수업 비평 현상의 등장

교실 수업을 비평적 접근을 통해서 관찰하거나 연구하는 흐름이 왜

• • •

4 수업 연구 모임 '다온'에 대한 정보는 cafe.daum.net/rntteachers에서 확인할 수 있다.
5 이 연구회는 현장 교사들의 자발적 공동체로서 활발한 수업 실천을 하고 있을 뿐 아니라 학자들
   이 주목할 만한 수업 비평에 대한 새로운 개념들도 구안해 내고 있다는 점에서 눈여겨볼 만하다.
   예를 들어, 이 모임은 《우리교육》에 소개된 수업 비평이 수업자가 평가받고 있다는 느낌, 비평자
   가 자신의 수업을 이해하지 못하고 있다는 느낌, 수업을 일방적-방관자적 관점에서 바라본다거
   나 비평의 결과 드러나는 문제점을 교사의 문제로 환원시킨다는 지적, 교사 중심으로 수업을 바
   라보기 때문에 학생의 경험을 소홀히 한다는 점 등의 비판과 관련하여 이를 검토하여 개선하는
   새로운 개념과 실천들을 선보이고 있다. 예를 들어 '내부자 비평'이란 개념은 '수업자와 관찰자가
   비평 공간을 함께 구성하는 비평의 형태'이며 이를 통해서 비평적 일방적 시선을 극복하고자 하
   는 시도이다(미간행 자료인 〈'다온' 수업 비평 모음〉을 참고하여 인용함).
6 이 연구회는 suup.canvaslab.net/home/를 통해서 그 활동 내용을 살펴볼 수 있다.

2000년대에 들어와서 생겨나게 되었을까? 위의 문헌들을 통해서 알 수 있듯이 비록 많은 연구물은 아니지만 국어, 사회, 과학, 체육, 미술 등 여러 교과에 걸쳐서 비평이라는 말이 유사한 시기에 출현한 것은 하나의 문화 현상으로 보아도 좋을 것이다. 그리고 이것이 하나의 문화 현상이라면 우연적으로 등장하였다기보다는 일련의 축적된 계기의 결과라고 해야 할 것이다. 이와 관련하여 두 가지 연관된 질문을 제기해 볼 필요가 있다. 하나는 그 이전에는 왜 수업 현상을 비평적으로 바라보는 전통이 존재하지 않았는가 하는 것이고, 다른 하나는 어떻게 2000년대 들어서면서 수업을 비평하는 연구 전통들이 여러 영역에서 거의 동시에 출현하게 되었는가 하는 점이다.

우선 수업 비평 전통의 부재에 대해 논의해 보자. 수업이 장학이나 평가의 대상이 된다는 점에 대해서는 사람들이 별다른 의문을 제기하지 않는다. 그러나 수업이 비평의 대상이 될 수 있는가에 대해서는 아직도 생소하게 생각하는 사람들이 많이 있다. 문학 비평, 영화 비평, 연극 비평, 번역 비평, 건축 비평 등 거의 모든 인간 활동의 영역에 비평이 존재하고 있는데 왜 유독 수업 현상에 대해서는 비평 활동이 존재하지 않았을까? 필자가 판단하기에 그것은 수업 현상을 바라보는 전통적인 관점에 기인한다. 근대 공교육 체제는 한국 내의 모든 사람들에게 일정한 기간 동안 보편적인 교육 내용을 차별 없이 제공하는 것을 이상으로 한다. 따라서 표준적인 교육과정, 표준적인 교과서, 표준적인 교사, 표준적인 교수 학습 상황과 표준적인 평가 등이 상정된다. 이런 상황에서 교사의 수업 행위는 융통성 있고 창의적인 활동이라기보다는 주어진 목표를 달성하기 위해서 효과적인 교수 전략을 따라가는 과학적인 활동, 혹은 기술-합리적 활동으로 간주되었다. 이런 전통적 관점에서 볼 때 수업 활동은 비평의 대상이기보다는 평가와 장학의 대상에 가깝다(이혁규, 2007). 따라서 현장의 수업 문화는 동료 교사의 수업 행위에 대해서 분석적이고 표준적인 체크리스트를 활용하여 평정하고 이에 기반하여 개선 방안을 논하는 것 위주로 진행될 수밖에 없다. 이와 관련하여 강현석(2007)은 수업을 이해하는 기존의 방식은 교사의 존재 방식을 예술가 메타포가 아닌 기능인 메타포로, 수업 연구의 접근 방식을 질적 해석이 아닌 양적 분석 위주로 파악함으로써 객관주의에 기초한 탈맥락성과 수업 표준화 경향, 관점 지상주의perspectivism의 문제점, 질적 연구의 소홀, 공학적 완결 구조를 강조하는 폐쇄형 성격 등의 문제점을 낳았다고 지적하고 있다. 여기에 관료주의적 학교 문화와 동료성에 기반하지 않는 고립주의적인 교사 문화가 수업 현상을 비평적으로 바라보는 관점의 태동을 어렵게 하였다.

그럼 2000년대에 들어와서 수업 현상을 비평적으로 바라보는 전통이 등장하게 된 이유는 무엇인가? 여기에는 몇 가지 상호 연관된 요소들이 함께 작용하고 있다고 판단된다. 첫째는 수업 현상을 바라보는 대안적 관점이나 개념들이 복권되거나 새롭게 등장한 점이다. 수업 활동을 과학적 법칙에 종속되는 기술-합리적인 활동으로 이해하는 전통에 대해서 비판하는 일은 교육학자들에게 이제는 너무나 익숙한 수사가 되었다. 그리고 그에 대한 대안으로 수업 현상을 이해하는 다양한 개념들이 분출하고 있다. 그중 매우 중요한 흐름은 수업의 예술성에 대한 재강조이다. 수업의 예술성 측면은 Dewey, Highet, Eisner 등 여러 쟁쟁한 학자들에 의해서 지속적으로 주장되어 왔다. 수업의 예술성에 대한 언급은 유영만(1996), 조영달(2000), 류현종(2004a ; 2004b), 이정숙(2005 ; 2006), 조영태(2006) 등 한국의 학자들에 의해서도 지속적으로 나타나고 있다. 최근 들어 과학주의적 연구 경향이 풍미하면서 부당하게 무시되거나 축소되었던 수업의 예술성이 과학적 관리와 기술-합리성에 대한 점증하는 비판과 함께 복권되고 있는 것이다. 그리고 이런 수업의 예술성에 대한 환기는 자연스럽게 비평 활동과 만나게 된다. 이외에도 수업의 고유한 맥락성에 주목하는 다양한 연구 전통들이 수업 비평의 직간접적인 이론적 자원이다. 예를 들어, 경험의 내러티브적 속성, 교사의 수업 행위의 반성적 실천성, 학습자의 학습이 가지는 구성주의적 속성은 비평 활동의 이론적 자원으로 쉽게 동원될 수 있는 개념들이다.

둘째로 수업 현상을 보는 대안적 연구 방법론의 등장이다. 모든 교실에 적용되는 보편적인 법칙을 발견하려는 양적 연구 방법에 대한 비판이 증가하면서 교실 현상을 바라보는 다양한 질적 연구 방법들이 등장하였고 이런 연구들은 교실 현상을 있는 그대로 이해하거나 심층적으로 해석하는 데 중요한 기여를 하였다. 이런 교실 수업에 대한 질적 접근법의 예들로는 문화기술지, 현상학적 접근, 해석학적 접근, 담화 분석, 민속 방법론 등 실로 무수하다. 이런 질적 연구들은 수업 현상의 총체성을 몇몇 요소들의 상호 인과관계로 환원하는 양적 접근법에 대한 대안으로서 수업을 비평적으로 이해하는 데 필요한 중요한 방법적 자원을 제공하고 있다.

이 중에서도 가장 중요한 접근법은 Eisner의 '교육 비평'과 '교육적 감식안'이란 개념이다. Eisner가 교육적 감식안과 교육 비평이라는 아이디어를 문자화하여 펴낸 것은 대략 1974년경이다. 그는 이 개념들을 구안함으로써 실험법과 상관관계 연구 등이 지배적이었던 당시의 양적 평가 관행에 대해 질적 평가 방법을 고안하고 이를 점차 질적 연구의 한 방법으로 발전시켰다(박승배, 2006). 이 두 개념들은 '수업 비평'의 개념 정립에 가장 직접적인 이론적 자원이다. 다만, Eisner는 교육적 감식안과 교육 비평을 학교교육의 의도적 차원, 구조적 차원, 교육과정 차원, 수업 차원, 평가 차원 등 교육 활동 전반에 적용하여 논의하였기 때문에 수업 현상과 관련하여 비평의 개념을 특정하여 상세화하지는 않았다.

셋째로, 수업 현상을 촬영하고 편집하고 유통할 수 있는 영상 촬영 기술과 웹 기반 환경이 형성된 것도 수업 비평이 가능하게 된 물리적인 토대를 구축하였다. 비평 활동이 가능하려면 비평의 대상이 되는 현상을 공유 가능한 '텍스트'로 만들어야 한다. 출판되지 않은 문학 작품이나 상영되지 않은 영화에 대한 비평이 의미를 갖지 못하는 것처럼 닫힌 교실에서 교사와 학생 사이에서만 행해지는 수업 활동이 비평 대상으로서 의미를 갖기는 어렵다. 교사나 외부 관찰자가 수업 현상을 촬영하여 인터넷 등을 통해서 다른 교사나 연구자들이 접근 가능하도록 제공하지 못하면 수업 비평 자체가 불가능하거나 가능하더라도 그 의미가 반감될 수밖에 없다. 그 점에서 나날이 발전하고 있는 컴퓨터와 IT 기술의 발전은 수업 비평이 가능한 물질적인 토대를 제공했다.

수업 비평 개념이 등장한 한국적 맥락도 존재한다. 그것은 몇 년 전부터 우리 교육의 주요 이슈로 등장한 교원 평가를 둘러싼 논란이다. 교사의 수업 행위를 평가하겠다는 정부의 정책 발표는 찬반을 둘러싼 다양한 논란을 불러일으켰다. 그런 중에 교사의 수업 행위를 평가하기 위한 다양한 준거들이 개발되었다. 평가 행위가 가지고 있는 기본적인 속성상 이런 교실 관찰 척도들은 표준적이고 분석적이며 계량적인 속성을 띤 것이었다. 이에 대해서 수업 현상을 바라보는 대안적인 방법들에 대한 갈증들이 증가했고 수업 비평도 넓게 보면 그런 흐름과 관련성이 있다.

III. 수업 비평의 개념과 위상

1. 수업 비평의 개념

수업 비평 활동은 수업 비평의 개념적 정의에 의해서 영향을 받는다. 동시에 수업 비평의 개념 또한 새로운 수업 비평 활동에 의해서 영향을 받을 수 있다. 즉, 활동과 개념은 상호 순환적 연쇄 고리 속에서 일종의 변증법적인 발전을 한다. 이와 관련하여 현재까지의 연구들은 수업 비평을 어떻게 개념화하고 있으며 그러한 개념화는 수업 비평 활동을 이끌어 가는 데 적절한지를 살펴보고자 한다.

수업 비평이 학계에서 논의되기 시작한 지 얼마 되지 않기 때문에 개념 형성과 변천을 이야기하기에는 연륜이 짧다. 수업 현상을 관찰하는 데 비평이라는 용어를 사용한 초기 문헌들은 '비평'이라는 말을 특별한 부연 설명 없이 사용하거나, '교육 비평' 혹은 '예술 비평'이라는 말과 특별하게 구분하지 않거나 혹은 국어사전적인 의미에 기대어서 비평이란 말을 사용하고 있다. 그 몇 가지 예를 보면 다음과 같다.

> 따라서 수업을 관찰하고 비평하는 일도 중요한 일이요. 교육 활동을 점검하고 반성적으로 고찰하는 데에 필수적인 일이라고 할 수 있다. …… 그러다 보니 이 수업 관찰과 비평은 곧, 수업을 계획하고 운영하는 교사의 교직적 능력을 평가하는 핵심으로 받아들여질 소지도 있다. (신헌재, 2005: 6)

> 독자는 혹시 책의 제목이 《체육 수업 비평》이기에 부정적인 시각으로 체육 수업을 바라보는 글이라고 성급하게 생각할지 모르겠다. 비평의 사전적인 정의는 '사물의 옳고 그름이나 아름다움과 추함 따위를 분석하여 가치를 논함'이다. 이 책은 긍정적인 측면과 부정적인 측면의 이야기를 함께 담고 있다. (유정애, 2003: 2)

> 수업의 의미를 풍성하게 이해하고 활발한 수업 논의의 길을 열기 위해서 '예술 비평' 관점을 도입할 필요가 있다. 예술 비평 관점을 수업 보기에 활용하면 수업과 수업 보기는 재개념화된다. 이 경우에 수업은 '예술'로, 수업 보기는 '비평'으로 규정할 수 있다. (류현종, 2004a: 118)

위의 첫 번째 인용문은 신헌재(2005)의 〈국어 수업 관찰과 비평의 방향〉에서 언급된 것으로 이 논문은 비평이란 말을 논문의 제목으로 사용하고 있음에도 불구하고 논문 내에서는 "지금까지 좋은 국어 수업이란 무엇인가 하는 개념 범주 정하기와 그 의의를 살펴보고, 이어서 좋은 국어 수업을 이루기 위하여 국어 수업 관찰·평가를 하려면 어떻게 해야 할지, 선행 연구를 참고하여 그 방향을 짚어 보았다(신헌재, 2005: 18)."고 언급하고 있어 실제로는 비평과 평가를 구분하지 않고 있다.

두 번째 인용문은 유정애(2003)의《체육 수업 비평》서문에 적힌 말로 책 제목에서 '비평'이란 말을 사용한 것과 관련하여 독자들에게 그 의미를 설명하는 내용이다. 유정애는 이 책에서 수업 비평에 대한 특별한 개념 정의를 하고 있지는 않지만 '체육 수업 목표 비평', '체육 수업 내용 비평', '체육 수업 방법 비평', '체육 수업 문화 비평', '체육 수업 평등 비평', '체육 수업 환경 비평', '체육 수업 평가 비평' 등 특정한 관찰 주제를 중심으로 자신이 관찰한 초·중·고등학교 체육 수업에 대한 비평을 하고 새로운 수업 실천의 방향을 제시하고 있다.

세 번째 인용문은 류현종(2004a)이 〈초등학교 역사 수업에서 만난 두 '아우라': 예술 비평 관점을 통한 수업 비평〉에서 예술 비평의 관점을 빌어서 수업 보기를 '비평'으로 개념화할 수 있다고 언급하는 내용이다. 이 논문에서 류현종은 예술과 수업의 소통 체계가 유사하다는 점을 바탕으로 예술 비평의 관점을 수업 보기에 도입할 수 있으며 이를 통해서 일상적인 수업 보기의 틀을 깨고 대안적인 수업 보기가 가능하다고 주장하고 있다. 그리고 예술 비평에 활용되는 발터 벤야민의 '아우라' 개념을 활용하여 역사 수업 비평을 하고 있다.

전체적으로 볼 때 이들 학자들은 수업에 대해 비평적인 관점을 들여오는 데 의미 있는 기여를 하였지만 '수업 비평'의 개념 자체에 대한 이론화 작업은 명료하게 수행하지 않았다. 이와는 달리 "수업 비평은 ~이다."의 형식으로 수업 비평에 대한 좀 더 명시적인 개념 정의를 시도하는 논의도 등장한다. 필자가 현재까지 확인한 몇몇 예들을 인용하면 다음과 같다.

교실 수업 비평이란 교사의 수업과 학생들의 학습을 개선하기 위하여 또 다른 어른이 해당 교사의 수업과 관련된 정보를 수집하고 해석하는 일련의 과정을 의미한다. 수업 비평은 순환적인 과정으로 해당 교사의 과학 수업과 관련된 자료를 수집하여 분석하며, 수업 비평에 근거하여 교사가 전문성 개발을 위하여 노력하고, 교사의 전문성 개발의 결과로서 수업이 개선되는 3단계를 기본으로 한다(NCTM, 1991). 부연하면, 수업 비평은 교사의 현재의 수업 실제를 드러내 줄 수 있는 자료를 수집하는 것에서 시작된다. (곽영순, 2003: 13-14)

수업 비평instructional criticism은 자구적으로 보면 수업 활동이나 현상을 비평하는 행위를 말한다. 비평은 사전적으로 보면 사물의 미추, 선악, 장단, 시비 등을 들추어내어 분석 논란하여 그 가치를 판단, 평가하는 일로 정의된다(한글학회, 1992: 1980). 따라서 수업 비평은 수업 판단이나 평가, 혹은 수업 논평review과도 의미상으로는 통한다. (강현석, 2007: 10)

수업 비평이란 수업을 하나의 현상으로 보고 수업에 작용하는 모든 기제를 메타적으로 바라보려는 시도이다. 그러나 비평에 앞서 수업을 들여다보는 틀이 마련되어야 하며, 이보다 먼저 수업을 어떻게 바라볼 것인가의 관점에 합의하지 않으면 안 된다. (이정숙, 2005: 280)

수업 비평은 교육 텍스트이자 일종의 문화예술 텍스트로서의 수업 텍스트를 대상으로 인문학과 사회과학, 아울러 예술과 과학의 양면적 가치를 종합적으로 고려하면서 기술과 해석과 평가를 주축으로 행하는 비판적이고 창조적인 글쓰기라 규정할 수 있다. (정재찬, 2006: 397)

　　수업 비평을 잠정적으로 정의하면 수업 비평은 교사와 학생들이 함께 구
성해 가는 수업 현상을 하나의 분석 텍스트로 하여 수업 활동의 과학성과
예술성, 수업 참여자의 의도와 연행, 교과와 사회적 맥락 등을 종합적으로
고려하면서 수업을 기술, 분석, 해석, 평가하는 비판적이고 창조적인 글쓰
기라고 정의할 수 있다. (이혁규, 2007: 167)

　위의 인용들은 연구자들 나름의 관점에서 수업 비평에 대한 개념화
를 시도하고 있다. 다섯 가지 개념의 공통분모는 수업 비평이 '수업 활
동이나 현상을 대상'으로 하는 비평이라는 것이다. 이것은 '수업과 관
련된 정보를 수집하고 해석하는', '수업 활동이나 현상을 비평하는',
'수업을 하나의 현상으로 보고', '교육 텍스트이자 일종의 문화예술 텍
스트로서의 수업 텍스트를 대상으로', '교사와 학생들이 함께 구성해
가는 수업 현상을 하나의 분석 텍스트로 하여' 등의 언급에서 확인할
수 있다.

　그러나 이런 공통분모를 넘어서면 개념들 간에는 약간의 차이가
있다. 우선, 곽영순(2003)의 경우는 NCTM(1991)의 교실 수업 비평의
개념을 인용하고 있다. 이 NCTM의 개념 정의 자체는 '해석'이라는 용
어를 제외하고는 수업 비평의 고유한 특성을 드러내고 있지 못하다. 오
히려 수업 비평의 의미는 곽영순이 수행한 구체적인 작업을 통해서 더
명료하게 드러난다. 곽영순은 질적 연구에 기반한 수업 비평의 필요성
을 제기하고 근저 이론에 기반하여 수업 분석 범주를 도출한 후에 이
분석 범주별로 수업의 의미에 대한 해석적 논의를 하고 있다. 계량화를
강조하는 과학 분과의 특성을 고려할 때 이런 시도는 대단히 혁신적인
것이다. 다만, 수업 전체에 대한 한 편의 내러티브를 구성하는 식의 비
평 작업을 해 온 필자를 비롯한 인문학적 배경을 가진 연구자들의 눈에
는 여전히 분석적 논의에서 아주 멀리 벗어나 보이지 않는다. 이런 상
이성은 교과별로 상이한 수업 비평의 이론화와 실천 양태가 있을 수 있

음을 암시하며 동시에 교과 간 대화의 필요성도 제기한다.

두 번째로 강현석(2007)의 경우는 비평의 의미를 여전히 국어사전적 의미에 의존하고 있다. 그런데 강현석은 이 논문의 다른 부문에서 "수업 비평의 개념을 '교사의 수업 행위에 대한 해석적 이해'라고 규정한다. 해석적 이해의 성격은 내러티브적이며, 해석적 이해의 주체는 수업 행위 당사자와 타인이 된다. 교사의 수업 행위를 이해하기 위해서는 행위자의 내부로부터의 주관적인 의식이나 의도, 신념 가치관을 파악할 필요가 있다. …… 행위 주체의 내부의 관점, 즉 행위자의 상황 인식 및 상황에 대한 정의를 파악하는 과정을 통하여 '해석적 이해'를 성취해 낸다(2007: 12)."라고 하여 수업 비평을 교사의 수업 행위에 대한 이해로 재개념화하며, 특히 교사의 개인적·실천적 지식에 대한 내러티브의 이해를 중요하게 부각시키고 있다. 수업 비평을 '교사의 행위에 대한 이해'로 협소하게 정의하는 것은 재고할 필요가 있다. 이런 제한점에도 불구하고 강현석은 내러티브를 비평의 중요한 특성으로 부각시킴으로써 비평 개념의 발전에 중요한 기여를 하였다.

이정숙(2005)의 경우는 '수업에 작용하는 모든 기제를 메타적으로 바라보려는 시도'라고 고유한 개념 정의를 시도하고 있다. 이정숙은 이 논문의 다른 곳에서 "이 글에서 수업에 '비평'이라는 용어를 가져온 것은 분석적인 차원에서 벗어나 수업을 텍스트로 보겠다는 입장이다. 그러면 수업을 기존과 다르게 본다는 것은 무엇이고 어떤 의미가 있는가? 수업을 분석적 차원에서 바라보면 수업에 작용하는 수많은 자질들을 통계적 관련 속에서 논의하게 된다. 그러나 해석의 차원은 분석을 넘어 수업의 제 요소들이 작동하는 모습을 설명하고자 한다. 한층 작용적 의미를 드러내면서 총체적인 의미를 살피려는 의도를 드러내고자 '비평'이라는 용어를 사용한다. 이는 수업에 제 실천을 옳고 그름의 결과나, 이론의 적용, 혹은 모델을 제시하고자 함이 아니라 단지 수업의 실제를 인식의 대상으로 보겠다는 의도가 강하다(2005: 278-

279)."라고 기술하고 있다. 여기서 이정숙이 수업에 비평이라는 용어를 도입하는 의도가 얼마간 분명하게 드러난다. 즉, 비평은 수업을 분석적이고 통계적으로 접근하는 것이 아니라 해석적이고 총체적으로 접근하려는 시도이다. 다만 이정숙은 "수업을 비평한다는 것 역시 수업을 텍스트로 인식하여 해석하고자 하는 접근인 것이다. 그러나 '수업을 비평한다'고 할 때, 무엇보다도 중요한 것은 수업을 어떻게 정의할 것인지에 대한 논의가 충분히 이루어져야 한다는 것이다. 이러한 점에서 이 글은 충분한 수업에 대한 합의 없이 필자가 조작적으로 접근하고 있음을 시인한다(2005: 280)."고 적고 있어 수업 비평 활동의 전제 조건으로 수업 개념에 대한 일정한 합의의 필요성을 제기하고 있다.

　　다른 연구자들과 비교하여 볼 때 정재찬(2006)과 이혁규(2007)는 국어적 의미나 다른 영역의 비평 개념을 차용하지 않고 수업 비평의 개념을 좀 더 진전된 방식으로 표현하고 있다. 두 개념 정의의 공통점을 중심으로 네 가지 측면에서 수업 비평 개념의 의미에 대해서 부연하고자 한다. 첫째는 수업 현상을 하나의 텍스트로 본다는 것이다. 이 말은 수업 현상이 해석이 필요한 의미 함축적 대상임을 말한다. 정재찬은 수업 텍스트를 교육 텍스트이자 문화예술 텍스트라고 예시하고 있다. 수업이 문화적 맥락 속에서 행해지는 교육적 소통 행위라는 점에서 이러한 예시는 상당히 적합해 보인다. 다만 수업의 텍스트성은 '교육'과 '문화예술'에만 한정되지 않는다. 예를 들어, 교육과정 재개념주의자들은 교육과정을 정치적 텍스트, 인종적 텍스트, 성 텍스트, 현상학적 텍스트, 포스트 구조주의적 텍스트, 자서전/전기적 텍스트, 심미적 텍스트 등 다양한 텍스트로 읽는 연구 전통들에 대해 논의하고 있다. 교육과정을 텍스트로 파악하는 이런 다양한 이론적 접근들은 수업 텍스트를 바라보는 데도 광범위하게 응용될 수 있다. 말하자면 수업 현상은 엄청난 해석적 잠재성을 내포하고 있는 다의적 텍스트인 것이다.

둘째, 수업 비평은 수업 현상 내의 여러 요소들을 '종합적'으로 고려한다. 이는 이정숙의 논의에서도 언급되었듯이 분석적인 접근에 대립되는 말이다. 즉, 수업 비평은 수업을 구성하는 여러 요소들 간의 유기적 상관성에 주목한다. 종합적 고려의 대상으로 정재찬은 '인문학과 사회과학, 아울러 예술과 과학의 양면적 가치'를, 이혁규는 '수업 활동의 과학성과 예술성, 수업 참여자의 의도와 연행, 교과와 사회적 맥락 등'을 열거하고 있다. 수업을 구성하는 여러 요소들의 유기적 상관성을 고려할 때 구성 요소들을 어떻게 개념화하고 그 요소들 간의 상관성을 어떻게 파악하는가는 비평가가 수업 텍스트의 어떤 측면에 주목하느냐에 따라 달라질 것이다.

두 개념 정의에서 공통적으로 언급하고 있는 과학성과 예술성의 문제에 대해서 잠시 살펴보자. 일반적으로 비평은 예술과 상관하며 과학과 대립된다. 이런 대립 구도는 수업 활동을 비평적으로 바라보는 모든 저자에게서 공통적으로 발견되는 경향성이다. 그럼에도 불구하고 수업의 과학성 측면을 비평의 대상에서 처음부터 배제하는 것은 비평 활동을 지나치게 협소화시키는 우를 범하게 된다. 수업에는 과학성과 예술성의 측면이 상존하며 이 두 가지는 상호 대립적이기도 하지만 때로 상호 침투적이다. 수업의 과학성은 수업 행위가 교사 개개인의 개별적인 실천 행위로 파편화되는 것을 방지하는 규범적 준거의 역할을 한다. 반면에 수업의 예술성은 과학적 기준의 화석화를 방지하는 새로운 모색을 통해 수업 실천의 지평을 확대한다. 그리고 수업 비평은 수업의 과학성과 예술성의 상호 복합적인 관계를 해석하고 중재하는 역할을 한다. 수업 비평은 과학성과 예술성의 사이에서 과학적 기준의 화석화에 경계의 시선을 보내며 동시에 예술적 실천의 무분별한 자의성에 대해서도 제동을 걸면서 양 영역에 관계한다.

셋째, 수업 비평은 수업 현상을 기술, 분석, 해석, 평가한다. 정재찬은 '기술과 해석과 평가를 주축으로'라는 표현을 사용하고 있고, 이혁규는 '기술, 분석, 해석, 평가하는'이라는 표현을 사용하고 있다. 필자가 분석과 해석을 구분한 것은 양자를 구분하는 질적 연구 학계의 견해에 동의하기 때문이다(조용환, 1999). 그런데 기술, 분석, 해석, 평가는 결합 개념인가 비결합 개념인가? 즉, 수업 현상을 기술만 한 것을 비평이라고 부를 수 있는가? 혹은 기술과 분석만 수행한 글을 비평이라고 할 수 있는가? 수업 비평에는 기술과 분석과 해석과 평가가 함께 이루어져야 하는가? 이상적으로 보면 기술과 분석과 해석과 평가가 함께 이루어지는 것이 바람직하다. 그러나 현실적으로 네 가지 요소를 고루 갖추어 비평하기는 쉽지 않다. 이 점에서 기술 중심 비평, 분석 중심 비평, 해석 중심 비평, 평가 중심 비평이라는 상이한 비평의 장르가 가능하며 이는 미술 비평과 같은 다른 비평계에서도 유사하다. 이에 대한 진전된 논의는 비평의 유형론과 관련되므로 여기서는 다루지 않겠다.

마지막으로 수업 비평은 '비판적이고 창조적인 글쓰기'이다. 수업 비평은 최종적으로 독자들이 읽을 수 있는 글을 쓰는 일로 마무리된다. 수업 비평의 최종 산물인 비평문을 통해 비평가는 교사와 관심 있는 독자들이 수업 현상을 더 잘 이해하고 수업에 대한 비평적인 대화를 이어 가도록 돕는다.

그런데 이 개념 정의와 관련하여 제기 가능한 질문은 글쓰기가 비평 활동의 본질인가 하는 점이다. 글쓰기 없는 비평 활동도 가능한가? 예를 들어서 수업협의회에서 수업 현상을 날카롭게 해석하여 드러내는 언어적 활동을 하는 경우 우리는 이를 수업 비평으로 부를 수 없을까? 글쓰기가 수업 현상의 미세한 의미를 명료하게 드러내며 수업 교사와 관찰자의 성찰을 촉진하고 소통과 공유를 가능케 하는 중요한 도구라는 점에서 글쓰기는 비평 활동의 본질적인 요소임이 틀림없다. 다만 전문 비평가를 길러 내는 것이 목적이 아닌 일상 학교의 실천에서 비평문 쓰기를 최종적인 목적으로 설정하면 비평의 대중화에 걸림돌이 될 수 있다. 비평적 글쓰기는 비평의 목적이기보다는 비평 활동의 자연스러운 결과물이어야 옳다.

이제까지 필자의 개념 정의를 포함하여 수업 비평에 대한 현재까지의 개념 정의를 대략적으로 살펴보았다. 앞에서 언급하였듯이 개념 정의는 존재하는 현실을 묘사하는 기술적인 기능을 가지는 동시에 그 개념이 포섭하는 활동을 일정한 방향으로 이끌어 가고자 하는 규범적인 기능도 수행한다. 이 점에서 지금까지의 수업 비평 개념이 현재 진행되고 있는 수업 비평 활동을 적절히 기술해 내거나 혹은 그 규범적 지향점을 잘 드러내고 있는지는 여전히 열린 질문으로 남아 있다. 그리고 이런 질문에 답해 가는 과정은 새로운 수업 비평 개념의 탄생을 예고하는 과정이며 수업을 관찰하는 새로운 실천의 길을 기획하는 일이기도 하다.

2. 수업 비평의 위상[7]

'위상'의 국어사전적 의미는 "어떤 사물이 다른 사물과의 관계 속에서 가지는 위치나 상태"를 말한다. 즉, 수업 비평의 위상에 대한 논의는 수업 비평 활동을 수업을 바라보는 다른 유사한 활동들과 비교하여 그 상대적인 위치를 드러내는 작업이다. 이런 작업이 필요한 이유는 이웃항과의 차이와 변별 작업을 통해 수업 비평 활동의 의미를 더 명료화할 수 있기 때문이다. 특별히 수업 비평의 경우에 이런 상대적 위치에 대한 논의가 더 필요한 이유는 다른 비평계의 비평 활동과 달리 수업 비평의 경우 장학이나 평가와 같은 기존의 제도적 실천과 대결하

• • •

7 이 내용은 필자(2008)의 《수업, 비평의 눈으로 읽다》의 〈수업 비평이란 무엇인가?〉 부분을 주로 인용하여 재구성하였다.

면서 자기 정립을 해야 하기 때문이다.[8]

수업 비평은 여타의 제도적 접근과 어떻게 다를까?[9] 지금부터 수업 장학, 수업 평가, 수업 컨설팅 등의 다른 수업 관찰과 비교하여 수업 비평이 어떤 특성을 가지는지 살펴보고자 한다. 수업 장학, 수업 평가, 수업 컨설팅 등은 각각의 고유한 목적에 기반하여 수업 현상을 상이하게 바라보는 제도적 실천 행위 — 물론 우리 사회에서 제도화의 정도는 상이하다 — 이다. 수업 비평은 이런 여타의 제도적 실천 행위와 어떻게 구분될까? 필자는 수업을 관찰하는 주된 목적이 무엇인지, 교사와 수업 관찰자 사이의 관계는 어떻게 설정되는지, 주된 수업 관찰 방법은 무엇인지, 관찰 결과는 주로 어떤 형태로 정리되는지, 수집되고 분석된 정보는 주로 누구에게 제공되며, 어떻게 활용되는지 등을 살펴보고자 한다. 여기에 더하여 교사가 자기의 수업을 공개하는 것이 자율적인지 타율적인지도 검토해 볼 대목이다. 각각의 요소별로 네 가지 접근법을 비교하여 〈표 1-1〉로 제시하여 보았다.

구체적인 설명에 들어가기 전에 한 가지 언급할 점은 장학, 평가, 컨설팅, 비평 등의 용어가 내포하는 의미의 범위가 다양하다는 것이다. 여러 학자들이 이들 용어들을 매우 다양하게 사용하고 있기 때문이다. 하나의 용어가 자기 설명력이나 유용성을 높이기 위해서 그 의미를 점

---

8 예를 들어, 영화, 연극, 미술 등의 영역에는 장학이나 평가 같은 공교육의 수업 영역에 존재하는 것과 유사한 제도가 존재하지 않는다. 그 점에서 공교육 제도에서는 장학이나 평가가 다른 영역에서 비평이 수행하던 사회적 기능을 대신해 왔다고 할 수 있다. 따라서 기존 실천의 문제점을 지적하고 수업 비평을 새로운 대안 혹은 선택 가능한 새로운 길로 제시하려면 기존의 장학과 평가 등과 비교하여 자신의 차이를 부각시키는 데 성공해야 한다. 이것이 수업 비평에 대한 위상학적 논의가 필요한 이유이다.

9 수업 비평을 제도적 실천이라고 하는 데는 약간의 부연 설명이 필요해 보인다. Foucault의 《지식의 고고학》(1969, 이정우 역, 1992)에 표현된 담론 개념에 의하면 담론은 언어를 통해서 개인들에게 제공하는 어떤 의미 구조나 표상 방식이라기보다는 개인들을 특정한 방식으로밖에 실천할 수 없게 하는 실천 양태와 그러한 실천을 강제하는 규칙이다(이진경, 2002: 102-110). 수업 비평도 수업 현상을 특정한 방식으로 새롭게 보도록 만드는 하나의 관점인 동시에 현실에서 특정한 효과의 발생과 실천의 조직화를 지향한다. 그런 의미에서 수업 비평이 소기의 성과를 달성하려면 특정한 규범의 체계와 사회적 관계에 기반한 제도화에 성공할 수 있어야 한다.

점 확장하는 경향도 이와 관련이 있다. 예를 들어, '장학獎學'이라는 개념은 처음 사용될 때는 교사의 행동을 감시하고 통제하고 학교를 시찰하던 관리적 성격이 강하였으나 지금은 교사의 전문성을 인정하고 교사를 돕고 지원하는 협동적 성격으로 변화하였다. 따라서 확장된 장학 개념을 적용하면 그 개념의 우산하에 평가, 컨설팅, 비평 등의 개념이 모두 포섭되어 버린다. 따라서 구분과 변별을 위해서 여기서는 각각의 개념이 지닌 1차적 의미를 기준으로 논의를 하고자 한다. 또한 〈표 1-1〉의 수업 장학, 수업 평가, 수업 컨설팅 등에 대한 논의는 수업 비평과 비교한 상대적 기술이라는 점도 밝혀 둔다.[10]

우선 수업 관찰의 주된 목적이다. 수업 장학은 교사의 수업 행위를 변화시켜 교수 학습 방법을 개선하는 것을 지향한다. 수업 평가는 교사의 수업 행위를 평가하고 등급화하는 것이, 수업 컨설팅은 컨설팅을 의뢰한 교사의 고민과 문제를 해결해 주는 것이 관찰의 주된 목적이다. 이에 비해 수업 비평은 수업 현상을 이해하고 해석하고 판단하는 데 치중한다. 장학, 평가, 컨설팅의 경우 수업을 이해하고 해석하는 활동이 수단적 의미를 가지지만, 수업 비평은 그것을 직접적으로 지향한다. 이렇게 보면 수업 비평 활동은 여타 활동과 구별되는 목적을 가지면서, 동시에 여타 활동이 내실 있게 운영될 수 있는 토대가 되는 활동임을 알 수 있다. 수업 현상을 이해하고 해석하는 안목을 갖지 않고서 장학, 평가, 컨설팅 활동이 내실 있게 운영되기는 어렵기 때문이다.

• • •

10 이 표를 해석함에 있어서 '상대적' 기술이라는 점에 유념할 필요가 있다. 사실, 수업 장학만을 놓고 보면 그 개념 속에 수업 평가, 수업 컨설팅, 수업 비평 등의 개념이 포섭될 수 있으며, 이는 다른 경우도 유사하다. 그러나 각자를 상대적으로 비교하면 이야기는 달라진다. 마치 이어령 교수(1982: 18-20)가 《축소지향의 일본인》에서 한국이나 중국을 전혀 모르는 서양인이 포크 대신 젓가락을 사용하고 빵 대신 밥을 먹으며, 접시 대신 밥공기에 음식을 담아 먹는 것을 모두 일본적인 풍습이라고 믿게 되는 것과 유사하다. 중국이나 한국을 모르는 서양인의 눈에 일본적인 것으로 보이는 것이 중국이나 한국인의 시선에서 보면 전혀 일본적인 것이 아닐 수 있다. 이처럼 비교의 관점과 위치에 따라서 사물의 의미는 다르게 보인다. 이 점과 관련하여 〈표 1-1〉은 수업을 보는 네 가지 제도적 실천 간의 상호 비교를 통해서 상대적 위치를 드러내는 데 목적이 있음을 밝혀 둔다.

표 1-1 수업 장학/수업 평가/수업 컨설팅/수업 비평의 특성 비교

구분	수업 장학	수업 평가	수업 컨설팅	수업 비평
주된 관찰 목적	교사의 교수 행위의 개선	교사의 수업 능력 측정과 평가	교사의 고민이나 문제 해결	수업 현상의 이해와 해석
실천가와 관찰자의 관계	교사/ 장학사	피평가자/ 평가자	의뢰인/ 컨설턴트	예술가/ 비평가
주된 관찰 방법	양적·질적 방법	양적 방법	양적·질적 방법	질적 방법
산출물 형태	수업 관찰 협의록	양적·질적 평정지	컨설팅	질적 비평문 결과 보고서
관찰 정보의 공유자	관련 당사자	관련 당사자	관련 당사자	잠재적 독자
관찰 결과의 활용	교사의 수업 전문성 향상에 관한 정보 제공	교사의 수업 설계 및 실행 능력에 대한 평가	원칙적으로 의뢰인의 판단에 의존함	수업 현상에 대한 감식안과 비평 능력 제고
참여의 강제성 여부	의무적 참여	의무적 참여	자발적 참여	자발적 참여

　　수업 실천가와 수업 관찰자 사이의 관계는 어떠한지도 살펴볼 필요가 있다. 수업 장학에서는 교사와 장학사로, 수업 평가에서는 피평가자와 평가자로, 수업 컨설팅에서는 의뢰인과 컨설턴트로 수업 실천가와 수업 관찰자는 만난다. 반면에 수업 비평에서는 양자가 예술가와 비평가의 관계로 은유된다. 이는 앞의 세 가지 제도적 실천과 비교하여 보면 상대적으로 독특한 관계이다. 장학, 평가, 컨설팅 모두 암묵적으로 관찰자로서의 장학사, 평가자, 컨설턴트가 수업 실천가에 비해 우위에 있다. 다만 수업 컨설팅의 경우는 양자의 관계가 훨씬 수평적이다. 수업 컨설팅 개념 자체가 타율적인 장학이나 평가의 문제점을 개선하기 위해서 나타난 것이기 때문이다. 여기서 수업 실천가와 관찰자는 의뢰인과 컨설턴트로 만나며, 전문가인 컨설턴트는 수업과 관련된 다양한 정보를 제공하여 수업 실천가가 자신의 문제를 스스로 해결해 가는 것을 돕는 조력자의 역할을 한다. 이에 비해서 수업 비평에서 상정하는 예술가와 비평가의 관계는 훨씬 복합적이다. 오늘날 예

술 작품의 가치는 궁극적으로 비평 공동체의 판단에 의해서 결정된다. 이 점에서 비평 공동체는 예술가의 우위에 있다. 그러나 이것이 개별 예술가 위에 비평가가 존재한다는 것을 함의하지는 않는다. 왜냐하면 개별 비평가가 최종적인 판관의 역할을 하지 않기 때문이다. 비평가의 판단 또한 독자와 다른 비평가의 판단에 열려 있는 하나의 시선에 불과하다. 비평 공동체는 설득과 공감에 기반한 민주적 공동체인 셈이다. 그리고 이 열린 대화에 예술가 또한 평등한 입장에서 참여할 수 있다.

다음으로 주된 수업 관찰 방법을 살펴보자. 원칙적으로 네 가지 접근법 모두에 질적·양적 접근 방법이 활용될 수 있다. 그런데 여기서 주목할 점은 비평과 평가의 차이이다. 상대적으로 수업 평가에는 양적 수업 관찰법이 많이 사용되며, 수업 비평에는 질적 수업 관찰법이 많이 활용된다. 평가자는 일반적으로 그 타당성이 미리 확인된 양적 관찰 척도를 활용하여 교사를 등급화한다. 따라서 수업 평가의 경우 평가자의 개인적인 목소리가 드러나는 경우는 드물다. 반면에 수업 비평은 비평가가 질적 자료를 수집해 자신의 전문적인 식견을 바탕으로 수업의 의미를 읽어 내어 독자가 이해 가능한 용어로 표현한다. 따라서 질적 수업 비평문에는 비평가 자신의 목소리가 드러난다. 그리고 이렇게 드러난 비평가 자신은 그 글을 읽는 독자의 비평 대상이 된다.

수업 관찰의 결과가 기록되는 형식에도 차이가 난다. 수업 장학과 관련된 정보는 주로 수업 관찰 협의록에 기록되어서 교사의 수업 행위를 개선하는 데 활용된다. 수업 평가의 경우에는 교사의 교수 행위가 양적·질적 평정지에 기록되어 교사를 평정하는 데 사용된다. 수업 컨설팅의 경우에는 컨설팅을 요청하는 사람이 쉽게 읽을 수 있는 관찰 보고서의 형태로 관찰 결과가 정리될 것이다. 수업 비평의 경우에는 질적 비평문의 형식으로 관찰 결과가 기록된다. 그런데 이런 기록 방식의 차이는 누가 이 기록물의 중요 독자인가와도 관련성이 있다. 세 가지 접근법은 수업 관찰 결과물이 주로 수업을 실행한 교사 본인과 소수의 관련자에게만 제공되어 활용된다. 반면에 수업 비평문은 다른 비평과 마찬가지로 수업 현상에 관심을 가지는 많은 사람들을 내포 독자로 삼는다. 이렇게 폭넓은 독자를 열린 대화에 초청함으로써 비평은 스스로 또 다른 비평에 노출된다. 그리고 비평에 대한 또 다른 비평이 가능한 구조는 수업에 대한 논의를 풍부하게 확장하는 데 도움을 준다.

한편 수업 실천가가 수업 공개를 결정하는 것과 관련하여 강제성의 여부도 다소간 차이가 있다. 자기 장학이나 자기 평가 등의 개념이 있기는 하지만 수업 장학이나 수업 평가는 강제성의 측면이 강하다. 반면에 수업 컨설팅과 수업 비평은 자발적 참여의 성격이 강하다. 수업 컨설팅의 경우 자발성의 원칙을 매우 중시한다. 수업 비평 또한 자신의 수업 실천을 비평에 노출시키고자 하는 자발적인 교사들의 존재를 필요로 한다. 이 점은 다른 비평 장르와 구별되는 수업 비평의 독특성이기도 하다. 예술 작품이 전시나 발표를 통해서 공개됨으로써 예술가의 의도와 관계없이 자동적으로 비평가의 시선에 노출되는 것과는 달리 수업 실천은 자동으로 공개되지 않는다. 따라서 수업 비평이 가능하기 위해서는 교사의 자발적인 참여 의사가 매우 중요하다.

IV. 수업 비평의 활성화를 위한 논의

수업 비평의 개념에 대해서 살펴보고 다른 제도적 실천과 비교하여 그 상대적 위상을 논하였다. 여타 제도적 실천과 비교할 때 수업 비평이 지니는 고유한 강점은 공유와 소통을 통한 안목의 성장에 있다. 예를 들어서 《우리교육》에 연재된 수업 비평문은 단위 학교나 작은 단위의 교과 모임에 제한되었던 수업 이야기를 광장으로 끌어내어 소통시킴으로써 수업 실천과 관찰의 기존 관행에 문제 제기를 하고 그 개선을 위한 모색을 자극하였다. 이제 막 학계와 현장에 선을 보인 수업 비평 활동을 어떻게 활성화시켜서 교사의 전문성을 제고하고 우리 수업 문화를 개선하며 학교를 배움의 공동체로 탈바꿈시키는 데 기여하게 할 수 있을까? 이 문제를 수업 비평 이론의 정립 차원과 가능한 현장 실천의 차원으로 나누어서 논의해 보고자 한다.

첫째, 수업 비평이 좀 더 활성화되려면 수업 비평에 대한 이론이 정교하게 정립될 필요가 있다. 수업을 보는 새로운 눈으로서 수업 비평 활동이 수업의 관찰과 실천에 영향을 미치려면 수업 비평의 개념, 유형, 방법 등에 대한 이론적 논의가 활성화될 필요가 있다. 특히 수업 비평이 학계의 소수 전문가에 의한 언어 놀이의 차원을 넘어서서 일상의 실천으로 확대되기 위해서는 수업을 텍스트로 바라보는 다양한 비평의 관점과 그런 관점에 터하여 비평 활동을 수행할 수 있는 어느 정도 정형화된 방법론이 개발될 필요가 있다. 문학이나 영화의 의미를 알고 비평하려는 사람들이 접근 가능한 수많은 비평 이론들과 비평 방법들을 수업 비평 영역에서는 아직 만나 볼 수 없다. 수업 비평 영역에서도 다양한 수업 비평 이론과 방법이 정립되어야만 수업 비평의 취지에는 공감하지만 실제 수업 비평을 하려면 어떻게 해야 할지를 모르겠다는 많은 현장 교사들의 어려움을 해소해 줄 수 있다.

둘째, 수업 비평이 활용될 수 있는 가능한 현장 실천 방안을 모색해야 한다. 비평 활동이 가능하려면 어떤 형태이든지 그것을 뒷받침하는 제도적 기반이 필요하다. 예를 들어, 문학 비평은 작가와 비평가를 양성하는 유·무형의 교육 시스템, 비평 텍스트로서의 문학 작품 및 문학 작품에 대한 비평 활동을 매개하는 각종 평론지, 그런 평론지의 생산, 유통, 소비를 가능하게 하는 출판계, 등단 절차를 통해서 비평가를 선발하고 질 높은 비평 작업을 위해 경쟁하는 비평 공동체가 없이는 존재할 수 없다.

수업 비평의 가능한 제도적 양태는 어떠해야 할까? 다른 예술적 장르와 다르게 수업은 교사나 수업 참여자의 자발적 공개 의사라는 필터를 통과하지 않으면 공적 비평의 대상이 되기 어렵다. 그리고 상상과 창작이 주된 관심인 다른 예술 영역과 달리 공교육의 수업에서는 창의적 실천을 부차적인 것으로 만드는 공적 규범성이 상존한다. 또, 모든 학생들이 의무적으로 참여해야 하는 교실 수업에 대한 비평은 작품 활동을 하는 창작가와 그 작품의 의미를 해석하고 소비하는 익명의 대중 사이를 중재하는 다른 영역의 비평 활동과 그 수행 기능이 다르다. 공교육의 수업 활동이 가지는 이런 독특성을 고려할 때 수업 비평을 지원하는 제도화 방식이 다른 비평계와 동일하기는 어렵다.

이러한 측면에서 볼 때 수업 비평의 아이디어를 기존의 수업 실천 관행과 다양하게 접합하는 것이 지금 고려할 수 있는 현실적인 방안이 아닐까 한다. 몇 가지 차원에서 그 가능성을 제안해 보겠다.

우선은 단위 학교 실천 차원이다. 폐쇄적인 학교 문화를 고려할 때 단위 학교에서 수업 비평을 실천하는 일은 쉬운 일이 아니다. 마음에 맞는 동료 교사를 찾아 수업을 촬영하고 전사하고 비평문을 작성하고 그것을 동료 교사들과 나누는 과정은 지난해 보이기까지 하다. 특히 글쓰기 작업은 보통의 교사들이 수업 비평에 접근하는 것을 어렵게 만드는 문턱이다. 그러나 대전 동화중학교의 사례[11]는 수업 비평이 단위 학교 차원에서 수업 전문성을 개선하는 데 활용될 수 있음을 보여준다. 단위 학교에서 수업을 공개하고 수업에 대한 깊이 있는 대화를 나누고 그 대화를 통해서 얻은 안목을 바탕으로 수업 비평문을 작성하는 활동을 주기적으로 수행한다면 전문성 신장과 수업 문화 개선에 도움이 될 것이다. 이때 수업 비평 활동의 최종 목적을 동료 교사의 수업

• • •

11 대전 동화중학교 교사들은 자발적으로 수업비평연구회를 결성하여 수업을 공개하고 비평을 통해서 수업 개선을 도모하는 활동을 하였다. 그 활동의 성과는 〈새 수업 패러다임 구축을 위한 수업 비평 프로그램의 구안 및 적용: 2007 교실수업개선연구 활동 보고서〉와 〈일상적 수업 공개와 수업 비평 활동을 통한 교수 학습 방법 개선: 2008 교실수업개선연구 활동 보고서〉로 정리되었다.

에 대한 평가나 비평 혹은 좋은 비평문 쓰기에 국한시키기보다는 비평 공동체의 집단적 성장에 두는 것이 바람직하다.

둘째, 단위 학교를 넘어서는 교과 모임이나 교육청 차원의 실천이다. 전국수학교사모임이나 전국국어교사모임, 전국역사교사모임과 같은 교과 모임은 열성적인 교사들이 참여하는 전국적인 네트워크인 동시에 자체 회지도 발간한다. 따라서 수업 비평의 아이디어를 실험하고 공유할 수 있는 좋은 인적·제도적 기반을 가지고 있다. 전국수학교사모임의 '수학교실관찰연구모임'의 사례처럼[12] 회원들이 자발적으로 수업을 공개하고 그에 대해서 깊이 있는 토론을 하고 그 결과를 글로 정리하여 자체 회지를 통해서 공유한다면 교사 개개인의 실천이 교과 공동체의 공적 자산으로 쉽게 전화될 수 있다.

교육청의 경우에는 수업 비평의 아이디어를 기존의 수업 장학 관행을 개선하는 데 활용할 수 있다. 표준화된 척도와 양적 분석 위주로 이루어지는 수업 관찰 관행을 대신하여 창의적 수업 실천을 장려하고 수업 관찰의 안목을 고양할 수 있는 다양한 수업 연수 프로그램을 기획하여 수업 전문가를 양성해야 한다. 경기도교육청이 중등수업비평교육연구회를 만들어 이와 관련된 다양한 사업을 추진하고 있는 것은 그런 의미에서 고무적이다. 다만 교육청의 활동이 현장 교사들에게 또 다른 부담으로 작용하지 않도록 세심한 기획과 배려가 필요하다.

마지막으로 전문 비평지를 통해서 비평에 대한 담론을 생산하고 소통하는 방식이다. 전문 비평지는 수업을 텍스트화하여 공유할 수 있는 인터넷 시스템, 그리고 수업 활동에 대한 식견 있는 비평을 할 수 있는 전문가, 그리고 비평 글을 탐독하고자 하는 두터운 독자층을 필요로 한다. 그동안 《우리교육》에서 이루어진 비평 활동은 전문 비평지의

• • •

12 '수학교실관찰연구모임'의 활동 사례에 대해서는 최수일(2009)의 〈수업 분석 학습 공동체 활동을 통한 수학 교사의 전문성 제고에 관한 연구〉에 상세하게 소개되어 있다.

가능성을 다소간 보여 주었다. 전문 비평지를 지향하지 않더라도 교육 관련 잡지들이 《우리교육》의 경험을 참고하여 비평 대상 수업에 접근 가능하도록 사이트를 개설하고 수업 비평문을 연재하고 독자들의 다양한 비평문을 공유할 수 있는 토대를 마련해 준다면 수업 비평의 실천이 좀 더 용이해질 것이다.

V. 나가며

수업 비평은 수업 실천가와 수업 관찰자에게 새로운 실천과 관찰을 요구한다. 먼저, 수업 비평 개념은 수업 실천가의 수업 활동이 과학적 관리에 기계적으로 종속되는 성질의 활동이 아님을 끊임없이 상기시 킨다. 교사는 예술적 안목을 지닌 창의적 실천가이며 또 그런 존재가 되어야 한다. 교사는 표준적인 교과서와 교육 방법이 지시하는 안락한 경계 내에 머물며 안주하는 존재가 아니라 자신의 사유를 바탕으로 새 로운 교육 실천의 길을 모색하는 존재여야 한다.

수업 비평 개념은 그런 교사를 당위적으로 요청하는 동시에 현실의 곳곳에서 그런 교육을 실천하는 교사의 수업을 찾아내고 그 실천의 풍성한 의미를 드러내고자 하는 작업이다. 따라서 수업 관찰자에게도 관행화된 수업 관찰을 넘어서서 수업 현상의 다층적이고 풍부한 의미 를 읽어 내는 예리한 눈이 요청된다. 현실의 법칙성을 넘어서서 새로 운 교육을 사유하고 실천하는 교사와 그런 교사의 수업 실천을 포착 해 내는 사유하는 관찰자를 통해서 교실 수업의 의미는 매번 새롭게 드러나고 매번 새롭게 실천될 수 있다. 수업 비평 활동이 그런 실천과 관찰을 매개하여 양자가 아름답게 순환하며 발전하는 것을 돕는 중매 자의 역할을 함으로써 배움의 위기에 처한 한국 공교육 현실을 개선 하는 데 작은 기여를 할 수 있기를 소망해 본다.

| 참고문헌 |

강현석(2007), 교사의 실천적 지식으로서의 내러티브에 의한 수업 비평의 지평과 가치 탐색, 교육과정연구, 25(2), 한국교육과정학회, 1-35쪽.

경기도 중등수업비평교육연구회(2009), 수업 비평 활동을 통한 수업 기술 능력 신장 방안, 경기도 중등수업비평교육연구회 1차 자율연수 자료집.

곽영순(2003), 질적 연구로서 과학 수업 비평: 수업 비평의 이론과 실제, 서울: 교육과학사.

김복영 외(2001), 교육과정 담론의 새 지평, 서울: 원미사

대전 동화중학교 수업비평연구회(2007), 새 수업 패러다임 구축을 위한 수업 비평 프로그램의 구안 및 적용, 2007 교실수업개선연구 활동 보고서.

대전 동화중학교 수업비평연구회(2008), 일상적 수업 공개와 수업 비평 활동을 통한 교수 학습 방법 개선, 2008 교실수업개선연구 활동 보고서.

류현종(2004a), 초등학교 역사 수업에서 만난 두 '아우라': 예술 비평 관점을 통한 수업 비평, 사회과교육, 43(1), 한국사회과교육연구학회, 113-148쪽.

류현종(2004b), 사회과 수업 비평: 예술 비평적 접근, 박사학위 논문, 한국교원대학교.

박승배(2006), 교육 비평: 엘리어트 아이즈너의 질적 연구 방법론, 서울: 교육과학사.

서근원(2003), 수업을 왜 하지?, 서울: 우리교육.

송영민, 지준호(2007), 도덕과 수업 비평: 의미론적 접근, 초등도덕교육, 23, 한국초등도덕교육학회, 171-196쪽.

신헌재(2005), 국어 수업 관찰과 비평의 방향, 한국초등국어교육, 27, 한국초등국어교육학회, 5-20쪽.

유영만(1996), 성찰적, 설계 예술적 관점에서 본 수업 설계자 육성방안 재고, 교육공학연구, 12(1), 한국교육공학회, 113-141쪽.

유정애(2003), 체육 수업 비평, 서울: 무지개사.

이어령(1982), 축소지향의 일본인, 서울: 갑인출판사.

이정숙(2005), 문화 현상으로서의 국어 수업 비평, 한국초등국어교육, 29, 한국초등국어교육학회, 277-313쪽.

이정숙(2006), 쓰기 교수 행위의 예술적 의미, 어문학교육, 33, 한국어문교육학회, 87-120쪽.

이진경(2002), 철학의 외부, 서울: 그린비.

이혁규(2007), 수업 비평의 필요성과 방법에 대한 탐색적 논의, 교육인류학연구, 10(1), 한국교육인류학회, 155-185쪽.

이혁규(2008), 수업, 비평의 눈으로 읽다, 서울: 우리교육.

이혁규, 심영택, 이경화(2003), 초등 예비 교사의 실습 체험에 대한 내러티브 연구, 교육인류학연구, 6(1), 한국교육인류학회, 141-196쪽.

이혁규, 이경화, 이선경, 정재찬, 강성우, 류태호, 안금희, 이경언(2007), 수업, 비평을 만나다, 서울: 우리교육.

정재찬(2006), 국어 수업 비평론, 국어교육학연구, 25, 국어교육학회, 389-420쪽.

조영달(2000), 한국 교과 교실 수업 연구(질적)의 반성과 지향: 미시기술적 수업 연구를 중심으로, 교과교육학연구, 4(1), 한국교과교육학회.

조영태(2006), 가르치는 일의 본질: 예술로서의 수업, 어린이와 함께 여는 국어교육, 8, 전국초등국어교과모임, 86-98쪽.

조용환(1999), 질적 연구: 방법과 사례, 서울: 교육과학사.

최근학(1947), 국어 수업 비평의 착안점, 조선교육, 10월호, 조선교육연구회, 357-359쪽.

최수일(2009), 수업 분석 학습 공동체 활동을 통한 수학 교사의 전문성 제고에 관한 연구, 박사학위 논문, 서울대학교.

한글학회(1992), 우리말 큰 사전, 서울: 어문각.

Eisner, E. W.(1998), *The enlightened eye: Qualitative inquiry and the enhancement of educational practice*, 박병기 외 역(2001), 질적 연구와 교육, 서울: 학이당.

Foucault, M.(1969), *L' Archéologie du savoir*, 이정우 역(1992), 지식의 고고학, 서울: 민음사.

NCTM(1991), *Professional standards for teaching mathematics*, Reston, VA: NCTM, Inc.

수업 비평 개념에 대한 대안적 탐색

엄훈

I. 들어가며

최근 몇 년 사이에 수업 비평은 우리 교육 공동체 안에서 하나의 흐름을 이루고 있다. 수업 연구자와 교사들 사이에서 수업 비평은 수업을 보고 평가하는 대안적인 방법으로 자리매김하고 있으며 수업을 보는 안목을 높이고 수업 문화를 개선하려는 목적으로 수업 비평 활동에 참여하는 사람들이 증가하고 있다.[1]

최근에는 개별 수업에 대한 비평 활동과는 별도로 수업 비평에 대한 메타적 논의, 즉 수업 비평에 대한 소개 및 학문적 논의도 활발히 이루

---

[1] 현재 수업 비평 활동을 활발하게 전개하고 있는 수업 비평 공동체는 교과 기반 모임과 지역 기반 모임 및 학교 기반 모임으로 나눌 수 있다. 교과 기반 모임으로는 역사교육연구소 수업비평분과 및 전국수학교사모임 수학교실관찰연구모임을 들 수 있다. 지역 기반의 모임으로는 천안·아산 지역에서 만들어진 '다온'과 경기도교육청이 주도하는 중등수업비평교육연구회가 있다. 학교 단위의 수업 비평 공동체로는 대전 동화중학교 수업비평연구회와 이우학교의 수업 연구 활동을 예로 들 수 있다(최수일, 2009; 이현영, 2009; 윤양수, 2009 참조).

어지고 있다(정재찬, 2006; 이혁규, 2007a; 2008a; 강현석, 2007). 하지만 수업 비평의 필요성을 인식하고 수업 비평 활동에 의식적으로 참여하는 사람들도 수업 비평이란 무엇인가에 대하여 분명한 인식을 가지고 있지 않으며, 수업 비평에 대한 메타적 논의를 하는 학자들조차 수업 비평에 대하여 각기 상이한 관념觀念, notion을 지니고 있는 듯하다. 이러한 상황에서 수업 비평 활동이 독자적인 인식의 토대 위에 자리를 잡도록 하기 위해서는 수업 비평의 개념槪念, concept에 대한 학문적 탐구가 시도될 필요가 있다.[2]

수업 비평의 개념을 정립하는 것은 수업 비평을 바라보는 타당한 인식의 틀을 확립하는 것이다. 하나의 현상에 대하여 그것을 바라보는 여러 가지 인식의 틀이 존재할 수 있지만 그 현상의 존재 양상을 가장 잘 반영하는 인식의 틀이 만들어질 때 그 현상을 가장 타당한 방식으로 볼 수 있게 되고 그 현상을 설명할 수 있게 된다. 지금까지 수업 비평을 바라보는 인식의 틀들이 수업 비평에 대한 관념의 형태로 제시되어 있지만 이러한 관념들은 수업 비평의 총체적인 모습을 보여 주지 못하고 일면만을 부각시키며 그런 까닭에 한국에서 형성되고 있는 독특한 교육 문화 현상인 수업 비평의 본질을 총체적으로 드러내는 데 한계를 노정하고 있다.

• • •

2 이 글에서 관념(觀念, notion)은 "어떤 대상에 관한 인식이나 의식 내용"의 의미로 쓰이며, 개념(槪念, concept)은 "여러 관념 속에서 공통된 요소를 뽑아내어 종합하여서 얻은 하나의 보편적인 관념"의 의미로 쓰인다(Daum 국어사전). 철학에서 관념은 "실제적인 대상이나 현상에 대하여 마음속에서 만들어진 표상"(A notion in philosophy is a reflection in the mind of real objects and phenomena in their essential features and relations)이라는 의미로 쓰이며(영어 위키백과) 개념은 이러한 관념들로부터 공통된 것들을 추상하여 만들어진 것으로 "어떤 개체들(또는 집합들)의 불변적인 징표, 즉 그것들의 불변적인 성질이나 관계들을 기초로 하여 그 개체들(또는 집합들)의 집합들을 사고상으로 반영한 것"(한국철학사상연구회, 철학대사전, 동녘, 2002)이다. 형식논리학에서 개념은 고정불변의 것을 상정하고 있으나 외부 사물뿐 아니라 그러한 사물에 대한 마음속의 표상을 추상화한 개념 또한 끊임없이 변화한다. 이 글에서는 관념과 개념의 철학적, 역사적 함의를 깊이 있게 고려하지는 않았으며 두 개념의 국어사전적 의미를 취하는 것으로 그 출발점을 삼았다.

수업 비평의 개념 탐구는 두 단계를 거쳐 이루어질 수 있다. 첫 번째 단계는 수업 비평에 대한 여러 가지 관념을 확인하는 것이다. 실제 수업 비평 활동에 참여하는 사람이건 수업 비평의 이론을 탐구하는 사람이건 수업 비평에 대한 나름대로의 생각과 판단을 지니고 있게 마련이며 이러한 관념은 명시적으로든 암묵적으로든 그들의 글에 나타나게 된다. 수업 비평에 대한 관념을 확인하는 작업은 수업 비평 현상에 대한 현 단계의 인식 수준을 드러내고 수업 비평론의 현주소를 확인하는 데 기여할 것이다.

수업 비평의 개념 탐구의 두 번째 단계는 수업 비평의 실제 과정과 기존의 수업 비평 관념을 비교하는 것이다. 이러한 비교를 통하여 수업 비평 개념의 이론적 정합성을 검토할 수 있게 될 것이다. 수업 비평의 실제와 관념 사이의 괴리가 확인된다면 이는 수업 비평 현상을 설명하기 위한 새로운 개념 체계의 필요성으로 귀결될 것이다.

이 연구는 수업 비평의 개념 탐구를 통하여 기존의 수업 비평 관념을 비판적으로 검토하고 수업 비평 현상을 더욱 분명하게 포착하고 설명해 줄 수 있는 대안적 개념을 모색하는 것을 목적으로 삼는다. 이를 위해 이 연구는 수업 비평의 전개 과정 개관, 수업 비평의 개념 탐구, 그리고 수업 비평의 대안적 개념 탐색이라는 과정을 거친다.

수업 비평의 전개 과정은 수업 비평의 출발점이 되는 수업에 대한 인식에서 시작하여 한국에서의 수업 비평의 발생과 전개 과정을 고찰한다. 수업 비평의 개념 탐구는 수업 비평 현상에 대한 학문적 논의들을 대상으로 수업 비평에 대한 관념들을 확인한 후, 수업 비평 활동을 체험적으로 기술한 한 참여자의 글(이혁규, 2007b; 2008b; 이혁규 외, 2007)을 중심으로 수업 비평의 과정을 탐구하고 이를 앞서 확인한 수업 비평의 관념에 비추어 보는 방법으로 이루어진다. 끝으로 이러한 개념 탐구를 토대로 수업 비평 현상을 새롭게 바라볼 수 있는 대안적 개념을 모색한다.

II. 한국에서의 수업 비평의 전개 과정

수업 비평은 수업의 예술성에 대한 인식에서 출발한다. 수업의 예술성에 대한 실체적 인식은 인류의 교육적 실천의 뿌리로 거슬러 올라가겠지만 예술로서의 교육(수업)에 대한 학문적 통찰의 한 뿌리는 Dewey에서 찾을 수 있다. Dewey는 교육이 이루어질 때 교사가 혹은 학생이 경험하는 것이 예술적 경험임을 곳곳에서 언급하면서 교사를 최고의 예술가로 묘사한다(Simpson et al., 2005). "나는 인간 능력의 꼴을 갖추어 주고 그 능력을 사회적 서비스에 적합하게 하는 예술이야말로 최고의 예술이라고 믿는다. 그 일을 하는 사람은 최고의 예술가이다. 이러한 일을 함에 있어서 요구되는 통찰, 공감, 재치, 수행 능력이야말로 대단히 위대한 것이다(Dewey, 1967: 94)."

사실 Dewey가 경험과 반성적 성찰을 강조하는 프래그머티즘적 교육 이론을 펼치고 있을 때 미국 교육계를 지배하고 있던 조류는 자연과학적 연구 방법을 모델로 삼은 양적 연구 패러다임이었다. 이러한 연구 조류 속에서 교육학자와 교육 실천가들은 수업의 예술성보다는 수업의 과학성에 더 주목하게 되었고 수업을 지배하는 규칙성과 좋은 수업의 형식적 특성 연구에 매달리게 되었다. 양적 연구가 주류를 이루고 있던 교육학에 질적 연구 방법론이 도입되기 시작한 것은 1960년대 들어서였다. 이때 Jackson(1968)과 Wolcott(1973)의 교육 현장에 대한 질적 연구와 더불어 질적 연구의 독특한 방법론을 개척한 사람이 Eisner(1969; 1976)이다(박승배, 2006: 44). 미술교육 분야에서 활동하던 그는 1970년대 초 '교육적 감식안'과 '교육 비평'이라고 하는 독특한 질적 연구 방법을 사용하기 시작하였는데 그의 교육 비평 이론은 Dewey에 의해 논의되어 오다 맥이 끊겨 버린 교육의 예술성에 대한 탐구를 평가의 차원에서 심화시킨 것이라 할 수 있다.

한국은 1980년대 말부터 교육학 분야에서 질적 연구가 이루어지기 시작하여 1990년대 이후 질적 연구의 필요성과 가치에 대한 인식이 급속도로 확산되면서 연구의 성과 또한 빠른 속도로 축적되고 있다(조용환, 1999). 1998년에는 교육학 분야의 질적 연구 논문을 전문적으로 수록하는 학술지인 《교육인류학연구》가 창간되어 질적 연구의 성과를 수록하고 있다. 이러한 질적 연구의 흐름 속에서 2000년 이후 수업에 대한 비평과 수업 비평 연구가 나타나기 시작했다.

수업 비평은 수업에 대한 질적 연구의 연장선상에서 출현했다. 수업 비평의 출현과 관련하여 주목할 만한 것은 교육인류학적 관점에서 이루어진 일련의 수업 연구이다. 지금까지 교육인류학의 관점에서 이루어진 연구들은 학교의 구성원과 학교에서 일어나는 여러 가지 현상들을 두루 그 대상으로 삼아 왔는데 그중에서 교실 수업에 초점을 맞춘 연구들은 수업 비평과 밀접한 연관성이 있다. 특히 서근원(2001; 2003)의 일련의 글들은 수업에 대한 교육인류학적 연구와 수업 비평의 경계에 있다. 《초등 우리교육》에 연재된 서근원(2001)의 〈함께 나누는 수업 이야기〉 시리즈와 그것을 단행본으로 묶어 낸 서근원(2003) 및 한국교육과정평가원 교수학습개발센터에 실린 서근원의 〈수업 이야기〉 시리즈는 교육인류학자의 눈으로 학교 현장의 개별 수업을 참관하고 본 것을 중층적으로 기술한 것이지만 '누구의 눈으로, 무엇을 볼 것인가'와 관련된 비평가적 시도를 하고 있어 주목을 끈다. 서근원은 《초등 우리교육》에 연재된 〈함께 나누는 수업 이야기〉 시리즈에서 '교사, 학생, 학부모, 교장, 학자, 지나가는 사람 등의 시점을 빌려서 다양한 형식으로 깊이 있게 수업을 기술'하는 독특한 시도를 하였다. 이렇게 다양한 서술자를 내세워 연구자가 주목한 수업의 중층적 맥락을 기술하고 기술된 현상에 대한 해석은 독자의 몫으로 남기는 시도는 관찰되고 체험된 현상에서 의미를 찾아내어 설득력 있게 기술하는 것을 목적으로 하는 기존의 문화인류학적 연구 관행에서 벗어나 있으며 진실을 더 잘 드러내기 위해 허구를 끌어들였다는 점에서 문학적인 색채까지 엿보인다. 한편 〈함께 나누는 수업 이야기〉 시리즈를 단행본으로 묶어 낸 서근원(2003)에서는 동일한 수업 기술을 토대로 새로운 주제를 찾아내어 논함으로써 하나의 수업에 대한 비평적 변주의 가능성을 보이고 있다.

《초등 우리교육》은 현장 교사들이 주체가 되어 수업에 대한 기술과 비평을 협력적으로 나누는 모델도 시험하였다. 2002년 4월, 6월, 7월, 10월호에 수록된 〈함께 나누는 수업 이야기 II〉 코너는 수업 공개 교사의 수업을 꼼꼼하게 기술한 후 그 수업을 비디오로 시청한 다른 교사들이 그 수업에 대하여 비평적 논평을 하는 방식으로 채워졌다. 이 방식은 수업의 관찰, 기술, 비평이 서로 분리되어 있어 수업에 대한 동료 교사들의 비평이 단편적인 논평의 나열에 그치는 한계를 보였지만 대중적 교육 잡지의 지상에서 수업 이야기가 소통되는 새로운 모델을 보여 주었다는 의미가 있다.

한편 수업이 지니고 있는 질적 측면에 주목하여 좋은 수업의 사례를 발굴하고 그 질적 특성을 찾아내려는 목적으로 이루어진 한국교육과정평가원의 일련의 보고서(김주훈 외, 2002)와 이를 토대로 출판된 단행본들(곽영순, 2003: 유정애, 2003)에서도 수업에 대한 비평적 관심을 엿볼 수 있다. 특히 곽영순(2003)과 유정애(2003)는 수업에 대한 질적 연구에 수업 비평이라는 제목을 사용한 점이 눈에 띈다.

예술 비평의 관점에서 사회과 수업 비평을 시도한 류현종(2004)은 수업 비평 방법론과 그것의 적용 면에서 선구적인 성과로 꼽힐 수 있다. 류현종은 수업의 예술성에 주목하여 예술 비평의 관점으로 수업 비평을 시도하였다. 그는 발터 벤야민의 '아우라', 장 프랑수아 리오타르의 '숭고', 움베르토 에코의 '카오스모스' 개념을 수업 비평의 틀로 삼아 수업 비평의 영역인 저자(작자), 수업 텍스트, 독자(청자) 측면에 대한 수업 비평을 시도하였다. 그는 사회과 수업 비평의 소통과 수용의 측면을 살펴보기 위해서 자신의 수업 비평에 대한 교사들의 메타 비평을 수록하였다. 류현종의 연구는 수업에 대한 기존의 질적 연구의 테두리를 넘어서서 수업의 예술성에 대한 본격적인 비평의 가능성을 비평의 소통 차원에까지 시험한 데서 그 의의를 찾을 수 있다.[3]

수업에 대한 질적 연구로부터 수업 비평이 완전하게 분화된 시점은 《초등 우리교육》에서 〈다시 시작하는 수업 읽기〉 코너를 개설하고 수업 비평을 싣기 시작하면서부터라고 할 수 있다. 〈다시 시작하는 수업 읽기〉 코너는 2005년 3월에 시작되어 2006년 12월에 일단락되었다.[4] '다시 시작하는'이라는 말에서 알 수 있는 바와 같이 이 코너는 〈함께 나누는 수업 이야기 I, II〉 시리즈를 잇는 것이었지만 수업을 보는 사람, 수업을 보는 방법, 그리고 글쓰기의 방법 차원에서 차별성을 보인다. 〈다시 시작하는 수업 읽기〉는 교과 전문가들이 주축이 되어 전문가적 감식안으로 수업 현상의 의미를 읽어 내고 이를 비평문이라는 공적 텍스트로 전환함으로써 수업 비평의 형식을 완성하였다. 〈표 1-2〉는 '누가 수업을 보는가', '수업을 어떻게 보는가', '본 것을 어떻게 쓰는가'를 중심으로 이들 코너들이 보이는 차이점을 정리한 것이다.

결국 〈함께 나누는 수업 이야기 I, II〉가 수업에 대한 문화기술적 연구 혹은 자율적인 수업 평가로부터 수업 비평으로 나아가는 과도기적 성격을 지녔다면 〈다시 시작하는 수업 읽기〉는 교육적 감식안으로 수업의 예술성을 직관적으로 포착하는 본격적인 수업 비평의 시도였다고 할 수 있다.

이렇게 시작된 《초등 우리교육》의 수업 비평은 2007년 3월호부터

• • •

3 그러나 류현종(2004)의 시도는 학위 논문의 틀 안에서 이루어진 것이어서 자연스러운 문화 현상으로 나타난 수업 비평과는 거리가 있다.
4 《초등 우리교육》 2005년 3월호~2006년 12월호. 이 연재 과정에서 독자들의 다양한 참여와 비평 참여자들의 좌담, 특히 비평에 대한 메타 비평(류현종, 2006년 12월호)까지 게재되었다.

표 1-2 《우리교육》 수업 비평 관련 코너의 성격

성격＼코너명	함께 나누는 수업 이야기 I	함께 나누는 수업 이야기 II	다시 시작하는 수업 읽기
누가 수업을 보는가	교육인류학자 / 현장 수업 관찰	타 학교 교사들 / 비디오 시청	교과 전문가 / 현장 수업 관찰
수업을 어떻게 보는가	문화상대주의 / 해석주의의 관점으로 수업 보기 (서근원, 2007b: 30)	평가적 관점에서 논평하기	전문가로서의 감식안으로 수업 현상에 의미 부여하기
본 것을 어떻게 쓰는가	수업 현상에 대한 심층 기술 / 다양한 서술 시점 선택 / 관찰자 자신의 개인사적 맥락 고백	기자의 객관적 수업 기술 / 교사들의 논평 정리 / 수업 공개 교사의 소감	수업의 흐름에 대한 충실한 기술 / 교과 전문가의 눈으로 수업 현상 해석 / 독자를 상대로 해석의 정당성 설득

《중등 우리교육》에도 확산되어 〈수업 비평으로 여는 수업 이야기〉라는 코너명으로 초등[5]과 중등[6]에서 동시에 이루어졌다.

한국의 수업 비평은 Eisner의 교육 비평educational criticism에서 많은 영향을 받았다. 교육 비평은 확장된 지식의 관점과 표상 형식 이론을 인식론적 기반으로 삼고 있는데(1994, 박승배 역, 2003), 이러한 인식론적 기반은 수업 비평에도 그대로 적용된다. 확장된 지식의 관점은 지식이 연구자나 관찰자의 주관이나 감정이 배제된 채로 존재하는 것이 아니라 감각과 인지가 상호 의존적으로 결합되어 있다는 관점이다. 확장된 지식의 관점에 기반할 때 우리는 경험의 질적인 측면과 그러한 질을 감식하는 능력까지도 앎knowing의 범위 안에서 고찰할 수 있게 된다. 표상 형식forms of representation은 질적 세계를 인식하고 인식한 것을 사회적으로 소통 가능한 방식으로 드러내는 과정이다. 인식 주체에 의한 표상 형식의 선택은 세계를 파악하는 방식의 선택일 뿐 아니라 세계를

• • •

5 《초등 우리교육》은 2007년 3월호부터 〈수업 비평으로 여는 수업 이야기〉라는 코너명으로 수업 비평 연재를 했다.

6 《중등 우리교육》은 2007년 3월호부터 초등 수업 비평의 경험을 토대로 중등 수업 비평을 연재 했다.

공적으로 표현할 수 있는 방식의 선택이다.[7]

현재 진행 중인 수업 비평을 보면 수업 비평은 인식론적 기반 이외에도 방법의 측면에서 Eisner의 이론에 기대고 있음을 확인할 수 있다. 수업에 대한 감식과 비평의 구분, 기술, 해석, 평가, 주제화라는 교육 비평의 네 가지 차원의 적용 등은 Eisner의 고유한 방법론으로 한국의 수업 비평의 이론과 실제에서도 동일하게 적용되고 있다(이혁규 외, 2007; 이혁규, 2008a).

그러나 교육 비평과 수업 비평은 담론의 장과 대상 면에서 차이를 보인다. 교육 비평은 학문적 담론 속에 머물러 있으며 비평의 대상은 학교를 중심으로 한 교육의 제 현상을 아우른다.[8] 그러나 한국에서 이루어지고 있는 수업 비평은 교실 수업에만 국한되어 있으며, 아카데미즘의 테두리를 벗어나 교사 대중 속에서 담론의 장을 확보하고 활발히 소통되고 있다. 다시 말해 한국의 수업 비평은 교사 대중 속에서 담론의 장을 형성하고 소통되는 과정에서 독자적인 관습을 갖춘 소통의 양식으로 진화해 가고 있다.[9]

한국에서의 수업 비평 움직임은 두 가지 점에서 주목할 만하다. 첫째, 실제 수업 비평이 수업 비평에 대한 학문적 논의보다 한발 앞서 전개되면서 수업 비평에 대한 학문적 논의를 추동하는 양상을 보이고 있다는 점이다. 이는 수업 비평이 현장을 중심으로 한 자발적인 교육 운동으로 먼저 뿌리를 내리고 있으며, 수업 비평 현상에 대한 진지한

• • •

7 Eisner는 표상 형식으로 모방적 양식(mimetic mode), 표현적 양식(expressive mode), 관습적 양식(conventional mode)이라는 세 가지 양식을 들고 있다(1994, 박승배 역, 2003 참고).

8 Eisner와 그의 제자들의 교육 비평은 교육 연구의 테두리 안에서 이루어졌다. 박승배(2006)에 사례로 제시되어 있는 교육 비평들을 보라. 한국의 경우 김대현, 김아영(2002)의 연구가 교육 비평의 범주에 속한다.

9 수업 비평의 진화 과정에서 만들어진 장르 관습의 예를 들면 수업 기술과 이에 기반한 비평의 전개를 필수적인 요소로 받아들이는 것을 들 수 있다. 이러한 장르 관습은 수업이 다른 대중 예술과는 달리 일회성을 특징으로 하고 있으며 이러한 특징으로 인해 수업에 대한 기술이 독자와의 소통을 위해 필수적으로 요청되기 때문에 형성된 것이라 할 수 있다.

학문적 논의가 뒤따르고 있는 데서 확인된다.[10] 교육개혁의 씨앗이 될 만한 수많은 교육 실천 프로젝트들이 현장과 동떨어진 학계만의 논의로 그치거나[11] 의도만 앞선 과도한 위로부터의 개혁 움직임 속에 난파해 버린 경험[12]으로 미루어 볼 때 매우 고무적인 현상이 아닐 수 없다. 현장과 학계의 긴밀한 상호작용 속에 이루어지는 수업 비평[13]은 현장에서의 실천과 학문적 성취라는 두 마리 토끼를 잡을 수 있는 소중한 계기가 될 수 있다.

둘째, 수업 비평을 통해 수업 비평 공동체가 형성되고 있다는 점이다. 대중 잡지를 통한 수업 비평의 전개 과정에서 수업을 매개로 한 소통이 확대되고 그 과정에서 수업 비평 활동에 적극적으로 참여하는 교사들이 늘고 있다. 현재 수업 비평 담론을 나누는 공동체는 두 가지 양상으로 형성되고 있다. 하나는 대중 잡지를 통한 수업 공개 교사, 비평가, 독자 사이의 소통이고 다른 하나는 교과나 지역 혹은 학교를 기반으로 한 수업 비평 공동체의 형성이다.[14] 이러한 수업 비평 공동체의 형성으로 수업 비평은 공론의 장에서 소통되는 자생력을 지닌 양식으로 발전하고 있다.

III. 수업 비평의 개념 탐구

앞 장에서 살펴본 바와 같이 한국에서의 수업 비평은 수업 비평에

* * *

10 이는 앞서 개관한 한국에서의 수업 비평의 전개 과정과 다음 장의 분석 대상인 수업 비평에 대한 학문적 논의들이 시간적인 선후 관계를 보이는 것을 보면 알 수 있다.

11 교실 평가(classroom assessment)가 그러한 경우이다.

12 수행 평가(performance assessment)가 그러한 경우이다.

13 현재 수업 비평 활동을 활발히 전개하는 비평가 그룹의 일부가 수업 비평 담론을 펼치고 있기도 하다. 그 예로 정재찬(2006), 이혁규(2007a)를 보라.

14 각주 1 참조.

대한 학문적 논의에 한발 앞서 전개되면서 수업 비평에 대한 학문적 논의를 추동하고 있다. 현재 수업 비평에 대한 학문적 고찰은 수업 비평의 관점, 수업 비평의 개념, 수업 비평의 방법, 수업 비평의 유형 등을 중심으로 다양하게 이루어지고 있다(류현종, 2004; 이정숙, 2005; 정재찬, 2006; 이혁규, 2007a; 강현석, 2007).

현실의 수업 비평은 매우 다양한 측면을 지니고 있는 복합적인 현상이기 때문에 논자마다 수업 비평에 대한 정의가 다르며 동일한 논자도 문맥에 따라 여기저기서 수업 비평에 대한 상이한 관념을 노출시키기도 한다. 이러한 상황에서 지금까지 이루어진 수업 비평에 대한 논의를 비판적으로 검토하고 새로운 관점으로 수업 비평을 바라보는 시도를 함으로써 수업 비평 논의를 더욱 풍부하게 하고자 한다.

이 장에서는 수업 비평에 대한 관념 탐구와 수업 비평의 실제에 대한 분석을 병행한다. 관념 탐구에서는 수업 비평에 대한 지금까지의 학문적 논의에 국한하여 거기서 드러나는 수업 비평에 대한 관념을 검토한다.[15] 수업 비평의 실제 분석을 통해서는 수업 비평의 작동 방식에 대한 추적을 통하여 수업 비평의 구조를 확인한다. 이러한 작업을 토대로 관념과 현상을 비교함으로써 현상과 관념 사이의 정합성을 평가할 것이다. 이러한 작업은 수업 비평 현상을 종합적으로 조망하는 새로운 관점을 모색하는 다음 장의 기초가 될 것이다.

1. 기존의 수업 비평 관념에 대한 비판적 논의

지금까지 수업 비평에 대해 학문적으로 고찰하고 있는 논자들로는 곽영순(2003), 류현종(2004), 이정숙(2005), 정재찬(2006), 이혁규

· · ·

15 논자에 따라서는 수업 비평의 개념을 분명히 정의하고 있기도 하다(정재찬, 2006; 이혁규, 2007a 참조). 여기서는 이러한 경우 또한 수업 비평에 대한 관념(notion)에 포함시켜 고찰하고 있는데, 이는 특정한 방식으로 정의 내려진 개념 또한 관념의 한 유형이라고 할 수 있기 때문이다.

(2007a), 강현석(2007)이 있다. 이 연구들에서 보이는 수업 비평의 관념은 논자의 수만큼이나 다양하고 같은 논자의 논의 속에서도 맥락에 따라 수업 비평의 서로 다른 측면을 부각시키기도 한다. 여기서는 수업 비평 관념의 유형을 '수업 연구 방법으로서의 수업 비평', '새로운 수업 읽기로서의 수업 비평', '비판적 글쓰기로서의 수업 비평', '수업에 대한 이야기의 생산과 소통', '새로운 수업 문화 운동으로서의 수업 비평'이라는 다섯 가지 범주로 나누어 고찰한다. 이 다섯 가지 수업 비평 관념의 유형은 수업 비평에 대한 학문적 담론으로부터 귀납적으로 분석한 아이디어의 유형들이며, 수업 비평에 대한 관념을 일관된 기준에 따라 분류한 것이 아니다. 따라서 이 다섯 가지 관념들은 상호 배타적이라기보다는 상호 보완적이며 논자의 관점과 초점화에 따라 동일한 현상이 달리 표상된 것이다.

(1) 수업 연구 방법으로서의 수업 비평

수업 비평을 수업 연구의 방법으로 보는 관점은 곽영순(2003)과 류현종(2004)에게서 찾아볼 수 있다.

곽영순은 수업 비평을 교사의 수업과 학생들의 학습을 개선하기 위하여 또 다른 어른이 해당 교사의 수업과 관련된 정보를 수집하고 해석하는 일련의 과정으로 정의하였다.[16] 곽영순은 NCTM(1991)의 견해를 수용하여 수업 비평을 순환적인 과정으로 보고 "해당 교사의 과학 수업과 관련된 자료를 수집하여 분석하며, 수업 비평에 근거하여 교사가 전문성 개발을 위하여 노력하고, 교사의 전문성 개발의 결과로서

* * *

16 곽영순(2003)의 관점은 수업의 예술성(art)보다는 수업의 과학성(science) 혹은 기술성(craft) 측면에 관심을 두며 수업에 대한 직관적 판단보다는 좋은 과학 수업의 준거에 비추어 수업을 평가한다는 점에서 일반적인 수업 비평의 범주에서 벗어난 측면이 있지만 현장의 교실 수업을 참관하고 수업 교사를 심층적으로 인터뷰한 자료를 근거로 하여 수업을 질적으로 평가하였다는 점에서 수업 현상의 질적 특성 이해하기까지를 외연으로 삼는 넓은 의미의 수업 비평에 포함할 수 있다.

수업이 개선되는 3단계를 기본 골격으로" 설정하였다. 따라서 곽영순의 수업 비평은 좋은 과학 수업의 준거를 찾아내고 그러한 준거에 비추어 전문적 안목을 갖춘 관찰자가 수업을 해석하는 일종의 수업 연구 방법이다. 곽영순의 수업 비평은 결과의 피드백을 통한 수업 개선을 강조하고 있어서 실용적인 목적을 지닌 수업 연구 방법이라고 할 수 있다.

류현종은 수업 비평을 예술 비평의 원리와 방법을 활용한 교육과정 현상 이해하기로 정의한다. 류현종은 수업을 예술적 실체로 규정하고 사회 수업을 대상으로 수업의 예술적 측면을 발견하고 이해하기 위해 예술 비평의 원리와 방법을 적용하였다. 그는 예술 비평에 재단적 기능, 해석적 기능, 현실 개입적 기능이 있다고 보고, 수업 비평 또한 이러한 기능을 발휘할 것이라고 보았다. 따라서 수업 비평은 수업의 의미 형성 과정에 초점을 두어야 하며 새로운 해석 방식으로 수업에 대한 일상적 의식들에 도전해야 한다고 본다(류현종, 2004: 46-48).

류현종의 수업 비평은 예술 비평을 활용한 수업의 예술성에 대한 연구 방법이다. 수업 비평가가 수업을 비평하기 위해서는 수업을 보는 안목을 획득해야 하는데 수업을 보는 안목은 수업을 보는 틀(개념)을 필요로 한다. 비평가는 그 틀을 우선 획득해야 한다. 해당 분야의 학문적 개념과 방법도 그중의 하나이다. 류현종은 특정한 인식적 틀에 의해 포착된 문제 상황, 즉 문제 설정problematic을 비평의 출발점으로 본다. 수업 비평가는 문제 설정을 통해서 구체적인 담론의 대상을 발견하게 되는데 이를 토픽의 발견이라 한다. 토픽 발견은 Eisner의 주제화thematics 개념과도 비교될 수 있는데(류현종, 2004: 51) 토픽 혹은 주제는 수업의 특질을 요약해 주는 하나의 개념이라 할 수 있다.[17]

• • •

17 류현종(2004)은 발터 벤야민의 '아우라', 장 프랑수아 리오타르의 '숭고', 움베르토 에코의 '카오스모스'라는 세 가지 예술 비평의 개념을 적용하여 각각 '수업에서의 교사의 저자성', '말할 수 없는 수업 경험', '수업의 열림과 닫힘'이라는 세 가지 토픽을 설정하였다.

류현종의 수업 비평은 결국 예술 비평의 관점과 방법으로 수업을 봄으로써 지금까지 간과되고 감추어져 왔던 수업의 예술적 국면을 발견하려는 목적을 지닌 일종의 연구 방법이라 할 수 있다.

(2) 새로운 수업 읽기로서의 수업 비평

강현석(2007)은 수업 비평을 수업 현상에 대한 해석적인 이해의 과정이라고 정의한다. 수업에 대한 해석적 이해의 과정은 수업 현상이라는 텍스트를 읽어 내는 과정이라고 할 수 있다. 강현석은 수업 비평의 방법으로 내러티브 탐구를 제안하는데 이는 수업의 해석적 이해의 성격이 내러티브적이라고 보기 때문이다. 수업 읽기의 주체(수업 행위 당사자 혹은 타인)가 교사의 수업 행위를 이해하기 위해서는 행위자의 내부로부터의 주관적인 의식이나 의도, 신념, 가치관을 파악할 필요가 있는데 이를 위해서는 교사의 개인적 구인construct이나 신념 체계의 이해가 중요하다(강현석, 2007: 12). 이때 행위 주체의 내부의 관점을 파악하는 데 내러티브가 결정적인 도움을 준다. 내러티브를 활용한 수업 비평은 현상에 대한 서술과 맥락 속에 숨겨진 의미 이해를 통하여 Greetz의 해석적 문화이론이 추구하는 바와 같은 심층 기술thick description을 통한 수업 문화 읽기를 성취하고자 한다.

수업을 새롭게 읽어 내고자 할 때 내러티브는 수업을 깊이 있게 읽어 내는 '눈'의 역할을 한다. 교사와 그 밖의 모든 사람들은 이야기된 삶을 살아가며(Bruner, 1985. 강현석, 2007에서 재인용), 그러므로 내러티브 구조에 따라서 생각하고 지각하고 상상하고 도덕적 결정을 한다(Sarbin, 1986. 강현석, 2007에서 재인용). 이렇게 볼 때 내러티브는 삶을 종합적으로 이해하고 해석하는 하나의 틀이 된다. 내러티브는 수업 주체가 스스로의 경험으로부터 의미를 구성해 가는 과정이며 교사 개인의 실천적 지식을 구성하는 원천이다. 따라서 수업의 의미를 제대로 이해하기 위해서는 수업 참여자의 내러티브를 통하지 않을 수 없다.

그런 의미에서 강현석은 수업 읽기의 방법으로 내러티브를 활용하는 것이 필연적이라고 본다. 그가 수업 비평을 수업 현상에 대한 해석적인 이해의 과정이라고 하여 수업 읽기를 강조하는 것은 내러티브 탐구의 본질이 현상에 대한 중층적인 읽기에 있기 때문이라고 할 수도 있다.

한편 이정숙(2005)은 국어 수업을 문화 현상으로 정의하고 수업 비평은 그러한 문화 현상을 텍스트로 삼아 그것이 지닌 의미와 가치를 인식하는 것이라고 생각한다. 즉 수업을 비평한다는 것은 수업을 구성하는 구성원들에 의해 창출되는 세계(수업 현상)의 경험들을 조직하는 의미 체계를 살피는 일이며 이는 곧 수업 문화를 살피는 것이라고 할 수 있다.

이정숙의 논의에 비추어 볼 때 그의 수업 비평 관념 또한 '수업 읽기'에 초점이 맞춰져 있음을 알 수 있다. 다만 그는 국어 수업을 문화 현상으로 정의하는데 이 관점에 따르면 비평이라는 장르가 예술 작품을 대상으로 시작되었지만 의미 해석이 가능한 제반 문화 현상으로까지 그 외연이 확장되어 논의의 초점이 수업의 예술성보다는 수업의 문화성에 있음을 추론할 수 있다.[18]

사실 수업 비평에 대한 대부분의 논자들의 정의를 한 꺼풀만 벗기고 들어가면 대부분의 수업 비평 관념에서 '수업 읽기'를 내포하고 있음이 발견된다. 이것은 마치 강현석의 정의가 수업 읽기에 초점이 있을 뿐 수업에서 읽어 낸 것을 표현하는 것(글쓰기)을 배제하지 않는 것과 같다. 우리는 류현종(2004), 정재찬(2006), 이혁규(2007a)의 논의에서도 수업 비평의 대상이 되는 수업을 '텍스트'로 개념화하는 것을 발견할 수 있다. 예컨대 류현종은 정보 전달 모델에 의거하여 교사는

* * *

18 물론 이정숙(2005)은 '문화로서의 수업'과 '미학으로서의 수업'을 모두 논의하고 있다. 그러나 그의 논문의 전체적인 흐름으로 볼 때 국어 수업의 미학적 측면보다는 국어 수업의 문화적 측면이 수업 비평의 초점이 되어야 함을 주장한다고 할 수 있다.

예술가, 수업은 예술 텍스트, 학생과 수업 참관자는 수용자로 개념화한다.[19] '비판적 글쓰기' 유형에 속하는 정재찬과 이혁규의 정의에서도 수업 읽기의 관념이 내포되어 있음을 확인할 수 있다. 정재찬은 수업을 '교육 텍스트이자 일종의 문화예술 텍스트'로 규정하고 그것에 대한 기술, 해석, 평가가 수업 비평의 주축임을 밝힌다. 이혁규 또한 '교사와 학생들이 함께 구성해 가는 수업 현상'을 하나의 텍스트로 규정하고 그것에 대하여 기술하고, 분석하고, 해석하고, 평가해야 함을 밝히고 있다. 이렇게 볼 때 정재찬과 이혁규의 수업 비평 관념은 수업에 대한 읽기와 쓰기를 모두 포괄하고 있지만 수업을 '읽는 것'보다는 읽은 것을 '글로 쓰는 것'에 방점을 두고 있는 정의임을 알 수 있다.

(3) 비판적 글쓰기로서의 수업 비평

비판적 글쓰기로서의 수업 비평 관념은 전술한 바와 같이 정재찬(2006)과 이혁규(2007a)에서 찾아볼 수 있다. 이 두 사람의 수업 비평 정의를 인용하면 다음과 같다.

수업 비평은 교육 텍스트이자 일종의 문화예술 텍스트로서의 수업 텍스트를 대상으로 인문학과 사회과학, 아울러 예술과 과학의 양면적 가치를 종합적으로 고려하면서 기술과 해석과 평가를 주축으로 행하는 비판적이고 창조적인 글쓰기라 규정할 수 있다. (정재찬, 2006: 397)

수업 비평은 교사와 학생들이 함께 구성해 가는 수업 현상을 하나의 분석 텍스트로 하여 수업 활동의 과학성과 예술성, 수업 참여자의 의도와 연행, 교과와 사회적 맥락 등을 종합적으로 고려하면서 수업을 기술, 분석, 해석,

• • •

19 류현종(2004)의 수업 텍스트 개념은 교사와 학생을 배제하고 정보 전달 모델을 밑바탕에 깔아 놓음으로써 지나치게 안이한 개념화라는 인상을 준다.

평가하는 비판적이고 창조적인 글쓰기라고 정의할 수 있다. (이혁규, 2007a: 167)

두 논자가 수업 비평을 '글쓰기'로 정의하는 데는 두 연구자 모두 실제 수업 비평을 앞서 개척해 나가고 있는 수업 비평가라는 점과 무관하지 않을 것이다. 이들은 수업 비평이라는 문화 현상에 비평 필자로서 참여하고 있기에 자신이 체험한 수업 비평 활동의 핵심이 '비판적이고 창조적인 글쓰기'가 될 수밖에 없다. 그러나 이러한 정의 방식을 단순히 개인적인 체험에 바탕을 둔 것으로만 해석하고 넘어가는 것은 문제가 있다. 그 이유는 첫째, 이 정의가 '글쓰기'에 방점을 찍고 있지만 수업 텍스트 읽기를 전제하고 있다는 점에서 찾을 수 있다. 다음으로 비록 글쓰기가 책상 앞에서 이루어지는 고립적인 실천으로 비칠 가능성이 있지만 글쓰기 행위가 내포하는 의미가 매우 크기 때문이다. 질적 연구에서의 글쓰기에 대한 여러 연구에 의하면 글쓰기는 체험 주체의 경험의 성찰 과정과 떼려야 뗄 수 없는 관계에 있으며, 그 자체가 경험의 의미를 찾아가는 과정이다(Wolcott, 2001; Richardson & St. Pierre, 2005; Clandinin & Connelly, 2000). 그런 점에서 수업 텍스트를 읽는 행위와 수업 텍스트에 대하여 글을 쓰는 행위는 본질적으로 연계되어 있다. 이 관점에서 보면 수업 텍스트에 대하여 글을 쓰는 행위는 곧 수업 텍스트를 읽어 내는 행위가 되는 것이다.

정재찬과 이혁규의 수업 비평 정의는 앞선 논자들 누구보다도 그 외연에 있어서 확장적이고 분명하다. 특히 이혁규의 정의는 수업 현상의 주체(교사와 학생)를 분명히 하고, 수업 읽기의 대상(수업 활동의 과학성과 예술성)과 범주(수업 참여자의 의도와 연행)와 맥락(교과와 사회적 맥락)을 명확하게 제시하고, 수업 비평의 절차(기술, 분석, 해석, 평가)까지 제안하고 있다. 다시 말해서 수업 비평가의 입장에서 수업 비평을 실천하려고 할 때 고려해야 할 거의 모든 것들을 수업 비평의 정의 속에 포괄하고 있다고 할 수 있다.

(4) 수업에 대한 이야기의 생산과 소통

수업 비평을 수업에 대한 이야기의 생산과 소통으로 보는 관념은 수업 비평에 대한 명시적 정의에서는 잘 드러나 있지 않지만 수업 비평론 이곳저곳에서 혹은 수업 비평문 여기저기에서 찾아볼 수 있다.

강현석(2007)은 수업 비평 행위는 교사의 실천적 지식이 체화된 수업 경험에 대한 내러티브적 해석이라고 재진술한다. 즉 수업 비평은 수업 경험을 '체험하고living 이야기하고telling 다시 체험하고reliving 다시 이야기하는retelling'(Clandinin & Connelly, 2000) 과정을 통해 이야기를 생산하는 것이다. 강현석은 비평을 통한 학교 현장에서의 소통을 강조한다. 즉, 수업에 관한 소통이 거의 없는 실정에서 비평의 개입으로 수업 저자와 독자 간의 무한한 의사소통이 가능하다고 보는 것이다. 이렇게 볼 때 강현석의 주장은 수업 비평 행위를 수업에 대한 이야기를 만들어 내고 그것을 통해 소통을 하는 것이라고 재정의할 수 있다.

류현종(2004)의 연구는 학교 현장에 수업을 둘러싼 활발한 소통과 비평이 존재하지 않는 현실에서 출발한다. 이러한 현실을 개혁하기 위해 수업을 대상으로 한 '교사들의 소통, 연대, 비평을 통한 수업 담론의 형성'(류현종, 2004: 19)이 필요하다고 본다. 즉 수업 비평의 의의 혹은 가치를 수업 이야기의 소통을 통한 수업 담론의 형성에 두고 있는 것이다. 류현종의 수업 비평이 수업 이야기의 생산 과정임은 비평 자료의 수집과 글쓰기 과정에서 내러티브 탐구narrative inquiry의 방법을 활용하고 있는 데서 분명히 확인된다.

내러티브로서의 수업 비평의 소통 강조는 수업 비평에 대한 메타 비평을 시도하는 데서도 확인할 수 있다. 그는 사회과 수업 비평의 소통과 수용의 측면을 살펴보기 위해 자신의 수업 비평에 대한 교사들의 메타 비평을 소개하였다. 수업 비평에 대한 교사들의 메타 비평은 수업 텍스트 저자(수업 공개 교사)들의 비평과 비평 독자인 교사들의 비평으로 나누어 제시하였다. '수업 보기 – 수업 비평 – 수업 비평에 대한 비평'으로 이어지는 수업 이야기의 소통 과정은 수업 비평 참여자들 사이의 소통 가능성을 모델링하여 보여 주었다는 의미가 있다.[20]

한편 본격적인 수업 비평론은 아니었지만 〈함께 나누는 수업 이야기 I〉 코너에 글을 연재한 서근원의 개설의 변(서근원, 2001년 3월호)에서도 해당 코너의 개설이 수업 이야기의 소통과 공유에 목적이 있음을 확인할 수 있다. 서근원은 수업 이야기가 "교사들 주변 어디에서나 논의되고 공유되어서 수업에 대한 이야기가 활발해지기를 바랄 뿐"이라는 희망과 함께 〈함께 나누는 수업 이야기〉 토론방을 통한 활발한 소통에 대한 기대를 밝히고 있다.

(5) 새로운 수업 문화 운동으로서의 수업 비평

끝으로 수업 비평을 수업 문화 운동으로 보는 관념이 발견된다. 이혁규는 수업 비평을 "수업 문화를 개선하고 교사의 수업 전문성을 신장할 수 있는 다양한 길" 중의 하나이며 "닫힌 교실을 열고 그 속에서 일어나는 수업 실천의 의미를 드러낼 수 있는 길"이라고 하였다. 또한 수업 비평의 전망과 관련하여 "수업 비평이 자발적 문화 운동의 차원에서 전개되기를 갈망한다(이혁규 외, 2007: 28)."고 하였다.

이에 앞서 이혁규(2006)의 〈수업 비평, 수업을 보는 새로운 눈〉에서는 수업 비평의 전제가 되는 수업 공개의 의미가 개인주의의 문화 장벽을 넘어서는 데 있음을 지적하고 대중지의 '지면을 통해서 〈다시 시작하는 수업 읽기〉를 제안한 것은 우리의 폐쇄적인 수업 문화를 바꾸어 보자는 의도가 담겨 있었음'을 밝히고 있다.

이러한 관점으로 수업 비평을 보게 되면 자연스럽게 그 관심이 새로

• • •

20 류현종은 실제 수업 비평의 공간에서 메타 비평을 실천하기도 하였다.

운 수업 문화 운동으로서의 수업 비평의 확산으로 옮아가게 된다. 이혁규(2006)는 교사들이 수업 비평을 시도하는 것으로 확산의 방향을 제시하고 있다.

류현종(2004)과 강현석(2007) 또한 한국의 폐쇄적인 수업 문화를 개선하는 방법으로 수업 비평을 제안한다. 다만 그들의 논지는 수업 비평이 폐쇄적인 수업 문화를 개선하는 데 효과가 있음을 지적하는 데 그치고 있어 수업 비평 자체가 새로운 수업 문화 운동일 수 있음을 인식하는 데까지는 다다르지 못했다고 할 수 있다.

한편 새로운 수업 문화 운동으로서의 수업 비평은 앞서 언급한《초등 우리교육》과《중등 우리교육》에서 이루어진 수업 비평에서 그 전형적인 양상을 볼 수 있는데, 그러한 전개 양상이 새로운 수업 문화 운동으로서의 수업 비평의 가능성에 대한 자각을 통해 이루어진 것임이 곳곳에서 확인된다. 예컨대《우리교육》의 대표적인 수업 비평 코너였던〈다시 시작하는 수업 읽기〉를 정리하는 좌담(2006년 12월호)에는 '수업 문화를 바꾸는 씨앗을 뿌리다'라는 부제가 붙어 있는데, 우리는 여기서 그러한 자각을 상징적으로 읽어 낼 수 있다.

2. 수업 비평 현상과 수업 비평의 관념의 비교

이 절에서는《우리교육》을 중심으로 수업 비평 활동에 활발하게 참여해 온 한 수업 비평가의 체험적 기술(이혁규, 2007b; 2008b; 이혁규 외, 2007)을 통해 수업 비평의 장에서 실제 수업 비평이 어떻게 이루어지고 있으며 수업 비평의 참여자들에게 수업 비평이 어떻게 체험되고 있는지를 분석해 보고자 한다. 이러한 작업은 앞 절에서 고찰한 수업 비평 논자들의 수업 비평에 대한 관념과 실제 수업 비평의 양상을 대면시켜 상호 참조가 이루어지게 하는 효과가 있을 것이다.

《우리교육》의 수업 비평의 경우 수업 공개 교사를 찾는 일에서 시작된다. 이때 여러 교사 네트워크를 섭외하여 수업을 공개할 교사를 찾는다(이혁규, 2007b). 수업 비평의 대상이 되는 수업은 자발성의 원칙에 의해 공개되어야 하며 어느 정도의 질적 수준이 뒷받침되어야 하기 때문에 적합한 수업 찾기 과정이 매우 중요하게 고려되는 것이라고 할 수 있다.

　수업 비평의 본격적인 작업은 수업을 기술하는 데서 시작된다.[21] 수업 기술하기(수업 쓰기)는 비평가가 수업을 글로 형상화하여 비평가가 본 것을 다른 사람들도 공유할 수 있도록 한다는 데 그 의의가 있다. 수업 기술하기는 보통 기자와 수업 연구자가 수업을 참관하고 비디오 촬영을 한 후 그 수업 비디오를 반복해서 보는 과정에서 이루어지는데, 수업 기술의 목적은 실제 수업 현장을 생생하게 전달하는 데 있지만 복잡하기 이를 데 없는 수업 사태에 대한 실제 기술은 수업 비평가의 선택적 주시의 결과일 수밖에 없음을 수업 비평가는 인정한다(이혁규 외, 2007: 25). 한편 수업을 기술하는 과정에서 다양한 글쓰기 방식이 활용될 수 있는데[22] 수업 비평가는 수업 상황에 적합한 글쓰기 방식을 선택하여 수업을 기술할 필요가 있다. 즉, 수업 기술하기의 단계에서도 상황과 목적에 맞는 복잡한 선택이 요구된다는 것이다. 수업 기술하기가 끝나면 수업에 대한 비평이 이루어진다. 비평은 수업 장면에 대한 분석, 해석, 평가 등이 망라되어 있는 활동이다. 수업 비평하기 단계에서 비평의 주제가 선택되는데, 비평적 글쓰기는 바로 그 주제를 중심으로 이루어진다.[23] 주제를 중심으로 한 비평적 글쓰기는 개인적 감식 행위가 공적인 텍스트로 전환되는 과정으로, 이 과정에서 독자에게 말을 걸고 독자를 설득하기 위한 장치들이 마련된다고 할 수 있다.

• • •

21 이혁규는 이를 '수업 쓰기'로 개념화하였다(이혁규 외, 2007).
22 이혁규는 수업 기술의 방법으로 Van Manen의 객관적 글쓰기, 인상적 글쓰기, 고백적 글쓰기를 예로 들고 있다(이혁규 외, 2007).
23 수업 비평하기의 주제 선택은 Eisner의 '주제화'(1998, 박병기 외 역, 2001) 혹은 류현종(2004)의 '토픽 발견'과 같은 개념이다.

수업 비평문이 완성되면 매체를 통하여 유통되고 독자에게 전달되어 수업 비평문 읽기가 이루어진다. 독자는 수업 비평문을 공감적으로 혹은 비판적으로 읽게 되는데, 이러한 독자의 반응은 간혹 수업 비평문에 대한 메타 비평의 형태로 해당 잡지에 실리기도 한다.

이상의 과정을 분석하면 수업 비평의 과정은 수업 읽기, 수업 기술하기, 공적인 텍스트인 비평문으로의 전환, 비평문 읽기, 그리고 메타비평하기의 단계를 거친다. 해석학적 관점에서 보면 의미 해석의 대상이 되는 수업 자체가 일종의 텍스트라 할 수 있기 때문에 수업을 읽고, 기술하고, 비평하는 과정 자체를 수업 텍스트에 대한 읽기와 쓰기라고 규정할 수 있다.[24] 한편 수업 텍스트에 대한 공적인 글쓰기의 결과인 수업 비평 텍스트 또한 매체를 통하여 유통되어 다시 한 번 읽고 쓰기의 대상이 됨을 확인할 수 있다.

또한 수업 비평의 과정에는 여러 참여자들이 복잡하게 상호작용하는 양상이 포착된다. 수업 비평에는 수업 공개 교사와 학생, 수업 비평가, 수업 비평 독자들이 참여자가 되는데, 이들은 수업을 읽고, 수업에 대하여 쓰고, 수업 비평문을 읽고, 수업 비평문에 대하여 쓰는 과정에서 상호작용하고 있다.

여기서 우리가 확인하게 되는 것은 수업 비평이 수업 비평문 쓰기로 끝나는 것도 아니며 더구나 수업 비평이 수업 비평가의 것만도 아니라는 사실이다. 수업 비평은 읽기와 쓰기의 만남, 필자와 독자의 만남을 통해 완성된다. 흥미로운 것은 수업 비평에서의 읽기와 쓰기, 필자와 독자는 고정되어 있는 것이 아니라 역동적으로 역할 교대가 이루어진다는 것이다. 즉 수업 비평가는 수업을 기술하고 비평하는 필자이면서도 동시에 수업 텍스트를 읽는 독자이기도 하다. 수업 비평의 독

---

24 수업을 일종의 텍스트로 보는 관점은 수업 비평 현상에 대하여 관심을 가지는 대부분의 논자들에게서 공통적으로 발견할 수 있으며 이 점은 수업 비평에 대한 관념을 논한 앞 절에서도 확인할 수 있다.

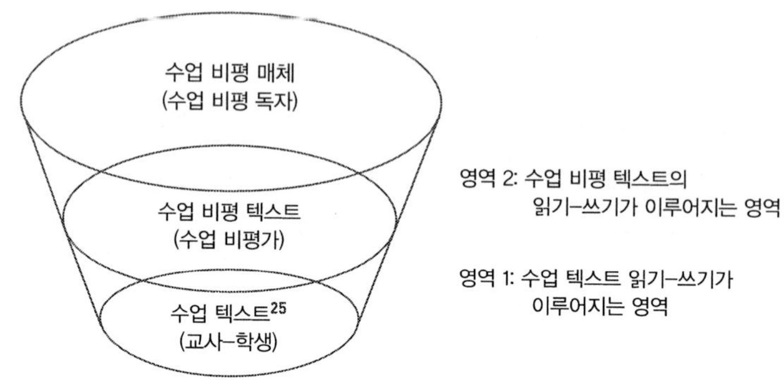

자는 비평 텍스트에 대한 독자이면서 동시에 비평 텍스트에 대한 메타 비평의 필자가 되기도 한다.

수업 비평은 동질적인 차원에서 이루어지는 평면적인 활동이 아니다. 수업 비평은 '수업 텍스트 – 수업 비평 텍스트 – 수업 비평 매체'라는 세 층위 사이에서 이루어지는 두 가지 이질적인 영역으로 구성되어 있다. 수업 비평의 두 가지 이질적인 영역은 각각 텍스트에 대한 읽기와 쓰기 행위를 포함한다. 수업 비평의 이질적인 두 영역은 '수업 텍스트 읽기–쓰기' 영역과 '비평 텍스트 읽기–쓰기' 영역이다. 수업 텍스트 읽기–쓰기 영역에서는 수업 공개 교사/학생과 수업 비평가가 관여하며 수업 텍스트에 대한 읽기와 쓰기가 이루어진다. 비평 텍스트 읽기–쓰기 영역에서는 수업 비평가와 수업 비평 독자가 관여하며 수업 비평 텍스트에 대한 읽기와 메타 비평 쓰기가 이루어진다. 수업 비평은 이러한 이질적인 두 영역이 공존하고 상호작용함으로써 완성된다.

* * *

25 수업 비평의 기저를 이루는 수업 텍스트는 주체(교사, 학생), 행위(수업 활동), 내용(교육과정 내용), 장소(수업이 이루어지는 시공간, 교실)라는 네 가지 요소와 수업을 둘러싼 사회 문화적 맥락으로 구성되어 있다고 할 수 있다. 수업 텍스트, 수업 비평 텍스트, 그리고 수업 비평 매체에 대한 자세한 논의는 이 연구의 범위를 넘어서는 것이므로 다른 기회에 이루어질 것을 기약한다.

이러한 수업 비평의 구조를 도식화해서 나타내면 〈그림 1-1〉과 같다.

이제 수업 비평 현상으로부터 도출한 위의 수업 비평의 구조에 앞 절에서 분석한 수업 비평에 대한 다섯 가지 관념을 비추어 봄으로써 수업 비평 현상과 수업 비평의 관념 사이의 괴리 현상을 짚어 보기로 하겠다.

지금까지 이루어진 수업 비평에 대한 분명한 정의로는 '수업 연구 방법으로서의 수업 비평', '수업 읽기로서의 수업 비평', '수업에 대한 비판적 글쓰기로서의 수업 비평'의 세 가지가 있으며, 명시적인 정의로 제시되지는 않았지만 수업 비평론에서 개진된 수업 비평에 대한 뚜렷한 관념으로 '수업에 대한 이야기의 생산과 소통', '새로운 수업 문화 운동으로서의 수업 비평'의 두 가지가 있다.

지금까지 명시적으로 개진된 세 가지 수업 비평의 정의들 중 수업 연구 방법으로서의 수업 비평은 비평보다는 연구에 초점이 있는 관념 이므로 수업에 대한 직관적이고 순환적인 해석과 즉각적인 소통을 특 징으로 하는 대중적 수업 비평의 범주에서 약간 벗어나 있다. 또한 수 업 읽기와 비판적 글쓰기에 초점을 맞춘 나머지 두 가지 관념은 수업 비평의 한 측면만을 초점으로 삼고 있는 한정적인 관념임이 확인된다. 수업에 대한 읽기와 쓰기는 수업 비평에서 동전의 양면처럼 결합되어 있어서 이 두 가지 중 하나만을 개념화하는 것은 수업 비평의 본질에 서 벗어난 것이 된다. 이 두 가지 정의가 지닌 또 다른 한계점은 수업 비평의 불가결한 참여자인 독자를 배제하고 있다는 것이다. 독자 없는 수업 비평은 무늬만 수업 비평일 뿐이다. 그러므로 수업 비평 독자를 수업 비평의 참여자로 인정하고 개념에 반영하는 것이 수업 비평에 대 한 정당한 개념화가 될 것이다.

이런 점에서 볼 때 명시적 정의는 아니지만 수업 비평의 또 다른 관 념으로 여기저기 제시된 '수업 이야기의 생산과 소통' 관념과 '새로운 수업 문화 운동으로서의 수업 비평' 관념은 실제 수업 비평 현상을 반영한 포괄적인 관념임을 알 수 있다. 하지만 '수업 이야기의 생산과 소통' 관념은 수업 비평의 작동 기제에서 중요한 비중을 차지하는 수업 읽기와 글쓰기를 배경으로 밀어내 버리는 듯한 인상을 준다. '새로운 수업 문화 운동으로서의 수업 비평'은 현실의 수업 비평을 가장 포괄적으로 반영하고 있지만 분명한 개념화가 이루어지지 않은 관계로 아직도 모호한 느낌을 준다.

이러한 점들을 종합하여 보면 지금까지 확인할 수 있는 수업 비평에 대한 관념들은 실제 수업 비평 현상을 제대로 반영하고 있지 못하다는 결론에 이르게 된다. 즉, 지금까지의 여러 수업 비평 관념들은 부분적인 타당성은 인정되지만 실제 수업 비평 현상을 총체적으로 반영하지 못하여 이론적 정합성을 확보하는 데 성공하고 있지 못하다고 평가할 수 있다.

IV. 수업 비평의 대안적 개념: 장르로서의 수업 비평

어떤 문화 현상을 설명하기 위해서는 그 문화 현상을 바라보는 해석의 틀을 선택해야 한다(Greetz, 1973, 문옥표 역, 1998: 19). 그런데 특정한 문화 현상을 바라보는 해석의 틀은 그 현상을 둘러싸고 있는 맥락을 어떻게 고려하는가에 따라 다르게 선택된다. 이는 거꾸로 어떤 해석의 틀을 선택하는가에 따라 현상을 둘러싼 맥락이 다르게 선택된다고도 할 수 있다.

수업 비평 현상을 바라보는 지금까지의 관념들 또한 수업 비평을 바라보는 나름대로의 해석의 틀을 제공하고 있다. 그러한 해석의 틀을 각각의 관념들 나름의 핵심 개념으로 표현하면, 수업 현상에 대한 '질적 연구'의 틀, 텍스트를 매개로 한 '읽기와 쓰기'의 틀, 수업 경험을 내러티브로 표상하고 소통하는 '내러티브'의 틀, 수업 비평을 통한 소통을 수업 개선을 위한 사회적 행동으로 바라보는 '운동'의 틀이 될 것이다. 수업 비평을 바라보는 이러한 해석의 틀은 그 맥락이 제한적이어서 수업 비평 현상을 총체적으로 조망하기에는 한계가 있다. 수업 비평 현상을 제대로 인식하고 설명하기 위해서는 수업 비평 현상의 전체적인 맥락을 사상하지 않는 새로운 해석의 틀이 제안될 필요가 있다.

필자는 수업 비평 현상의 전체적인 맥락을 보존할 뿐 아니라 수업 비평 현상의 여러 측면을 부분적으로 반영한 기존의 수업 비평 관념들을 통합하는 틀로 장르 개념을 도입할 것을 제안한다. 장르 개념은 수업 비평 현상을 둘러싼 맥락을 총체적으로 보존할 수 있는 포괄적인 인식의 구조가 될 수 있다.

장르 개념은 다양한 학문 영역에서 각기 다른 방식으로 정의되어 사용되어 왔기 때문에[26] 장르 개념을 재개념화하지 않고 포괄적으로 사용하는 것은 매우 위험하다. 그런 의미에서 현재 각 학문 분야별로 재개념화되어 사용되는 장르 개념 중 수업 비평 현상을 설명하기에 가장 적합한 장르 개념을 선택할 필요가 있다. 필자가 주목하는 것은 언어 사회학에서 활용하는 소통 장르communicative genres의 개념이다.

소통 장르는 전통적인 장르론과는 달리 텍스트의 유형 분류를 넘어서서 특정 공동체가 자연스럽게 받아들이고 활용하는 의사소통적 사건들로 재개념화된다. 소통 장르는 그 문화 공동체에서 용인되는 관습화된 소통적 모델이다(최인자, 2001: 49). 소통 장르는 언어가 사용되는 제 양상뿐 아니라 언어가 소통되는 상황 맥락 및 역사적, 사회적 배경까지도 아우르며, 참여자들 사이의 관계까지도 고려된다(Paltridge, 1997: 22). 소통 장르는 장르를 특정한 문화적 맥락에서 소통되는 사회

• • •

26 장르 개념을 주요하게 활용하고 있는 연구 영역으로는 문예학, 민담 연구, 언어 인류학, 소통 인류학, 스피치 민족지학, 작문교육, 수사학, 문화론 등이 있으며, 이들은 각기 자신들의 관점에 따라 장르의 내포와 외연을 다르게 규정한다(Paltridge, 1997, chap.2 참조).

적 행위로 보게 됨으로써 문체의 관습성만을 기초로 장르를 고찰하던 개념적 한계를 넘어서서 사회 속에서 실제로 작동하는 장르의 실체를 포착할 수 있게 된다. 수업 비평을 사회적 행위로서의 장르로 보게 되면 복잡한 실체인 수업 비평을 그것이 지닌 어느 한 측면만으로 환원하여 정의하는 오류에서 자유롭게 된다.

장르로서의 수업 비평은 '수업 이야기의 생산과 소통'이라는 측면과 '새로운 수업 문화 운동으로서의 수업 비평'이라는 측면을 비평 행위의 속성으로 자연스럽게 내포시킨다. 또한 수업 비평을 소통 장르로 보게 되면 수업 비평이 우리의 교육 공동체 안에서 자생적으로 발생하여 변화 발전하는 과정을 자연스럽게 설명할 수 있게 된다.

장르로서의 수업 비평은 수업 비평 현상의 외연을 충분히 포괄할 수 있을 뿐 아니라 수업 비평의 핵심적 기제인 읽기 행위와 쓰기 행위를 장르의 생산 및 수용 행위로 자연스럽게 수렴한다. 즉, 장르로서의 수업 비평은 3장 1절에서 논한 수업 비평의 여러 개념들을 종합할 수 있는 개념이다. 한편, 장르로서의 수업 비평은 3장 2절에서 고찰한 수업 비평의 구조를 고스란히 반영할 수 있는 개념이기도 하다. 수업 비평을 소통 행위로서의 장르로 규정함으로써 우리는 수업 비평에 참여하는 주체(필자와 독자), 수업 비평 행위가 이루어지는 층위(수업 텍스트, 수업 비평 텍스트, 수업 비평 매체), 그리고 수업 비평 행위의 영역(수업 텍스트의 읽기-쓰기와 수업 비평 텍스트의 읽기-쓰기)을 개념에 반영할 수 있다.

한편 수업 비평의 참여자들(필자와 독자)이 형성하고 있는 실천 공동체에 대한 고려와 논의 또한 필요하다. 수업 비평의 참여자들은 개별화된 분자적 존재라기보다는 일정한 범위 안에서 조직화되어 있거나[27]

---

27 학교 단위 혹은 지역 기반의 수업 비평 모임이 그러한 경우이다(최수일, 2009; 이현영, 2009; 윤양수, 2009 참조).

같은 매체를 공유하는 독자층으로 존재한다. 이들은 수업 문화 개선에 대한 공동의 관점과 전망을 공유하는 비평 공동체를 구성한다. 장르적 관점에서 볼 때 수업 비평 공동체는 수업 비평 장르가 작동되고 운용되는 장field이라 할 수 있다.

이상의 논의를 종합하여 장르적 관점에서 수업 비평의 대안적 개념을 제시하면 다음과 같다. '수업 비평이란 수업 텍스트에 대한 읽기와 쓰기 및 수업 비평 텍스트에 대한 읽기와 쓰기를 중심으로 수업 비평 공동체의 구성원들 사이에서 생산되고 소통되는 자생적인 장르이다.'

장르로서의 수업 비평 개념은 최근 몇 년간 한국에서 전개되어 온 수업 비평 현상의 본질을 가장 잘 드러내 준다. 수업 비평은 교육에 대한 질적 연구 방법론으로 자리 잡아 온 교육 비평과는 본질적으로 다르다. 수업 비평은 교육 비평으로부터 인식론적 기반과 방법론을 차용하고 있지만 단순한 질적 연구 방법론과는 그 존재 방식이 다르다. 수업 비평의 본질은 자발적으로 형성된 비평 공동체 속에서의 생산과 소통에 있다. 장르로서의 수업 비평 개념은 존재 방식의 측면에서 단순한 질적 연구 방법론을 넘어서 있는 한국에서의 수업 비평 현상의 본질을 가장 타당한 방식으로 드러낸다.

| 참고문헌 |

강현석(2007), 교사의 실천적 지식으로서의 내러티브에 의한 수업 비평의 지평과 가치 탐색, 교육과정 연구, 25(2), 한국교육과정학회, 1-35쪽.

곽영순(2003), 질적 연구로서 과학 수업 비평: 수업 비평의 이론과 실제, 서울: 교육과학사.

김대현, 김아영(2002), 메타 비평을 사용한 비평의 교육적 기능 탐색, 교육과정연구, 20(3), 271-293쪽.

김주훈, 한국교육과정평가원(2002), 학교 교육 내실화 방안 연구(II): 좋은 수업 사례에 대한 질적 접 근, 한국교육과정평가원.

류현종(2004), 사회과 수업 비평: 예술 비평적 접근, 박사학위 논문, 한국교원대학교.

박승배(2006), 교육 비평: 엘리어트 아이즈너의 질적 연구 방법론, 서울: 교육과학사.

서근원(2001), 함께 나누는 수업 이야기 1~10, 초등 우리교육, 133~142.

서근원(2003), 수업을 왜 하지?, 서울: 우리교육.

서근원(2007a), 교육학으로서의 교육인류학 탐색, 교육인류학연구, 10(2), 한국교육인류학회, 1-40쪽.

서근원(2007b), 수업에서의 소외와 실존: 교육인류학의 수업 이해, 서울: 가람문화사.

염지숙(2003), 교육 연구에서 내러티브 탐구의 개념, 절차, 그리고 딜레마, 교육인류학연구, 6(1), 한국 교육인류학회, 119-140쪽.

유영만(1996), 성찰적, 설계 예술적 관점에서 본 수업 설계자 육성방안 재고, 교육공학연구, 12(1), 한 국교육공학회, 113-141쪽.

유정애(2003), 체육 수업 비평, 서울: 무지개사.

윤양수(2009), '다온' 수업 비평 워크숍 활동 사례, 수업 연구와 교사의 성장 II-현장 수업 연구 공동체 를 찾아서: 청주교육대학교-한국교원교육학회 공동학술대회 자료집, 51-72쪽.

이근호(2007), 질적 연구 방법론으로서의 현상학: 독특성과 보편성 사이의 변증법적 탐구 양식, 교육인 류학연구, 10(2), 41-64쪽.

이용숙, 김영천(1998), 교육에서의 질적 연구, 서울: 교육과학사.

이정숙(2005), 문화 현상으로서의 국어 수업 비평, 한국초등국어교육, 29, 한국초등국어교육학회, 277- 313쪽.

이혁규(2006), 수업 비평, 수업을 보는 새로운 눈, 초등 우리교육, 202, 88-91쪽.

이혁규(2007a), 수업 비평의 필요성과 방법에 대한 탐색적 논의, 교육인류학연구, 10(1), 한국교육인류 학회, 155-185쪽.

이혁규(2007b), 수업 비평으로 수업을 새롭게 만나다, 중등 우리교육, 205, 137-146쪽.

이혁규, 이경화, 이선경, 정재찬, 강성우, 류태호, 안금희, 이경언(2007), 수업, 비평을 만나다, 서울: 우 리교육.

이혁규(2008a), 수업, 비평의 눈으로 읽다, 서울: 우리교육.

이혁규(2008b), 수업 비평이란 무엇인가?, 중등 우리교육, 223, 98-105쪽.

이현영(2009), 수업 혁신을 통해서 학교를 바꾸다, 수업 연구와 교사의 성장 II-현장 수업 연구 공동체 를 찾아서: 청주교육대학교-한국교원교육학회 공동학술대회 자료집.

정재찬(2006), 국어 수업 비평론, 국어교육학연구, 25, 국어교육학회, 389-420쪽.

조용환(1999), 질적 연구 : 방법과 사례, 서울: 교육과학사.

최수일(2009), 수학 수업 관찰 연구 모임의 활동 경험, 수업 연구와 교사의 성장 II-현장 수업 연구 공동 체를 찾아서: 청주교육대학교-한국교원교육학회 공동학술대회 자료집.

최인자(2001), 국어교육의 문화론적 지평, 서울: 소명출판.

Clandinin, D. J. & Connelly, F. M.(2000), *Narrative Inquiry: Experience and Story in Qualitative Research*, San Francisco: Jossey-Bass Publishers.

Dewey, J. (1967), *The Early Works of John Dewey*(vol.2), London: Southern Illinois University Press.

Eisner, E. W.(1969), Instructional and expressive objectives: Their formation and use in curriculum, In W. Popham, E. Eeisner, H. Sullivan, & L. Tyler(eds.), *Instructional Objectives. AREA Monograph series on curriculum evaluation, n.3*, Chicago, IL: Rand McNally.

Eisner, E. W.(1976), Educational Connoisseurship and Criticism: Their forms and functions in educational evaluation. *Journal of Aesthetic Education*, 10(3/4), Bicentennial Issue, 135-150.

Eisner, E. W.(1994), *Cognition and curriculum reconsidered*(2nd ed.), 박승배 역(2003), 인지와 교육과정, 서울: 교육과학사.

Eisner, E. W.(1998), *The enlightened eye: Qualitative inquiry and the enhancement of educational practice*, 박병기 외 역(2001), 질적 연구와 교육, 서울: 학이당.

Geertz, C.(1973), *The Interpretation of Cultures*, N.Y.: Basic Books, 문옥표 역(1998), 문화의 해석, 서울: 까치.

Jackson, P. W.(1968), *Life in Classrooms*, N.Y.: Holt, Rinehart and Winston.

Miller, C. R.(1994), Genre as Social Action. Freedman, A. & P. Medway(eds.), *Genre and the new Rhetoric*. Bristole PA: Taylor & Francis.

Paltridge, B.(1997), *Genre, Frames and Writing in Research Settings*, Amsterdam ; Philadelphia: John Benjamins Publishing Company.

Richardson, L. & St. Pierre, E. A.(2005), Writing: A method of inquiry. Denzin, N. K., & Lincoln, Y. S. eds, *The Sage Handbook of Qualitative Research*(3rd)(pp. 959-978). Thousand Oaks, CA: Sage Publications, Inc.

Simpson, D. J., Jackson, M. J. B., & Aycock, J. C.(2005), *John Dewey and the art of teaching: toward reflective and imaginative practice*, Thousand Oaks, Calif.: Sage Publications.

Wolcott, H. F.(1973), *The Man in the Principal's Office*, N.Y.: Holt, Rinehart and Winston.

Wolcott, H. F.(2001), *Writing Up Qualitative Research*(2ed.), Sage Publications.

수업의 과학성과 예술성 논의와 수업 비평

이혁규, 엄훈, 정정인, 신지혜

I. 들어가며

최근 한국 교실 수업을 변화시키기 위한 연구 방법이자 하나의 실천으로서 수업 비평이 연구와 실천 현장에서 꽤 많은 사람들의 관심을 불러일으키고 있다. 그런데 수업 비평은 '수업은 예술'이라는 은유와 밀접한 관련을 맺고 있다. 전통적인 예술 장르인 영화, 연극, 문학, 미술 등은 그 활동의 질적 특성을 이해하고 해석하고 평가하기 위해서 나름의 고유한 비평 활동을 수반하는데, 이는 예술적 실천이나 예술 작품을 이해하기 위해서는 비평이 필요하기 때문이다. 이렇게 예술 비평이 예술 작품에 대하여 하는 일을 수업 비평은 수업을 대상으로 수행하고 있다.

그런 의미에서 수업 비평은 수업을 하나의 예술적 실천이나 예술 작품으로 보는 관점을 취하고 있다. 그러나 수업을 예술로 간주하는 수업 비평의 관점은 아직 엄밀한 검토를 거친 것이라고 하기 어렵다. 수업의 예술성에 대하여 언급하는 교육학자들이 지속적으로 있어 왔지만 치밀한 이론적 토대를 갖춘 논의는 많지 않은 실정이다. 다른 한편 수업 비평 행위가 수업의 예술성을 반드시 전제하는 것은 아니다. 오늘날 비평은 예술 작품을 넘어서 인간의 다양한 실천이나 삶의 양식들을 그 대상으로 하고 있다. 기계 비평이나 역사 비평과 같은 말이 가능한 것을 보면 질적 감식의 대상이 되는 인간 활동 모두가 비평의 대상이라고 할 수 있다. 이런 상황에서 수업 비평의 대상인 수업의 '예술적' 성격에 대해서 논의하는 것은 수업 비평의 토대를 튼튼히 하고 이론적 발전을 모색하는 데 매우 중요하다고 할 수 있다.

그런데 수업의 예술성에 대한 논의는 수업 비평과의 연관성을 떠나서도 그 자체로서 중요성을 지닌다. 수업의 예술성에 대한 논의는 수업의 성격을 둘러싼 근대 교육학의 주류 패러다임인 과학주의에 대한 일종의 대응의 성격을 가지고 있기 때문이다. 따라서 이에 대한 논의는 수업이라는 실천 행위를 이해하고 해석하는 주류 교육학 전통을 이해하고 이를 비판적으로 극복하는 것과 관련되어 있다. 우리는 '수업은 예술' 혹은 '수업은 과학'이라는 말을 일상적으로도 많이 사용하고 그 은유에 기반하여 수업 실천을 바라보고 행동한다. 따라서 수업의 예술성과 과학성에 대한 논의는 학문적 담론을 넘어서 일상적 수업 실천에도 유용한 성찰을 제공해 줄 것이다.

이런 문제의식하에 본 논문은 근대 교육학에서 수업의 과학성과 예술성이 논쟁으로서 어떤 위상을 가지는지를 살펴보고 과학성과 예술성과 관련된 여러 학자들의 주장을 살펴볼 것이다. 그런데 수업을 과학이나 예술로 보는 것은 교사를 어떤 존재로 파악하는지와도 밀접한 관련성을 맺고 있다. 따라서 과학성과 예술성에 대한 논쟁이 상정하고 있는 교사가 무엇인지를 파악함과 동시에 이런 논의들이 수업을 바라보는 안목을 신장시키는 활동으로서의 수업 비평과는 어떤 관련을 맺고 있는지도 살펴보고자 한다.

II. 수업의 예술성과 과학성

1. 은유의 기능과 수업에 대한 은유

'수업은 과학이다' 혹은 '수업은 예술이다'라는 말은 수업을 이해하는 다양한 은유들 중의 하나이지만 다른 은유와는 달리 근대 과학주의의 흐름과 관련하여 수업 현상을 바라보고 이해하는 패러다임적인 대립을 내포하는 은유이다. 그런 의미에서 이 두 은유는 수업을 이해하기 위한 여러 은유 중 하나에 불과한 가벼운 은유가 아니라 시대적인 무게를 내포한 무거운 은유라고 할 수 있다. '과학'과 '예술'이라는 은유는 다른 은유와 구별되는 고유한 위상학적 지위를 지니고 있는 셈이다.

본격적인 주제인 수업의 과학성과 예술성에 관한 논의로 들어가기에 앞서 은유의 기능과 수업을 이해하기 위해 활용되어 온 다양한 은유부터 살펴보는 것이 순서일 것이다. 우선 은유의 개념부터 살펴보기로 하자. 은유metaphor라는 말은 희랍어 'metaphora'에서 왔으며, 이 말은 '너머로'라는 의미의 meta와 '가져가다'라는 의미의 pherein에서 유래되었다(Hawkes, 1970. 김상미, 2005에서 재인용). 즉, 은유란 한 개념을 설명하기 위해 다른 개념의 의미를 빌리는 것을 말한다. 은유의 핵심은 한 개념을 다른 개념의 관점에서 설명하고 이해하는 데 있다.

은유는 플라톤과 아리스토텔레스 이래로 수많은 철학자들의 관심의 대상이 되었으며 최근에는 은유를 단지 수사학이나 비유법의 문제로서가 아니라 사고와 추론의 문제로 접근하고 있다. 은유를 단지 더 잘 이해하는 도구나 보다 효과적인 기억을 위한 도구로서가 아니라 인간 개념의 원천으로서 인식하는 것이다(Johnson, 1980, 1987; Lakoff, 1987; Sfard, 1998. 김상미, 2005에서 재인용). 즉, 은유는 단순히 개념과 개념 사이의 유사성을 확인하는 데서 그치지 않고 일종의 유추를 통하여 새로운 관계를 만들어 가는 창조력을 지니고 있다. 이러한 은유의 힘 때문에 그동안 수업과 교사에 대한 은유적 탐구가 지속적으로 이루어져 왔다.

수업에 대한 은유에서 수업과 교사는 밀접하게 연관되어 있다. 교사와 교사가 하는 수업을 구분하기 힘든 것처럼 수업에 대한 은유와 교사에 대한 은유는 동전의 양면처럼 서로 짝을 이루고 있으며 하나의 은유가 짝을 이루는 다른 은유의 감추어진 측면을 드러내 주는 역할을 하기도 한다.

먼저 교사에 대한 은유부터 살펴보기로 하자. 교육 및 교사 연구에서 나타나는 교사에 대한 은유를 연구한 정혜영(2004)에 따르면 교사에 대한 은유는 대체로 일곱 가지로 나타난다. 예술가로서의 교사, 연구자로서의 교사, 임상의학자로서의 교사, 전문가로서의 교사, 설득자로서의 교사, 대화자로서의 교사, 도덕적 귀감으로서의 교사가 그것이다. 이러한 교사에 대한 은유들은 공통적으로 수업에서 보이는 교사의 능동적인 역할을 부각시키는 것으로 보인다. 한편 이러한 은유 외에도 현실의 수업에서 보이는 교사의 모습을 비판적으로 포착한 '파이프라인으로서의 교사', '게이트키퍼로서의 교사'와 같은 은유들도 일상적으로 널리 사용되고 있다.

수업에 대한 은유에는 Hyman(1974)의 '원예', '스포츠', '군대'의 은유, Sfard(1998)의 '습득'과 '참여'의 은유를 들 수 있다. 이 밖에도 Alger(2008)는 수업에 대한 6개의 은유 분류 유목을 도출하였는데, 그것들은 수업은 안내teaching is guiding, 수업은 양육teaching is nurturing, 수업은 조형teaching is molding, 수업은 전달teaching is transmitting, 수업은 도구의 제공teaching is providing tools, 수업은 공동체 참여teaching is engaging in community이다(조재윤, 2010에서 재인용). 그러나 수업에 대한 은유를 본격적으로 다룬 국내 논문은 거의 없는 실정이다.

이 논문의 주제와 관련하여 수업이 예술이냐 과학이냐 하는 논쟁적인 문제를 다룬 대표적 학자로는 Highet(1950, 김홍옥 역, 2009)와 Eisner(1983)가 있다. Highet는 가르치는 것은 기본적으로 인간을 다루는 것이기 때문에 과학이 파악하기 힘들며 따라서 가르치는 것은 예술이지 과학이 아니라고 주장한다. Eisner는 지난 1세기 동안 미국의 교육을 지배해 온 과학주의의 흐름을 개관하고 교육에서 과학이 차지하는 역할을 부정하지는 않지만 그것이 수업에 대한 처방을 제공해 주지는 않는다고 주장하고 기예craft로서의 수업과 예술art로서의 수업을 논하였다.

2. 수업의 과학성과 예술성에 대한 논의

수업의 과학성과 예술성에 대한 논의는 근대 교육 연구의 패러다임 속에서 오랫동안 대립하면서 발전해 온 관점이다. 과학주의는 교육에 대한 학문적 연구가 시작되는 초기에 대두하여 아직까지도 교육학에 막강한 영향력을 발휘하고 있다. 한편 예술로서의 교육에 주목한 학자들은 교육에 대한 과학주의적 접근의 한계를 비판하면서 교육에 대한 질적 연구의 지평을 확장해 가고 있다. 이러한 교육 연구의 흐름에 따라 이 절에서는 수업은 과학, 수업은 예술이라는 은유에 배어 있는 역사적 함의를 수업의 과학성과 수업의 예술성으로 나누어 고찰하기로 한다.

(1) 수업의 과학성

근대 학교가 태동하고 대규모화되는 시점에 많은 사람들은 수많은 교실에서 많은 교사들이 각자의 직관이나 체험에 기반하여 주먹구구식으로 가르치는 것에 대해서 우려하지 않을 수 없었다. 이러한 우려는 자연스럽게 개개 교사의 개별적인 특성을 넘어서서 모두가 따라야 할 효과적인 교수 방법에 대한 관심을 촉발하였으며 이는 교수 활동에 대한 과학적 접근을 필요로 하는 것이었다. 즉, 과학적인 관찰과 실험을 통해서 모든 교실에 적용될 수 있는 효과적인 교수 방법을 개발하고자 하는 욕구를 증가시켰다.

미국에서 교육의 과학성에 대한 논쟁이 일어난 시점은 1800년대 말경이다. 예컨대, Royce는 〈교육의 과학이 존재하는가?Is There a Science of Education?〉라는 논문을 통해서 교육 현상에 대한 체계적인 연구의 필요성을 환기시켰다(Royce, 1891). 1800년대 중엽부터 나타난 미국의 교육학과의 명칭은 Department of Pedagogy라고 명명되었는데 여기에 속하는 학자들은 과학적인 학문 풍토가 지배적인 대학 내에서 삼류 교수로 취급을 당하였다. 이런 대학의 분위기 속에서 교육학과에 소속된 학자들은 자신의 위상을 높이기 위해서도 교육학의 과학화를 모색하지 않을 수 없었다(Lagemann, 2000. 박승배, 2010에서 재인용).

초기 교육학은 심리학의 영향을 매우 크게 받았다. 독일의 Wilhelm Wundt, 영국의 Francis Galton, 미국의 Stanley Hall과 William James 등의 활동이 교육의 전문성을 수립하는 기초를 제공하였다. Hall과 James는 심리학을 기반으로 아동에 대한 중요한 연구들을 수행하였으나 교육에 대해서는 별로 관심을 기울이지 않았다. 그러나 James의 제자인 Thorndike는 교육 현상에 많은 관심을 기울였으며, 행동주의 심리학에 기반하여 교육학을 과학화하는 데 매우 중요한 영향을 미쳤다. Thorndike의 행동주의 심리학은 연합주의connectionism 혹은 자극-반응 결합 이론S-R bond theory이라고 불린다(Eisner, 1983; Olson & Hergenhahn, 2009). Thorndike에 있어서 학습은 자극과 반응 사이의 연결의 결과이다. 여기서 연결은 자극과 반응 간의 신경 연결을 말한다. 이러한 연결은 자극-반응 쌍의 특성과 빈도에 의해서 강화되기도 하고 약화되기도 한다. 자극-반응 이론의 패러다임은 보상에 의해서 특정한 반응이 다른 반응들을 압도하게 되는 시행착오 학습을 기본 형태로 한다. 다른 행동주의 이론과 마찬가지로 연결주의도 관찰 불가능한 정신이나 사고 과정에 기반하지 않고 학습을 설명하려고 하였다 (Thorndike, 1913; 1932). Thorndike는 학습을 철저히 관찰 가능한 행동을 통해서 발견하려고 하였으며 수많은 심리적인 의문들을 객관적이고 실증적인 자료를 통해서 해결하려고 하였다. 자연히 그의 연구는 일상적인 교실 관찰 대신에 변인이 통제된 실험실 환경을 택하게 되었으며 이를 통해 그는 물리학과 같은 법칙을 심리학에서도 발견하기를 원했다.

Thorndike는 1910년대에 《Journal of Educational Psychology》를 창간하였는데, 그 서문에서 인간 행동에 대한 연구와 인간의 변화와 교육에 대한 매우 확고하고 분명한 전망을 밝혔으며 그러한 과학의 진보에 대한 강한 확신을 표명했다. 또 Thorndike는 가르치는 것에 대한 과학적 공학이 시스템의 잡음을 줄여 주어 시스템을 더욱 체계적으로 만들어 줄 것이며 납세자들에게 그들이 원하는 학교를 만들어 줄 것이라고 믿었다. Thorndike의 교육에의 과학적 관점 도입에 대한 흐름을 가속화시킨 사람이 Fredrick Taylor이다. Taylor는 공업 지대 생산 효율성 향상을 위한 산업 프로그램을 개발하였는데, 당시 미국 교육계는 이 이론을 교육 현장에도 적용하였다(Eisner, 1983). 학교 행정가들은 대중적으로 비난받아 오던 학교 운영 방식을 혁신하기 위해 공장을 운영하던 방식을 차용하여 학교가 생산적인 현장이 되도록 하였다. 과학적 관리의 개념을 도입함으로써 교육은 산업이라는 메타포가 형성되었다. 교사들은 전문가들에 의해서 설정된 목표를 달성할 수 있는 노동자로 간주되었으며 교육에 대한 과학적 관리에 의해 처방된 최선의 방법을 따르는 것이 임무로 간주되었다.

이러한 교육학의 과학화 내지 과학적 관리 속에서 교실 수업 연구도 영향을 받았다. 그 대표적인 연구가 과정-산출 연구라고 할 수 있다. 이 연구는 교실에서 일어나는 교수 스타일, 방법, 모형, 전략 등 교수의 행동적 특성이 학생들의 학업 성취와 어떤 상관을 가지고 있는지를 연구하는 방법이다. 과정-산출 연구는 효과적인 교수 학습 방법에 대한 보편타당한 지식을 생성하려 하였으며 그 결과는 교사들을 과학적으로 장학하는 데 활용했다. 이와 같은 교사 효과성 연구 역시 교실 수업을 효과적으로 이끌어 갈 수 있는 보편적인 법칙을 발견함으로써 바람직한 교육 결과를 예견하고 통제하고자 하는 과학주의의 정신을 반영하고 있다. 과정-산출 연구는 여러 학자들에 의해서 그 모형의 단순성을 비롯한 여러 이론적·실천적인 문제점에 대한 공격을 받았다. 특히 교사의 수업 효과성을 단순한 행동 목록으로 환원하여 체크리스트를 통해 그러한 행동이 나타났는지를 관찰한 결과에 따라서 교사의 수업의 질을 평가하는 관례를 형성했다는 비판을 받았다(Danielson & McGreal, 2000).

1980년대 이후의 교실 수업 연구는 인지 심리학 등 인간의 복잡한 사고 과정에 대한 연구와 구성주의와 같은 교수 학습의 새로운 경향에 의해서 영향을 받는다. 반복적인 훈련을 통한 단순한 습관이나 행동을 형성하는 것과 같은 단순한 학습관이 아니라 비판적 사고, 문제 해결, 깊은 이해와 같은 고등 정신 활동이 매개되어야 학습이 일어난다는 것이 분명해짐에 따라서 교실 수업 연구도 행동주의 관점에서 교사의 명시적인 행동 여부를 점검하는 차원에서 벗어나 인지주의 연구에 터한 학습 현상의 사회적 특성, 이해에 있어서 맥락성의 중요성, 고등 사고 작용에 있어서 영역 구체적인 지식의 필요성, 문제 해결 및 사고 활동에 있어서 전문가-초보자의 차이, 학습자들이 학습하는 주제와 관련하여 자신의 고유한 이해를 구성하는 과정 등에 대한 연구가 부각되고 있다(Danielson & McGreal, 2000).

이러한 연구 경향의 변화는 수업의 과학성과 관련하여 '과학'의 성격에도 변화가 나타나고 있음을 보여 준다. 물리학을 전형으로 하는 자연과학적 방법을 바탕으로 변인들의 상관관계와 인과관계를 규명하고 이를 기반으로 현상을 설명하고 예견하고 통제하는 것을 목적으로 하는 연구법에서 탈피하여 변인들로 단순화될 수 없는 총체성을 고려하거나 문화와 맥락을 수용하기 위한 연구 경향들이 등장하고 있다. 또 행동주의를 넘어서서 학습자의 개인적 인지 과정이나 학습자들이 함께 참여하는 사회적 의미의 구성 과정에 대한 관심도 증가하고 있다.

그럼에도 불구하고 수업의 과학성을 추구하는 학문 활동은 몇 가지 가정들을 여전히 공유하고 있다. Eisner의 분석을 빌어서 이 문제를 살펴보자. Eisner(1983)에 의하면 교육에서 과학주의 이데올로기는 몇 가지 특징을 지니고 있다. 첫 번째 믿음은 교육은 그 자체로서 분과 학문이 될 수 없다는 것이다. 교육은 다른 학문의 성과를 이용하는 응용 학문이라고 본다. 두 번째 믿음은 다루어지는 대상의 단위를 작게 분절하면 할수록 학습에 대한 연구를 통해서 우리가 배우는 것이 점점 더 분명해질 것이라는 것이다. 셋째, 연구 결론의 신뢰성은 사용된 도구의 신뢰성을 넘어서지 못하므로 교실 실천과 학생 학습을 측정하는 데 사용되는 도구는 매우 신뢰할 만한 것이어야 한다는 것이다. 넷째, 처방적 교육과학이 인간 행동에 대한 예측과 통제를 가능하게 할 것과 이런 성취가 교육적으로 바람직하다는 것이다. 그리고 이런 과학주의의 가정이 교육 현상에 대한 과학적 연구의 성과를 바탕으로 한 처방에 대한 믿음을 가져다준다고 Eisner는 보았다. Eisner는 교육에 대한 과학적 연구가 설 자리를 부정하지는 않았지만 그것이 교육적 실천에 대한 처방적 과학이 될 수는 없음을 강조하였다. 교육적 실천은 통제하고 처방하는 과학의 영역을 넘어서 있으며 현상을 이해하고 적응하고 새롭게 창조하는 기예성과 예술성의 영역이기 때문이다. 이제 수업의 예술성에 대해서 살펴볼 차례이다.

(2) 수업의 예술성
정초주의의 붕괴와 구성주의의 등장을 배경으로 가르치는 일에 대한 과학적(행동주의적, 기술공학적, 목표 달성, 과정-산출적) 접근에 대한 비판과 함께 새롭고 다양한 접근 관점을 확보할 필요성이 제기되었다. 실제 일어나는 수업 현상 속에는 과학성만으로는 재단할 수 없는 예술적 요소가 존재하고 있다는 주장과 함께 그 요소가 갖는 예술적 가치와 의미를 드러내고자 하는 논의들이 전개되어 왔다.

수업의 예술성과 관련된 논의는 멀리 아리스토텔레스까지 거슬러 올라가며 20세기까지 계속 이어져 내려왔다(Parks, 1992). 그러나 앞에서 살펴보았듯이 독일 심리학의 영향을 받아서 교육학을 실험 과학으로 발전시키고자 한 새로운 연구 전통에 의해 20세기의 대부분 기간 동안 잊힌 전통이 되고 말았다. 그러나 Dewey는 교육적 경험의 미학적 측면을 중시하였으며, 학습자의 경험을 재구성하는 촉진자로서의 교사를 예술가로 파악하였다. Dewey는 교육이 이루어질 때 교사가 혹은 학생이 경험하는 것이 예술적 경험임을 곳곳에서 언급하면서 교사를 최고의 예술가로 묘사한다(Simpson et al., 2005). 예컨대, Dewey는 "나는 인간 능력의 꼴을 갖추어 주고 그 능력을 사회적 서비스에 적합하게 하는 예술이야말로 최고의 예술이라고 믿는다. 그 일을 하는 사람은 최고의 예술가이다. 이러한 일을 함에 있어서 요구되는 통찰, 공감, 재치, 수행 능력이야말로 대단히 위대한 것이다(Dewey, 1967: 94)."라고 말함으로써 교육을 최고의 예술로, 그리고 가르치는 활동에 종사하는 사람을 최고의 예술가로 비유하고 있다. 그러나 교육 경험의 예술성에 대한 Dewey의 주장은 과학주의의 거대한 조류에 휩쓸려 망각되고 있었다.

이런 과학주의의 거센 흐름 속에서도 수업의 예술성 내지 예술가로서의 교사에 대한 논의는 간헐적이나마 계속해서 이어졌다. 수업의 예술성에 대해서 논의한 학자들로는 Hausman(1967), Wolfe, Jr.(1982), Hill(1985), Eisner(1983; 1985), Rubin(1985), May(1993), Sarason(1999) 등을 들 수 있다. 이들 중 다수는 예술교육 분야에 종사하는 학자들이었다. 이 중 수업의 예술성에 대해서 큰 공헌을 남긴 학자는 Eisner이다. 교육 현상에 대한 질적 연구의 전통이 자리를 잡으면서 Eisner를 중심으로 교육 현상을 예술의 원리로 이해하고 해석하는 움직임이 나타났으며, 이로부터 그동안의 기술공학적 연구 풍토를 비판하고 수업의 예술성에 대하여 새롭게 논의하는 흐름이 형성되었다(Eisner, 1983; Flinders, 1989). Eisner는 수업의 예술성에 대하여 본격적인 이론화를 시도하지는 않았으나 교육적 감식안, 교육 비평의 전제로서 수업의 예술성을 언급하였으며 교육 현장에 실천적인 메시지를 던져 주었다. 그는 미학적 앎의 양식aesthetic mode of knowing을 중심으로 개인과 환경이 교류하는 독특한 질적 인식론을 제안하였다. 즉, 경험을 중심으로 환경과 교류하고 표상 형식을 통해 순환하는 인식의 과정 모형을 토대로 교육을 구체적인 대상 경험으로 상정하고 이에 대한 분석과 해석을 하였으며 양적으로 측정 불가능한 질적 영역을 표상하려고 노력하였다.

　Eisner(1985)는 가르치는 활동이 적어도 네 가지 점에서 예술로 간주될 수 있다고 설명하였다. 첫째, 가르치는 일은 교사와 학생 모두에게 내적 만족, 인식의 고양, 이해의 심화와 같은 미학적인 체험을 불러일으킬 수 있는 방식으로 수행될 수 있기 때문이다. 둘째, 교사는 조각가, 작곡가, 배우, 또는 무용가와 마찬가지로 행위 중에 나타나는 질적 특성에 기반하여 평가되기 때문에 가르치는 일은 예술로 간주될 수 있다. 셋째, 가르침은 미리미리 처방할 수 있는 늘 반복되는 일상적인 일이 아니라, 예측할 수 없는 상황에 높은 수준의 자질을 가지고 지속적으로 대처해야 하는 일이기 때문에 예술이다. 넷째, 종종 가르치는 과정 속에서 도달된 수업 목표를 수업을 마칠 때에야 알게 되기 때문에 가르침은 예술이다. Dewey와 Eisner 외에 위에서 언급한 다른 학자들도 예술의 개념과 여러 장르의 예술 형식에서 논의되는 다양한 특성들과 수업의 특성들을 비교하여 각각 유사성과 관련성을 드러내면서 수업의 예술성을 입증하는 시도를 하였다.

국내에서는 류현종(2004), 이정숙(2005; 2006), 조영태(2006), 이혁규(2007), 이재남(2011) 등이 수업의 예술성에 대한 언급을 하였다. 류현종(2004)은 수업을 예술로 볼 수 있는 이유를 예술의 의사소통 체계와 수업의 의사소통 체계의 유사성에서 찾는다. 예술적 소통 체계 모델에 의하면 예술가는 발신자, 작품을 구현하는 것은 일종의 약호화 encoding, 작품이 완성되어 관객에게 발송하는 것은 전언message, 작품의 수용자들이 작품을 감상하거나 지각하게 되는 것은 일종의 해독decoding이다. 수업의 경우에도 교사는 발신자, 교사가 수업을 구상하여 다양한 표현 형식으로 수업을 구현하는 것은 일종의 약호화, 수업 텍스트를 학생에게 발송하는 것은 전언, 학생들이 수업 텍스트를 지각하거나 반응하게 되는 것은 일종의 해독으로 파악할 수 있다. 이를 근거로 류현종은 예술 작품과 수업 텍스트가 유사하게 분석될 수 있다고 보았다.

이정숙(2006: 90-91)은 교수 행위에 대한 예술적 시각의 필요성을 경험에 대한 내러티브적인 사고와 관련지어 이해한다. 교사의 교수 행위는 불변하는 고정의 세계를 설명하려는 것이 아니라 삶에 대한 인간적 접근을 시도하는 것이며, 교수 행위의 합목적적이고 패턴화된 균질성을 보장할 수 없는 '지금now', '여기here'의 특수성에 기댄 행위는 예술가의 창조적 행위와 닮아 있다고 보았다. 또한 합리적 시스템인 교육과정이나 제도에 의해 지식을 구현하지만 교사는 바로 지금 여기now & here의 실천 속에서 총체적 상황을 반영한 퍼포먼스를 하는 행위 예술가라고 언급하고 있다.

조영태(2006)는 Collingwood의 예술 이론, 그리고 Eisner의 교육 이론 등에 기반하여 예술로서의 수업에 대해 논하고 있다. 그는 기술은 목적과 수단의 구분이 가능하고 목적이 수단에 앞서서 존재하는 반면 예술은 목적과 수단, 그리고 그것을 추구하는 사람 간에 분리가 불

가능하다는 Collingwood의 이론에 비추어 교사의 수업이 시편이나
조각품 같은 예술 작품을 만드는 것처럼 자신을 표현하는 일이되, 자
기 앞에 있는 특정 학생들을 의식하고 그들의 이러한 성취를 겨냥하면
서 자신을 표현해 보는 일이라고 언급하면서 수업이 기술의 영역이라
기보다는 예술의 영역임을 논증하였다.

　이재남(2011: 144-146)은《수업 예술론》에서 Eisner의 수업 예술성
을 다루면서 수업의 예술성과 그 양태를 다섯 가지 범주로 나누어서
정리하고 있다. 첫째, 인지와 감정의 통합으로 무엇을 안다는 것은 감
정이나 느낌의 문제와 직결되며 이는 예술의 영역과 연결된다는 것
이다. 둘째, 표상 형식의 다양성으로 전달, 발표, 주장, 노래하기, 춤추
기, 감상하기, 조작하기, 계산하기 등 다양한 표상 형식은 생각과 느낌
을 바꾸고 결과적으로 경험을 바꾸는 본질적인 도구로 예술의 다양한
표현 양식에 해당하는 예술적 요소가 수업 속에 나타난다고 보았다.
셋째, 예술적 감각·경험으로 예측하지 못하는 '우연성과 대응', 종합
적이고 세밀하게 운영하고 판단할 수 있는 '감식안', 수업이 주는 '내
적 충만감' 등이 수업의 실제에 많이 등장하는 예술적 감각·경험이라
는 것이다. 넷째, 창조적 활동으로 수업을 공장의 기계처럼 찍어 낼 수
없는 것은 수업 상황이 물리적 재료처럼 정량적이지 않고, 무의식적이
고, 자동적이며, 통찰을 필요로 하고, 심상적 요소를 필요로 한다는 것
이다. 다섯째, 목표의 과정 속 실현으로 예술 활동과 유사하게 수업 목
표가 과정 속에서 실현, 생성, 변화될 수 있다는 것이다.

　이처럼 수업의 예술성을 언급하는 학자들은 직관과 즉흥성, 창의적
실천으로서의 수업, 과정 속에서 발현되는 수업 목표, 상황에 대한 민
감성, 예술적 안목에 기반한 다양한 표상 형식, 수업에서 학생과 교사
가 체험하는 미적 체험 등에 관심을 가진다. 이것은 과학적 관리에 입
각한 목표, 효율성, 평가와 측정 등 과학주의적 입장에서 강조되는 개
념들과는 전혀 다른 언어들이며 주류 교육학의 언어에 의해서 포착되

지 않는 수업 현상을 드러내려는 노력이라고 할 수 있다.

(3) 수업의 과학성과 예술성의 관계

이제 수업의 과학성과 예술성의 상호 관계를 살펴보자. 이들은 상호 대립적인 관계인가? 혹은 상호 보완적인 관계인가? 수업의 예술성을 논하는 학자들은 수업 현상을 과학적인 법칙에 존속되는 관리의 대상으로 보고 예측하고 통제하려는 데 대해서 반기를 든다. 그렇기 때문에 표면적으로 보면 양자는 대립적인 관계인 것처럼 보인다. 그러나 자세히 들여다보면 거의 모든 학자들이 수업 활동 속에서 과학성과 예술성 양자가 공존하고 있다고 언급하고 있다.

예컨대, 수업의 예술성에 대해서 상당히 강조하는 Dewey의 경우도 "교육은 그 자체 내부에 이미 과학을 포함하고 있는 활동이다. 이 활동의 여정에서 보다 더 탐구해야 할 문제를 만나게 되며, 이는 다시 교육의 과정으로 수렴되어 그 과정 자체를 변화시킨다. 이는 또다시 더 깊은 사고, 더 많은 과학을 요구한다. 이처럼 교육은 결코 끝이 없는 순환 과정인 것이다(Dewey, 1929: 77. 박승배, 2010: 12에서 재인용)."라고 언급하면서 교육 자체 내에 과학이 본질적으로 내포되어 있음을 언급하고 있다.

Eisner(1983)의 경우에도 교육의 과학성을 부정하지 않는다. 그는 교육과학을 개발하려는 분위기와 그러한 접근법에 대한 믿음을 비판하는 것이 곧 교육에 대한 과학적인 연구가 예술적인 것으로 대체되어야 한다는 믿음으로 이어져서는 안 된다고 언급한다. 그는 과학적인 연구를 통해서 우리가 따라야 할 규칙이 존재하게 된다고 보았다. 그러나 과학이 제공할 수 있는 아이디어와 교사가 내려야 하는 판단과 행동 사이에는 매우 넓은 간격이 존재하며 과학적 발견과 구체적인 실행 사이의 틈새에서 가르침의 예술성과 기예성이 중요해진다고 언급함으로써 양자의 상호 보완성은 지지하고 있다.

Eisner보다는 훨씬 과학적인 연구에 경도되어 있는 Gage도 양자의 상호 보완성을 언급하고 있다. 그는 "교수란 그 목적이 미의 창조나 미학적인 쾌락을 일으키는 예술이라기보다는 하나의 실용적이고 실제적인 예술이다. 하나의 실제적인 예술로서 교수란 직관, 창의력, 즉흥성, 표현력 등이 요구되는 과정, 즉, 규칙, 공식, 사칙계산이 시사하는 것과는 거리가 멀다는 여운을 남기는 과정으로 인식되지 않으면 안 된다. 무슨 방법을 쓰든지 간에 교수에는 심지어 컴퓨터 보조 수업의 고정된 프로그램과 같은 데서도 예술성의 발휘가 필요하다. 말하자면, 동기 유발 방법, 개념 정의의 명료화 및 예 들기, 수업 진도, 보충 설명 등에 예술성을 발휘할 필요가 있다는 것이다(Gage, 1978, 이용남 역, 1981: 10)."라고 언급하고 있다. 또 이런 인식에 기반하여 "우리는 한쪽 끝에 교수라는 인간적인 예술에 대한 열성적인 사람들이 있는 연속선을 생각해 볼 수가 있다. 그러한 예술은 교수의 개선을 위해 과학적인 방법을 적용하려는 사람들의 주장을 거부한다. 다른 한쪽 끝에는 교수 기계, 컴퓨터 보조 수업, 다양한 시청각 매체를 동원하는 소위 공학에 의해 교사를 대치하는 것을 신봉하는 사람들이 있다. 여기에서 우리의 관심은 그러한 연속성의 중간에 가까운 교실 수업이라는 예술에 대해 과학적인 근거를 제공하는 데 있다(Gage, 1978, 이용남 역, 1981: 9-10)."고 언급하면서 수업 활동의 예술성에 과학적 근거를 제시하기 위한 연구들을 검토하고 그 개선을 위한 전망을 제시하고 있다. 다만, Gage가 교실 수업이라는 예술의 과학적 근거를 넓히려는 데 더 많은 관심을 가지고 있다면, Eisner는 수업의 예술성과 기예성을 드러내고 주장하는 데 더 많은 관심이 있다.

가르치는 활동으로서의 교실 수업이 인간 활동인 이상 그 속에서 명시적이고 규칙적인 측면이 전혀 없다고 주장하는 것은 잘못이며, 또 규칙에 의해서 지배되지 않는 창의적이고 예술적인 실천이 발현되지 않는 교실 수업 실천을 상상하기도 어렵다는 점에서 양자를 상호 보완적으로 보는 것은 어쩌면 지극히 당연한 일인지도 모른다. 다만, 자신이 처한 학문적인 입장에 따라서 어느 쪽을 더 강조할 것인지에 대한 차이가 발생할 뿐이라고 보는 것이 타당하지 않을까 한다.

III. 수업의 과학성/예술성 논의와 수업 비평

1. 수업의 과학성/예술성 논의와 교사의 위상

수업의 과학성과 예술성을 상호 보완적인 관계로 보는 것이 타당하다고 할지라도 수업의 질을 평가하는 입장에서 볼 때 그 둘은 동일한 위상에 존재한다고 보기는 어렵다. 이 문제를 논의하기 위해 앞에서의 교사에 대한 은유와 수업에 대한 은유를 떠올려 보자. 두 은유의 카테고리를 비교해 보면 예술로서의 수업과 예술가로서의 교사는 매우 정합적인 관계임이 확인되는 반면 과학으로서의 수업에 짝이 되는 교사의 은유가 분명하게 제시되지 않는다. 언뜻 보면 연구자로서의 교사가 과학으로서의 수업에 짝이 되는 은유인 듯 보이나 실상 전혀 상반된 의미를 담고 있기 때문이다.

최근의 교육 연구에서 관찰되는 연구자로서의 교사teacher-researcher 은유는 실행 연구의 담론 속에서 대두된 것으로 교사는 현장의 전문가로서 현장의 문제를 당사자적 입장에서 해결해 나가는 실행 연구의 주체가 된다. 그런 의미에서 연구자로서의 교사는 교사이면서 (자신의 교육 실천과는 별 관련이 없는) 연구도 하는 이중적인 존재가 아니라 교사이기 때문에 자신이 직면한 현장의 문제를 해결하는 데 헌신할 수밖에 없는 실행 연구자로서의 이미지를 가지고 있다.

반면 예술로서의 수업에 대한 대립항으로 논의되어 온 '과학으로서의 수업'에서 과학은 실행 연구와는 전혀 다른 성격을 지니고 있다. 여

기서의 과학은 수업에 대한 실증주의적인 연구 방법과 그 결과를 가리
키는 것으로 변인 통제를 통한 원리의 발견을 지향하며 수업에서 일반
적으로 적용할 수 있는 일반화된 규칙을 추구한다.

그렇다면 '과학으로서의 수업'을 강조하는 입장에서 교사는 어떤 존
재로 파악되는가? 실증주의적 과학관에서 수업 실천에 관한 타당한
법칙을 발견하는 사람은 교실의 실행가인 교사가 아니라 교실 바깥의
연구자이다. 즉, 연구와 실행이 분리되어 있는 것이다. 따라서 수업의
과학성을 강조하는 입장은 교사를 과학자로 명명하지 않는다. 교사는
외부의 전문가에 의해서 알려진 법칙을 자신의 교실에 적용해야 하는
기술자가 되는 것이다. 여기서 '과학으로서의 수업'이라는 은유는 '공
학으로서의 은유'와 밀접한 관련을 가지게 된다. 수업 실행가로서의
교사는 자신의 몸을 훈육하고 학생들을 관리함으로써 알려진 보편 법
칙을 자신의 교실에 관철하기 위해서 노력해야 한다. 이런 연구와 실
행의 분리는 교직의 탈전문화와 탈기능화를 촉진시킨다. 교사는 근대
공장의 공인工人과 흡사한 존재로 간주된다.

이에 비교하여 수업의 예술성을 강조하는 입장은 교사를 어떤 존재
로 파악할까? 수업의 예술성을 강조하는 입장은 교사를 예술가로 파
악한다. 예술가가 예술 작품을 구상하듯이 교사는 수업 속에서 직관과
창의력을 발휘하여 바람직한 수업 경험을 조직하고 학생들의 성장을
촉진하는 예술가이다. 이렇게 볼 때 예술로서의 수업과 예술가로서의
교사는 행위와 그 주체의 측면에서 정합적인 관계에 있지만 과학으로
서의 수업과 공인으로서의 교사는 부정합의 관계에 놓여 있음이 확인
된다.

이렇게 보면 수업의 과학성을 강조하는 입장에 비해서 수업의 예술
성을 강조하는 입장이 수업의 질을 더욱 높은 차원에서 인정하고 교사
의 전문성을 더욱 존중하는 진보적인 입장인 것처럼 보인다. 하지만
그렇게 속단하기에 앞서 우리가 진지하게 고려해야 할 것들이 있다.

첫째, 현재 작동하고 있는 공교육 시스템의 문제이다. 모든 국민에 대한 보통 교육이라는 기치 아래 만들어진 근대 공교육 제도는 사회적으로 합의된 교육과정의 체계 속에서 모든 아이들에게 정해진 시간 동안 수업을 하도록 규정하고 있다. 이런 제도 속에서 이루어지는 수업에서, 즉 대상과 내용과 형식이 정해진 틀 안에서 이루어지는 수업을 하는 교사들을 우리가 예술가라고 규정하는 것이 옳은가? 혹은 다른 측면에서 교사가 공교육 시스템에서 주어진 교육과정과 교육의 제반 표준들standards을 무시하고 마음대로 창의적으로 가르치는 것이 옳은가? 하는 질문이 자연스럽게 떠오른다. 공교육 시스템의 효율성과 교사 개인의 자질 측면을 고려할 때 이러한 질문은 무시할 수 없는 무게를 지닌다. 자신의 예술적 창의력을 마음대로 발휘할 수 있는 예술가에 비해서 공교육 체계하의 교사는 공적 전통의 한계 내에서 사려 깊게 행동해야 할 책무성을 지니고 있다.

둘째, 최근 20~30년 사이에 이루어지고 있는 교육 연구의 변화이다. 최근 교육 연구는 실증주의적인 연구의 틀을 깨고 구성주의적 관점에서 질적이고 참여 지향적인 연구로 변신하고 있다. 즉, '과학'의 개념 자체의 변화가 일어나고 있다. 새롭게 시도되는 교육과학은 일반화된 원리를 지향하기보다는 맥락 속에서의 의미를 추구하며, 과학자의 연구 결과를 적용하기보다는 현장의 당사자가 현장의 문제를 해결해 가려는 경향을 보이고 있다. 즉, 과학주의 패러다임에서 과학자와 기술자의 역할 모델이 퇴조하고 연구자는 현장으로 달려가고 교사는 현장 문제에 관한 연구자로 변신하는 변화가 나타나고 있는 것이다.

이러한 변화 속에서 우리는 그동안 대립해 온 두 가지 패러다임, 즉 수업의 과학성을 강조하는 패러다임과 수업의 예술성을 강조하는 패러다임이 상호간의 모순을 지양하고 발전적으로 만나는 양상을 주목해야 한다. 다시 말해서 과학은 예술을 추구하고 예술은 과학을 추구하는 변화가 나타나고 있는 것이다.

이와 관련하여 수업의 과학적 원리를 부정하지 않는 바탕 위에서 수업의 기예성과 예술성을 논하는 Eisner의 논의는 다시 유용성을 갓는다. Eisner(1983)는 수업의 과학적 원리 내지 기술technique의 가치를 부정하지 않는다. 하지만 그는 수업의 과학적 원리가 수업의 실제 문제를 해결해 주지 못한다는 점을 지적한다. 과학적 원리 내지 기술과 교사가 내려야만 하는 판단과 행동들 사이에는 매우 넓은 공간이 존재하며 그러한 공간을 채울 수 있는 것은 바로 가르침의 기예성과 예술성이라는 것이다. 여기서 기예craft는 장인匠人이 자신의 몸속에 점유하는 기능을 가리키는 말로 교사의 기예는 숙련된 교사가 지니게 되는 수업에 대한 암묵적 지식이며, 예술art은 교사가 자신의 재능과 기예를 활용하여 수업 실행의 과정에서 새로운 것, 즉 "교육적으로 생산적인 템포를 창조해 내는 일련의 움직임move"을 창안해 내는 것이다. 교사는 "규칙이 의미를 해독하는 데 실패하고 처방이 실천을 통제할 수 없는 곳에서" 기예와 예술에 의존해야 하는데, 이렇게 하기 위해서는 교육 사태를 읽어 내고 그에 대처할 수 있는 교육적 감식안educational connoisseurship이 필요하다.

가르침의 기예성과 예술성은 가르침의 구체적인 상황에서 발휘되는 교육적 상상력에 따라 구별된다. 교사는 학생 한 명 한 명의 지적 역사로부터 상황을 밀고 나갈 움직임을 창조해야 하는데 그것의 기반이 되는 능력이 교육적 상상력이다. 교육적 감식안으로 교실을 읽어 내고 이에 기초하여 상상력이 풍부한 교수 행동들이 유발될 때 수업의 예술성은 발휘되는 것이다.

이렇게 볼 때 Eisner에게 있어서 기예와 예술은 상대적인 개념은 아니며 교사가 추구해야 할 질적으로 구분되는 두 가지 수준이다. 이러한 관념은 "나는 기예가와 예술가로서의 교사의 이미지가 우리가 노력해야 하는 이상적인 상이라고 생각한다(Eisner, 1983)."라는 Eisner의 말에서 분명하게 포착된다. Eisner에게 기예는 교육적 실천을 통해 교육적 감식안과 더불어 숙련되는 문제 해결 능력에 다름 아니며, 예술로서의 수업이 발현되는 출발점이 된다. 예술로서의 수업은 새롭게 봉착한 수업의 문제 상황에서 교사가 자신의 재능과 모든 기능을 토대로 삼아 교육적 상상력을 발휘하여 새로운 수업의 양상을 창안해 낼 때 실현된다.

Eisner의 생각을 정리하자면 수업에서 일반적으로 적용되는 과학적 원리가 존재하기는 하지만 그것은 추상적 원리의 차원일 뿐이며 수업이 이루어지는 실천의 차원에서는 교사의 기예성과 예술성이 작동한다는 것이다. 그런데 Eisner의 생각을 뒤집어서 고찰하면 실천의 차원에서 이루어지는 교사의 기예성과 예술성은 교육에 대한 과학적 연구의 토대 위에서 이루어진다. 교육에 대한 과학적 연구는 성긴 그물과 같은 것이어서 그 자체가 교육의 실제를 포섭해 내지는 못하지만 적어도 교육적 실천이 참조하고 터해야 하는 출발점을 제공할 수는 있는 것이다. 또한 최근에 이루어지고 있는 질적 교육 연구의 과정과 성과는 교육에 대한 추상적 원리를 제공하는 차원을 넘어서 경험적 차원의 의미와 실천적 지식을 산출하고 있어서 수업의 기예성과 예술성이 뿌리내릴 수 있는 튼튼한 토대를 마련해 주고 있다.

요컨대 새로운 패러다임 속에서의 수업의 과학성과 기예성 및 예술성은 상호 대립적인 관계가 아니라 중층적인 보완 관계에 있다고 할 수 있다. 이들의 관계는 비옥한 토양에서 자라나는 화초에 비유할 수 있을 것이다. 수업의 과학성은 수업이라는 화초가 튼튼하게 자라날 수 있는 토양을 제공한다. 화초가 자라나는 비옥한 토양은 화초가 자라나는 필요조건이기는 하지만 화초 자체가 될 수는 없다. 또한 화초가 현장에서 이루어지는 수업 실천이라면 화초의 줄기와 잎은 기예이고 화초의 줄기 끝에서 피어나는 꽃은 예술이다.

여기서 잠깐 기예성과 예술성의 개념을 정리하고 넘어가기로 하자. 기예성은 오랜 숙련이 필요한 전문 분야에서 발휘되는 장인적인 안목과 기술을 가리키는 개념이며, 예술성은 특정한 상황에서 상상력을 발휘하여 새로운 미적 체험을 만들어 내는 것이라고 잠정적으로 정의내릴 수 있을 것이다. 그런데 대부분의 예술 분야에서 기예성과 예술성은 떼려야 뗄 수 없는 관계에 있다. 예컨대 바이올린 연주자가 예술성이 뛰어난 연주를 하기 위해서는 뛰어난 연주 기법이 체화되어 있어야 한다. 즉, 연주가의 음악적 상상력과 감흥만으로는 뛰어난 연주가 불가능하다. 이러한 관계는 예술성을 나타내는 'art'라는 개념의 역사에 고스란히 남아 있다. 'art'는 기능 혹은 재주라는 의미와 예술이라는 의미를 동시에 지니고 있는데, 이는 이 개념이 예술의 역사, 즉 실용적인 도구들로부터 순수한 예술품이 발생하는 과정을 함축하고 있기 때문이다. 이렇게 본다면 넓은 의미의 예술성Art 안에 기예성craft과 좁은 의미의 예술성art이 포함되어 있다고 할 수 있다.

교육 연구의 패러다임 속에서 과학주의와 예술주의의 대립과 통일을 논의하는 이 글에서는 과학성의 상대적인 개념으로 넓은 의미의 예술성을 다루는 것이 논리적으로 더 타당하다. 따라서 이후의 논의에서는 기예성과 예술성을 특별히 구분할 필요성이 있을 때를 제외하고는 예술성이라는 용어는 기예성의 개념을 포괄하는 넓은 의미의 예술성의 의미로 사용하도록 한다.[1]

이제 우리는 수업의 과학성과 예술성의 관계를 새롭게 정립할 수 있게 되었다. 지금까지 대립적인 패러다임으로만 인식되어 왔던 수업의

* * *

1 교육학 연구 전통에서 수업을 기예(craft)로 보는 은유와 예술(art)로 보는 은유는 때로 혼용되기도 하고 때로 미묘하게 구분되기도 하면서 병존해 왔다. 수업을 기예라고 은유하는 경우에는 종종 수업이 전문성(profession)이나 과학성을 갖추어야 한다는 문제 제기의 맥락에서 논의된다. 예컨대, Broudy(1956)는 〈Teaching-Craft or Profession?〉이라는 글에서 양자를 대비시키면서 가르치는 활동이 기술적 차원을 넘어서 전문성을 갖추어야 한다는 주장을 하고 있다. 이처럼 수업을 기예로 보는 은유는 과학주의에 의해 극복되어야 할 후진성을 의미하는 경우가 많다. 그러나 1980년대 이후 질적 연구, 암묵적 지식, 성찰적 실천가 등의 개념이 중시되면서 수업을 기예를 보는 은유는 다시금 긍정적인 의미를 지니는 경우가 늘어났다. 현재 수업의 기예와 수업의 예술은 때로 유사한 의미로 사용되기도 하지만 Eisner의 구분처럼 '예술'이 '기예'에 비해서 좀 더 창의적이고 독창적인 측면을 강조할 때 더 자주 사용되고 있다.

과학성과 예술성은 실상 배타적인 관계라기보다는 중층적인 상호 보완성으로 포섭된다. 수업에 대한 과학적인 연구는 훌륭한 수업 실천을 위한 토대를 제공한다. 하지만 수업을 실행하는 차원은 수업에 대한 과학적인 연구의 차원을 넘어서는 예술성의 영역이다. 수업의 예술성은 시행착오와 숙련을 통하여 도달하는 교사의 전문성 영역이며 특정한 교육 실천의 상황 속에서 교육적 상상력이 발휘되어 실현되는 생생한 예술적 체험이다.

교육학이 이루어 내는 많은 성과들을 바탕으로 교실 현장에서 학생들 하나하나와 상호작용하면서 의미 있는 교육 경험을 창출해 가는 많은 교사들은 분명 예술가라고 불러도 좋을 것이다. 예술가로서의 교사들은 자신의 교육 실천에 대한 성찰과 숙고를 심화시켜 가는 도정에서 교육적 상상력을 발휘하여 새로운 예술적 경지를 개척해 가고 있는 것이다.

2. 수업의 과학성/예술성과 수업 비평과의 관계

이제 수업의 과학성/예술성에 대한 논의와 교사상에 대한 이해를 바탕으로 수업 비평과의 관계를 생각해 보자. 도입부에 언급했지만 수업 비평은 일반적으로 수업은 예술이라는 은유에 기반하고 있다. 그렇다면 수업 비평은 수업의 예술성 측면만을 대상으로 하여 비평 활동을 하는가? 그렇지 않다. 수업 비평의 대상을 수업의 예술성 측면에만 한정한다면 수업 비평은 매우 협소한 활동이 될 뿐만 아니라 수업 현상을 총체적으로 파악하는 능력에 있어서도 결함이 발생한다. 수업 비평 활동은 예술성이라는 협소한 측면을 넘어서서 수업이 존재하는 총체적인 모습 즉, 토양에서 자라나는 화초 전체를 조망할 수 있는 시야를 갖추고 있어야 한다. 흙을 떠난 화초는 생존할 수 없다. 수업 비평은 화초와 함께 그것이 자라나는 토양까지도 담아낼 수 있어야 한다.

다시 말해서 토양에 해당하는 수업의 과학성과 함께 줄기와 잎과 꽃으로 이루어진 한 그루의 화초, 즉 수업의 예술성을 같이 포섭하고 의미 부여를 할 수 있어야 한다.

이 문제와 관련하여 이혁규(2008)의 다음과 같은 언급은 음미해 볼 가치가 있다. 그는 "수업의 과학적 측면은 어떤 것인가? 이것은 객관적 관찰에 의해서 설명하고 예측할 수 있는 수업 활동이다. 일반적으로 교사 효과성 연구를 통해서 알려진 교사 행동들이 이런 영역에 속한다. 이런 행동들은 학생들의 학업 성취와 유의미한 상관관계가 있음이 과학적 방법을 통해서 증명된 것이다. 따라서 교사가 이런 표준적인 활동을 따르지 못할 경우 일반적으로 그에 대해 판단하는 것은 비평 활동이라기보다는 평가 활동에 가깝다고 볼 수 있다. 그러나 곰곰이 따져 보면 수업 상황에서 무엇이 효율적인 교사 행동인가에 관한 정보들은 그 필연성의 정도가 높지 않은 것이 일반적이다. 특정한 수업 행동의 효율성은 항상 맥락과 연관하여 해석해야 하는 가변적인 것이다. 따라서 수업 행위의 과학적인 측면 또한 비평의 시선과 무관한 영역이라고 보기는 어렵다. 좋은 수업 비평은 수업 행위의 과학성과 예술성을 동시에 고려하면서 그 다양한 상관성을 민감하게 조망한다." 라고 말하면서 수업의 과학성 또한 특정한 맥락 속에서 비평적 감식의 대상이 되어야 함을 지적하고 있다.

수업 비평은 수업의 과학성과 예술성을 대상으로 할 뿐 아니라 수업 비평 활동을 통해서 수업의 과학성과 예술성을 새롭게 경계 짓는 역할도 한다. 수업을 깊이 있게 해석하고 들여다보는 수업 비평 활동은 수업에 대한 과학적인 원리와 교육적 실천이 현실 속에서 어떻게 만나고 구현되는지를 세밀하게 드러냄으로써 그 가능성과 한계를 확인해 주고 새로운 연구를 통해서 수업의 과학성이라는 표준과 예술성에 대한 이해가 갱신되도록 돕는다. 물론, 실천을 통해서 규칙과 표준의 타당성을 확인하고 그것을 개선하는 활동을 하는 사람들은 일차적으로 교실 수업을 실행하는 교사들이다. 그리고 수업에 대한 과학적인 연구에 종사하는 사람들 또한 그러한 작업을 수행하는 행위자들이다. 그런데 수업 비평가들 또한 이런 과학성과 예술성의 상호 침투와 재구획에 관여하는 중요한 행위자일 수밖에 없다. 왜냐하면 수업 비평이야말로 하나의 사건으로 전개되는 교실 수업을 깊은 안목으로 들여다보고 그 의미를 이해하고 해석하는 연구 활동이기 때문이다. 수업에 대한 두터운 기술과 해석을 통해서 과학적 원리의 맥락 타당성이 확인되기도 하고 예술적 실천의 과학적 의미가 조명되기도 하면서 수업 실천의 과학성과 예술성 차원은 상호 혼융되고 변증법으로 통합될 수 있다고 보기 때문이다.[2]

이제 마지막으로 수업 비평과 수업 실천가로서의 교사와의 관계를 살펴보자. 수업 비평은 수업을 실행하는 행위가 아니라 수업을 관찰하는 행위이다. 따라서 수업 비평과 수업 실천가로서의 교사와의 관계는 1차적이기보다는 2차적이다. 이는 다른 모든 비평 장르의 상황과 마찬가지일 것이다. 즉, 예술 창작자가 곧 예술 비평가는 아니다. 수업 실천가인 교사들은 전문 비평가들의 수업 비평문을 읽고 소비하는 활동을 통해서 자신의 수업에 대한 안목을 성장시킬 수 있다. 그리고 이런 안목의 성장은 수업 실천을 기획하고 실행하는 데 긍정적인 기여를 함으로써 수업 실천가로서의 교사의 능력을 신장시킬 수 있다. 그런데 좀 더 적극적으로 생각해 보면 수업 비평은 교사의 실천 행위와 직접적인 관련을 맺을 수도 있다. 예컨대, 교사가 자신의 수업을 통찰하는 자기 비평의 경우가 그러하다. 이들은 끊임없이 자신의 실천 행위를 조망하고 그 개선을 위해서 노력하는 사람들로 예술가이면서 동시에

• • •

2 여기서는 논의의 편의상 예술성 개념 안에 기예성을 포괄하고 있기는 하나 Eisner가 예술성과 구분하여 논하고 있는 기예성은 수업 비평에서 특별히 강조할 만한 가치가 있다. 지금까지 우리는 수업 비평에서 수업의 예술적 측면에만 지나치게 주목하면서 장인으로서의 교사의 능력에 대해서는 간과해 온 면이 있는 것이다. 수업 비평은 이러한 교사의 장인적인 면모 또한 정당한 질적 감식의 대상으로 포섭해야 함이 마땅하다.

비평가인 셈이다. 그리고 예술가이면서 비평가인 교사는 오늘날 교사교육에서 중요하게 생각하는 모델인 성찰적 실천가와도 상통한다. 지신의 실천 행위를 행위 중에 성찰하고 행위 후에 반성하는 것이 중요하게 부각되고 있는 현실을 감안할 때 수업에 대한 비평적 안목을 갖는 것은 모든 교사들에게 요청되는 능력이라고 할 수 있다.

IV. 결론

이상으로 수업의 과학성과 예술성이 지니는 의미를 교사의 위상과 관련하여 따져 보고, 그것이 수업 비평과는 어떤 관련성을 지니는지 살펴보았다. 이 글에서 우리는 수업의 과학성과 예술성은 상호 대립적인 관계가 아니라 서로 다른 위상에서 상호 보완하는 관계임을 밝혔다. 수업의 과학성은 추상화된 이론을 추구하는 이론화의 차원이며, 수업의 예술성은 교육적 경험이 이루어지는 실천의 차원에서 구현된다. 그리고 수업의 실천 차원에서는 예술성과 더불어 기예성이 발휘됨을 확인할 수 있었다. 수업의 과학성과 예술성의 대립 패러다임은 실증주의적 과학주의를 추종하던 초기 교육학의 경향에 따라 수업의 예술성이 부정되고 교사가 기술자 혹은 공원의 위상으로 전락했던 시대의 산물이다. 하지만 교육학이 교육 현장의 경험과 사례를 중시하고 질적 연구로의 패러다임적 전환을 하고 교사들 또한 전문가의 연구 결과를 수동적으로 적용하는 위치에서 벗어나 현장의 문제를 스스로 해결해 가는 교사 연구자가 되어 감에 따라 수업의 과학성과 예술성은 대립의 관계를 극복하고 상호 침투하는 보완적 관계로 전환되고 있다.

수업 비평은 수업 현상을 총체적으로 성찰하는 과정이므로 수업이 지닌 과학성과 예술성을 모두 그 대상으로 삼을 수밖에 없다. 또한 수업 비평을 통해서 수업의 과학성이 예술성의 지평을 넓혀 주고 수업의 예술성이 수업의 과학성에 새로운 연구의 실마리를 제공하는 상승적인 관계가 촉진될 수 있다.

글을 마무리하면서 질문을 하나 덧붙이고자 한다. '수업은 예술이다'라는 언명은 은유인가, 명제적 진술인가? 앞서 이루어진 논의가 '예술로서의 수업'과 '과학으로서의 수업'을 은유로 다루어 왔기 때문에 이 질문은 이 논문의 전제를 흔드는 엉뚱한 질문이 될 수 있다. 하지만 이 질문은 수업의 예술성의 본질을 이해하는 데 매우 유용한 질문이어서 수업의 예술성에 관한 지금까지의 논의를 보완하는 역할을 할 것이라고 생각한다.

대부분의 사람들에게 일반적으로 받아들여지는 예술은 문학, 미술, 음악처럼 장르로서 존재하며 그 구체적인 실체는 각각의 예술 장르에 속한 작품들이다. 이렇게 기존의 예술 장르와 예술 작품의 관점에서 볼 때 수업은 예술 장르가 아니며, 각각의 수업이 예술 작품으로 인정되지도 않는다. 예술로서의 수업을 논하는 것은 이러한 장르 혹은 작품 차원의 예술관이 아니라 '예술은 어떠하다'는 속성 중심의 예술관에 기초한다. 속성 중심의 예술관에 따르면 '예술은 이러이러한 속성을 지니고 있는데, 수업 또한 그러한 속성이 있으므로 예술이다'는 논리로 수업의 예술성을 주장한다. Highet(1950, 김홍역 역, 2009)나 Eisner(1983)의 수업 예술론 또한 이러한 접근법을 취하는 것으로 보인다. 속성 중심의 예술관에 기초할 때 예술로서의 수업은 수업이 지닌 예술적 속성을 부각시키고 있으므로 은유라고 판단할 수 있다.

그런데 예술과 기술의 본질을 수단과 목적의 관계에 따라 구분하는 Collingwood(1938)식의 본질주의적 관점에서 보면 Eisner의 예술로서의 수업은 그 자체로 예술이 될 수 있다. 이 경우 예술에 대한 정의는 장르와 작품을 기준으로 삼는 통념적인 방식과는 전혀 다르게 이루어진 것이며 여기서 '수업은 예술이다'라는 언명은 명제적 진술이 될 수 있다. 문제는 화초와 꽃의 비유에서 보듯이 예술로서의 수업은 실제로 실현되는 수업 양상의 극히 일부에 불과할 수 있다는 것이다. 그렇다면 수업은 예술일 수도 있고, 예술이 아닐 수도 있다. 비로 이 지점에서 '수업은 예술이다'라는 언명은 명제적 진술로서의 자기모순이 발생한다. 명제적 진술의 경우 '수업은 예술이다'는 '모든 수업은 예술이다'로 이해되기 때문이다. 따라서 예술로서의 수업은 '어떤 수업은 예술이다'로 한정해 기술되어야 한다. 이렇게 볼 때 '예술로서의 수업'이 은유가 아닌 명제로 받아들여질 수 있는 조건은 다음의 두 가지이다. 즉, 예술의 본질에 대한 새로운 개념화에 기초할 때, 그리고 전칭 명제가 아니라 특칭 명제로 진술될 때이다.

　수업은 단순한 지식의 전달 과정이 아니다. 수업은 교사가 지닌 장인적인 기예성과 교육적 상상력을 매개로 교사의 가르치려는 열정과 학생의 배우려는 열정이 만나 촉발되는 일종의 예술적 체험이다. 그리고 이러한 교육적 실천이 교육에 대한 학문적인 탐구의 결과를 토대로 함은 두말할 필요도 없다. 하나의 예술 장르로서 영화와 연극을 감상하고 미적 체험을 얻고 감동과 희열을 느끼듯이 오늘날 가르침과 배움이 위기에 처한 한국의 학교에서 하나의 예술로서의 수업을 감상하는 기회를 얻을 수 있기를 열망해 본다. 그래서 마치 좋은 영화가 인구에 회자되어서 사람들의 상상력을 확장하고 도덕에도 영향을 미치는 것처럼 하나의 예술로서의 좋은 수업이 텍스트화되고 공유됨으로써 수업 실천에 대한 교육적 상상력을 자극하고 감동과 공감을 불러일으켜서 많은 교사들이 새로운 수업 실천에 도전하게 하는 그런 아름다운 감염이 가능할 수 있기를 기대해 본다.

| 참고문헌 |

김상미(2005), 수학 수업을 보는 관점으로서의 은유, 학교수학, 7(4), 445-467쪽.

류현종(2004), 초등학교 역사 수업에서 만난 두 '아우라': 예술 비평 관점을 통한 수업 비평, 사회과교육, 43(1), 한국사회과교육연구학회, 113-148쪽.

박승배(2010), 교육학 연구 방법에 붙박인 Dewey와 Thorndike의 학문적 지문 추적, 교육과정연구, 28(1), 한국교육과정학회, 1-20쪽.

엄훈(2010), 수업 비평 개념에 대한 대안적 탐색, 교육과정평가연구, 13(2), 한국교육과정평가원, 79-101쪽.

이재남(2011), 수업 예술론: Eisner의 수업 예술성과 그 실천 양태, 서울: 미래희망.

이정숙(2005), 문화 현상으로서의 국어 수업 비평, 한국초등국어교육, 29, 한국초등국어교육학회, 277-313쪽.

이정숙(2006), 쓰기 교수 행위의 예술적 의미, 어문학교육, 33, 한국어문교육학회, 87-120쪽.

이혁규(2007), 수업 비평의 필요성과 방법에 대한 탐색적 논의, 교육인류학연구, 10(1), 한국교육인류학회, 155-185쪽.

이혁규(2008), 수업, 비평의 눈으로 읽다, 서울: 우리교육.

정혜영(2004), 교사 관련 은유에 대한 연구, 교육과학연구, 35(1), 이화여자대학교 사범대학 교육과학연구소, 59-71쪽.

조영태(2006), 가르치는 일의 본질: 예술로서의 수업, 어린이와 함께 여는 국어교육, 8, 전국초등국어교과모임, 86-98쪽.

조재윤(2010), 수업에 대한 은유의 유형화, 석사학위 논문, 한국교원대학교.

Broudy, H. S.(1956), Teaching-Craft or Profession?, *The Educational Forum*, 20(2), 175-184.

Collingwood, R. G.(1938), *The Principles of Art*, 김혜련 역(1996), 상상적 표현: 예술의 철학적 원리, 서울: 고려원.

Danielson, C. & McGreal, T.(2000), *Teacher Evaluation to Enhance Professional Practice*, Alexandria, Virginia: ASCD.

Dewey, J. (1967), *The Early Works of John Dewey*(vol.2), London: Southern Illinois University Press.

Eisner, E. W.(1983), The Art and Craft of Teaching, *Educational Leadership*, 40(4), 4-13.

Eisner, E. W.(1985), *The Educational Imagination*(2nd ed.), 이해명 역(1991), 교육적 상상력, 서울: 단국대학교출판부.

Flinders, D. J.(1989), Does the 'Art of Teaching' Have a Future?, 46(8), *Educational Leadership*, 16-20.

Gage, N. L.(1978), *The Scientific Basis of the Art of Teaching*, 이용남 역(1981), 교수의 예술성과 과학, 광주: 전남대학교 출판부.

Hausman, J.(1967), Teacher as Artist and Artist as Teacher, *Art Education*, 20(4), 13-17.

Highet, G.(1950), *The Art of Teaching*, 김홍옥 역(2009), 가르침의 예술, 서울: 아침이슬.

Hill, J. C.(1985), The Teacher as Artist: A Case for Peripheral Supervision, *The Educational Forum*, 49(2), 183-187.

Lagemann, E. C.(2000), *An Elusive science: The troubling history of education research*, Chicago: University of Chicago Press.

May, W.(1993), Teaching as a Work of Art in the Medium of Curriculum, *Theory into Practice*, 32(4), 210-218.

Olson, M. H. & Hergenhahn, B. R.(2009), *A Introduction to Theories of Learning*(8th ed), 심효창, 이지연 역, 2009, 학습 심리학, 서울: 학지사.

Parks, M. E.(1992), The Art of Pedagogy: Artistic Behaviour as a Model for Teaching, *Art Education*, 45(5), 51-57.

Royce, J.(1891), Is There a Science of Education?, *Educational Review*, 1(1), 15-25, 121-133.

Rubin, L. J.(1985), *Artistry in Teaching*, New York: Random House.

Sarason, S. B.(1999), *Teaching as a Performing Art*, New York: Teachers College Press.

Simpson, D. J., Jackson, M. J. B., & Aycock, J. C.(2005), *John Dewey and the Art of Teaching: Toward Reflective and Imaginative Practice*, Thousand Oaks, Calif.: Sage Publications.

Thorndike, E. L.(1913), *Educational Psychology II: The Psychology of Learning*, New York: Teachers College, Columbia University.

Thorndike, E.(1932), *The Fundamentals of Learning*, New York: Teachers College Press.

Wolfe, Jr., D. T.(1982), In Defense of Teaching as Art, *The English Journal*, 71(5), 66-69.

우리나라 수업 전문성 신장 활동의 탐색
: 문화역사활동이론의 관점에서

김남수, 황세영

I. 들어가며

교사의 역량과 자질에 대한 논의와 이를 신장시키려는 노력들은 제도적 차원에서나 교사 개인의 차원에서 다각도로 이루어져 왔다. 이른바 전문성 신장professional development이라는 영역은 비단 가르치는 작업에만 국한되지 않고 전문성을 필요로 하는 모든 분야에서 논의되고 있으며 이러한 논의들은 다시 교육학계로 들어와 맥락에 따라서 재해석되어 적용되거나 자리를 잡아 가고 있다.

수업 전문성과 교사 전문성을 논의하는 관점은 이제 기술적 합리성을 넘어서 비판적이고 의사소통적 합리성을 강조하는 패러다임으로 옮겨 가고 있다(Doyle, 1990; Feiman-Nemser, 1990; Schwartz, 1996; 함영기, 2010). 이러한 패러다임에서 협력과 대화는 매우 중요한 키워드로 등장하고 있다(Maurer & Githens, 2010). 인식론적 측면에서 보았을 때 '대화dialogue'란 개인과 집단이 지니는 가정과 성향에 대해 탐구하는 집단적이고 협력적인 의사소통의 과정으로 교육학적 지식 생산의 중요한 기제로 정의된다(Barge, 2002). 또한 대화 공동체는 교사들의 성장에 있어서 매우 중요한 매체 혹은 장으로 제기되고 있다. '반성'이 교사의 전문성 신장을 위한 핵심 개념이라면 수업을 계획하거나 실행하는 모든 과정에서 대화 공동체 내의 협력 구조는 교사 개개인의 실행 중 반성뿐 아니라 사회적 실행으로의 발전 가능성을 의미한다. 또한 이러한 과정은 개인적 의미가 공적 의미로 전환되는 과정으로 개인 정체성과 집단 정체성의 신장은 대립의 과정이 아니라 오히려 연속적인 진보의 과정으로 해석될 수 있다(박선미, 2006). 교사가 자기 정체성과 교육 경험을 성찰하고 이를 현재의 자기 실천과 연결하는 작업인 자기 연구self-study(Feldman et al., 2004; Austin & Senese, 2007) 역시 그 결과물을 동료들과 나누는 과정을 강조한다. 그런데 이러한 대화 공동체는 절차화되어 현장에 적용될 수 있는 개념이기보다는 연구와 실행의 유기적 관계를 통해 끊임없이 재구조화되고 실행 속에서 구현될 수 있다.

이와 같이 교사 개인 차원의 반성적 실천이 아니라 동료와의 협력과 대화를 통한 전문성 신장에 관심이 모아지고 있는 것은 교사의 학습과 성장에 있어서 사회 문화적 관점을 요구하고 있음을 시사한다(Dufour & Eaker, 1998; Dufour et al., 2006; 장훈, 2010). 학습을 사회 문화적 차원에서 보는 관점은 수업을 설계하고 실행하는 교수 학습의 차원뿐 아니라 수업을 실천하는 교사들의 학습에서도 중요한 관점으로 제기되고 있는 것이다.

현재 우리나라 학교 현장에서 이루어지고 있는 대표적인 수업 전문성 신장 활동에는 수업 장학, 수업 컨설팅, 수업 비평 등이 있다. 이러한 활동들에 대한 연구는 주로 현황 파악이나 제도상의 문제점을 분석하는 데 초점을 두고 있으며 참여 주체들이 공동체 내에서 경험하는 학습의 특징과 학습을 위한 사회 문화적 체계의 요건을 심층적으로 탐색하는 데는 크게 주목하지 않았다(송경오, 최진영, 2010; 송경오, 허은정, 2012; 심미자, 2012; 신현석, 오찬숙, 2013; 홍성연, 전영미, 2013). 한편 이들 활동 간의 공통점과 차이점을 찾아 비교하는 논의도 이루어지고 있다. 이러한 논의들은 새로운 활동을 제안하거나 고찰하면서 해당 활동의 특징을 기존 활동의 특징과 비교하여 명확한 개념 정리와 위상을 찾으려는 데 주된 목적이 있다고 할 수 있다(이혁규, 2010a; 김도기, 김효정, 2013). 이러한 논의에서 각 활동들을 하나로 묶어서 논의의 대상으로 삼게 된 공통점은 각각 '수업을 관찰하는(바라보는) 활동(이혁규, 2010a)', 혹은 '수업과 관련된 활동(김도기, 김효정, 2013)'이기 때문이다. 그런데 이들 활동들은 '관찰'과 '수업 관련'이라는 공통점 이외에도 자신 또는 동료의 수업에 관해서 이야기를 나눌 대상을 상정한다는 공통점이 있다. 이는 수업 전문성 신장을 위한 학습의 단위를 개별 교사를 넘어 개별 교사와 수업을 두고 이야기를 나누는 집단으로 확장하여 살펴볼 필요성을 제기한다. 또한 이러한 활동들이 동시 다발적으로 진행되고 있다는 점에서 세 활동 간의 관계에 대해서도 논의할 필요가 있다. 한편, 수업에 관한 이야기 상대를 상정하는 수업 전문성 신장을 위한 활동에는 세 활동 이외에도 수업 멘토링 체제(곽영순 외, 2009)와 온라인 학습 공동체(함영기, 2010), 전문 학습 공동체(권낙원, 2007) 등이 있으며 향후 또 다른 형식과 내용으로 새롭게 시도될 가능성이 있다. 그렇다면 수업 전문성 신장의 기본 단위를 수업에 관한 대화가 이루어지는 집단으로 상정하고 접근할 때 해당 활동의 성격과 의미를 어떤 기준으로 가늠해 볼 수 있을까?

본 연구에서는 수업 전문성의 기본 단위를 교사 개인이 아니라 수업에 관한 대화가 이루어지는 집단까지로 상정하고 접근할 때 수업 전문성 신장 활동을 어떤 기준으로 보고 그 성격과 의미를 탐색할 수 있을지를 알아보기 위하여 문화역사활동이론Cultural Historical Activity Theory: CHAT의 관점을 채택하고자 한다.

CHAT의 관점에 따르면 교수 실천뿐 아니라 교수 실천을 모양 짓는 공동체의 다양한 요소들 간의 역동적인 관계와 각각의 고유한 목표를 지니는 다양한 활동 체계 간의 관계까지도 분석의 대상으로 포함된다. 교사의 학습과 성장이 다양한 맥락들 간의 인터페이스에서 작동한다는 점을 고려한다면 CHAT은 교사의 성장과 학습을 이해하고 촉진하는 데 매우 유용한 도구가 될 잠재력이 크다.

본 연구는 CHAT의 관점에서 현재의 대표적인 수업 전문성 신장 활동을 살펴보며 각 활동을 구분하는 질문을 도출하고 이를 기준으로 삼아 세 활동 간의 관계를 살펴보고자 한다. 이를 통하여 우리나라 전문성 신장 활동의 흐름을 파악하는 한편 본 연구에서 주로 다룬 세 활동 이외에도 수업 관련 대화가 이루어지는 여러 가지 전문성 신장 활동을 살펴보는 한 가지 관점을 제공하고자 하였다. 그러므로 이 연구의 목표는 세 활동을 구분해 보고 세 활동의 관계를 규명해 보는 한편 전문성 신장 활동을 바라보는 새로운 질문을 제안하는 데 있다.

II. 이론적 배경

1. 문화역사활동이론CHAT과 교육학 연구

Vygotsky 학파에서 기원한 CHAT은 인간의 실행praxis을 맥락 속에서 이해하는 유용한 틀로 최근 교육학 연구에 큰 영향을 미쳐 왔다. 이들은 기본적으로 인간의 행위actions를 도구 혹은 인공물이 매개한다는 점에 주목하였고 이러한 인공물을 만들어 내는 공동체까지도 인간의 행위를 설명하고 이해하는 기본 범위로 상정했다. 따라서 이 이론은 개인의 행위와 활동activity을 구분한다. CHAT에서 활동이란 공동체의 구성원이 함께 공동의 목적을 성취하는 과정을 의미하며, 이는 다양한

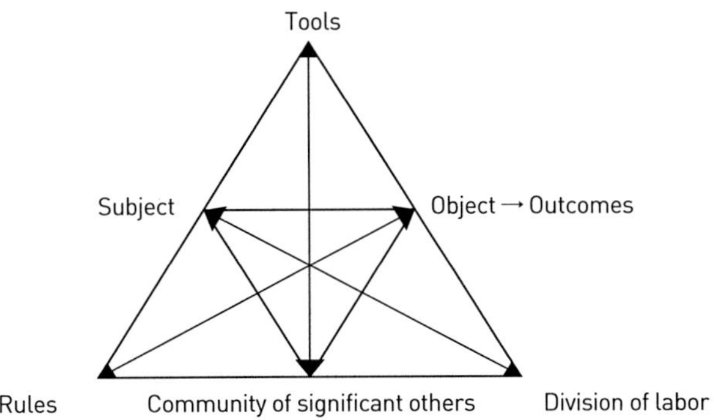

하위 수준의 목표들을 지향하는 행위로 이루어진다(Leont'ev, 1978).

대표적인 CHAT 연구자인 Engeström(1987)은 활동을 설명하고 파악하는 활동 체계activity system 모형을 제안하였다. 활동 체계는 기본적으로 주체subject, 목표object, 도구tools, 공동체community, 규칙rules, 분업division of labor의 요소들로 구성되며, 이들 간의 복합적인 상호작용과 그 과정에서 발생하는 모순들은 도구나 언어와 같은 수단에 의한 매개mediation로 이해된다(〈그림 1-2〉). 활동 체계에 대한 실제적인 이해는 각 요소들 간의 관계라는 맥락을 통해 중재되는 가운데 그 의미가 어떻게 구성되는지를 분석함으로써 가능해진다는 것이 CHAT이 제공하는 분석 방법의 핵심이라 할 수 있다.

어떤 개인 혹은 일부 그룹의 입장과 관점을 활동 체계를 분석하는 관점으로 채택하면 해당 개인과 그룹을 '주체'라고 한다. '목표(혹은 대상)'는 해당 활동이 지향하고 있는 '재료 물질raw material' 혹은 '문제 영역problem space'이다. 이 목표는 도구tools와 기호signs의 도움을 받아서 결과물outcomes을 낳는다. 공동체는 같은 목표를 공유하는 개인들과 하위 그룹으로 구성된다. 분업은 공동체 구성원들 사이에서 수평적 과

활동(activity)	나(우리)는 어떤 종류의 활동에 관심을 가지고 있는가?
목표(혹은 대상)(object)	이 활동이 일어나는 이유는 무엇인가?
주체(subjects)	누가 이 활동이 진행되는 데 관여하는가?
도구(tools)	주체들은 어떤 수단을 가지고 이 활동을 수행하는가?
규칙과 규제 (rules and regulations)	이 활동 수행을 관장하는 문화적 규범, 규칙 혹은 규제 등이 있는가?
분업(division of labor)	누가 언제 이 활동을 할 것이며 이 역할 분담은 어떻게 조직되는가?
공동체(community)	이 활동이 이루어지는 환경은 무엇인가?
결과물(outcomes)	이 활동이 낳은 산출물은 무엇인가?

제 분담과 수직적인 권력과 지위의 분담을 의미한다. 규칙은 해당 활동 내의 행동에 제약이 되는 규제, 규범, 관행, 기준을 의미하며 명시적 규칙과 암묵적 규칙이 있다(Engeström & Sannino, 2010).

이러한 활동 체계 모형의 여섯 가지 요소 개념을 통해 어떤 현상이나 실천을 구성원들 사이의 '활동'으로 파악하는 데는 〈표 1-3〉과 같이 Mwanza & Engeström(2003)이 제안한 질문을 활용할 수 있다.

활동 체계 안의 요소들 간에는 모순이 존재하기도 한다. 이러한 모순점은 요소 안에서, 요소 간에 발생하게 되며 흔히 문제점이나 갈등으로 나타난다. CHAT은 이러한 모순을 체계의 학습과 발달에 주요한 출발점으로 주목한다. 즉 모순을 극복하는 과정에서 활동 체계의 각 요소들, 특히 목표나 인공물 등을 새롭게 만들게 되며 이는 결과적으로 새로운 활동 체계를 만들어 내는 결과를 가져온다. 이러한 과정은 집단의 학습으로 볼 수 있으며 이는 개인이 아니라 활동 체계 전체에 분산되어 존재하는 지식으로 축적된다. 이러한 활동 체계 전체의 학습과 발달을 확장 학습expansive learning(Engeström, 1987; Engeström & Sannino, 2010)이라고 한다. 모순은 하나의 활동 체계 안에서만 발생하는 것은 아니다. 특정 활동 체계는 인접 활동 체계와 연결되어 있다. 인접한 활동 체계란 분석 대상인 활동 체계와 목표를 공유하거나 분석 대상 활동 체계의 분업, 규칙 혹은 인공물을 만들거나 견고하게 하는 행정 활동 혹은 관리 활동인 경향이 크다. 이러한 활동 체계 간에 발생하는 모순 또한 확장 학습이 일어날 수 있는 지점이라고 할 수 있다(Engeström, 2001).

CHAT은 그 핵심에 개인의 학습과 발달에 사회적, 문화적, 역사적 요인들이 어떻게 상호작용을 하며 매개하면서 전체 집단이 어떤 식으로 학습하고 발달하는지에 대한 관심이 있다는 점에서 교육학 분야의 주된 관심사와 맞닿아 있다고 할 수 있다. 실제로 1990년대 이후로 영어권 학계에서 CHAT을 활용한 연구는 크게 증가하고 있다(Roth, 2004). 특히 CHAT은 어떤 조직의 의도적인 목표가 공동체 내에서 구현되는 과정을 체계 내 여러 요소 간의 상호작용과 모순, 그리고 모순에 대한 극복을 통한 집단적 학습이라는 관점에서 분석하기에 적합한 틀을 제공한다. 예컨대 학술지 《Journal of Educational Change》는 학교에서의 다양한 개혁 사례를 학교라는 조직(활동 체계)의 발달이라는 측면에 주목하여 CHAT의 요소들 간의 상호작용으로 분석한 사례들을 소개한 바 있다(Edwards, 2008). 그 밖에도 e-learning(Robertson, 2008)을 하나의 활동으로 개념화하려는 시도 등 활동 체계의 단위는 수업이나 학교와 같은 물리적인 범위를 넘어 개념화되고 있다.

한편, CHAT을 수업 분석의 관점에 도입하는 연구들도 많이 이루어지고 있다. Reveles 등(2007)은 과학 수업에서 학습의 과정을 주체로서의 학생, 학습의 매개자로서의 교사, 교사가 도입하는 학습 도구라는 활동 체계의 요소들 간의 상호작용이라는 관점에서 접근하였다. 국내에서도 구성원들 간의 협력적 학습의 과정에서 발생하는 갈등과 발달의 사례를 분석하는 데 CHAT 이론을 도입하는 연구가 모색되고 있다. 한정선과 이경순(2005)은 대학생들이 소집단 안에서 e-learning

설계안을 작성하는 과정을 CHAT의 요소 간 갈등과 극복이라는 관점에서 접근하였다. 연구자들은 하나의 갈등이 해결되고 새로운 학습 국면으로 전환됨에 따라 협력적 지식 창출 과정이 이루어진다고 보았으며, 이는 준비 – 생성 – 전환 – 발전 – 완성의 단계로 나아감을 알 수 있었다. 박양주(2012)는 CHAT의 관점에서 '수업 설계'의 개념을 '주체와 객체가 도구로서 매개되는 총체로서의 활동'으로 바라보고, 수업의 다양한 구성 요소 간의 모순과 역동성을 기반으로 하는 수업 설계 전략을 제안하였다. 김남수와 이혁규(2012)는 CHAT의 틀에 따라 1년차 서울형 혁신학교의 수업 활동 사례를 분석하였다. 혁신학교의 교사들이 '주체'가 되는 수업 활동에서 배움의 공동체의 지향이라는 공동의 '목표'는 실제 수업에서 다양한 모둠 배치 방식이라는 '인공물'로 나타났으며, 모둠을 통한 협력학습에서 발생하는 문제점들에 대한 해결은 규칙, 공동체, 역할 분담과 같은 CHAT의 다른 요소들과의 관계를 통해서 통합적으로 모색되었다.

　최근 CHAT 연구자들은 교사 전문성 신장Teacher professional development의 과정을 공동체 내의 학습이라는 관점에서 분석하는 데 활용하고 있으며, 이때 체계의 단위를 어떻게 상정하느냐에 따라 다양한 측면에서의 분석이 시도되고 있다. Saka 등(2009)은 두 초임 과학 교사의 학교 적응 과정을 개인의 신념과 학교 문화 간의 갈등과 조정이라는 측면에서 분석하였다. 이 연구에서 CHAT의 틀은 두 교사의 주체로서의 신념이 학교라는 공동체 안의 문화와 규율과 부딪히며 어떻게 바뀌어 가는지를 설명하는 데 유용하게 활용되었다. Clarke & Fournillier(2012)는 교사 교육자의 관점에서 예비 교사 교육에 대한 실행 연구 과정을 CHAT의 틀로 분석하였다. 그들은 두 교사 교육자와 이들이 담당하는 예비 교사 집단이 각각 주체가 되는 서로 다른 활동 체계를 상정하고, 4년간의 실행 연구 경험을 통해 반성적 교사 교육자와 반성적 실천가라는 두 주체 각각의 목표가 어떻게 실현되어 갔는지를 분석하였다.

Yamagata-Lynch & Haudenschild(2009)의 연구에서는 교사 개인이 주체가 되는 활동 체계와 교사 전문성 신장을 지원하는 학교 및 제도가 주체가 되는 다른 활동 체계와의 관계 속에서 교사 개인이 경험하는 갈등의 요인을 다각도로 분석하였다. 이처럼 교사 전문성 신장의 실제 사례에서 일어나는 사회 문화적 학습의 특징을 이해하는 데 있어 CHAT은 유용하게 활용되고 있다. 그러나 아직까지 국내에서는 교사 교육의 관점에서 CHAT을 도입하는 연구가 본격적으로 이루어지지 않고 있다.

2. 수업 전문성 신장 활동의 구분과 각 활동의 관계

우리나라에서는 현재 다양한 수업 전문성 신장 활동이 이루어지고 있다. 대표적인 활동으로는 수업 장학, 수업 컨설팅, 수업 비평이 있다.

이윤식에 따르면, 장학은 교육 활동의 개선을 위하여 교원을 대상으로 이루어지는 제반 지도 및 조언 활동이며 수업 장학은 자율 장학에 해당한다. 수업 장학은 교사의 수업 기술 향상을 목적으로 교장과 교감(외부 장학 요원, 전문가, 자원 인사 포함)이 주도하는 개별적이고 체계적인 지도와 조언 활동으로, 초임 교사, 저경력 교사, 수업 기술 향상의 필요성이 있는 교사 등을 대상으로 이루어진다(이윤식, 1999: 287).

수업 컨설팅과 수업 비평은 공통적으로 2000년대 초반에 학교 현장에 등장하여 현재 확산되고 있는 추세이다. 따라서 수업 컨설팅과 수업 비평 개념은 현재 구성되고 있는 중이라고 할 수 있다. 논의를 위해서 가장 대표적인 정의를 통해서 두 개념을 정리하면 다음과 같다.

진동섭(2003)에 따르면 학교 컨설팅은 "학교교육을 개선하기 위하여 일정한 전문성을 갖춘 사람들이 학교와 학교 구성원의 요청에 따라 제공하는 독립적인 자문 활동"이다. 그리고 수업 컨설팅은 학교 컨설팅의 방법과 원리에 따라서 제공되는 수업 관련 과제에 대한 전문적인 자문 활동이다(진동섭 외, 2008). 이혁규에 따르면 수업 비평은 "교사와 학생들이 함께 구성해 가는 수업 현상을 하나의 분석 텍스트로 하여 수업 활동의 과학성과 예술성, 수업 참여자의 의도와 연행, 교과와 사회적 맥락 등을 종합적으로 고려하면서 수업을 기술, 분석, 해석, 평가하는 비판적이고 창조적인 글쓰기(이혁규, 2007: 167)"이다.

연구자들은 각 활동의 개념과 위상을 파악하기 위하여 이들 활동에 대한 비교 연구를 수행한 바 있다. 가령, 이혁규는 수업 비평의 개념을 정리하고 수업 비평의 위상을 구하기 위하여 수업 장학, 수업 평가, 수업 컨설팅을 수업 비평과 비교하고 그 속에서 수업 비평의 고유한 위상을 논의한 바 있다. 이혁규는 수업 장학, 수업 평가, 수업 컨설팅, 수업 비평을 "수업을 바라보는 다른 유사한 활동들(2010a: 83)" 또는 "각각 고유한 목적에 기반하여 수업 현상을 상이하게 바라보는 제도적 실천 행위(2010a: 84)"로 규정하고 주된 '관찰' 목적, 실천가와 '관찰자'의 관계, 주된 '관찰' 방법, '관찰' 정보의 공유자, '관찰' 결과의 활용 등을 구분 기준으로 삼았다. 즉, 네 활동을 '관찰'하는 활동으로 규정하여 접근하였다.

김도기와 김효정은 수업 컨설팅의 개념과 의미를 명확하게 하기 위한 목적으로 수업 컨설팅, 수업 분석, 수업 비평, 수업 장학을 몇 가지 기준에 따라서 구분하여 비교하고 있다. 이들은 네 가지 활동을 "수업과 관련된 기존 활동(2013: 132)", "수업을 대상으로 하는 활동, 궁극적으로는 보다 나은 수업을 위한 활동(2013: 141)"으로 규정하고 있다. 그리고 각 활동을 그 목적, 주요 관련자, 주요 산출물, 주요 원리, 방법 및 기법, 활동 결과의 공유 여부, 참여의 강제성, 절차 등의 기준으로 구분하고 있다.

그런데 두 연구 모두 공통적으로 각 활동 간의 공통점과 차이점을 제시하고 있지만 현재 학교 현장에서 동시에 진행되고 있는 각 활동

간의 관계에 크게 주목하지 않았다. 이 점과 관련해서 김도기와 김효정은 수업 관련 활동들 간의 관계를 총체적으로 분석하는 보완 연구를 제안한 바 있다. CHAT은 학습의 기본 단위를 개인이 아니라 공동체로 상정하여 접근할 뿐 아니라 인근 활동 체계와의 관계에도 주목한다(Engeström, 2001). 따라서 수업 전문성 신장 활동 간의 관계를 파악하는 데 유용할 것으로 판단한다.

본 연구는 이상의 논의를 바탕으로 활동 체계의 요소들을 고려하여 수업 전문성 신장 활동을 살펴보고자 한다. 그리고 이 과정에서 각 활동을 가르는 질문이 무엇인지를 알아보고자 한다. 그리고 각 활동을 구분하여 종합 정리한 뒤에 이를 바탕으로 세 활동의 관계를 공시적인 관점과 통시적인 관점에서 설명할 수 있는 연쇄를 마련하여 가능한 설명을 제안하였다.

III. 수업 전문성 신장 활동 체계

1. 활동 체계 요소로 구분한 수업 전문성 신장 활동들

(1) 목표

하나의 활동 체계가 구성되고 역사를 만들기 시작하는 것은 여섯 가지 요소 중 어떤 것에서도 시작될 수 있다. 새로운 인공물, 가령 수업을 새롭게 보는 질문지를 가지고 동료의 수업이나 내 수업을 보게 될 경우 우리는 새로운 관점에서 수업을 이해하는 활동을 시작하게 된다.

활동을 구분하고 이끌어 가게 하는 가장 중요한 요소 중 하나는 목표이다. 만일 각 활동을 고유한 활동 체계로 본다면 목표는 각각의 활동이 표방하고 있는 목적으로 볼 수 있다. 수업 장학은 교사의 수업 기술과 방법의 개선을, 수업 컨설팅은 수업 관련 의뢰 문제와 과제의 해결 및 수업의 질적 개선을, 수업 비평은 수업 현상의 이해와 해석을 주된 목적으로 삼는다. 만일 전문성 신장을 하나의 활동 체계로 본다면 각 활동은 모두 전문성 신장을 위한 도구로 상정할 수 있으며 전체적인 목표는 '교사의 수업 전문성 신장'이 될 것이다(이에 대한 논의는 다음 절 참고).

한편, 활동 체계의 목표는 활동의 지향점이기도 하고, 바꾸려는 대상을 의미하기도 한다. 각 활동을 활동 체계로 본다면 대상은 무엇인가? 교사의 수업 기술과 방법, 교사의 수업 행동, 수업에서 나타난 문제, 수업 현상 등이 될 것이다. 대상의 차이는 수업 전문성을 신장하기 위하여 어느 범위까지를 고려해야 하는지와 관련된다. 수업 장학의 경우 교사의 수업 기술과 수업 행동, 수업 컨설팅은 수업 관련 문제, 수업 비평은 수업 현상 자체와 맥락 등에 관심을 가진다. 따라서 목표와 관련하여 각 활동을 가르는 질문은 다음과 같다.

- 활동의 목표는 수업 전문성인가? 혹은 각 활동이 명시적으로 표방하고 있는 보다 구체적인 목표인가?
- 활동의 대상은 어디까지인가?

(2) 주체

활동 체계의 주체는 목표를 지향하며 다양한 목적 지향적인 행동을 하는 사람들을 의미한다. 김도기와 김효정(2013)은 '주요 관련자'를 '주체 및 대상'으로도 표시하여 주체와 대상을 구분하고 있다. 수업 컨설팅의 경우 수업 컨설턴트와 의뢰인으로 구분된다. 수업 비평의 경우 수업을 하는 교사인 예술가와 이에 대한 이해를 글로 쓰는 비평가가 존재한다. 수업 장학은 교장 및 교감 등과 같이 장학을 하는 주체가 있고 이들이 봐 주어야 할 초임 교사나 저경력 교사 혹은 수업 기술 향상의 필요성이 있는 교사가 상정된다. 이때 수업 컨설턴트, 수업 분석자, 비평가, 교장 및 교감은 이 행위의 주체가 된다.

여기에서 '대상'에 해당하는 집단이나 개인이 '주체'에 해당하는지 여부는 '자발성'과 관련된다. 수업 컨설팅의 경우 수업 교사의 자발적인 참여로부터 시작되므로 수업 교사가 주체가 된다. 따라서 '컨설팅하다'와 '컨설팅받다'라는 표현은 컨설팅이라는 활동 체계 안의 개별 행위를 표현하는 것으로 볼 수 있으며 컨설팅 활동의 주체에는 컨설턴트와 의뢰인, 수업 자문가와 수업 교사 모두가 포함된다고 할 수 있다. 이는 수업 비평의 경우에도 마찬가지이다. 수업 비평의 과정에는 여러 참여자들이 복잡하게 상호작용하는 양상이 포착된다. 수업 비평에는 수업 공개 교사와 학생, 수업 비평가, 수업 비평 독자들이 참여하는데, 이들은 수업을 읽고, 수업에 대해서 쓰고, 수업 비평문을 읽고, 수업 비평문에 대하여 쓰는 과정에서 상호작용하고 있다(엄훈, 2010). 수업 장학의 경우 지향하는 목표를 추구하며 이 활동을 시작하고 주도하는 주체가 누구인가를 고민하게 한다. 수업 장학은 수업 교사의 자발적 참여로 시작되기보다는 누군가가 수업 기술 향상이 필요하다고 판단되는 대상을 설정하면 결정된다. 수업 교사의 경우 이 활동에 참여한다는 점에서는 주체이지만 활동의 목표를 적극적으로 지향하기보다는 교사 자신이 지켜야 할 의무로 어쩔 수 없이 받아들이는 측면이 있을 수 있다. 이와 관련하여 세 활동을 구분하는 질문은 다음과 같이 정리할 수 있다.

- 활동의 목표를 지향하는 개인과 집단은 누구인가?
- 활동의 주체에는 누가 포함되는가?

(3) 규칙과 인공물

모든 활동 체계에는 주체들의 행위를 매개하는 도구나 기호가 존재한다. 가령, 교육 활동 체계에서 도구에는 교수 학습 자료, 교육과정, 교육 제도, 각종 정보 등이 포함된다. 이러한 인공물의 사용과 생산 및 유통의 과정에는 일정 정도 규칙이 존재한다. 따라서 규칙과 인공물은 서로 밀접하게 관련이 있으며 규칙과 인공물은 공동체와 주체의 행위를 제한하거나 매개한다. 규칙은 크게 공식적인 규칙official rules과 암묵적 규칙tacit rules이 있다.

수업 전문성 신장과 관련한 각 활동의 공식적인 규칙은 역할 분담과 관련한 내용과 각 활동의 절차가 있다. 수업 장학은 먼저, 수업 교사와 장학 담당자(학교 관리자, 장학사, 수석 교사 등)가 함께 수업 연구 과제를 선정하고 학생과 수업에 대한 정보를 교환하며 수업 관찰 계획을 수립한다. 그리고 학습지도안을 검토하고 수업 관찰을 하며 그 결과를 정리한다. 끝으로 수업 관찰 결과를 논의하고 수업 연구 과제 해결 및 수업 개선 방안을 설정하는 것으로 마무리된다.

수업 컨설팅은 다른 분야의 컨설팅 과정과 유사하다. 의뢰 교사가 문제를 의뢰하면 컨설턴트 교사가 수업 전문성 기준과 수업 관찰이나 면담, 자료 등에 기초하여 문제점을 확인하고, 수집된 객관적 자료를 분석하여 문제와 관련된 교사의 수행 수준을 진단하고 진단 결과에 대해 적절한 조언과 처방을 내려 문제 해결을 지원한다(이화진 외, 2007). 이와 같이 수업 장학과 수업 컨설팅의 절차는 크게 구분되지 않는다. 두 영역은 '컨설팅 장학' 활동으로 표현되기도 한다. 컨설팅 장학의 경우 실행 학습action learning의 절차에 따라 수업 컨설팅을 진행하려는 접근이 시도되고 있다(성기옥 외, 2012).

수업 비평의 절차는 비평가마다 혹은 비평을 안내하는 연수 강사마다 다르다. 현장 교사들에게 수업 비평에 대한 제안을 했던《우리교육》의 수업 비평의 경우에 절차는 적합한 수업 찾기 과정 - 수업 기술하기(수업 참관, 비디오 촬영, 수업 비디오의 반복 시청 과정, 전사록 작성 필요) - 수업에 대한 비평(수업 장면에 대한 분석, 해석, 평가, 비평의 주제 선택) - 비평문 유통(수업 비평문 읽기와 메타 비평)으로 구성된다(엄훈, 2010; 이혁규, 2010b).

암묵적 규칙으로는 좋은 수업에 대한 가정이나 기준 등이 포함된다. 장학사와 컨설턴트들은 전문가로서 좋은 수업에 대한 지식과 경험을 풍부하게 갖춘 것으로 전제되며 좋은 수업에 대한 관점과 기준 역시 미리 결정되어 있다. 그리고 이러한 기준들은 수업을 보는 양적 체크리스트와 질적 체크리스트 그리고 자기 평가지 등의 인공물로 만들어져 통용된다. 수업 장학 혹은 컨설팅 과정에서 좋은 수업에 대한 기준이나 관점이 협상될 여지는 크지 않다.

수업 비평에서 수업을 보는 기준은 수업을 보는 눈 혹은 관점으로 표현된다. 수업 비평은 수업을 보는 관점이 다양할 수 있으며 다양한 관점에서 수업의 제 측면을 깊이 이해하는 것을 강조한다(이혁규 외, 2007; 이혁규 2010b; 엄훈, 2010). 또한 수업 비평의 결과물에 대한 독자들의 메타 비평이 가능하다는 점에서 수업을 보는 눈이나 좋은 수업에 대한 기준에 대한 협상은 열려 있다. 특히 좋은 수업에 대해서 수업 교사와 수업 비평가가 가지고 있는 기준을 드러내고 해석하며 새로운 규칙을 만드는 과정이 수업 비평의 과정에서는 매우 중요하다. 수업 비평 공동체에서 "수업 비평은 다양하고 폭넓은 시선으로 수업의 안과 밖을 넘나드는 것이며, 이를 위해 하나의 수업과 관계된 서로 다른 관심과 주장을 기탄없이 이야기하는 것은 일상의 문화이다(신지혜, 2011)".

효율적인 수업 개선 혹은 문제 해결에 초점을 맞추고 이를 위해 수업을 보는 명확하고 확고한 기준이 필요한 활동에서는 좋은 수업에 대한 기준과 관점 등의 암묵적 규칙을 활동 체계 안에서 협상하여 공동의 의미를 만들어 가는 과정을 크게 염두에 두지 않는 것으로 보인다. 가령, 수업 장학과 수업 컨설팅은 문제 해결을 위한 해법 도출에 많은 시간을 할애한다면 수업 비평은 특정 현상을 문제로 진단하는 데 더 많은 시간을 소요한다.

컨설팅 장학 혹은 수업 컨설팅은 그 규범으로 '수평적 관계(심미자, 2012)'를 표방하고 있다. 이는 전통적인 장학에서와 같이 타율적으로 시작되지 않으며 평가 결과에 따른 지시를 강제로 이행하지 않아도 된다는 의미로 해석된다. 그러나 수평적 관계인지를 결정하는 데는 규칙과 인공물의 내용에 대한 협상 가능성 여부 그리고 모두의 지식과 관점이 골고루 존중되는지도 고려되어야 한다. 각 활동이 이루어지는 과정에서 교사들의 지위나 경험 혹은 교과에 대한 지식 등이 다양할 수밖에 없다면 실질적으로 수평적 관계를 유지하기 위한 모종의 노력이 이루어지고 있는지에도 주목할 필요가 있다.

활동 체계의 규칙과 인공물과 관련하여 세 활동을 구분하는 질문은 다음과 같다.

- 규칙과 인공물은 누가 만드는가?
- 규칙(특히 좋은 수업에 대한 기준)은 협상될 수 있는가?
- 규칙(좋은 수업에 대한 기준)에 대한 공동의 의미 구성(협상)이 활동의 중요한 요소인가?

(4) 공동체

활동 체계의 주체가 속한 공동체는 활동의 규칙을 만들고 역할 분담을 하고 인공물을 고안하거나 외부에서 도입하는 장 혹은 집단이라고 할 수 있다. 공동체의 구성원들은 활동 안에서 역할 분담을 통하여 고유의 목적 지향적 행위를 하므로 잠재적 주체라고 볼 수 있다.

수업 장학의 경우 공동체의 구성원은 장학사, 장학관, 학교 관리자들, 동료 교사와 수업 교사 등이 포함되며 각 구성원의 구성과 역할은 제도적으로 견고하게 구성되어 있다. 수업 컨설팅은 수업 교사 자신, 동료 교사, 외부의 수업 컨설팅 전문가가 참여하는 활동이다. 수업 컨설턴트는 의뢰인의 문제를 해결할 수 있는 전문성을 가지고 있다면 누구나 될 수 있으며 수석 교사는 아주 중요한 수업 컨설턴트 자원이다(진동섭 외, 2008). 그런데 교육 행정 기관이 수업 컨설팅 개념을 수용하여 컨설팅 장학으로 제도화하면서 수업 컨설턴트의 자격을 구체적으로 제시하면서 그 자격을 한정한 측면이 있다. 진동섭 외(2012)에 따르면 "컨설턴트 선발 조건은 장학위원으로서 인격과 품위를 갖춘 자, 현재 수석 교사 또는 수석 교사 경력이 있는 자, 해당 분야에서 전문적 지도 능력과 소양을 갖춘 자, 연구대회 1등급 이상 수상자, 대학 및 유관 기관에서 1등급 이상 수상자, 일정 기간의 교육 경력 등을 포함하여 자격증, 수상 경력 등 형식적 요건을 중심으로 한 교수 학습 전문성을 요구하며 이는 교육과학기술부의 권고안과 일치한다". 수업 비평가의 요건에 대해서 명시적으로 제안된 바는 없다. 현재 수업 비평문의 주된 생산자는 교과 전문가이지만 이들에게만 그 역할을 한정하지 않으며 모든 교사들이 자기 수업과 동료 수업의 비평에 참여할 수 있다.

김도기와 김효정(2013)은 각 활동을 '활동 결과의 공유 여부'를 가지고 구분하고 있다. 이 기준은 공동체의 확장과 밀접하게 관련이 있다. 수업 장학은 '관련 당사자'와, 수업 컨설팅은 '의뢰인을 중심으로 한 주요 관련자'가 그 과정과 결과를 공유하므로 그 범위가 다소 제한적이다. 그러므로 과정과 결과물 공유를 통하여 2차적으로 공동체가 확장될 가능성은 적다. 수업 비평의 경우 일부 교사들이 자발적으로 시작하여 《우리교육》 등의 교사 매체를 통하여 수업 비평문과 메타 비평문들이 유통되면서 그 공동체가 형성되었고 매체에 기반한 공동체 이외에도 다양한 수업 비평 모임이 활동하고 있다(엄훈, 2010; 신지혜, 2011). 따라서 수업 비평 공동체의 확장 가능성은 열려 있다고 볼 수 있다. 수업 비평의 특성상 비평가와 비평문 읽기라는 행위를 통해서 끊임없이 확장될 가능성이 크다.

이상의 논의를 바탕으로 공동체와 관련하여 각 접근을 구분하는 질문은 다음과 같이 정리할 수 있다.

- 공동체 내 특정 역할을 담당하는 집단 구성이 한정적인가? 혹은 열려 있는가?
- 공동체가 확장될 가능성이 열려 있는가?

(5) 분업

공동체 내에서 각 구성원들이 하게 되는 역할과 관련하여 다양한 분업이 이루어진다. 크게 공동의 과제 해결을 위한 수평적 분업과 권한과 관련하여 수직적 분업이 존재한다.

수업 장학, 수업 컨설팅, 수업 비평은 모두 공동체의 구성원들이 고유의 행위를 맡아 진행하며 활동은 이러한 행위들로 구성된다. 이 활동에 참여하려면 교사의 가장 중요한 역할인 가르치는 행위 이외에도 많은 역할과 기능을 필요로 한다. 전문성 신장 활동을 통해 교사들이 다양한 역할을 하게 되었다는 점을 '교직의 분화'로 해석하는 입장도 존재한다. 가령, 진동섭(2012)은 "교원들은 수업 컨설턴트, 학교 경영 컨설턴트, 컨설팅 장학 요원 혹은 컨설팅 단원 등과 같은 새로운 이름을 갖게 되었다. 이들은 학생을 가르치는 일이 아니라 동료 교사들을 도와주는 색다른 일을 한다. 교사가 할 수 있는 새로운 일이 생기고 일터가 넓어진다. 교사 직무가 분화되고 넓게 확대되고 있는 것"이라 설명한다. 이는 교사들이 전문성을 갖추어야 할 역량의 한 영역으로서 동료를 도울 수 있는 능력이 포함되어야 함을 의미한다.

그런데 교직의 분화 혹은 교사 전문성 영역의 확대와 별개로 특정 활동 체계의 공동체 내에서 각 구성원들의 역할 바꿈이 가능한지를 주목해 볼 필요가 있다. 수업 장학과 수업 컨설팅의 경우 수업 교사의 수업을 지도하거나 자문을 하는 교사의 자격 조건이 정해져 있다. 예컨대, "전문성을 갖춘 교사(진동섭, 김도기, 2005)"나 "수업 능력이 이미 검증된 교사들(이용숙, 2007)"로 규정되어 있다. 이 속에서 장학사 또는 컨설턴트가 수업을 한 교사와 그 역할을 바꿀 가능성은 크지 않다. 다만 수업 컨설팅의 주요 원리 중 학습성의 원리는 "의뢰인이 컨설팅 과정에서 컨설팅에 대해 학습하고 차후에는 의뢰인이 컨설턴트로서 활동할 수 있다(서우석 외, 2008: 53-54)."고 밝히고 있다. 이는 의뢰인의 학습과 성장에 관한 것으로 역할 바꿈과는 별개로 해석된다. 수업 비평은 역할 바꿈의 가능성이 있다. 가령, "수업 비평이 수업 비평문 쓰기로 끝나는 것도 아니며 더구나 수업 비평이 수업 비평가의 것만도 아니라는 사실이다. 수업 비평은 읽기와 쓰기의 만남, 필자와 독자의 만남을 통해서 완성된다. 흥미로운 것은 수업 비평에서 읽기와 쓰기, 필자와 독자는 고정되어 있는 것이 아니라 역동적으로 역할 교대가 이루어진다는 것이다. 즉 수업 비평가는 수업을 기술하고 비평하는 필자이면서도 동시에 수업 텍스트를 읽는 독자이기도 하다. 수업 비평의 독자는 비평 텍스트에 대한 독자이면서 동시에 비평 텍스트에 대한 메타 비평의 필자가 되기도 한다(엄훈, 2010)".

　이러한 역할 바꿈 가능성은 각 활동이 지향하는 바와 밀접하게 관련이 있다. 수업 장학과 수업 컨설팅은 이른바 '좋은 수업'과 '수업 전문성'에 대한 기준이 어느 정도 설정이 되어 있고 이를 기준으로 이에 못미치는 교사(혹은 교사의 수업)를 지도하거나 자문을 하는 활동이므로 '전문성을 갖춘' 개인과 '전문성을 갖추어야 할' 개인이 처음부터 정해져 있다. 수업 비평의 경우 이러한 기준이 상대적으로 덜 확고하다. 수업 비평의 경우 곽영순(2003)은 과학과 수업에 대한 비평의 과정으로서 좋은 수업의 기준을 정하고 이를 준거로 수업을 분석하여 수업의 문제를 해결하는 절차를 제안하고 있다. 그러나 이는 좋은 수업 기준에 대한 도달 여부를 평가하기보다는 수업 자체를 다양한 관점으로 보고 이해하는 데 그 초점이 있음을 말하고 있다. 그러므로 이 점과 관련해서 수업 비평가와 수업자의 역할 바꿈 가능성은 열려 있다. 분업과 관련하여 생각해 볼 수 있는 질문은 다음과 같다.

- 역할 분담은 어떻게 결정되는가?
- 공동체 내에서 역할 바꿈은 언제든 가능한가?

(6) 결과물

수업 전문성 신장 활동은 수업 컨설팅 결과 보고서, 수업 협의록, 수업 비평 등의 결과물을 만들어 낸다. 이러한 주요 산출물뿐 아니라 수업 개선과 수업 문제 해결 혹은 수업을 보는 새로운 안목 등도 무형의 결과물이라고 할 수 있다

수업 컨설팅과 수업 장학의 결과물은 각각 수업 컨설팅 결과 보고서와 수업 협의록으로 관련 당사자들만 공유한다. 수업 컨설팅의 경우 의뢰인과 컨설턴트만 공유하는 것이 중요한 규칙이기도 하다(김도기, 김효정, 2013). 수업 비평은 수업에 대한 비평문을 매체와 공동체를 통하여 공유하며 이를 통하여 수업 교사뿐 아니라 다른 교사들도 수업 비평문을 읽고 이에 대한 자신의 관점을 밝히는 메타 비평문을 작성하기도 한다(엄훈, 2010). 이러한 유형의 산출물의 성격에 따라서 이 결과물을 읽는 개인이나 집단은 달라진다. 이는 각 활동이 구체적으로 표방하는 활동의 목표와 밀접하게 관련이 있으며 공동체의 확장성과 관련된다. 또한 규칙 혹은 인공물의 내용에 대한 협상 가능성과도 관련된다. 만일 활동의 규칙 혹은 인공물의 내용에 대한 협상 가능성이 열려 있고, 그 과정이 중요하게 고려된다면 결과물에 대한 공유 여부는 기존의 규칙과 인공물에 대한 재해석 및 새로운 규칙과 인공물 생성이라는 결과로 이어질 수 있으며 이러한 과정은 수업에 대한 새로운 담론이 만들어질 가능성을 내포한다.

결과물 공유와 관련된 문제는 각 활동이 초점을 맞추고 있는 활동의

목표와도 밀접하게 관련이 있다. 수업 장학과 수업 컨설팅은 개별 교사의 수업 개선이나 문제 해결이라는 목표에 초점을 맞추고 있으며 그 결과물은 당연히 관련 당사자들만이 공유하게 된다. 반면에 수업 비평은 수업에 대한 이해에 초점을 맞추고 있으며 수업이 지닌 중층적 의미와 예술적 측면들에 관하여 의미를 구성하므로 가능하면 많은 사람들의 생각을 읽고 자신의 생각을 덧붙이는 것이 중요한 과정이다. 그러므로 수업 비평의 결과물을 가능하면 많은 사람들과 공유하는 것이고 이렇게 공유한 결과물은 새롭게 시작되는 수업 비평의 과정에서 수업과 좋은 수업 담론 형성을 위한 기본 자료로 작동하면서 담론의 지평을 확장하게 되는 것이다. 결과물과 관련해서 고려해야 할 질문은 다음과 같다.

- 활동 결과물은 무엇인가?
- 활동 결과물의 공유 대상은 어느 정도까지 확장되는가?
- 활동 결과물은 문제 해결에 기여하는가? 혹은 새로운 수업 담론 형성에 기여하는가?

(7) 주변 활동 체계와의 관계

수업 전문성 신장 활동 체계의 주변에는 이와 관련된 활동 체계들이 연결되어 있다. 특정 활동 체계와 연결되는 활동 체계는 해당 활동 체계의 인공물, 규칙, 역할 분담 등을 만들어 내고 지원하는 활동 체계 혹은 관리하는 활동 체계가 있다.

수업 장학은 매우 견고하게 제도화되었다. 특히 이를 전문적으로 담당하는 조직과 인력을 국가에서 관리하고 있을 정도로 그 지원 체계는 매우 견고하다. 수업 컨설팅의 경우에도 외부 지원 체계들이 제도화되고 있는 상황이다. 특히 학교 컨설팅의 개념을 장학 제도 안에 도입하여 진행하면서 두 활동을 지원하는 체계는 상당 부분 중복된다고 할 수 있다. 수업 비평의 경우 수업비평연구회가 자발적이고 자율적인 차원에서 이루어지고 있으며 공고하게 제도화되지 않은 상황이다.

세 활동 모두 공히 대학 연구자들에 의해서 그 개념에 대한 논의와 심화 작업이 진행되고 있으므로 연구 집단 역시 각 활동 체계와 밀접하게 네트워크된 활동 체계로 상정할 수 있다. 만일 중심 활동 체계와 주변 활동 체계의 관계가 매우 견고하고 그 성격이 수직적이라면 주변 활동 체계가 해체되기 전까지는 중심 활동 체계는 안정적으로 지속될 것이다. 반면에 그만큼 중심 활동 체계의 변화는 결코 쉽지 않을 것이다.

주변 활동 체계와의 관계를 고려할 때 생각해 볼 수 있는 질문은 다음과 같다.

- 이 활동을 지원하는 활동 체계는 제도화되었는가?
- 이 활동 체계와 이 활동을 지원하는 활동 체계는 수직적 관계인가? 혹은 수평적 관계인가?

이상에서 수업 장학, 수업 컨설팅, 수업 비평 활동의 특징을 활동 체계의 각 요소에 초점을 맞추어 비교해 보았다. 그 내용을 정리하면 〈표 1-4〉와 같다.

우리나라 교육사에서 교사 전문성 신장을 위한 활동으로 가장 오래된 것은 수업 장학이다. 그런데 전통적인 의미의 장학은 타율적이고, 제한적이며, 수직적이고, 감독적이며, 평가적이고, 하향적이라는 문제 제기에 직면하게 된다. 이러한 문제를 해결하기 위해서 장학의 유형은 다양하게 세분화되거나 성격이 변화하고 있다. 가령, 자발성과 수평적 관계로 가기 위해서 요청 장학과 임상 장학, 혹은 컨설팅 장학 등이 도입되었다. 컨설팅 장학 개념이 도입된 것은 타율적이고 수직적인 관계를 극복하기 위해서 제안된 학교 컨설팅 혹은 수업 컨설팅 활동의 영

표 1-4 활동 체계 요소로 구분하는 수업 전문성 신장 활동들의 특징

	수업 장학	수업 컨설팅	수업 비평
활동 목표와 대상	교사의 수업 기술 개선	수업 문제 해결	수업 현상에 대한 이해
주체의 결정	의무적 참여	자발적 참여	자율적 참여
공동체 구성원	장학사, 학교 관리자, 수업 교사	장학사, 학교 관리자, 수석 교사, 고경력 교사, 동료 교사, 수업 교사	모든 교사, 교과 전문가
규칙과 인공물	특정 집단이 결정	특정 집단이 결정	구성원 내 합의 가능
분업(역할 바꿈)	불가	불가	가능
결과물 공유	제한적	제한적	개방

향이라고 볼 수 있다. 이와 같이 전통적인 의미의 수업 장학과 수업 컨설팅을 가르는 지점은 활동 체계의 주체 결정의 기준이 되는 자발성과 수평적 관계이다.

수평적 관계를 강조하면서 전통적 장학의 지도와 조언이 자문 혹은 지원으로 바뀌었지만 여전히 지도와 조언을 하는 사람과 이를 받아들이는 사람의 역할 바꿈 가능성이나 좋은 수업에 대한 기준이 협상될 수 있는 여지는 크지 않다. 수업 비평은 우리나라에서 질적 연구와 교육 비평에 대한 관심에서 비롯되었으며 수업을 보는 새롭고 다양한 관점을 강조한다. 특히 수업의 과학성만을 강조하며 객관적이고 명확한 기준으로 수업을 보기보다는 수업의 예술성에도 주목하며 다양한 관점에서 수업을 보면서 자신의 관점을 해석하고 재구성하기를 제안하고 있다. 이 점에서 보면 규칙과 인공물을 어떻게 누가 만들고 바꾸며 역할 바꿈의 가능성이 있는지 여부는 수업 컨설팅과 수업 비평을 가르는 중요한 기준이다.

이상에서 세 활동을 구분하면서 도출된 활동 체계의 요소별 검토 질문은 〈표 1-5〉와 같이 정리할 수 있다.

이 표는 〈표 1-3〉에서 제시한 활동 체계를 파악하기 위한 8단계의

표 1-5 수업 전문성 신장 활동 검토 질문

활동 체계 요소	수업 전문성 신장 활동 검토 질문
목표	• 활동의 목표는 수업 전문성인가? 혹은 각 활동이 명시적으로 표방하고 있는 보다 구체적인 목표인가? • 활동의 대상은 어디까지인가?
주체	• 활동의 목표를 지향하는 개인과 집단은 누구인가? • 활동의 주체에는 누가 포함되는가?
규칙과 인공물	• 규칙과 인공물은 누가 만드는가? • 규칙(특히 좋은 수업에 대한 기준)은 협상될 수 있는가? • 규칙(좋은 수업에 대한 기준)에 대한 공동의 의미 구성(협상)이 활동의 중요한 요소인가?
공동체	• 공동체 내 특정 역할을 담당하는 집단 구성은 한정적인가? 혹은 열려 있는가? • 공동체가 확장될 가능성이 열려 있는가?
분업	• 역할 분담은 어떻게 결정되는가? • 공동체 내에서 역할 바꿈은 언제든 가능한가?
결과물	• 활동 결과물은 무엇인가? • 활동 결과물의 공유 대상은 어느 정도까지 확장되는가? • 활동 결과물은 문제 해결에 기여하는가? 혹은 새로운 수업 담론 형성에 기여하는가?
주변 활동 체계와의 관계	• 이 활동을 지원하는 활동 체계는 제도화되었는가? • 이 활동 체계와 이 활동을 지원하는 활동 체계는 수직적 관계인가? 혹은 수평적 관계인가?

질문과 다소 상이하다. 가령, 수업 전문성 신장 활동의 특징을 파악하는 데 활용할 수 있다는 점을 명시하고 있으므로 활동의 성격이 무엇인지를 파악하는 질문은 포함되지 않았다. 또한 앞서 규칙과 인공물은 공동체에서 생산하고 유통하고 소비하는 측면에서 함께 논의한 관계로 하나의 요소로 포함하였다. 이 질문들은 수업 전문성 신장 활동을 사회 문화적 관점에서 검토하고자 할 때 하나의 렌즈로서 활용될 수 있을 것이다. 이는 비단 기존의 수업 전문성 신장 활동뿐 아니라 새롭게 시도되는 수업 전문성 신장 활동을 검토하고 시도할 때 활용될 수 있을 것이다.

2. 수업 전문성 신장 활동들 간의 관계

세 접근의 관계는 어떻게 이해하는 것이 좋을까? 세 활동의 관계를
살펴보기 위해서 먼저 시간의 흐름에 따라 세 활동의 연쇄를 간략하게
만들어 볼 수 있다. 우리나라에서 수업 전문성 활동은 수업 장학이 가
장 먼저 시작되어 상당히 오랜 기간 지속된 뒤에 수업 컨설팅과 수업
비평이 약간의 시차를 두고 생겨났다. 그런데 새로운 수업 전문성 신
장 활동이 제안되고 시도되었다고 해서 기존의 활동이 사라지거나 그
것을 대체하지는 않았다. 따라서 현재 세 활동이 중층적으로 이루어지
고 있다. 이를 〈그림 1-3〉의 화살표와 같이 표현할 수 있다. 화살표에
는 최근 들어 제안되고 시도된 수업 멘토링 체계 또는 전문 학습 공동

그림 1-3 우리나라 수업 전문성 신장 활동 체계의 변화

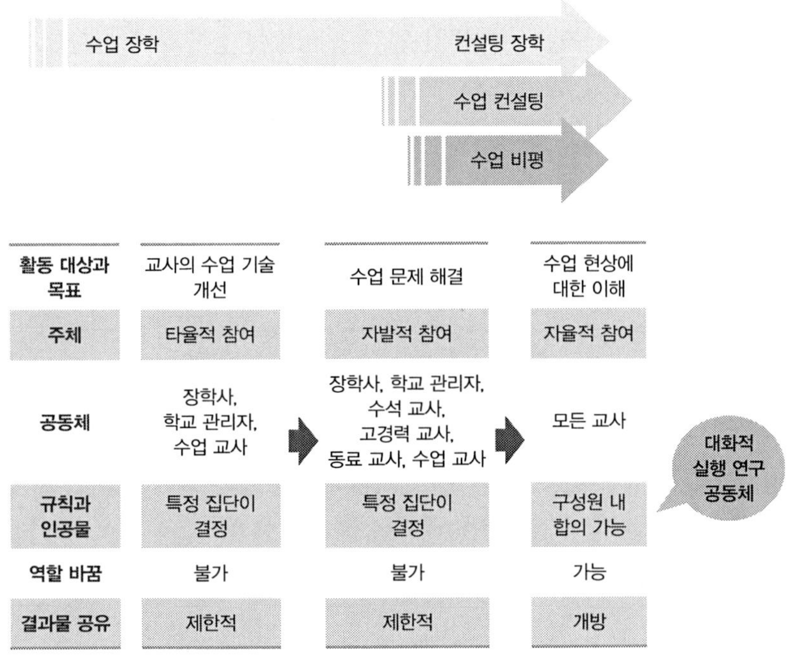

체 활동 등도 덧붙여질 수 있고 그 영역대는 더 넓어질 것이다. 화살표 아래에는 각 활동의 내용을 활동 체계의 요소별로 구분하는 질문에 따라 배치해 보았다.

이제 〈그림 1-3〉을 어떻게 해석할 수 있을까?

먼저 세 가지 활동을 구성하는 요소별 내용을 수업 전문성 신장 활동 체계의 요소별 내용으로 상정해 볼 수 있다. 즉, 각 활동들을 고유의 활동 체계로 상정하지 않고 해당 활동의 각 요소별 내용을 수업 전문성 신장이라는 목표를 지향하며 이루어지는 활동 체계의 요소별 내용으로 상정하는 것이다.

이를 시간의 흐름에 따라서 본다면 수업 전문성 신장 활동 체계의 요소들의 범위가 넓어지고 있다고 할 수 있다. 목표의 경우 기존에는 단순히 교사 개인의 행동에 대한 지적과 교정이 수업 전문성 신장 활동 체계의 주된 목표였다면 시간이 지나면서 교사가 놓인 맥락과 다양한 요소들에 대한 분석과 검토 및 교사 개인의 의견을 반영하여 적절한 조언을 하는 목표로 확장되었다. 수업 비평의 경우 수업에 대한 객관적이고 양적인 준거가 아니라 수업을 보는 이의 관점과 정체성을 드러냄으로써 수업 읽기와 수업 비평문 읽기 과정을 통하여 수업자와 수업 비평가의 상호 이해 및 수업에 대한 감식안을 높이는 것을 주된 목표로 삼는다. 그런 점에서 수업 전문성을 고민하는 데 있어서 우리가 주목해야 할 영역들이 점차적으로 확장되었다고 할 수 있다.

이러한 확장성은 공동체의 측면에서도 나타난다. 수업 전문성 신장 활동에 참여하는 구성원 범위가 늘어나고 공동체 내의 역할 바꿈이 가능하게 되면서 수업을 읽는 주체도 확장되었으며 도구와 인공물 혹은 규칙 등을 만들 수 있는 권한 또한 확장되었다. 이와 같이 수업 전문성 신장 활동 체계의 각 요소들의 내용이 바뀌고 범위가 넓어졌으며 결국에는 고유의 요소들을 갖춘 새로운 활동 체계들이 생성되었다고 할 수 있다. 이러한 측면에 주목한다면 우리나라 수업 전문성 신장 활동 체계는 장기간에 걸쳐서 확장 학습을 한 것으로 잠정적인 결론을 내릴 수 있다. 앞 절에서 도출한 질문들은 확장의 계기가 된 질문들로 볼 수 있다.

각 활동은 수업 전문성과 교사에 대한 관점에 따라 각기 다르게 고안되고 채택된 활동으로서 현장의 문제 해결 차원으로 본다면 각기 다른 실행 연구 접근이라고 볼 수 있다. 전통적인 실행 연구conventional Action Research에서는 계획 – 실행 – 반성의 순환적 절차를 통해 문제점을 찾고 해결하는 데 주된 목적이 있다면, 대화적 실행 연구dialogical Action Research에서는 이 과정에 참여하는 공동체 내부의 상호적 학습과 의사소통에 관심을 둔다(Greenwood & Levin, 1998; Forester, 1999; Gustavsen, 1992; Maurer & Githens, 2010). 수업 장학이나 수업 컨설팅은 수업 개선이라는 직접적인 문제 해결을 위한 도구적인 차원에서 이루어지고 있다는 점에서 전통적인 실행 연구에 가깝고 수업 비평은 문제 해결을 위한 도구라는 점에서는 일치하지만 그 속에서 소통과 이해를 강조한다는 점에서 대화적 실행 연구에 가깝다. 요컨대, 전문성 신장 활동 체계의 관심은 문제 해결을 넘어서 이를 위한 대화 공동체로 확장되고 있다.

다음으로 공시적인 관점에서 설명을 시도해 볼 수 있다. 현재 각 활동은 학교라는 공간 안에서 같은 집단을 범위로 동시에 작동하고 있다. 그런데 세 활동이 영향을 끼치는 범위는 상대적으로 많은 차이가 있다. 수업 장학은 오랜 기간 제도로서 자리를 잡고 있으며 수업 컨설팅 역시 컨설팅 장학으로 제도에 편입되고 있다. 반면에 수업 비평은 교사들의 자율적인 활동으로 시작되었고 여전히 자율적인 영역에서 이루어지고 있다. 그런데 수업비평연구회에 참석하는 교사들이 학교에서 수업 컨설팅을 받거나 수업 컨설턴트로 활동하기도 하며 학교 운영 체계 안에서 수업 장학 지도를 받는 상황이 있을 수 있다. 이러한 겹침은 어떻게 이해하면 좋을까?

　이를 위해서 세 가지 활동을 전문성 신장 활동 체계의 하위 활동 체계 혹은 도구로 상정해 볼 수 있다. 즉, 각 활동들을 수업 전문성 신장이라는 목표를 지향하며 현장 교사들과 외부 전문가들이 채택하고 있는 도구로 상정할 수 있다. 예컨대, 이혁규 등(2007)이 수업 비평을 ‘수업 문화를 개선하고 교사의 수업 전문성을 신장할 수 있는 다양한 길’ 중의 하나이며 ‘닫힌 교실을 열고 그 속에서 일어나는 수업 실천의 의미를 드러낼 수 있는 길’이라고 한 바와 같다. 교사의 수업 전문성 신장을 위하여 수업 장학을 도구로서 채택할 수도 있고, 수업 컨설팅을 채택할 수도 있으며 수업 비평을 채택할 수도 있는 것이다. 이러한 맥락에서 김도기와 김효정(2013)은 “장학다운 수업 장학, 학교 컨설팅다운 수업 컨설팅, 적절하게 활용되는 수업 분석, 그리고 비평다운 수업 비평이 각각의 영역에서 올바르게 기능할 때 교사의 수업은 진일보할 것”이라고 제안하였다.

　그런데 세 활동을 하나의 활동 체계 안의 각기 다른 도구로 접근하는 경우 문제는 각각의 도구를 선택할 때마다 공동체 구성원 간의 분업이나 규칙이 달라진다는 점이다. 분업과 규칙은 단순히 필요한 장면마다 각기 다른 역할을 하는 역할 놀이의 성격을 넘어서 특정 공간과 장에서 고유의 문화를 구성한다는 점에서 역할 전환이 쉽지 않을 것으로 판단된다. 만일 세 활동을 독립적이고 고유한 활동 체계로 본다고 해도 이러한 문제는 발생할 수 있다. 각 활동 체계 고유의 규칙과 역할 분담 그리고 인공물, 규칙, 역할 분담 등을 결정하는 과정 등은 다수의 사람들이 공유하는 문화라고 할 수 있다. 따라서 학교라는 같은 장 안에서 다양한 하위문화가 공존하고 있다고 할 수 있다. 이러한 문화들이 혼재되어 있는 상황에서 발생하는 문제나 모순들이 교사들에게 혼란을 가져올 가능성이 있다. 한편으로 그것은 곧 새로운 수업 전문성 신장 활동 체계가 생겨날 가능성이기도 하다.

Ⅳ. 결론

본 연구는 현재 학교 현장에서 수업 전문성 신장 활동으로 이루어지고 있는 수업 장학, 수업 컨설팅, 수업 비평을 CHAT을 분석 틀로 삼아 살펴보고 각 활동을 구분하는 기준이 될 질문을 도출하였다. 이러한 질문들은 기존에 세 활동을 구분하고 비교하여 특정 활동의 개념과 위상을 명확히 하려던 시도와 비교하여 볼 때 해당 활동에 참여하는 공동체 내에서 역할 바꿈 가능성, 인공물과 규칙의 합의 가능성 등에 주목할 필요성을 제안한다.

또한 각 기준 질문에 따라서 각 활동들을 비교하고 구분하여 정리한 뒤 세 활동을 하위 활동 체계 또는 요소별 내용으로 삼는 상위 활동 체계로서 수업 전문성 신장 체계를 상정하여 각 활동들의 관계를 통시적인 관점과 공시적인 관점에서 살펴보았다. 통시적인 관점에서 볼 때 우리나라 수업 전문성 신장 활동 체계의 각 요소들은 내용의 변화를 겪으면서 그 범위가 넓어졌으며 각각 고유한 활동 체계를 만들어 냈다는 점에서 일종의 확장 학습을 겪었다고 할 수 있다. 이 과정에서 본 연구에서 도출한 기준 질문들은 확장의 계기로 작동된 것으로 해석된다. 이러한 변화들은 학교의 상황 변화와 교사들의 요구가 반영된 것으로 개인의 학습이 아니라 공동체 단위로 좋은 수업과 수업 전문성에 관한 담론을 생산하며 집단적 반성을 통해서 실천을 개선하는 대화적 실행 연구 공동체를 지향하는 것으로 볼 수 있다.

세 활동은 현재 같은 공간에서 같은 사람들이 관여하는 활동 체계로서 각 요소들이 혼재되어 있다. 그런데 활동 체계의 각 요소들은 단지 기계의 부속처럼 갈아 끼울 수 있는 것이 아니고 장기간 한 집단이 공유해야 할 문화적 속성이 강하다는 점에서 각 활동 체계 간에 갈등이나 모순으로 인한 혼란이 일어날 가능성도 배제하기 어렵다.

본 연구는 세 활동의 이론적 분석에 초점을 맞추어 비교하고 그 과정에서 각 활동을 구분하는 질문을 도출하였으나 실제 공동체 학습의 과정이나 집단을 단위로 하는 전문성 신장 활동에 적용하여 분석하지 못했다. 따라서 이후에 새롭게 제기되는 전문성 신장 활동을 분석하거나 관련 사례 연구를 통하여 적용하고 보완할 필요가 있다. 또한 세 활동 체계가 동시에 작동됨으로 인해서 발생하는 현상을 구체적인 사례 속에서 연구하고 그 속에서 드러나는 문제점을 파악하고 해결할 수 있는 방안을 모색할 필요가 있다.

권낙원(2007), 전문 학습 공동체 구성 가능성 탐색, 학습자중심교과교육연구, 7(2), 학습자중심교과교육학회, 1-27쪽.

곽영순(2003), 질적 연구로서 과학 수업 비평: 수업 비평의 이론과 실제, 서울: 교육과학사.

곽영순, 은지용, 김경주(2009), 수업 전문성 제고를 위한 멘토링 체제 연구: 국어, 사회, 과학 교과를 중심으로, 서울: 한국교육과정평가원.

김남수, 이혁규(2012), 문화역사활동이론을 통한 1년 차 서울형 혁신학교의 수업 혁신 활동의 이해, 열린교육연구, 20(4), 357-382쪽.

김도기, 김효정(2013), 수업 컨설팅의 개념과 위상, 교원교육, 29(3), 한국교육대학교 교육연구원, 131-156쪽.

박선미(2006), 협력적 설계가로서 사회과 교사 전문성 개발을 위한 패러다임 탐색, 사회과 교육, 45(3), 한국사회과교육연구학회, 189-208.

박양주(2012), 활동 중심 수업 설계 원리 및 전략의 탐색, 열린교육연구, 20(1), 한국열린교육학회, 1-22쪽.

서우석, 류희수, 여태철(2008), 수업 컨설팅 이렇게 하라, 파주: 교육과학사.

성기옥, 이옥화, 한명복, 류명숙, 김세곤, 배영직, 이미자(2012), 모든 교사는 컨설턴트다, 파주: 교육과학사.

송경오, 최진영(2010), 초 · 중등학교 교사 학습 공동체의 측정 모형 및 수준 분석, 한국교원교육연구, 27(1), 한국교원교육학회, 179-201쪽.

송경오, 허은정(2012), 교사의 공식적 학습 기회 효과에 대한 연구 분석, 한국교원교육연구, 29(4), 한국교원교육학회, 243-268쪽.

신지혜(2011), 수업 전문성 신장을 위한 수업 비평 공동체에 관한 연구, 열린교육연구, 19(2), 한국열린교육학회, 71-97쪽.

신현석, 오찬숙(2013), 교원 현직 연수 연구 동향 분석: 연구 영역, 주제 및 연구 방법을 중심으로, 한국교원교육연구, 30(3), 한국교원교육학회, 431-462쪽.

심미자(2012), 좋은 수업을 위한 수업 컨설팅의 새로운 방향 탐색, 한국교원교육연구, 29(2), 한국교원교육학회, 371-396쪽.

엄훈(2010), 수업 비평 개념에 대한 대안적 탐색, 교육과정평가연구, 13(2), 한국교육과정평가원, 79-101쪽.

이용숙(2007), 수업 컨설팅의 방향, 열린교육실행연구, 10, 덕성여자대학교 열린교육연구소, 3-31쪽.

이윤식(1999), 장학론: 유치원 · 초등 · 중등 자율장학론, 서울: 교육과학사.

이혁규(2007), 수업 비평의 필요성과 방법에 대한 탐색적 논의, 교육인류학연구, 10(1), 한국교육인류학회, 155-185쪽.

이혁규(2008), 수업, 비평의 눈으로 읽다, 서울: 우리교육.

이혁규(2010a), 수업 비평의 개념과 위상, 교육인류학연구, 13(1), 한국교육인류학회, 69-94쪽.

이혁규(2010b), 수업 비평의 방법과 활용: 자전적 경험을 중심으로, 열린교육연구, 18(4), 한국열린교육학회, 271-300쪽.

이혁규, 이경화, 이선경, 정재찬, 강성우, 류태호, 안금희, 이경언(2007), 수업, 비평을 만나다, 서울: 우리교육.

이화진, 오상철, 홍선주(2007), 수업 컨설팅 지원 및 활성화 방안: 문제점, 프로그램 지원, 정책 제언을 중심으로, 열린교육실행연구, 10, 덕성여자대학교 열린교육연구소, 33-63쪽.

장훈(2010), 공립학교군별 전문 학습 공동체 형성 정도에 관한 연구, 박사학위 논문, 한국교원대학교.

진동섭(2003), 학교 컨설팅: 교육개혁의 새로운 집근 방법, 서울: 학지사.

진동섭(2012), 교직 사회 변화를 위한 학교 컨설팅의 현황과 과제, 학교 문화 변화를 위한 컨설팅의 현황과 전망: 한국교원교육학회-한국학교컨설팅연구회-청주교육대학교 교육연구원 공동 주최 학술대회 자료집, 3-14쪽.

진동섭, 김도기(2005), 컨설팅 장학의 개념 탐색, 교육행정학연구, 23(1), 한국교육행정학회, 1-25쪽.

진동섭, 홍창남, 김도기(2008), 학교 경영 컨설팅과 수업 컨설팅, 파주: 교육과학사.

진동섭, 김정현, 홍혜인(2012), 컨설팅 장학의 현실과 과제, 학교 문화 변화를 위한 컨설팅의 현황과 전망: 한국교원교육학회-한국학교컨설팅연구회-청주교육대학교 교육연구원 공동 주최 학술대회 자료집, 191-200쪽.

홍성연, 전영미(2013), 한국과 미국의 수업 컨설팅 개념 비교를 통한 발전 방향 탐색, 한국교원교육연구, 30(3), 한국교원교육학회, 305-333쪽.

한정선, 이경순(2005), 협력적 지식 창출 과정의 규명: 활동이론을 통한 e-learning 설계안 작성 활동의 분석, 교육공학연구, 21(1), 한국교육공학회, 29-62쪽.

함영기(2010), 수업 전문성의 재개념화를 위한 실천적 탐색, 파주: 한국학술정보.

Austin, T. & Senese, J. C.(2007), Self-study in school teaching: Teachers' perspectives. in J. John Loughran et al.(eds.), *International Handbook of Self-Study of Teaching and Teacher Education Practices*(pp.1231-1258), Springer.

Barge, J. K.(2002), Enlarging the meaning of group deliberation: From discussion to dialogue. in L. R. Frey (ed.), *New Directions in Group Communication*(pp.159-177), Thousand Oaks, CA: Sage, .

Clarke, P. A, & Fournillier, J. B.(2012), Action research, pedagogy, and activity theory: Tools facilitating two instructors' interpretations of the professional development of four preservice teachers, *Teaching and Teacher Education*, 28(5), 649-660.

Doyle, W.(1990), Themes in teacher education research. in W. Robert Houston(ed.), *Handbook of Research on Teacher Education*(pp. 3-24). New York: Macmillan Publishing Company.

Dufour, R. & Eaker, R.(1998), *Professional Learning Communities at Work: Best Practices for Enhancing Student Achievement*, Alexandria, VA: Association for Supervision and Curriculum Development.

Dufour, R., Eaker, R. & Many, T.(2006), *Learning by Doing: A Handbook for Professional Learning Community at Work*. Bloomington, IN: Solution Tree.

Edwards, A.(2008), Activity theory and small-scale interventions in schools, *Journal of Educational Change*, 9, 375-378.

Engeström, Y.(1987), *Learning by Expanding: An Activity-Theoretical Approach to Developmental Research*, Helsinki: Orienta-Konsultit.

Engeström, Y.(2001), Expansive learning at work: Toward an activity theoretical reconceptualization, *Journal of Education and Work*, 14(1), 133-156.

Engeström, Y. & Sannino, A.(2010), Studies of expansive learning: Foundations, findings and future challenges, *Educational Research Review*, doi:10.1016/j.edurev.2009.12.002.

Feiman-Nemser, S.(1990), Teacher preparation: structural and conceptual alternatives. in W. Robett Houston(ED), *Handbook of Research on Teacher Education*(pp. 212-233), New York: Macmillan Publishing Company.

Feldman, A., Paugh, P., & Mills, G.(2004), Self-study through action research. in J. John Loughran et al.(eds.), *International Handbook of Self-study of Teaching and Teacher Education Practices*(pp. 943 – 978), Dordrecht, The Netherlands: Kluwer Academic Publishers.

Forester, J.(1999), *The Deliberative Practitioner: Encouraging Participatory Planning Processes*, Cambridge, MA: The MIT Press.

Greenwood, D. J. & Levin, M.(1998), *Introduction to Action Research: Social Research for Social Change*, Thousand Oaks, CA: Sage.

Gustavsen, B.(1992), *Dialogue and Development*, Assen: van Gorcum.

Leont'ev, A. N.(1978), *Activity, Consciousness, and Personality*, Englewood Cliffs: Prentice Hall.

Maurer, M. & Githens, R. P.(2010), Toward a re-framing of action research for human resource and organization development: Moving beyond problem solving and toward dialogue, *Action Research Journal*, 8(3), 267–292.

Mwanza, D. & Engeström, Y.(2003), Pedagogical adeptness in the design of e-learning environments: Experiences from Lab@Future project, *Proceedings of E-Learn 2003 International Conference on E-Learning in Corporate, Government, Healthcare, & Higher Education*, Phoenix, AR.

Reveles, M., Kelly, G. J. & Duran, R. P.(2007), A sociocultural perspective on mediated activity in third grade science, *Cultural Studies of Science Education*, 1, 467–495.

Robertson, I.(2008), Sustainable e-learning, activity theory and professional development. In *Hello! Where are you in the landscape of educational technology?* Proceedings ascilite Melbourne 2008. http://www.ascilite.org.au/conferences/melbourne08/procs/robertson.pdf

Roth, W-M.(2004), Activity theory and education: An introduction, *Mind, Culture, and Activity*, 11(1), 1–8.

Roth, W-M & Yew-Jin Lee(2007), "Vygotsky's neglected legacy": cultural-historical activity theory, *Review of Educational Research*, 77(2), 186–232.

Saka, Y., Southerland, S. & Brooks, S.(2009), Becoming a member of a school community while working toward science education reform: teacher induction from a cultural historical activity theory (CHAT) perspective, *Science Education*, 93(6), 996–1025.

Schwartz, H.(1996), The changing nature of teacher education. in J. Sikula, T. J. Buttery, & E. Guyton(eds), *Handbook of Research on Teacher Education*(2nd ed.)(pp. 3-13), New York: Macmillan.

Vygotsky, L. S.(1978), *Mind in society: The Development of Higher Psychological Processes*. Cambridge, MA: Harvard University Press.

Yamagata-Lynch, L. C. & Haudenschild, M. T.(2009), Using activity systems analysis to identify inner contradictions in teacher professional development, *Teaching and Teacher Education*, 25(3), 507–517.

2부

수업 비평의
방법

수업 비평의 방법과 활용
: 자전적 경험을 중심으로

이혁규

I. 들어가며

수업 비평은 2000년대 이후 한국의 교실 수업을 이해하고 개선하기 위한 중요한 연구 방법으로 부각되고 있다. 관행화된 수업 장학을 넘어서서 수업을 이해하고 해석하는 하나의 대안으로 인식되고 있기 때문이다. 수업 비평이라는 용어를 직간접적으로 사용하거나 수업을 직접 비평한 논문이나 서적들이 여러 교과 영역에서 산출되고 있으며 (곽영순, 2003; 유정애, 2003; 류현종, 2004a; 2004b; 이정숙, 2005; 송영민, 지준호, 2007), 교육 현장에서도 수업을 비평하는 여러 연구 모임이 결성되어 활동하고 있다(최수일, 2009; 신지혜, 2010).

한국에서의 수업 비평은 교육 활동을 예술적 차원에서 파악하는 연구 전통에 뿌리를 두고 있다. Highet(1950), Dewey(1967), Eisner(1976), John Van Dyk(2000) 등은 교육 활동의 예술적인 차원에 대해서 중요한 언급을 하였다. 특히, Eisner(1976)는 '교육적 감식안과 교육 비평'이라는 질적 연구 방법을 제안함으로써 교육 활동의 예술적 차원을 부각시켜 이를 지각하고 해석하는 길을 열었다. 그리고 한국의 질적 연구 학계에서도 이런 연구의 경향을 이어받아 교육 활동의 예술성(유영만, 1996; 조영달, 2000; 조영태, 2006; 장성모, 2006)에 대한 논의를 하거나, 교육 현상에 대해 비평적인 접근을 하는 질적 연구(김대현, 김아영, 2002; 류현종, 2004a; 2004b; 박승배, 2006)의 경향들이 일어났다. 초기에는 질적 연구의 한 장르로서 교육 현상 일반에 대한 비평적 접근이 이루어지다가 2000년대 들어와서는 수업 현상에 초점을 맞추어서 좀 더 정교한 이론적 논의와 실천적 활동이 전개되기 시작하였다. 2000년대 들어서 수행된 수업 비평 관련 연구들을 살펴보면, 수업 비평의 필요성, 수업 비평의 관점, 수업 비평의 개념, 수업 비평의 유형, 수업 비평의 활용 등을 중심으로 다양한 논의가 생산되고 있다(류현종, 2004; 2004b; 이정숙, 2005; 정재찬, 2006; 이혁규, 2007; 강현석, 2007).

이렇게 수업 비평에 대한 관심이 증가하면서 교육 현장에서도 실제로 수업 비평 작업을 수행하고자 하는 교사 연구자들이 증가하고 있다. 그런데 현장의 관심이 증가하는 데 비하여 수업 비평 활동을 안내하는 수업 비평 방법에 대한 연구는 거의 축적되지 못했다. 기존의 연구들은 수업 비평 방법 그 자체를 주된 테마로 다루기보다는 수업 비평에 대한 이론적인 논의를 전개하는 가운데 부분적으로 비평의 방법에 대해서 언급하는 수준에 머물고 있다. 예컨대, 류현종(2004b)은 예술 비평의 관점에서 수업 비평을 논하면서 토픽 발견의 중요성을, 정재찬(2006)은 국어 수업 비평론을 다루면서 수업 쓰기 작업의 중요성을, 강현석(2007)은 내러티브에 의한 수업 비평을 언급하면서 자서전적인 반성적 글쓰기의 중요성을 부각시키고 있는 정도이다. 아직까지 수업 비평의 방법을 본격적으로 다룬 국내의 연구 논문은 전무하다.

외국의 경우에도 Eisner가 수업 비평을 포함하여 광의의 교육 비평에 대한 중요한 기여를 한 이후에 수업 비평의 방법에 대한 진전된 연구물을 찾기는 쉽지 않다. Eisner를 이어서 McCutcheon(1979; 1981; 1982)이 교육 비평의 방법과 관련하여 은유의 사용, 비평을 위한 예시와 상술, 비평가의 역할과 중요성에 대하여 언급한 정도이다. 그는 질적 연구와 글쓰기 방법과 연관된 교실 관찰의 해석에 있어서 해석의 유형을 패턴화, 사회적 의미 설명, 외부로 확장된 고찰로 구분하였으며, 교실 관찰과 해석에 있어서 의미를 구성해 내는 비평가의 적극적 역할이 가지는 중요성을 강조하였다. 따라서 한국에서 수업 비평에 대한 관심이 증대하고 있는 현 시점에서 수업 비평의 방법에 대한 논의를 이론적·실천적으로 진전시키고 이를 통해서 수업 비평을 수행하려는 교사 연구자들에게 실질적인 도움을 줄 수 있는 연구 작업이 절실히 필요하다. 이 글은 이런 요구에 응하기 위해서 필자의 경험을 바탕으로 수업 비평 방법을 제안하는 데 목적이 있다. 뒤에서 다시 언급하겠지만 필자는 우연한 계기로 2005년 《초등 우리교육》에 동료 교수들과 함께 수업 비평문을 연재하게 되었다. 처음 이 작업을 시작했을 때 필자는 수업 비평의 이론과 방법에 대해 충분히 학습한 상태가 아니었다. 따라서 다소 막막한 심정으로 비평 작업을 시작해야 했다. 이런 사정 때문에 '수업 비평의 이론이나 방법도 모르고 어떻게 실제 수업 비평 작업을 할 수 있을까'라는 의문이 스스로를 괴롭혔다. 그래서 필자는 친한 동료인 국어교육과의 정재찬 교수에게 이 문제를 상의하였다. 정 교수는 문학교육 전문가이기 때문에 문학 비평 전통에 매우 익숙하며 따라서 필자에게 좋은 조언을 해 줄 것으로 기대했기 때문이다. 정 교수가 해 준 답변의 요지는 "문학 비평 이론이 있고 문학 비평 작업이 이루어진 것이 아니라 문학 비평이 선행하고 그 이후에 문학 비평 이론이 생겨났다."는 것이다. 그러면서 정재찬 교수는 부딪쳐 보라고 했다. 가볍게 던진 말일지 모르지만 필자에게는 큰 도움이 되었다. 실전을 통해서 배운다. Learning by doing!

사실 이런 무모한 도전을 하게 된 데는 필자가 몸담아 왔던 학문적 배경에 얼마간 의존할 수 있다고 보았기 때문이다. 필자는 교육인류학적 연구 전통에 입문하여 학문적 훈련을 받았으며 미시문화기술지, 문화기술지, 현상학적 연구, 실행 연구 등을 수행한 바가 있다. 그리고 Eisner의 교육 비평에 관한 글들을 미리 접하였다. 이런 필자의 학문적 경험을 바탕으로 2005년 《초등 우리교육》에서 수업 비평문을 시작하여 총 14편의 수업 비평문을 작성하였다. 이 글은 필자가 수행했던 수업 비평 작업을 성찰하여 그 방법적 원리를 반추하는 자전적인 글이다. 자전적 연구는 질적 연구의 한 장르로 주목을 받고 있으며, 연구자가 제3자적인 객관적인 입장을 견지하려는 일반적인 연구와 달리 자신의 경험을 드러내고 성찰하는 데 관심을 두고 있다. 이같은 자서전적 연구는 1970년대 Pinar 등이 교육과정의 라틴어 어원인 Currere쿠레레의 의미를 재해석하여 교육과정에 대한 전통적 개념을 비판하면서 등장한 교육과정에 대한 새로운 연구 경향으로(Pinar et al., 1995), 교육 이론과 실천에 참여하는 사람들의 생생한 목소리를 담아내고 성찰하는 데 주된 관심을 가지고 있다. 필자는 이런 자전적 연구의 전통에 기반하여 본인의 체험에 대한 회고와 성찰을 바탕으로 이 논문을 작성하였다.

이런 체험의 반추는 필자가 수행했던 비평 작업을 실증적 의미에서 재현하는 것이 아님을 밝혀 둔다. 모든 자전적 경험에 대한 반추는 현재라는 시간 지평 위에서 재해석된 것일 수밖에 없다. 마치 문학 작품의 저자보다 후대의 해석자가 문학 작품의 의미를 더 풍부하게 이해할 수 있다는 해석학적 통찰과 유사하지 않을까? 필자는 필자의 체험의 의미를 더 잘 이해하기 위해서 다른 동료 비평가들의 글도 읽고 비평 이론에 대한 새로운 자료도 접하면서 학습을 하였고 이를 바탕으로 체험의 의미를 체계화하였다. 따라서 체계화는 실증적 의미의 재현이 아니라 해석적 재구성이다. 그리고 해석적 재구성에는 체험과 이해 간의 변증법적 성장이라는 역사성이 반영되어 있다.

II. 수업 비평의 인식론적 배경[1]

수업 비평의 구체적인 방법을 안내하기 전에 필자가 생각하는 수업 비평의 인식론적 배경에 대해서 아주 간단히 언급하고자 한다. 첫째는 앎knowing의 복수성에 대한 자각이다.[2] 근대 과학의 영향을 받은 주류 수업 관찰 방법은 표준화 가능한 명제적 지식에 관심을 갖는다. 그것은 반복 가능하고 재현 가능한 지식이다. 그리고 그런 과학적 지식을 생성하려면 관찰 가능하고 일반화 가능한 것에 관심을 가져야 한다. 그런데 이런 과학적 지식을 유일한 지식이라고 받아들이면 관찰이 용이하지 않고 재현이 불가능한, 그렇지만 매우 중요한 앎의 영역들을 부당하게 추방할 수밖에 없다. 수업 비평은 이런 앎의 부당한 축소에 대해서 저항한다. 수업 실천 속에는 명제적 지식으로 포착되지 않는

• • •

1 교육 비평의 인식론적 기반에 대한 논의는 수업 비평의 인식론적 기반을 이해하는 데 매우 중요하다. Eisner(1985; 1994; 1998)는 교육 비평의 인식론적인 차원에 대해서 정교한 이론적 논의를 전개하였다. 국내에서는 김대현(2002; 2003)이 교육 비평의 인식론에 대한 진전된 연구를 수행하였다. 필자의 글은 이런 선행 연구의 직간접적인 영향하에 있지만 필자 자신이 생각하는 비평의 인식론적 배경을 드러내는 데 1차적인 목적이 있음을 밝혀 둔다.

2 명제적 지식 이외에 다양한 지식 유형이 존재한다는 것이 이미 여러 학자들에 의해서 반복적으로 주장되고 있다. Eisner(1982, 김대현, 이영만 역, 1994: 72)는 "지식과 이해를 현상계에 관한 명제적 언어로 제한하는 것은 우리의 실재를 왜곡시키며 정치와 교육의 측면에서 인간의 능력 개발과 인간 이해를 매우 저해하게 된다."고 주장하였다. Eisner는 과학적 실증주의에 기반한 협의의 지식관을 넘어서 감정 활동과 인지 활동이 상호 통합된 광의의 지식관을 옹호한다. Polanyi의 '암묵적 지식'이나 '인격적 지식', Schön의 '실천적 지식', Palmer의 '사랑에 기반한 지식' 등도 명제적 지식으로 환원되지 않는 지식의 차원을 드러내 준다. Heron & Reason(2001)도 전통적인 명제적 지식을 넘어서서 경험적 지식, 표상적 지식, 명제적 지식, 실천적 지식 등 네 가지 지식의 형태가 존재하며 이런 앎의 형태를 포함하는 확장된 인식론에 기반할 때 연구의 타당성이 높아진다고 주장하였다. 그런데 이런 다양한 지식의 유형에 대해서 언급하는 학자들은 대부분 지식을 명사형(knowledge)이 아니라 계속해서 형성되어 가는 동사형(knowing)으로 표현한다.

많은 앎의 차원들이 존재한다. 그리고 그런 앎의 차원들을 인정하고 이들을 복권시켜서 논의하여야 교실 수업을 제대로 이해하고 개선할 수 있다.

둘째, 앎의 복수성을 긍정하는 것은 그 앎을 알아가는 인식 작용에 대해서도 반성을 요청한다. 과학적 지식만 특권화하면 많은 경우 우리의 감각, 정서, 의지를 배제하고 중립적 관찰자이자 무심한 관조자로서 교실 수업을 연구해야 한다. 그러나 앎의 복수성을 긍정하고 다양한 앎의 차원을 인정하고 나면 그것을 포착하기 위해서 우리는 좁은 의미의 인식 기능을 넘어서서 우리의 오감을 민감하게 활용할 수 있어야 한다. 교사와 학생과 교과의 다중적 만남이 가지는 다층적 의미를 풍부하게 드러내려면 우리의 감각 기관이 총체적으로 관여하여야 한다. 수업 비평은 감식안과 비평 능력을 강조함으로써 대상의 질적 특성을 파악하는 데 우리의 오감이 총동원되도록 훈련시킨다.

필자는 수업 비평을 통해 이런 넓은 의미의 인식 능력을 훈련하는 것이 실천가로서의 삶을 살아가는 데도 유용하다고 생각한다. 인간 삶의 많은 양태를 이해하는 데는 예민한 감각 작용, 공감과 같은 정서적 교감 능력, 대상의 가능한 의미를 능동적으로 구성하는 상상력 등이 필요하다. 이러한 능력은 명제적 진리의 엄밀한 확정성을 강조하는 좁은 의미의 근대적 이성에서는 크게 강조되지 않던 것들이다. 그러나 교실의 학습을 풍부하게 하기 위해서도 이런 능력들이 매우 중요하다. 학습자의 학습에 대한 민감성, 가르치는 교과의 의미에 대한 통찰, 자기 성장에 대한 안목 등은 훈련된 오감에 의존한다. 수업 비평 활동은 이런 오감을 훈련시킴으로써 수업 실천가들이 테일러주의적 공장 모형이 지배하는 비인간적인 근대 교실의 모습을 극복하는 데 도움을 줄 수 있다.

셋째, 수업 비평 활동이 가지는 인식 능력의 고양 기능은 자연스럽게 수업 비평에 참여하는 사람의 교육적 성장과 연결된다. 수업 비평은 관찰 대상인 수업의 질적 특성을 파악하는 탐구의 과정이며 이 과정에서 수업 비평가는 자신의 안목이 성장해 가는 교육적 체험을 한다. 수업 비평 활동을 통해서 수업 비평가의 안목이 성장하는 교육적 경험은 생산된 수업 비평문이라는 결과로서의 지식 못지않게 수업 비평 활동의 타당성 그 자체를 확인하는 인식론적 기반이 된다. 비평은 이제까지 알려져 있지 않던 사물의 새로운 면을 드러내는 활동이며 이것은 비평문을 접하는 일반 대중뿐 아니라 비평가 자신에게도 마찬가지이다. 비평가는 비평 활동을 통해서 대상의 새로움과 만나며 그 만남의 의미를 해석하고 재해석하는 사유의 과정을 통해서 자기 인식의 성장을 경험한다. 그리고 세상을 보는 새로운 눈을 획득한다. 이런 비평의 교육적 기능은 비평 활동의 부산물이라기보다는 비평 활동에 수반되는 본질적인 요소이다.

III. 수업 비평의 구체적 방법

질적 연구 혹은 교육 비평의 일반적인 방법들은 수업 비평에도 유용하게 활용될 수 있다. 그러나 이러한 일반적인 방법들을 수업 비평에 적용하기 위해서는 수업 활동의 특성을 고려한 수정이 요구된다. 이와 관련하여 필자의 경험을 바탕으로 수업 비평의 구체적 방법을 설명하고자 한다. 여기서 '구체적'이라는 용어를 쓴 것은 교육 비평에 적용되는 일반적인 방법과 대비되는 점을 부각시키기 위함이다. 여기에 더하여 필자의 수업 비평 방법이 모든 수업 비평 상황에 적용되는 일반적 방법일 수 없음을 강조하고자 한다. 필자의 수업 비평문은《우리교육》이라는 월간지의 독자를 상정하고 일정한 지면의 제한 속에서 작성된 것이다. 따라서 필자의 비평 방법은 이런 맥락성을 기반으로 하고 있으며, 보편적인 원리이기보다는 비평을 시도하는 연구자들을 위한 하나의 지침에 불과하다. 질적 연구도 그러하지만 수업 비평도 방법론적 개인주의에 어느 정도 기반할 수밖에 없기 때문이다. 아래에서는 우선 필자가 수업을 비평한 맥락을 언급하고, 이어서 수업 비평의 단계를 안내하면서 수업 비평 방법에 대한 성찰을 하고자 한다.

1. 수업 비평의 상황적 맥락과 비평 대상 수업

2003년도에 남한산초등학교에서 황영동 교사가 행한 수업이 필자가 처음으로 비평한 수업이다. 당시 서울대 교육학과에서 학위 논문을 준비하던 서근원 박사가 남한산초등학교를 참여 관찰하면서 촬영한 수업이었다. 필자는 황 교사의 수업 비디오를 보고 신선한 충격을 받았다. 좁게는 문화재 수업, 넓게는 초등 사회 수업의 실천에 상당한 시사점을 주는 수업으로 비쳤기 때문이다. 그렇다고 수업 전체가 흠잡을 데 없이 깔끔한 것은 아니었다. 보는 관점에 따라서는 부정적으로 평가할 수 있는 요소들도 적지 않았다. 따라서 수업을 보는 안목을 훈련하는 데 안성맞춤인 수업이라는 판단이 들었다! 이 수업으로 인해 필자는 수업 비평에 발을 들여놓게 된 셈이다.

수업 비평을 하려면 비평문을 연재할 지면이 필요하다. 그리고 자신의 수업을 공개할 교사도 섭외해야 한다. 두 가지 모두 수업 비평을 처음 시도하는 필자에게는 만만치 않은 과제였다. 그런데 예상치 않게 이 문제가 해결되었다. 당시 필자는 《우리교육》의 이진주 기자로부터 청탁을 받아 '현장 연구'에 관한 글을 쓰게 되었다. 그 일로《우리교육》과 인연을 맺었다. 그런 인연으로 알게 된 이 기자에게 수업 비평을 연재해 보자는 제안을 하였다. 이진주 기자는 잠시 후 함께해 보자고 화답하였다. 그 후 〈다시 시작하는 수업 읽기〉라는 제목의 연재를 하게 되었다. 수업 비평은 기자가 월간지의 인적 네트워크를 활용하여 수업 공개 교사를 섭외하면 필자를 비롯하여 수업 연구 전문가들이 수업을 참관하고 이를 분석하여 수업 비평문을 쓰는 방식으로 진행되었다. 함께한 연구자들은 강성우(청주교대, 영어), 김찬종(서울대, 과학), 류태호(고려대, 체육), 안금희(경인교대, 미술), 이경언(한국교육과정평가원, 음악), 이경화(한국교원대[3], 수학), 이병준(서울 목동중[4], 체육), 이선경(청주교대, 과학), 박병기(교원대, 도덕), 정재찬(청주교대[5], 국어) 등이다. 이렇게 2005년에 시작된 연재는 《초등 우리교육》의 경우 4년, 《중등 우리교육》의 경우는 2년 동안 이어졌다. 그리고 연재의 결과물은 《수업, 비평을 만나다》(2007)와 《수업, 비평의 눈으로 읽다》(2008)라는 두 권의 단행본으로 출판되었다.

지금까지 필자가 수업 비평을 시작한 상황적 맥락을 설명하였으며, 이제 필자가 비평한 수업들을 간단히 소개하고자 한다. 〈표 2-1〉은 2005~2008년 사이에 필자가 비평한 수업의 목록이다. 교과는 사회 과목이 대부분이며 슬기로운 생활, 재량 활동, 국어 수업도 간간이 비평하였다. 모두 15명의 수업을 참관하였으며 14편의 비평문을 작성하였다. 관찰 대상 교사는 모두 한국인이며 유일한 예외는 청주교육대학교의 교환 프로그램으로 방문한 캐나다 예비 교사의 수업에 대한 비평이었다. 학년은 초등학교 2학년에서 고등학교 2학년까지 걸쳐 있으며, 초등 수업이 상대적으로 많다. 일반적으로 1~3시간 정도의 수업을 참관하였으며 총 관찰한 수업 시간은 약 30시간이다.

수업 관찰 시간과 관련하여 한 가지 언급을 하자면 필자가 처음 비평을 시작했을 때 가까운 질적 연구자들 중에는 한 시간 수업을 보고 어떻게 비평을 할 수 있느냐는 원론적인 문제 제기를 하는 사람들이 있었다. 이것은 지금까지도 필자를 괴롭히는 질문이다. 그러나 부분 속에 전체가 동형 구조로 반복되는 프랙탈fractal 구조, 혹은 많은 부분이 손

* * *

3 현 서울대
4 현 경상대
5 현 한양대

표 2-1 필자가 비평한 수업의 목록

교사/당시 근무지	수업 연도	과목	학년	관찰 시수	수업 내용	비평문 제목
황영동(경기 광주 남한산초)	2003년	사회	초4	1	문화재와 박물관	문화재에 관한 수업 VS 문화재를 통한 수업
남상오 (서울 번동초)	2005년	〃	초3	1	시장이 하는 일	활동 중심 사회 수업, 그 빛과 그림자
Conrad(캐나다 사이먼 프레이저)	2005년	〃	5~7	3	게임을 통해 배우는 세계 무역	게임을 통해 배우는 세계 무역
김주봉(충북 진천 백곡초)	2005년	〃	초3	1	우리 고장의 옛 노래	수업 관찰자는 무엇을 보는가?
박상용 (서울 대원고)	2005년	〃	고1	1	해안 지형	교사 중심 '지리' 수업에 대한 변호
정용주 (서울 양원초)	2006년	〃	초5	2	도롱뇽 소송 재판	재판으로 해결하는 '천성산 도롱뇽' 문제
김은아 (서울 누원초)	2006년	〃	초6	2	5.18광주민주화운동	전달의 패러독스를 넘는 '5.18' 계기 수업
현혜정 (전남 강진여중)	2005년	〃	중2	1	인도의 근대화 운동	'인도의 근대화 운동'에 대한 협동학습
이봉수 (서울 덕성여고)	2007년	재량 논술	고2	2	대운하 찬반 토론	'대운하 찬반 토론'을 통해 보는 쟁점 수업
임은주 (인천 장수초)	2008년	재량 활동	초5	2	우리 동네 별별 가족	아이들이 만드는 '가족' 수업 이야기
최종순 (서울 도봉초)	2008년	슬기로운 생활	초2	4	다 같이 돌자 동네 한 바퀴	'동네 한 바퀴 돌기' 프로젝트 수업
장대진 (서울 대방초)	2008년	재량 활동	초6	3	분배의 정의 이해하기	창의적 재량 활동 시간을 통해 보는 교사의 재량
강용철 (서울 경희여중)	2008년	국어	중3	2	신문 여행을 떠나며	신문 활용 수업의 명인(!) 수업 공개를 하다
김민자(경북 구미 천생초)	2008년	사회	초5	2	분단 체험하기	분단 혹은 통일 세대를 위한 '통일'교육의 풍경
정민환 (경북 영주여고)	2008년	〃	고1	3	우리 사회에서 형성된 대북 관념과 그 한계 외	

상되어도 남은 조각으로 삼차원 입체 영상을 재생할 수 있는 홀로그램 hologram처럼 한 시간의 수업 속에도 전체를 읽어 낼 수 있는 풍부한 정보가 숨어 있다고 필자는 믿는다. 영화 한 편이 제공하는 강력한 인상에 매료되어 다른 추가적인 정보 수집 없이도 영감을 주는 영화 비평문을 작성하는 것이 가능하지 않은가! 다만, 비평의 햇수가 거듭될수록 적어도 2시간 이상 수업을 관찰하고 관련 자료를 충실히 수집해 수업 현상에 대한 정보를 많이 모으기 위한 노력을 더 많이 경주하였다. 현장에 오래 머물수록 현장을 깊이 이해하고 더 적절한 해석을 할 수 있다는 질적 연구의 기본 가정에도 유념하지 않을 수 없었기 때문이다.

2. 수업 비평의 실제 단계

(1) 수업과의 만남을 위한 사전 준비

　기존에 수업을 관찰하는 관행은 사전에 아무 준비도 없이 수업 시작 직전에 교실에 들어간다. 그리고 그 수업을 진행한 교사의 의도나 그 교실의 그간의 문화 등은 전혀 모른 채 갑자기 펼쳐지는 수업을 보고 관찰자의 경험에 비추어 평가를 한다. 그러므로 수업 후 협의회에서 거론되는 얘기는 그 수업과는 무관한 자기 경험이나 직위가 앞선다. 수업을 관찰한다는 것은 그 수업의 의도와 거기서 일어나는 학습을 보는 것인데, 특정한 수업을 보고 나서 그 수업을 보지 않아도 할 수 있는 뻔한 얘기만 한다면 수업을 관찰하는 의미가 없을뿐더러 수업에 대한 평가나 분석도 타당하다고 보기 어렵다. 그러므로 수업을 관찰할 때 수업하는 교실 상황에 대한 아무런 정보가 없이 교실에 들어가는 과거의 습관은 바람직하지 않다. (최수일, 2009: 160-161)

　전국수학교사모임에서 오랫동안 활동한 최수일의 박사 논문에서 인용한 것이다. 이 인용문에는 우리 학교의 수업 관찰 관행이 잘 드러나 있다. 공개 수업 시 동료 교사들은 별 준비 없이 수업 관찰에 임하기 때문에 수업 공개를 통해 서로 배우기가 어렵다. 의미 있는 학습이 일어나려면 사전 준비가 필요하다. '아는 만큼 보이고 보는 만큼 안다'는 관습화된 주장은 수업 관찰에도 적용된다. 수업 관찰 전에 수업 주제, 교사의 의도, 학생들의 배경 정보를 풍부하게 알고 있으면 수업을 이해하는 데 많은 도움이 된다.

따라서 수업 관찰 전에 교사에 관한 정보, 교사가 작성한 수업안, 관찰 대상 학생들에 관한 정보를 미리 구하여 읽는 것이 좋다. 교육과정과 교과서, 관련 참고 도서도 미리 찾아볼 수 있으면 좋다. 이런 준비를 통해서 수업 목표, 수업 내용, 교사와 학생의 상황을 어느 정도 이해하고 나면, 내가 만약 이 주제로 수업을 한다면 어떻게 수업할 수 있을지에 대해서도 브레인스토밍 하듯이 가볍게 생각해 본다.

이런 사전 준비를 어느 정도 해야 할지는 전적으로 관찰자의 여건과 판단에 달려 있다. 사전 준비를 철저히 하는 것이 도움이 되기는 하지만 시간을 많이 내는 것이 여의치 않은 것이 일반적이다. 또 지나친 사전 공부가 때로 관찰 활동을 방해할 수도 있다. 필자의 체험에 의하면 가장 중요한 사전 준비는 일련의 구체적인 행위라기보다는 수업을 새롭게 보고자 하는 마음의 준비이다. 교사들은 오랜 세월 동안 스스로 많은 수업을 한다. 또 많은 기회는 아니지만 간혹 동료 교사의 수업을 참관할 기회도 가진다. 학창 시절까지 고려하면 실로 어마어마한 시간 동안 수업 장면에 노출되어 있는 셈이다. 그래서 수업을 보기도 전에 나름의 판단 구조를 지니고 관찰에 임한다. 그리고 이런 선입견은 수업 관찰 내내 우리의 인식과 판단에 영향을 끼친다. 이와 관련하여 허영식은 다음과 같이 적고 있다.

가능하면 편견이나 선입견 없이 대상을 있는 그대로 작용하도록 하는 수업 관찰, 전제 조건이 전혀 없는 상태에서 이루어지는 관찰, 즉 소박한 수업 관찰은 가능하지 않다. 관찰자는 대개 규범적인 가정, 좋은 수업과 수업을 잘하는 교사에 대한 표상을 끌어오기 마련이다. 그리고 수업이라는 대상을 전체적으로 남김없이 파악하는 일도 가능하지 않다. 문제 제기에 따라 언제나 일부 단면이나 측면만이 시야에 들어올 뿐이다. (허영식, 2009: 137)

사실 이런 주장은 새로운 것은 아니다. 우리의 이해는 선입견에 뿌리를 두고 있으며 우리가 성장해 온 영향사影響史에 의해서 제약을 받는다는 점은 Gadamer 등의 철학자에 의해서 깊이 논의되었다. 문제는 관찰의 전 과정에 영향을 끼치는 자신의 선입견에 대해서 어떤 태도를 갖는가이다. 만약 관찰자가 자신의 선입견을 전혀 의식하지 않고 수업에 대한 평가만을 하는 판관判官의 역할만을 수행한다면 다른 교사의 수업을 통해서 거의 배울 수가 없다. 의미 있는 학습은 공개되는 수업을 통해서 자기의 선입견을 확인하고 대화적 자세를 통해서 수업에 대한 자신의 이해를 재구성해 가는 것이다. 이것이 가능하려면 모든 것을 알고 있다고 전제하고 수업을 평가하려는 자세를 버리고 수업이 주는 새로운 자극을 기대하고 이를 통해 수업을 보는 자신의 인식을 재구성하려는 겸손한 학습자의 눈이 필요하다.

이런 마음의 자세를 '만남에 대한 기대'라는 언어로 표현하고자 한다. 만남이란 은유적 표현을 쓰는 것은 수업이 분석의 대상이 아니라 대화하는 존재로 관찰자에게 다가온다는 의미이다. 모든 수업은 정도의 차이는 있지만 개별성을 가지고 있다. 마치 인격체인 인간 모두가 고유한 개별적 주체인 것처럼! 그런 수업의 개별성에 민감하게 반응하려고 마음먹는 순간 수업은 분석의 대상으로 존재하기보다는 나에게 말을 걸어오는 인격적 존재로 변한다.[6] 그리고 대화를 걸어오는

• • •

6 인식 대상이 살아 움직이고 반응하는 인격적 대상이며 인식 주체의 인격성과 인식 대상의 인격성을 전제하지 않고는 참된 앎이 형성되기 어렵다고 교육학자 Palmer(1983; 1998)는 주장한다. 인식 대상의 인격성 문제는 Martin Buber의 '나와 너' 관계에서도 풍부한 함의를 얻을 수 있다.

상대방과 함께 이야기를 나누다 보면 교사와 수업과 학습을 이해하는 관찰자의 선입견이 해체되고 재구성되는 체험을 하게 된다. 필자는 Gadamer가 해석 대상인 텍스트를 이해하는 과정에 대해 언급한 다음 내용이 필자의 경험과 유사함을 발견할 수 있었다.

> 뭔가를 이해하는 사람은 누구든지 간에 그 자신이 우연히 갖게 된 가정들에 굴복하여 가능한 한 일관되고 엄격하게 텍스트 자체의 의견들을 듣지 못할 것이다. …… 오히려 텍스트를 이해하고자 하는 사람은 텍스트가 그에게 말하도록 준비를 갖추어야 한다. 이리하여 해석학적으로 훈련된 의식은 처음부터 텍스트의 타자성에 주목해야 한다. (Gadamer, 1975: 253. Warnke, 1987, 이한우 역, 1999: 153에서 재인용)

여기서 텍스트가 "말하도록 준비를 갖추어야 한다."는 구절은 인상적이다. 즉, Gadamer는 텍스트가 타자로서 우리에게 말을 걸어오는 존재임을 부각시킨다. 텍스트에 대한 진지한 이해는 타자로서의 텍스트가 우리의 견해에 제기하는 도전들에 대해 개방성을 유지하는 것이며, 이것이 올바른 해석으로 나아가기 위한 준비라는 것이다. 이런 텍스트 해석에 대한 원칙은 수업 비평의 경우에도 마찬가지로 적용될 수 있다.

필자의 체험을 반추해 보건대 개개 수업이 관찰자에게 말을 걸어오는 강도는 다소 상이하였다. 일상적인 수업보다는 새로운 시도를 담고 있는 수업이 훨씬 강하게 말을 걸어왔다. 이 점에서 《우리교육》을 통해 새로운 시도를 하는 많은 교사들을 만날 수 있었던 것은 필자에게 큰 행운이었다. 수업 공개 교사들은 대부분 나름의 고민을 바탕으로 새로운 지경을 개척하는 도전적인 교사들이었기 때문이다. 예컨대, 황영동, Conrad, 김은아 교사의 수업은 매우 강력하게 말을 걸어왔다. 황영동 교사의 수업은 '문화재에 관한 수업'의 전통을 깨고 '문화재를

통한 수업'이 가능함을 보여 주었으며, Conrad의 수업은 '세계 무역'
이라는 어려운 개념을 게임이라는 학습 활동으로 풀어냄으로써 교과
내용과 활동형 수업이 어떻게 유기적으로 결합되어 의미 있는 학습 체
험으로 연결될 수 있는지를 보여 주었다. 또, 김은아 교사는 좌절, 분
노, 단죄 등으로 연결되기 쉬운 5.18이라는 현대사의 비극을 학생들이
평화와 정의를 위해 행동하는 사람들에 주목하게 하는 학습 활동을 통
해 새롭게 경험하게 하였다. 이런 수업들은 새로운 상상력으로 기존
수업 실천에 도전함으로써 수업에 대한 필자의 선입견을 해체하고 재
구성하도록 도움을 주었다.

물론 모든 수업이 강력하게 말을 걸어오지는 않는다. 관찰 대상 수
업이 흔히 볼 수 있는 전형성이 높은 수업일수록 말을 걸어오는 강
도는 매우 약하다. 그럼에도 불구하고 모든 수업은 개별성을 지니고
있다. 이런 수업 텍스트의 타자성에 민감하고자 하는 것! 이를 통해서
자신의 선입견을 성찰하는 개방성을 견지하는 것이 수업 비평을 위한
출발점이다.

(2) 수업 관찰 및 촬영하기

사전 준비를 마치고 나면 수업 공개 교사의 허락을 얻어 실제 수업
관찰을 한다. 관찰을 위해서 교실에 들어가는 과정에는 연구를 위한
허락 맡기, 연구 현장 들어가기, 내부자의 일원으로 수용되기 등이 필
요하다. 이에 필요한 지식과 절차는 일반적 문화기술지 연구의 방법을
참조하면 된다. 다만, 수업 비평의 경우 낯선 현장에 친숙해질 때까지
연구 현장에 오랫동안 머물러 있어야 한다는 문화기술지 연구의 일반
적 원리를 따르기가 어렵다.

필자의 경우 《우리교육》 기자와 함께 전국적으로 수업 공개 교사를
찾아서 1~3시간 정도 수업 관찰을 하였다. 이와 함께 현장에서 획득
할 수 있는 수업 관련 자료를 수집하였다. 또, 시간이 허락하면 교사

혹은 학생들과 간단한 인터뷰를 하였다. 이런 짧은 자료 수집 과정은 현장에 오랫동안 머물러 있기를 요구하는 문화기술지 연구의 자료 수집 절차에 비추어 보면 다소 위험해 보일지도 모른다. 심지어 황영동 교사의 수업이나 박상용 교사의 수업과 같이 수업 비디오만 보고 비평을 해야 하는 경우도 있었으니 말이다.

현장에서 1~3시간 정도 수업 관찰을 한다고 해도 사정이 크게 나아지는 것은 아니다. 이 정도의 관찰 시간으로는 관찰자 효과를 통제하기가 어렵다. 결국 자료 수집 과정의 이런 난점은 비평가 스스로의 안목에 의존하여 해소할 수밖에 없다. 예를 들어, 비평가는 교실 관찰을 할 때 외부인의 관찰로 인해서 교실의 일상성이 어떻게 달라지는지, 즉 관찰자 효과가 어느 정도 나타나는지를 용의주도하게 살펴서 이를 해석 과정에 반영해야 한다. 또한 수집한 정보를 바탕으로 자신이 말할 수 있는 것과 없는 것의 한계를 인식하여 자료의 한계를 넘어서는 과잉 해석을 자제할 수 있어야 한다.

교사가 수업하는 동안 관찰자는 수업 상황을 기록한다. 이때 양적 연구와 질적 연구의 다양한 관찰 방법과 관찰 항목을 염두에 두고 자신에게 익숙한 방법을 취사선택하여 수업 상황을 기록하면 된다. 필자의 경우는 일반적으로 특별한 관찰 도구를 사용하지 않고 수업 현장에서 발생하는 일을 시간의 흐름에 따라서 인상적 내용을 중심으로 기술하였다. 필자는 수업 현장에서 발생하는 일을 자세하게 기록하는 데서툰 편이다. 이 때문에 수업의 세세한 부분을 확인하는 데는 수업 동영상이 매우 중요한 역할을 하였다. 필자뿐 아니라 다른 비평가와의 대화를 통해서도 수업 동영상이 비평 작업의 매우 중요한 1차 자료임을 확인할 수 있었다.

다른 비평 장르와 비교하여 볼 때 수업 촬영은 자료 수집 이상의 의미를 지닌다. 일반적으로 비평 대상이 되는 예술품은 대개 전시나 소통을 목적으로 제작된다. 따라서 비평 대상 텍스트는 공개되며 원칙적으로 다중의 접근이 허용된다. 그러나 교실 수업의 경우는 잘 공개되지 않는다. 따라서 수업 촬영은 관심 있는 다수가 접근할 수 있는 공적 텍스트로 수업 현상을 전환해 주는 역할을 한다. 공개되지 않는 예술 작품에 대한 비평 작업이 의미를 갖기 어려운 점에 비추어 볼 때 수업 촬영은 비평 작업을 가능하게 하는 매우 중요한 토대가 된다.[7]

수업 촬영자가 수업에서 무엇을 촬영하였는가는 수업 분석에도 영향을 미칠 뿐 아니라 수업 비평가가 작성한 비평문의 타당성을 확인하는 데도 중요하다. 따라서 수업 촬영자는 비디오 촬영 전문가인 동시에 수업 내용 지식을 지닌 교육 전문가인 것이 좋다. 필자의 경우는 《우리교육》 기자가 촬영을 담당하였는데 교육 전문 기자의 안목으로 촬영한 것이므로 수업 장면을 이해하고 비평문을 작성하는 데 큰 어려움을 겪지는 않았다. 그러나 수업 촬영을 처음 하는 사람이라면 수업 상황을 의미 있게 카메라에 담는 데는 어려움을 겪을 것이다. 이와 관련하여 카메라에 무엇을 담을지를 미리 숙고하는 것이 필요하다. 서근원(2005)은 수업 촬영의 대상으로 여섯 가지를 언급하고 있다.

일반적으로는 수업을 촬영할 때 다음과 같은 것들이 주요한 대상이 될 수 있다. 첫째는 수업이 이루어지는 교실 상황이다. 둘째는 수업 중에 이루어지는 교사의 행동이다. 셋째는 학생의 행동이다. 넷째는 교사와 학생의 상호작용이다. 다섯째는 수업을 통한 학생의 경험이다. 여섯째는 수업을

• • •

7 수업에서 교사와 학생의 상호작용은 상당히 빠른 속도로 전개되기 때문에 기록하지 않으면 곧바로 사라지기 쉽다. 따라서 녹음이나 녹화와 같은 활동은 수업을 객관적으로 분석하기 위해서 필수적인 작업이다. 이런 녹화나 녹음의 기능은 해석학자 Paul Ricoeur가 언어–사건인 담화를 글쓰기로 기록하는 것과 유사하다. 기록을 통해서 사라지는 담화는 텍스트로 고정화되며, 이런 고정화를 통해 화자의 의도와 분리된 텍스트의 자율성이 확보되며, 담화가 처음 발생한 상황적 문맥을 넘어서는 비상황적 지시가 가능하게 되고, 구체적인 담화 상황의 당사자를 넘어서서 불특정 다수의 잠재적인 독자에게 읽힐 수 있는 열린 작품이 된다(Paul Ricoeur, 1986, 박병수, 남기영 역, 2002: 225-246). 녹음이나 녹화도 시간 속에서 전개되고 사라지는 수업 사태를 기록을 통해 고정화함으로써 의미를 가진 일종의 '텍스트'로서 해석할 수 있는 가능성을 열어 준다.

통한 교사의 경험이다. 물론 이 여섯 가지는 화면 속에서 명확히 분리되는 것은 아니다. 촬영의 과정에서는 이 여섯 가지가 다 함께 담기기 마련이다. 단지 촬영의 초점이나 비중이 달라질 뿐이다. 이 가운데 다섯째와 여섯째 는 교사와 학생의 내면에서 일어나는 일이기 때문에 화면에 담기가 쉽지 않다. 그것들은 행동, 표정, 글, 이야기 등을 통해서 간접적으로 나타난다. 그렇지만 수업을 촬영할 때 궁극적으로 담아야 할 것이 바로 이 두 가지, 그 가운데 학생의 경험이다. 수업이 이루어지는 상황, 수업 중에 이루어지 는 교사의 행동, 학생의 행동, 교사와 학생의 상호작용 등을 촬영하는 것 은, 그것들을 개선함으로써 학생들로 하여금 특정한 방향과 내용의 경험을 하도록 하기 위해서이기 때문이다. (서근원, 2005)

서근원은 수업에서 촬영해야 할 가장 중요한 요소로 교사의 경험과 학생의 경험을 든다. 이 중 학생의 경험이 가장 중요한 촬영 요소이다. 일반적으로 행동을 포착하기는 쉽지만 경험을 포착하기는 어렵다. 특 히 학생의 경험을 포착하기 위해서는 수업 상황에 대한 깊은 이해와 함께 수업 순간순간의 의미를 민감하게 파악할 수 있는 감수성이 필요 하다. 이런 수업 촬영은 오랜 연습과 관심의 산물이며 쉽게 획득되지 않는 기술임을 밝혀 둔다.

(3) 관련 자료 수집·분석 및 수업 전사全寫하기

관찰과 촬영에 병행하여 혹은 그 이후에 수업 상황을 이해하는 데 필요한 추가 자료들을 더 수집한다. 여기에는 교사가 수업 중에 사용 한 각종 교수 자료, 수업 과정에서 산출된 학생 활동 자료, 교사와 학 생에 대한 면담 자료 등이 포함된다. 이런 자료 수집을 통해서 수업 관 찰만으로는 알기 어려운 맥락성에 관한 정보를 수집할 수 있다. 특히 학생들이 산출한 자료들은 교사의 의도와 학생들의 학습을 비교하여 수업의 의미를 심층적으로 이해하는 데 도움이 되며, 이를 통해서 학생의 의도를 파악하고 수업의 성공적 수행 여부를 가늠할 수 있다.

관련 자료의 수집과 함께 수업 전사全寫 작업을 수행한다. 수업 자료 분석의 필수적인 단계 중 하나가 전사하기이다. 전사는 현장 작업에서 수집하거나 기록한 자료들을 추후 분석을 위해서 깨끗하고 체계적으로 받아 적는 것을 뜻한다. 전사의 기능에 대해서 김영천(2006: 440-441)은 질적 자료의 분석을 위한 차분한 의지와 욕구를 불러일으키기, 무수히 많은 현장 자료를 쉽게 관리하고 찾아내기, 현장에서 수집한 모든 자료를 안전하게 보관할 수 있게 하기, 질적 자료의 훌륭한 분석 작업 과정으로서의 역할 등 여덟 가지 기능을 언급하고 있다.

수업 비평과 관련하여 전사 작업의 의미는, 수업의 세세한 부분까지 자세하게 기록함으로써 수업 분석이 사실에 근거할 수 있도록 하며, 수업의 세세한 모습을 옮겨 적는 동안에 수업 비평가 스스로가 수업 현상에 대한 깊이 있는 이해를 할 수 있다는 점이다. 교사의 언어적 습관이나 교사와 학생 간의 세밀한 상호작용을 파악하는 데도 수업 전사는 많은 도움을 준다. 일반적으로 수업 비디오 속의 학생 발언은 잘 들리지 않는다. 이런 부분을 이해하기 위해서 수업 동영상을 앞뒤로 돌려 가면서 반복해서 듣고 전사하는 과정은 학습자가 어떤 경험을 하였을지를 추체험하는 데 많은 도움을 준다. 전체적으로 볼 때 수업 전사는 수업의 부분에 주목함으로써 수업 전체에 대한 이해를 심화하고, 수업 전체에 대한 이해를 바탕으로 부분에 대한 이해를 새롭게 하는 역할을 한다. 일종의 해석적 순환의 과정을 전사 과정이 촉진해 주는 셈이다.

필자는 이런 수업 전사 작업은 일종의 '곰국 끓이기'라고 비유한다. 같은 재료라도 한 번 끓여 낼 때의 국물 맛과 계속해서 끓여 낼 때의 국물 맛이 다르다. 이처럼 표면적으로 평범해 보이는 수업들도 전사를 위해 반복적으로 관찰하는 작업을 하다 보면 새로운 의미가 문득 떠오르게 된다. 자료 속에 깊이 침잠함으로써 수업의 풍부한 의미를 새롭게 길러 낼 수 있는 것이다. 물론, 시간이나 여건상 전사를 할 수 없는 경우도 있다. 수업 전사가 어려울 때는 수업을 최소한 두세 번 이상 보면서 흥미롭다고 판단되는 부분을 중심으로 전사하는 방법도 있다. 다만, 초보자의 경우에는 반드시 수업 전체를 전사해 보는 경험을 갖길 권한다.

전사를 할 때의 마음 자세 또한 수업을 처음 관찰할 때 가졌던 기존 생각이나 판단에서 가급적 탈피하여 새로운 것을 발견하려는 개방성을 견지하는 것이 좋다. 즉, 자신의 기존 관념을 판단 중지하고 사물을 새롭게 대하려는 태도가 필요하다. 처음 생각에 지나치게 사로잡혀 있으면 수업의 새로운 면을 보기가 어렵기 때문이다.

전사가 끝난 후에는 수업에 대한 분석 작업을 해야 한다. 이런 분석 작업은 기존의 여러 가지 수업 관찰 방법을 활용하는 것이 도움이 된다. 이런 관찰 방법들은 일일이 열거할 수 없을 정도로 많이 있으며, 수업 관찰과 장학에 대한 여러 책들을 참고하여 비평가가 자유롭게 취사선택하면 된다.

(4) 수업의 중심 주제 부각시키기

전사가 주로 수업 내부를 들여다보고 그 의미를 음미하는 과정이라면 관련 자료들을 읽고 분석하는 작업은 수업의 맥락, 즉 수업의 외부를 살피고 성찰하는 과정이라고 할 수 있다. 수업을 비평하기 위해서는 수업의 안을 깊게 들여다보는 것도 필요하고 수업의 주변을 넓게 조망하는 것도 필요하다. 수업의 주변을 넓게 조망하는 것은 수업 현상을 가능한 한 다양한 맥락들에 비추어서 해석할 수 있게 한다. 그리고 수업을 다양한 맥락과 관련지으면 지을수록 그 의미를 풍부하게 드러낼 수 있다.

원론적으로 수업 현상을 이해할 수 있는 맥락들은 실로 무수하다. 몇 가지만 언급하면 교사의 실천과 성장과 관련짓는 방식, 해당 교과

의 다양한 관점 및 교수 방식과 관련지어 보는 방식, 재생산이나 변혁
과 같은 사회적 기능과 연관하여 해서해 보는 방식, 학습자의 지각과
인식의 성장과 관련짓는 방식 등이 있을 수 있다. 이런 가능한 맥락들
에 비추어서 수업의 의미를 따져 보는 것이 좋다.

　비평가는 이런 일련의 맥락을 부각시키는 작업을 통해서 수업 비평
의 중심 주제를 부각시켜 간다. 중심 주제를 부각시키는 과정은 수업
에서 발견한 것들 중에서 가장 핵심적인 이야깃거리를 확정해 가는 과
정이다. 즉, 중심 주제를 찾는 작업을 통해 비평가는 가장 강조하고 싶
은 이야기, 부차적인 이야기, 생략하고 싶은 이야기들을 정돈할 수 있
게 된다. 비유컨대, 이런 작업은 공연 무대에 전경과 배경이 있고, 전
경 중에서도 집중 조명을 받는 주연 배우의 자리가 있어서 우리의 시
선을 한 곳으로 집중하게 하는 것과 유사하다. 그리고 이런 중심 주제
를 통해 독자들은 비로소 특별한 가중치 없이 수업 관찰에 관련된 모
든 요소들을 동원하여 대상 수업을 분석적으로 해체하는 흥미 없는 활
동에서 놓여날 수 있다.

　중심 주제를 찾아가는 교과서적 방식은 수집된 자료들을 반복적으
로 읽고 개방형 코딩에서부터 출발하여 순차적으로 상위의 개념들을
찾아가는 귀납적 접근이다. 이 방법은 질적 연구에서 가장 흔하게 사
용하는 방법이며 수집한 자료를 충실하게 살펴본다는 점에서 권장할
만한 방법이다. 그런데 비평 활동의 경우에는 특별한 전제 없이 아래
로부터 중심 주제를 찾아가는 이러한 방식 못지않게 비평가의 직관
에 의존하여 중심 주제를 찾아가는 방식도 빈번하게 등장한다. 최소
한 필자의 경험에서는 그러하다. 분석적이거나 실증주의적인 관점을
가진 철학자들이 사용하는 지식의 개념과 직관은 매우 상이하다. 직
관intuition의 라틴어 어원은 'intuitus'인데, 이는 '어떤 눈으로 보다'라
는 의미를 가지고 있다. 직관을 가지고 있다는 것은 통찰력이 있다는
것이며 전에 보지 못한 것을 본다는 것이고 감각을 통해서 파악한다

는 뜻이다(Eisner, 1982, 김대현, 이영만 역, 1994: 74). 비평 활동이 비평가의 안목에 많이 좌우된다는 것은 분석과 실증 이전의 직관적 통찰이 매우 중요한 역할을 하는 것을 함의한다.[8]

물론, 비평가의 주관성과 상상력에 주로 의존하는 직관만으로 중심 주제가 도출되는 것은 아니다. 또 그렇게 중심 주제를 도출한다면 바람직하지도 않다. 비평가의 직관은 위에서 말한 일련의 자료 수집과 분석의 과정을 통해서 실증적 근거를 확보해야 하며 이런 과정을 통해서 직관의 주관성이 교정되어야 한다. 그리고 이런 직관의 주관성을 확인하거나 교정하는 데 있어서 수업 전사나 관련 자료의 분석 같은 활동은 매우 중요한 의미를 지닌다.

구체적인 비평 사례를 통해서 중심 주제를 찾아가는 방식을 예시함으로써 직관과 실증의 협응 과정을 살펴보자. 사례는 이봉수 교사의 '대운하 찬반 토론' 수업이다. 이봉수 교사의 수업을 관찰할 때 몇 가지 대목에서 신기하다는 생각을 했다. '대운하 찬반 토론'을 하면서 가치 문제에 대한 토론이 먼저 이루어지고 그 다음에 대운하에 대한 구체적인 찬반 토론이 전개되었다. 이 장면은 필자에게 낯설고 흥미롭게 느껴졌다. 찬반 토론 마지막에 학생들이 글쓰기를 하는 대목도 다소 낯설었다. 이렇게 수업에서 낯설거나 흥미롭게 느껴지는 부분은 선이해의 지평이 새로운 현상과 조우하게 되었음을 의미한다. 이 낯설고 새로운 자극들이 이 수업의 중심 주제로 부각될 수 있는 유력한 후보군이다.

낯섦에 대한 지각은 동시에 대상에 대한 잠정적인 판단도 동반한다. 그러나 이런 잠정적 판단을 더 정교한 이해로 승화시키기 위해서는 수

- - - -

8 직관과 관련된 책들로는 Malcolm Gladwell(2005, 이무열 역, 2005)의 《블링크》, Gerd Gigerenzer (2007, 안의정 역, 2008)의 《생각이 직관에 묻다》, David Myers(2002, 이주영 역, 2008)의 《직관의 두 얼굴》 등이 있다. 이런 책들은 무의식의 영역에서 일어나는 순간적인 판단, 즉 직관이 발휘하는 힘과 위험성에 대한 다양한 사례와 통찰을 제공해 준다.

업을 전사해서 살펴보고 관련 자료를 읽는 일련의 분석 활동이 필요하다. 예를 들어, 필자는 쟁점 수업 모형들을 점검함으로써 가치 문제에 대한 토론을 먼저 하고 구체적 쟁점에 대한 토론을 나중에 하는 토론 방식이 사회과의 일반적 수업 모형과 상이함을 재확인하였다. 예컨대, 사회과에서 가장 잘 알려져 있는 Banks의 의사 결정 모형은 사실 문제와 가치 문제를 구분하지만 이 두 가지 문제를 병렬적으로 위치시킬 뿐 선후 관계로 규정하고 있지는 않다. 이렇게 기존 수업 모형과 현장 실천이 다를 경우 이런 현상은 해석이 필요한 중심 주제로 부각된다. 이런 차이를 규명하고 그 의미를 따져 보는 일련의 사유의 과정을 통해서 필자는 이봉수 교사의 수업 의도를 모형과 대비시켜 논의하였다.

또 다른 낯섦의 지점은 글쓰기에 관한 것이다. 사회과에서 논쟁 문제 수업이나 의사 결정 수업의 경우 최종 단계는 의사 결정 활동으로 종결되며 좀 더 나아갈 경우 사회적 실천으로 연결되는 데 비하여 이 수업은 글쓰기 활동으로 마무리되었다. 이것은 논쟁 수업에서 글쓰기 활동이 가지는 의미가 무엇인지, 논술 활동이 사회과와 국어과에서 어떤 다른 의미를 지니는지에 대한 의문을 불러일으켰다. 이런 의문들을 생각해 보고 그 의미를 따져 보는 활동이 수업 비평의 부차적인 주제를 형성하였다.

이외에도 논쟁 수업에서 단골로 검토되는 교사의 입장 문제도 검토하였으며, 수업 주제인 대운하 문제를 둘러싼 여러 정보들을 살펴봄으로써 환경 문제에 접근하는 여러 스펙트럼 속에서 이 교사가 서 있는 위치를 가늠해 보는 논의도 하였다. 이런 내용들이 이 수업 비평의 부차적인 주제들이 되었다. 결국, 이봉수 교사의 수업에 대한 비평은 처음 관찰에서 직관적으로 떠오른 의문들을 자료의 수집과 분석이라는 일련의 활동을 통해서 해명해 가는 과정인 셈이다. 이 과정에서 중심 주제와 그것을 보조하는 부차적인 주제들이 발굴되고 정렬되어 하나의 비평적 이야기가 구성되었다.

물론, 모든 비평 사례에서 이봉수 교사의 수업과 똑같은 방식으로 중심 주제가 발굴되지는 않는다. 어떤 수업은 직관에 호소해 오는 정도가 훨씬 강하여 후속 작업이 크게 필요하지 않은 경우도 있고, 어떤 수업은 일상적 전형성이 강하거나 혹은 비평가의 식견 부족으로 인해 분석적이고 실증적인 자료 수집과 해석의 과정에 훨씬 더 많이 의존해야 하는 경우도 존재한다.

(5) 수업 비평문 작성하기[9]

중심 주제가 부각되고 나면 실제 수업 비평문을 작성한다. 수업 비평문을 작성하는 과정은 글의 구도 잡기에서 시작된다. 필자가 작성한 비평문은 크게 〈수업 비평의 관점 – 수업 장면 기술 – 수업 장면 해설〉의 세 부분으로 구성되어 있다. 글의 첫 부분인 〈수업 비평의 관점〉은 비평문의 전체 방향을 설정하면서 비평가의 관점을 드러내는 기능을 한다. 따라서 독자들은 선행 조직자처럼 예기적으로 비평가가 이야기하려는 바를 추측할 수 있다. 글쓰기 전략의 차원에서 보면 비평가는 자신의 의도를 다양한 방식으로 드러낼 수 있다. 처음부터 저자의 의도를 분명히 하고 출발할 수도 있고 글의 전반부에는 저자의 의도를 숨기다가 반전 기법 등을 이용하여 뒷부분에서 저자의 의도를 부각시킬 수도 있다. 혹은 문학적 기교를 활용하여 글의 곳곳에 저자의 의도를 산포시킬 수도 있다. 이런 다양한 글쓰기 방식 중에서 필자는 처음부터 의도를 명료하게 드러내는 글쓰기를 선호하는 편이다. 의도를

• • •

9 수업 비평문 작성하기에 관한 독자적인 논문은 아직 발표되지 않았다. 그러나 비평문 쓰기 일반과 관련하여서는 글쓰기를 연구하는 학자들을 중심으로 일정하게 연구가 축적되어 있다. 국내 학자의 연구들만 몇 가지 소개하면 김동환(1999), 우한용(1999), 박태호(2000), 권성우(2001), 박영민(2003) 등이 있다. 이 중 비평문 쓰기를 본격적으로 다룬 것은 박영민의 《과정 중심 비평문 쓰기》이다. 이런 연구들의 결과는 수업 비평문의 이론과 실천에도 의미 있게 활용될 수 있을 것으로 보인다.

먼저 드러내는 것이 독자의 입장에서 비평문에 더 편하게 접근할 수 있다고 보기 때문이다. 또 다른 이유로는 문학적 기교를 동원하는 글쓰기에 서툴기 때문이기도 하다.

다음은 〈수업 비평의 관점〉을 드러내는 글의 예시이다. 아래에 제시하는 〈예시1~3〉은 《수업, 비평의 눈으로 읽다》에 수록된 박상용 교사의 수업에 대한 비평인 〈교사 중심 '지리' 수업에 대한 변호〉에서 인용한 것이다. 〈예시 1〉은 이 비평문의 앞부분이다. 〈수업 비평의 관점〉을 드러내기 위한 일환으로 수업과 관련된 교육과정 분석, 수업 주제에 대한 필자의 개인적 체험, 수업을 보는 문제의식 등을 주로 서술하였다.

〈예시 1〉

교사 중심 대 학생 중심

박 교사의 수업은 전체적으로 교사 중심 수업이라고 할 수 있다. 교사 중심 수업은 나쁜 수업이고 학생 중심 수업은 좋은 수업이라는 하나의 강박이 우리의 상식으로 자리 잡고 있는 현실을 고려하면 이 수업은 비평해야할 가치가 높지 않은 수업인지도 모른다. 그러나 교사 중심 수업 대 학생 중심 수업이라는 이분법은 과연 적절한가? 교사 중심 수업 방식과 학생 중심 수업 방식은 모두 교사가 선택할 수 있는 수업 전략 중 하나이다. 하나의 수업 주제를 교사 중심으로 다루는 것이 좋은지 학생 중심으로 다루는 것이 좋은지에 대한 절대적인 기준은 없다. 따라서 교사 중심 수업 방식이 나쁘다고 일률적으로 말하는 것은 일단 받아들이기 어렵다. 그러나 상대적인 타당성까지 부인할 수는 없을 것이다. 우리가 교사 중심 수업은 좋지 않은 수업 방식이라고 말하는 것은 많은 교사들이 수업 주제에 대한 고려 없이 관행적으로 교사 중심 수업을 하기 때문이리라! 동시에 수업 주제와 연관성에 대한 고려가 없이 교사 중심 수업은 무조건 나쁜 수업이라고 비판하는 것도 타당성이 결여된 수업을 보는 '눈'이자 '관행'인 셈이다.

교사 중심 수업은 나쁘고 학생 중심 수업은 좋다는 이분법 대신에 좀 더 균형 잡힌 시각은 교사가 주도하는 수업에도 질 높은 수업이 있고 질 낮은 수업이 있으며 학생 중심 수업에도 질 높은 수업과 질 낮은 수업이 있다는 생각을 가지고 접근하는 것이다. 우리가 추구해야 할 것은 질 높은 교사 중심 수업과 질 높은 학생 중심 수업일 것이다. 그리고 한 교사가 두 가지를 다 수행할 수 있는 능력이 있다면 매우 바람직할 것이다. 그러나 우리의 문화적 현실을 고려할 때 질 높은 교사 중심 수업을 하기는 매우 어렵다. 질 높은 학생 중심 수업은 이보다 좀 더 어렵다. 후자의 문제는 차후에 다루기로 하고 이번 비평에서는 전자의 문제를 중심으로 우리 수업을 살펴보고자 한다.

다음은 〈수업 장면 기술〉 부분이다. 이 부분에서는 수업에서 관찰한 바를 비교적 객관적으로 기술한다. 물론 객관적 기술이라고 하더라도 발생한 모든 일을 다 적을 수는 없다. 따라서 수업 장면 중 어떤 부분을 생략할지를 정해야 한다. 이런 취사선택의 과정이 존재하기 때문에 수업 장면 기술에서도 관찰자의 주관이 개입될 수밖에 없다. 다만 이 부분이 〈수업 장면 해설〉과 다른 점은 강한 의미의 해석의 개입을 자제한다는 점이다.

필자는 일반적으로 수업 장면 기술을 시간의 흐름에 따라서 발생한 일을 객관적으로 적어 가는 방식을 택했다. 그리고 이어서 〈수업 장면 해설〉을 기술하는 식이다. 그런데 경우에 따라서는 시간의 순서에 따라서 적어 나가기보다 수업 장면 중 몇 부분을 선택하여 그 부분에 대한 〈수업 장면 해설〉과 짝을 지어 제시하기도 하였다. 양자를 어떻게 배치하는가는 글 전체의 구도를 고려하면서 결정해야 한다. 시간의 흐름에 따라서 수업 장면을 기술하는 방식은 비교적 익숙할 것으로 판단되므로 다음에서는 〈수업 장면 기술〉과 〈수업 장면 해설〉을 짝지어 배치한 사례를 인용한다.

〈예시 2〉

수업 장면 하나: 스토리의 전개

다음은 시험에 자주 출제되는 해안 퇴적 지형 중의 하나인 석호에 대해서 설명하는 장면이다. 박 교사는 학생들의 흥미를 끌기 위해서 자신의 연애담을 가미한 하나의 이야기로 이 부분을 구성하고 있다.

파워포인트를 이용하여 '사진 1'을 학생들에게 보여 준다. 동시에 분위기를 조성하는 잔잔한 음악이 흘러나온다. 영화 〈쉬리〉의 주제가 〈When I dream〉이다.

교사　동해 바다에서 추억이 있습니다. 약간의 아픈 추억…….

배경음악과 함께 교사는 계속해서 정동진의 소나무, 그리고 동해의 일출 장면을 보여 준다.

교사　이때까지만 해도 아주 분위기 좋았습니다. 선생님 계획대로 모든 게 진행되었어요.
학생들　하하하.

동해의 일출을 배경으로 교사의 실제 모습과 모자이크된 여자 친구의 사진이 나오자 학생들의 관심이 더욱 고조되었다. "선생님, 진짜예요?" 하는 질문이 이어졌다. 이렇게 잔뜩 분위기를 조성한 후에 교사는 본론으로 들어간다.

교사　이렇게 경포대까지 갔습니다. 그런데, 경포대에 가서 여자 친구가 나에게 질문을 했어요. 명색이 지리를 전공했으니까! 전에 속초에 갔는데 그때도 호수 두 개를 봤어요. 그런데 자기는 알아? 이 호수가 어떻게 형성되었는지? 아! 그런데 그때 전공 공부를 열심히 하지 않을 때라서

모른다고 했더니, 여자 친구가 명색이 지리과를 다닌다면서 그것도 모르
냐고, 크흑.

학생 그래서 어떻게 되었어요?

교사 지리교육과에 다니면서 이것도 모르냐고 핀잔받았어요. 그래서 그
때부터 열심히 공부를 했습니다.

학생 하하하.

교사 여러분 혹시 여자 친구한테 선생님 같은 경우를 당하지 않으려면
오늘 이게 뭔지 확실히 알아 두시기 바랍니다. 동해에 가면 이런 게 많거
든요. 저런 호수는 어떻게 생겨나고 무엇이라 부르는지 알아보겠습니다.
교과서 53쪽을 보실까요. 뭐라고 쓰여 있나요?

각자 관심이 다른 학생들을 수업에 집중하게 하는 것은 교사가 직면
하는 쉽지 않은 과제이다. 박 교사는 자신의 연애담을 가미한 하나의
스토리를 들려줌으로써 학생들이 딱딱한 지리적인 내용에 흥미를 가
지고 접근하도록 돕고 있다. 사실, 스토리텔링 기법은 여러 교과에서
교과를 의미 있게 구성하는 방식의 하나로 권장되고 있다. 탁월한 이
야기꾼들이 학교 현장에는 적지 않다. 그러나 박 교사처럼 사진과 음
악까지 절묘하게 배합하여 이야기를 사전에 준비하는 교사는 드물다.

사실 박 교사가 사적 경험을 가미하여 스토리 중심으로 수업을 전개
하는 장면은 수업의 곳곳에서 나타난다. 그 장면들을 곰곰이 들여다보
면 단지 학생들의 흥미를 끌기 위한 장치에 그치지 않는다는 것을 알
수 있다. 오늘날 지리교육에서는 학자들이 개념화하여 만들어 놓은 지
리적 지식이나 정보 못지않게 개인이 일상의 체험을 통해서 획득한 지
리적 경험이나 정보도 중시한다. 전자를 흔히 공적 지리public geography
라고 하고 후자를 사적 지리private geography라고 한다. 과거에는 학교 현
장에서 공적 지리만을 다루었다. 즉, 그 개념이나 지식이 학생의 생
활 세계 속에서 얼마나 의미 있는 정보인지 거의 묻지 않았다. 이에 대

한 반성으로 오늘날 지리교육은 과거에 비해 사적 지리와 공적 지리의 순환과 소통을 강조한다. 장소와 연관된 사적 경험과 그 경험의 지리적 의미 등은 지리적 개념과 지식에 접근하는 무시할 수 없는 통로인 셈이다. 박 교사는 이런 측면을 이해하고 수업에서 적절히 활용하고 있다.

위의 인용 사례는 교사가 젊은 시절 연애담을 소재로 석호에 대해서 설명하는 수업 장면이다. 이 〈수업 장면 기술〉에 대해 필자는 이런 교사의 설명이 최근 강조되고 있는 스토리텔링 기법과 관련이 있으며, 넓게 보면 개인의 일상적 체험, 즉 사적 지리와 연관 지어서 공적 지리의 개념을 설명하는 방식이라고 해석하였다.

만약 수업 장면을 시간 순서에 따라서 기술하면 〈수업 장면 해설〉은 〈수업 장면 기술〉의 뒷부분에 위치하게 된다. 그리고 여기에는 수업에 대한 분석, 해석, 평가 등이 포함되어 서술된다. 박상용 교사의 수업에 대한 종합적인 논의라고 할 수 있는 〈수업 장면 해설〉의 한 부분을 인용하면 다음과 같다.

〈예시 3〉

교사 중심 수업의 이면

결론을 내리기 전에 교사 중심 수업의 또 다른 측면에 대해서 잠시 생각해 보자. 우리가 교사 중심 혹은 학생 중심이라는 말을 사용할 때 우리는 일반적으로 수업이라는 것이 교사나 학생의 일방에 의해서 결정될 수 없다는 것을 전제하고 있다. 수업은 언제나 교사와 학생의 공동 창작의 과정이다. 따라서 표면적으로는 교사 중심의 수업처럼 보인다 하더라도 그 이면에는 학생들과 끊임없는 교섭과 협상 과정이 존재한다.

수업의 이런 측면은 오래전부터 교육사회학의 중요한 관심 영역이기도 했다. 미국의 고등학교 수업을 관찰한 한 연구자는 미국의 교사들이 교과의 내용을 적극적으로 가르치기보다는 학생들의 요구에 맞추어서 교과의 내용을 단순화하는 방어적 수업^{defensive teaching}을 한다고 보고했다. 즉 수업을 싫어하고 딴짓을 하는 학생들을 통제하기 위해서 교사는 교과의 내용을 단순화, 항목화, 신비화하여 전달함으로써 학생을 통제하는 데는 성공하지만 하나의 교과가 전달하고자 하는 바를 온전히 전달하는 데는 실패하고 있다는 것이다.

이처럼 교사 중심의 수업조차도 교사가 주도하여 선택한 것이 아니라 학생의 저항에 복속한 결과일 수도 있다. 따라서 교사 중심 수업의 '교사 중심성'을 제대로 이해하기 위해서는 수업의 이면에서 암묵적으로 전개되는 교사와 학생의 교섭, 타협, 협상의 과정에 눈을 기울일 필요가 있다.

한국에서 교사 중심 수업이 주도적으로 나타나는 것은 교사들의 적극적 선택의 결과일까 아니면 내키지 않는 묵시적 합의의 결과일까? 일률적으로 말하기는 어려울 것이다. 그러나 한국의 경우에도 교사 중심 수업이 교사가 원해서 선택한 측면도 있지만 수업에 적극적으로 참여하기를 거부하는 학생들의 문화를 접한 교사들이 묵시적 교섭과 협상의 과정을 통해서 선택한 것일 수도 있다. 학생 중심 수업을 하고 싶으나 학생들이 협조하지 않아 못 하는 수많은 예들을 생각해 보라. 이런 경우는 결코 드문 것이 아니다.

그런데 학생의 태도는 상수항으로 존재하지 않는다. 수업에 임하는 학생들의 태도는 언제나 변화하는 가변성 속에 있다. 그리고 그 가변성의 방향을 결정하는 데 교사는 절대적인 변수는 아니라고 하더라도 매우 중요한 변수임에 틀림없다. 여기서 교사 앞에는 두 가지 선택의 길이 존재한다. 하나는 학생 문화의 관성에 굴복하여 방어적인 수업 전략을 구사하는 길이다. 다른 하나는 학생 문화의 가변성을 끊임없이 촉발하고 자극하여 교과가 전달하려는 바를 최대한 잘 전달하는 길이다. 따라서 우리가 교사 중심의 수업을 해석하고자 할 때 수업의 표면이 아니라 이면에 존재하는 이런 교섭 과정과 그 결과물을 파악하는 것은 매우 중요하다. 교사 중심 수업은 학생 문화에 순치된 결과물일 수도 있고 적극적인 도전의 결과일 수도 있기 때문이다. 당신에게 교사 중심 수업이란 무엇을 의미하는가?

위의 예시는 박 교사의 교사 중심 수업을 옹호하고 난 후에 마지막으로 한국에서 주도적으로 나타나는 교사 중심 수업이 학생과의 어떤 교섭과 타협의 산물인지에 대해 생각해 보도록 하는 내용이다. 사실, 이 해설에는 중등학교에서 오랫동안 근무했던 필자의 경험이 반영되어 있다. 한국의 교사들이 꼭 좋아서 교사 중심 수업을 하는 것은 아니다. 그것은 학생들을 비롯한 다양한 맥락과의 부단한 교섭과 상호작용의 타협적 산물이다. 이런 질문을 제기함으로써 교사 중심 수업의 이면에 존재하는 다양한 힘들에 대해서 생각해 보는 것이 교사 중심 수업의 지속성을 이해하는 데 필요한 통찰을 제공해 준다고 본다.

지금까지 필자의 실제 비평문을 바탕으로 수업 비평문 작성의 단계를 설명하였다. 필자는 수업을 기술하는 부분과 해설하는 부분을 비교적 엄격하게 구분하였다. 독자 스스로에게 해석의 여지를 주려고 의도했기 때문이다. 〈수업 장면 기술〉을 앞에 배치함으로써 독자는 비평가의 강한 해석에 방해받지 않고 자기 나름의 이해를 도모할 수 있다. 즉, 수업 기술을 읽는 동안에 독자는 수업에 대한 모종의 이해와 판단을 한다. 나아가서 유사한 내용을 가르치는 교사라면 "나라면 이런 방식으로 수업할 텐데." 혹은 "수업을 이런 방식으로 바꾸면 좋겠다."는 실천 지향적 재구성 활동도 암묵적으로 수행한다. 뒤이어 〈수업 장면 해설〉을 접함으로써 독자는 자기 생각을 비평가의 생각과 비교하는 기회를 가질 수 있다. 즉, '기술'과 '해설'을 분리하면 비평가의 과도한 해석에 미리 노출되지 않는 대화의 여지를 조금은 넓혀 줄 수 있다. 물론, 이런 필자의 글쓰기 전략이 얼마나 유효한지는 독자들이 판단할 몫이다.

수업 비평문 쓰기와 관련하여 고려해야 할 중요한 사항은 비평문의 주요 독자가 누구인가 하는 문제이다. 우리는 1차적으로 수업을 행한 교사를 비평문의 주요 독자로 떠올릴 수 있다. 그러나 필자의 경험을 반추하여 보건대 비평문의 1차적 내포 독자가 수업을 행한 교사 자신인지는 다소 의심스럽다. 오히려 비평문의 내포 독자는 이 수업에 관심을 가질 것으로 잠정적으로 예상되는 수업 실천가와 수업 연구자들이다. 언뜻 사소해 보이는 이런 차이는 수업 장학, 수업 평가, 수업 컨설팅과 같은 다른 제도적 실천과 수업 비평을 구분해 주는 중요한 지점이다.

즉, 장학, 평가, 컨설팅은 모두 수업 당사자의 수업을 개선하는 데 주된 관심을 가진다. 이런 제도적 실천은 1차적으로 수업 당사자를 지향한다. 그러나 수업 비평은 수업 당사자를 넘어서 잠재적 독자를 지향한다. 이런 내포 독자의 차이는 비평가가 무엇을 쓸 것인가에 미묘한 영향을 미친다. 예를 들어, 관찰자가 발견한 교사의 고유한 실수나 문제는 장학이나 평가, 컨설팅의 중요한 언급 대상이다. 가령 교사의 목소리 톤, 시선 처리, 동선의 이동 등은 수업에 영향을 미치는 중요한 요소이며 당연히 장학, 평가, 컨설팅의 대상이 된다. 그러나 그것이 해당 교사의 고유한 습관과 관련된 것이라면 수업 비평문의 대상인지는 의심스럽다. 동일 혹은 유사한 학생 집단이나 학습 주제를 다루는 교사들이 함께 생각해 보아야 할 공적인 속성을 가진 문제일수록 수업 비평의 대상으로서 더 적합하다. 수업 비평문은 공적 텍스트의 성격을 가지기 때문에 그러하다.

IV. 수업 비평의 활용 방안

지금까지 수업 비평문 작성 방법을 필자의 체험을 바탕으로 정리해 보았다. 수업 비평 활동은 현장에서 다양하게 활용될 수 있다. 일찍이 McCutcheon(1979)은 교육 비평이 교사 교육, 장학, 평가, 연구에 폭넓게 활용될 수 있다고 주장하였다. 이것은 교육 비평의 하위 영역인 수업 비평에도 동일하게 적용된다. 한국적 상황에서 수업 비평이 어떻게 활용될 수 있을지를 교사 교육, 수업 장학, 수업 연구의 세 영역을 중심으로 논의하는 것으로 글을 마무리하고자 한다.

첫째, 교사 교육 분야이다. 수업 비평은 현장 교사의 수업 사례를 발굴하여 그 의미를 드러낸다. 이때 수업 사례와 비평문은 예비 교사와 현장 교사의 수업 전문성을 신장하는 데 유용하게 활용될 수 있다. 필자가 재직하고 있는 대학에서는 여러 동료 교수들이 수업 비평 활동을 자신의 수업에서 활용하고 있다.

수업 비평이 대학 강의실에서 활용되는 방식은 여러 가지가 있을 수 있다. 여기서는 필자의 사례만 간단히 소개하고자 한다. 필자는 교육대학교 3학년 학생들을 대상으로 한 사회과교육학 수업에서 1학기 수업 중 4~5주 정도를 수업 비평에 할애한다. 이 기간 동안 수업 관찰과 수업 비평에 대한 이론적인 소개를 받고 난 후에 학생들은 대체적으로 네 단계로 구성된 활동을 한다. 우선, 학생들은 모둠 활동을 통해서 특정 수업 주제에 대한 수업 아이디어를 구상하여 발표한다. 이를 통해서 동료 학생들과 수업 아이디어를 교환하고 하나의 주제에 대해서 서로 다른 접근을 할 수 있음을 브레인스토밍 수준에서 가볍게 경험한다. 두 번째 단계에서는 학생들은 해당 주제와 관련하여 현장 경력 교사의 수업 동영상을 시청한다. 실제 수업을 관찰하는 과정을 통해서 자연스럽게 자신들의 수업 아이디어와 현장 교사들의 실제 수업 진행을 비교해 볼 수 있는 기회를 갖는 것이다. 이 과정에서 예비 교사들은 초보자와 경력 교사의 수업 수준 차이를 비교하고 교사의 안목과 경험에 따라서 수업 설계와 진행 방식이 매우 달라질 수 있음을 체험한다. 세 번째 단계에서는 관찰 수업에 대해 분석하는 활동을 수행한다. 학생들은 수업에서 배울 점과 미흡하다고 판단되는 점을 자유롭게 발표한다. 이를 통해 자신의 관점과 동료 학생들의 관점을 자연스럽게 교환한다. 그리고 시간이 허락하면 관찰한 수업에 대한 비평문 쓰기를 한다. 비평문 쓰기는 깊이 있는 수업 관찰과 분석의 기회를 제공하기 위한 단계이다. 마지막 단계는 전문가가 쓴 비평문을 읽고 이를 자신의 비평문과 비교해 보는 활동이다. 학생들은 자신들의 비평문과 전문가의 비평문을 비교하면서 수업을 볼 수 있는 안목을 기른다. 강의 평가에서 학생들의 반응을 확인해 보면 수업 비평 활동에 대한 만족도는 매우 높다. 수업 비평이 예비 교사 교육이나 현장 교사의 수업 전문성을 높이는 데 유용하게 활용될 수 있는 하나의 가능성을 보여 준다 하겠다.

둘째, 수업 장학 분야이다. 한국에서 수업 장학 활동이 소기의 효과를 거두지 못하고 있는 것은 잘 알려져 있는 사실이다. 현장 수업 장학의 문제점을 개선하는 데 수업 비평이 유용하게 활용될 수 있다. 수업 장학 활동이 수업 전문성 신장에 기여하지 못하는 데는 여러 가지 원인이 있지만 표준적이고 과학적인 체크리스트가 무반성적으로 활용되고 있는 것도 그 원인 중 하나이다. 표준적인 체크리스트를 활용할 경우 모든 수업에 대해 유사한 장학 활동이 수행되기 쉬우며 수업 장학 활동은 흥미 없는 기계적인 활동으로 전락하기 쉽다.

이에 비해 수업 비평은 수업의 개별성과 맥락성에 주목하고 수업의 다양한 의미를 드러냄으로써 수업 장학 활동을 내실화할 수 있는 가능성을 열어 준다. 그런데 장학 활동이 제대로 이루어지려면 장학 담당자가 수업을 비평적으로 볼 수 있는 눈이 있어야 한다. 수업을 보는 안목을 갖기 위해서는 장학사 스스로의 노력도 필요하지만 수업 비평 연수 프로그램과 같은 훈련 프로그램도 필요하다. 이와 관련하여 청주교육대학교 교육연구원에서는 〈자기주도적 수업 전문가 양성 기초 과정〉이란 연수 프로그램을 개발하여 운영하고 있다. 30시간 동안 진행되는 이 연수 프로그램은 수업을 보는 안목을 훈련하는 워크숍 중심의 프로그램으로 수업 동영상 관찰도 하고 수업 현상에 대한 비평적 글쓰기도 한다. 연수 프로그램 참여자의 사후 설문 결과를 보면 많은 교사들이 연수 프로그램의 운영에 대체로 만족하였으며 이런 수업 비평 연수 프로그램이 수업을 새롭게 보는 눈을 기르는 데 필요하다고 응답하였다.[10] 30시간의 연수로 수업을 새롭게 보는 안목이나 수업 실행 능력이 곧바로 개선되지는 않을 것이다. 그러나 수업을 심도 있게 관찰하고 이를 비평적으로 표현하는 활동이 수업을 보는 안목의 성장에 기여할 수 있는 가능성을 충분히 보여 준다고 하겠다. 수업 비평에 대한 다양한 연수 프로그램이 개발된다면 수업 장학 활동에 종사하는 사람들의 안목을 고양시켜서 한국의 수업 장학 문화를 개선하는 데 많은 도움이 될 것이다.

셋째, 수업 연구 분야이다. 과거에 수많은 수업 연구가 행해졌지만 학교 수업을 개선하는 데 의미 있게 기여하지 못하고 있다. 왜 수많은 연구가 수행됨에도 그것이 실제 현장의 개선과 잘 연결되지 못할까? 그 한 요인은 학계의 언어와 현장의 언어가 달라서 상호 소통이 잘 일어나지 않았기 때문이 아닌가 한다. 과거와 비교하여 현재는 매우 다양한 연구 기법을 동원하여 교실 수업에 대한 연구가 수행되고 있다. 과정-산출 연구와 같은 양적 연구에 대한 비판과 함께 인지과학적 연구, 문화기술지 연구를 비롯한 다양한 질적 연구, 현장 실천을 개선하기 위한 실행 연구 등이 1990년대 이후로 왕성하게 수행되고 있다. 새롭게 등장한 이런 '넓은 의미'의 질적 연구들은 양적 연구에 비해서 훨씬 일상 언어에 가까운 표현들을 사용함으로써 연구와 실천 사이의 거리를 좁혀 주고 있다. 그런데 연구와 현장의 소통에 있어서 비평보다 나은 장르를 찾기는 쉽지 않다. 비평은 기본적으로 광범위한 소통을 전제하는 활동이기 때문이다. 즉, 비평 활동은 비평가가 현상에서 발

• • •

견한 새로움^{encounter}을 자신과 대중이 이해 가능한 언어로 표상하는 활동이다. 따라서 비평 활동의 내포 독자는 본질적으로 전문가 집단뿐 아니라 일반 대중을 포함하며, 이런 비평 활동의 특징은 이론과 현장, 연구와 실천 사이의 소통을 활성화하는 데 공헌할 수 있다.

구체적으로 수업 비평이 연구과 실천을 매개하여 현장 수업을 개선할 수 있는 방안을 거의 대부분의 교육청에서 진행하고 있는 수업연구대회 운영과 관련하여 예시해 보고자 한다. 수업연구대회는 현장의 수업 문화에 중요한 영향을 끼치는 행사이다. 그런데 이 연구대회의 우수 수업에 대한 우려의 목소리가 적지 않다. 왜 우수한 수업인가에 대한 의혹이 많은 것이다. 현재의 수업연구대회가 어떤 순기능과 역기능을 하며 계속해서 존속해야 하는지에 대한 논의는 이 논문의 범위를 넘어선다. 여기서는 수업연구대회가 존속한다고 가정하고 우수 수업 동영상을 수업 비평문과 결합하여 제공하는 개선 방안을 제안해 보고자 한다.

수업연구대회에 출품된 우수 수업들이 온라인을 통해서 모범적인 수업 사례로 제공되고 있다. 그런데 이런 우수 수업에 대한 해석을 제공하는 사이트는 존재하지 않는다. 만약 수업 동영상과 수업 비평문을 결합하여 제공하면 어떨까? 수업 비평가들이 개개 수업의 독특성을 분석하고 그 수업 실천의 의미를 해석한 후 그 특성에 대해서 교사들이 이해 가능한 언어로 쉽게 풀어서 인터넷을 통해서 제공한다면 우수 수업 실천에 대한 다양한 소통과 열린 대화가 활성화될 수 있다. 만약 우수 수업과 이에 대한 비평문이 많은 교사와 전문가의 공감을 획득한다면 이런 수업 실천은 다른 교사들이 자신의 수업 설계와 실천에 참고해야 할 하나의 표준으로 기능할 수 있다. 그러나 이 같은 수업 실천의 우수성에 대해 문제를 제기하는 메타 비평이 제기된다면 이에 대한 다양한 토론이 진행될 것이다. 그 과정에서 수업을 보는 상이한 시각들이 교류되면서 수업을 관찰하는 안목을 성장시키는 데 기여할 수

있다. 이런 오랜 논의의 과정을 통해서 어떤 수업이 우수한 수업인지
에 대한 표준들이 정립되어 갈 것이다.

사실 수업 동영상과 비평문을 결합하여 제시하는 방식은 《우리교
육》 홈페이지에서 소규모로 시도되었다. 그러나 수업 동영상을 보기
위해서 방문하는 독자들은 있지만 적극적으로 메타 비평문을 올리는
독자는 거의 없었다. 따라서 수업 동영상과 수업 비평문을 결합하여
제시함으로써 수업에 대한 열린 소통과 대화를 활성화하고, 수업을 보
는 안목을 고양하며, 따라야 할 표준으로의 수업을 검증하는 일이 실
제로 얼마나 가능할지, 그런 활동에 수반되는 부작용이나 윤리적인 문
제는 없는지에 대해서는 앞으로 열린 실험이 계속 필요해 보인다.

이제까지 수업 비평의 방법과 그 활용 방안에 대해서 필자의 체험
을 바탕으로 논의를 전개하였다. 수업 비평 활동이 학습의 위기에 처
한 한국 교실의 수업 실천을 개선하는 데 의미 있게 활용되기를 기대
해 본다.

강현석(2007), 교사의 실천적 지식으로서의 내러티브에 의한 수업 비평의 지평과 가치 탐색, 교육과정 연구, 25(2), 한국교육과정학회, 1-35쪽.

곽영순(2003), 질적 연구로서 과학 수업 비평: 수업 비평의 이론과 실제, 서울: 교육과학사.

구원회(2009), 수업 보기 연수 프로그램의 실제, 수업 연구와 교사의 성장 II-현장 수업 연구 공동체를 찾아서: 청주교육대학교 교육연구원 학술발표대회 자료집, 265-284쪽.

권성우(2001), 비평과 권력, 서울: 소명출판.

김대현(2002), 교육 비평의 인식론 탐구, 아시아교육연구, 3(2), 서울대학교교육연구소, 153-174쪽.

김대현(2003), 교육 비평의 성격과 그 인식론적 기반, 교육사상연구, 12, 한국교육사상연구회, 1-15쪽.

김대현, 김아영(2002), 메타 비평을 사용한 비평의 교육적 기능 탐색, 교육과정연구, 20(3), 271-293쪽.

김동환(1999), 비평적 에세이 쓰기, 문학과 교육, 7, 문학과교육연구회.

김복영 외(2001), 교육과정 담론의 새 지평, 서울: 원미사

김영천(2006), 질적 연구 방법론, 서울: 문음사.

류현종(2004a), 초등학교 역사 수업에서 만난 두 '아우라': 예술 비평 관점을 통한 수업 비평, 사회과교 육, 43(1), 한국사회과교육연구학회, 113-148쪽.

류현종(2004b), 사회과 수업 비평: 예술 비평적 접근, 박사학위 논문, 한국교원대학교.

박승배(2006), 교육비평: 엘리어트 아이즈너의 질적 연구 방법론, 서울: 교육과학사.

박영민(2003), 과정 중심 비평문 쓰기, 서울: 교학사.

박태호(2000), 장르 중심 작문교육의 내용 체계와 교수 학습 원리 연구, 박사학위 논문, 한국교원대학교.

서근원(2005), 수업 비디오 촬영 상세 기법, 미발표 자료.

신지혜(2010), 수업 비평 공동체의 경험 이해, 수업 실천에 대한 반성과 전망: 청주교육대학교 교육연 구원 학술발표대회 자료집, 199-226쪽.

송영민, 지준호(2007), 도덕과 수업 비평: 의미론적 접근, 초등도덕교육, 23, 한국초등도덕교육학회, 171-196쪽.

우한용(1999), 문학교육의 평가: 메타 비평의 글쓰기 평가를 중심으로, 국어교육, 100, 한국국어교육연 구회, 537-563쪽.

유영만(1996), 성찰적, 설계 예술적 관점에서 본 수업 설계자 육성방안 재고, 교육공학연구, 12(1), 한 국교육공학회, 113-141쪽.

유정애(2003), 체육 수업 비평, 서울: 무지개사.

이정숙(2005), 문화 현상으로서의 국어 수업 비평, 한국초등국어교육, 29, 한국초등국어교육학회, 277-313쪽.

이혁규(2007), 수업 비평의 필요성과 방법에 대한 탐색적 논의, 교육인류학연구, 10(1), 한국교육인류 학회, 155-185쪽.

이혁규(2008), 수업, 비평의 눈으로 읽다, 서울: 우리교육.

이혁규, 이경화, 이선경, 정재찬, 강성우, 류태호, 안금희, 이경언(2007), 수업, 비평을 만나다, 서울: 우 리교육.

장성모(2006), 수업의 예술, 서울: 교육과학사.

정재찬(2006), 국어 수업 비평론, 국어교육학연구, 25, 국어교육학회, 389-420쪽.

조영달(2000), 한국 교과 교실 수업 연구(질적)의 반성과 지향: 미시기술적 수업 연구를 중심으로, 교 과교육학연구, 4(1), 한국교과교육학회.

조영태(2006), 가르치는 일의 본질: 예술로서의 수업, 어린이와 함께 여는 국어교육, 8, 전국초등국어교과모임, 86-98쪽.

최수일(2009), 수업 분석 학습 공동체 활동을 통한 수학 교사의 전문성 제고에 관한 연구, 박사학위 논문, 서울대학교.

허영식(2009), 세계 위험 사회와 미래 워크숍, 서울: 강현출판사.

Dewey, J. (1967), *The Early Works of John Dewey*(vol.2), London: Southern Illinois University Press.

Eisner, E. W.(1976), Educational Connoisseurship and Criticism: Their forms and functions in educational evaluation, *Journal of Aesthetic Education*, 10(3/4), Bicentennial Issue, 135-150.

Eisner, E. W.(1982), *Cognition and Curriculum: A Basis for Deciding What to Teach*, 김대현, 이영만 역(1994), 표상 형식의 개발과 교육과정, 서울: 교육과학사.

Eisner, E. W.(1985), *The art of educational evaluation: A personal view*, Philadelphia: The Falmer Press.

Eisner, E. W.(1994), *Cognition and curriculum reconsidered*(2nd ed.), N.Y.: Teachers College Press.

Eisner, E. W.(1998), *The enlightened eye: Qualitative inquiry and the enhancement of educational practice*, 박병기 외 역(2001), 질적 연구와 교육, 서울: 학이당.

Gadamer, H-G.(1975), *Wahrheit und Methode*(4th ed), Tubingen:J.C.B. Mohr.

Gigerenzer, G.(2007), *Gut feelings: the intelligence of the unconscious*, 안의정 역(2008), 생각이 직관에 묻다, 서울: 추수밭.

Gladwell, M.(2005), *Blink: the power of thinking without thinking*, 이무열 역(2005), 블링크: 첫 2초의 힘, 파주: 21세기북스.

Highet, G.(1950), *The Art of Teaching*, 김홍옥 역(2009), 가르침의 예술, 서울: 아침이슬.

Heron, J. & Reason, P.(2001), The Practice of Co-operative Inquiry: Research "with" Rather Than "on" People'. Reason, P. & Bradbury, H.(Eds), *Handbook of Action Research: Participative Inquiry and Practice*, London: Sage. 179-188.

John Van Dyk(2000), *The Craft of Christian Teaching*, Sioux Center, Iowa: Dordt Press, 김성수 역(2003), 가르침은 예술이다, 서울: IVP.

McCutcheon, G.(1979), Educational Criticism: Methods and Application, *Journal of Curriculum Theorizing*, 1(2), 5-25.

McCutcheon, G.(1981), On the Interpretation of Classroom Observations, *Educational Researcher*, 10(5), 5-10.

McCutcheon, G.(1982), Educational Criticism: Reflections and Reconsiderations, *Journal of Curriculum Theorizing*, 4(1), 171-176.

Myers, D. G.(2002), *Intuition: its powers and perils*, 이주영 역(2008), 직관의 두 얼굴, 서울: 궁리.

Palmer, P. J.(1983), *To Know as We are know: The Spirituality of Education*, San Francisco: Jossey-Bass Inc, 이종태 역(2000), 가르침과 배움의 영성, 서울: IVP.

Palmer, P. J.(1998), *The Courge to Teach: Exploring the Inner Landscape of a Teacher's Life*, San Francisco: Jossey-Bass Inc.

Pinar, W. F., Reynolds, W. M., Slattery, P., & Taubman, P. M.(1995), Understanding Curruculum as Autobiological/Biographical Text, *Understanding Curriculum*, New York: Peter Lang.

Ricoeur, P.(1986), *(Du) texte a' l'action*, 박병수, 남기영 역(2002), 텍스트에서 행동으로, 서울: 아카넷.

Warnke, G.(1987), *Gadamer: Hermeneutics, Tradition, & Reason*, 이한우 역(1999), 가다머: 해석학, 전통, 그리고 이성, 서울: 민음사.

수업 비평적 글쓰기 방법에
관한 연구

심영택

I. 서론

소리의 세계에서 명창名唱과 귀명창이 있듯이, 교실 수업에서도 두 전문가가 존재한다. 하나는 학생들의 수준에 맞게 지식이나 기능, 전략 등 수업 내용을 잘 전달하는 구현具現 전문가이며, 다른 하나는 그러한 수업을 볼 줄 아는 안목을 지닌 비평批評 전문가이다. 지금까지 한국의 교사 교육은 수업을 구현하는 능력에 초점을 맞추어 예비 교사를 양성해 왔다고 할 수 있다. 물론 교사의 전문성은 수업 능력의 구현을 통해 확인할 수 있기에 이러한 방향 설정은 일견 타당하다고 할 수 있다.

하지만 귀명창이 있어야 명창이 빛을 발하듯이, 수업을 제대로 볼 줄 아는 비평 능력이 있어야 구현된 수업과 그 수업 능력이 교육적인 좌표에서 제대로 된 값을 얻을 수 있다. 한마디로 말하자면 수업을 볼 줄 아는 안목 또한 교사의 전문성을 판단하는 매우 중요한 조건이라는 것이다.

그런데 생각보다 수업 비평에 대한 지식을 갖추고 동료 교사나 예비 교사들이 공개한 수업을 제대로 비평할 줄 아는 교사는 드물다. 수업 비평이라는 낯선 용어 때문이기도 하겠지만 비평의 틀이 일정한 것도 아니고, 자기 나름대로 수업을 보는 관점을 잡아 나가야 하기 때문이다. 이는 수업 비평에 대한 교사 교육의 부재가 낳은 현상이기도 하겠지만, 교사 스스로 수업 비평에 대한 관심이나 경험이 부족하기 때문에 생겨나는 현상이기도 하다. '수업 비평적 글쓰기'는 이러한 낯설음을 두 배로 증폭시킨다.

교사가 수업 구현 전문가나 수업 비평 전문가가 되려면 우선 자신의 수업을 성찰할 수 있어야 하고, 다른 교사의 수업도 제대로 볼 줄 알아야 한다. 하지만 혼자 수업을 준비하고 홀로 수업하는 그 과정은 '너무 닫혀 있어' 제대로 된 좋은 수업을 보기가 힘들다. 자신의 수업을 기꺼이 여는 개방적인 태도와 더불어 동료 교사의 '열린 수업'을 보고 제대로 비평할 줄 알아야 전문성을 지닌 교사가 될 수 있다. 나아가 예비 교사에게 이런 비평 능력을 전수할 수 있다면 그 전문성은 한층 더 심화될 것이다.

이 연구의 일차적인 목적은 수업 비평의 개념과 특성 및 수업 비평적 글쓰기의 구성 요소를 밝히는 데 있지만, 궁극적인 목적은 이러한 연구를 통해 수업 비평적 글쓰기 방법을 제시하는 데 있다. 이러한 목적은 교사로 하여금 수업을 보는 안목을 높이는 데, 그리고 교사나 예비 교사들로 하여금 수업 비평적 글쓰기에 대한 심리적인 불안을 완화하는 데 도움을 줄 수 있으리라 본다.

II. 본론

1. 수업 비평의 개념과 특성

Stolniz의 정의에 따르면 비평이란 '예술에 대해 이야기하는 행위'로 '그 예술이 가진 장점과 단점을 미적 판단 기준에 의해 지적하고 평가하는 행위'를 일컫는다.[1] 원래 비평criticism이라는 말은 '분할'과 '구별'을 의미하는 그리스어 '크리네인Krinein'이 그 어원인데, 그 의미가 '판단'까지 확장되었다고 한다. 수업 비평에 이러한 개념을 적용하면 수업 비평이란 '교육적 감식안으로 수업 현상에 내재된 가치를 판단하는 행위'로 범박하게 정의할 수 있다.

먼저 Eisner(1998)가 이미 말한 바 있는 '교육적 감식안'을 통해 수업 비평의 특성을 살펴보자. 고전주의적인 예술 비평에서는 '절대적인 미'를 기준으로 예술 작품의 좋고 나쁨, 장점과 단점을 판별하고 평가했었다.[2] 하지만 현대 예술 비평에서는 절대적인 기준보다는 수용자의 다양한 해석을 장려하여 비평의 관점을 크게 확대시켰다. 수업 비평의 대상이 되는 수업 현상 역시 절대적인 기준으로 그 가치를 판단하기가 쉽지 않기에, 고전주의적 관점보다는 현대의 상대주의적 관점이 교육적 감식안으로 더 적합한 것으로 보인다.

그런데 문제는 수업 비평에서 말하고자 하는 교육적 감식안의 정체

- - -

1 김문환(1989)에 따르면 예술 비평은 예술 작품에 대해 행해지는 어떤 판단, 특히 가치판단이라 할 수 있다. 즉 어떤 규준(criterion)에 따라서 예술 작품의 좋고 나쁨, 장점과 단점을 판별하여 평가를 내리는 것이라고 정의하고 있다. 비평과 예술 비평의 이런 정의는 장단점 등 이분법적 시각이 중요하게 작용으로 것으로 보아 수업 비평과 그 성격이 다소 다름을 알 수 있다.

2 '수업 장학'이나 '연구 수업 평가' 등에서는 고전주의적인 판단 기준, 즉 관찰 요소 내지 평가 요소를 표준화하여 수업 현상을 진단하고 평가해 왔다. 수업지도안에 나타난 명시화된 수업 목표, 적용할 수업 자료와 수업 모형, 단계화된 교수 활동과 학습 활동, 상·중·하에 의한 평가 기준 등은 관찰과 평가 요소의 구체적인 사례이다. 물론 이러한 표준적인 관점은 주어진 교과서와 지도서, 그리고 수업지도안에 따라 교사가 얼마나 효율적으로 수업을 했느냐를 따지는 데 매우 편리하다.

이다. 이 정체를 바로 알지 못하면 수업 비평이 무엇인지 알지 못할 뿐만 아니라, 수업 비평 능력을 제대로 기를 수 없기 때문이다. 《수업, 비평을 만나다》(이혁규 외, 2007)와 같은 사례 중심의 글들은 교육적 감식안의 정체를 재조명하는 데, 그리고 수업 비평에 대한 이해와 안목을 높이는 데 많은 도움을 준다. 다양한 사례에서 추출한 교육적 감식안의 정체는 다음과 같다.

먼저 교육적 감식안은 수업 내용을 볼 줄 아는 능력을 필요로 한다. 사례들을 보면, 대부분 '직접 교실에 가서' 수업을 보거나 비디오로 촬영한 수업을 본 경험, 그리고 비록 분석하고자 하는 수업이 한두 차시에 국한될지라도 반드시 앞뒤 차시를 꼼꼼히 본 경험을 가장 먼저 서술하고 있음을 알 수 있다. 여기서 우리는 수업을 가까이하는 이런 태도가 비평가들이 지녀야 할 기본적인 태도이며, 독자의 심금을 울리는 진솔한 비평을 낳게 하는 원천임을 알 수 있다. 또한 수업 비평가들은 본격적인 비평 활동에 앞서 교육과정과 교과서, 학습목표의 연계성과 저학년과 고학년 간의 학습 내용의 위계성을 세밀하게 따지거나, 심지어는 이미 사용하지 않는 교과서까지 찾아내어 제재의 재사용 여부를 따지는 활동도 하고 있음을 엿볼 수 있다. 이러한 번거롭고 시간이 소요되는 활동은 결국 수업 내용을 제대로 보기 위한 노력이며, 교육적 감식안은 이러한 노력과 활동을 꾸준히 함으로써 기를 수 있다.

둘째, 교육적 감식안은 개성적인 수업과 수업 분위기를 읽어 내는 능력을 필요로 한다. 예술가가 동일한 예술 재료를 가지고 동일한 주제에 대해서 전혀 다른 예술 세계를 만들어 내는 것처럼, 교사도 동일하거나 유사한 교과서나 수업 주제를 가지고 개성 있는 수업을 전개한다. 그리고 비록 교사의 주도나 의도에 의해서 수업이 전개되기는 하지만 교사와 학생들의 상호작용에 의해 즉시적으로 구성되어 가는 수업 분위기 등은 수업에서만 볼 수 있는 독특한 현상이다(이혁규 외, 2007: 20-21). 수업에도 색깔이 있다면 그것은 교사의 개성이며, 향이 있다면 그것은 교사와 학생이 상호작용하면서 빚어내는 수업 분위기이다. 교육적 감식안은 이처럼 수업 내용뿐만 아니라, 개성적인 수업과 그 분위기를 감별하는 능력을 필요로 하는데, 이는 맛뿐만 아니라 색과 향으로도 포도주를 감별하는 원리와 비슷하다.

셋째, 교육적 감식안은 수업 장면을 기술하는descriptive 능력, 분석하는analytic 능력, 해석하는interpretative 능력을 필요로 한다. 모든 수업 장면이 비평의 대상이 되는 것도 아니기에, 그리고 비디오로 녹화된 수업은 언제든지 재생이 가능하기에 수업 장면 모두를 일일이 기술할 필요가 없다. 기술하는 능력은, 매가 사냥감을 채듯, 비평하고자 하는 핵심 장면을 포착하여 그 내용을 기록하는 일이기에 상대적으로 쉬운 편이다. 반면 유의미한 개념들로 수업 장면들을 분석하고 해석하는 능력은 어느 정도 전문성을 필요로 한다. 예를 들면, 그 수업 현상이나 내용을 대표할 수 있는 주제나 핵심 개념을 찾거나, 각각의 수업 장면을 크게 또는 작게 연결하는 고리 장치 등을 찾는 작업이 그러하다. 나아가 그 수업에 감추어진 교사의 의도뿐만 아니라, 우연히 발생한 수업 현상의 의미까지 분석하고 해석해야 하기에 지난한 작업이다. 하지만 교사가 수업 비평을 통해 실천적 연구자로 거듭나기 위해서는 그 수업의 고유한 특성을 분석해 내는 능력과 새로운 무늬로 그 수업의 의미를 해석해 내는 능력은 반드시 필요하다.

한편 수업 비평은 이러한 교육적 감식안을 필요로 할 뿐만 아니라 '수업'을 예술 작품의 일환으로 보고자 한다.[3] 비록 수업이 물리적 시간과 공간 속에서 약속된 내용(지식, 기능, 전략 등)을 계약 당사자들(교사와 학생)이 주고받는 활동이지만, 예술가적 기질을 가진 교사가 비슷한 교육 환경 속에서도 수업을 늘 새롭게 창조해 간다고 보기 때문

. . . .

3 이정숙(2005)에서는 '과학성과 예술성', '국어 수업의 미학적 준거' 등을 논하면서 수업을 미학적으로 볼 것을 주장하고 있다.

이다. 그래서 수업 비평에서 수업이라는 말보다는 수업 현상이라는 말을 즐겨 쓰고자 한다. 즉 객체화되고 표준화되고 이미 결론이 난 듯한 '수업'이라는 개념으로는, 수업의 짜임과 풀림의 역동성, 익숙함과 낯섦의 교수학적인 변환, 인간적인 삶과 앎의 순간적인 짜릿한 조회照會 등 교육적인 묘미를 다 포착하지 못하기 때문이다.

수업 비평에서 다루고자 하는 수업 현상은 매우 다양하다. 예를 들면, 교사가 왜 그러한 소재를 선택하였는지, 또는 왜 그러한 활동을 하는지(교사의 의도 읽기 비평), 학습목표와 내용을 어떻게 변형시켜 접근하고 있는지(재개념화나 재구성의 타당성 비평), 수업 시간에 누구의 목소리가 지배적인지(교실 권력 비평), 어떤 동선을 따라 교사가 움직이고 있는지(공간과 수업 분위기 비평), 교사의 발문과 학생의 반응, 그리고 반응의 재처리가 적절한지(사고력 신장에 대한 비평), 쉬운 질문에도 학생이 대답하지 않는 까닭은 무엇인지(교실 수업 문화 비평) 등이 그러하다. 물론 이 밖에도 비평가의 관심과 흥미에 따라 새로운 수업 현상, 즉 무궁무진한 이야깃거리가 있을 것이다. 수업 비평은 이처럼 수업을 둘러싼 다양한 현상을 비평가가 자기 목소리로 이야기를 만들어 나가는 행위, 비유컨대 천일야화이다.

마지막으로 수업 비평은 '수업 현상에 내재된 가치를 판단하는 행위'라는 특성을 지닌다. 수업 현상에 내재된 가치는 비유하자면 영화의 작품성에 가깝다. 그런데 '수업의 작품성'을 따지려면 일정한 잣대가 필요하다. 만약 우리가 어떤 영화를 보고, 다른 여러 장르의 영화와 비교하며 객관적인 근거나 전문적인 지식이 없이 평가한다면 그것은 비평이 아닌 감상 또는 감상문이 된다. 이러한 가치판단 행위와 그 잣대가 바로 수업 비평과 수업 감상을 나누는 기준이 된다. 수업을 보고 그냥 자기 기분을 적으면 그것은 수업 비평이 아니라 수업 감상에 불과하다. 그래서 수업 비평과 비평적 글쓰기는 내적인 논리성과 체계성, 구성 요소 등을 요구하며 이러한 잣대로 수업 현상에 내재된 가치

를 판단한다.[4]

물론 가치판단 행위를 하지 않더라도 수업 현상에 내재된 가치는 상실되지 않는다. 하지만 수업 비평이 배제되면, 독자는 그 가치를 알기 어려울 뿐만 아니라, 올바로 인식하지 못할 수도 있다. 수업의 장점과 단점을 두루 열거하고 거기서 나아갈 수 있는 수업의 방향이나 고쳐야 할 점을 지적해 주는 비평은 해당 교사에게도 도움을 줄 수 있다. 수업 비평은 이처럼 독자(또 다른 교사)와 교감하기 위한 것이며 수업을 공개한 교사와 의사소통을 하기 위한 것이다. 따라서 수업 비평이야말로 열려 있어야 하고, 자신의 의견을 올바르게 잘 펴 나가는 기술이 있어야 한다. 그 기술은 자전거 타는 능력과는 다른 수업 현상에 내재된 가치를 판단하는 행위이다. 그리고 이 행위는 고도의 전문성을 요구한다.

하지만 이러한 가치판단 행위가 반드시 순기능만을 하는 것은 아니다. 일반적으로 감상은 작가나 또 다른 독자에게 미치는 영향력이 다소 약한 데 비하여 전문적인 비평은 악평이든 호평이든 비평의 칼날이 날카로울수록 다치는 사람이 많을 수밖에 없다. 즉 감상과는 달리 위험성이 그만큼 높게 존재한다. 수업 비평 역시 이러한 위험성을 담지하고 있다. 잘못된 비평이나 엉터리 비평으로 인해 수업의 가치가 왜곡될 수도 있으며, 냉혹한 수업 비평으로 인해 교사가 상처를 받을 수도 있다. 그래서 수업 비평을 야구방망이나 쇠 파이프가 아니라 '회초리'로 해야 한다고 비유하기도 한다.

비평이 지닌 이런 위험성을 줄이는 장치가 바로 '반反비평'이다.[5] 즉 자기가 한 비평에 정반대되는 의견에 대해 '그것 그래서 이렇다'라고 말할 자세를 갖추고 있어야 한다. 2단, 3단 심하게는 4단이나 5단의

<hr>

4 물론 비평 또한 감상의 일종으로 보는 사람도 있지만, 비평은 형식상·내용상 구속과 제약이 심하다는 점에서 감상과 그 성격이 다르다.

5 '위험성'과 '반비평'의 개념은 www.munpia.com에서 많은 도움을 받았다.

논쟁이 벌어질 것까지 염두에 두고 써야 한다. 《수업, 비평을 만나다》
는 전문 비평가의 수업 비평에 이어 '열기'라는 마당을 두었는데, 수업
을 공개한 교사는 이 마당을 통해 전문 비평가가 교사 자신의 수업 현
상을 보고 가치를 판단한 행위에 대해 '반비평'을 하고 있다. 즉 전문
비평가가 "네(교사) 수업은 이런 점이 잘못 됐어."라고 수업 비평을 하
면, 수업을 공개한 교사는 "그럼, 네(전문 비평가) 비평은 내 수업의 이
런 점을 잘못 해석했어."라고 반비평을 하는 것이다.

2. 수업 비평적 글쓰기의 내적 구성 요소

흔히 수업 비평적 글쓰기는 수업 비평의 내용을 글로 쓴 것으로 소
박하게 생각할 수 있다. 하지만 비평이 이루어지고 난 후에 비평적 글
쓰기가 전개되는지, 비평적 글쓰기를 쓰는 과정에서 비평이 이루어지
는지 판단하기는 어렵다. 그리고 비평문을 쓰는 과정에서 변화·확대·
심화하는 비평가의 사고 과정을 짚어 내기도 어렵다.[6]

이러한 난점은 우선 두 행위의 본질적인 차이점을 통해 풀어 나
갈 수 있다. 즉 교육적인 감식안으로 수업 현상에 내재된 가치를 판
단하는 행위가 '수업 비평'이라면, '수업 비평적 글쓰기'는 새로운 '구
성 요소'를 갖춘 글 틀을 필요로 하며 그 틀에 맞추어 글을 쓰고자 하
는 행위이다. 말하자면 후자의 행위는 보다 엄밀하고 규격화된 글 틀
과 그 구성 요소를 염두에 두어야 하기에 수업 비평과 그 성격이 다소
다르다. 또한 수업 비평적 글쓰기는 논설문 쓰기나 문학 작품 창작과
는 다른 '구성 요소'를 지니고 있기에 글쓰기 방식 또한 다를 수밖에

• • •

6 이 부분은 익명의 심사위원이 제기한 것으로 발상을 전환하는 데 큰 도움을 받았다. 특히 '유형'
   이라는 개념 대신에 '구성 요소'를 사용할 것을 권장하였는데, 이로 인해 필자의 고민을 일거에
   해결할 수 있었다.

없다. 이 절에서는 먼저 수업 비평적 글쓰기의 내적 구성 요소[7]를 제시하고, 다음 절에서 외적 구성 요소를 제시하면서 그 고유한 짜임을 탐색하고자 한다.

(1) 정서적 수업 비평

먼저 '정서적emotional' 수업 비평이 있다. 이는 글이나 문단에서 비평가의 '주관적인 인상이나 감정'이 전면적으로 드러난 경우를 말한다. '수업이 참 재미있었다'거나 '참 지루했다'는 표현 역시 정서적 수업 비평이라고 볼 수 있는데, 이는 수업 장면보다는 전반적인 수업 분위기나 흐름이 주는 인상 평가이다. 하지만 이런 인상 평가는 수업을 공개한 교사나 독자에게 겉치레 인사로 간주되기 쉬우므로 공감을 얻기 힘들다. 따라서 정서적 수업 비평을 할 때 가능한 한 수업을 단위 장면별[8]로 분할할 필요가 있다. 그리고 나서 수업 장면을 객관적으로 기술하기는 하지만[9] 그 장면을 분석하거나 해석하기보다는 그 장면이 주는 느낌을 두드러지게 표현한다. 이 비평은 주로 초보적인 수업 비평가가 즐겨 쓰는 글쓰기로 '솔직함'이 생명인데, 다음 사례에서 보듯이 전문가도 비평을 시작하는 부분에서 즐겨 사용한다.

〈정서적 수업 비평의 사례〉[10]

쉬는 시간에도 안찬원 선생님은 쉬지 못했다. …… 시작종이 쳤지만 …… 교실 뒤가 여전히 북적거린다. …… 안 선생님은 결국, "앞을 보세요.

• • •

7 내적 구성 요소 네 가지는 진중권(2009)에서 아이디어를 도출한 것이다.

8 도입 단계, 전개 단계, 정리 단계, 평가 단계 등이 단위 장면이 될 수도 있으며, 전개 단위의 경우 더 세분화하여 분할할 수도 있다. 그리고 수업을 시작하기 전·후 쉬는 시간 역시 단위 장면이 될 수 있다.

9 각각의 수업 장면을 기술한 뒤 분석하고 해설하는 것은 수업 비평적 글쓰기의 기본이다.

10 이후 수업 비평의 사례 네 가지는 모두 정재찬(2007), 〈우리들의 일그러진 텍스트〉, 《수업, 비평을 만나다》에서 추출한 것임.

차렷, 열중쉬어!"를 반복한다. 하지만 소리를 높이지는 않는다. 그의 톤은 높지 않고 정확한 발음에 깔끔한 어조를 구사하지만 듣다 보면 차분하고 정겨운 느낌마저 준다.

이 사례[11]는 쉬는 시간 장면과 수업 시작 장면을 기술한 것인데, 수업 분위기와 교사의 목소리가 잘 드러나 있다. 더불어 교사의 목소리를 듣고 비평가가 받은 느낌도 제시되어 있다. 이처럼 수업 장면에 대한 객관적인 기술과 더불어 '깔끔한', '차분함', '정겨움'과 같은 주관적인 감정 표현이 어우러져 있는 글쓰기가 바로 정서적 수업 비평이다.[12]

(2) 지각적 수업 비평

두 번째는 '지각적perceptual' 수업 비평이다. 이는 수업 기법technic이 주는 '참신함'에 그 초점이 있다. 교사와 마찬가지로 비평가 역시 학생의 흥미를 일으키는 동기 유발, 지식과 기능의 효과적인 전달, 교사와 학생의 원활한 상호작용, 가르친 지식과 기능에 대한 평가를 어떻게 할 것인가에 대한 방법적인 고민을 지니고 있다. 참신한 수업 방법은 비평가가 지닌 이러한 고민을 해결해 주거나 적어도 해결의 실마리를 제공해 준다. 그리고 정서적 수업 비평과는 달리 지각적 수업 비평에서는 수업 장면에 대한 분석과 해석이 시작되는데, 그 사례는 다음과 같다.

• • •

11 이 사례는 본래 두 문단, 즉 쉬는 시간 장면과 수업 시작 장면으로 나뉘어져 있던 것인데, 수업 시작 장면의 기술이 짧아 필자가 임의로 합친 것이다.

12 '정서적 수업 비평의 사례는 감상문이라고 해도 손상이 없을 듯하다'는 심사위원의 지적이 있었다. 이러한 지적은 다른 구성 요소와는 달리 정서적 수업 비평이 객관적인 근거가 부족한 인상적인 글쓰기가 주류를 이루고 있기 때문이다. 하지만 모든 비평의 출발점은 감상에서 시작하기에 비록 감상의 성격을 어느 정도 띠고 있다고 하더라도, 정서적 수업 비평에서 이를 수용하고 수업 비평을 전개하는 것이 바람직한 것으로 보인다.

〈지각적 수업 비평의 사례〉

장면 1 엄석대와 한병태의 첫 만남

교사 오늘은 내용을 이해하는 거야. …… 이 소설을 보면 서울과 달라. 어떻게 다르지? …… 그래, 반장이 모든 것을 지배해. …… 그걸 어떻게 알았지? …… 맞아, 엄석대가 부르면 애들이 와.

〈중략〉

교사 현수가 우리 반 회장이잖아. 그런데 지영이가 전학을 왔어. 그런데 현수가 "지영이, 이리 와 봐!" 그럼 어떻게 할래?

지영 ……

학생들 네가 와! (웃음)

교사 회장은 회장이지만 친구지. 친구들에게 명령하는 것은 있을 수 없어. …… 그런데 이 시골 학교 아이들은 현수가 아니라 지영이가 이상하대. 이상하지?

▶ **수업 비평가** 선생님은 이를 좀 더 극적으로 설명[13]하고 싶어졌다. 그래서 그는 소설 속 상황을 현실과 대비해 보도록 함으로써 소설의 낯선 면을 부각시키고자 한다.

비평가는 엄석대와 한병태의 첫 만남 장면을 안찬원 교사 반의 회장인 현수와 지영이의 첫 만남 장면으로 치환하여 접근한 기법에 초점을 두고 있다. 그리고 이 기법을 사용한 교사의 의도를 정확하게 파악하고 있다. 수업을 공개한 안찬원 교사는 어느 시골 초등학교에서 일어나는 말도 안 되는 사건이 자신의 교실에서도 다른 형태로 나타나며, 소설에 등장하는 엄석대, 한병태, 그 반 아이들이 어쩌면 자신의 교실

* * *

13 밑줄은 필자가 논의의 편의를 위해 임의로 삽입한 것이다.

의 자화상일지도 모른다는 것을 알려주고 싶었다"고 고백하고 있다. 비평가는 안찬원 교사의 이러한 '극적인' 시도와 '소설의 낯선 면을 부각시키려는' 시도를 일단 긍정적으로 읽어 내고 있다. 수업 기법에 초점을 두고 그 교육적인 의도를 분석하는 이러한 글쓰기가 지각적 수업 비평이다.

(3) 지성적 수업 비평

세 번째는 '지성적intellectual' 수업 비평이다. 이는 수업이 주는 '지적 호기심'에 그 초점이 있다. 지적 호기심이란 비평가로 하여금 수업 형식과 내용에 침전된 지적 코드를 해독하는 정신적 유희를 즐기게 해 주는 것을 말한다. 그래서 비평가는 이미 숙지하고 있는 수업 조감도(교수 학습 방법이나 수업지도안 등)와 흘러가는 수업을 비교 대조하기도 하지만 별로 눈에 띄지 않는 '사소한detail 지적 장치'를 주목하고 그 장치의 교육적인 의미를 해석하고자 한다. 지성적 수업 비평은 이처럼 비평가의 지적 안목에 자극을 주는 수업 현상을 포착하고 그 특징과 근거를 제시하는 비평이다.

〈지성적 수업 비평의 사례〉

\# 장면 1 엄석대와 한병태의 첫 만남. (수업 장면은 앞의 사례와 동일)

▶ **수업 비평가** <u>아이들은 정말 이상하다는 표정들이다.</u> 하지만 이렇게 됨으로써 이제 이 소설은 지금 이곳의 현실을 반영하는 것과는 거리가 멀어지게 된 셈이다. 이 소설을 읽을 때 우리 세대와 아이들 세대의 긴장과 동일시 정도는 천양지차다. <u>우리(세대)는 소설과 현실의 상동성에 긴장하고 아이들(세대)은 이질성에 긴장한다.</u>

• • •

14 이러한 내용은 수업 비평의 '열기' 마당에 잘 나타나 있다.

20대 무렵 대학 생활을 하던 비평가는 1987년 6월항쟁 무렵 발표된 이 소설을 읽으면서 권력의 폭력으로 아픔을 체험하면서 현실을 반영하는 문학적 장치와 문학과 현실의 '상동성'으로 인해 긴장하게 되고, 학생들은 같은 반 안에서 있을 수 없는 존재인 엄석대와 도대체 이해가 안 가는 시골 학교 아이들에 대한 '이질성'으로 인해 긴장하게 된다. 그리고 이러한 긴장의 성격 차이가 결국 문학 비평계에서 바라보고 평가하는 〈우리들의 일그러진 영웅〉과 초등학교 교실의 그것 사이에 '굴절 현상'을 일으킬 것이라고 비평가는 예단한 바 있다. 이러한 비평은 독자들로 하여금 지적 호기심을 자극하고 수업 현상이 어떻게 전개될지 긴장하며 비평문을 읽게 만든다. 그리고 '상동성'과 '이질성', '굴절 현상'과 같은 지적 코드는 교사나 독자들로 하여금 수업을 보는 안목을 높이게 하고, 비평가가 즐긴 정신적 유희에 동참하게 만든다. 이와 같은 지적 호기심과 즐거움을 주는 글쓰기가 바로 지성적 수업 비평이다.

(4) 영감적 수업 비평

마지막으로 '영감적spiritual' 수업 비평이다. 이는 종교적 체험에 가까운 '울림'을 수업을 통해 얻게 되었음을 고백하는 글이다. 영감적 수업 비평은 비평가가 우연히 영적 지도자나 스승을 만나 깨달음을 얻게 되거나 해결하기 힘든 교육적인 난제가 수업 현상을 통해 풀리게 된 과정을 서술한 것이라고도 할 수 있다. 새로운 패러다임을 제공해 주는 이러한 교육적인 울림은 비평가가 지녔던 이전의 수업 현상 방법과 토대에 충격을 줄 것이다. 나아가 비평가의 삶조차 바뀌게 할지도 모른다.

〈영감적 수업 비평의 사례〉

\# 장면 5　우등생과 시험지를 바꾸는 엄석대에 대한 학생들의 기사문

엄석대, 부정 행위를 하다

시골 초등학교에서 한 모 군은 모범을 보여야 할 반장 엄석대가 부정행위를 치르는 것을 목격하였다. 지난 총괄평가를 치른 날 한 모 군은 우등생 박 모 군이 자기 이름을 지우고 엄석대의 이름으로 고치는 것을 보았다고 한다. …… 박 모 군에 의하면 엄석대 군은 매 시험마다 다른 우등생과 시험지의 이름을 바꿔 써 냈다고 한다. …… 지난 대학 수능시험 때도 핸드폰으로 부정행위를 해서 사회에 큰 충격을 주었는데, 초등학교에서도 시험 때 부정행위를 한다 하니 더 큰 충격을 안겨 주고 있다. (김○○ 기자)

▶ **수업 비평가** '우리들'의 일그러진 영웅은 이렇게 거듭났다. 오늘날에도 '엄석대'는 존재한다. 하지만 전혀 다르게 존재한다. 그것은 '엄석대'가 변해서가 아니라 바로 '우리들'이 변했기 때문이다. 우리 아이들은 〈우리들의 일그러진 영웅〉이 발표되던 당시의 내포 독자 '우리들'이 아닌 것이다.

여기서 주목할 점은 비평가가 따옴표 한 '우리들'의 지시 대상이 동일하지 않다는 점이다. 맥락에 따라서 안찬원 교사의 반 세대의 아이들을, 또는 비평가를 포함한 세대의 어른들을 가리키고 있다. 이는 비평가가 원작이 초등학교 수업 현장에서 어떻게 '굴절'되는지 포착한 마지막 장면으로, 독자에게 지적 호기심을 자극하고 지속적으로 긴장하게 만든 교육적인 난제가 이 장면에서 말끔히 해소되고 있음을 보여 주고자 한다. 초등학생들에 의해 '일그러진' 텍스트는 원작의 왜곡과 훼손이 아니라 창조적인 굴절로 거듭났기 때문이다. 영감적 수업 비평은 우리 모두에게 이처럼 신선한 교육적인 울림을 주는 글쓰기이다.

지금까지 소개한 네 가지 구성 요소를 수업 비평적 글쓰기에 적용할 때 다음과 같은 점을 주의해야 한다. 먼저 정서적 수업 비평, 지각적 수업 비평, 지성적 수업 비평, 영감적 수업 비평 중 어느 한 가지만 사용해서 전체 수업 장면을 비평하고자 하는 시도는 바람직하지 않다는 것이다. 사례에서 알 수 있듯이, 수업 장면 하나 또는 일부에 알맞은 구성 요소는 한정되어 있다. 따라서 수업 장면에 어울리는 구성 요소들을 찾아 글 한 편을 완성하는 것이 바람직하다. 나아가 이러한 구성 요소들을 '정서적 → 지각적 → 지성적 → 영감적'인 순서로 배치하면 글 전체가 짜임새가 있을 뿐만 아니라, 글의 흐름 또한 자연스럽게 전개될 것이다.

비평가들의 이런 호흡은 또한 독자들로 하여금 수업 비평문을 긴장하며 읽게 만들며, 그 즐거움을 만끽하게 해 줄 것이다. 물론 이러한 네 가지 이외 또 다른 내적 구성 요소가 있을 수 있다. 다양한 문학 비평문이나 예술 비평문을 참고하면 수업 비평적 글쓰기를 하는 데 필요한 구성 요소를 찾을 수 있을 것이다.

3. 수업 비평적 글쓰기의 외적 구성 요소

논문이나 일반적인 글쓰기와 달리 수업 비평적 글쓰기는 그 제목과 목차를 정하기가 쉽지 않다. 목차의 틀을 고정하게 되면 비평의 장점인 다양성과 독창성을 놓칠 수도 있기 때문이다. 여러 가지 사례를 통해 이러한 우려를 어떻게 극복할 수 있을지 그 방안을 모색해 보자.

첫 번째 사례로 소개한 〈A〉는 서론, 본론, 결론으로 전개되는 기존 논문 형식과 큰 차이가 없지만 몇 가지 형식이 눈에 띈다. 우선 본론에서 수업 비평문 쓰기 과정을 전·중·후로 나누고, 자신의 수업 비평, 담임 교사와 동료 교생의 수업 비평 등을 담아낸 점이다. 그리고 수업 비평문 형식으로 논문을 쓰면서 만나게 되는 문제점을 조목조목 제시한 점 역시 그러하다. 마지막으로 수업 비평을 통해 좋은 교사가 되고 싶다는 의지를 제목에서 엿볼 수 있다는 점이 색다르다.

〈수업 비평의 제목과 목차 사례 A〉	〈수업 비평의 제목과 목차 사례 B〉
좋은 선생님이 되기 위한 고민 I. 서론 　1. 연구에 앞서 　2. 연구의 필요성과 목적 II. 본론 　1. 수업 비평을 들어가기 전에 　　(1) 지도 교수님과의 만남 　　(2) 국어 수업을 준비하면서 　2. 수업 비평을 하면서 　　(1) 국어 수업을 하면서 　　(2) 내가 본 나의 수업 비평 　　(3) 교사 및 동료 교생의 비평 　　(4) 준비 과정에서의 문제점들 　　　- 비디오 촬영에 대하여 　　　- 교사 비평에 대하여 　　　- 동료 비평에 대하여 　　　- 수업지도안에 대하여 　　　- 일지에 대하여 　3. 수업 비평을 마치고 III. 결론 〈부록〉	**수업 비평 연구 – 시선** I. 앞에서 보기 　1. 첫인상 　2. 수업 비평과 마주치다 II. 거울로 보기 　1. 수업을 준비하며 　2. 수업을 실연하다 　3. 수업 후, 찬찬히 그리고 깊게 　　가. 일반적인 수업 수행 능력을 보는 눈 　　나. 교과를 가르치는 능력을 보는 눈 　　다. 학습자의 학습과 배움을 보는 눈 III. 옆에서 보기 　1. 지도 교사의 시선 　2. 동료 교사의 시선 　3. 논문 준비팀 동료의 시선 IV. 뒤에서 보기 　1. 무엇이 우리를 고민하게 했나 　2. 더 길고 진하게 뒤돌아보다 〈참고 자료〉 수업지도안

　수업 비평적 글쓰기의 특성은 〈B〉에서부터 조금씩 구체적으로 드러나기 시작한다. 우선 제목과 목차가 '시선'이라는 단어로 묶여 있음을 알 수 있다. 이 '시선'은 장 제목에서 '보기'로 굴절되었다가 II장 3절의 하위 항목에서는 수업을 보는 '눈'으로 한 번 더 굴절된다. 수업 비평적 글쓰기 지도를 하면서 비디오 촬영이나 교사 비평, 수업 일지 등에 대한 지도도 힘들지만 가장 어려운 점 중의 하나는 비평의 초점을 바로잡도록 지도하는 일이다. 수업 비평적 글쓰기 지도에서 〈A〉보다

〈B〉와 같은 제목과 목차를 권장하는 까닭은 일단 초점이 고정되면 수업과 수업을 둘러싼 현상을 보는 눈이 발달하게 되고 글쓰기가 한결 수월해지기 때문이다.

행복한 수업

I. 들어가며

II. 본론

　# 1. 해방감 그리고 새로운 과제

　# 2. 첫 만남

　# 3. 내가 꿈꾸는 수업

　# 4. 좋은 수업 아이디어 없을까

　# 5. 학습 모형 정하기

　# 6. 동기 유발 구상해 봅시다

　# 7. 읽기 정보 기호 사용?

　# 8. 수업 분량, 너무 많은 것 아닐까

　# 9. 학습 집단의 조직

　# 10. 드디어 내일

　# 11. 수업 후

　# 12. 수업 평가

　# 13. 수업 평가 후

　# 14. 교수님과의 두 번째 만남

III. 마치며

　사례 〈C〉 역시 독특한 형식의 수업 비평문이다. 우선 본론을 영화 장면처럼 펼쳐 놓아 수업 비평문을 쓰는 과정이 일목요연하게 드러난다. 특히 수업을 준비하기까지 일어난 사건과 심리적인 갈등과 고민 역시 수업 비평적 글쓰기에서 빼놓을 수 없는 항목들이다. 다만 아쉬운 점은 14개가 되는 장면들을 평면적으로 나열하여 그 장면들의 위상을 알기 어렵다는 것이다. 물론 연속성을 지닌 수업 장면을 일일이 모두 전사할 필요는 없겠지만, 교육적인 의미를 담은 수업 장면을 포착하고 그 장면을 기술하고 분석하고 해석하는 초점화된 글쓰기가 바람직한 방법이다.

그러면 수업 비평 전문가의 제목과 목차를 한번 살펴보자.[15] 다음 사례 〈D〉는 수업 비평의 전범典範으로 보인다. 우선 제재가 되는 문학 작품의 위상을 정확하고 읽어 내고 있다는 점에서 그러하다. 물론 이러한 문학 비평 능력을 지녀야만 수업 비평 전문가가 되는 것은 아니지만, 적어도 수업 현상을 작동하게 하는 '배경'을 기술하고 분석할 수 있어야 좋은 비평문을 쓸 수 있다.

〈수업 비평의 제목과 목차 사례 D〉

우리들의 일그러진 텍스트

I. 이문열의 선택

II. 안찬원 선생님의 선택

    # 장면 1. 엄석대와 한병태의 첫 만남

    # 장면 2. 점심 시간에 엄석대에게 먹을 것을 바치는 학급 아이들

    # 장면 3. 물 떠다 주기를 거절하는 한병태

    # 장면 4. 유리창 닦기 사건

    # 장면 5. 우등생과 시험지를 바꾸는 엄석대

III. 〈아마겟돈〉과 〈딥 임팩트〉의 선택

또한 앞의 사례 〈B〉처럼 비평의 초점이 명확하다. 장 제목에서 반복되는 '선택'[16]은 작품이 교과서에 '선택'되고, 공개 수업으로 교사에 의해 '선택'된, 그리고 초등 국어교육의 방향을 '선택'해야 하기에 그 개념이 복잡다기하다. 비평가는 시간이라는 개념을 '선택'으로 묶고, I,

• • •

15 전문가에 대한 판단 기준은 사람마다 다를 것으로 생각된다. 그럼에도 불구하고 필자는 문학 비평가인 정재찬 교수의 이 논문을 전문적인 수업 비평문으로 간주하고자 한다.
16 이문열이 쓴 소설 〈선택〉도 있다.

II, III장을 수업의 배경이 되는 과거와 수업이 이루어지고 있는 현재, 그리고 앞으로 이루어질 수업의 미래를 표상한 것으로 보인다. 특히 수업 장면을 기술하고 분석하고 해석한 II장의 〈# 장면 1〉~〈# 장면 5〉 와 같은 장치는 수업 비평적 글쓰기에서 반드시 고려해야 할 외적 구성 요소이다.

4. 예비 교사를 위한 수업 비평적 글쓰기

대부분의 수업 비평문은 전문가 한 사람이 자신의 시선으로 직접 수업을 보거나 녹화한 수업 장면을 보고 작성한 것이다. 그래서 그 수업을 다른 사람은 어떻게 보았는지 알기 힘들다. 다행히 예비 교사의 공개 수업의 경우, 수업 비평에 참여하는 시선이 단일하지 않다. 우선 그 수업을 지도한 담당 교사의 시선이 있으며, 그 수업을 직접 관찰한 동료 예비 교사의 시선도 있다. 또한 캠코더로 촬영한 수업을 본 동료 예비 교사의 시선도 있으며, 그 수업을 공개한 예비 교사 자신의 시선도 있다. 예비 교사의 공개 수업에 대한 비평문은 이처럼 다양한 시선이 존재하기에 전문가의 시선과는 그 성격이 매우 다를 수밖에 없다.[17]

수업 비평은 수업 장면에 대한 기술과 그 장면에 대한 비평이라는 두 가지 활동을 전제로 이루어진다. 물론 눈에 보이는 장면과 그 장면에 대한 생각이나 느낌은 수업 비평의 핵심 요소임에는 틀림이 없다. 그러나 눈에 보이지 않는 장면도 존재하는데 그것은 수업을 담당한 사람의 의도와 계획이다. 수업의 전경前景이 아닌 배경背景으로만 존재하는 이 장면은 수업 일지 등을 통해서 엿볼 수 있다. 그렇다면 수업 일

• • •

17 이 부분은 예비 교사들의 수업에 대한 이해 정도나 특성에 대한 사전 논의가 없어 예비 교사들의 수업 비평적 글쓰기를 이해하기 힘들었다는 심사위원의 지적이 있었다. 추후 독립된 연구 과제로 삼아 이에 대한 연구를 할 필요가 있다고 생각한다.

지 역시 수업 비평의 출발점으로 삼을 수 있다. 다음 사례는 모두 동일한 수업 장면을 다룬 것인데, 공개 수업에 참여한 사람의 시선에 따라 기술하고 분석하고 해석한 것이 어떻게 다른지 잘 보여 준다.[18]

① 수업 일지: 공개 수업을 담당한 예비 교사

내가 수업을 할 단원은 5학년 2학기 말하기·듣기·쓰기 넷째 마당 〈말과 실천〉 '2. 곧은 생각 좋은 생각'에 해당하는 9/9차시였다. …… 이번 차시에서는 토론 주제에 대한 생각을 글로 나타내 보는 활동을 하게 된다. 교과서를 보면 '자동차는 우리에게 이로운가' 하는 토론 주제가 제시되어 있고, 그에 대한 생각을 정리해 본 후, 근거를 들어 자신의 주장을 펴며 설득하는 글을 쓰도록 구성되어 있다. …… 가장 고민이 되는 부분은 동기 부여 측면이었다. 어떻게 하면 아이들에게 글을 쓰고 싶은 마음이 드러나도록 동기를 부여할지 많은 방법을 생각해 보았는데, 일단 '자동차'라는 주제에 흥미를 가지게 하기 위해서 짧은 시간 동안 '미래의 자동차'에 대해 생각해 보도록 하기로 했다. 이는 수업의 내용과는 직접적으로 관련이 없지만 상상하는 것을 좋아하는 아이들이 창의적인 생각을 많이 발표할 것 같아서였다.

② 수업 장면

교사 애들아~ 선생님이 발명된 지 얼마 안 된 신기한 자동차를 소개해 주려고 해. 첫 번째 사진은 어떤 자동차인 것 같아?

학생 전기 자동차요.

교사 응. 이건 전기 자동차야.

학생 태양열은요?

• • •

18 예비 교사들의 사례들이 수업 비평의 특성이나 수업 비평적 글쓰기와 어울리지 않는다는 심사위원의 지적이 있었다. 이 논문을 기획하면서 생각한 부수적인 목적은 현장 교사나 예비 교사로 하여금 이러한 글쓰기를 하게 함으로써 수업 비평에 대한 맛을 보게 하는 데 있었다. 따라서 아마추어 수준과 전문가 수준을 비교할 때 이러한 사례를 참고할 수 있을 것으로 보인다.

교사 태양열 자동차 사진은 없지만 미래에는 태양열 자동차가 생기겠죠. 다음 사진은 사람이 어떻게 타고 있어?

학생 누워서요.

교사 응. 저렇게 누워서 타는 자동차인데 저 자동차는 옆에 뭐가 부딪힐 것 같으면 저절로 피한대. 그럼 뭐가 안 날까?

학생 (신기해하며) 사고요. 근데 만약에 피했을 때 또 다른 차가 부딪히면요?

교사 그것도 피하는 거지. 미리 부딪히기 전에.

학생 그런데요, 만약에 사고가 나면 정말 위험하겠어요.

교사 그러네. 그런 점은 좀 보완해야겠다. 그치?

③ 지도 교사의 수업 비평

○○ 선생님은 아이들과 친화력이 높아 활동적인 수업을 하는 편이다. 이번에도 아이들 수준을 고려하여 다양한 자료와 활동을 적극적으로 준비하는 모습이 인상적이었다. 일단 이 수업에서 동기 유발을 할 때, '자동차'라는 글의 제재를 그림자극을 통해 제시함으로써 아이들이 주의 집중할 수 있도록 만든 것이 좋았다.

④ 동료 예비 교사의 수업 비평

○○ 선생님은 평소에 아이들에게 장난도 잘 치고 친하게 지내는 편이다. 그래서 수업도 아이들과 항상 소통하려는 노력을 하며 친근하게 진행한다. 이번 수업에서 자동차를 주제로 하여 아이들의 다양한 생각들을 이끌어 내는 모습에서 그런 면을 다시 확인할 수 있었다.

⑤ 비디오로 수업을 본 또 다른 동료 예비 교사의 수업 비평

먼저 동기 유발 단계에서 자동차 사진을 제시하고 어떤 자동차를 만들지에 대해 발문하여 아동들의 흥미를 유발하였다. 동기 유발을 위해 단편적인 사진 자료를 사용하는 것은 아동들의 흥미를 유발하는 데 큰 도움이 되지 못한다고 한다. 그러나 이 수업에서는 아동들과 사진 한 장을 놓고 어떤 자동차를 만들면 좋을지 발문을 하고 대화를 이끌어 내면서 흥미를 유발하려고 한 점이 이 같은 단점을 극복할 수 있는 시도였다고 볼 수 있다. 한 가지 아쉬운 점은 동기 유발은 본 수업과 관련이 되는 내용으로 이루어져야 하는데 자동차의 장·단점에 대해 쓰기 수업을 하는 데에 어떤 자동차를 만들지 발문하고 자동차에 대해 대화를 나누는 것은 수업의 내용과 크게 관련이 있어 보이지는 않았다. 발문을 좀 더 수업 내용과 관련 있도록 다양하게 하는 것도 좋을 듯하다.

이 사례들을 보면 서론에서 밝힌 바와 같이 수업 비평적 글쓰기의 낯섦과 서투름이 잘 나타나 있다. 그럼에도 불구하고, 예비 교사, 지도 교사, 동료 예비 교사 등의 시선이 교차하는 방식의 수업 비평적 글쓰기 시도는 몇 가지 점에서 의의가 있다고 본다. 우선 수업을 보는 '시선의 공통점'을 확인할 수 있다는 점이다. ③~⑤를 보면 지도 교사와 동료 예비 교사 모두 공개 수업을 담당한 예비 교사의 고민(①)을 정확히 읽고 있다는 점이 그러하다. '동기 유발'과 관련하여 예비 교사는 자동차라는 주제에 대한 초등학생의 흥미를 유발하고 창의적인 사고를 이끌어 내고자 하였는데, ②를 보면 이러한 의도가 성공적으로 달성되었음을 알 수 있다. 초등학생들은 역시 자신이 알고 있는 자동차와는 다른 미래형 자동차의 모습에 신기해했고 의아한 점을 질문하기도 했다. 또 어떤 초등학생들의 질문은 예비 교사가 수업을 계획하는 과정에서 생각지 못한 것이어서 당황하게 만들기까지 했다.

한편 수업 비평적 글쓰기를 통해 '시선의 차이점'도 확인할 수 있다는 점에서 이러한 시도는 의의가 있다. ⑤의 뒷부분을 보면 동료 예비 교사가 '동기 유발'과 '수업 내용'과의 연관성을 지적하고 있는데, 공개 수업을 한 예비 교사가 미처 생각하지 못한 부분이었다. 예비 교사의 수업 장면에 대한 이러한 시선의 차이는 독법의 다양성, 즉 분석과 해석의 차이를 분명하게 보여 준다. 특히 그 시선이 동일한 수업 장면에 고정되고, 수업 장면을 설계한 사람과 비평한 사람의 견해가 다르다면 교육적인 의미가 더욱 심오해진다. 왜냐하면 이런 분석과 해석의 차이가 선순환적으로 활발하게 이루어진다면, 다른 비평 영역에서 볼 수 있듯이 수업 텍스트에 관해서도 비평적 논쟁이 풍부하게 되고 수업을 보는 안목이 자연적으로 고양될 수 있기 때문이다. 나아가 독자는 수업 설계자의 안목과 수업 비평가의 안목을 비교·분석하면서 수업에 대한 기술 능력뿐만 아니라, 분석 능력과 해석 능력도 신장시킬 수 있다.

전문가의 수업 비평문과는 달리 예비 교사의 공개 수업과 그 비평문은 동일한 수업 장면을 여러 비평가(지도 교사, 공개 수업 담당 예비 교사, 동료 예비 교사 등)가 동시에 참관하거나 시차를 두면서 관찰하면서 각자의 시선으로 다르게 그려 낼 수 있다는 점에서 권장할 만하다. 이러한 사례는 폐쇄적인 수업 공개 문화와 빈약한 수업 비평의 담론을 근본적으로 개선할 수 있는 토대를 제공해 주기 때문이다.

III. 결론

수업을 잘하면 좋은 교사가 되겠지만 그렇다고 전문성을 인정받기란 쉽지 않다. 전문성은 결국 공적인 결과물로 판정을 받기 때문이다. 수업 비평적 글쓰기는 교사를 전문가로 거듭나게 하는 좋은 교육 아이템임에는 틀림이 없다. 그러나 이런 확신에도 불구하고 글쓰기라는 과제는 사람들을 두렵게 만든다. 수십 년 동안 자신이 수업을 받아 왔거나 수업을 해 왔음에도 불구하고. 수업 비평적 글쓰기 역시 그러한 두려움의 연장선 위에 있다.

지피지기면 백전백승이라는 말이 있듯이, 이러한 두려움은 상대를 잘 모르기 때문에 발생한다. 수업 비평을 교육적 감식안으로 수업 현상에 내재된 가치를 판단하는 행위로 정의하고 특성을 소개한 까닭은 두려움을 주는 상대를 명확히 인식하고자 함이다. 그래서 수업도 예술 비평처럼 당연히 비평의 대상으로 자리매김이 가능하며, 상대주의적 관점으로 보되, 자신의 눈으로 본 수업에 대해 자기 목소리로 이야기할 수 있어야 함을 밝혔다.

상대를 인식하였다면, 그 다음 단계는 상대의 구성 요소를 파악하는 일이다. 먼저 내적 구성 요소로 정서적 수업 비평, 지각적 수업 비평, 지성적 수업 비평, 영감적 수업 비평과 그 사례를 제시하였다. 그리고 두려움을 극복하는 마지막 단계로 비평적 글쓰기의 제목과 목차, 수업 장면 등과 같은 외적 구성 요소를 비교 분석하였다. 이러한 구성 요소는 기존 글쓰기와 형식 면이나 내용 면에서 어떤 차이가 있는지 그 차이점을 명시적으로 보여 주기 위함이다. 그리고 '수업'의 가벼움과 '비평'의 무거움이 연출하는 부자연스러움을 극복하기 위한 시도이다.

마지막 남은 과제는 독자 스스로에게 있다. 자신의 수업을 공개하고자 하는 마음, 남의 비평을 귀 기울여 듣는 자세, 그리고 자신의 수업을 다시 성찰하는 태도가 필요하다. 거대 담론이 아니라 자신의 수업 공간을 열고 조금씩 바꾸어 나가는 것이 무너져 가는 대한민국 교육을 바로잡는 길로 보인다.

| 참고문헌 |

김문환(1989), 미학의 이해, 문예출판사.

김미정(2010), 수업 비평을 통한 좋은 선생님 되기, 학사학위 논문, 청주교육대학교 .

김영천(1997), 네 학교 이야기: 한국 초등학교의 교실 생활과 수업, 서울: 문음사.

김혜미(2010), 수업 성장의 원동력, 학사학위 논문, 청주교육대학교 .

박운곤(2010), 수업 비평, 학사학위 논문, 청주교육대학교 .

오향숙(2010), 실습 수업 비평, 학사학위 논문, 청주교육대학교 .

이윤지(2010), 수업 비평 연구–시선, 학사학위 논문, 청주교육대학교 .

이정숙(2005), 문화 현상으로서의 국어 수업 비평, **한국초등국어교육**, 29, 한국초등국어교육학회, 277–
313쪽.

이혁규(2008), **수업, 비평의 눈으로 읽다**, 서울: 우리교육.

이혁규, 심영택, 이경화(2003), 초등 예비 교사의 실습 체험에 대한 내러티브 연구, 교육인류학연구,
6(1), 한국교육인류학회, 141–196쪽.

이혁규, 이경화, 이선경, 정재찬, 강성우, 류태호, 안금희, 이경언(2007), **수업, 비평을 만나다**, 서울: 우
리교육.

정재찬(2006), 국어 수업 비평론, 국어교육학연구, 25, 국어교육학회, 389–420쪽.

진중권(2009), **교수대 위의 까치**, 서울: 휴머니스트.

최희연(2010), 행복한 수업, 학사학위 논문, 청주교육대학교 .

황연정(2010), 좋은 선생님이 되기 위한 고민, 학사학위 논문, 청주교육대학교 .

Eisner, E. W.(1998), *The enlightened eye: Qualitative inquiry and the enhancement of
educational practice*, 박병기 외 역(2001), **질적 연구와 교육**, 서울: 학이당.

지식으로 수업 보기,
그 관점과 방법

엄훈

I. 서론: 관점의 선택

최근 우리나라에서 수업을 새롭게 읽어 내고 읽어 낸 것을 공적 담론의 장에서 나누는 대안적인 방법으로 주목을 받고 있는 것이 수업비평이다. 수업 비평은 Eisner의 교육 비평educational criticism에 그 연원을 두고 있으며 수업의 효율성effectiveness을 강조하는 실증주의적 교육이론과 그에 기반한 교육 평가를 비판하며 등장하였다(박승배, 2006). 한국의 수업 비평은 점진적이지만 확실한 걸음으로 교육 공동체 안에서 뿌리를 내리고 있으며(이현영, 2009; 최수일, 2009; 윤양수, 2009), 수업 비평 공동체 안에서 변모하고 발전하는 자생적인 장르로 자리매김하고 있다(엄훈, 2010).

그동안 수업 비평은 몇 가지 유형화의 단초를 보여 왔다. 수업의 양상으로부터 교사의 수업 의도를 읽어 내고 이를 토대로 비평의 주제를 포착하는 의도 비평, 수업에서 한국의 수업 현장을 지배하는 구조적 맥락을 읽어 내고 이를 비평하는 맥락 비평, 특정한 교과 지식에 초점을 맞추어 그것이 교사에 의해 해석되고 변환되어 가는 과정을 포착하고 그 의미를 드러내는 교과 내용 비평, 교실의 시공간적 의미를 중심으로 수업 문화를 읽어 내는 시공간 비평, 수업 비평에 대하여 또 다른 관점에서 비평적 반응을 시도하는 메타 비평 등의 양상을 발견할 수 있다.[1]

이 밖에도 수업 비평에서 선택할 수 있는 초점은 다양하다. Eisner(1998, 박병기 외 역, 2001)는 교육적 감식안이 주목해야 할 다섯 가지 차원을 언급하였다.[2] 이혁규(2008b)는 수업 비평에서 선택할 수 있는 다양한 초점들과 접근 방식을 제안하고 있다.[3] 선택 가능한 이들 비평의 초점들은 수업을 보는 다양한 관점의 출발점이 될 수 있으며, 수업을 보는 다양한 관점들은 문학 비평이 다양한 비평 유형을 발전시켜 온 것처럼, 질적으로 다양한 수업 비평의 유형들을 낳을 수 있다.

특정한 수업 비평의 유형이 형성되기 위해서는 수업 비평을 실천하는 사람들이 수업을 읽어 내기 위해 특정한 관점을 의식적으로 선택하고 활용할 필요가 있다. 이를 위해서는 우선 수업을 보는 여러 가지 관

• • •

1 의도 비평의 양상을 보이는 예로는 이혁규 외(2007)에 실린 〈'문화재에 관한 수업' 대 '문화재를 통한 수업'〉을 들 수 있으며, 맥락 비평의 양상은 한국교육과정평가원 교수학습개발센터에 실린 서근원의 〈수업 이야기〉 시리즈, 교과 내용 비평의 양상은 이혁규 외(2007)에 실린 이경화의 비평, 시공간 비평의 양상은 《중등 우리교육》 2009년 6월호에 실린 이혁규의 〈근대 교실의 시공간과 근대교육에 대해 성찰하기〉, 메타 비평의 양상은 류현종(2004)에서 각각 그 예를 찾을 수 있다. 이와 같은 양상이 수업 비평의 뚜렷한 유형으로 발전하기 위해서는 각각 독특한 관점을 확립하려는 노력이 선행되어야 한다.
2 Eisner가 언급한 학교교육의 주요한 차원은 (1) 의도적 차원, (2) 구조적 차원, (3) 교육과정 차원, (4) 교수적 차원, (5) 평가적 차원이다(Eisner, 1998, 박병기 외 역, 2001: 125).
3 이혁규(2008b)가 언급한 여덟 가지 초점을 열거하면 다음과 같다. 의도에 초점을 맞춘 비평, 연행에 초점을 맞춘 비평, 맥락에 초점을 맞춘 비평, 교과 내용에 초점을 맞춘 비평, 행위자(교사, 학생, 교사-학생 상호작용)에 초점을 맞춘 비평, 공간 비평, 시간 비평, 그리고 수용자 비평. 또한 수업 비평에서 선택 가능한 접근 방식으로 기술적 혹은 형식주의적 비평, 역사적 혹은 심리적 비평, 맥락적 혹은 사회학적 비평, 학문적 혹은 교과적 비평, 그리고 수용자 반응 비평 등을 들고 있다. 이러한 비평의 초점들과 접근 방식들은 수업 자체의 속성과 수업 비평 참여자들의 상호작용 양상으로부터 연역적으로 도출한 것이다(이혁규, 2008b: 19-20).

점들이 확립될 필요가 있다. 수업을 보는 다양한 관점이 확립되고 이러한 관점들이 적용된 수업 비평의 유형들이 등장할 때 수업 비평의 질적인 다양성 또한 확보될 수 있다. 수업 비평이 사회적으로 소통되는 장르로서 양적으로나 질적으로 발전하기 위해서는 수업을 바라보는 관점의 분화가 필요하다.

필자는 선택 가능한 수업 비평의 관점으로 '지식으로 수업 보기'를 제안하고자 한다. '지식으로 수업 보기'는 교사의 지식에 초점을 맞추어 수업을 보려는 관점이다. 이 관점에 서면 비평가는 비평 활동의 목적을 실제 수업에서 명시적으로 혹은 암묵적으로 활용되고 표출되는 교사의 지식을 감식하고 독자가 그 전모를 생생하게 읽어 낼 수 있도록 표현하는 데 두게 될 것이다.

'지식으로 수업 보기'는 수업 비평의 한 관점인 만큼 수업 비평의 일반적인 인식론적 기반을 공유하지만 수업 텍스트를 읽어 내는 관점은 수업 보기의 다른 유형과 미묘한 차이가 존재할 수 있다. 먼저 수업 비평의 인식론적 기반을 살펴보자.

수업 비평의 인식론적 기반은 Eisner의 이론에서 찾아볼 수 있다. Eisner는 교육 비평의 인식론적 배경을 확장된 지식의 관점과 표상 형식 개념을 중심으로 정리하고 있다. Eisner는 지식이 연구자나 관찰자의 주관이나 감정이 철저히 배제된 객관성만으로 이루어져야 한다는 과학실증적 입장에 반대하고, 감각과 인지는 서로 분리하거나 구분할 수 없다는 가정하에, '앎knowing'이란 감정 활동을 수반한 인지 활동이며, 감각과 인지 두 개념이 상호 의존적이라는 것에 기초하여 확장된 지식의 관점을 주장한다(Eisner, 1994, 박승배 역, 2003).

지식이 그 지식을 주체적으로 구성하고 점유하는 개인의 감각이나 감정, 태도나 열정 등과 불가분의 관계에 있음을 주장하는 이러한 관점은 지식이 존재하는 방식에 대한 Polanyi(1958; 장상호, 1994)의 연구에서도 비슷하게 발견된다. Polanyi는 지식이 인식 주체의 밖에 객관적으로 존재하는 것이 아니라 인식 주체의 몸속에 인격적으로 존재한다고 보아 이러한 지식을 인격적 지식personal knowledge이라고 명명하였다. 인격적 지식은 말의 경계를 뛰어넘는 내용을 가지고 있다. 이 사실을 Polanyi는 "우리는 우리가 말할 수 있는 것 이상으로 알 수 있다."는 말로 표현한다(장상호, 1994: 34에서 재인용). 지식에는 언어로 분명하게 진술하기 어려운 암묵적 지식tacit knowledge의 차원이 있는 것이다. Polanyi는 지식의 암묵적 차원을 복권함으로써 편협하게 인식되어 왔던 지식의 존재 방식을 새롭게 해명하였다.

수업 비평은 확장되고 복권된 지식의 개념을 전제로 한다. 수업 비평은 지식에 대한 새로운 인식에 기반하여 경험의 질적인 측면과 그러한 질을 감식하는 능력까지도 앎의 범위 안에서 설명할 수 있게 된다. Eisner의 감식안connoisseurship 개념은 지식의 존재 방식에 대한 인식론적 전환에 기초하여 특정한 영역에서 발휘되는 주체적인 지식의 구성물로 정의될 수 있다.

감식안은 질을 감식하는appreciating qualities 능력으로 선행 지식antecedent knowledge과 감수성perceptivity으로 구성되어 있는 것으로 설명된다(Eisner, 1998, 박병기 외 역, 2001). 선행 지식은 감식 주체의 개인사적 경험과 그가 체현하고 있는 해당 영역에 대한 전문적인 식견을 의미한다. 감수성은 해석의 실마리를 예민하게 포착하는 지각 능력이다.

Eisner는 표상 형식forms of representation이라는 개념을 통해 질적 세계를 인식하고 인식한 것을 사회적으로 소통 가능한 방식으로 드러내는 과정을 설명하고 있다. 표상 형식은 표상, 즉 '지각에 의하여 의식에 나타나는 외계 대상의 상像'을 공유하는 사회적 의사소통의 형식이다(김양숙, 2006: 17-18). 인식 주체에 의한 표상 형식의 선택은 세계를 파악하는 방식의 선택일 뿐 아니라 세계를 공적으로 표현할 수 있는 방식의 선택이다. Eisner는 표상 형식으로 모방적mimetic mode, 표현적

expressive mode, 관습적conventional mode이라는 세 가지를 들고 있다(Eisner, 1994, 박승배 역, 2003).

'지식으로 수업 보기'는 수업 비평의 한 형태로서 Eisner에 의해 개념화된 교육 비평의 인식론을 공유한다. 하지만 '지식으로 수업 보기'에서 수업 텍스트를 읽어 내는 관점은 독특한 방식으로 특화될 수 있다. 이를 이해하기 위해서는 우선 수업 비평의 대상이 되는 수업 텍스트의 다원적인 존재 방식을 이해하는 것이 필요하다. 수업 텍스트는 주체(교사와 학생), 행위(수업 활동), 내용(교육과정 내용), 장소(수업이 이루어지는 시공간)라는 네 가지 상황적 요소와 이들을 둘러싼 사회문화적 맥락으로 구성된 복합적 실체이다. 수업 텍스트가 복잡한 구성체인 만큼 이를 읽어 내는 관점 또한 다양할 수 있는데 이 중에서 '지식으로 수업 보기'는 수업 속에서 교사의 지식이 생생하게 발현되는 양상에 초점을 둔다. 따라서 비평가의 눈은 수업을 하는 교사의 행동을 뒤쫓게 되는데 비평가가 교사의 행동을 제대로 감지하고 평가하기 위해서는 맥락 속에서 수업 전체를 읽어 내는 능력이 전제되어야 한다. 왜냐하면 수업에서 발휘되는 교사의 행동은 수업의 전체 맥락 안에서만 제대로 평가될 수 있기 때문이다.

그렇게 본다면 '지식으로 수업 보기'가 이루어지는 과정은 수업 상황을 중심으로 비평가의 지식(감식안)과 교사의 지식(감식안)이 만나는 과정이라고 정의될 수 있다. 이렇게 비평가의 지식(감식안)과 교사의 지식(감식안)이 만날 때 우리는 수업 텍스트가 지니고 있는 의미의 한 차원이 집중적으로 조명되어 독자가 이해할 수 있는 방식으로 재구성되는 것을 기대할 수 있을 것이다. 다음 장에서는 지식으로 수업 보기의 방법을 몇 가지 키워드를 중심으로 살펴보고자 한다.

II. 지식으로 수업 보기의 방법

서론에서 우리는 지식으로 수업 보기의 관점이 수업의 전체 맥락 속에서 교사의 지식이 발현되는 양상을 포착하고 그것에 의미를 부여하려는 관점이라고 설명하였다. 지식으로 수업 보기가 이루어지기 위해서는 몇 가지 방법적인 코드가 필요하다. 이러한 방법적인 코드들은 교사의 수업 지식이 수업 맥락 속에서 행위를 통해 발현되는 과정을 지각하고 그것에 정당한 의미를 부여하는 작업에 필요한 방법론적 개념들이라고 할 수 있다.

여기서는 지식으로 수업 보기의 방법적 코드를 몇 가지 키워드들 — 감식안의 감식, 지식의 초점으로서의 PCK, 주체로서의 교사, 단위와 맥락, 경험과 지식의 재구성, 표상 형식과 형상화 — 을 중심으로 살펴보기로 한다.

1. 감식안의 감식

지식으로 수업 보기의 과정에서 비평가의 감식안과 교사의 감식안이 만나게 된다. 비평가는 수업에서 교사의 지식이 발현되는 양상을 생생하게 포착하려고 노력하는데 이 과정에서 비평가의 감식안과 교사의 감식안이 교차한다.

감식안은 인식적 보기epistemic seeing의 한 사례이다. 여기서 '인식'은 지식을 의미하며 '보기'는 지각 행위를 가리킨다. 보기는 시각만을 의미하는 것이 아니라 인간의 모든 감각과 그 감각에 의해 감지되는 질을 가리키는 말이다(Eisner, 1998, 박병기 외 역, 2001: 117). 동사형으로 표현된 말에서도 알 수 있듯이 감식안은 지식의 일종으로 특정한 영역에서 지각과 관련하여 발현되는 앎의 작동 양상이라 할 수 있다.

교사는 자신의 선행 지식(개인사적 경험과 전문적 식견)을 토대로 하여 수업을 계획하고 수업을 반성적으로 실행한다. 교사는 수업 과정에서 수업의 맥락과 학생들의 반응을 예민하게 감지하고 판단하며 수업 사태에 즉흥적으로 대처하면서 자신의 의도를 실현해 나간다. 이런 점에서 교사가 수업에서 보이는 지적 능력은 감식안의 한 형태라고 할 수 있다.[4]

문제는 비평가의 감식안과 교사의 감식안이 어떻게 만나는가에 있다. 지식으로 수업 보기의 과정에서 비평가의 감식안과 교사의 감식안은 각각 다른 것을 보고 있다. 교사의 감식안은 학생들과 교과 내용으로 향하고 있다. 반면 비평가의 감식안은 교실에서 발휘되는 교사의 감식안으로 향하고 있다. 즉 비평가가 해야 하는 일은 감식안을 감식하는 것이라고 할 수 있다.

감식안을 감식한다는 말의 의미는 Polanyi(1958)에 의해 해명된 지식의 존재 방식으로부터 설명이 가능하다. Polanyi는 망치질을 예로 들면서 보조식subsidiary awareness과 초점식focal awareness을 구분한다. 우리는 망치질을 할 때 그 망치의 손잡이가 우리의 손바닥에 닿았다고 느끼지 않고 망치 부분이 못을 때렸다고 느낀다. 이때 망치를 효과적으로 다루는 기술의 한 요소로서 손바닥의 느낌이 매우 중요한 인식으로 작용하지만, 실제로 우리는 망치 끝에서 일어나는 사건에만 주목한다. 이 사례에서 그 손바닥의 느낌이 보조식이고 망치 끝에서 주목하는 부분이 초점식에 해당한다. 이처럼 모든 지식에는 우리가 주로 그 의미를 깨닫는 부분과 그 깨달음을 보조하는 또 다른 깨달음이라는 두 가지 과정이 동시에 작용한다(장상호, 1994). 여기서 감식안을 감식한다는 말의 의미를 망치질의 예를 다시 들어서 설명한다면 교사는 망치질

* * *

4 Eisner는 수업 사태에서 발휘되는 교사의 전문적인 식견과 교육 현상을 예민하게 인식하는 비평가의 능력에 대해 모두 감식안(connoisseurship)이라는 용어를 사용한다. 여기서는 Eisner의 용법에 따라 교사의 안목과 비평가의 안목에 대해 둘 다 감식안이라는 개념을 사용한다. 하지만 교사의 감식안과 비평가의 감식안은 그 존재 방식과 발휘되는 국면이 상이하므로 서로 다른 개념으로 변별하는 것이 타당할 수도 있다. 이에 대해서는 다른 기회에 논하기로 하겠다.

을 하는 사람이요, 비평가는 망치질을 하는 사람을 바라보는 사람이라고 할 수 있다.

다시 Polanyi의 설명에 따르면 망치질을 하는 사람은 망치 부분이 못을 때리는 것을 느끼면서 동시에 망치를 쥐고 있는 손바닥의 느낌에 주의할 수 없다. 즉, 초점식과 보조식을 동시에 인식할 수는 없는 것이다. 하지만 망치질을 하는 사람을 보는 사람은 망치가 못을 때리는 것뿐 아니라 망치질하는 사람의 팔 동작까지도 인식할 수 있다.

감식안을 감식한다는 말은 수업에서 교사가 의식적으로 초점을 맞추는 지식 이외에 그것의 기반을 이루는 눈에 보이지 않는 암묵적 지식까지도 보아 낸다는 의미이다. '지식으로 수업 보기'는 이렇게 보이지 않는 지식(묵시적 지식)을 드러내는 방법이라는 데서 적극적인 의미를 찾을 수 있다. 비평가는 감식안의 감식이라는 과정을 통해 수업 사태에서 작용하는 교사의 묵시적 지식을 포착하여 다른 사람이 볼 수 있게 하는 사람이다.

그렇다면 감식안을 감식하는 과정에서 발생할 수 있는 문제는 없을까? 먼저 감식안의 질적 수준의 문제를 들 수 있다. 예컨대 교사가 수업 과정에서 수업 내용이 충분히 이해되지 않았다는 학생들의 미묘한 반응을 감지하고 이를 고려하여 수업의 템포를 조절하였다고 하자. 그런데 비평가가 이를 인식하지 못하고 수업의 템포를 조절한 결과 예정된 시간에 수업이 끝나지 않은 사실에 초점을 맞춘다면 이는 비평가의 감식안이 교사의 감식안을 제대로 인지하지 못한 것이 된다. 감식안을 감식하기 위해서는 적어도 비평가의 감식안이 교사의 감식안을 읽어 내지 못하는 수준이어서는 안 된다.

다음으로 비평가의 선택적 주시의 문제가 발생할 수 있다. 교사의 감식안은 비평가의 감식안이라는 렌즈를 통해 포착되기 때문에 선택되고 변형되고 강조되거나 축소될 수 있다. 이러한 일은 인간의 눈이 지닌 필연적인 한계이기 때문에 어느 정도는 피할 길이 없다. 그러나

'지식으로 수업 보기'의 목적이 교사의 수업 지식을 그 맥락 속에서 생생하게 보여 주는 것이기 때문에 비평가는 교사의 행동을 중심으로 수업 사태를 폭넓게 보려는 노력을 지속적으로 하여야 한다. 이러한 노력 속에는 수업을 한 주체인 교사와의 대화도 포함된다.[5] 비평가는 교사와의 대화를 통하여 수업을 보는 눈을 조절하고 수업에서 무엇을 어떻게 볼 것인가에 대하여 교섭할 수 있다. 이러한 노력의 과정에서 비평가는 교사가 활용하는 지식의 배경과 그러한 지식 사용의 의미까지도 포착할 수 있게 될 것이다.

2. 지식의 초점으로서의 PCK

'지식으로 수업 보기'가 수업의 전체 맥락 속에서 교사의 지식이 생생하게 발현되는 양상을 포착하고 그것에 의미를 부여하려는 것이라면 '수업에서 발현되는 교사의 지식'이 무엇인지 생각해 볼 필요가 있다.

Shulman(1987)은 교사가 수업을 하면서 개발하는 지식의 특별한 유형으로 교수학적 내용 지식Pedagogical Content Knowledge, 이하 PCK을 주목하였다. 교사들은 학생들에게 교과 내용을 가르치면서 교실 상황과 학생들의 눈높이에 맞추어 교과 내용을 통찰하고 변형하는데, 이러한 지식은 교사만이 지닐 수 있는 교사 전문성의 한 측면이다. Shulman은 교사에게 필요한 내용 지식을 교과 내용 지식Subject matter Content Knowledge, 교수학적 내용 지식PCK, 그리고 교육과정 지식Curricular Knowledge으로 구분하고 PCK에 대해 "교과 내용 지식과 교수법 지식의

• • •

5 Polanyi는 개인적 지식의 평가를 위해서는 개인과 개인 간의 설득의 과정이 필요하다고 말한다. 이러한 설득의 과정에서 높은 수준의 개인적 지식을 소유하고 있는 사람은 낮은 수준의 지식을 가진 사람이 좀 더 세련된 지적인 기준을 획득하도록 도와주어야 한다(장상호, 1994: 25 참조). 그러나 비평가의 감식안과 교사의 감식안이 만나는 비평에서는 어느 한쪽의 일방적인 설득의 과정이 아니라 양자의 감식안이 상호적으로 영향을 미치는 수평적인 교섭의 과정으로 보는 것이 타당하다.

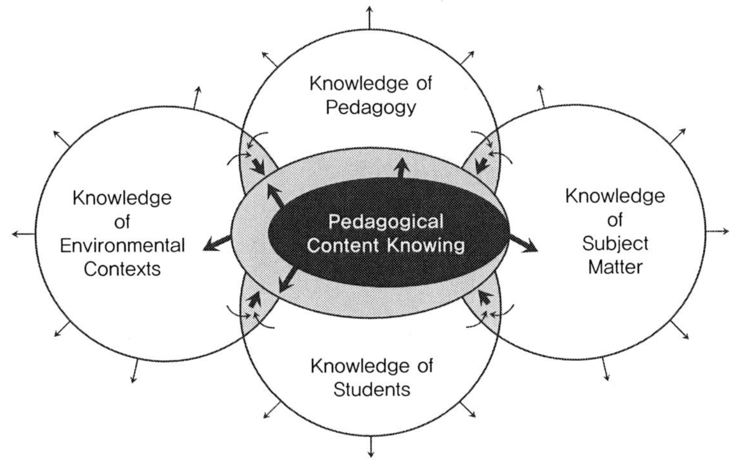

특수한 아말감으로, 교사들만의 영역이며 교사들에게 고유한 전문적 이해의 특별한 형태"라고 정의하였다.

Cochran 등(1993)은 살아 있는 지식으로서 전문적인 실천의 과정에서 PCK가 형성되어 가는 과정에 주목하고 동사형을 활용하여 PCKg$^{Pedagogical\ Content\ Knowing}$라고 개념화하였다. 그들은 교사에게 필요한 기반 지식을 교과에 대한 지식, 학생에 대한 지식, 교수법에 대한 지식, 환경적 맥락에 관한 지식으로 구분하고 이러한 기반 지식의 토대 위에서 PCKg가 역동적으로 성장해 가는 양상을 개념화하였다(〈그림 2-1〉).

감식안의 개념에 비추어 볼 때 PCK는 교사가 지닌 교육적 감식안의 핵심이다. 교사들은 수업 경험을 통한 전문성 신장의 과정에서 교과 내용의 주요한 주제들에 대한 유용한 표상 형식들을 개발하고, 그러한 주제들에 대한 학생들의 선행 지식을 이해하고, 의미 있는 학습 경험이 이루어지기 위해 필요한 지식이나 전략을 개발하게 된다. 수업 경험을 통해 발현되고 신장되는 이러한 PCK가 '지식으로 수업 보기'에서 감식하려는 교사 지식의 초점이 될 수 있다.

PCK가 교사의 지식 감수의 초점이 된다는 것이 PCK가 지식으로 수업 보기의 배타적인 대상이 된다는 의미는 아니다. PCKg의 발달 모델에서도 확인할 수 있듯이 PCK는 교사의 전문성을 뒷받침하는 전문적 식견의 일부일 뿐이다. 다만 PCK는 수업 경험을 통하여 교사 개인이 체득하고 점유하는 암묵적 지식으로 객관화된 언어적 진술로는 그 실체를 파악하기 어려우며, 특정한 교과 특수적 수업 주제를 중심으로 실제 수업 맥락 속에서 그 모습을 드러내는 실천적 지식이기 때문에 교사의 교육적 감식안을 감식하려는 '지식으로 수업 보기'의 초점이 될 수 있다는 것이다.

3. 주체로서의 교사

'지식으로 수업 보기'에서 지식의 원천은 교사이기 때문에 수업 보기와 수업 표현하기의 전 과정에서 주체로서의 교사가 강조된다. 지식은 그 점유자를 떠나서 존재하지 않기 때문에 교사를 충실히 묘사하고 교사의 생각과 느낌을 충분히 표현하는 데 초점을 맞추게 된다. 그런 의미에서 '지식으로 수업 보기'에서 보여 주려고 하는 것은 교사 그 자체라고 할 수도 있다.

"문체는 그 사람이다."는 Buffon의 아포리즘을 빌려 표현하면 수업은 그 교사이다. 어떤 의미에서 교사는 그가 만들어 온 지식의 구성체라고도 할 수 있다.

주체로서의 교사를 강조하는 것은 교사를 중심으로 수업 지식을 보겠다는 의미이다. 이를 위해서 비평가는 교사가 수업 전이나 수업 중에 느끼는 것은 무엇인지, 교사가 자신의 감식안으로 학생들에 대하여 지각하는 것은 무엇이며 그로부터 어떤 판단을 하는지, 교사가 수업 분위기를 어떻게 감지하고 있으며, 자신의 의도대로 분위기를 만들어 가기 위해 어떤 노력을 하는지, 교사가 자기 스스로에 대하여 어떻게 느끼고 있는지 가능한 한 예민하게 감지해야 한다. 경우에 따라서는 교사가 자신의 전문적인 지식을 언제 어떤 방식으로 구성해 왔으며, 수업을 위해 어떤 전략을 짰는지를 미리 확인할 필요도 있다.

이와 관련하여 비평가는 교사 개인을 이해하기 위해 노력해야 한다. 즉, 교사가 어떤 교육 철학을 가지고 있는지, 수업에 영향을 미치는 개인사적 경험이 무엇인지, 수업을 하기 전에 가지고 있었던 수업 의도는 무엇인지 파악하는 것이 지식을 중심으로 수업을 이해하는 데 중요한 출발점이 될 수 있기 때문이다.

비평가는 교사에 대하여 알게 된 것과 교사에게서 느낀 것을 비평문을 쓰는 과정에서 잘 활용할 수 있어야 한다. 교사에게서 감지한 것이 모호한 느낌이라고 할지라도 가능한 한 그 실체를 독자에게 전달하려고 노력해야 한다. 수업을 감식하는 과정과 수업을 비평하는 과정에서 교사를 중심에 놓는 것은 비평가가 표상하려고 하는 수업 지식들에 구심점을 부여하는 역할을 할 것이기 때문이다.

4. 단위와 맥락

'지식으로 수업 보기'는 수업을 하나의 질적 연구의 사례처럼 대한다. 예술 작품이 뚜렷한 경계를 지닌 독립적인 단위인 것처럼 이 비평 관점의 대상인 수업 또한 시작과 끝이 있는 하나의 작품이다. 이러한 관점은 수업 속에서 작동하는 교사의 지식이 그 자체로 객관적인 표상물로 대상화되어 존재하는 것이 아니라 마치 하나의 선율이 그것을 품은 음악 작품 안에서 가치를 발하듯이 수업이라는 작품 안에서 생생하게 살아 있게 된다고 보는 것이다.

단위를 강조하게 되면 수업에서 나타나는 현상을 조각난 일부로 보지 않고 전체의 틀 안에서 해석하려고 노력하게 되고 전체의 틀 안에

표 2-2 글의 짜임에 따른 요약하기의 주요 아이디어

글의 짜임에 따른 요약하기의 주요 아이디어

- 요약이란 글의 중심 내용을 바탕으로 독자의 목적에 따라 그 내용과 형식을 선택·조직하여 표현하는 것이다.

- 글의 짜임이란 글의 내용 조직에 의한 의미 구조를 뜻한다. 글의 의미 구조에는 원인과 결과, 비교와 대조, 문제와 해결, 핵심과 부가, 열거 등이 있다.

- 훑어 읽기는 글의 짜임을 확인할 수 있는 단서를 찾기 위한 빨리 읽기 전략이다.

- 의미 구조에 따라 글을 부분(단락)으로 나눌 수 있다.

- 무엇이 중심 내용인가를 결정하는 기준으로 포괄성의 원리, 선호성의 원리, 상호성의 원리를 활용할 수 있다.

- 중심 내용을 나타내는 하나의 명제를 구성하여 표현할 때 삭제, 일반화, 선별, 구성의 거시 규칙을 활용할 수 있다.

- 독자의 목적에 따라 중심 내용의 내용과 형식을 선택·조직하여 완결된 요약문을 표현한다.

서 본 것을 다시 전체의 틀 안에서 독자들에게 표상하려고 노력하게 된다. 이렇게 한 단위의 수업 전체를 조감하면서 교사의 말과 행동을 표상하고 해석하려고 할 때 비평가가 주의 깊게 읽어 내야 하는 것이 수업의 맥락이다.

맥락은 하나의 수업이 놓여 있는 상황과 그를 둘러싼 사회 문화적 배경이다. 수업 상황이란 수업에 참여하는 주체, 수업이 이루어지는 시간과 공간, 교사와 학생이 실현시켜야 할 수업 목표 등으로 구성되며, 수업을 둘러싼 사회 문화적 배경이란 수업을 지배하는 제도적 테두리인 교육과정, 교실에 작용하는 사회적 기대와 압력, 역사적으로 형성되어 공고화된 학교 문화 등이다.

교사가 수업에서 활용하는 실천적 지식은 언어에 의해 요약적으로 진술될 때 그 의미가 제대로 전달되기 힘들 뿐 아니라 그 경험적 맥락이 사상되어 개인적 지식으로 통합되기 어렵다. 초등학교의 요약하기 수업을 통하여 개발된 어느 교사의 PCK를 표상한 〈표 2-2〉를 보자(엄훈, 안라경, 2009: 153).

　요약하기 수업을 한 이 교사는 이들 주요 아이디어 중 중심 내용 찾기를 학생들에게 가르치기 위하여 '지목하기 게임'이라는 교수 전략을 개발하였다. 이 교사가 활용한 '지목하기 게임' 교수 전략은 CoRe[6] 상에 다음과 같이 진술되어 있다.

〈지목하기 게임〉

　각 모둠에서 ①~⑥번의 문장으로 이루어진 글을 읽고, 각 문장이 써 있는 팻말을 목에 건다. 한 모둠이 앞으로 나오면 나머지 학생들은 그 글에서 대표하는 문장을 지목하거나 "○번, 네가 대장이지?"라고 대표 문장을 지목하거나 "○번, 너 나가!"라고 세부 내용을 삭제하도록 한다. 중심 문장이 글에 명확하게 제시되어 있지 않을 경우, 학생들이 직접 중심 문장을 구성하여 발표할 수 있도록 한다. (엄훈, 안라경, 2009: 153-156)

　이상의 기본 아이디어나 전략은 그러한 지식을 개인적으로 점유하고 있는 교사에게는 대단히 가치 있고 실제 수업에서 위력을 발휘하는 것이지만 맥락이 제거된 채로 객관적인 언어로 기술된 상태에서는 그것의 실체와 가치가 드러나지 않는다.

　'지식으로 수업 보기'에서 강조하는 단위와 맥락은 하나의 수업에서 발현되는 교사의 지식을 교사가 체감하는 교실의 분위기와 느낌이 묻어나는 그대로의 상태로 표현하기 위한 인식의 틀이다.[7]

* * *

6 CoRe란 Content Representation의 약자로 Loughran 등(2004)에 의해 개발된 PCK 표상 방법의 하나이다. CoRe는 PCK를 몇 가지 핵심적인 구성 요소별로 도식화하여 정리하는 대표적인 지식 표상의 방법이다.

7 실제 수업 비평에서 지식이 어떤 방식으로 펼쳐지는지를 기술할 때 수업 전체 단위 속에서 이루어지기보다는 대부분 장면 중심으로 이루어진다는 심사위원의 지적이 있었다. 이러한 지적은 타당하다. 하지만 여기서 이야기하려는 것은 그러한 장면 묘사 자체가 수업의 전체 맥락 속에서 정당한 자리매김을 해야 한다는 것이며 구체적인 수업 현상의 기술이 언제나 전체 단위 속에서 이루어져야 한다는 주장을 하려는 것이 아님을 각주로 밝혀 둔다.

5. 경험과 지식의 재구성

우리가 점유하는 살아 있는 지식은 경험을 통해 재구성된다. 가르치는 행위[8]는 교사와 학생에게 하나의 경험이며 교사와 학생의 지식은 수업에서 일어나는 경험을 통해 재구성된다. '지식으로 수업 보기'는 교사와 학생에게 지식의 재구성을 촉발하는 경험을 생생하게 기술해 주어야 한다. 다음 수업 장면을 보자.

구은주 교사는 이전 수업에서 학생들이 글을 읽고 중심 내용이 무엇인지 말할 수는 있지만 왜 그것이 중심 내용인지 설명하기는 힘들다고 말한 사실을 떠올렸다. 학생들은 문단 내에서 분명하게 제시된 중심 문장을 선택하는 것은 어려워하지 않지만 문단 내에서 중심 문장이 분명히 드러나지 않는 경우에는 어떻게 할지 막막해하고 있다. 구은주 교사는 학생들 스스로 중심 내용 찾기 전략의 부재를 깨닫고 그러한 방법의 필요성을 인식하도록 해야겠다고 생각했다. 구은주 교사는 분명하고 확신에 찬 어조로 학생들에게 질문을 던졌다.

교사 글 내용에서 무엇이 중요한지 어떻게 알 수 있지?

학생들은 조용한 상태에서 생각에 잠긴다. 학생들은 구 교사의 목소리와 태도에서 느껴지는 분위기로 인해 교사가 뭔가 심각한 질문을 던졌음을 감지한 듯하다. 네 명의 학생들이 자유롭게 발표를 한다. 교사는 여유 있는 태도로 학생들의 발표를 하나하나 경청한다.

• • •

8 여기서 가르친다는 것(teaching)은 배움(learning)을 내포하는 개념이다. Dewey는 이러한 관계를 판다는 말(selling)을 예로 들어서 설명한다. 즉, 사지 않으면 팔 수 없는 것처럼 배우지 않으면 가르칠 수 없는 것이다. 가르치고 배우는 일은 불가분의 상호작용 관계에 있다(Eisner, 1985, 이해명 역, 1991: 220).

학생 1　문단의 첫 문장이요. 그리고 문제와 해결의 짜임이면 해결 방안이 중요해요.

학생 2　주제에 대한 것이요.

학생 3　글의 제목과 관련된 내용.

학생 4　간단하게 쓰고 자세하게 썼을 때 간단한 부분이요. (안라경, 2010)

이 수업 기술에서 돋보이는 것은 수업의 한 장면을 중심으로 교사와 학생의 경험을 생생하게 살려 내고 있다는 것이다. 그리고 이러한 경험의 순간에 학생들은 자신들이 어렴풋이 알고 있던 중심 내용 찾기의 방법이 매우 부정확하고 단편적인 것이었음을 깨닫게 된다.

'지식으로 수업 보기'에서 경험의 생생한 기술이 중요한 까닭은 교사와 학생이 몸으로 느끼는 특정한 경험의 순간에 지식의 상호 교섭과 재구성이 이루어지기 때문이다.

6. 표상 형식과 형상화

비평가는 오감을 통해 감지되는 수업의 분위기와 아우라, 수업에서 발산되는 교사의 열정, 학생이 경험하는 혼란과 감동 등을 효과적으로 표현할 수 있어야 한다. 비평가는 때로 수업에서 분명하게 발현되는 교사의 지식 이외에도 표상된 지식의 이면에서 작동하는 교사의 암묵적 지식이나 수업 지식의 배경을 이루는 교과 관련 지식 등을 제공할 필요가 있다. 이를 위해서는 수업에서 본 것을 충실히 기록하는 기술적 방법만으로는 한계가 있다. 비평가는 때로는 자신이 직접적으로 느낀 것을 묘사하기 위해 표현적 기법을 활용할 수 있어야 하며, 배경 지식을 제공하기 위해 설명적 어조를 취할 필요도 있다.

Eisner(1994, 박승배 역, 2003)는 어떤 질적 경험을 감지하고 소통하기 위해서는 표상 형식의 선택이 필요함을 지적하면서 표상 형식의 유

형으로 세 가지 표상 양식을 제시한 바 있다. 그 세 가지 표상 형식이
란 모방적 양식, 표현적 양식, 관습적 양식이다.

모방적 양식은 모방을 통하여 의미를 전달하는 것이다. 즉 질적 세
계의 표면적인 특징을 모방하여 표현하는 것이다. 표현적 양식은 질적
세계의 의미와 느낌을 인식 주체가 창조적이고 창의적으로 표현하는
것이다. 관습적 양식은 동일한 문화 공동체 안에서 통용되는 방식으로
언어와 상징을 사용하는 방식이다(Eisner, 1994, 박승배 역, 2003: 107-
119).

이들 세 가지 표상 형식 중 관습적 양식은 언어의 기본적인 속성인
자의성과 사회성을 가리키는 것이다. 관습적 양식은 언어로 의사소통
하는 모든 사람들이 기본적으로 수용하는 일반적인 양식이며, 이에는
언어를 사용하는 예술가들과 비평가들 또한 예외가 될 수 없다. 그러
므로 Eisner의 세 가지 양식 중 '지식으로 수업 보기'에서 선택적으로
고려해야 하는 양식은 모방적 양식과 표현적 양식이다.

모방적 양식은 비평가의 감식안이 포착한 대상을 기술하는 데 가장
많이 사용되는 양식이다. 비평가는 눈으로 보고 귀로 듣고 코나 피부
로 느낀 것들을 있는 그대로 묘사할 수 있다. 수업에서 본 것의 충실한
묘사는 수업 비평의 타당성 중 참조적 적절성의 조건을 갖추는 데 필
수적으로 요청된다. 모방적 양식은 언어를 통해서 주로 실현되지만 경
우에 따라서는 언어 이외의 표상 형식, 즉 사진이나 동영상 등도 보조
적으로 활용될 수 있다.

표현적 양식은 모방하기 어려운 어떤 질적인 경험을 표현하기 위해
형식을 창조적으로 만들어 내는 것과 관련된다. 표현적 질들을 어떻
게 표상할 것인가는 바로 그 예술가가 결정해야만 하는 일이며, 이와
같은 표상을 만드는 데에는 성문화된 공식이 존재하지 않는다(Eisner,
1994, 박승배 역, 2003: 114). 표현적인 것은 형체가 없는 느낌에 형체
를 부여하는 것이다. 이러한 표현적 양식이 인간에게 중요한 것은 인

간의 경험에서 가장 중요한 것들의 상당 부분이 '눈에 보이는 것'이
아니라 '눈에 보이는 것에 대해 느낀 것'이기 때문이다(Eisner, 1994,
박승배 역, 2003: 115). Eisner는 새로운 장난감을 탐험하는 영아들이
보여 주는 호기심이나 임종을 눈앞에 둔 노인의 공포를 예로 든다. 그
러한 것을 본다는 것은 단순히 영아나 노인의 신체적 운동을 보는 것
이 아니다. 그것은 표면적 특성을 꿰뚫고 들어가서 본질적인 속성을
느끼는 것이며, 느낀 것을 드러내기 위해 공적인 형식을 창조하는 것
이다.

　'지식으로 수업 보기'의 비평가는 모방적 양식뿐 아니라 표현적 양
식을 능숙하게 사용할 수 있어야 한다. 비평가가 수업에서 발산되는
열정과 불안, 감동과 뿌듯함 등을 효과적으로 드러내기 위해서는 본
것을 충실하게 묘사하는 방법만으로는 부족하다. 따라서 형체가 없는
모호한 느낌을 전달하기 위해 표현적 양식을 활용할 필요가 있다.

　'지식으로 수업 보기'에서 사용할 수 있는 표현적 양식으로 은유와
소설적 기법을 들 수 있다. 은유는 대상의 특징을 드러내기 위하여
다른 대상을 활용하는 방법이다. 소설적 기법은 소설에서 활용되는
플롯, 시간, 시점, 서술자 등의 기법을 말한다. 예컨대 비평가는 수
업 경험의 질적 특성을 살려 내기 위해 교사의 시점이나 학생의 시
점 혹은 제3자의 시점을 활용하거나[9] 비평가 이외의 서술자를 선택
할 수 있다. 이러한 표현 기법의 활용은 수업 주체의 경험과 느낌을
생생하게 살려 내고 지식의 암묵적 차원을 조명하는 데 그 목적이
있다.

. . .

9　이와 관련하여 서근원은 《초등 우리교육》에 연재된 〈함께 나누는 수업 이야기〉 시리즈에서 "교
사, 학생, 학부모, 교장, 학자, 지나가는 사람 등의 시점을 빌려서 다양한 형식으로 깊이 있게 수
업을 기술"하겠다고 하여 눈길을 끌었다. 다만 그는 이러한 다양한 시점의 선택 사례를 제공하지
는 못하였다(《초등 우리교육》, 2001년 3월호).

III. 지식으로 수업 보기의 사례

이 장에서는 두 가지 수업 비평 사례를 중심으로 '지식으로 수업 보기'의 전개 양상을 고찰하려고 한다. 여기서 선택된 두 가지 사례는 안라경(2010)의 〈수업 들여다보기: 요약하기 전략 익히기〉라는 미발표 수업 기술과 서근원(2007)의 《수업을 왜 하지?》(2판)에 실린 〈수업은 교사에게 무엇인가?: 한계와 불안, 그리고 성장〉이라는 글이다.

안라경의 글은 'PCK를 통한 요약하기 수업 컨설팅'이라는 실행 연구의 과정에서 이루어진 요약하기 수업 중 한 차시를 대상으로 하여 교사 지식 중심의 수업 읽기를 한 것이다. 이 글은 지식 중심으로 교사의 감식안을 읽어 내는 데 초점을 두고 있으며 표상 형식의 확장을 통해 교사의 개인적 지식을 생생하게 포착한다. 서근원의 글은 초등 4학년의 '주제 찾기' 수업을 대상으로 하여 교사의 감식안을 탁월하게 그려 내고 있다. 비록 이 글에서 필자가 선택한 비평의 주제는 수업을 통해 교사가 느끼는 불안과 성장의 문제, 즉 실존의 문제를 다루고 있지만 그러한 주제를 논의하기 전에 그가 포착하고 감식하는 것은 아이들을 가르치는 교사의 예술가적 감식안이다. 특히 서근원의 글에는 2장에서 논의하였던 '지식으로 수업 보기'의 방법적 코드들인 '감식안의 감식', '주체로서의 교사', '단위와 맥락', '경험과 지식의 재구성', '표상 형식의 선택'이 자연스럽게 반영되어 있다. 그럼 이 두 글을 군데군데 인용하면서 그 특징을 살펴보기로 하자.

서근원과 안라경은 수업 교사에 대하여 소개하는 것으로 글을 시작한다.

강영주 교사는 교직에 들어온 지 12년째 되는 여교사이다. 내가 강 교사를 방문한 2001년 9월 27일은 정부가 교사들에게 무리하게 지급한 성과급을 반납하기로 한 날이었다. 강 교사는 전날까지 동료 교사들을 찾아다니면서 반납의 필요성을 설득하느라고, 그날 수업 준비를 별로 하지 못했다고 했다. (서근원, 2007 : 197)

이 수업은 6학년 2학기 2단원 '글의 짜임에 따라 요약하기' 수업 중 요약하기 전략을 학습 주제로 다루고 있다. 구은주 교사는 경력 4년 차의 교사로 1년 전 필자에게 요약하기 수업을 공개한 적이 있다. 1년 전 요약하기 수업에서 구 교사는 학생들의 수준을 잘 파악하지 못하였고 학생들에게 요약하기의 방법적 지식을 가르치는 데에도 서툴렀다. 결과적으로 구 교사는 학생들과 의미 있는 상호작용을 할 수 없었고 혼란과 좌절감을 맛본 채 수업을 마무리해야 했다. 구 교사는 1년 전의 좌절을 반복할 수 없었다. 그래서 구 교사는 필자와 함께 요약하기 수업 컨설팅에 참여하게 되었고 수주일에 걸쳐 요약하기 관련 교과 지식을 익히고 수업 전략인 '징검돌'들을 공들여 마련하였다. 구 교사는 전투에 임하여 승리를 확신하지만 경험의 부족에서 오는 약간의 불안감도 함께 느끼는 지휘관처럼 교탁 앞에서 분주하게 수업 준비물을 점검하고 있다. (안라경, 2010)

수업을 하는 교사를 드러내는 것은 '지식으로 수업 보기'의 필수적인 측면이다. 교사는 비평의 도입부에 개략적으로 묘사될 뿐 아니라 수업이 기술되는 동안 계속해서 주요한 시점으로 선택된다.

비평가는 수업의 진행을 쫓아가면서 교사의 감식안을 예리하게 감식한다. 다음의 예를 보자.

"이번에는 시를 읽고 주제를 찾아보기로 해요. 이야기와 달리 시는 짧기 때문에 주제 찾기가 어려워요. 그럴 때는 분위기를 느끼려고 노력해 보세요. 54쪽에 있는 시 〈맑은 날〉을 읽고 어떤 느낌이 드는지, 무엇을 이야기했는지 말해 보세요."

강 교사는 아이 두 명에게 시를 낭독하게 한다.

지연이가 손을 들고 대답한다.

"가을 풍경이요."

"음, 그럼 그게 글감일까, 주제일까?"

강 교사가 조심스럽게 다시 묻는다.

"글감이요."

다른 아이들이 자신 있게 대답한다.

강 교사는 아이들이 아직 글감과 주제를 구분하지 못한다고 생각하는 것 같다. 아이들은 옥수수, 햇볕, 고추잠자리 등을 연달아 이야기한다.

"그러면 이 시가 그 글감들을 가지고 무슨 이야기를 하고 있는지 한번 눈치채 보세요."

강영주 교사는 '생각해 보세요.'라고 하지 않고 "눈치채 보세요."라고 말한다.

"잠자리와 햇볕에 자라나는 옥수수요."

민주가 대답한다.

강 교사가 잠시 생각한 다음에 묻는다.

"민주 대답은 무엇에 가까울까요?"

"글감이요."

아이들이 바로 대답한다.

"시에서 어떤 분위기가 느껴지는지 잘 생각해 보세요. 시를 쓴 사람의 입장에서 생각해 보면 뭔가 떠오를 거예요."

"가을의 아름다움이요."

"좋은 대답이에요. 또 다른 생각 없어요?"

기다려도 대답이 없다.

"잘 모르겠으면 내 모습을 보고, 어떤 분위기가 느껴지는지 말해 보세요."

강 교사는 아이들의 시선을 자신에게 모은 다음 양팔을 교탁에 짚고 고개를 떨어뜨린다. (서근원, 2009: 201-203)

강 교사는 아이들이 글감과 주제를 구별하지 못하고 그로 인해 주제 찾기도 잘하지 못한다는 것을 수업을 하는 과정에서 감지한다. 비평가는 학생을 판단하는 강 교사의 감식안을 정확하게 포착하고 이 장면을 자세하게 기술하고 있다. 특히 교사가 "눈치채 보세요."라고 표현한 부분을 예민하게 포착하고 있다. 자세한 설명을 덧붙이고 있지는 않지만 비평가는 강 교사가 '생각해 보세요'라는 말 대신에 "눈치채 보세요."라는 말을 사용하여 학생들에게 잘 보이지 않는 주제를 찾아내는 일종의 '감식안'을 요구하고 있음을 느꼈음직하다.

서근원과 안라경은 하나의 완결된 수업을 전체적으로 기술하는 데 많은 비중을 두고 있으며 수업의 맥락을 드러내는 데도 상당한 지면을 할애하고 있다. 안라경의 글은 서두에 요약하기 수업 컨설팅의 배경과 과정 및 그 과정에서 참여자들이 경험한 것을 기술하고 있다. 서근원은 강영주 교사의 수업을 생생하게 묘사한 후 〈수업의 내적 맥락〉을 통해 수업의 전체적인 흐름과 그 속에서 이루어진 활동과 경험의 의미를 추적한다. 이어서 〈수업의 외적 상황〉에서는 강영주 교사의 수업을 둘러싸고 작용하고 있는 역사적, 사회적, 제도적 압력을 설명하고 있다.[10]

강영주 교사의 국어과 수업은 2001년 대한민국의 공립 초등학교 4학년 교실에서 이루어진 것이다. 그는 국가가 설립하고 운영하는 교육대학교에서 4년간 배우고, 국가가 수여하는 교사 자격증을 받은 뒤에, 국가에 의해서 초등학교 교사로 임용되었다. 즉, 그는 국가에 의해서 길러지고 국가의 관리를 받는 가운데 학생들을 가르친다. (서근원, 2007: 211)

* * *

10 서근원의 경우 수업의 내적 외적 맥락의 제시를 통해 교사로서의 삶의 실존적 문제를 부각시킨다. 하지만 그 과정에서 교사가 지니고 있는 수업의 전문성 즉, 교육적 감식안 또한 풍부하게 표현되고 있다.

이러한 맥락 기술은 수업에서 발현되는 교사의 감식안을 새롭게 바라볼 수 있는 틀을 제공한다. 서근원은 이렇게 함으로써 강영주 교사가 엄청난 수업 내적 외적 압력에도 불구하고 학생의 수준과 요구에 맞추어 재즈 연주자가 하는 것처럼 즉흥적으로 수업을 이끌어 나가는 선택의 의미를 강하게 부각시키고 있다.

끝으로 두 글의 표상 형식의 선택에 대하여 살펴보기로 하자. 서근원의 글의 경우 비평가는 관찰자를 서술자로 선택하면서도 시점은 강 교사를 선택하고 있다. 이렇게 함으로써 비평가는 강 교사의 말과 행동을 자세히 묘사할 수 있게 되고 강 교사의 생각과 강 교사가 느끼는 감정을 독자에게 충실하게 전달할 수 있게 된다. 안라경의 경우 역시 서술자는 관찰자를, 시점은 구은주 교사를 선택하고 있다.

구은주 교사는 이전 수업에서 학생들이 글을 읽고 중심 내용이 무엇인지 말할 수는 있지만 왜 그것이 중심 내용인지 설명하기는 힘들다고 말한 사실을 떠올렸다. 학생들은 문단 내에서 분명하게 제시된 중심 문장을 선택하는 것은 어려워하지 않지만 문단 내에서 중심 문장이 분명히 드러나지 않는 경우에는 어떻게 할지 막막해하고 있다. 구은주 교사는 학생들 스스로 중심 내용 찾기 전략의 부재를 깨닫고 그러한 방법의 필요성을 인식하도록 해야겠다고 생각했다. 구은주 교사는 분명하고 확신에 찬 어조로 학생들에게 질문을 던졌다. (안라경, 2010)

그런데 흥미롭게도 이 글에서 선택한 시점은 구은주 교사의 말과 행동을 보는 것에 머무르지 않고 마음속의 생각과 느낌까지도 보여 주고 있다. 이는 물론 교사의 미묘한 감정 변화를 표현하기 위한 의도적인 표상 형식의 선택이다.

이상으로 서근원과 안라경을 통하여 '지식으로 수업 읽기'의 구체적인 사례를 검토하였다. 서근원의 경우 비평의 주제 의식은 '교사의 불

안과 성장'이었지만 수업을 기술하는 과정에서 '지식으로 수업 보기'
의 관점과 방법을 충실히 구현하고 있음을 확인할 수 있었다. 안라경
은 '지식으로 수업 보기'의 관점을 시종일관 충실히 유지하면서 표상
형식의 확장을 통해 요약하기 수업과 관련된 교사의 개인적 지식을 입
체적으로 포착하는 데 성공하고 있다.

IV. 마무리

이 글은 수업 비평의 한 양식으로 '지식으로 수업 보기' 혹은 '지식
비평'의 관점과 방법을 제안하고 그 가능성을 확인하는 것을 목적으로
하고 있다. '지식 비평'은 아직까지 전형적인 사례가 극히 한정되어 있
지만 그 관점과 방법의 가능성은 어느 정도 확인할 수 있었다. 이제 글
을 마무리하면서 교사 전문성의 표상과 교류의 차원에서 '지식 비평'
의 의미를 조명해 보려 한다.

최근 각 교과별로 교사의 수업 전문성을 지식의 측면에서 확인하고
공유하고 집적하려는 노력이 다각도로 이루어지고 있다. 이러한 움직
임은 Shulman(1986; 1987)이 PCK의 개념을 제안한 이후로 지속적으
로 확산되고 있다. 이제 교과 지식이나 교수적 지식과는 다른 교사의
실천적인 전문 지식의 실체에 대하여 의심하는 사람은 거의 없으며 그
러한 지식을 표상하고 공유하고 확산하려는 시도가 이루어지고 있다.

Loughran 등(2004)은 PCK를 표상하는 방법으로 CoRe와 PaPeRs
를 제안하고 있다. CoRe^{Content Representation}는 교사의 수업 아이디
어를 중심으로 PCK를 체계적으로 기술하는 데 적합한 방식이고,
PaPeRs^{Pedagogical and Professional experience Repertoires}는 경험적인 에피소드
를 통하여 구체적인 교수학적 내용 지식에 어느 정도의 맥락을 부여하
는 방식이다. 이러한 PCK의 표상 형식은 개인적인 차원에 머무르고

있는 교사의 수업 전문성을 공유하고 확산하고 신장시키는 데 적극적으로 활용되고 있다.

그러나 이러한 PCK 표상 방법은 지식의 본질적인 존재 양식에 비춰 볼 때 근본적인 한계를 노정하고 있음이 지적될 수 있다. 교사의 수업 지식은 다른 모든 실천적 지식과 마찬가지로 그 전모가 차가운 언어로 객관적으로 진술될 수 없으며 구체적인 맥락이 사라지는 순간 그 생명을 잃게 된다. 그렇다고 하여 객관적인 언어로 진술될 수 있는 지식의 부분이 가치가 없다는 것은 아니다. 다만 일부 초점식에 불과한 지식의 객관적 진술은 그것을 떠받치고 있는 광대한 암묵지와 연결되지 않고서는 살아 있는 지식이 될 수 없는 것이다.

지식 비평은 하나의 수업 맥락 안에서 교사가 발현하는 지식을 비평가의 감식안으로 포착하여 다양한 표상 형식으로 생생하게 표현함으로써 기존의 PCK 표상이 지니는 한계를 보완할 가능성을 지니고 있다. CoRe나 PaPeRs가 교사의 PCK를 일반화하고 체계화하는 데 기여한다면 지식 비평은 교사의 지식을 수업의 맥락 속에서 생생하게 살려 내는 데 장점이 있다. 지식 비평은 교사의 수업 전문성을 지식의 차원에서 확인하고 공유하고 신장시키는 데에도 중요한 기여를 할 수 있다.

| 참고문헌 |

강현석(2007), 교사의 실천적 지식으로서의 내러티브에 의한 수업 비평의 지평과 가치 탐색, 교육과정
　　연구, 25(2), 한국교육과정학회, 1-35쪽.
곽영순(2003), 질적 연구로서 과학 수업 비평: 수업 비평의 이론과 실제, 서울: 교육과학사.
김대현, 김아영(2002), 메타 비평을 사용한 비평의 교육적 기능 탐색, 교육과정연구, 20(3), 271-293쪽.
김양숙(2006), Eisner 교육 비평에 함의된 수업 평가의 성격, 석사학위 논문, 한국교원대학교.
류현종(2004), 사회과 수업 비평: 예술 비평적 접근, 박사학위 논문, 한국교원대학교.
박승배(2006), 교육 비평: 엘리어트 아이즈너의 질적 연구 방법론, 서울: 교육과학사.
서근원(2001), 어느 교사의 소망, 초등 우리교육, 133.
서근원(2007), 수업을 왜 하지?(2판), 서울: 우리교육.
안라경(2010), 수업 들여다보기: 요약하기 전략 익히기, 미발표 수업 기술.
양은주, 임현정(2009), 초등교육의 예술적 성격: 플라톤의 《국가》에 기초한 탐색, 교육과정평가연구,
　　12(3), 한국교육과정평가원, 31-53쪽.
엄훈(2010), 수업 비평 개념에 대한 대안적 탐색, 교육과정평가연구, 13(2), 한국교육과정평가원, 79-
　　101쪽.
엄훈, 안라경(2009), PCK를 통한 요약하기 수업 컨설팅, 청주교육대학교 교육연구원 실행 연구 과제.
유영만(1996), 성찰적, 설계 예술적 관점에서 본 수업 설계자 육성방안 재고, 교육공학연구, 12(1), 한
　　국교육공학회, 113-141쪽.
윤양수(2009), '다온' 수업 비평 워크숍 활동 사례, 수업 연구와 교사의 성장 II-현장 수업 연구 공동체
　　를 찾아서: 청주교육대학교-한국교원교육학회 공동학술대회 자료집, 51-72쪽.
이혁규(2007a), 수업 비평의 필요성과 방법에 대한 탐색적 논의, 교육인류학연구, 10(1), 한국교육인류
　　학회, 155-185쪽.
이혁규(2007b), 수업 비평으로 수업을 새롭게 만나다, 중등 우리교육, 205.
이혁규(2008a), 수업, 비평의 눈으로 읽다, 서울: 우리교육.
이혁규(2008b), 수업 비평이란 무엇인가?, 중등 우리교육, 223.
이혁규(2010), 교육과정 설계에서 기반 학문의 역할, 한국어교육학회 제 269회 정기학술대회 자료집.
이혁규, 이경화, 이선경, 정재찬, 강성우, 류태호, 안금희, 이경언(2007), 수업, 비평을 만나다, 서울: 우
　　리교육.
이현영(2009), 수업 혁신을 통해서 학교를 바꾸다, 수업 연구와 교사의 성장 II-현장 수업 연구 공동체
　　를 찾아서: 청주교육대학교-한국교원교육학회 공동학술대회 자료집.
장상호(1994), Polanyi 인격적 지식의 확장, 서울: 교육과학사.
장상호(1997), 학문과 교육(상), 서울: 서울대학교 출판부.
정재찬(2006), 국어 수업 비평론, 국어교육학연구, 25, 국어교육학회, 389-420쪽.
최수일(2009), 수학 수업 관찰 연구 모임의 활동 경험, 수업 연구와 교사의 성장 II-현장 수업 연구 공동
　　체를 찾아서: 청주교육대학교-한국교원교육학회 공동학술대회 자료집.
Cochran, K. F., DeRuiter, J. A. & King, R. A.(1993), Pedagogical Content Knowing: an
　　integrative model for teacher preparation, *Journal of Teacher Education*, 44(4), 263-272.
Eisner, E. W.(1969), Instructional and expressive objectives: Their formation and use in
　　curriculum, In W. Popham, E. Eeisner, H. Sullivan, & L. Tyler(eds.), *Instructional*
　　Objectives, AREA Monograph series on curriculum evaluation, n.3. Chicago, IL: Rand

McNally.

Eisner, E. W.(1976), Educational Connoisseurship and criticism: Their forms and functions in educational evaluation, *Journal of Aesthetic Education*, 10(3/4), Bicentennial Issue, 135–150.

Eisner, E. W.(1977), On the Uses of Educational Connoisseurship and criticism for Evaluating Classroon Life, *Teachers College Record*, 78(3), 345–358.

Eisner, E. W.(1994), *Cognition and curriculum reconsidered*(2nd ed.), 박승배 역(2003), 인지와 교육과정, 서울: 교육과학사.

Eisner, E. W.(1985), *The Educational Imagination*(2nd ed.), 이해명 역(1991), 교육적 상상력, 서울: 단국대학교출판부.

Eisner, E. W.(1998), *The enlightened eye: Qualitative inquiry and the enhancement of educational practice*, 박병기 외 역(2001), 질적 연구와 교육, 서울: 학이당.

Gudmundsdottir, S.(1990), Values in Pedagogical content knowledge, *J. of teacher education*, 41(3), 44–52.

Gudmundsdottir, S.(1991), Ways of seeing are ways of knowing, The pedagogical content knowledge of an expert English teacher, *J. of curriculum studies*, 23(5), 409–421.

Hashweh, Maher(2005), Teacher Pedagogical Constructions: a reconfiguration of pedagogical content knowledge, *Teacher & Teaching*, 11(3), 273–292.

Loughran, J., Mulhall, P. & Berry, A.(2004), In Search of PCK in Science: Developing ways of articulating and documenting professional practice, *Journal of Research in Science Teaching*, 41(4), 370–391.

Polanyi, M.(1958), *Personal Knowledge*, The University of Chicago Press.

Shulman, Lee S.(1986), Those Who Understand: Knowledge Growth in Teaching, *Educational Researcher*, 15(2), 4–14.

Shulman, Lee S.(1987), Knowledge and Teaching: Foundations of the New Reform, *Harvard Educational Review*, 57(1), 1–22.

수업 비평적 담화 방법의 원리 탐색

심영택

I. 연구의 필요성과 목적

수업 비평과 관련된 연구물은 곽영순(2003), 유정애(2003)를 필두로 한문 교과(엄선용, 2012)에 이르기까지 전 교과 영역에 걸쳐 생산되고 있다. 그리고 그 주제와 방법 역시 아래와 같이 다양하다. 수업 비평의 개념과 틀, 그리고 방향에 관한 연구로, 비평의 필요성과 방법(이혁규, 2007), 수업 비평의 위상(이정숙, 2005; 신헌재, 2005; 이혁규, 2010), 수업 비평론(정재찬, 2006) 등이 있으며, 수업 비평의 방법을 다룬 연구로 현상학적 방법(이영국, 2010), 내러티브적 방법(김진희 외, 2010; 추갑식, 강현석, 2011), 글쓰기 방법(심영택, 2010) 등이 있다. 그리고 이러한 수업 비평을 하는 목적과 공동체, 그리고 대상들에 대한 연구로, 수업 전문성 신장(신지혜, 2011; 김경은, 2011), 수업 비평 공동체(신지혜, 2011; 박형빈, 2012), 예비 교사(김재빈, 정정인, 2010; 엄훈, 2012; 정한호, 2013), 중등 교사(정재찬, 2010) 등이 있다.

표 2-3 수업 비평 관련 강의 일지

일시	주제	주최 및 장소	대상	비고
2012년 2월 21일	수업 비평을 위한 관점 선택 및 글쓰기	시흥교육지원청	초·중·고 교사(60명)	3시간
2012년 7월 9일	수업 설계와 실행 이야기 1	청주교육대학교 교육연구원	초·중·고 교사(49명)	3시간
2012년 7월 16일	수업 비평의 실제	대전지역교육청	수석 교사(33명)	6시간
2012년 8월 8일	수업 비평 워크숍	대구광역시교육청	중등 교사(36명)	6시간
2012년 2학기	교사 화법 및 수업 비평 연구	청주교육대학교	대학원(6명)	3주간
2013년 1월 3일	수업 비평으로 교사 전문적 공동체 되기	서울 신은초등학교	초등 교사(30명)	5시간
2013년 1월 30일	국어과 수업 관찰 및 분석	전남연수원	초등 교사	3시간
2013년 3월 22일 ~ 5월 23일	경기도 혁신학교 아카데미	아주대학교	혁신학교 교사	6시간
2013년 3월 30일	수업 비평	청주교육대학교 교육연구원	학습연구년 교사(19명)	3시간
2013년 4월 16일	수업 비평적 글쓰기 지도 사례 연구	경기 시흥 진말초등학교	초등 교사	3시간
2013년 4월 24일	수업 비평 강의	경기 남양주 평동초등학교	초등 교사	3시간
2013년 5월 8일	수업 비평적 글쓰기 사례 분석	충남 천안 성환초등학교	초등 교사	3시간
2013년 5월 25일	수업 설계를 위한 교과서 분석과 수업 비평	경북 김천 서부초등학교	초등 교사	6시간
2013년 11월 13일				3시간

    교과교육 연구에 새로운 영역을 개척하는 데 기여한 이러한 연구물들이 교사의 수업 전문성을 신장하는 데 중차대한 역할을 해 왔음은 분명한 사실이다. 수업의 주체인 교사들의 반응을 들어 보면, 이러한 연구물들이 수업 현상을 이해하는, 즉 수업을 보는 안목을 높이는 데 기여했다고 한다. 하지만 수용적인 차원이 아닌 생산적인 차원에서 수업 비평을 하고자 할 때 이러한 연구 문헌들이 그리 큰 힘을 발휘하지

못하는 듯하다. 생산적인 차원이란 교사 스스로 수업 텍스트를 분석하고 수업을 관찰하고 분석하고 해석하고 수업의 가치를 평가하는 일련의 비평적 글쓰기 경험이나 비평적 담화 경험을 의미한다. 필자는 이러한 고민이나 고충을 해결하고자 수업 비평과 관련된 〈표 2-3〉과 같은 수업 비평 관련 활동에 참여한 바 있다.

필자는 현장 교사와 함께 이러한 활동을 하면서 수업 비평을 어떻게 하고 있는지 그 실태를 파악할 수 있었으며, 그리고 바람직한 수업 비평의 방법이 무엇인지 체계적으로 소개할 필요가 있음을 깨닫게 되었다. 이에 앞서 수업 비평을 왜 하는지에 대한 원론적인 질문과 대답을 다시 탐색해 볼 필요가 있음도 깨닫게 되었다. 본고의 목적은 이를 토대로 실천적 전문가로서 교사들이 이해 차원이 아닌 생산 차원에서 자신들의 목소리로 수업 비평적 담화를 이끌어 내도록 하는 데 있다.

II. 수업 비평을 하는 이유

유홍준의 《나의 문화유산 답사기》를 읽은 일부 독자들은 차를 몰고 전남 강진(1권 첫 부분에 소개된 지역)으로 몰려갔다고 한다. 놀랍기도 하지만 무척 흥미로운 반응이 아닐 수 없다. 왜 이러한 현상이 발생하였을까? 독자들은 자신이 즐기는 것을 다른 사람들은 어떻게 즐기는지를 정확하게 듣고 싶어 한다. 특히 뛰어난 비평가들이 위대한 작품에 대해 어떤 반응을 보이는지 더 듣고 싶어 한다. Lewis의 《문학 비평에서의 실험》에 의하면, "우리는 저자를 즐기기 위해서 비평가를 필요로 하는 것이 아니라, 비평가를 즐기기 위해 저자가 필요한 법"이라고 한다(1961, 허종 역, 2002: 144). 말하자면 독자들은 '문화유산'을 즐기기 위해서가 아니라, '비평가인 유홍준의 안목'을 즐기기 위해 달려간 것이다. 나아가 Lewis의 주장은 《나의 문화유산 답사기》 1권 서문의 조선시대 어느 선비가 말한 '아는 만큼 보인다'는 명제와 맞닿아 있다.[1] 바로 '안목', 즉 자신의 눈과 남의 눈에 있다. 남들이 본 문화 현상이나 인상적인 영화 장면이 내 눈에도 보일까? 보이기는 하지만 똑같이 보일까, 아니면 다르게 보일까? 혹 남들에게 다 보이는 그 현상이나 장면이 나에게만 안 보이면 어떡하지? 이러한 궁금증과 불안감이 우리로 하여금 답사 현장으로, 영화관으로 달려가게 만든다.

그런데 엄밀히 말하면 수업은 문화유산이나 영화처럼 스토리가 풍부한 것도 아니다. 그럼에도 불구하고 우리는 재미없는 수업 또는 수업 동영상[2]을 보고 나서 이러쿵저러쿵 이야기를 나눈다.[3] 간혹 어떤 비평가는 그런 이야기를 묶어 한 편의 수업 비평문을 쓰기도 하며, 부지런한 독자는 비평문에 소개된 수업 동영상을 찾아 직접 눈으로 확인하기도 한다. 이와 같은 일련의 활동을 볼 때 수업 비평은 수업과 달리 그 자체가 어떤 힘을 지니고 있는 것으로 추측된다.

수업 비평은 수업 그 자체가 '보여 주는' 이야기가 아니라, 비평가가 '들려주는' 이야기이다. 그래서 그 이야기가 재미없다면 그 책임은 수업에 있는 것이 아니라 구연자인 비평가에게 있다. 우리의 일상처럼 지루하고 단조로운 수업을 청자나 독자로 하여금 듣고 싶은 수업 이야기로 탈바꿈시킨다. 굴곡이 없어 보이던 수업이 발단, 전개, 위기, 절정, 결말로 재구성되기도 하며, 교사와 학생의 평범한 대화가 심리적인 갈등을 지닌 문제 상황으로 전경화되기도 한다. 비평가는 수업에 내재된 사연이나 수업 현상을 퍼 올려 청자나 독자로 하여금 그 수

<hr>

1. 만약 이 책의 서문에 '아는 것이 힘이다'라는 Bacon의 명제를 소개했더라면 어떠했을까? 필자는 독자들이 이러한 반응을 보인 까닭을 Bacon의 명제와 대비하면서 지식과 인간 사이에서 강조점의 차이로 살펴본 바 있다. 즉 Bacon의 명제는 힘이 될 수 있는 지식교육을 강조했다면 조선시대 어느 선비의 명제는 지식을 통해 안목을 지닌 인간교육을 강조한 것으로 보았다.
2. 본 논의에서는 수업을 직접 관찰하고 비평하기 힘든 현실이기에 주로 수업 동영상을 중심으로 논의를 전개하고자 한다.
3. 이런 이야기가 곧 수업 비평이라는 뜻은 아니다. 이러한 이야기는 그 주체나 목적에 따라 수업 장학, 수업 컨설팅, 수업 비평 등 다양한 이름으로 불리고 있다(이혁규, 2010: 83-85 참조).

업을 보고 싶게 만들거나 그 사연의 주인공을 만나 보고 싶게 만든다. 이러한 현상은 Gire의 말처럼 우리에게 변하지 않는 욕구, 즉 좋은 이야기에 대한 만족할 줄 모르는 우리의 욕구 때문이다(2000, 윤종석 역, 2001: 27). 정리하자면 우리가 수업 비평을 하는 이유는 수업을 즐기기 위해서가 아니라, 비평가로서 동료 교사의 안목을 즐기기 위함이며, 동료 교사의 수업 비평은 좋은 수업 이야기를 듣고 싶은 우리의 욕구를 불러일으키기 때문이다.

수업 비평을 하는 또 다른 이유를 찾아보자. 수업 동영상은 실제 교실 수업 상황이나 장면이 한두 대의 카메라 앵글과 카메라맨의 시각에 의해 구축된 시각적 이미지들이다. 반면, 수업 비평은 수업 동영상에 나타난 수업 상황이나 장면을 비평가의 시각으로 재구축한 언어적 이미지들이 대부분이다.[4] 따라서 수업 비평적 담화나 글쓰기로 그려진 언어적 이미지는 실제 교실 수업에 참관한 체험적 이미지나 수업 동영상이 보여 주는 시각적 이미지로부터 점차 거리가 멀어지는 형국이다.

그럼에도 불구하고 우리가 수업 비평을 하는, 아니 마땅히 해야 하는 까닭은 무엇인가? 그것은 수업 비평의 핵심이나 본질이 체험적인 이미지나 시각적인 이미지를 그대로 묘사하거나 보여 주는 데 있는 것이 아니라, 그러한 이미지에 내재된 수업 현상에 있기 때문이다. 나아가 그러한 수업 현상이 일어나는 이유나 근거를 읽어 내고 합리적으로 설명하는 데 있다. 이 점에 있어 수업을 교사가 지니고 있는 여러 종류의 신념이나 교육적인 가치관, 그리고 개인적인 요구에 맞추어 이루어지는 예술의 일종으로 본 Eisner의 《교육적 상상력》(1985, 이해명 역, 1991: 215)은 수업 비평에서 필요충분조건이 된다. 교육적 상상력은

* * *

4 수업 비평 양식은 크게 수업 비평적 담화와 수업 비평적 글쓰기로 나눌 수 있다. 이 두 양식 모두 언어적 이미지로 재구축된 점에서는 동일하나, 그 양식의 성격이나 본질, 절차 등에서 차이점을 보인다. 본고에서는 전자에 초점을 두고 논의를 전개하되, 필요한 경우 후자의 양식을 끌어들여 논의를 전개하고자 한다.

수업 동영상에 잠재되어 있는 수업 현상의 핵심이나 본질을 언어적 이미지로 재편하게 해 준다. 청자나 독자들은 이러한 재편된 언어적 이미지로 수업 장면이나 분위기가 어떠했는지, 그리고 어떠한 수업 현상이 발생하였는지 상상하게 된다.

물론 교육적 상상력을 펼치는 과정에서 동원된 이러한 언어적 이미지가 현실 세계의 체험적 이미지나 수업 동영상의 시각적 이미지를 간접적으로 지시하는 상징물이어서 수업의 현장성이나 실제성으로부터 한 발짝 멀어진 것은 사실이다. 그렇다고 할지언정 수업 비평적 담화에서 주고받는 교사들의 교육적 상상력은 수업 현상의 핵심이나 본질을 포착하고 설명해 주는 가장 효과적인 수단임에는 틀림이 없다. '한 바가지의 바닷물' 비유에서 알 수 있듯이, 수업 비평적 담화는 바닷물 전체(실제 수업)에 대한 이야기가 아니라 단지 바닷물 한 바가지(수업 동영상)에 관한 이야기이다. 논쟁점은 한 바가지 속에 고스란히 들어 있는 바닷물의 속성인 짠맛(수업 현상)을 밝히는 데 있기에 그 양은 결코 문제가 되지 않는다. 그 속성을 밝히는 데 동원된 과학적인 언어(기호)의 합리성과 타당성만이 문제가 된다. 우리가 수업 비평을 하는 또 다른 이유 하나는 교육적 상상력으로 수업 현상의 본질을 언어적 이미지로 포착하고 설명하기 위함이다.[5]

III. 수업 비평적 담화의 실태

수업 비평적 담화의 실태를 논하기에 앞서 수업 비평적 담화란 무엇

---

5 수업 전사 자료 역시 마찬가지이다. 말투나 목소리 크기, 뉘앙스 등을 일일이 표지(表識)할 수 없음에도 불구하고 수업 비평에서 수업 전사 자료를 분석하는 까닭은 음성 언어적인 특성을 확인하는 데 초점이 있는 것이 아니라 이러한 과정을 통해 수업 전사 자료에 내재된 수업 현상을 포착하기 위함이다.

인지 먼저 살펴보자. 학자마다 다르겠지만, 어떤 학자는 담화[discourse]를 연속적으로 서로 연결된 언어 행위의 복합적 덩어리로 보고 있다 (김종현, 2009: 290-291). 이는 담화를 추상적 체계로서 언어가 아니라, 언어를 사용하면서 이루어지는 사건이나 생겨나는 현상들에 관심을 두고 있음을 말한다.[6] 수업에서도 이러한 사건이나 현상이 당연히 존재할 것이다. 하지만 문제는 수업 내에서 일어나는 이러한 사건이나 현상 모두를 일일이 규명하는 데 있는 것이 아니라 폭로할 만하고 논의할 만한 가치를 지닌 사건이나 현상을 포착하고 규명하는 데 있다. 또 다른 문제 하나는 그러한 사건이나 현상에 관해 이야기하고 이해하는 구체적인 방식이다. 범박하게 정의하자면 수업 비평적 담화란 수업 사건이나 수업 현상에 관해 이야기하고 이해하는 구체적인 방식이라고 할 수 있다. 즉 일련의 연결체로서 구성된 덩어리 말과 상황 맥락 속에서 수업 사건이나 수업 현상이라는 구체적이고 개별적인 의미를 밝히고자 하는 언어 활동이라고 할 수 있을 것이다. 그러면 이러한 수업 비평적 담화를 교사들은 어떻게 하고 있는지 그 실태를 살펴보자.

1. 수업 동영상을 어떤 방식으로 보고 있는가?

전문가들은 수업 동영상을 보면서 관찰, 기술, 분석, 해석, 평가라는 일련의 과정을 거치면서 수업 비평을 하기를 권장하고 있다. 수업 비평 강좌나 연수를 시작할 때 이 과정의 중요성을 역설하였음에도 불구하고 비평 초보자들이 흔히 범하는 실수가 있다.

· · · ·

6 담화를 설명하고 있는 학자들은 '현상'이 아니라 '사건'으로 기술하고 있으나, 본고는 수업 현상에 초점을 맞추고자 하였다. '수업 사건'보다 '수업 현상'이 수업 비평이라는 담화 양식에 더 적절한 용어로 보인다. 전자는 외현적이고 가시적인 형태와 활동이라는 느낌을 주지만, 후자는 외현적이고 가시적인 형태와 활동뿐만 아니라 내재적이고 비가시적인 형태와 활동까지도 염두에 두고 있기 때문이다.

〈자료 1〉

　우선 <u>수업 분위기</u>[7]가 대단히 산만했는데, 교사가 그 산만한 수업 분위기를 어떤 방법이든 좀 조용하게 만들고 본 수업이 진행되도록 하는 교사의 역할을 좀 더 해 주었으면 좋겠는데 그렇지 못해서 좀 아쉬웠다. …… <u>학습목표</u>를 영상으로 제시했는데 칠판에 좀 게시한다든지 지속적으로 학습목표를 아이들이 좀 인식하도록 하는 데 그런 부분이 첫 부분이었기 때문에 뒤는 어떻게 진행되었는지 모르겠지만 아쉬웠다. …… 역시 첫 부분이라 <u>동기 유발</u> 부분을 집중적으로 봤는데 분위기가 산만해서 그런지 교사와 학생의 언어 전달에 어떤 부분에 미흡함이 느껴져 수업의 흐름, 그 맥을 짚기 어려웠다. 모둠 구성의 측면에서 6명을 한 모둠으로 했는데, 통상해 보면 <u>모둠 구성</u>이 많아지면 활동에서 소외되는 아이도 생기게 되고 과제 탐구에 집중력도 떨어지게 되고 어떤 협력적인 활동을 통해서 질 높은 과제를 해결해 나가는 과정에 어려움이 있다.

- 2012년 ○○기관 수업 비평 연수 중에서

　수업 비평적 담화를 하다 보면, 전시된 그림을 난도질하며 감상하는 사람이 있듯이, 수업 동영상을 보자마자 습관적으로 비난하거나 비판하는 교사를 종종 만나게 된다. 물론 나름대로 엄격한 잣대나 교육적인 감식안으로 그러한 분석적 비평을 하는 경우도 있다. 하지만 Lewis는 《문학 비평에서의 실험》이라는 책에서 그런 흠집 남기기식의 비평이 아닌 다른 길을 우리에게 제시하고 있다. "어떤 예술 작품이 우리에게 영향을 미치도록 하기 위해서 제일 먼저 요구되는 것은 복종이다. 보라, 들어라, 그리고 받아들여라. 너 사신이 방해물이 되지 말

• • •

7　이후 소개할 자료가 지닌 대표성이나 일반성은 논란의 소지가 있다. 그럼에도 불구하고 이러한 자료를 소개하는 까닭은 이러한 현상이 발생하는 것이 엄연한 현실이며, 이러한 현상이 발생하게 된 까닭을 규명하고자 함이다. 그리고 이하 밑줄은 필자가 논지 전개상 임의로 한 것임.

라(1961, 허종 역, 2002: 28)." 수업 비평을 하는 경우에도 이와 같은 자세가 필요하다. 수업(또는 수업 동영상)을 보면서 선입견으로 판단하려 하지 말고, 그 수업을 통해 교사와 학생의 이야기를 '그냥' 귀 기울여 잘 들어 주기만 하면 된다. 그리고 수업 장면을 '그냥' 눈 여겨 잘 보아 주기만 하면 된다. 비록 면 대 면 상황이 아닐지라도 수업 동영상이 우리에게 요구하는 복종적인 일은 이런 '청종적聽從的인 자세'와 '시종적視從的인 자세'이다.

그런데 〈자료 1〉에서 밑줄 친 것처럼 대부분의 비평 초보자들은 지엽적인 부분에 주목하고, '기술'과 '분석', 그리고 '해석'은 생략한 채 수업 동영상을 '관찰'하자마자 바로 '평가'로 달려가는 경향을 보인다. 그 결과 비평이라기보다는 비난이나 비판에 가까운 목소리가 많다. 2012년 개설한 C대학 대학원 강좌에서 3주 동안 전문가의 수업 비평문을 읽었음에도 불구하고 수업 동영상을 보는 이러한 습관은 쉽게 고쳐지지 않는다. 비난하거나 비판하는 방식이 아닌 비평하는 방법을 배우기 위해서는 이러한 습관에 대한 근본적인 성찰이 필요하다. 비평 초보자 스스로 왜 그러한 나쁜 습관을 지니게 되었는지, 그리고 그러한 습관은 수업(또는 수업 동영상)을 보는 데 어떠한 악영향을 끼치는지 자신의 사고 과정을 냉철하게 분석할 필요가 있다.[8]

2. 수업 비평의 결과물은 어떠한가?

강좌나 연수에 참석한 교사들은 '수업 비평'이라는 용어를 대부분 낯설게 여기는데, 이는 수업 비평 경험의 부재와 맞물려 나타나는 공

---

8 Duhigg의 《습관의 힘》은 개인의 습관, 기억의 습관, 사회의 습관을 분석하고 그 개선 방안을 제시하고 있는데(2012, 강주헌 역, 2012), 수업 비평에서 흔히 발견되는 비평 습관의 원인과 그 문제점을 개선하는 데 시사하는 바가 많다. 추후 연구 과제로 남겨 놓기로 한다.

통된 현상이다.[9] 다음과 같은 비평문을 통해 이러한 경험의 부재가 낳은 결과물은 어떤 특징을 지니고 있는지 살펴보자.

〈자료 2〉

① 학생들이 이미 직사각형이나 마름모라는 용어를 사용하였다. 〈관찰·기술〉[10] ② 이 부분에서 교사의 대처는 훌륭했다고 생각한다. 〈평가〉 ③ 한 학생이 마름모를 언급하자 "마름모가 뭐예요?"라는 질문을 던졌다. 〈관찰·기술〉 ④ 마름모에 대해 정확한 정의를 한 것은 아니나 일상적인 용어–다이아몬드 모양이라고 답하였다. 〈관찰·기술〉 ⑤ 교사는 이러한 답에 대하여 구체적인 예를 들어 보여 주었다. 〈관찰·기술〉 ⑥ 색종이를 두 번 접어서 겹치게 한 후 사선으로 잘라서 직접 마름모를 만들어 보여 주었다. 〈관찰·기술〉 ⑦ 실제로 내가 이러한 질문을 받았으면 어떻게 했을까, 라고 생각해 보았을 때 주변의 색종이를 이용해 보여 주는 임기응변은 하지 못했을 것이다. 〈자기 평가〉 ⑧ 하지만 이에 덧붙여 "마름모는 네 변의 길이가 같은 것이라고 설명하였고 선생님이 원하는 답은 점이 4개 있다."라고 하는 것이었다. 〈관찰·기술〉 ⑨ 이 부분에서 궁금한 점은 이후 5학년에서나 도입될 마름모라는 수학적 용어를 교사가 시각적으로 제시한 것까지는 좋았으나 마름모에 대해 구체적으로 설명하는 것이 옳았을까 하는 점이다. 〈평가〉 ⑩ 그렇다고 해서 학생이 말한 용어를 무시할 수 없는 것이니 어느 정도까지 설명해야 하는 것인지가 궁금하였다. 〈의문 제기〉

– ○○초등학교 교사 A의 수업 비평문 조각 글에서

* * *

9 수업 비평 경험의 부재는 수업 비평을 둘러싼 생산 방식과 생산량, 그리고 그 수준과도 관계가 있다. 수업 공개는 교육 현장의 초·중등 교사가, 수업 비평은 비평 전문가라고 하는 대학 교수가 담당하는 형국이다. 그러나 엄밀하게 살펴보면 수업 비평과 관련된 논문을 세 편 이상 쓴 비평가도 좀처럼 찾아보기 힘든 상황이다. 말하자면 몇 명의 비평가를 제외하고는 수업 비평 전문가라고 명명하기에는 지극히 불편하거나 껄끄러운 상황이다. 필자 역시 이러한 비판에서 자유롭지 못하다.

10 번호와 〈 〉 안의 수업 비평 용어는 필자가 논지 전개상 임의로 붙인 것임.

〈자료 2〉는 전체적으로 관찰과 기술이 주류를 이루고 있으며, 분석과 해석이 전혀 없다. 평가(②, ⑨)가 간혹 보이나, 독자의 입장에서 보면 왜 그러한 평가를 하게 되었는지 합당한 근거를 찾기 힘들게 된다. 또한 관찰과 기술, 그리고 평가가 한 문단 안에 뭉뚱그려져 있어 그 수업 장면(#)을 떠올리기 쉽지 않다. A 교사의 나머지 조각 글들도 이러한 서술 방식을 취하고 있는데, 모범적인 형식으로 보기 힘들다.

사회구성주의 이론을 토대로 한 작문 모형이 '대화'와 '협의'라는 핵심 축으로 그 과정과 결과물을 생산해 내듯이, 수업 현상을 포착하기 위한 '함께' 관찰하고 기술하기, '함께' 분석하고 해석하기, 그리고 '함께' 그 가치를 평가하기라는 과정을 충실히 그리고 올곧게 경험하게 하는 수업 비평적 담화 틀 역시 필요하다. 그래서 관찰과 기술, 평가만 난무하는 결과물이 아닌 분석과 해석이 묻어 나오는 결과물을 도출하여야 한다. 그렇지 않으면 이러한 관념적인 또는 인상적인 비평 중심의 결과물을 낳기 쉽다.

3. 수업 비평적 담화를 어떻게 하고 있는가?

음성 언어가 아닌 문자 언어로 된 수업 비평문 읽기는 개인적 차원에서 행해지는 간접적인 비평 경험이다. 이러한 경험은 비평 전문가와 교사로서 독자의 만남을 상정하지만 실상은 전문가의 목소리를 수용하는 양상을 띠게 되므로 담화라기보다는 일방적인 정보 전달에 가깝다. 따라서 수업 동영상을 포함한 비평 자료를 놓고 수업 비평 담화 공동체가 실제로 담화를 어떻게 전개하고 있는지 살펴볼 필요가 있다.

신지혜(2011: 81)가 살펴본 세 곳의 수업 비평 공동체의 경우, 이들 공동체는 수업을 이해하기 위한 방법으로 각기 수업 토론회나 수업 대화 질문법[11]을 사용했다. 수업 토론회란 수업에 대한 생각과 메모, 질문과 문제의식, 비평의 주제와 개인 공부 등을 풀어 놓고 두세 차례 정도 토론회를 진행하는 방식이며, 수업 대화 질문법이란 수업을 공개한 교사를 불편하게 하지 않는다는 원칙하에 자신의 의견 제시 없이 수업을 공개한 교사에 대한 구체적인 질문에 초점을 두고 수업을 이해하려는 방식을 말한다.

각 공동체가 시행착오를 거쳐 합의한 이러한 담화 방법이 기존의 수업 관찰에서 보지 못하던 것을 보게 하고 수업을 더 잘 이해하게 하는 데 도움이 되는 것은 사실이다. 그럼에도 불구하고 수업 토론회는 토론의 성격이나 목적, 그리고 틀 등이 명확하지 않아 일반적인 토론과 변별점을 찾기가 힘들다. 굳이 말하자면 1~3차에 이르기까지 각 차시별 토론의 성격과 목적, 방식과 방향이 수업 비평적 담화와 어떻게 연계되는지 불분명하다. 수업 대화 질문법 역시 수업을 이해하는 방식으로는 적절하나 수업에 대한 가치 평가 방식으로는 부적절하다. 무엇보다 질문의 주체가 수업을 공개한 교사를 의식한다는 점, 그리고 답변의 주체가 수업을 공개한 교사라는 점에서 그 수업이 지닌 가치를 온당하게 매길 수 없다. 뿐만 아니라 관찰과 기술, 분석과 해석, 그리고 가치 평가라는 일련의 과정을 충실히 구현하지 못하고 있기에 수업 현상을 포착하려는 수업 비평의 방법으로는 적절하지 않은 것으로 보인다. 따라서 교사 학습 공동체로서 수업 비평 공동체가 추구하는 학습목표이자 학습 방법인 수업 비평(신지혜, 2011: 76)을 효과적으로 실천할 수 있는 수업 비평적 담화 방법의 원리를 제시할 필요가 있다.

• • •

11 서근원(2008) 참조 바람.

IV. 수업 비평적 담화 원리

좋은 수업에 대한 갈망은 모든 교사의 꿈이자 희망이다. 아이들의 영혼을 살리는 수업에 대한 갈망. 텍스트와 자신의 삶을 조망하게끔 하는 수업에 대한 갈망. 모순된 현실과 당당히 맞서는 용기를 생기게 하는 수업에 대한 갈망. 이러한 갈망은 좋은 수업을 '보고자' 하는 교사에게도 적용된다. 수업 전문가란 수업을 잘하는 교사에게도 해당하지만 좋은 수업을 보는 안목을 지닌 교사에게도 해당한다. 그런 안목을 지닌 실천적 전문가를 양성하기 위해서는 수업 비평 경험을 제대로 맛보게 하는 담화 방법과 글쓰기 방법이 절실하다. 수업 비평적 담화는 좋은 수업을 '하고' 싶은 갈망과 '보고' 싶은 갈망, '나누고' 싶은 갈망의 만남이다. 다음과 같은 원리는 이러한 담화를 실천하는 데 도움을 줄 것이다.

1. 수업을 보는 다양한 관점을 먼저 이해해야 한다

심영택은 수업 비평을 '교육적인 감식안으로 수업 현상에 내재된 가치를 판단하는 행위(2010: 381)'라고 정의한 바 있다. 이 감식안은 비평가가 어떤 수업을 보고 비평하기 이전에 이미 지니고 있는 안목이기도 하다. 그런데 기실 비평가뿐만 아니라 모든 교사는 자기 나름의 고유한 감식안을 지니고 있다. 그것은 다름 아닌 수업에 대한 교사의 관점, 즉 '수업은 ○○이다'. 또는 '○○○이다'라고 할 때 ○○ 또는 ○○○의 낱말이나 표현에 묻어 있다. 물론 교사의 수업관이 감식안이 추구하고자 하는 전문성을 모두 담아내지 못하더라도 비평 초보자들로 하여금 교육적인 감식안에 대한 접근성을 용이하게 해 주기에 수업 비평적 담화의 첫 주제로 적절한 듯하다.

이정숙(2005: 281-284)은 수업을 설명적 관점과 비평적 관점으로 대별한 바 있는데, 전자는 수업을 전략의 투입과 산출의 메커니즘으로 보는 방식, 그리고 수업을 완결된 구조로 보는 방식, 수업을 열린 구조로 보는 방식 등이며, 후자는 수업을 문화로서 재인식하는 방식, 그리고 과학성과 예술성을 포함한 미학으로 보는 방식이다. 전자의 관점을 택하게 되면 공식적 학습 상황에서 수업의 효과성에 치중하여 보게 될 것이고, 후자의 관점을 택하게 되면 수업을 구성하는 구성원들에 의해 창출되는 세계(수업 현상)의 경험들을 조직하는 의미 체계를 살피는 데 초점을 두고 보게 될 것이다. 이러한 관점은 교사를 다음과 같이 규정짓기도 한다. 전자의 관점을 취하는 교사는 주어진 설계도를 따라서 공사를 진행하는 공원工人처럼 표준적인 기준을 적용한 양적이고 공학적이고 처방적인 성격을 가진 활동을 하는 존재이나, 후자의 관점을 취하는 교사는 환경의 제약 속에서 나름의 자율성을 발휘하며 작품의 세계를 만들어 가는 예술 활동을 하는 존재로 보고 있다(이혁규, 2007: 165-166). 잠정적으로 수업을 보는 이 두 가지 관점을 '기술로서의 수업'과 '예술로서의 수업'이라고 범박하게 정의하기로 하자. 기존의 수업 비평문을 살펴보면 대부분 이 두 가지 관점을 대비시키면서 수업 현상이나 쟁점을 전개해 나가고 있음을 알 수 있다.

그런데 수업을 보는 또 다른 관점이 있을 수 있다. 그중 하나는 '사회적 실천으로서 수업'이다. 이 관점은 교실을 사회의 축소판으로 보고 교실 수업을 통해 사회 부조리나 모순을 학생들에게 인식시키고 변혁해야 한다고 본다. 교육의 궁극적 목표를 인간의 해방으로 보는 Freire의 주장이 이를 잘 대변해 준다. 그는 그저 정보를 주워 담는 '은행 저축식 교육'을 하는 수업이 아니라, 학생들이 질문을 던지고 기존의 상황에 도전을 하는 '해방의 교육'을 하는 수업을 해야 한다고 주장한다. 그리고 Dewey의 말대로 교육의 목적이 민주 시민을 양성하는 것이라면 수업이라는 담화 소통 과정과 방식, 그 결과 역시 그러한 민주 시민 의식을 기를 수 있는 사회적 실천 양태로 바뀌어야 마땅하다.

이 관점은 일상 수업에서 언제나 제기되고 있는 수업 목표와 내용에 대해 '아니오'라고 말하는 방법을 '온몸으로' 배우고, 가르치는 것을 수업이라고 본다(Freire, 1998, 교육문화연구회 역, 2000). 앞서 서술한 '기술로서의 수업'이나 '예술로서 수업'에서는 수업 목표가 고난도 기술의 정점이나 예술적인 미美의 완성으로 간주된다면, 반면 '사회적 실천으로서 수업'에서 수업 목표란 사회 개혁이나 변혁을 위한 수단이나 장애물에 해당한다.

수업을 보는 마지막 관점 하나는 '자기 발견self-discovery으로서 수업'이다. 이 관점은 동료 교사의 수업을 통해 자기 자신의 참모습, 즉 '교사로서 나는 누구인가'를 되돌아보게 한다. 동료 교사의 교수법에서 자신의 교수법을 보게 되고, 난처한 상황에 빠진 수업 상황을 보고 자신의 고민을 읽기도 한다. 동료 교사는 자신의 반면교사反面敎師이기도 하고, 자기 자신의 아바타이기도 하다. 가르치는 자로서 '나'와 일상의 '나'는 어떻게 다른가? '나'는 누구의 영향으로, 그리고 왜 이렇게 가르치고 있는가? 가르침에 대한 '나'의 철학과 방법이 언제, 그리고 어떻게 바뀌게 되었는가? 가르침에 대한 '내' 생각의 변화는 학생들의 학습에 어떤 영향을 미쳤는가? 동료 교사의 수업 전문성 신장에 '나'는 어떤 역할을 하였는가? 수업 목표와 내용은 교사로서 '나'에게 어떤 의미가 있는가? 이러한 고민과 사색은 Samaras(2002)의 자기 연구self-study라는 방법, 즉 '교사들이 자신의 전문적 활동을 의식적으로 발전시키기 위한 방법으로서 자신의 실행과 그 맥락을 체계적이고 비판적으로 검토하는 과정'으로 자리 잡게 된다. 교사는 자신의 수업과 동료 교사의 수업을 통해 가르치는 행위에 대한 자기의 생각과 실행을 조망하며, 그러한 조망 행위가 자기 자신에게 무엇을 의미하는 것인지 기술하고, 자기 자신을 조망하고 기술하는 것이 또 어떠한 의미가 있는지 메타적으로 분석하고 설명하고자 한다. 그러면서 동시에 개별적인 존재로서 교사를 넘어서게 된다. 이 관점은 동료 교사의 가르침을 통한 배움보다는 자기 자신의 가르침에 대한 성찰을 통한 배움을 강조한다. 그리고 '사회적 실천으로서 수업'과 마찬가지로 수업 목표나 수업 내용, 수업 방법 등은 교사로서 자기 자신을 발견하기 위한 수단에 불과하다. 즉 자신의 수업과 동료 교사의 수업을 통해 끊임없는 자기 탐구와 발견이 수업을 하는 행위의 목표이자 의미이다.

지금까지 제시한 '기술로서의 수업', '예술로서의 수업', '사회적 실천으로서 수업', '자기 발견으로서 수업'은 각각 그 중심축이 지식(전략, 기능) → 타자(동료 교사) → 사회 → 주체(교사로서 '나')로 이동하고 있음을 알 수 있다. 이러한 수업관과 관점의 이동은 수업 공개자에게도 도움을 준다. 기존의 공개 수업 후 평가 내용을 살펴보면 주례사적인 담화가 대부분이다. 수많은 밤을 새우며 고생한 수업 공개자에게 돌아오는 말은 그저 '수고했습니다' 또는 '그 방법 저도 한번 써 보겠습니다' 정도이다. 그래서인지 대부분의 교사들은 수업을 공개하기를 꺼려 한다. 수업 공개자가 어떠한 수업관을 지니고 있는지 밝히게 되면, 이러한 주례사적인 수업 평가나 비평을 개선할 수 있다. 서로 간의 관점의 차이로 인해 약간의 충돌이 발생하게 되더라도 이는 오히려 수업 비평의 장을 활성화하고 수업 전문성을 신장하는 데 기여할 수 있기에 자신의 수업관을 정립할 필요가 있다.

2. 수업 비평 자료를 '낯설게' 읽어야 한다

수업 비평 자료를 읽는 경우, 문학 경험의 공간에서처럼 '낯설게 하기'(박인기, 1996: 70)를 경험할 필요가 있다. 담화 참여자 자신의 자동화된 읽기 관습과 틀을 지니고 있으면 수업 현상 본래의 모습을 잘 인식할 수 없기 때문이다. 수업 비평 자료를 '낯설게 읽는' 방법은 다음과 같다.

(1) 수업 동영상은 적어도 3회 이상 반복해서 보아야 한다

재미있는 영화도 두 번 이상 보기 힘든데, 재미없는 수업 동영상을 3회 이상 보기란 자기 학대와 같은 고문일지도 모른다. 하지만 영화 비평가가 그러하듯이 감상 차원이 아니라 비평 차원에서 수업을 관찰하고 분석하고 해석하고 평가해야 하기에 이런 지난한 과정은 반드시 거쳐야 한다. 문제는 횟수가 아니라 방법이다. 수업 동영상을 3회 이상 반복해서 보더라도 그 경험의 내용과 질이 동일하지 않기 때문이다. 다음 사례를 통해 그 방법을 한번 살펴보자.

〈자료 3〉

수업 동영상 1회 관찰 후

- 장 교사 이야기 ①[12]: 발표자를 공정하게 지명하지 못했다. 왼쪽 하단 창가쪽 줄 다섯 번째 아이는 한 번도 발표자로 지명되지 않았다. 기회가 될 때마다 일어났지만 한 번도 호명되지 않았다. 정말 안쓰러울 정도로 아이는 발표할 기회를 받지 못했다. 발표자 정할 때 공정하게 기회를 줄 수 있도록 하는 것이 교사의 배려이지 않을까? 〈수업 관찰과 기술〉

- 장 교사 이야기 ②: 수업에서 집중하고, 보아야 할 관점이 발표자를 공정하게 정하는 것은 아니다. 무엇이 중요한 것일까? 바로 수업 시 일어나는 교육적 현상이다. 물론 교사의 배려는 중요하지만 이 수업에서 교사의 행동 하나하나를 지적한다는 것은 수업협의회와 다르지 않다. 자꾸 수업 방법 및 자세에만 치중하게 되는 것 같다. 〈수업자 비난〉

　　　　　　　　　　　　　　－ 2012년 2학기 대학원 수업, 장 교사의 수업 비평문에서

• • • •

12 장 교사 이야기라고 명명한 것과 번호를 붙인 것은 필자가 독자로 하여금 이해를 쉽게 하도록 편의상 붙인 것임.

장 교사의 수업 비평문에 재미있는 현상 하나가 있는데, 그것은 자기 생각과 느낌에 대한 메타 비평이다. 장 교사는 필자가 제시한 수업 동영 상을 처음 보고 난 뒤 ①과 같이 자신의 생각과 느낌을 먼저 '수업 관찰 과 기술' 형식으로 기록한 뒤, ②와 같이 비평가로서 자신의 관찰과 기술 에 대한 의미를 '수업자 비난'이라고 평가하였다. 수업 동영상에 등장한 교사를 비난하고 있는 비평가 자신의 모습을 본 것이다. 그러면 같은 수 업 동영상을 장 교사가 두 번째 보았을 때는 어떠했는지 살펴보자.

〈자료 4〉

수업 동영상 2회 관찰 후

• 장 교사 이야기 ③: 다시 보니 수업 시연자의 교수법이 눈에 들어온다.

교사 내 경험과 비슷한 것이 있으면 밑줄 긋고 표시하라고 했었어요. 그 럼 선생님이 예시를 하나 보여 줄게요. 〈귤 한 개〉라는 시를 보기로 했었 는데, 우리 맨 처음에 해야 할 일이 뭐였었죠? 문장 앞에 뭘 붙인다?

학생 번호!

교사 그쵸. 문장 앞에 1, 2, 3, 4, 5라고 번호를 붙입니다. 그럼 지금 선생 님이 나누어 준 학습지에 1, 2, 3, 4, 5라고 예쁘게 번호를 붙여 봅시다.

학생 (학습지에 번호 붙이기 활동을 한다.)

• 장 교사 이야기 ④: 연 앞에 왜 번호를 붙였을까? 그리고 문장이라고 사용하고 있다. 오류다. 〈수업자 비난〉…… 이번에 보이는 것들도 결 국은 답이 없는 문제를 이 답이 옳다 저 답이 옳다 하고 있다. 내 경험 치로 수업 시연자의 방법을 비난하고 있는 것이다. 하지만 우리의 경 험치는 수업 상황에서 수시로 변하고, 학생에 따라 변하고, 교과에 따 라 변하고, 그날 기분에 따라 변한다. 〈수업자 비난에 대한 성찰〉

– 2012년 2월 ○○일 장 교사의 수업 비평문에서

　〈자료 4〉를 보면, 1회 때와 달라진 점 두 가지가 있는데, 우선 ③과 같이 수업 장면이 첨가된 점, 그리고 수업 공개자의 입장을 다소 이해하고자 하는 태도를 취하고 있는 점이다. 그럼에도 불구하고 여전히 ④와 같이 수업 공개자의 오류를 지적하고 비난하고 있는 장 교사 자신의 모습을 서술하고 있다. 그러면 동일한 수업 동영상을 장 교사가 세 번째 보았을 때 무슨 일이 일어났는지 살펴보자.

〈자료 5〉

수업 동영상 3회 관찰 후

· 장 교사 이야기 ⑤: 내가 보았던 것들이 이전과 다르지 않다면 나는 무엇을 보아야 하는가? 다시 원점으로 돌아갔다. 전사 자료를 읽었다. 동영상을 다시 보았다. 지도안을 보았다. 여러 참고 자료들을 찾고 이 수업이 현재 어떤 수업인지에 대해 생각하게 되었다.

교사　자, 그럼 마지막 한 명만 더! 우주!

학생1　1번 문장에 톡톡이를 붙였어요.

교사　아, 1번 문장 '방을 가득 채운다' 여기에, 톡톡이를 붙였구나. 어떻게 바꿔 주었지?

학생1　'거실을 가득 채운다' 요.

교사　그럼 우주는 방보다 거실이 더 넓으니까 더 넓게 귤 향기를 채운다, 이렇게 이해를 한 거네요? 그치?

학생1　네!

교사　그러면 이 문장은 어떻게 읽어 주면 될까?

학생1　잘 모르겠어요.

교사　그럼 '거실을 가~~득 채운다' 처럼 실감 나게 읽어 주면 될 것 같아요. 진짜 마지막으로 우정이!

학생2　1번에 '방을 가득 채운다' 요.

교사 응? 1번 문장이 왜?

학생 2 내 방에 아기들이 꽉 찬 것 같아요.

· 장 교사 이야기 ⑥: 처음 수업을 보았을 때는 부족한 것들이 가득했다. 지적할 사항들이 너무나 가득했다. 하지만 무의미하다는 것을 이제야 알 것 같다. 수업 현상에서 일어나는 현상들은 정말 아는 만큼 보이는 것 같다. 재미있었다. 수업 동영상을 보고, 수업 전사된 글을 읽으면서 '우정이'(학생 2)라는 존재를 찾아내었을 때 너무 재미있었다. 사실 읽기 정보 기호 외에는 평범한 수업이었다.[13] 번뜩이는 아이디어도 없고, 화려한 교수법도 없다. 하지만 그 속에서 열심히 상상의 나래를 펼치고 있는 '우정이'는 너무 재미있는 아이였다. 사막에서 오아시스를 찾은 기분이었다.

– 2012년 2월 ○○일 장 교사의 수업 비평문에서

장 교사는 두 차례에 걸쳐 자신의 눈에 보이는 것만 찾아서 기술하고 비판을 하다가 ⑤와 같이 원점으로 돌아갔다. 눈에 보이지 않는 '상상력'을 수업 전사 자료와 동영상 자료, 수업지도안, 참고 자료에서 찾기 시작했다. 그리고 마침내 열심히 상상의 나래를 펼치고 있는 '우정이'라는 학생을 발견하고 유레카를 외치게 된다(⑥).

장 교사의 3회에 걸친 수업 동영상 보기는 수업 비평적 담화에서 매우 참신한 방법이다. 어차피 반복적인 경험을 해야 한다면 관찰할 때마다 생각과 느낌 등을 기술하고 그러한 경험이 주는 의미를 판단하는 방식은 수업 동영상을 보는 습관, 즉 관찰에서 평가로 달려가는 나쁜 습관을 고치기 힘들더라도, 그러한 습관의 결과물을 읽고 분석하고 의미를 풍부하게 추출하는 데 도움을 줄 수 있기 때문이다.

· · ·

[13] 심영택(1999)에서 소개한 읽기 정보 기호(?, ☆, ♡ 등)를 말한다.

그렇다면 굳이 2회가 아닌 3회를 강조하는 까닭은 무엇인가? 비유적으로 말하자면 1~2회의 경험은 가로축과 세로축의 만남, 즉 평면적인 경험이라면, 1~3회의 경험은 3차원적인 입체적인 경험이라고 할 수 있다. 물론 3회 때의 경험도 앞선 1~2회 경험의 연장선상에 놓일 수 있다. 하지만 1~2회만으로 경험의 흐름이나 질의 양상을 포착하기에는 다소 부족할 수밖에 없다.

그러나 실제 연수 상황이나 자체 비평연구회 모임에서는 시간적인 한계나 환경적인 제약으로 인해, 전체 수업 동영상을 3회에 걸쳐 보기란 불가능하다. 이러한 경우, 인상적인 수업 장면만을 3차례 정도 반복해서 보면서 그때마다 자신이 본 것과 생각한 것을 기록하고, 자신의 안목이 어떻게 달라졌는지, 그리고 달라진 이유가 무엇인지 등을 서로 이야기할 수도 있다.

(2) 수업 전사 자료를 '능동적'으로 읽어야 한다

사고 처리 속도와 관련지어 볼 때 '보기'는 '읽기'에 비해 그 속도를 조절하기 힘들다. '능동적인 읽기'는 가능하지만 '능동적인 보기'가 쉽지 않은 까닭은 사고 처리 속도를 자율적으로 조절하기 힘들기 때문이다. 인상적인 장면을 되풀이해서 볼 수도 있지만, 그러한 경우에도 수업 동영상이 보여 주는 것에 전적으로 의존하기에 능동적이라기보다는 수동적이기 마련이다. 따라서 전체적인 수업 분위기나 인상이 어떠한지 대략적으로 파악되지만 그 원인과 과정 등을 분석하기란 쉽지 않다. 구체적인 사례를 한번 살펴보자.

〈자료 6〉

김 교사 현실과 이야기 간의 경계가 굉장히 모호해요. 교사가 학생과 대화하는 것이 이야기 속에 있는 것 같기도 하고, 이야기 속에서 같이 막 놀고 있는 것 같기도 하고, 밖에서 인제 풀어 나가는 것 같기도 하고, 여

러 가지 활동들을 보면 굳이 목적을 말한다면, 굳이 그렇게 들어갔어야
했나? 모호함의 의미가 무엇인가?

사회자 선생님 질문이 이해하기 쉽지 않네요. 다시 간단히 정리해 주실
래요.

김 교사 아이들과 교사가 머물고 있는 이 장면이 이야기 속에 있는지 아
니면 현재 일반적인 교실 수업 상황에서 이야기를 읽어 내고 있는지 모
호함이 있다는 거지요. 그 모호함의 의미가 뭐냐?

사회자 저는 김 선생님의 질문을 들으면서 그 질문이 어떻게 해서 만들어
졌을까, 제가 다시 질문하고 싶어요. 그러면 수업 동영상을 볼 때는 그런
질문이 안 생기다가 전사록을 읽으면서 이런 질문을 던지게 되었어요?

김 교사 대화가 세밀하게 보이니까 좀 더 심화되는 것 같아요. 동영상을
보면서 사실은 이 교사가 마치 자기가 배우인 양 아이를 계속 끌어가고
있잖아요. 영상을 볼 때는 아예 이야기 속에 있는 것 같았는데, 전사록을
읽어 보니까 꼭 완전히 이야기 속에 들어가 있는 것 같지도 않아요. 모호
함이 있어요.

– 2013년 ○○초등학교 수업 비평적 담화 전사록 중에서

　　수업 전사 자료는 교사와 학생 사이의 대화를 세밀하게 분석하게 해
주며, 비평가로 하여금 질문을 생성하게 하는 등 수업 동영상이 지닌
약점을 보완해 주는 기능을 한다. 뿐만 아니라 비평가들에게 있어 영
화 대본이 등장인물 간의 갈등 양상과 구조를 분석하고 파악하는 데
유용한 것처럼, 수업의 흐름과 구조를 파악하는 데 매우 유용하다. 특
히 장면별로 번호를 붙인 수업 전사 자료는 학습지도안에 담겨진 교사
의 원래 의도가 어떻게 달라졌는지, 그리고 어디서부터 달라지게 되었
는지 파악하는 데 도움을 준다.

　　수업 전사 자료로 이와 같은 능동적인 읽기를 한 또 다른 사례를 살
펴보자. 〈자료 5〉에서 장 교사는 수업 동영상에서 상상의 나래를 펴던

한 학생을 주목하고, 수업 시간에 이 학생이 어떤 반응을 보였는지 궁금해했다. 장 교사가 취한 방법은 바로 수업 전사 자료를 검색하는 것이었다. 장 교사는 '우정이'라는 학생 이름을 검색하여 수업 장면 몇 개를 스크랩하였다. 그런 뒤 '우정이'가 교사의 질문에 어떠한 반응을 하였는지 살펴보고 그 반응과 의미를 분석하고 평가하였다. 수업 전사 자료가 없더라도 가능할 수 있었겠지만 쉽지 않았을 것으로 생각된다. 수업 전사 자료는 수업 비평에서 담화의 소재를 발굴하는 데 매우 중요한 기능을 한다. 위의 사례처럼 관찰하고픈 학생의 반응뿐만 아니라, 대화의 양과 질, 그리고 대화 참여자의 역할을 분석하게 해 주기 때문이다.[14]

(3) 질문과 대답을 생성하며 수업 비평 자료를 읽어야 한다

수업 동영상과 수업 전사 자료를 보면서 해야 할 활동 하나는 바로 질문과 대답을 생성하는 읽기이다. 일반적으로 수업을 촬영할 때 동원되는 비디오 기기는 기껏해야 두 대 정도이다. 그리고 촬영 기법의 한계로 말미암아 수많은 사각지대가 존재한다. 그런데 비디오 기기를 더 확충한다고 해서 이러한 문제점이 해소되는 것은 아니다. 오히려 눈에 보이는 것이 아니라 눈에 보이지 않는 사각지대가 더 큰 문제다. 촬영된 수업 장면은 연출된 것인지? 평소에도 그러한 수업 방식(예: 교육 연극)을 사용하는지? 왜 그러한 수업 도구(예: 마술봉)를 사용하는지? 〈자료 6〉에서 살펴본 것처럼 교사가 이야기 속에 있는지 이야기 바깥에 있는지? 수업 동영상이나 수업 전사 자료만으로는 알기 힘든 이러한 궁금증이 해소되지 않으면 수업 내용을 곡해한 채 수업 비평을 하기 쉽다. 그런데 예상과는 달리 빈약한 질문이 양산되어 수업 비평적 담화 상황을 악화시킬 수 있다. 담화 설계자나 주도자는 이러한 경우

. . .

14 대화 분석의 흐름과 특성에 대한 연구는 추후 과제로 남겨 놓고자 한다.

〈자료 7〉과 같이 별도의 질문을 준비하여 담화를 전개할 수도 있다.

사회자 자, 제가 이런 질문을 한번 던져 볼까요. 이런 식의 읽기를 하시는 분 손들어 주세요. 학교에서 아마 여기 계시는 분들은 다 읽기를 시켰을 것입니다. 그렇지 않아요? 그런데 읽기가 굉장히 독특한 읽기 아니에요? 여러분들에게 어떤 느낌을 주는지 이야기 좀 듣고 싶어요. 동영상을 보시고, 전사 자료를 봤습니다. 이런 방식의 읽기 자체가 어떤 의미를 주는가요?

교사 1 어려운 낱말의 뜻을 알게 하거나, 텍스트에서 꼭 알았으면 좋겠다는 내용을 아이들에게 되짚어 줌으로써 아이들이 알고 가기를 원하는 것 같아요.

교사 2 저도 이런 읽기를 해 본 적 있는데요, 《어린 왕자》처럼 텍스트가 어려운 경우에는 그 안의 내용을 이해하고 글 속 이야기나 인물들의 감정을 따라가지 못하는 경우가 있었어요. …… 장면 장면마다 아이들이 이해하지 못했을 것 같은 부분에서 '여기에 대해 어떻게 생각했어?' 하고 몇 사람의 이야기를 듣고 나름대로 핵심을 짚어 주고 다른 데로 넘어가고 이런 방식으로 읽어 본 적이 있습니다.

교사 3 (교사 1에게) 그럼 연기하듯 읽어 나가는 거예요? 아니면 평범하게 읽으면서 그런 거예요?

교사 2 그냥 함께 읽는 거지요.

교사 3 그런데 여기서는 그냥 읽기가 아니라, 연극처럼 읽는 거예요. 그게 인물 속으로 아이들을 계속 끌어들이는 거예요. 그래서 이 수업의 목표인 인물의 특성과 배경을 생각하며 읽는 것을 달성하려고 하는 것 같아요.

- 2013년 ○○초등학교 수업 비평적 담화 전사록 중에서

수업 비평의 목적은 누군가의 수업을 비난하거나 비판하는 것이 아니라 그 수업에 잠재된 현상을 포착하는 것이며 나아가 그 수업의 가치를 올곧게 평가하는 데 있다. 이러한 목적을 달성하는 데 전제 조건은 수업 내용에 대한 올바른 이해이다. 〈자료 7〉에서 알 수 있듯이, 수업 동영상의 주인공이 직접 참석하지 않았음에도 불구하고 수업 장면에 대한 다양한 이해와 해석이 교사 사이에 오고갔음을 알 수 있다. 수업 공개자와 참여자가 직접 면 대 면 상황에서 질문과 대답 형식으로 수업 내용을 이해하는 방식도 좋겠지만, 위의 사례처럼 수업 공개자의 대변인 역할을 하는 사회자를 동료 교사 중에서 선정하여 질문과 대답, 또는 사회자의 역질문과 대답 형식으로 접근하는 방식도 가능하다.

3. 새로운 수업 비평적 담화 틀을 개발하고 익혀야 한다

수업 비평 자료를 어느 정도 잘 이해했다면 이제는 본격적으로 수업 비평적 담화를 전개할 시점이다. 그런데 회의나 토의, 토론과는 달리 수업 비평적 담화의 틀은 아직 원형이 없는 상태이다. 회의나 토론 형식처럼 그 틀이 촘촘하면 작은 물고기까지 잡을 수 있으나, 비평적 담화를 힘들게 할 수도 있다. 반면 원탁회의처럼 그 틀이 지나치게 성기면 수업 현상을 포착하는 데 실패할 수도 있다. 따라서 사고를 유연하게 하고 비평적 담화를 활성화시키는 틀을 개발할 필요가 있다.

논문 말미에 〈첨부 자료〉로 제시한 활동지는 이러한 점을 고려하여 필자가 개발한 '다양한 관점으로 수업 비평하기'라는 틀이다. 이 활동지를 적용하는 과정은 다음과 같다. 먼저 4명 이상 정도의 소규모 집단 내에서 자신은 어떠한 수업관에 관심이 있는지, 자신의 수업관을 먼저 제시하도록 한다. 사회구성주의를 표방한 Vygotsky(1978: 129-130)가 강조하였듯이, 소집단 내의 협의는 수업 비평을 학습하게 하고 그 능력을 신장시켜 준다. 자기 목소리 내기와 상대방의 목소리 알기, 그 차이점 확인하기 등의 간주관적인 활동은 모둠 내에서 포착한 수업 현상의 객관성을 높여 주기 때문이다. 다음 〈자료 8〉은 소규모 집단에서 이러한 협의 과정을 거친 뒤, 모둠별로 전체 집단 앞에서 발표하는 장면을 전사한 것이다.

〈자료 8〉

사회자 그럼 B모둠 이야기를 한번 들어 보도록 하겠습니다. 자, 다른 모둠원을 보면서 이야기해 주세요.

대표자 저희 모둠에서는요, 거의 비슷하게 나온 부분도 있는데 먼저 전략가로서 봤을 때, 이 수업 자체가 교사 중심의 수업이니깐 학생 중심이 되지 않아서 너무 아쉬웠다, 아이들이 어린데, 애들한테 모둠 활동을 한다든지 선생님이 무언가 스스로 할 수 있는 것을 던져 주면서 하면 더 좋았을 텐데 계속해서 선생님은 질문하고 답하게 하고 그걸 또 빨리하고, …… 그리고 두 번째 예술가로서 봤을 때에는 우리 오○○ 선생님이 말씀하셨는데 한마디로 굉장히 잘 표현해 주셨어요. '나 홀로 춤을'이라고 …… 학생은 소외되고 교사 혼자 계속, 또 진행이 빠르게 되니깐 상호작용이 있었다기보다는 활발해 보이지만 선생님 혼자 계속 말을 하시고 생각할 시간을 좀 주지 않고, …… 유리벽을 딱 하나 놓고 선생님은 이쪽에 있고 학생들은 저쪽에 있어서 보이기는 하는데 안 들리는 그런 상황이라고 표현해 주셨어요. 그 다음에 사회적 실천가로서 봤을 때, 그다지 배움은 일어나고 있지는 않는 것 같다. 일부는 배우고 일부는 배우지 않고. 그런데 모든 수업이 다 그렇지 않겠어요? …… 근데 이 수업에서는 특히나 배우는 자와 배우지 않는 자가 너무 확연하게 구별이 되니깐, …… 그리고 배움에 대한 느낌은 천차만별인 것 같기 때문에 뭐라고 지금 정의를 내리긴 힘들다, 여기까지 했고요. 그 다음에 네 번째 관점(자기 연구하는 교사)은 제가 본 방식인데요, 저는 매일 이런 방식을 시도하고 있습니다. …… 저는 그 애들이 열심히 반응을 보이는, 맞는다거나 틀린다는 거와 상관없이 어쨌든 반응을 보인다는 게 참 보기 좋았고요. 저희 반 아이들은 무슨 질문을 해도 가만히 앉아 있습니다. 저는 이 수업 방식을 시도했을 때 제일 두려운 것은 반응이 없을까 봐, 그게 제일 두려워요.

- 2013년 ○○초등학교 수업 비평적 담화 전사록 중에서

이러한 담화 활동을 하는 경우, 사회자는 미리 각 모둠별로 협의한 내용을 전지에 한두 단어 중심으로 간단하게 쓴 뒤 발표하게 하거나 아니면 사회자가 칠판에 각 모둠별 발표 내용을 한두 단어 중심으로 정리하는 것이 좋다. 왜냐하면 이러한 작업은 수업 현상의 다양성을 확인하고, 그 다양성을 묶을 공통점이나 기준을 찾는 데 편리함을 준다. 퍼즐 맞추듯이 꿰맞출 수 없겠지만 각 모둠의 핵심 키워드를 비교해 보면 핵심 키워드 간에도 재분류가 가능한 상·하위 범주가 생기게 마련이다. 이를 토대로 그 수업에 대한 가치를 평가하는 방향으로 담화를 전개해 나갈 수 있다. 수업 비평적 담화는 수업 현상 찾기와 그 가치 평가하기라는 문제를 집단적으로 해결하고자 하는 지적 작업이자, 구성원 간 관계망과 정보 네트워크를 구축해 주는 사회적 작업의 일환이기도 하다.

4. 메타 비평적 담화를 하여야 한다

메타 언어란 우리가 일상적으로 사용하는 언어에 대한 언어, 즉 대상 언어에 대한 기술 언어를 의미한다. 문학의 경우, 메타 언어적 글쓰기란 작가가 자신의 창작 행위와 과정을 성찰하는 글쓰기를 말한다. 이를 수업 비평에 적용해 보면, 메타 비평적 담화란 지금까지 우리가 경험한 수업 비평 담화의 과정과 결과를 반성하거나 성찰하는 담화이다.

먼저 수업 비평 자료 읽기 경험에 대한 메타 비평이다. 일차적인 자료로서 수업 동영상은 다양한 성격과 목적을 지니고 있다. 평소 수업인지, 누군가에게 보여 주기 위한 수업인지, 그리고 예비 교사인지, 초임 교사인지, 경력 교사인지, 무슨 교과에 대한 수업인지 등에 따라 비평의 방향과 초점이 달라질 수 있기에, 모든 수업을 동일한 하나의 잣대로 비평하는 것은 올바른 비평 태도로 보기 힘들다. 자신이 이러한 수업 동영상의 다양한 성격과 목적을 고려하면서 보았는지 스스로 반성하거나 성찰하는 자세가 중요하다. 수업 전사 자료를 해석하는 경우도 마찬가지이다. 수업 전사 자료를 바탕으로 수업 장면을 나누는데, 그 기준이 무엇이냐에 따라 수업의 흐름과 초점이 달라질 수 있다. 예를 들면 수업 장면의 '분류 기준의 타당성'에 대한 메타 비평이 그러하다. 뿐만 아니라 수업 전사 자료는 동영상의 수업 상황 맥락과 끊임없이 조응하면서 해석하지 않으면, 수업의 의미나 수업자의 의도를 오독하기 쉽다. 그러나 오독이 무조건 문제시되거나 무의미한 것은 아니다. '정독'과 '오독' 간의 의미 차이와 의미 경쟁은 비평에 대한 학습을 경험하게 하며, 비평에 대한 안목을 높이게 하기 때문이다. 어느 부분에서 어떻게 오독하였는지 각자 성찰하는 메타 비평 활동은 정독만큼이나 중요한 의미를 지닌다.

둘째, 수업 비평적 담화 틀에 대한 메타 비평이다. 창밖의 풍경은 창문을 통해 나누어지고 그려진다. 사람들의 시각은 이러한 창문의 크기와 틀의 한계를 벗어나지 못한다. 수업 비평적 담화 틀 역시 그러하다. 틀이 다양하면 다양한 시각으로 풍성한 담화를 전개할 수 있다. 본고에서 필자가 제시한 틀은 수업 공개자가 배제된 상태에서 담화를 전개하는 방식이다. 따라서 이러한 담화 틀이 현장 교사의 비평적 담화를 이끌어 내기에 적합한지, 비평가에게 난도질당하기만 하는 이러한 일방적인 담화 틀이 적절한지, 수업 공개자의 시선과 목소리를 더 적극적으로 반영할 수 있는 틀은 없는지 담화 틀에 대한 메타 비평을 해야 한다. 수업 비평적 담화에 대한 연구와 역사가 비록 일천하다고 하더라도 담화 틀에 대한 메타 비평이 있어야 수업 비평의 지평선이 더 넓어질 수 있다.

다음 〈자료 9〉를 통해 이러한 메타 비평의 모습을 한번 살펴보자.

〈자료 9〉

사회자 예. 좋습니다. 제가 칠판에 이렇게 썼어요. '우리 수업 비평 같이 한번 해 봅시다.' 그리고 오늘 여러분과 같이 시도한 방법이 지닌 접근성, 즉 이렇게 이야기를 하는 방식이 사람들로 하여금 쉽게 비평적 담화를 하게 하는지 하는 부분과, 그리고 이렇게 이야기해 보았더니 정말로 효율적인가 하는 부분들을 이 자리에서 이야기 좀 해 주면 좋겠습니다.

교사 1 또 하나는요, 어떻게 보면 수업을 하신 선생님이 굉장히 잘하시는 분인데 약간 비판적인 관점이 많았잖아요? 이렇게 분담해서 관점을 나눠서 했을 때 수업에 대한 심한 내용이 나오는 게 있을 수 있겠다, 그래서 이런 걸 수업 후 협의를 할 때 공개 수업 교사가 있어야 하는지 아니면 이렇게 협의를 할 때 공개 수업 교사를 빼고, …… 우리도 배운 게 있잖아요. 말하면서 배우거든요. 어떻게 해야 되는지 고민이 ……

사회자 그러니깐 정말 중요한 것은 비평하는 사람은, 결국은 우리가 당신을 이야기한 것이 아니라 우리를 이야기하는 것이다, 라고 이야기를 해 주시고 우리 공동체가 어떤 식으로 나아가야 될지 당신이 밑거름이 되어 달라, 이렇게 설득을 해야 돼요. 그러니깐 수업 비평 자체가, 아까 이야기를 했지만 단지 상대방을 난도질하는 형태가 되어서는 안 됩니다. 비난해서는 안 되고 ……

교사 2 수업에 대한 평가가 아닌 비평을 하겠다는 이야기는 교사를 평가하는 의미가 아니라는 이야기죠. 여러 가지 수업과 관련된 것, 학생 활동과 관련된 것들에 대한 비평인 것이지, 수업 하나하나, 교사의 잘잘못에 대한 평가가 아니기 때문에 관련 없을 것 같은데 그래도 수업하는 교사는 부담을 받을 것 같아요. …… 공동 수업 설계가 진짜 중요한 것 같아요.

교사 3 방금 교수님이 '우리 수업 비평 같이 한번 해 봅시다'라고 말씀하신 그런 쪽으로 …… 저는 초등학교 교사지만 중등 선생님하고 여행을 자주 갑니다. 자주 가는데 십몇 년 전에 이런 경험을 했어요. …… 나는 그냥 여행을 갔지만은 과가 다른 사람들하고 이야기를 들어 보니깐 굉장히 많은 것을 같이 …… 우리 수업 비평 같이 한번 해 봅시다도 그런 거 아니겠나 …… 네, 그런 생각을 해 보았습니다.

- 2013년 ○○초등학교 수업 비평적 담화에 대한 메타 비평 중에서

이 메타 비평 사례는 '다양한 관점으로 수업 보기'를 한 후 실시한 것인데, 먼저 이러한 방법이 지닌 접근성과 효율성을 따지는 것으로 시작되었다. 하지만 교사들은 이 담화 틀로 인해 발생하게 될 문제, 즉 공개 수업 교사를 어떻게 참여시킬 것인가에 대한 고민과 더불어, 공동 수업 설계의 중요성을 제기하였다. 또한 이 틀에 대한 희망과 두려움도 함께 표출되었다.

메타 비평 주제로는 이 밖에도 여러 가지가 있다. 수업 비평적 담화를 경험한 후에 일반적인 담화와 수업 비평적 담화는 어떤 차이가 있는지, 그리고 담화 경험 '전前', '중中', '후後'를 비교하며 이 담화에 참여함으로 인해 자신은 어떠한 깨달음을 얻게 되었는지, 자신에게 어떠한 성장이 있었는지 등이 그러하다. 그리고 자신에게 안목이 생겼다면 그것을 증명하는 과정에서 어떤 부담을 지니게 되었는지, 그 안목 자체를 객관화시키고 타당성을 입증하기 위해 어떠한 노력을 하였는지 등을 고백하고 성찰하는 주제도 좋다.

V. 회고와 전망

필자는 본고의 목적을 실천적 전문가로서 교사들이 이해 차원이 아닌 생산 차원에서 자신들의 목소리로 수업 비평적 담화를 이끌어 내도록 하는 것으로 설정한 바 있다. 이러한 목적을 달성하고자 먼저 과거에 행해졌던 기술로서의 수업과 현재 매우 우세한 형태로 행해지고 있는 예술로서의 수업을 소개하였다. 필자는 이에 덧붙여 수업 비평을 하는 관점으로 사회적 실천으로서의 수업, 자기 발견으로서의 수업을 제안하였다. 토론자로 참석한 김남수 박사는 이러한 관점을 "하버마스라는 학자가 그 이해 관심이 기술적 통제인지, 의미의 이해를 위한 합의의 달성인지 혹은 해방적 관심인지에 따라서 지식 추구의 접근 방식이 달라진다고 했던 주장을 떠오르게 한다. 연구 패러다임으로 본다면 각각 기술적, 해석적, 해방적(비판적), 성찰적 패러다임과 맞닿아 있다."고 해석하였다.[15] 필자의 추후 고민은 네 가지 관점이나 패러다임 중 어느 하나를 강조하기보다는 어느 하나를 택했을 때 어떤 측면은 볼 수 있으나 다른 측면을 보지 못한다는 한계를 어떻게 극복할 것인가에 있다.

그리고 필자는 이 목적을 달성하기 위해 수업을 여러 차례에 걸쳐 반복해서 볼 것과 그 과정에 대한 성찰을 강조한 바 있다. 장 교사의 사례와 같이 수업을 여러 차례 본다는 것은 보는 경험 자체가 달라짐을 의미한다. 동일한 수업 동영상을 볼 때마다 우리는 다른 형태를 보거나 다른 점에 주목할 가능성이 크다. 수업 비평은 결국 자신의 관점으로 수업을 잘 본다는 것이고 수업을 잘 보기 위해서는 인상적인 장면은 자세히 기술하며 보기, 두 번 이상 보기, 본 것에 대해 메타적으

• • •

15 이 논문의 틀과 내용 수정은 토론자로 참석한 김남수 박사의 지적(2013년 10월 19일)이 크게 기여했음을 이 자리에서 밝히고자 한다.

로 성찰하기와 같은 습관이 필요하며, 동료 교사와 함께 본 뒤에 자신들이 본 것을 나누어야 한다. 하지만 수업 비평은 수업 비평적 글쓰기와 쓴 글 나누고 성찰하기로 한발 더 나아가야 한다.

끝으로 현장 교사들이 수업 비평에 관심을 보이는 까닭은 무엇일까? 추측하기에 한편으로는, 비평 전문가들의 이야기와 안목을 통해서 자신들이 혼자 보지 못했던 새로운 면면들을 포착하기를 바라는 듯하다. 또 다른 한편으로는 수업 비평 전문가들의 입을 통해서 수업 설계 및 구현 전문가로서 자신들의 입장을 위로받거나 간접적으로 반성할 점들을 찾을 수 있기를 바라는 듯하다. 그런데 과연 이러한 바람이 전부인가? 교사들이 수업 비평이라는 제목이 붙은 다양한 연수와 활동에 참여할 때 그 의도나 지향은 생각보다 더 다양할 것이다. 수업 비평은 과연 이러한 바람을 충족시켜 주고 있는가? 그리고 그러한 질문에 대한 단서를 제공할 수 있을까? 그들의 의도나 지향에 대한 경청은 수업 비평 경험의 필요성에 대한 더 많은 이해와 공감을 불러일으킬 것으로 기대된다. 앞으로의 과제는 교사들이 각자 어떤 이유로 인해서 그 자리에 참여하게 되었는지, 그리고 그 이야기들은 또 어떤 교육적인 의미가 있는지 경청하고 탐구하는 일이다.

다양한 수업 관점으로 수업 비평하기

(1) 기술적인 관점으로 수업 보기: 수업 전략가로서 교사

① 교사가 사용하고 있는 수업 기법이나 학생 지도 방법의 특징은 무엇인가?

② 교사는 이 수업 기법이나 지도 방법을 능수능란하게 잘 사용하고 있는가?

③ 학생들은 이 수업 기법이나 지도 방법을 잘 소화하고 있는가?

④ 이 기법이나 지도 방법에 대해 조언하고 싶은 점이나 궁금한 점은?

⑤ 기타 (예: 이러한 수업에서 살펴볼 수 있는 독특한 우리나라 수업 문화는?)

(2) 예술적인 관점으로 수업 보기: 예술가로서 교사

① 이 수업의 전체 분위기는? (비유적인 표현: 화목한 가정? 분노의 질주 등)

② '나'에게 가장 인상적인 장면은? (교사나 학생의 대화 장면 등)

③ 이 교사의 의도를 잘 읽을 수 있는 부분은? (수업 활동, 제재 재구성 등)

④ 수업 주제나 수업 현상을 한 단어나 문장으로 표현한다면? (예: 굴절 현상)

⑤ 기타 (예: 비교나 대조로 시 수업에 대한 가치 평가하기)

(3) 사회 실천적인 관점으로 수업 보기: 앎을 실천하는 교사

① 이 수업을 통해 학생들은 무엇을 배웠는가? (그 근거는?)

② 이 수업에서 그 배움이 전체 학생들에게 잘 일어나고 있는가?

③ 그 배움이 학생들의 삶에 어떤 의미가 있겠는가? (교사 입장)

④ 학생들은 그 배움에 대해 어떻게 평가할 것인가? (학생 입장)

⑤ 기타 (예: 학교의 기능은 무엇인가?)

(4) 자기 발견의 관점으로 수업 보기: 자기 연구self-study 하는 교사

① 이 수업 방식을 '나'도 시도한 적이 (있다. 없다.)

② 이 교사와 '내'가 마음이 통할 것 같은 장면은? (수업 의도 추측)

③ 이러한 수업 방식의 시도에 대한 '나'의 두려움은? (두려움의 실체)

④ 이러한 수업 방식의 시도에 대해 '내'가 예상하는 결과는? (성공, 실패?)

⑤ 기타 (예: 교사로서 나의 모습을 가장 잘 발견하게 된 계기는?)

| 참고문헌 |

곽영순(2003), 질적 연구로서 과학 수업 비평: 수업 비평의 이론과 실제, 서울: 교육과학사.

김경은(2011), 사회과 예비 교사의 수업 전문성 제고를 위한 수업 비평, 교과교육학연구, 15(3), 이화여
　　　　자대학교 사범대학 교과교육연구소, 711-735쪽.

김재빈, 정정인(2010), 초등학교 교사의 과학 수업 비평 관점에 관한 연구, 한국과학교육학회지, 30(8),
　　　　한국과학교육학회, 1084-1096쪽.

김종현(2009), 언어의 이해, 파주: 태학사.

김진희, 최원준, 심준석(2010), 내러티브를 활용한 수업 비평: 교사 배움 공동체 사례, 중등교육연구,
　　　　58(3), 경북대학교 중등교육연구소, 333-355쪽.

김한종(2013), 교실 수업과 교사 전문성의 원천: 수업 전문성 연구 가로지기, 교과별 수업 역량 강화
　　　　III: 청주교육대학교교육연구원 학술대회 자료집, 3-9쪽.

류현종(2004), 사회과 수업 비평: 예술 비평적 접근, 박사학위 논문, 한국교원대학교.

유홍준(2011), 나의 문화 유산 답사기 1, 파주: 창비.

박인기,(1996), 문학 교육과정의 구조와 이론, 서울: 서울대학교출판부.

박형빈(2012), 도덕과에서 수업 비평의 의미와 방향: 협력 공동체 운영 사례를 통한 소통으로서의 수업
　　　　보기의 중요성, 한국초등도덕교육학회 학술대회, 한국초등도덕교육학회, 457-472쪽.

서근원(2008), 수업 개선의 대안적 방안 탐색: 교육인류학의 수업 대화, 아시아교육연구, 9(1), 서울대
　　　　학교 교육연구소, 95-132쪽.

신지혜(2011), 수업 전문성 신장을 위한 수업 비평 공동체에 관한 연구, 열린교육연구, 19(2), 한국열린
　　　　교육학회, 71-97쪽.

신헌재(2005), 국어 수업 관찰과 비평의 방향, 한국초등국어교육, 27, 한국초등국어교육학회, 5-20쪽.

심영택(1999), 사고 기술형 읽기 포트폴리오 평가의 이론과 실제, 국어교육학연구, 9, 국어교육학회,
　　　　281-325쪽.

심영택(2010), 수업 비평적 글쓰기 방법에 관한 연구, 국어교육학연구, 39, 국어교육학회, 379-402쪽.

엄선용(2012), 한문과 수업 비평과 방법에 대한 탐색적 논의, 한자한문교육, 29, 한국한자한문교육학회,
　　　　469-499쪽.

엄훈(2012), 수업 비평 수업의 사례 분석: 예비 교사들의 국어 수업 비평 텍스트를 중심으로 , 한국초등
　　　　국어교육, 50, 한국초등국어교육학회, 359-385쪽.

유정애(2003), 체육 수업 비평, 서울: 무지개사.

이영국(2010), 체육 수업에 대한 현상학적 비평, 한국체육학회지, 49(6), 한국체육학회, 335-349쪽.

이정숙(2005), 문화 현상으로서의 국어 수업 비평, 한국초등국어교육, 29, 한국초등국어교육학회, 277-
　　　　313쪽.

이혁규(2007), 수업 비평의 필요성과 방법에 대한 탐색적 논의, 교육인류학연구, 10(1), 한국교육인류
　　　　학회, 155-185쪽.

이혁규(2010), 수업 비평의 개념과 위상, 교육인류학연구, 13(1), 한국교육인류학회, 69-94쪽.

정재찬(2006), 국어 수업 비평론, 국어교육학연구, 25, 국어교육학회, 389-420쪽.

정재찬(2010), 수업 비평적 관점을 통한 중등 국어 수업 사례 연구, 국어교육학연구, 39, 국어교육학회,
　　　　467-504쪽.

정한호(2013), 중등 예비 교사의 수업 분석 관점 탐색: 수업 비평문을 바탕으로, 교사교육연구, 52(2),
　　　　부산대학교 과학교육연구소, 267-295쪽.

추갑식, 강현석(2011), 내러티브에 근거한 수업 비평의 방법과 실천 방안 탐색, 학습자중심교과교육연구, 11(1), 학습자중심교과교육학회, 391-414쪽.

Duhigg, C.(2012), *The Power of Habit*, 강주헌 역(2012), 습관의 힘, 서울: 갤리온.

Eisner, E. W.(1985), *The Educational Imagination*(2nd ed.), 이해명 역(1991), 교육적 상상력, 서울: 단국대학교출판부.

Freire, P.(1998), *Teachres as cultural workers: Letters to those who dare to teach*, 교육문화연구회 역(2000), 프레이리의 교사론, 아침이슬.

Gire, K.(2000), *Reflections on the movies*, 윤종석 역(2001), 영화 묵상, 서울: 두란노.

Lewis, C. S.(1961), *An Experiment in criticism*, 허종 역(2002), 문학 비평에서의 실험, 서울: 동문선.

Samaras, A. P.(2002), *Self-study for teacher educators: Crafting a pedagogy for educational change*, New York: PETER RANG.

Vygotsky, L. S.(1978), *Mind in Society: The Development of Higher Psychological Processes*, Edit by Cole, M. et al., Harvard Univ. Press.

수업 비평 수업의 원리에
대한 성찰

엄훈

I. 서언

나는 최근 몇 년 동안 수업 비평의 교육적 기능에 주목하여 교육 대학의 학생들과 현장 교사들을 대상으로 수업 비평 수업[1]을 실행해 왔다. 그리고 이 수업을 통하여 산출된 학생들의 비평 텍스트를 분석함으로써 수업 비평 글쓰기의 양상을 드러내고 수업 비평 수업을 통해 나타나는 감식안connoisseurship과 표상 능력representational capacity의 변화를 분석하기도 하였다(엄훈, 2011b; 2011c). 이 연구를 통해 학생들은 수업 비평 수업을 통해 '수업에서 무엇을 어떻게 볼 것인가', 그리고 '본 것을 어떻게 표현할 것인가'라는 두 가지 차원에서 의미 있는 변화를 경험하였음이 확인되었다.

• • •

1 여기서 '수업 비평 수업'은 대학의 전공 수업 시간에 이루어지는 강의 형태의 수업과 교사들을 대상으로 이루어지는 연수와 특강을 포괄하는 의미로 사용된다. 수업 비평 수업은 교육의 장으로 끌어들인 수업 비평을 가리키는 용어로 Class Criticism in Education과 동일한 개념이다.

수업 비평의 교육적 기능에 대한 사례 연구를 하면서 나의 관심은 교육의 공간에 수업 비평의 공간을 끌어들인 나의 경험 자체로 옮아가기 시작했다. 이론적 근거가 부족한 상태에서 교육적 필요성에 의해 시작된 나의 수업 비평 수업이 어떤 내적 논리를 지니고 있는지, 그러한 논리를 뒷받침할 수 있는 인식론적 근거는 무엇인지를 성찰하기 시작했다.

2005년 이래 수업 비평은 한국의 교육 공동체 속에서 하나의 장르로 자리 잡아 가고 있으며(엄훈, 2010), 최근 수업 비평 수업은 교사 및 예비 교사 교육의 주제 중 하나로 등장하고 있다. 그런데 이러한 교육적 실천은 이론 적용적인 실천이라기보다는 이론에 앞서 이루어지는 이론 추동적인 실천이라는 특징을 지니고 있다. 즉, 수업 비평이나 수업 비평 수업이 먼저 이루어지고 그에 대한 이론적 논의가 요구되고 있다. 이 연구는 수업 비평 및 수업 비평 수업의 실천에 따르는 이론적 논의의 필요성에 답한다.

수업 비평은 Eisner(1998, 박병기 외 역, 2001)의 교육 비평을 이론적 뿌리로 삼아 질적 연구의 전통 속에서 전개되고 있으며, 수업 비평 수업은 수업 비평의 교육적 기능에 터하여 교육 현장에서 실행되고 있다. 현재 이들 교육적 실천이 이론적 근거로 삼을 수 있는 것은 Eisner의 교육적 감식안과 교육 비평이라는 개념 정도이다. 따라서 수업 비평 및 수업 비평 수업의 원리에 대한 깊이 있는 이론적 탐색이 요청되고 있지만 아직 본격적으로 이루어지고 있지 않다. 실천은 앞서가지만 이론적 탐구는 뒤져 있는 것이다.

이 연구에서 나는 2008년 이래 수년간 이루어진 나 자신의 수업 비평 수업을 성찰의 대상으로 하여 수업 비평 수업의 원리를 탐구하고자 한다. 수업 비평 수업은 수업 비평의 과정을 교육에 끌어들인 것이므로 수업 비평 수업의 원리에 대한 성찰은 수업 비평의 원리에 대한 성찰로 귀결될 것이다.[2]

아래에 수업 비평 수업의 원리에 대한 성찰의 출발점이 된 나[3]의 수업 비평 수업을 간략히 기술한다. 나의 수업 비평 수업은 주로 교육대학교의 학생들을 대상으로 한 전공 수업과 교사들을 대상으로 한 연수라는 두 가지 형태로 이루어졌지만 교사들을 대상으로 한 다양한 연수는 전공 시간의 수업 비평 수업을 적절하게 변형하여 적용하였으므로 여기서는 예비 교사들을 대상으로 한 전공 수업에서의 수업 비평 수업을 모델로 제시한다.

II. 수업 비평 수업 경험의 기술

교육대학교 3학년을 대상으로 하는 3학점(주당 3시간) 전공필수 과목인 국어과 교수 학습 방법론에서 3주에 걸쳐 국어 수업 비평이 다루어진다. 수업의 과정을 강의 주에 따라 3개의 주제로 나누어 기술하면 다음과 같다.

* * *

2 이 연구는 자신의 사례를 소재로 하여 그 교육적 실천이 지닌 의미를 탐구하는 셀프스터디의 한 유형에 속한다. Baird(2007)는 셀프스터디의 유형을 '셀프'라는 단어에 대한 해석 가능성을 기준으로 다섯 가지로 제시하였다. 첫째, self in teaching: 교사 혹은 교사 교육자로서 행위하는 나 자신을 연구; 내가 가르칠 때 내가 하는 것. 둘째, self as teacher: 교사 혹은 교사 교육자의 역할을 할 때 나 자신에 대한 연구; 내게 교사 혹은 교사 교육자라는 것이 의미하는 바. 셋째, self as researcher of my teaching or of me as a teacher: 셀프스터디를 하는 자신을 연구; 셀프스터디 연구자로서 내가 하는 바 혹은 내가 셀프스터디 연구자라는 것이 의미하는 바. 넷째, self as researcher of teaching, teacher education, or of educational research: 여기서 셀프는 교수, 교사 교육 혹은 교육 연구에 대하여 그러한 실천들의 성격에 대해 연구하는 사람. 다섯째, self as researcher of self-study: 여기서 셀프는 다른 이들이 수행한 셀프스터디의 성격에 관하여 연구를 하는 사람. Baird의 분류에 따르면 이 연구는 자신의 수업 경험을 대상으로 한다는 점에서 첫 번째 유형과 관련이 있지만 그러한 실천들의 성격에 대해 연구한다는 점에서는 네 번째 유형에 속한다.

3 스스로의 실천에 대한 성찰을 담고 있는 연구에서 성찰의 주체가 투명하게 가장된 객관적 기술의 베일 뒤로 숨는 것은 가능하지도 않고 바람직하지도 않다. 이 글이 성찰의 주체인 '나'를 직접 드러내는 방식으로 기술된 것은 그 까닭이다.

1. 수업 비평의 비평

첫째 주, 출판되어 독자들에게 읽히고 있는 수업 비평문 중의 하나를 비판적으로 읽고, 거기에서 드러나는 수업 비평의 관점, 글쓰기의 특징, 수업 비평 작업의 과정과 특징 등을 찾아보는 활동을 한다. 이러한 과정을 통하여 학생들이 수업 비평에서 수업을 보는 관점과 수업 비평 장르의 관습을 이해하기를 기대한다. 수업을 하기에 앞서 학생들은 〈국어 시간에 생각하는 '침묵의 소리'〉[4]라는 수업 비평문을 읽고 '비평가는 수업에서 무엇을 어떻게 보고 본 것을 어떻게 표현하였는가?'라는 주제로 한 편의 글을 써 오는 과제를 해 가지고 오며, 이렇게 써 온 글을 토대로 수업 비평의 장르 관습에 관한 자유로운 토의가 유도된다.

2. 수업 관찰과 질문 및 기술하기

둘째 주, 수업 관찰과 질문 및 기술하기의 과정이 이루어진다. 대상 수업은 초등학교 4학년 교실에서 이루어진 국어 수업이다.[5] 수업 관찰은 비평 대상 수업에 처음으로 대면하는 과정이다. 수업을 처음 접할 때 선입관에 따른 즉각적인 판단과 평가를 유보하고 수업 현상에 대하여 전제가 없는 순수한 질문을 던져 보라고 학생들에게 요구한다. 수업을 보기에 앞서 수업 이해에 필수적인 사전 지식을 제공한다. 수업을 하는 교사, 학생, 그리고 학교에 대한 간단한 소개와 해당 과목(여기서는 국어)의 해당 단원에 대한 소개, 수업의 제재인 작품에 대한 소개 등이 이루어진다.

• • •

4 이혁규 외(2007)에 실린 정재찬의 국어 수업 비평문 중 하나이다.

5 이 수업은 2010년 강원도 소재의 초등학교 4학년 교실에서 김○○ 교사가 진행한 수업이다. 이 수업의 제재는 4학년 2학기 읽기 교과서 7단원 〈삶의 향기〉에 실려 있는 〈꽁지 닷 발 주둥이 닷 발〉이라는 민담이다.

첫 번째 수업 보기인 수업 관찰은 제한된 시간과 효율성을 고려하여 수업 동영상을 몇 개의 부분, 예컨대 도입 부분, 첫 번째 활동, 두 번째 활동, 세 번째 활동, 마무리 부분으로 나누어 시청하고 각각의 부분마다 인상적인 장면이나 의미 있게 본 장면이 무엇인지 발표하고, 본 장면에 대하여 질문을 던지게 한다. 수업 보기가 끝난 후 다시 보고 싶은 장면이 있는지 질문하고, 필요한 경우 해당 장면을 다시 돌려 보면서 의견을 나눈다.

다음으로 수업의 시작 부분을 중심으로 교실 배치, 수업 분위기, 수업 목적, 교사와 학생의 특징 등 수업의 전반적인 맥락을 기술해 보게 하고 그 결과를 공유한다.

수업이 끝난 후 학생들에게는 수업 비평 사이트에 탑재되어 있는 비평 대상 수업을 다시 한 번 시청하고, 각자 5분씩 할당된 수업 장면을 전사해서 취합한 후 복사해서 가지고 오는 과제가 부여된다.

3. 수업의 해석, 주제화, 비평문 쓰기

셋째 주, 학생들은 사전 과제로 준비한 수업 전사본 3종을 모둠별로 꼼꼼하게 비교하며 읽는 과정을 거친다. 이 과정에서 수업 대화를 재구하는 경험을 하게 되며, 무심코 흘려버린 의미 있는 수업 대화를 발견하게 된다. 학생들은 새롭게 발견한 사실이나 의미를 메모하면서 전사본을 읽는다. 전사본 돌려 읽기가 끝난 후 새롭게 발견한 것과 의문점을 나누는 시간을 가진다.

학생들이 주제 탐구의 필요성을 깨닫도록 하기 위해 무엇을 더 공부해야 할지 묻는다. 학생들은 보통 3~4가지의 탐구 주제를 찾아낸다. 비평 대상이 된 국어 수업의 경우 '교육연극', '맥락', '조마구 설화'의 세 가지 탐구 주제로 귀결된다. 이때 학생들에게 이 세 가지 주제에 관한 자료를 나누어 주고 모둠별로 한 주제씩 탐구하게 하고, 해당 주제에 대해 새롭게 알게 된 것과 그로 인해 새롭게 해석하게 된 수업 현상을 발표하게 한다. 이 단계에 이르면 학생들은 수업 현상에 대하여 깊이 있는 해석 가능성을 경험하게 된다.

다음은 주제를 포착하는 단계이다. 주제는 수업의 의미를 통찰하는 하나의 테마이며 관찰자가 수업 보기에서 선택하는 초점과 밀접하게 연관되어 있음을 이해시킨다. 주제를 포착하기 위해서는 수업의 전체적인 특질인 수업의 결을 표상해 보는 것이 도움이 되므로 비유의 방법으로 수업의 결을 표현해 보는 활동을 한다. 학생들은 각자 자신이 선택한 수업의 초점을 중심으로 수업을 조망하는 주제를 제목의 형식으로 진술한다.

이어지는 활동인 글쓰기는 학생들에게 과제로 주어진다. 글쓰기는 주제를 중심으로 수업을 기술하고 해석하는 초고 쓰기와 공적인 텍스트의 성격을 강화하기 위하여 독자의 입장에서 초고를 다시 쓰는 고쳐쓰기의 두 단계로 이루어진다.

III. 수업 비평 수업의 원리에 대한 성찰

수업 비평은 수업을 보고 수업을 나누는 프레임을 바꾼다. 우리에게 관습화된 일상적 수업 보기와 수업 나누기가 평균적인 기대 수준으로 수업을 보고 사적인 경험에 비추어 칭찬과 조언을 주고받는 수준에 머물러 있다면 수업 비평은 수업을 하나의 작품처럼 보고 맥락 속에서 수업 현상의 의미를 읽어 내려고 하며 그렇게 읽어 낸 의미를 공적으로 소통하려 한다.

우리에게 관습화된 일상적 수업 보기/나누기는 '체크리스트로 수업 보기/나누기'라 할 수 있는데, 이때 수업을 보는 체크리스트는 우리(현장 교사)에게 내면화되어 있다. 체크리스트는 현장 교사들이 동료 교

사들에게 수업을 공개할 때 실제로 제공되기도 하지만 수업을 보는 교
사들의 마음속에는 이미 일반적으로 공유되는 체크리스트가 있는 것
이다.[6]

체크리스트로 수업 보기/나누기는 교육 공동체에서 공유하는 관습
화된 기대 수준으로 수업을 보고 본 것을 공유하는 것이며, 그러한 관
습화된 기대 수준은 보통 실증적인 연구 결과를 통해 그 효율성이 뒷
받침된다. 따라서 체크리스트는 '보통 이 정도는 고려해야 한다'는 암
묵적 합의라고 볼 수 있으며, 그 정도 수준을 재어 보는 정도의 의미가
있다.

체크리스트로 수업 보기/나누기는 교육 공동체의 평균적인 기대 수
준에 따라 일반화된 잣대로 수업을 평가하므로 평균적이고 일반화된
잣대를 넘어서는 수업의 질을 감식해 내지 못한다. 수업 비평은 체크
리스트로는 체크할 수 없는 그 너머의 수업의 질을 감식하고 감식한
것을 공적으로 나눈다.

1. 수업 비평 수업의 원리

수업 비평이 '체크리스트로 수업 보기/나누기'의 프레임을 넘어서
수업 하나하나의 독특한 질을 감식하고 공유하는 새로운 프레임을 제
시하는 것은 '작품으로서의 수업 보기'와 '비평적 실천'이라는 두 가지
전환을 통해 가능해진다.

수업 비평의 첫 번째 전환인 작품으로서의 수업 보기는 수업을 하나
의 작품, 즉 질적 감식의 대상으로서 통일성 있는 단위로 보는 데서 출
발한다. 작품으로서의 수업 보기는 수업을 보는 방법을 바꾼다. 체크

. . .

6 '수업 목표는 명시적으로 제시했는가?', '동기 유발을 도입부에 적절히 했는가?', '학생들의 수준
  에 맞는 적절한 어휘를 사용했는가?', '학생의 질문이나 반응에 대해서 적절한 피드백을 제공하
  고 있는가?' 등(이혁규 외, 2007).

리스트를 활용한 피상적인 평가를 넘어서기 위해서는 수업의 장면들을 맥락 속에서 읽어 내고 전문적인 안목으로 수업 현상에 질문을 던지고 답해 보는 일을 반복하는 과정에서 수업 텍스트[7]의 의미가 그럴 듯하게 해석되어 명료하게 재구성되는 단계에 이르러야 한다. 작품으로서의 수업 보기는 수업을 보는 '눈'의 변화를 동반한다. 감식안이라 불리는 수업을 보는 '눈'은 수업을 새롭게 규정하고 수업을 보는 방법을 바꾸는 일의 전제이면서 그러한 과정의 결과로 변화하고 성장한다.

결국 작품으로서의 수업 보기는 수업을 새롭게 규정하고, 수업을 보는 방법을 바꾸며, 그 과정에서 수업을 보는 '눈'의 변화가 동반된다.

수업 비평의 두 번째 전환은 비평적 실천이다. 비평적 실천은 수업에서 본 것을 공적인 소통의 장에서 나누는 것을 말한다. 비평적 실천은 사적인 감식 경험에 머물러 있는 작품으로서의 수업 보기에 공적인 의미를 부여한다(Eisner, 1998, 박병기 외 역, 2001: 144). 비평적 실천을 통해 사적인 감식가는 공적인 비평가가 된다. 비평적 실천은 경험한 것을 언어로 표상하고 그것의 의미를 드러내어 다른 사람과 나누는 행위이다. 비평적 실천이 이루어지기 위해서는 수업 텍스트로부터 읽어 낸 의미에 질서를 부여하는 주제 찾기가 선행되어야 한다. 비평적 실천은 대화의 방식으로 이루어질 수도 있지만 보통 비평적 텍스트의 쓰기와 읽기로 실현된다.

비평적 텍스트, 즉 비평문 쓰기는 비평적 실천의 핵심이다. 비평문 쓰기의 과정은 초고 쓰기와 고쳐 쓰기로 나누어진다. 초고 쓰기는 비평가가 본 것을 주제 의식을 중심으로 재구성하는 데 초점이 있다. 비평적 텍스트 쓰기는 수업에서 본 것에 질서를 부여하는 과정이므로 수업 전체를 통찰할 수 있는 주제가 반드시 필요하다. 초고 쓰기는 비평

• • •

7 여기서 '수업 텍스트'는 해석의 대상이 되는 수업 그 자체를 가리킨다. 한편 '수업 비평 텍스트'는 수업 텍스트를 읽어 낸 결과가 언어로 표상된 것을 가리킨다. 엄훈(2010)은 수업 비평을 수업 텍스트에 대한 읽기와 쓰기의 과정으로 정의하였다.

가가 포착한 주제를 중심으로 수업의 의미를 재구성하는 과정이다. 한편 고쳐 쓰기는 비평문의 공적 성격을 분명하게 드러내는 데 초점이 있다. 비평가는 고쳐 쓰기 과정에서 독자의 입장을 고려하여 글을 완성하게 된다.

이상에서 나는 수업 비평의 원리를 '작품으로 수업 보기'와 '비평적 실천'이라는 두 가지 전환으로 설명하였다. 수업 비평은 이러한 두 가지 전환을 통하여 수업을 '새롭게 보려는' 노력이다. 그렇다면 수업 비평 수업의 원리는 무엇일까? 수업 비평 수업의 원리는 학생들이 두 가지 전환을 경험하게 함으로써 수업에 접근하는 틀과 수업을 보는 감식안을 변화시키는 것이다. 달리 표현하자면 '작품으로서의 수업 보기'와 '비평적 실천'이라는 수업 비평의 원리는 '작품으로서의 수업 보게 하기'와 '비평적 실천 안내하기'라는 수업 비평 수업의 원리로 변환된다. 여기서 우리는 수업 비평의 원리와 수업 비평 수업의 원리가 동일한 원리의 다른 표현임을 확인할 수 있다.[8]

수업 비평의 원리가 그 자체로 수업 비평 수업의 원리로 변환될 수 있는 것처럼 수업 비평 수업의 원리로부터 구체화된 접근법은 역으로 그동안 모호하게 이해되어 온 수업 비평의 원리를 해명하는 출발점이 될 수 있다. 그런 점에서 이 연구는 수업 비평 수업의 원리를 구체화하는 과정임과 동시에 수업 비평 그 자체의 원리를 명료하게 밝히는 과정이기도 하다.

2. 수업 비평 수업의 의도 및 실제

이제 앞서 기술한 실제 수업 비평 수업의 양상에서 '두 가지 전환'으

• • •

8 이런 까닭에 이 논문에서는 후술할 수업 비평 수업의 원리의 구체화에서 수업 비평의 원리와 수업 비평 수업의 원리를 굳이 구분하지 않았다.

로 새롭게 보게 하기라는 원리가 어떤 의도에 따라 어떻게 실현되고 있는지 살펴볼 차례이다.[9]

(1) 수업 비평의 비평

첫째 날 이루어지는 '수업 비평의 비평'은 수업 비평이 기존의 수업 보기와는 차별화되는 새로운 장르(엄훈, 2010)임을 인식하고 수업 비평 장르의 특징을 비판적으로 검토하는 활동이다. 교수자인 나는 학생들에게 수업 비평의 역사를 간략하게 개관해 준 후 학생들이 미리 작성해 온 글을 토대로 수업 비평에 대하여 자유롭게 토론하도록 하였다. 토론의 과정에서 나는 학생들이 수업 비평 장르의 핵심적인 논점들에 접근할 수 있도록 유도하기 위해 적절한 질문들을 던졌다. 토론을 통해 학생들과 내가 접근해 가는 수업 비평 장르의 핵심적인 논점들은 다음과 같은 것들이었다.

- 수업 비평에서 교사와 비평가, 비평가와 독자 사이의 관계 설정
- 수업에 접근하는 비평가의 방식
- 수업 비평 텍스트가 지니는 장르적 특징
- 수업 비평의 목적
- 수업 비평 텍스트의 타당성의 준거

이 중에서 '수업 비평 텍스트의 타당성의 준거'에 관한 논의는 '우리가 수업 비평 텍스트의 수준을 평가하는 것이 가능할까?', '우리가 읽은 수업 비평 텍스트에 점수를 부여한다면 몇 점을 줄 수 있을까?', '그렇다면 그러한 평가의 준거는 무엇일까?'와 같은 질문으로 시작되

---

9 여기에 기술되는 수업의 의도와 실제는 2011년의 수업 비평 수업의 기억과 2012년 현재 진행 중인 수업 비평 수업의 과정을 반영하여 내러티브적으로 재구성된 것임을 밝힌다.

었다. 학생들과의 충분한 논의가 이루어진 후 나는 학생들에게 수업 비평의 타당성에 대하여 잠정적으로 정리해 주었다.[10]

첫째 날 이루어진 활동은 '작품으로서의 수업 보기'와 '비평적 실천'이라는 두 가지 전환 모두에 걸쳐 있는 메타적인 접근이라고 할 수 있다. 즉, 실제적인 수업 비평 활동을 하기에 앞서 수업 비평의 장르 관습에 대하여 비판적으로 이해함으로써 수업 비평 수업에 대한 선이해preunderstanding의 토대를 마련하려는 것이다.

(2) 수업 관찰과 질문 및 기술하기

둘째 날 이루어지는 '수업 관찰과 질문 및 기술하기'는 수업 비평의 첫 번째 전환인 '작품으로서의 수업 보기'를 유도하는 활동의 전반부라 할 수 있다. 이날 나는 학생들과 비평 대상 수업을 함께 보면서 자신이 본 것이 무엇인지에 대하여 이야기를 나누고 본 것에 대하여 질문을 던지는 활동을 하였다. 나는 수업 보기를 하기 전에 학생들에게 관습적으로 작용하는 내면화된 체크리스트를 배제하고 특정한 수업 장면에 대한 즉각적이고 피상적인 반응에 사로잡히지 않기 위해 판단과 평가를 유보하라고 당부를 하였다.

수업 보기를 할 때, 수업을 효율적으로 보기 위해 전체 수업을 몇 개의 장면들로 나눈 다음[11] 하나의 수업 장면을 볼 때마다 그 수업 장면에 대해 정보 확인 질문[12]과 맥락 탐색 질문[13]을 던지도록 유도하였다. '맥락 속에서 읽기'라 이름 붙인 이 활동은 피상적 관찰로는 잘 드러나

• • •

10 수업 비평 글쓰기의 타당성에 대한 필자의 잠정적인 정리는 다음과 같다. '수업 비평 글쓰기의 타당성은 필자의 내적 확신, 독자의 공감, 그리고 글 읽기의 재미라는 세 가지 측면을 지닌다. 필자의 내적 확신은 반복적인 관찰과 탐구와 성찰을 통해 필자가 획득하는 내적 타당성이며, 독자의 공감은 참조적 적절성을 통해 독자를 설득하는 힘인 설득적 타당성이며, 글 읽기의 재미는 수업 비평문 자체가 지니는 미학적 측면이다. 이 중 필자의 내적 확신과 독자의 공감은 수업 비평문에 필수적인 타당성이며, 글 읽기의 재미는 선택적인 것이다.'

11 이 수업 비평 수업의 경우 비평 대상이 된 수업을 도입부, 활동 1, 활동 2, 활동 3, 마무리의 다섯 부분으로 나누어 관찰하였다.

지 않는 수업 현상의 의미를 재구성해 내기 위한 탐구의 도정이었다.

　다음으로 이렇게 관찰한 수업의 흐름을 맥락을 고려하여 기술해 보는 활동을 하였다. 이 활동은 수업 비평 텍스트의 필수적인 요소이기도 한 수업 기술을 경험하게 할 의도로 이루어졌는데, 제한된 수업 시간을 고려하여 비평 대상 수업의 도입 부분만을 대상으로 하였다. 수업 기술을 할 때 나는 학생들에게 학교와 교실에 대한 설명과 묘사, 교사와 학생에 대한 설명과 묘사, 단원과 차시에 대한 설명 등이 도입 부분의 수업 전개 과정에 대한 기술 속에 녹아 들어가야 한다는 주의를 주었다. 글쓰기가 끝날 무렵 학생들이 쓴 글들 중 두어 편을 발표하게 하고 논평을 해 주면서 둘째 날 수업을 마무리하였다.

(3) 수업의 해석과 주제화

　셋째 날 수업은 '수업의 해석'과 '주제화' 활동을 하였다. '수업의 해석'은 '작품으로서의 수업 보기'의 마지막 활동이며, '주제화'는 '비평적 실천' 활동의 도입부에 해당한다. 비평적 실천의 핵심이라 할 수 있는 글쓰기 활동은 시간의 제약으로 인해 수업 시간에 다루어지지 못하고 학생들의 과제로 남겨졌다.

　'수업의 해석'은 전사본을 돌려 읽으면서 수업의 세부를 확인하는 꼼꼼히 읽기, 수업의 이해를 위해 더 탐구해 보아야 할 주제들을 찾고 이에 대한 탐구를 하는 주제 탐구, 지금까지 확인한 것을 토대로 수업 현상들에 대하여 새롭게 이해하게 된 것을 나누는 수업 해석 나누기로

• • •

12 수업 이해에 필요한 정보를 확인하기 위한 질문이다. 예를 들어 제재 글에 대한 선행 학습의 여부를 확인하기 위해 '이 수업이 이루어지기 전에 학생들이 이 글을 미리 공부하였나요?'라는 질문을 던질 수 있다. 이러한 질문에 대한 답은 수업을 한 교사 혹은 교수자에 의해 제공될 수도 있고 학생들이 수업 텍스트 꼼꼼히 읽기를 통해 스스로 답을 찾아낼 수도 있다.

13 어떤 수업 현상을 이해하기 위해 그 현상을 둘러싼 맥락에 대해 질문을 던지는 것이다. 맥락 탐색 질문은 주체, 상황, 목적, 의도, 사회 문화적 배경 등에 관련된 의문을 제기한다. 예를 들어 학생이 제기한 특정한 질문에 대해 교사가 반응하지 않고 넘어가는 현상에 대해 '교사는 왜 A 학생의 질문을 무시하였을까?'와 같은 질문을 던지는 것이다.

구성되었다. 전사본을 활용한 꼼꼼히 읽기에서는 놓치기 쉽거나 왜곡되기 쉬운 수업의 세부를 꼼꼼하게 들여다보면서 새롭게 발견한 것을 정리하고, 질문하기 단계에서 던졌던 질문들과 관련된 정보를 찾아 기록하였다.

이어지는 주제 탐구는 여전히 이해되지 않는 문제들을 해결하기 위해 탐구 주제를 선정하여 전문적인 탐구를 해 보는 단계로 전문적인 지식을 기반으로 수업 현상을 읽어 내는 '전문가의 눈으로 읽기'라 할 수 있다. 탐구의 주제는 미리 예측 가능한 것들이었으며, 학생들의 탐구를 돕기 위하여 나는 그 주제들에 관한 자료를 준비하여 나누어 주었다. 학생들은 조를 나누어 할당된 주제를 탐구하고 그 결과를 발표하였다.

이 단계에 이르면 학생들은 이 수업에 대하여 할 말이 많아지게 마련이다. 나는 학생들을 수업 현상들에 대하여 새롭게 이해하게 된 것을 나누는 수업 해석 나누기 활동으로 자연스럽게 이끌었다. 학생들은 수업 현상에 대한 다양한 견해를 교류함으로써 해석의 타당성을 확보하고 수업에 대한 이해를 풍부하게 하였다.

셋째 날 수업의 마지막 활동은 '주제화'였다. 주제화는 '작품으로서의 수업 보기'를 통해 이루어진 수업 텍스트 감식의 결과를 공적인 소통의 매체인 수업 비평 텍스트로 짜 넣을 때 반드시 선행하여야 할 필수적인 과정이다. 나는 음악 작품에 테마가 있듯이 수업 비평문에는 주제가 있음을 설명하였다. 주제는 수업 비평 텍스트에 질서를 부여한다.

주제를 포착하는 것이 수업 비평 텍스트 작성의 관건임에도 불구하고 나는 수업 비평 수업을 하면서 주제화의 과정을 안내하는 명시적인 길이 없다는 것을 느꼈다. 이혁규(2007)가 '이중의 경이 체험'이라는 개념으로 설명한 바와 같이 하나의 수업에 대한 비평가들의 의미 구성 방식은 사람마다 다를 수 있기 때문이다. 다만 주제를 어렴풋하게나마 감지하는 데 도움이 될 만한 활동을 창안해 내었는데, 그것이 바로 비유적인 방법으로 수업의 결 표현하기이다. 이러한 활동과 더불어 자신이 수업 텍스트에서 주목한 현상들과 거기로부터 찾아낸 의미의 유형들을 통찰함으로써 주제를 찾아낼 수 있다. 나는 학생들이 스스로 찾아낸 주제를 하나의 제목 형식으로 진술해 보라고 권하였다.

제목 형식으로 진술된 수업 비평의 주제. 이것이 3주에 걸친 나의 수업 비평 수업의 현실적인 종착점이었다. 이후의 비평적 실천의 과정은 초고 쓰기와 고쳐 쓰기의 일반적인 절차에 따라 학생들의 개인 과제로 부과되었다.

3. 수업 비평 수업의 원리와 실제에 대한 검토

앞에서 나는 수업 비평 수업의 목적을 '새롭게 보게 하기'라고 규정하고, 이러한 목적을 실현하는 원리로 수업 비평의 두 가지 전환에서 연역된 원리들을 제시하였다. 이제 그 원리들을 비판적으로 검토할 차례이다.

(1) 수업 비평의 두 가지 전환에 대한 고찰

수업 비평의 두 가지 전환은 Eisner의 교육 비평 이론에서 그 근거를 찾을 수 있다. Eisner(1998, 박병기 외 역, 2001)는 교육 현상이 질적 감식의 대상이며 교육 현상을 이해하기 위해서는 지식과 경험이 뒷받침된 감식안이 필요함을 주장하였다. 그리고 대상의 질을 감식하는 행위는 기본적으로 '조용한 평가 행위'이기 때문에 이러한 감식 행위에 공적인 성격을 부여하기 위해서는 본 것을 공적 형태로 전환하는 비평이 필요함을 역설하였다. 그러므로 '작품으로서의 수업 보기'는 교육적 감식안으로 수업을 읽어 내려는 것이며, '비평적 실천'은 교육적 감식안으로 읽어 낸 것을 공적 형태로 전환하는 일이라고 설명할 수 있다. 이 두 가지 원리가 일종의 전환[turn]인 까닭은 수업에 대한 일상적 보기가 체크리스트라는 피상적이고 관습화된 준거에 머물러 있으며, 수업에 대한 일상적 나누기 또한 수업이 이루어진 교실의 테두리 혹은 학교의 테두리를 넘어서지 않는 제한적이고 사적인 관계망 속에서 이루어져 왔기 때문이다.

(2) 첫 번째 원리의 구체화와 그에 대한 성찰

나는 수업 비평 수업을 실천하는 과정에서 수업 비평 수업의 첫 번째 원리인 '작품으로서의 수업 보기'를 더욱 구체적인 접근법으로 풀어낼 필요성을 느꼈다. 그러한 모색의 결과가 '맥락 속에서 보기'와 '전문가의 눈으로 보기'라는 두 가지 접근법이다.

가. 맥락 속에서 보기

'맥락 속에서 보기'는 관찰자의 초점을 수업 현상 그 자체에 머무르게 한다. 관찰자는 수업 현상을 개인적인 수업 경험과 관습화된 평가 기준에 비추어 즉각적으로 평가하기를 유보하고 수업 현상 그 자체를 보는 데 도움이 될 만한 정보와 의미 구조[14]를 탐색한다. 이는 '선입관의 배제'와 '질문하기'로 실현된다.

선입관을 배제하는 것은 선입관이 수업을 새롭게 보는 것에 방해가 되기 때문이다. 문제는 우리가 무언가를 해석할 때 선입관을 배제하는 것이 과연 가능한가라는 질문을 던질 때 발생한다. 무언가를 미리 알고 무언가를 미리 예측하는 것은 텍스트를 해석하기 위한 전제가 된다. 텍스트 해석은 무에서 출발하지 않기 때문이다. 해석학에서는 주체가 텍스트 해석의 출발점으로 삼는 선행 지식을 선이해라고 한다

* * *

14 의미 구조는 어떤 문화 현상의 의미를 규정하는 해석의 틀을 가리키는 Geertz의 용어(Geertz, 1973, 문옥표 역, 1998 참조).

(장상호, 1997). 선이해는 해석의 과정에서 변화될 수 있으며 언제나 오류 가능성을 내포하고 있다. 그런 의미에서 선이해는 본질적으로 선입관prejudices과 다르지 않다. 그러나 나는 여기서 선이해와 선입관을 조심스럽게 구분하고자 한다. 즉, 선입관을 관습화된 해석 틀이라는 좁은 의미로 정의하고 제한적으로 사용하려고 한다. 선입관을 배제한다는 것은 앞서 체크리스트로 수업 보기라고 규정한 관습화된 해석 틀을 배제하고 수업을 새롭게 보려는 시도 그 이상도 그 이하도 아니다. 선입관을 이렇게 제한적으로 정의할 때 수업 텍스트 이해에 필수적인 선행 지식과 관찰자의 직관[15]을 보존할 수 있게 된다. 또한 관찰자에 따라서는 수업에 대한 관습화된 해석 틀로부터 비교적 자유로울 수도 있는데,[16] 이러한 경우에는 선입관의 배제라는 의식적인 절차가 반드시 필요하지는 않다.

한편 질문하기는 정보 확인 질문과 맥락 탐색 질문이라는 두 가지 차원에서 이루어진다. 정보 확인 질문은 수업 현상을 이해하기 위해 필요한 정보에 관한 것이다. 맥락 탐색 질문은 수업 현상을 둘러싼 여러 가지 맥락을 탐색하기 위한 질문으로 수업 현상이 지닌 의미를 중층적으로 해석하기 위해 필요하다. 전형적인 정보 확인 질문(예: 이 차시 이전에 제재를 학습한 적이 있나요?)과 전형적인 맥락 탐색 질문(예: 교사가 학생의 질문을 무시한 까닭은 무엇일까요?) 사이에는 질문이 직접적으로 추구하는 목적 측면에서 차이가 있다. 즉, 정보 확인 질문은 분명한 정보를 추구하고 맥락 탐색 질문은 수업 현상을 둘러싼 상황이나 사회 문화적 배경을 이해하려는 데 직접적인 목적이 있다. 그런데 수업 현상과 관련한 정보를 확인하려는 것은 그것이 아무리 사소한 정보일지라도 맥락 이해에 도움이 된다는 점에서 정보 확인 질문은 맥락

. . .

15 직관은 수업 비평에서 매우 중요하다. 흔히 수업에 대한 첫인상, 혹은 일감(一感)으로 표현되는 수업에 대한 비평가의 느낌은 수업 비평의 주제를 포착하는 데 매우 중요한 역할을 한다.

16 수업 비평을 일상적으로 실천하는 사람들이 이에 해당한다.

탐색 질문에 포함된다고 할 수 있다.[17]

요컨대 '맥락 속에서 보기'는 수업을 새롭게 보는 데 방해가 되는 선입관을 해체하고 수업 현상의 의미를 이해하기 위해 맥락을 입체적으로 재구성하는 과정이라고 할 수 있다.

나. 전문가의 눈으로 보기

다음으로 '전문가의 눈으로 보기'는 감식 활동의 수준과 관련된 문제이다. 수업 현상은 치밀하게 선택된 제재 혹은 경험을 중심으로 교사와 학생이 상호작용하는 고도로 전문적인 텍스트이다. 이런 전문적인 텍스트를 해석하는 데는 일정 수준 이상의 전문적인 식견이 반드시 필요하다. '아는 만큼 보인다'라는 속담은 수업 비평에 꼭 들어맞는 표현이다. 수업 비평가는 교육과정, 학습 내용, 학생에 대한 충분한 감식안을 갖추고 있어야 한다. 특히 비평가는 감식안의 수준 면에서 교사의 감식안을 읽어 내지 못하는 수준이어서는 안 된다(엄훈, 2011a).

엄훈(2011a)은 수업 비평에서의 감식 활동의 특징을 '감식안의 감식'이라는 개념으로 포착한 바 있다. 즉, 수업 보기의 과정에서 비평가의 감식안과 교사의 감식안이 만나게 되는데, 이때 비평가의 감식안과 교사의 감식안은 각각 다른 것을 보게 된다. 교사의 감식안은 학생들과 교과 내용으로 향하고 있다. 반면 비평가의 감식안은 교실에서 발휘되는 교사의 감식안으로 향한다. 비평가는 감식안을 감식하는 것이다.

감식안의 감식 개념은 비평적 감식안의 특성을 잘 보여 준다. Polanyi(1958)의 망치질의 비유를 빌리자면 교사는 망치질을 하는 사람이고, 비평가는 망치질을 하는 사람을 보는 사람이다. 망치질을 하

* * *

17 그럼에도 불구하고 수업 비평 수업에서 정보 확인 질문과 맥락 탐색 질문의 유형을 구분하는 것은 이 두 개념이 수업에 대한 학생들의 질문 활동을 안내하는 데 유용하기 때문이다.

는 사람은 망치가 못을 때리는 것을 느낄 수 있을 뿐이지만 망치질을 하는 사람을 보는 사람은 망치가 못을 때리는 것뿐 아니라 망치질하는 사람의 팔 동작까지도 인식할 수 있다. Polanyi의 초점식focal awareness과 보조식subsidiary awareness 개념으로 설명하면 망치질을 하는 사람은 초점식에만 주의를 기울일 수 있을 뿐이지만 망치질을 하는 사람을 보는 사람은 망치질을 하는 사람의 초점식뿐 아니라 보조식까지도 볼 수 있다. 감식안을 감식한다는 말은 수업에서 교사가 의식적으로 초점을 맞추는 지식 이외에 그것의 기반을 이루는 눈에 보이지 않는 암묵적 지식까지도 보아 낸다는 의미이다(엄훈, 2011a).

문제는 비평가가 교사의 감식안을 감식할 만큼 충분한 지식과 경험을 지니고 있지 않을 때 발생한다. 비평가는 수업을 꼼꼼하게 읽어 내는 과정에서 이러한 상황에 봉착할 때가 있다. '아, 여기에 뭔가가 있는데, 잘 보이지가 않네' 하는 느낌이 드는 것이다. 이렇게 뭔가가 감지되는데 그 정체를 확인할 수 없는 인지적 한계 상황이 바로 비평가의 감식 수준의 문제이다. 이러한 문제 상황을 극복하기 위해서는 비평가가 자신의 지적 수준을 높이는 의식적인 노력이 필요하다.

수업 비평 수업에서 이루어지는 주제 탐구는 학생들의 감식 수준을 높이려는 의도적이고 작위적인 과정이다. 이러한 활동의 의도는 학생들이 스스로의 감식 수준을 높이기 위해 의식적인 노력을 경험하게 하는 것이다. 학생들은 주제 탐구를 하기 전에는 보지 못하던 것을 탐구 활동을 한 후에 발견하는 경험을 통해 스스로의 감식안의 변화를 인식하게 된다.

다. 접근 방법에 대한 성찰

'맥락 속에서 보기'와 '전문가의 눈으로 보기'는 본질적으로 해석학적인 접근 방법이다. 인문과학의 방법론적 기초로서의 해석학은 체험의 의미를 이해하는 데 그 목적이 있다. 해석학은 인간의 체험이 외부로 표현된 표현체를 텍스트라는 개념으로 포괄하고 텍스트로부터 숨겨진 의미를 포착하고 발견해 내려 한다(장상호, 1997: 817). 전통적인 해석학적 방법은 텍스트의 이면에 숨겨진 체험을 온전하게 이해하기 위해 추체험이라는 과정을 거치며 관련된 세계의 전체적인 구조 속에서 의미를 포착하기 위해 해석학적 순환이라는 원리를 내세운다. 해석학적 순환 개념은 부분과 전체가 서로 해명에 참가하는 것으로 설명된다. 부분들은 전체로부터 전체는 그것의 부분들과의 내적인 조화로부터 발견된다는 것이다(장상호, 1997: 826). 해석학적 순환 개념은 얼핏 보면 순환 논리의 오류에 빠질 위험성이 있어 보이지만 해석학적 순환을 순환 논리의 오류에서 구해 주는 개념이 바로 '선이해'이다. 부분을 이해하기에 앞서 전체에 대한 선이해가 작동한다는 것이다. 또한 해석학적 순환 과정에서 처음에는 도달하지 못했던 이해의 수준에 도달하게 된다.

수업 비평의 방법은 해석학적 접근법이지만 어떤 측면에서는 전통적인 해석학적 인식론의 한계를 뛰어넘는 양상을 엿보게 한다. 이러한 양상을 '감식안의 감식' 개념과 '해석의 순환' 개념을 중심으로 살펴보자. 전통적인 해석학은 텍스트의 의미를 그것을 창조한 사람의 것으로 인식하며 그것을 재점유하는 방법으로 제시한 것이 추체험이라는 방법이다.[18] 그러나 수업 비평에서 활용되는 감식안의 감식은 초점화된 지식뿐 아니라 보이지 않는 지식(묵시적 지식)까지도 드러내고 감식한다는 점에서 해석학의 엄격한 추체험의 과정을 가볍게 넘어선다.

이혁규(2007)의 해석의 순환 개념은 수업 비평이라는 장르를 통해 비평 텍스트와 해석 주체들 사이에 순환적인 상호작용이 이루어지는

• • •

[18] 물론 의미의 고정성이라는 전통적인 해석학의 관점은 후에 Gadamer나 Derrida 같은 철학자들에 의해 비판된다.

현상을 포착하고 있다. 이 개념에서 우리가 주목해야 할 것은 첫째, 서로 상호작용하는 복수의 해석 주체들(일종의 해석 공동체)의 존재와 둘째, 해석의 순환 속에서 이루어지는 해석 및 해석 주체의 변화이다. 즉, 수업 비평 텍스트 읽기를 통해 또 다른 해석 주체인 독자는 최초의 해석 주체인 수업 비평가에 의해 기술된 수업 장면과 그에 대한 해석을 접하고 수업 기술과 수업 비평을 상호 참조하면서 독자적인 해석을 새롭게 제시할 수 있다. 이러한 과정에서 하나의 수업 텍스트에 대한 다양한 비평적 논쟁이 전개되어 수업에 대한 논의가 풍성해짐과 동시에 수업을 보는 집단적 안목이 성장할 수 있다는 것이다. 이러한 해석의 순환 개념은 해석 주체의 변화 문제를 초점화함으로써 전통적인 해석학에서 제안한 해석학적 순환 개념의 인식론적 한계를 넘어선다. 즉, 해석학적 순환 개념은 부분과 전체의 문제를 초점에 놓음으로써 인식의 범위를 텍스트 안에 묶어 놓는 한계를 노정하였다. 해석학적 순환의 논리적 모순은 그 순환고리 안에서는 텍스트를 뛰어넘는 해석의 가능성을 고려할 수 없으며 해석의 질적 수준 문제를 해석 주체의 수준과 관련하여 해명할 수 없다는 것이다. 반면 해석의 순환 개념은 해석의 수준과 해석 주체의 안목의 수준 사이의 순환 관계와 함께 해석 주체의 안목의 사회적 교류를 포착함으로써 텍스트 내의 부분과 전체 사이의 순환 논리에 빠져서 해석 주체의 문제를 도외시한 해석학적 순환 개념의 한계를 넘어서고 있다.

(3) 두 번째 원리의 구체화와 그에 대한 성찰

이제 수업 비평의 두 번째 전환인 '비평적 실천'을 구체화한 접근법을 검토할 차례이다. '비평적 실천'은 비평가가 수업에서 읽어 낸 것을 다른 사람들과 나누는 과정이다. '비평적 실천'은 '주제화하기'와 '공적으로 표현하기'라는 두 가지 접근법으로 구체화된다.

가. 주제화하기

비평가가 수업에서 읽어 낸 것을 다른 사람들과 나누려고 할 때 출발점이 되는 것은 바로 수업 비평의 주제를 포착하는 일이다. 나는 그것을 '주제화'라는 용어로 표현하였다. 주제는 수업 텍스트로부터 재구성해 낸 의미들에 통일성과 질서를 부여하는 중심 아이디어이다. 주제는 수업의 의미 전체를 꿰뚫어 볼 수 있는 조망점 같은 것으로 수업 비평 텍스트에 질서를 부여한다. 그러므로 '주제화하기'는 수업 텍스트로부터 재구성한 수업의 의미를 하나로 엮어 내는 줄기인 주제를 포착하는 일이다.

주제는 수업 비평 텍스트의 중심 아이디어라는 점에서 수업 텍스트에서 관찰자의 주목을 받는 현상인 초점과 차별화된다. 바로 그런 까닭에 주제화는 수업에서 본 것을 공적으로 표현하는 전제가 된다. 주제에 대하여 개념 정의를 할 때 수업 텍스트와 수업 비평 텍스트를 구분하는 것이 필요하다. 여기서의 '주제'는 수업 비평 텍스트의 주제임을 분명히 하는 것이 중요하다. 주제는 수업 비평 텍스트에 질서를 부여한다. 반면 수업 텍스트에 질서를 부여하는 것은 교사의 의도이다. '주제'라는 용어는 '초점'이라는 용어와도 변별이 필요하다. 필자는 예비 교사들의 수업 비평 텍스트를 비교 분석한 연구(엄훈, 2011c)에서 '초점'이라는 용어와 '주제'라는 용어를 함께 사용한 바 있다. 이 두 용어는 서로 관련이 깊으면서도 그 본질은 상이하다. 초점은 수업 텍스트에서 관찰자가 주목하는 점이며, 주제는 수업 비평 텍스트를 하나로 통일시켜 주는 테마이다.

나. 공적으로 표현하기

비평적 실천을 위한 수업 비평 수업의 두 번째 접근법은 '공적으로 표현하기'이다.

'공적으로 표현하기'는 공공의 장에서 소통하려는 목적으로 수업 비평 텍스트를 생산하는 것을 말한다. 여기서 우리가 인식하고 넘어가야 할 것은 본 것을 공적으로 표현한 결과인 수업 비평 텍스트가 수업 텍스트에 대한 표상적 재구성이라는 점이다. 즉 수업 비평 텍스트를 구성한다는 것은 하나의 새로운 세계를 창출한다는 의미이다. 바로 이 점이 하나의 수업 텍스트에 대하여 다양한 수업 비평 텍스트가 자기완결성을 지니고 산출될 수 있는 근원적인 조건이 된다.[19]

수업 비평 텍스트의 자기완결성은 수업 비평 텍스트의 타당성의 준거에 대한 고찰을 통해서도 확인된다. 논란의 여지가 있는 연구자의 제언에 불과하지만 수업 비평 텍스트의 장르적 속성에 의거하여 '그럴듯한' 수업 비평 텍스트의 조건으로 필자가 제안한 타당성의 준거는 다음과 같은 것들이었다.

- 필자의 내적 확신(필자 요인: 내적 타당성)
- 독자의 공감(독자 요인: 외적 타당성)
- 글 읽기의 재미(형식적 요인: 미적 타당성)

이 중에서 처음의 두 가지 요인은 필수적인 준거들이고 세 번째 요인은 선택적 준거이다. 세 번째가 선택적 준거인 까닭은 수업 비평 텍스트 자체를 예술적인 형식으로 인식하고 의식적으로 미적 형식의 창출을 시도하는 사람들도 있지만 그렇게 생각하지 않는 사람들도 상당수 있기 때문이다. 따라서 처음의 두 가지 준거를 놓고 생각해 볼 때 수업 비평 텍스트의 존립 근거와 가치는 필자와 독자의 인식에 있다. 다시 말해 수업 비평 텍스트의 타당성은 수업 텍스트를 핍진하게 그려

• • •

19 엄훈(2011c)은 예비 교사들의 수업 비평 텍스트에 대한 주제 분석을 통하여 이혁규(2007)가 이 중의 경이 체험이라고 표현한 수업 비평 텍스트의 다양성의 사례를 보여 주었다. 이들 비평 텍스트들은 매우 다채로운 주제들로 구성되었으며, 비슷한 주제를 선택한 경우에도 비평가에 따라 가치판단이 달라질 수 있음이 확인되었다.

내는 데 있지 않으며, 수업 비평 텍스트를 쓰고, 수업 비평 텍스트를 읽는 사람들의 확신과 공간 위에 구축된다. 수업 비평 텍스트의 자기 완결성이란 바로 이러한 의미이다.

수업 비평 텍스트의 타당성 준거에 부합하는 자기완결적 텍스트를 산출하기 위해서는 초고 쓰기와 고쳐 쓰기의 과정이 필요하다. 초고 쓰기는 주제를 중심으로 수업의 의미를 질서 있게 조직하는 데 초점이 있으며, 고쳐 쓰기는 독자의 공감을 얻기 위해 독자의 눈높이에 맞춰 독자에게 말을 거는 데 초점이 있다.

다. 비평적 실천의 과정에 대한 성찰

비평적 실천의 과정은, 특히 수업 비평 텍스트의 타당성의 준거는 인식 주체의 체험에 의존한다는 의미에서 현상학적이다. 현상학적 분석은 그 분석의 옳음을 입증하기 위하여 어떤 실증주의적인 절차나 객관적 자료를 요구하지 않는다. 현상학적 언명은 언제나 인식 주체가 말하는 바로 그 영역 내에서의 개인적인 체험에 의존하기 때문이다. 인식 주체가 느끼는 "아, 과연 그렇구나!" 하는 확신이 현상학에서는 중요하다(장상호, 1997: 807-808). 확신을 동반한 인식 주체의 자각이 다른 사람에게까지 확장되어 동의를 얻을 때 현상학에서 말하는 간주 관적 확증이 획득된다. 그런데 그러한 동의는 다른 사람이 비슷한 실천적인 체험을 한 경우에 온전히 얻어질 수 있다. 그런 점에서 타인으로부터 현상학적 언명의 간주관적 동의를 얻으려고 하면 타인에게 그와 같은 체험을 적절히 재현시키는 절차가 필요하다(장상호, 1997: 811).

현상학적 확신과 그에 대한 간주관적 확증에 대한 이상의 설명은 수업 비평이 이루어지는 공적 소통의 장에서 필자와 독자가 만나는 과정과 흡사하다. 또한 바로 그러한 까닭에 현상학적 타당성을 설명하는 조건이 수업 비평 텍스트의 타당성의 조건과 놀라우리만큼 동일하다.

　이상에서 나는 수업 비평 수업의 원리에 대하여 다각도로 검토하였다. 요약하자면 수업 비평 수업의 원리는 '작품으로서의 수업 보기'와 '비평적 실천'이며, '작품으로서의 수업 보기'는 '맥락 속에서 보기'와 '전문가의 눈으로 보기'라는 접근법으로, '비평적 실천'은 '주제화하기'와 '공적으로 표현하기'라는 접근법으로 구체화될 수 있다. 논의를 하는 과정에서 '작품으로서의 수업 보기'의 원리가 해석학의 방법론으로부터 연역되어 나옴을 확인하고, 그 구체적인 접근법은 전통적인 해석학의 한계를 뛰어넘는 면모가 있음을 확인하였다. 또한 '비평적 실천'의 접근법인 '주제화하기'와 '공적으로 소통하기'가 수업 비평 텍스트라는 자기완결적인 세계에 질서를 부여하는 일이며, 수업 비평 텍스트를 구성하고 소통하는 과정이 현상학적 과정으로 이해될 수 있음을 검토하였다.

　수업 비평 수업의 원리에 대한 이상의 검토는 필자 스스로의 수업 경험에 대한 자기 성찰이라는 면에서 본격적인 대화로 독자들을 불러들이는 초대장이다. Loughran은 셀프스터디가 성찰reflection에 기초하고 있지만 실천에 대한 성찰reflection on practice과 셀프스터디를 변별하는 중요한 지점이 있음을 지적하면서 그러한 변별점이 공적인 소통에 있다고 하였다(Loughran, 2007: 25-26). 셀프스터디는 지식이 사적인 테두리를 넘어서 매개적으로 확산되는 것을 지향하기 때문에 성찰을 통해 산출된 지식과 이해는 공적으로 소통되어서 다른 사람들에 의해 검토되고 확장되고 변형되고 번역되어야만 한다.[20] 이 소박한 초대장이 수업 비평 수업의 원리에 대한 본격적인 대화로 이어지기를 기대한다.

· · ·

20 셀프스터디가 지닌 이러한 특징은 수업 비평이 지닌 특징과 놀라우리 만큼 동일하다. 수업 비평이 수업에 대한 감식 행위와 함께 비평적 실천이라는 소통 행위를 필수적으로 요구하듯이 셀프스터디 또한 실천에 대한 성찰과 공적인 소통을 필수적으로 요구하는 것이다. 공적인 소통은 수업 비평과 셀프스터디를 현장에 뿌리를 둔 교육 연구로 이끌어 가는 공유된 하나의 축이다.

IV. 결어

수업 비평 수업을 시작할 때 나는 Eisner의 교육적 감식안과 교육 비평의 개념, 그리고 교육 비평의 네 가지 차원(기술, 해석, 평가, 주제)에 대한 설명(Eisner, 1998, 박병기 외 역, 2001)에 근거하여 수업 활동을 디자인하였다. 그의 개념과 절차는 수업 비평과 수업에 든든한 기반을 제공했지만 문제는 그의 감식안 개념과 비평 개념이 수업 비평 이론을 전개하는 데 충분할 만큼 정밀하지는 않다는 데 있었다.

Eisner의 감식안 개념은 포도주 감식가의 감식 행위에 의해 비유적으로 정의되고 있다. 그러나 수업에 대한 감식안과 포도주 감식안은 질적으로 큰 차이가 있다. 특히 수업의 질은 포도주처럼 즉각 드러나지 않기 때문에 훨씬 복잡한 과정을 거쳐야만 감식이 가능하다. 질을 감식하는 인식적 보기라는 소박한 Eisner의 감식안에 대한 정의로는 수업을 보는 안목을 제대로 드러낼 수가 없다는 것을 느꼈다.

수업 비평 수업을 해 나가는 동안 나는 이 문제에 대한 실천적인 해결 방안을 모색하였고, 시행착오를 통한 경험과 그 경험에 대한 성찰을 통해 수업을 보는 감식안이 해석학적 인식론과 방법론에 의해 더욱 정밀하게 정의될 수 있다는 것을 알게 되었다. 맥락 속에서 보기와 전문가의 눈으로 보기는 나의 수업 비평 수업의 경험을 통해서 Eisner의 교육적 감식안을 해석학적으로 재정의한 것이라고 할 수 있다.

Eisner의 교육 비평 개념은 교육적 감식안을 공적 표현의 차원으로 끌어올리는 역할을 한다. 그의 교육 비평 개념은 교육적 감식 행위를 공적 소통의 대상으로 전환시켰다는 점에서 매우 중요하다. 그러나 그의 교육 비평 개념은 감식의 결과를 텍스트로 표상하는 단계에 머물러 있다. 나는 그의 교육 비평 개념이 장르 차원에서 재해석되어야 함을 깨달았다. 실제로 2005년 이후 한국에서 전개되고 있는 수업 비평은 교육 공동체 속에서 든든한 소통의 주체를 확보함으로써 살아 있는 장르로서의 면모를 확보하고 있다. Eisner의 교육 비평은 한국에 와서 수업 비평이라는 장르로 발전하고 있는 것이다.

장르로서의 수업 비평은 그 자체로 하나의 완결적인 세계를 만들어 낸다. 수업 비평 장르의 자기완결성은 현상학적 접근법으로 해명될 가능성이 엿보인다.

Eisner의 교육 비평의 네 가지 차원(기술, 해석, 평가, 주제)은 수업 비평의 절차의 문제를 성찰하는 토대가 된다. 나는 수업 비평 수업의 절차를 탐색하는 과정에서 Eisner의 교육 비평의 네 가지 차원을 수업의 실제에 맞게 변용하였다. 그러한 변용의 포인트는 교육 비평의 차원에 해석학적 관점과 교육적 관점을 결합하는 것이었다. 그 결과 수업 비평 수업의 절차에 관습적 수업 보기의 관점을 해체하고 수업 비평의 관점을 비판적으로 이해하기 위한 '선이해'의 과정을 도입하였고, 학생들의 경험 과정을 고려하여 수업을 해석하는 과정을 '맥락 속에서 보기'와 '전문가의 눈으로 보기'라는 과정으로 세분화하였다.

앞서 말한 바와 같이 이 글은 나의 수업 비평 수업의 경험을 토대로 이루어진 수업 비평 수업의 원리에 관한 자기 성찰의 결과이다. 수업 비평 수업의 원리에 대한 성찰은 수업 비평의 원리를 밝히는 과정에 다름 아니었으며, 그동안 명료하게 밝혀지지 않은 채 통용되어 온 수업 비평의 핵심 개념들인 '교육적 감식안'과 '비평적 실천'을 이론적으로 해명하는 출발점을 제공하였다. 이로써 이 글은 독자들을 수업 비평 (수업)의 원리에 관한 심화된 토론으로 초대한다. 독자들의 발전적인 비평을 기대하며 글을 마무리한다.

박승배(2006), 교육 비평: 엘리어트 아이즈너의 질적 연구 방법론, 서울: 교육과학사.

심영택(2010), 수업 비평적 글쓰기 방법에 관한 연구, 국어교육학연구, 39, 국어교육학회, 379-402쪽.

엄훈(2010), 수업 비평 개념에 대한 대안적 탐색, 교육과정평가연구, 13(2), 한국교육과정평가원, 79-101쪽.

엄훈(2011a), 지식으로 수업 보기, 그 관점과 방법, 국어교육, 135, 한국어교육학회, 215-242쪽.

엄훈(2011b), 예비 교사들의 국어 수업 비평에 대한 메타 비평, 한국사회과교육학회 제140차 학술대회 자료집, 한국사회교육학회, 1-14쪽.

엄훈(2011c), 온라인 수업 비평 시스템을 활용한 비평적 실천 사례 연구, 열린교육학회 2011 하계 학술대회, 21-34쪽.

이동성(2011), 한 교사 교육자의 교수 경험에 대한 자문화 기술지, 교육인류학연구, 14(3), 한국교육인류학회, 31-67쪽.

이혁규(2007), 수업 비평의 필요성과 방법에 대한 탐색적 논의, 교육인류학연구, 10(1), 한국교육인류학회, 155-185쪽.

이혁규(2008), 수업, 비평의 눈으로 읽다, 서울: 우리교육.

이혁규, 이경화, 이선경, 정재찬, 강성우, 류태호, 안금희, 이경언(2007), 수업, 비평을 만나다, 서울: 우리교육.

장상호(1997), 학문과 교육(상), 서울: 서울대학교 출판부.

진권장, 손영수(2003), 현상학과 해석학의 교육적 시사점 탐구 및 교육 실천 현상의 재해석, 현상해석학적 교육연구, 1, 한국교육현상해석학회, 5-33쪽.

Baird, J.(2007), Interpreting the what, why and how of self-study in teaching and teacher education. J. John Loughran at al.(eds.), *International Handbook of Self-Study of Teaching and Teacher Education Practices*, Springer, 1443-1481.

Eisner, E. W.(1976), Educational connoisseurship and criticism: Their forms and functions in educational evaluation, *Journal of Aesthetic Education*, 10(3/4), Bicentennial Issue, 135-150.

Eisner, E. W.(1977), On the uses of educational connoisseurship and criticism for evaluating classroon life, *Teachers College Record*, 78(3), 345-358.

Eisner, E. W.(1994), *Cognition and curriculum reconsidered*(2nd ed.), 박승배 역(2003), 인지와 교육과정, 서울: 교육과학사.

Eisner, E. W.(1985), *The Educational Imagination*(2nd ed.), 이해명 역(1991), 교육적 상상력, 서울: 단국대학교출판부.

Eisner, E. W.(1998), *The enlightened eye: Qualitative inquiry and the enhancement of educational practice*, 박병기 외 역(2001), 질적 연구와 교육, 서울: 학이당.

Geertz, C.(1973), *The Interpretation of Cultures*, N.Y.: Basic Books, 문옥표 역(1998), 문화의 해석, 서울: 까치.

LaBoskey, V. K.(2007), The Methodology of Self-Study and Its Theoretical Underpinnings, J. John Loughran at al.(eds.), *International Handbook of Self-Study of Teaching and Teacher Education Practices*, Springer, 817-869.

Loughran, J. J.(2007), A History and Context of Self-study of Teaching and Teacher Education

Practices, J. John Loughran at al.(eds.), *International Handbook of Self-Study of Teaching and Teacher Education Practices*, Springer, 7-39.

Polanyi, M.(1958), *Personal knowledge: Toward a Post-Critical Philosophy*, London: Routeledge & Kegan Paul.

Richardson, L. & St. Pierre, E. A.(2005), Writing: A method of inquiry, Denzin, N. K. & Lincoln, Y. S.(eds.), *The Sage Handbook of Qualitative Research*(3rd), Thousand Oaks, CA: Sage Publications, Inc, 959-978.

수업 비평의
실제

수업 비평적 관점을 통한 중등 국어 수업 사례 연구

정재찬

I. 수업 비평적 관점에 대한 이해

1. 수업 전문성 신장과 수업 비평

수업 전문성 신장과 관련하여 현장에서는 수업 혁신, 수업 장학, 수업 평가, 수업 컨설팅, 수업 클리닉 등 다양한 이름과 성격의 연수 강좌가 진행되고 있다. 이러한 배경에 교원 평가제의 도입이 한몫을 하고 있음은 거의 분명해 보인다. 수업 공개 의무화는 이미 거스를 수 없는 대세이기도 하다. 이러한 흐름이 갖는 긍정적인 측면을 부인해서는 안 된다. 하지만 그것이 가져올 문제점을 지적하고 올바른 개선 방향을 제시하는 것 또한 게을리해서는 안 된다.

필자가 보기에 가장 문제적인 것은 평가의 잣대가 분명할 것을 요구하게 될수록 수업이 획일화될 우려가 커진다는 데 있다. 수업 공개에 따른 평가 척도는 양적 기준이 되기 쉽고, 그 경우 교사는 차별적 전략

보다 표준화 전략을 구사하는 편이 보다 안전할 것이기 때문이다. 이렇게 될 경우, 수업에서 그 학급 고유의 특수한 맥락, 환경 조건, 변인 등은 무시되기 십상이다.

〈표 3-1〉은 동료 교사에 의한 수업 평가 지표(2009년도 교육부 예시안)이다. 이 내용 중에 특별히 문제가 될 만한 항목은 없을 것이다. 하지만 이 수업 평가 기준을 구체적인 교과, 곧 국어 수업 평가 기준으로 적용할 때는 어떤 상세화 과정을 거쳐야 할 것인가? 그리고 이 기준에 따른 평가로부터 어떤 피드백을 얻어 교사는 자신의 전문성을 신장시킬 수 있을 것인가?

표준화는 전문성의 최저 기준일 뿐이다. 수업의 표준화된 형식은 개별화되고 최적화된 수업의 기본 틀이지 그 자체가 목표가 될 수는 없는 것이다. 그럼에도 불구하고 그것이 평가의 기준으로 작동하게 되면, 교사로서는 융통성이나 창의성, 개별성과 독창성을 발휘하기보다는 주어진 목표 실현을 위한 효율적인 교수 전략만 추구할 수밖에 없게 마련이다. 수업의 개선과 전문성 신장을 요구하는 교원 평가가 이렇게 귀결되는 것은 아이러니가 아닐 수 없다. 아니, 표준화가 목표라면 전문성은 기대하지 않는 편이 옳다. 표준을 지키는 사람에게 전문가라는 명칭 자체가 어울리지 않기 때문이다. 프로페셔널리즘은 표준, 곧 기본의 준수가 아니라 새로운 표준의 창안에 달려 있다.

그럼에도 불구하고 현실은 더욱 기준의 세분화를 통해 전문성의 신장을 추구하는 것처럼 보인다. 국어과 교사 전문성 신장을 위한 모 교육청의 연수 프로그램 중 평가 지표별 교수요목 가운데 '수업의 도입'과 관련한 부분만 보이면 〈표 3-2〉와 같다.

이러한 지표와 교수요목들은 교사의 수업 전문성이란 것이 얼마나 고도의 수준을 요구하는 것인지 잘 보여 준다. 이 교수요목은 국어과 교육과정의 이해에서 평가 결과의 활용에 이르기까지 무려 60개(중복

표 3-1 동료 교사에 의한 수업 평가 지표(2009년도 교육부 예시안)

평가 영역	평가 요소	평가 지표	세부 판단 기준
수업 준비	교재 연구	수업 연구에 꾸준히 노력하는가?	• 평상시 수업과 관련된 교재 연구를 충실히 한다. • 창의적 수업 방법 고안을 위해 노력한다. • 교수 학습 방법 개선을 위하여 꾸준히 노력한다. • 새로운 수업 매체에 대한 연수 및 교육 프로그램에 적극 참여한다.
	지도 계획	수업 설계가 정교하게 되었는가?	• 수업 설계가 교육과정을 충실히 반영한다. • 수업 설계가 교과 특성을 고려한다. • 학습 주제에 알맞은 학습 형태를 제시한다. • 수업 목표가 구체적이고 타당하다.
	학습자 특성 이해	지도 계획에 학생 수준을 반영하는가?	• 수업 계획에 학생의 학년 특성을 반영한다. • 수업 계획에 학생의 선수 학습 경험을 반영한다. • 수업 계획에 학생의 교과에 대한 태도 및 흥미를 반영한다. • 수업 계획에 학생의 학습 수준을 고려한다.
수업 실행	수업 환경 조성	수업 분위기를 좋게 유지하는가?	• 학생들이 자기 의견을 자유롭게 표현할 수 있는 개방적인 분위기를 조성한다. • 학생을 인격적으로 대한다. • 정서에 도움을 주는 학습 환경을 조성한다. • 학습 환경이 잘 정비되어 있다.
	학습 동기 유발	동기 유발을 잘하는가?	• 학생들이 흥미롭게 수업에 참여하도록 유도한다. • 학습문제 도출에 적합한 내용으로 동기 유발한다. • 흥미로운 질문, 호기심 등을 활용하여 내적 학습 동기를 자극한다. • 학생들이 학습목표를 성취할 수 있도록 동기화시킨다.
	수업 안내	수업 안내는 적절한가?	• 수업 시작 시 도입을 적절히 하고 있다 • 학습목표를 효과적인 방법으로 제시한다. • 단위 차시별 수업 흐름을 자세히 안내한다. • 활동별 수업 내용을 자세히 안내한다.
	교수 방법	교수 방법이 적절한가?	• 기초·기본 학습 훈련이 잘 되어 있다. • 교과 특성에 맞는 수업 방법을 활용한다. • 수업의 흐름이 자연스럽다. • 중요한 수업 내용을 요약하여 제시한다.

평가 영역	평가 요소	평가 지표	세부 판단 기준
수업 실행	상호작용	학생과의 상호작용이 활발한가?	• 학생들이 수업 활동에 적극 참여한다. • 학생들의 의견을 학습 활동에 적극 반영한다. • 수업 방해 행동에 대해 적절하게 대처한다. • 칭찬과 격려가 적시에 이루어진다.
	교수 발문	교수 발문이 적절한가?	• 학생들의 수업 참여 의욕을 높이는 발문을 한다. • 학생들의 사전 지식과 경험을 고려한 발문을 한다. • 학생들의 사고를 촉진시키는 다양한 발문을 한다. • 학생의 우발적 발언, 오류 답 발언에 대한 처리가 효과적이다. • 다양한 유형(확인, 탐구, 유도, 추구)의 발문을 한다.
	교수 태도	교수 태도가 충실한가?	• 수업에 대한 열의가 있다. • 교수 태도가 안정되고 자신감이 있다. • 교사의 사용 언어, 발문, 태도가 적절하다. • 학생의 발언을 경청하고 의견을 적극 반영한다.
	학습 자료 활용	학습 자료 및 매체를 적절히 활용하는가?	• 수업 내용과 목표에 적합한 교수 매체와 자료를 활용한다. • 학습 자료를 적시에 활용한다. • 수업 매체를 이용한 풍부한 학습 경험을 제공한다. • 능숙하게 수업 매체를 활용한다.
	학습 정리	학습 정리가 잘 이루어지는가?	• 학습한 내용을 확인한다. • 판서의 양이 적당하다. • 적절한 양의 과제를 제시한다. • 수업 정리 시 차시 예고를 한다.
평가 및 활용	평가 계획	평가 계획을 수립하는가?	• 체계적인 평가 계획이 수립되어 있다. • 평가 시기 및 방법이 명시되어 있다. • 평가 기준이 명확하게 제시되어 있다. • 평가에 대한 안내를 자세히 한다.
	평가 내용 및 방법	평가 내용 및 방법이 적절한가?	• 평가 내용이 수업 목표를 반영하고 있다. • 평가 방법이 적절하다. • 수행 평가와 지필 평가를 적절히 활용한다. • 다양한 평가 기법을 적절히 활용하고 있다.
	평가 결과 활용	평가 결과를 적절히 활용하는가?	• 평가 결과를 모아 정확하게 기록하고 있다. • 학생들의 학습 오류에 대한 추가 지도가 이루어진다. • 평가 결과를 자신의 수업 개선에 활용하고 있다. • 평가 결과를 학생들에게 정확히 전달한다.

포함)의 분절된 세부 단위로 이루어져 있다. 〈표 3-2〉는 그중 5개 과목에 해당할 뿐이다.

그러나 수업에 대한 분석적 이해만큼 우리가 수업에 대해 포괄적으로 이해하려는 노력은 기울이지 않은 것 같다. 수업은 분석적 단위의 합으로만 그 성취 여부를 말하기 어려운 속성을 지니고 있다. 수업은 유기체와 같은 속성이 있어서 부분이 부분에 영향을 주고, 같은 교수 행위도 학급에 따라 달라지기 일쑤이기 때문이다.

요컨대 수업의 표준적인 형식은 현실적으로 대단히 중요하지만 그것이 형식주의적 잣대로 작용될 경우 수업의 생명성은 사라지게 된다. 수업은 매우 구체적인 대상과 상황을 전제로 하기 때문이다. 그러기에 교사는 수업의 형식에 정통해야 하지만, 자신이 처한 특수한 상황에 비추어 그 형식을 벗어나 새로운 형식을 창안해야 하는 존재로 볼 수 있다. 그런 점에서 교사는 예술가와 흡사하며 수업은 예술 텍스트와 비슷한 성격을 지니는 것으로 볼 수 있다.

수업이 예술이라면 이에 대한 평가는 분해보다는 비평의 방식을 취함이 타당해 보인다. 평가적 관점과 비평적 관점의 주요한 차이점은 교사의 수업 행위를 이해하는 방식의 차이이다. 평가적 관점은 교육과정과 교과서가 주어져 있고, 효율적인 교사의 수업 행동도 어느 정도 알려져 있다고 가정한 상태에서 교사가 얼마나 효율적으로 행동하는가를 판단하고자 한다. 따라서 수업 장학은 표준적인 기준을 적용한 양적이고 공학적이며 처방적인 성격을 가진 활동이 된다.

이에 비해 비평적 관점은 교사를 이와 같은 탈숙련화脫熟練化된 존재로 보지 않는다. 교사는 교육과정과 교과서를 재구성하여 가르치는 존재이다. 따라서 교육과정과 교과서를 표준화한다고 하더라도 어느 한 수업도 똑같이 진행되지 않는다. 오늘날 교육학 연구들은 교사들이 만들어 내는 교실 수업의 이런 차이들에 주목하여 교사의 전문성을 규정하려고 하고 있다. 비평은 교사의 이런 측면에 주목한다. 교사는 주어

표 3-2 모 교육청의 연수 프로그램 중 평가 지표별 교수요목

과정	개요				
목적	수업 목표의 명확한 제시 및 학생들의 동기 유발 등을 통해 수업의 도입 부분을 적절하게 운영할 수 있다.				
대상	중등학교 국어 교사				
과정 목표	• 수업의 도입 부분에 해야 할 활동에 대하여 설명할 수 있다. • 국어과 여섯 영역에 사용할 수 있는 다양한 주의 집중 전략을 설명하고, 수업 내용에 적합한 전략을 선정할 수 있다. • 국어과 여섯 영역에 사용할 수 있는 다양한 동기 유발 전략을 설명하고, 수업 내용에 적합한 전략을 선정할 수 있다. • 수업 목표를 효과적으로 설명하고, 수업 과정을 구체적으로 제시할 수 있다.				
	과목명	학습 내용	교수 방법	평가 방법	교육 시간
과정 내용	과목 1: 수업 도입 부분 주요 활동의 이해	• 주의 집중의 필요성 • 동기 유발 4요소(주의 집중, 관련성, 자신감, 성취감)의 이해 및 필요성 • 수업 목표 제시의 중요성 • 선수 학습 확인의 필요성	강의	지필 평가	1시간
	과목 2: 학습 분위기 조성 전략	• 출발점 행동 파악 방법 • 배경 지식 활성화 전략 • 선행 지식 보충 지도 방법	강의·실습	지필 평가/ 성과 체크리스트	1시간

	과목 3:
	주의 집중
	및 동기 유발
	전략
		• 주의 집중 전략
		  -유머 교수법 활용
		  -경험 활성화 전략
		  -시범 활동 활용
		• 주의 집중 전략의 응용
		
		• 동기 유발 전략
		  -매체를 활용한 동기 유발 기법
		  -호기심 유발 기법
		  -수업의 기대, 관련성, 성취감 제시
		  -적절한 보상 제시 방법 구안
		• 동기 유발 전략의 응용
			강의·실습	행동 관찰
				태도 설문지/
				성과 체크리스트
					1시간

	과목 4: 수업 목표 제시 전략	• 효과적인 수업 목표 제시 방법 • 학습 내용 개요 제시 방법 • 조직화된 수업 안내 기법	강의·실습	지필 평가	1시간

〈설문 결과 도출된 그 밖의 교수요목 내용들〉

• 수업 환경 점검
• 시범 보이기 전략
• 친근한 분위기 조성 전략

• 퀴즈 문항 개발 능력
• SPOT 기술
• 신세대 문화의 이해

진 설계도를 따라서 공사를 진행하는 공원工員이 아니라 환경의 제약 속에서 나름의 자율성을 발휘하여 수업을 창조해 가는 존재인 것이다. 그러므로 그에 의해 생산되는 수업 텍스트는 예술 텍스트에 비견할 수 있으며, 그에 대한 평가 또한 예술 비평적 성격을 띠지 않으면 안 되는 것이다.[1]

수업의 의미를 해석하고 종국적으로 교과의 규범적 기준에 비추어 좋은 수업을 평가하는 작업은 고도의 비평적 행위일 수밖에 없다. 아울러 그것은 자신이 지각한 것을 다른 사람에게 이해 가능한 형식으로 표상하는 행위를 동반하게 마련이다. 이처럼 수업 현상 속에 내재된 질적 특성에 주목하고 그것을 그 특성에 적합한 방식으로 표상하는 것의 중요성을 부각하게 되면, 수업에 대한 전체적인 비평은 객관적 증명의 차원이라기보다는 인문학적 비평의 차원에 가깝게 된다. 이는 교육 연구를 사회과학적 엄숙성에서 인문학적 상상과 유연성 쪽으로 다소간 끌어오는 것을 의미한다.

이런 관점에서 필자는, 수업 비평이란 교육 텍스트이자 일종의 문화 예술 텍스트로서의 수업 텍스트를 대상으로 삼아 기술과 해석과 평가를 주축으로 행하는 비판적이고 창조적인 글쓰기로 규정한 바 있다(정재찬, 2006: 397). 또는 교사와 학생들이 함께 구성해 가는 수업 현상을 하나의 분석 텍스트로 하여 수업 활동의 과학성과 예술성, 수업 참여자의 의도와 연행, 교과와 사회적 맥락 등을 종합적으로 고려하면서 수업을 기술, 분석, 해석, 평가하는 비판적이고 창조적인 글쓰기라고 정의하기도 하였다(이혁규, 2008). 이러한 정의는 더욱 정련되어야 할 필요가 있지만 현재로서는 이 정도의 동의하에 다양한 수업 비평의 실제가 전개되고 그로부터 더욱 적절한 방향을 선취해 가는 편이 타당할 것으로 보인다.

. . .

1 이에 관해서는 이혁규(2008)와 정재찬(2006)을 참고할 것.

다만 몇 가지 오해를 바로잡을 필요는 있다. 첫째, '비평'이란 용어가 주는 부담감이다. 현장 연수를 통해 교사들의 반응을 보면, '비평'이란 용어가 주는 부담감과 거부감이 만만치 않음을 느낄 수 있다. 설명을 듣기 전까지는 '비평'은 곧 '비판'을 연상하게 하여 수업 평가란 용어보다 도리어 더 큰 두려움을 나타내곤 하는 것이다. 하지만 문학 예술계에서 비평이란 매우 다양한 폭과 자장을 드러낸다. 어떨 때는 작가에 대한 존경을 드러내는 장이기도 하고, 때로는 해설적 성격을 강조하여 독자에 대한 가이드 역할을 하기도 하고, 때로는 비판을 통해 격렬한 논쟁을 유발하기도 한다. 그러나 그 어느 쪽이든 비평은 해당 텍스트에 대한 애정과 관심을 갖고 대단히 꼼꼼하고 섬세한 읽기를 수행한다는 공통점이 있다. 수업 비평의 중핵은 해당 수업 텍스트에 대한 철저한 이해적 구성물을 만들어 낸다는 데 있다. 수업 비평은 기술과 해석이 주가 되며 그에 기초해 평가가 이루어지는 글쓰기라 봄이 타당하다. 이 점은 강조해 마땅한데, 기존의 수업 장학은 수업 텍스트를 꼼꼼히 읽고 거기서 어떤 가치를 발견하기보다는 이미 주어진 어떤 기준에 입각하여 수업 텍스트의 질을 평가하는 경향이 있기 때문이다. 하지만 수업 비평에서 말하는 평가는 교육 내용이 교수학적 내용 지식으로 어떻게 변환되었는지, 교사는 어떤 의도와 맥락에서 그렇게 했으며, 그에 대한 학습자의 반응과 결과는 어떻게 드러났는지 등을 기술하고 이해하고 분석하는 데 주력하고자 한다.[2]

둘째, '비평가'는 누구인가? 현재까지는 대학의 교수나 연구자들이

<hr>

2 지난날의 수업 장학이나 수업 연구물들을 보면 교과교육의 언어를 담보하지 못하는 경우가 많았다. 체크리스트는 그 수업이 국어이든, 수학이든, 체육이든 별로 달라지는 바가 없다. 조영달(2000)은 교실 수업의 현상 형태와 연관하여, 교수학적 내용 지식(Pedagogical Content Knowledge)과 교육과정 수행 지식(Curriculum Enactment Knowledge)에 대한 관심을 강조하고 있다. 그에 따르면, 전자는 학습의 주제와 이슈를 학습자의 특성과 교수 학습을 위한 전략에 맞게 구성·재조직된 것을 의미하는 것으로, 교과교육학자와 일반교육학자의 연구 초점을 구분시켜 주는 좋은 범주의 하나가 된다.

학교 현장 수업을 관찰하고 그에 대한 비평을 행하는 것이 일반적이었다. 그러나 이는 수업 비평이란 장르의 발생이 강단에서 비롯된 데 따른 불가피한 현상일 뿐이다. 교과교육 현장에 대한 교과교육 학자들의 관심은 지속되어야 하지만, 이것이 수업 비평의 유일하거나 유력한 길은 아니다. 오히려 이렇게만 지속되면 외부의 교수학적 권위자가 평가를 내리는 형태로 고착화될 우려가 크다. 실제적 부담도 만만치 않다. 연구자들이 교실 수업의 진실을 알려면 교사와 학생들이 교실 뒤에서 수업을 관찰하는 연구자가 외부자로 인식되지 않을 만큼 오랜 시간을 투입해야 한다. 따라서 이런 모델보다는 교사-비평가가 상호 비평의 관계를 유지하고 발전시키는 모델이 더 바람직해 보인다. 이를 위해 최근 연수에서는 수업 공개와 비평보다는 수업 공유와 상호 비평의 자발적 모임을 강조하는 추세이다.[3]

셋째, 수업 비평이 꼭 글쓰기의 형태이어야 할 필요는 없다. 수업을 기술하기 위해 수업 내용을 전사하는 것부터가 엄청난 부담이고, 해당 수업에 딱 맞는 언어를 찾기 위해 비평가는 적잖은 시간과 노력을 바쳐야만 하기 때문이다. 이것을 일선 교사들이 수시로 행하기란 거의 불가능에 가깝다. 따라서 수업을 공유한 이후, 합평회를 통해서 서로의 비평적 안목을 나누며 진지하게 토론하는 것도 허용할 만하다. 다만, 글쓰기의 강제가 없을 경우, 합평회가 아니라 간담회 형식으로 변화하면서 책임지지도 않을 순간순간의 단상만 오고 갈 우려도 적지 않다. 그러므로 수업을 관찰할 동안에 세밀한 관찰 노트를 작성하고, 수업을 동영상 자료로 확보하여 언제든 다시 보기를 가능하게 해야 하며, 합평회 또한 수업 당일보다는 일정한 시기가 경과한 다음, 정리된 생각들을 가져와 발표하고 토론하는 형태가 더 바람직하다. 일부 지역

• • •

3　대표적인 예로 충남 천안·아산 지역 교사 모임인 '다온'이라는 공동체를 들 수 있다. 온라인 (cafe.daum.net/rntteachers) 활동을 기반으로 수업 비평과 관련한 각종 연수와 워크숍 등 다양한 오프라인 활동을 전개하고 있다.

교사 모임에서는 수업 동영상 자료를 공유한 가운데 각자 글쓰기 형태의 수업 비평문을 가져와 토론에 임하는 활동이 전개되고 있다. 물론 그 글쓰기 형태와 방식은 예술 비평가의 그것처럼 독창적인 글쓰기가 가능하도록 자유롭게 열려 있어야 한다.

2. 국어 수업 연구와 비평의 지향점

한동안 국어 수업 현장에 대한 국어교육학계의 관심과 대응은 미진한 편이었다. 국어과의 교과교육학 측면에서 보면, 교육과정이나 평가 등에 비해 수업의 국면은 연구의 조명이 상대적으로 약했던 것이 사실이다. 아마도 그 주된 이유는 수업 연구가 현장 연구의 핵심임은 잘 알지만, 연구의 핵심으로 삼기에는 현실적으로 부담이 큰 데 있을 것이다.

하지만 최근 국어교육학계에서는 국어 수업 연구에 관한 연구가 활발히 전개되기 시작했다. 2005년 한 해만 해도 국어교육학회에서는 "국어 수업, 어떻게 볼 것인가"를, 초등국어교육학회에서는 "국어 수업 관찰과 비평"을 주제로 학술대회를 개최하고 그 결과물을 학회지에 특집으로 게재한 바 있다. 이 가운데 국어 수업 현상 연구에 값하는 예로는 박태호(2005), 신헌재(2005), 이정숙(2005), 최지현(2005) 등을 들 수 있다.

국어 수업 연구로 주목할 연구로는 수업 사례 연구를 통해 수업 전문성 신장 방안을 모색하고 있는 박태호의 일련의 연구[4]를 들 수 있다. 또한 국어 수업 평가와 관련해서는 이정숙(2003), 이재승(2005), 임찬빈, 노은희(2006) 등이 있고, 국어 수업 비평과 관련해서는 이정숙

- - -

4 박태호(2008a ; 2008b ; 2008c ; 2008d)를 볼 것.

(2005)도 주목할 만하다.[5]

하지만 국어 수업에 관한 연구들은 초등 국어 수업을 대상으로 하는 경우가 대부분이다. 아울러 수업 단위 분석을 토대로 여러 사례를 귀납하여 일반화를 추구하는 논문의 형태가 대세를 이룬다.

초등 국어 수업이 대부분인 것은 연구자와 연구 대상 집단의 특성과 패러다임에 기인하는 바가 크다고 판단된다. 초등 국어교육 연구자 집단들은 일찍부터 교과 내용학보다는 현장 연구 쪽으로 관심을 돌려온 편이고, 더욱이 초등 국어교육 현장은 활동 중심의 수업 패러다임이 지배하고 또 수업 공개에 대한 저항이 적은 편이어서 연구자의 입장에서는 관찰과 분석에 값하는 사례를 쉽게 얻을 수 있는 장점이 있다. 하지만 초등교육을 대상으로 하다 보면 상대적으로 교과 내용의 교수학적 변환이라든가 교수 내용의 학문적 점검과 같은 부분은 소략해지는 경향이 있다.

국어과 내용의 교수학적 변환을 중심으로 중등 국어교육 수업 사례를 비평적으로 다루고자 하는 이 글은 그런 점에서 의의와 한계를 안고 출발한다. 입시 위주의 중등 국어 수업을 대상으로 하는 비평은 일상성에 대한 기술이란 점에서는 의의가 있겠지만 비평에 값하기 힘든 측면이 있어 이번에는 배제할 수밖에 없었다. 그래서 필자는 대안 중학교의 실험적인 국어 수업 사례를 비평의 대상으로 삼았다. 대안학교라는 특수성이 있지만, 그렇기 때문에 오히려 자유로운 형식의 국어 수업을 보일 수 있어 수업 전문성 신장과 관련한 모델로는 적절하다고 판단했기 때문이다. 그러므로 이 비평의 결과가 일반화되기는 힘들다는 단점을 피할 수는 없다. 하지만 일반화는 원래부터 수업 비평이 지향하는 바와는 거리가 먼 것도 사실이다. 더구나 이 글은 대상에 대한

• • •

5 이외에도 교사의 문법 지식 설명하기를 중심으로 다룬 김은성(2009), 국어 수업의 도입부를 중심으로 다룬 김승현, 박재현(2010) 등도 주목할 만하다.

현상학적인 인식을 통해 한 개의 수업 단위가 갖는 국어교육적 함의를 풍부하고 포괄적으로 읽어 내는 것이 목표인 만큼 분석적인 논문식 글쓰기도 감당하기 힘들 것이다. 다만, 오늘날 국문학 연구와 국문학 비평의 경계가 해체되는 경향이 있듯이, 이러한 글쓰기 행위가 갖는 작은 의의가 인정되길 바랄 따름이다.

이제 구체적인 수업 장면에 대한 비평을 보일 차례다. 이번 수업은 경기도 소재의 모 대안 중학교에서 행해진 한○○ 교사의 1학년 국어 수업으로 전통적인 교과서 독본 중심의 수업과는 거리가 멀다. 여기서 만일 교사를 '탤런트(연기자)'형과 '프로듀서(연출가)'형으로, 즉 화술과 연기력이 뛰어나고 수업 대본을 처리하는 데 재치와 개인기마저 갖춘 교사를 탤런트형이라 이름하고, 학습 자료의 준비 및 수업 진행상의 구성과 조직에 뛰어난 교사를 프로듀서형이라고 구분할 수 있다면[6] 이번 사례 연구의 대상이 되는 한 교사의 수업은 후자의 전형적이고 모범적인 예라 할 수 있을 것이다. 물론 한 교사의 개인적 기질이 탤런트와는 다소 거리가 먼 것처럼 보이는 것도 사실이지만, 그보다는 아마도 학생들의 자기주도적 학습을 위해 자기 자신을 제어한다고 보는 것이 진실에 더 근접한 진술이 될 것이다. 그는 스태프와 진행자 이상의 몫을 결코 원하지도, 추구하지도 않는다. 그 흔한 애드리브조차 별로 구사하질 않는다. 그는 멍석을 깔아 줄 뿐이다. 연출가답게 그의 수업 자료는 다양하고 흥미롭게 철저히 준비되어 있으며, '생방송'임에도 불구하고 시간 안배마저 유연하면서도 정확하게 이루어진다. 그렇다고 해

• • •

6 물론 이런 이분법은 문제가 있다. 탤런트형과 프로듀서형 '교사'가 따로 있을 수도 있지만, 동일한 교사가 상황과 목적과 대상에 따라 때로는 탤런트형으로 때로는 프로듀서형으로 하는 '수업'이 있을 수도 있고, 그 둘이 통합되어 구현되는 '교사'와 '수업'도 있을 것이기 때문이다. 더욱 중요한 것은 그 선택이 반드시 교사의 기질이나 재능에 따른 문제만은 아니라는 점이다. 교육에 대한, 수업 사태에 대한 관점의 차이가 더 결정적일 수 있다. 반드시 그래야 할 대응 관계가 있는 것은 아니지만 대체적으로 교사의 '교수' 행위보다 학생의 '학습'에 비중을 두는 교사들은 프로듀서형 수업을 택하는 경향이 강하다.

서 차갑거나 기계적인 모습을 연상하면 큰 잘못이다. 한 교사는 친구처럼 따스하고, 학생에 대한 애정과 수업에 대한 열정이 가득한 초임 교사의 모습 그대로이다.

다만, 연출이 중요한 수업이기 때문에 이 수업 비평은 카메라의 초점을 교사의 직접적인 교수 행위보다 그가 마련한 수업 교재와 그에 따른 학생들의 활동 쪽으로 옮겨야겠다. 특히 이번 수업은 국정 교과서가 아니라 교사가 직접 제작한 교재, 곧 학생들의 활동지로 진행되고, 그 전개 과정 또한 각본에 매우 충실하게 이루어져 수업 장면만큼이나 대본, 곧 교재에 대해 이해하는 일이 필수적으로 요청되기 때문이다. 따라서 분량이 꽤 많긴 하지만 활동지를 가능한 한 있는 그대로 보여 준 다음, 교재와 그에 대한 학생들의 반응 및 활동을 분석하면서 이 수업을 통해 우리가 생각해 봐야 할 바를 하나하나 짚어 보기로 하겠다.

II. 중등 국어 수업 비평의 실제

1. 도입

이제부터 보게 될 것은 통합교재 〈고정관념〉 단원의 활동지이다. 여기서 통합교재라는 것은 한 교사 자신의 변에 따르면, "교과를 넘어 삶의 문제를 다룬 주제를 통해서, 듣기·말하기·읽기·쓰기의 국어 영역을 통합적으로 가르치기 위한 교재"를 의미한다. 여기에는 크게 두 가지 의미가 있다. 하나는 삶과의 연관성을 회복하고 강화하는 것. 이를 위해 국어 교과의 경계를 넘어 삶의 다양한 장르와 매체와 소재들을 주제론적으로 통합하는 것. 다른 하나는 듣기·말하기·읽기·쓰기의 영역별 분절 활동을 통합하는 것.[7]

첫 번째 활동지는 이렇게 시작한다.

국어 대단원	통합교재 2. 고정관념-1			6
소단원	날자, 날자, 고정관념을 넘어 날아 보자꾸나!			
1학년	반	번	이름 :	

날자, 날자, 고정관념을 넘어 날아 보자꾸나!

눈앞에 보이는 것이 모두 옳다고 믿으시나요? 아니면 자신의 생각이 모두 옳다고 생각하나요? 하지만 조금만 눈을 돌리면 지금 우리가 보고 생각하는 것이 모두 진실만은 아니라는 것을 알게 될 것입니다.

고정관념이란 많은 사람들이 자신의 판단을 진실이라고 주장하고 믿어 버리는 것에서 시작됩니다. 우리 사회에서 여성의 자리는 아직도 남성보다 불평등한 면이 있지요. 이것은 남성이 여성보다 우월하다는 판단을 진실이라고 오래도록 믿어 왔던 우리의 고정관념에서 비롯된 것입니다. 아이는 어른보다 못하다고만 여기지요. 하지만 아이들의 생각은 고정되기 이전의 생각들이기 때문에 어떤 면에서는 어른의 생각보다 더욱 자유롭고 진실할 수 있습니다.

이처럼 우리 주변에는 고정관념으로 인해 우리가 보지 못해 왔던 진실들이 숨어 있답니다. 기존의 것들을 다른 각도에서 한번 살펴봅시다. 오늘은 항상 학교에 왔던 길이 아닌 다른 길로도 가 봅시다. 어쩌면 여러분이 그동안 못 보고 지나쳤거나 미처 깨닫지 못했던 사물들의 새로운 모습들이 보일지 모릅니다.

어쩌면 우리들은 그동안 '고정관념'이라는 새장 속의 새처럼 우리만의 세상에 갇혀 세상을 판단하여 왔는지도 모릅니다. 이제 새장을 나와서 날아 봅시다. 여러분 자신만의 싱싱한 날개를 달고 '고정관념'이라는 새장을 나와서 저 푸른 하늘로 날아 봅시다. 자, 이제 그 첫 힘찬 날갯짓을 시작해 볼까요?

• • •

7 이러한 기획은 긍정적이지만 여기에도 몇 가지 전제는 있어야 한다. 첫째, 기존의 영역별 활동이 통합적 언어교육과 반대되는 것으로 이해되어서는 곤란하다. 모든 시간이 다 통합적이되 단지 무게중심만 다를 뿐인 것으로 이해되어야 옳다. 그렇게 실천되지 않아서 문제이지, '쓰기' 시간은 '쓰기 활동 중심'으로 듣기·말하기·읽기가 통합된 시간으로 설정된 것이기 때문이다. 둘째, 삶과의 연계성을 확보하는 것은 소중한 일이지만, 그래서 종전의 편협한 교과교육관을 극복하는 것에 매우 적극적으로 동의하지만, 그렇다고 해서 교과의 의의 자체가 무시되어서는 안 된다. 교과의 전통적 경계 설정과 분할이 폭력적인 면도 있지만, 그 관행의 합리성도 인정되어야 하며, 그 양면성은 말 그대로 지양 극복되어야 할 사항이지 대체되거나 전복되어야 할 사항은 아니기 때문이다.

남이 쓴 교재가 아니라 손수 쓴 교재이니 책임감과 애정이 남다를 것이다. 띄어쓰기와 맞춤법은 물론 글의 내용이나 구성이 모범적이어야 한다는 부담도 상당했을 것이다. 그럼에도 불구하고 윗 글에도 손을 보아야 할 곳들은 여전히 발견된다. 그래서 기존의 교재를 비판하긴 쉬워도 막상 자신이 교재를 만들고 나면 생각이 달라진다는 고백들을 교사들로부터 듣게 되곤 한다. 하지만 필자는, 그래서 안 하는 것보다는 하면서 발전하는 편이 백배 낫다는 쪽에 서 있다. 교과서가 기성복이라면, 그래서 누구한테나 맞지만 누구한테도 딱 맞는 것은 아닌 것처럼, 교사가 손수 만든 활동지는, 기계로 만들지 않아 군데군데 올이 성기는 곳이 있더라도, 당신의 학생들에게 딱 들어맞는 맞춤복이 되어야 한다고 본다.[8]

한 교사는 학생을 지명하여 이 상자 안의 글을 읽힌 다음, 마지막 단락은 직접 읽었다. 이것으로 오늘 수업의 목표 인식은 자연스럽게 된 셈이다. 도입 활동은 무엇으로 할까? 사실, 고정관념과 관련된 자료는 없어서가 아니라 오히려 너무 많아서 선택이 힘든 경우가 아닐까 싶다. 한 교사는 EBS 동영상 자료를 선택하였다.

〈들어가기〉

보이는 것이 모두 진짜는 아니다

1. 눈의 착각
– 여러분의 눈은 언제나 진실만을 보여 주는 것일까요? 과연…….
– 영상 출처 : EBS 〈지식채널 e〉 "눈의 착각" 편
　ebs.daum.net/knowledge/episode/1407

8　사소해 보이지만, 이 점 하나만은 지적해 두고 싶다. 한 교사는 소단원의 제목을 이상(李箱)의 〈날개〉에서 따왔지만, 중학교 1학년 학생들에게 그것은 별 의미가 없었으리라는 것을. 그것은 원본을 모르는 이들에 대한 패러디의 운명과 같다.

2. 여러분의 눈은 언제나 진실만을 보여 주고 있을까요?

〈활동 1〉

앞쪽 모퉁이의 검은 선과 뒤쪽 모퉁이
의 검은 선 중 어느 것이 더 길어 보이
나요?

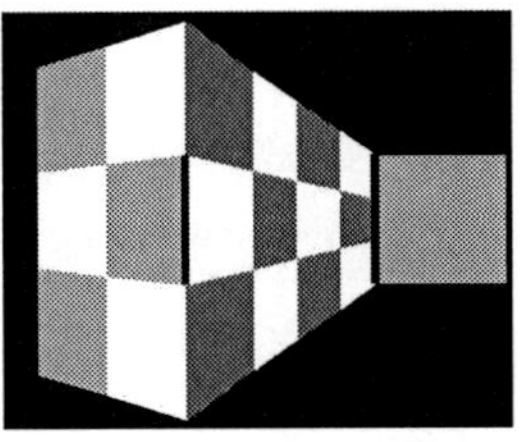

〈활동 2〉

젊은 여자인가요, 노파인가요?

〈활동 3〉

원통형으로 둥글게 만 종이를 눈에 댄 후 오
른쪽 눈은 종이를 통해 왼쪽 눈은 아무것도
없이 5미터가량 떨어져 있는 물체를 바라보
세요. 그런 다음 종이를 대지 않은 눈앞에 왼
손을 가져와 보세요. 왼손의 손바닥이 어떻
게 되어 물체가 보이게 되나요?

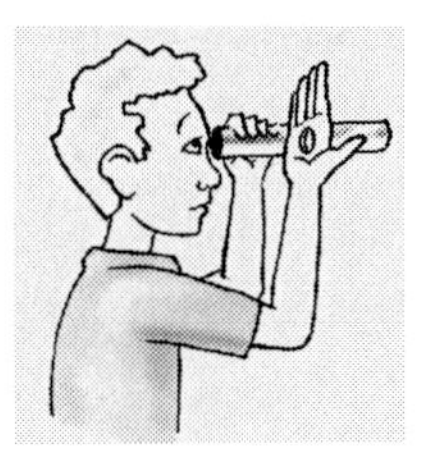

눈의 착시를 다룬 자료들은 상당히 많다. 당장 인터넷을 뒤져 봐도
착시 현상만 다룬 블로그를 쉽게 발견할 수 있을 것이다. 하지만 이
EBS 자료는 그중에서도 단연코 가장 뛰어나다고 할 수 있다. 여기에
는 주요한 착시 현상들이 아주 실감 나고 재미있게 소개되고 있으며,
무엇보다도 수업 도입에 딱 알맞은 정도의 분량으로 잘 편집이 되어

있다. 미디어 시대에서 수업의 성공은 이러한 데이터베이스를 얼마나 잘 구축하고 탐색하고 선택하는가 하는 능력과도 무관치 않을 것이다.

이 동영상 자료를 보면서 아이들은 탄성을 연발한다. 이런 자료를 보다 보면 말 그대로 내 눈을 의심하게 되며 심지어 자신이 바보가 되는 느낌마저 든다. 그래서 아이들은 동영상 자료의 자막을 위대한 교훈처럼 가슴속에 새겨 두려는 것처럼 보인다. "보이는 것이 모두 진짜는 아니다."

이쯤 되면 학습 동기 유발과 수업 목표 인식은 다 이루어진 셈이나 다를 바 없다. 물론 이 장면을 보는 내내, 착시 현상과 고정관념이 딱 들어맞는 관계인지에 대한 의문이 가시지는 않았지만, 비유나 유추란 작업의 속성이 늘 그런 가능성은 지니게 마련이니 별로 문제 삼을 필요는 없는 듯했다.

다만 이 동영상 자료에는 직선이 곡선처럼 보이는 식의 시리즈와 게슈탈트 심리학에서 흔히 쓰이는 로빈Robin의 술잔 그림, 즉 형상과 바탕이 반전되면 그림 속의 술잔이 마주 보고 있는 두 사람의 얼굴로 보이는 시리즈로 이루어져 있는데, 이 두 가지는 성격이 판이하다는 점에 주목을 요한다. 전자는 직선인데 곡선처럼 보았으니 눈의 착각이요, 잘못이라 할 수 있겠지만, 후자는 착시가 아니라 단지 어디에 관심을 두고 보느냐 하는 관점의 문제이기 때문에 잘잘못의 대상이 될 수 없다. 쉽게 말해 전자가 '틀린' 거라면, 후자는 '다른' 것이다. 한 교사의 유추대로라면, 그리고 이 활동 자료를 본시 수업 내용과 더욱 밀접하게 활용하고자 한다면, 고정관념도 위의 두 가지 방식대로 구분해 적용해 볼 수 있지 않았을까?

또한 거꾸로 생각해 보면, 착시 같은 현상은 인간의 눈과 인식의 한계를 증명하는 것이 아니라 구성적 존재로서 인간의 인식적 위대함을 증명하는 것이 되기도 한다. 또한 정지 화면의 연속을 동영상으로 인식하는 눈 덕분에 우리가 만화영화를 즐길 수도 있음에 착안한다면 이러한 현상을 통해 오히려 고정관념의 긍정적 측면까지 살펴볼 수도 있었을 것이다. 이를 심화 단계에서 활용하게 되면 반전의 반전 효과를 줄 수 있지 않을까?

그래도 이 정도면 족했다고 본다. 하지만 비디오만 틀어 주는 정도로는 스스로에게 안이하게 여겨졌는지, 아니면 학생들이 활동을 통해 직접 경험해 봐야 한다고 생각했는지, 교사는 학생들에게 동영상 자료와 거의 유사한 자료를 주고 실제 활동해 보도록 한다. 여전히 신기하기는 하나, 사실 〈활동 1〉과 〈활동 2〉는 앞에서 구분한 두 가지 시리즈의 판박이에 지나지 않는다. 그러니 조금 복잡해 보이고 새로운 활동인 〈활동 3〉에 아이들의 관심이 쏠리는 것은 당연한 일이다. 그리고 그 결과 또한 충격적이다. 자신의 눈앞에서 자신의 손바닥이 뻥 뚫려 보이니 말이다.

그런데 이 활동은 사람에 따라 쉽지가 않을 수 있다. 이로 인해 시간도 생각보다 많이 흘러갔다. 이번 시간이 과학 시간인가, 수업 주제가 착시 현상인가, 이런 생각이 들 정도였다. 이런 점에서 볼 때 도입 단계 전체의 비중이 과했다는 것이 솔직한 판단이다. EBS 자료와 이 자료, 둘 중에 하나만 택했어야 하는 것이 아닐까. 자료를 버릴 줄 아는 것도 지혜요, 용기다.[9]

2. 전개

이제부터가 본격적인 수업이다. 먼저 텍스트를 읽는다. 생텍쥐페리의 《어린 왕자》! 뭐니 뭐니 해도 '보아뱀' 에피소드만큼 어른들의 고정관념을 통렬히 고발한 작품도 드물 것이다. 중학교 1학년 학생들의 눈

* * *

9 실은 한 교사의 수업지도안 초고를 보면 이것도 꽤나 많은, 아까운 활동 자료들을 버린 것이긴 하다.

높이에도 딱 알맞은 탁월한 선택이다. 분량은 A4 한 장짜리.

학생들은 각자 조용히 이 텍스트를 읽고 교사가 새롭게 나눠 준 문제지에 답을 한다. 문제지는 다섯 문항으로 되어 있는데 4번까지는 주로 내용 파악을 위한 것이다. 그다지 어렵지 않은 듯 학생들은 쉽게, 그리고 열심히 답을 쓴다. 우리가 주목해 보아야 할 것은 5번이다.

〈내용 파악을 위한 토의〉

5. 위의 이야기처럼 자신만의 독특한 생각이 좌절된 적이 있지는 않았는지요? 나는 어떠한 생각에서 그러한 독특한 생각을 했는지, 그러한 생각에 대한 주위 사람들의 반응은 어떠했는지 등의 내용을 구체적으로 적어 봅시다.

ㅡ 시범 보이기

나는 예전에 느끼한 것이 좋아서 라면에 케첩이나 치즈를 넣으면 맛있다고 했다가, 어른들한테 '장난하냐'며 혼났던 경험이 있다. 그런데 지금은 분식집에서 치즈라면이나 치즈라볶이가 메뉴로 나오고 아이들도 많이 사 먹는다고 한다.

주어진 문제를 자신의 삶에 적용해 보는 글쓰기. 이것은 매우 필요한 활동이면서 조금은 어려울 수도 있는 활동이다. 쓰기 수업을 보면 방법적 지식을 일러 주든가 모델을 보여 주든가 최소한 둘 중에 하나는 해야 할 텐데 쓰라는 지시만 있고 정작 어떻게 쓰라는 안내는 부족한 경우가 많은 게 사실이다. 이에 비해 보면 한 교사 스스로가 자신의 경험담을 바탕으로 '시범 보이기'를 해 놓은 대목이 눈에 띈다. 아이들도 쉽게 용기를 내어 걱실걱실 잘도 쓰는 눈치다.

하지만 역기능도 있다. 때로는 '시범'이 해방의 모델이 아니라 구속

이 될 수도 있는 것. 아니나 다를까, 처음에는 '시범 보이기'처럼 주로 '먹을거리' 이야기가 대세를 이룬다. 곰국에 김 넣어 먹기, 허니 머스터드에 케첩 섞어 먹기, 삼겹살을 케첩이랑 마요네즈에 찍어 먹기, 콜라에 핫 소스와 치즈 가루 뿌려 먹기 등. 아이들의 반응은 즐겁지만 이러다간 배가 산으로 가지 않을까 싶을 때쯤……

"어릴 때 우산을 쓰고 가다 넘어진 적이 있어요. 그 당시 발명가가 꿈이 었는데 언니랑 같이 잘 보이는 비닐을 뒤집어쓰고 눈이랑 코랑 입이랑 뚫어서 숨을 쉴 수 있게 만들었어요. 선생님이랑 친구들 앞에서 엄청 자랑스럽게 발표를 했어요. 그리고 발명품 대회에 써서 냈는데 예선을 통과 못 했어요. 친구들이 놀려서 발명가의 꿈을 포기했어요."

"예를 들어 36×9를요, 저는 9×36으로 했더니 어른들이 바보 같은 짓이라 했어요. 근데 진짜 실수 많이 했어요."

첫째 아이는 좌절이란 면에선 문제가 요구한 것에 합당하지만 사람들의 비난이 고정관념에서 온 거라고 보기는 힘들다는 점에서, 둘째는 어른들의 고정관념이란 점은 맞지만 결론적으로 그것이 옳다고 한 셈이 되므로 둘 다 《어린 왕자》를 읽고 답하는 문제의 취지와는 거리가 있는 편이다. 이런 발표들에 대해 교사는 긍정적인 피드백만 할 뿐, 적극적인 평가는 하질 않는다. 아마도 학생의 의견을 존중하고 발표를 자유롭게 하게 하려는 의도이리라. 하지만 다음 경우는 어떠한가?

"옛날에요, 언제나, 지금도 그런데요, 공부해서 필요 없……. 공부해서 할 것도 없고, 좋은 대학 나와서 어차피 그냥 뭐 직장 얻고 끝나는 거니까 공부 필요 없다고 생각했어요. 그런데 결과가요, 항상 욕먹고 씹히고 그래서 안 좋았어요."

어쩌면 이 학생이야말로 문제가 요구한 대로, 자신의 독특한 생각이 고정관념 내지 사회의 통념에 지배당한 경우를 바르게 답한 것인지도 모른다. 그러나 교실 장면에서 보면 어딘가 불안해 보이나 보다. 교사는 지금도 그렇게 생각하느냐고 반문을 한다. 교사의 반문은 처음 있는 일이다. 학생이 조금 수그러들며 "필요한 거 같은데……"라고 하다가 이내 "그런데 영어 같은 건 정말 해야 하나?" 하며 다시 반문을 한다. 아이들과 교사 다 함께 크게 웃는다. 웃고 넘어갔지만 이것은 우리가 고정관념에 대해 가르칠 때 반드시 유념해야 할 고정관념의 양면성을 잘 나타내 준 사례라 하겠다.

《어린 왕자》를 마치고 난 다음, 또 다른 한 쪽의 글을 읽는 활동이 이어졌다.

<관련 글 읽기 2>

(가) 벼룩들을 병 속에 넣으면 벼룩들은 뛴다. 그 병의 뚜껑을 닫으면 벼룩들은 뛰어오르면서 병뚜껑에 부딪힐 정도로 세게 뛴다는 것을 관찰할 수 있다. 벼룩들은 계속 뛸 것이고, 계속 뚜껑에 부딪힐 것이다. 그리고 한참 후에 뚜껑을 열면 병뚜껑까지 부딪혔던 벼룩들이 병 밖으로 뛰어 나오지 못한다는 사실을 발견할 것이다. 벼룩은 병뚜껑 높이 이상으로는 더 이상 뛰지 않으려 하기 때문이다.

– 지그 지글러, 〈벼룩 훈련법〉, 《정상에서 만납시다》 중에서

(나) 키가 몹시 크다는 이유로 낮은 구두만 신고 몇십 년을 살았다. 그러다가 어느 날 문득 내가 너무 땅에만 달라붙어 있었다고 생각되어서 평소보다 2센티미터쯤 굽이 높은 구두를 사 신었다. 그리고 나는 다른 세상을 보기 시작했다. 늘 멍해 보이는 김씨의 얼굴이 약간 높은 각도에서 보면 의외로 예리한 표정을 감추고 있더라는 것에서부터, 파도처럼 밀려와 나를 압도하던 팔차선 도로의 자동차 물결들도 2센티미터만 위에서 보면 조잡한 장난감 대열처럼 왜소하게 파악되더라는 것까지, 달라 보이는 풍경이 한두 가지가 아니다. 아주 조금만 하늘 가까이 갔을 뿐인데, 너무 조금 눈의 키를 높였을 뿐인데, 시도한 것에 비해 주어진 인식의 변화는 한동안 나를 휘청거리게 할 것 같다. 눈의 높이야 당장이라도 굽갈이를 하면 높일 수 있다고 하지만 정신의 높이를 2센티미터, 아니 1센티미터 높이는 일은 결코 쉬운 게 아니다. 그만큼의 진보를 위해서 우리가 바쳐야 할 눈물과 상처는 얼마여야 할까.

– 양귀자, 〈2센티미터의 진보〉, 《길 모퉁이에서 만난 사람》 중에서

〈내용 파악을 위한 토의〉

3. (가)에서 벼룩은 안타깝게도 더 이상 유리병 밖으로 뛰어 나오지 못하게 되었네요. 한편, (나) 글에서 말하는 이는 단지 2센티미터쯤 굽이 높은 구두를 사 신음으로써 세상을 보는 시각이 바뀌었다고 말하고 있군요. 이 둘의 차이에서 우리가 얻을 수 있는 교훈은 무엇일지 생각해서 적어 봅시다.

역시 이번에도 흥미로운 내용을 담고 있는 텍스트이다. 만화까지 곁들인 센스가 예사롭지 않다. 헌데 두 편의 글이 한데 묶인 이유는 무엇일까? 원래 (가)는 성공을 하기 위해서는 자기 한계를 극복하고 자신

의 잠재 능력을 끄집어내는 것이 필요한데 그러려면 자신감을 갖고 긍정적인 자기 이미지를 창출해 내야 한다는 맥락의 글이다. 여기서의 초점은 성공을 방해하는 고정관념의 폐해다. (나)는 굽갈이를 통해 키를 높였을 때의 인식상 변화를 경험하면서 고정관념을 넘어섰을 때의 정신적 이득을 생각하게 해 보는 글로서, 주제는 정신적 진보를 위한 분투에 있다.

언뜻 보면 두 글 모두 벼룩과 굽처럼 작은 것을 소재로 삼고, 높이와 키를 문제 삼으며, 변화를 위한 노력이 주제인 것 같아 매우 유사한 듯하지만 꼼꼼히 따져 보면 막상 비교와 대조의 초점이 썩 선명하지는 않다. 의도했건 의도하지 않았건, 허긴 이래야 다양한 반응이 나올 수 있을 것이다. 하지만, 앞서 지적한 대로, 이 역시 (가)의 '벼룩'은 뚜껑이 사라져도 인식하지 못했으니 '착시'의 예에, (나)는 동일한 사물이 달리 보인 것을 말하고 있으니 '관점'의 예에 가깝다고 볼 수는 없을까? 그 둘 중 하나로 초점화하든가, 둘을 병렬적으로 조직화하든가 했어야 한다는 아쉬움이 든다.

사실, 이 텍스트들에 대한 깊이 있는 논의는 이루어지지 않았다. 1번과 2번의 답을 이야기하다가 교사는 마치 영화 〈죽은 시인의 사회〉에 나오는 키팅 선생처럼 학생들에게 책상이나 의자 위에 올라가 보라고 한다. 그럼 평소에 보던 교실 모습과 얼마나 다른지, 바닥은 깨끗해 보이지만 천정이나 형광등 갓이 그러한지 살펴보라고 한다. 아이들은 신이 나서 책상 위에 올라섰다. 그 다음에는 바닥까지 내려가 보도록 요구하자 아이들은 생각보다 교실이 더럽다며 난리들이다. 물론 이런 활동의 의의는 (나) 글에서처럼 시각과 관점의 변화가 세상을 얼마나 다르게 보이게 만드는지를 몸소 체험하게 하는 데 있다. 아이들은 즐거워했다.

이번 경우에는 아이들이 〈죽은 시인의 사회〉를 모른다는 게 오히려 다행한 일이었다. 그들은 이 활동을 참신하게 여겼다. 하지만 〈죽은 시인의 사회〉를 볼 때도 필자의 생각은 조금 달랐다. 그것은 단지 관점의 변화를 체험하는 데 그치는 것이 아니라 수업 중 책상 위로 올라간다는, 금기와 고정관념을 깨는 행위 자체에 더 큰 의의가 있는 것이라고. 고정관념을 극복하기 위해서는 생각만으로는 부족하다. 몸이 변화해야 하는 것이다.

교사의 의도도 그러한 것이 아니었을까? 그런 의도를 학생들은 눈치챘을까? 그런 생각이 들자 필자는 과연 학생들이 3번 문제에 어떻게 답할지 자못 궁금해졌다. 학생들이 정리한 답은 대충 다음과 같다.

- 시도한 것에 비해 인식의 변화는 너무너무 크다.
- 고정관념은 그 사람이 살아가는 환경에서 생긴다.
- 고정관념이 생기게 되면 깨기는 힘들지만, 고정관념을 깨면 우리는 그만큼 진보할 수 있다.
- 정해진 틀에서만 행동하고 보기보다는 그 틀을 깨고 나오면 더 많은 변화를 얻을 수 있다. 예를 들면 나쁜 사람을 다른 눈으로 보면 착하게 보일 수 있다.

기특한 아이들. 중학생이라지만 1학년이 된 지 고작 한 달 남짓한 사이에 초등학생 티가 다 사라져 보인다. 다만 필자의 욕심일까, 정신의 높이를 얻기 위해 얼마나 많은 분투와 노력이 있어야 하는지를 역설한 양귀자의 목소리가 공허하게 들리는 것은. 교사도 학생도 그 구절에는 별로 주의를 기울이지 않아 보인다.

3. 발전 및 심화

어떤 면에서 수업은 또 이제부터라고 할 수 있다. 도입 이후에 읽기 활동이 주로 사실적, 추론적 사고를 요한 것이었다면, 지금부터 교사가 원하는 것은 상상적, 창의적 사고로 보이기 때문이다. 〈관련 글 읽기〉, 〈내용 파악〉 등의 소제목 자리 대신에 드디어 〈활동 과제〉라고 되어 있는 것만 보아도 그렇다. 곧 이어 보겠지만 모둠 활동과 쓰기 활동이 강조되는 것도 같은 맥락으로 파악된다.

〈활동 과제 1〉 고정관념을 넘어 날아 봐〜!

> 우선, 고정관념을 깨는 몇 가지 문제를 풀어 볼까요? 아래 문제를 잘 읽고, 주어진 조건을 만족하되, 창의적으로 대답해 보세요.

※ 고정관념을 넘어, (　　　) 안을 채워 보세요.

① 산토끼의 반대말을 아는 대로 적어 보세요.

　(시범 보이기) 산토끼−죽은 토끼

② 얼음이 녹으면 (　　　　　　)이/가 된다. (단, 물은 제외할 것)

　마치 새롭게 동기 유발 단계에 들어선 듯, 비교적 가벼운 위밍업으로 시작한다. 하지만 1번 문제는 아이들한텐 참신할 것도 없는, 실은 진부한 문제에 속한다. 마치 코끼리를 삼킨 보아뱀 그림처럼, 어른들만 못 알아볼 뿐, 아이들한테는 식은 죽 먹기와 같다. 그래서 답은 창의적이긴커녕 기계적으로 술술 쏟아져 나온다. '집토끼', '바다토끼', '알칼리토끼', '염기토끼', '끼토산', '들토끼', '죽은 토끼' 등. 몇몇이 새로운 답을 시도해 보지만 억지웃음만 불러일으킬 뿐. 허탈해질 때쯤 한 아이의 창의성이 드디어 터져 나온다. "판토끼!" 교사와 아이들 모두 환호성이다.

　그렇다면 얼음이 녹으면 뭐가 될까? 물을 제외하라니깐 엉뚱하게 '콜라', '포카리스웨트' 등이 등장하기도 한다. 첫눈에도 과학자를 꿈꾸는 듯한 아이는 계속 "액체화 상태가 된다.", "용액이 된다." 같은 답을 내놓고. 하지만 아까보다는 낫다. "착한 사람이 된다(차갑고 냉정한 사람이 변해서)."란 답이 나오고, 그러자 한 학생이 "봄이 된다."는 명언을 남기기도 한다. "바다가 된다(빙하의 얼음이 녹아서)."라는 답을 시초로 유사 답안들이 봇물을 이룬다. "섬이 잠긴다.", "지구 종말이 된다."에서 "둘리가 태어난다."에 이르기까지. 잠시 시들할 때쯤 아까 '판토끼'의 주인공이 "술래가 된다."라고 답을 하자 또다시 환호성이 일어난다. 이해가 안 되는 사람은 학생들에게 '얼음 땡' 놀이를 물어보라.

다음 활동 과제로 넘어가 보자. 학생들의 활동이 야연 열기를 띠기 시작한다. 특히 다음 1번 문항은 모둠별로 성냥개비를 갖고 머리를 모으는 활동이니 분위기가 더욱 고조된다.

※ 고정관념을 넘어, 아래 문제를 해결해 보세요.

① ○○중학교 1학년에 재학 중인 현아는 길이가 동일한 직선 6개를 가지고 정삼각형 4개를 만들었다고 합니다. 현아는 어떤 방법을 사용했을까요?

② 최근에 데뷔한 화가 길상은 세상에서 둘도 없는 멋진 그림을 그렸다고 합니다. 그 그림은 '말'을 그린 것인데 신기하게도 향기가 나는 말을 그린 그림이라고 합니다. 그 어떤 향이 나는 물질도 그림에 묻히지 않고 이 그림을 그렸다고 하는데요, 어떻게 이러한 그림이 가능했을지 상상해서 적어 보세요.

이 활동을 통해 교사가 기대하고 있는 것은 말할 것도 없이, '발상의 전환을 통한 창의적 문제 해결 과정'이라 요약할 수 있을 것이다. 그런데 1번 문항은 성냥개비가 주어지는 순간 문제가 쉬워진다. 2차원에서 3차원으로 발상의 전환을 하면 비교적 쉽게 풀리기 때문이다. 그래서 한 모둠은 삼각뿔 모양으로 문제를 해결해 낸다. 그들은 삼각뿔을 만들어 놓고서 피라미드 모형이라고 설명한다. 아무도 이의를 제기하지 않는다. 하지만 필자의 상식으로 말하자면, 피라미드는 사각뿔이다. 괜한 시비를 걸고 있는 것이 아님을 곧 알게 될 것이다.

삼각뿔이야말로 원래 이 문제를 출제한 사람이 기대한 '정답'일 것이다. 하지만 정답을 못 찾았는지, 아니면 더 기발한 것을 원했는지 아이들은 다른 답을 만들어 내기 시작한다. 한 모둠의 아이는, 모둠 구성원의 반대를 무릅쓰고 자신 있게 발표한다. 그는 그냥 평면에 삼각형 2개를 그렸을 뿐이다. 그러면서 보기에 따라 삼각형을 역삼각형으로 볼 수도 있으니 하나가 2개 꼴이므로 모두 4개를 만든 셈이라고 주장한다. 아이들은 '천재'라며 환영한다.

다른 한 아이의 경우는 조금 심각했다. 그 아이는 성냥을 부러뜨려 정육각형을 만들고 그 대각선 일부를 연결하였는데, 그렇게 만들어진 삼각형이 정삼각형도 아니었을 뿐만 아니라 성냥을 부러뜨려 사용했기 때문에 정답으로 간주할 수가 없었다. 그런데도 그 아이는 정삼각형을 만들 수 있다고 했고, 교사는 성냥을 부러뜨리는 아이디어가 고정관념을 깬 거라고 감싸 주고자 했다. 아이들도 인내심을 갖고 배려를 하려 하였지만 논란은 지속될 수밖에 없었다. 결국 교사가 이렇게 불을 끈다.

"지금 우리는 수학 시간은 아니고요, 새로운 이론을 발표하는 시간이 아니잖아. 그래서, 어, 고 정도의 내용으로 정리를 하고 ○○이가 가지고 있는, 지금 우리가 설명을 정확하게 들을 수는 없지만, 아까 그 어린 왕자 이야기처럼 ○○이가 가지고 있는 뭔가의 진실이 있을 거예요. 아직 우리에게 확실히 다가오지는 않지만……. 시간을 두고 다시 생각해 봅시다."

삼각뿔 문제와 마찬가지로 이 또한 거창한 수학조차 필요 없는 상식의 문제이다. 이것은 교사의 말과 달리 사실 수학 시간에도 다룰 만한 일이 아니다. 필자가 지적하고자 하는 바는 이것이다. 왜 우리가 이것을 국어 시간에, 그것도 도입도 아닌 단계에서 이토록 진지하게 다루어야 한단 말인가? 뒤에 다시 지적하겠지만 이것은 통합교재라는 말로 설명될 수 있는 차원의 것이 아니다.

그 다음 문제는 마치 선덕여왕의 모란꽃 일화를 떠올리게 하는 우문현답식 발문이다. 말의 그림에 나비를 그려 넣겠다는 탁월한 답이 나온다. 얼음이 녹으면 봄이 된다던 바로 그 학생이다. 어른들이 보기엔 시인이 될 법한 아이인데 오히려 아이들은 그다지 신통한 반응을 보이지 않는다. 어딘가 정형화된 냄새가 느껴졌는지도 모르겠다. 사실, 그런 답은 보아뱀도 못 보는 기성세대에게나 참신하지, 이미 그런 종류의 활동을 초등학교 시절부터 익히 해 온 아이들에게는 일종의 클리셰에 불과한 것이다. 그보다 아이들은 주로 기발한 답에만 반응을 나타낸다.

"달리는 말이 아니라 사람이 말하는 말이에요. 사람이 말하는 말에서 향기가 난다. 말하면 입 냄새가 나잖아요. 그래서 입 냄새를 그려서……."

"그 그림은 '말을 그린 것이다'라고 했고 향기가 '나는' 말이라고 했잖아요. 말 이름이 향기. 향기는 나는 말. 결론 페가수스의 한국식 이름은 향기이다."

"그림을 냄새 나는 말 털로 그려요."

"말 등에 싹을 하나 그려 주세요. 싹에 향기라고 써 주세요. 말에서 향기가 나고 있잖아요."

오해하지 말라. 지금 아이들이 수업을 장난으로 여기고 있는 것은 결코 아니다. 이 아이들은 진지하고 성실하게 수업에 임했다. 하지만 창의적 사고를 요하는 수업들, 특히 학생들의 자유로운 반응을 고무하는 수업들은 이런 식으로 종결될 때가 많은 것 같다. 그리고 이에 대해 교사나 학생들이나 행복해할 때가 많다. 그러니 지금 우리는 무엇을 하고 있는 것일까? 답답하고 획일적인 수업에서 벗어난 대신 무엇을 얻고 있는 것일까? 창의적 사고와 유희적 사고는 과연 그 자체로 선하고 옳은 것일까?

한 교사가 의도했던 바는 고정관념을 통해 얻을 수 있는 인식의 변화, 그리고 그로부터 얻게 될 삶의 변화에 있었던 것으로 보인다. 이러한 수업을 통해 얻을 수 있는 교훈에 대해 교사 스스로 다음과 같이 정리하고 있는 것을 보라.

"우리가 고정관념을 깨는 방법 중의 하나는 내가 있는 위치에서만 바라보는 것이 아니라 각도를 달리한다든지 시간을 무한정하게 늘려 본다든지 공간을 무한정 확장할 때 전혀 새로운 시각이 보일 수 있습니다. 오늘 내가 힘든 일이 있어. 아, 내일 수학 숙제에다가 이걸 어떻게 해야 하지 이렇게 막 고민되는 일이 있어요. 근데 그 시간을 넓혀 보세요. 내가 지금 당장에 힘든 것이 있지만 중학교 1학년 전체의 생활 안에서 그 어려움은 뭘까. 중학교 전체, 중·고등학교 전체, 아니면 내 인생 전체를 봤을 때, 내가 오늘 힘들어하는 것이 내 그 생각의 영역을 넓히면 그 문제가 사실은 그렇게 힘들거나 어렵거나 하는 문제가 거꾸로 아닐 수도 있다는 겁니다. 생각을 하기에 따라서 다른 것 같은데요, 우리 여기서 여러 가지 언어의 유희, 말장난, 요런 비슷한 것도 해 보고 여러 가지 표현도 해 봤는데요, 이제 마지막 활동은 뒤를 넘겨 보세요."

결국 문제는 삶이다. 이번 수업의 최종 과제 또한 고정관념의 정치학, 혹은 윤리학이라 이름 붙일 만한 세계로 나아간다. 이번 역시 그것의 내면화 여부는 학습 주체에 달려 있다. 이를 위해서는 자신과의 관련성을 극대화하는 것이 필요하다. 그것이 바로 두 번째 활동 과제이다.

<활동 과제 2> 우리 주변의 고정관념과 관련한 나의 경험담 쓰기

여러분 주위의 친구를 한번 바라보세요. 처음 그 친구를 보고 느꼈던 첫인상과 지금 그 친구에 대한 생각이 일치하나요? 우리는 누군가를 안다고 할 때 그저 그 사람의 겉모습이나 다른 사람에게 전해들은 이야기로 그 사람에 대한 고정관념을 만들고, 그것에 갇혀 그 사람을 진실로 이해하지 못하는 실수를 범하기도 한답니다. 또한 반대로 남들의 고정관념으로 인해 자기 자신이 억울한 일을 당하기도 하지요.

하지만, 고정관념이 지나치면, 우리 자신이 생각의 경계를 만들게 되어, 사물에 대한 잘못된 판단을 할 수 있답니다. 이제 고정관념과 관련한 자신의 경험 이야기를 적어 봅시다.

- 그동안 친구에게 가졌던 첫인상과 지금 그 친구를 겪고 나서 그 첫인상이 바뀐 경우
- 고정관념으로 인해 억울한 일을 당했던 경우
- 자신의 고정관념으로 누군가에게 실수를 하거나 피해를 준 경우 사과하는 내용
- 기타 고정관념과 관련한 나의 경험

이번에도 교사의 <시범 보이기>가 실려 있다. '대안학교'라는 고정관념에 대한 생각을 담은 글이다. 교사는 이런 글을 참고삼아 '5분 글쓰기'를 하듯이 자기 자신과의 대화 시간을 가지라고 말한다. 학생들은 다들 부담 없이 열심히 쓴다. 발표 욕구도 매우 높다. 하지만 이번에도 과제 지시문의 내용에 즉하게 쓰다 보니 대동소이한 경우가 적지 않다. 참 쉽지 않은 일이다. 지시문이 모호하면 어떻게 써야 할지를 모르고 지시문이 구체적이면 그것을 벗어나 창의적인 글을 쓰기가 힘

들다. 이번 지시문도 아이들은 대부분 '친구'에 대한 고정관념을 쓰는 것으로만 이해했음 직하다. 그래서 대부분의 글이 주로 친구의 첫인상과 현재의 차이점을 진술한 것들이다. 학생들 탓만은 아니다. 〈시범 보이기〉를 통해 친구가 아니라 학교에 대해 쓴 글을 예시했다 하더라도 지시문을 보면 누구라도 친구에 대한 이야기로 한정하기가 쉽게 구성되어 있기 때문이다.

그런데도 이렇게 답답해질 만하면 희한하게 물꼬를 터서 교사가 원하는 다음 단계로 넘어가게 해 주는 친구들이 등장한다. 리얼 버라이어티쇼라고 한 것이 결코 농담만은 아니다. 그런저런 발표가 이어지고 나서 한 학생이 발표한 글이다.

"우리 사회에서 내가 생각하기로 가장 큰 고정관념의 대상자는 왼손잡이이다. 왼손잡이라 하면 특이하고 남다르고 어딘가 이상해 보이는 느낌을 받는 게 대다수이다. 하지만 그들은 다르지 않다. 모두 우리와 같다. 나도 왼손잡이였다가 지금은 양손잡이이다. 양손이 편하기도 하다. 숙제를 하면서 밥을 먹을 수도 있고 여러 가지 편리한 점이 있다. 내 친구 ○○도 왼손잡이이다. 친구들이 ○○를 보다가 "어라 너 왼손잡이야?"라고 하면 ○○는 태연하게 "응."이라고 말하지만 입꼬리가 살짝 내려가 있다. 많은 사람들이 왼손잡이에 대한 약간의 거부감 내지 편견을 가지고 있다. 하지만 그들은 우리와 다르지 않다. 오히려 우리보다 뛰어난 사람도 많다. 왼손잡이에 대한 편견이 더 이상 생기지 않았으면 좋겠다."

시간도 시간이려니와, 여기까지 왔으니 잘 마무리가 된 셈이다. 대부분의 학생들이 자신의 구체적 경험 자체만으로 끝났음에도, 이 학생 덕택에 한 단계 일반화된 경지에 도달할 수 있게 된 것이다.

4. 정리

어느덧 90분이 지나고 종이 울렸다.[10] 교사는 급히 정리에 들어간다. 사실, 이때까지만 해도 필자는 한 가지 커다란 아쉬움이 있었다. 고정관념이란 상대적인 것이 아닌가? 고정관념을 깨야 한다는 것조차 하나의 고정관념이 되지 않았는가? 고정관념이 없이 어떻게 살아갈 수 있을까? 한마디로 고정관념의 양면성에 대한 인식이 부족해 보였던 것이다. 그래서 이때까지만 해도 필자는 고정관념을 너무 편협하게 다룬 점을 이번 비평에서 핵심적으로 다루고자 했었다. 하지만 고정관념에 관한 자료를 섭렵하다시피 한 프로듀서가 그것을 지나쳤을 리 있는가? 수업은 이렇게 끝이 난다.

"우리가 고정관념에 대해서 배웠는데 사실, 어, 고정관념은요…… 좋은 거예요 나쁜 거예요?

(학생: 나쁜 것일 수도 있고 좋은 것일 수도 있어요.)

좋은 것일 수도 있고 나쁜 것일 수도 있습니다. 고정관념이란 건요, 우리 뇌가 상당히 경제적으로 생각하려는 생각의 과정입니다. 새로운 것을 받아들였을 때 기존의 가치, 기존의 기준을 근거로 해서 판단하기 때문에 대단히 효율적인, 사실은 고정관념이 무조건 나쁜 것만은 아닙니다.

문제가 되는 것은 고정관념의 기준, 내 생각의 기준이 굳어지거나 잘못되었을 때 사실은 제대로 된 판단을 내리기 힘들다는 것입니다.

고정관념은 한 번의 수업으로 없어지는 것이 아닙니다. 오늘 이렇게 했지만 돌아서면 잊어버릴 수도 있고, 우리는 고정관념 속에서 살아가고 있습니다.

. . .

10 이번 수업은 90분 정도는 되어야 수업의 연속성이 보장되는 케이스였다. 대안학교이기에 가능한 시간 편성인지도 모른다. 시간이라는 물리적 제한은 교사로 하여금 수업 구성을 하는 데 커다란 제약이 아닐 수 없다.

한 가지 잊지 말아야 될 것은 모든 생각은 결국 내 마음의 경계에 해당한다는 것입니다. 내 마음에 먼저 선을 긋고 있는 것은 아닌지 그런 부분을 생각하면서 살아가면 좋을 것 같습니다."

달변은 아니지만, 지적하고자 한 모든 유의 사항이 깔끔하게 처리되면서 수업이 마무리되었다. 고정관념의 양면적 가치는 물론, 지식이 변화해도 태도가 쉽게 변화하지는 않는다는 대목에 이르기까지, 그는 섬세하게 마감 작업을 하며, 끝으로 슬쩍 자신의 신념 체계를 제자들에게 전하기까지 한다. 앞서 삶의 문제를 긴 시간 속에서 생각해 보라는 걸 봐도 알 수 있듯, 그는 '마음'의 문제에 관심이 많다. 고정관념이란 주제를 다룬 것도 이와 무관하지 않을 것이다. 고정관념이란 결국 마음의 집착이니까.

5. 수업에 대한 쟁점과 논의 사항

(1) 자료의 선택과 배열

프로듀서의 생명은 자료의 확보와 편집에 있다. 앞에서도 지적한 것처럼 이 주제는 자료가 없어서가 아니라 많아서 문제인 경우에 해당한다. 그런데 전반부에 지나치게 착시에만 한정한 것은 수정될 필요가 있다. 고정관념의 '관'이 '볼 관觀'이란 점에서도 시각적 자료가 등장하는 것은 자연스러운 일이지만, 동일한 활동을 반복하느니 그럴 것이면 차라리 동영상 자료 다음에 마그리트의 그림 등을 소개함으로써 훨씬 다양하게 꾸며 보는 것이 좋았을 것이다.

자료의 선택보다 더 아쉬운 것은 자료의 배열이다. 도입에서는 유사 자료를 반복하는 아쉬움, 그에 이어 텍스트 읽기를 통해 심화해 나가는 것 같더니, 느닷없이 '산토끼'와 성냥개비가 등장한다. 그것이 아무리 사실적 사고에서 창의적 사고로 이행해 가는 것이라고 연출자의 의도를 읽어 준다 하더라도 텍스트까지 읽은 상태에서 그런 IQ 문제 같은 것을 푸는 것은 활동의 단절 또는 회귀에 지나지 않는다. 차라리 도입부의 원통 활동 대신 이것을 하는 편이 사고의 활성화 측면에서나 《어린 왕자》와의 연계성을 살리는 면에서나 유익했을 것이다. 뿐만 아니라 이로 인하여 기발한 아이디어를 떠올리는 쪽으로 분위기가 전개되었던 바, 그것이 결국 최종 활동 단계인 성찰적 글쓰기 활동에서도 심화와 내면화가 잘 이루어지지 않게 된 원인을 제공한 것이 아닌가 싶게도 여겨진다. 아울러 고정관념의 긍정적 측면을 도입에서 다루어야 할지 마무리에서 다루어야 할지도 더 깊이 생각해 볼 문제이다.

요컨대 통일성, 일관성, 구심력, 수렴 구조와 같은 기준과, 다양성, 유희성, 원심력, 발산 구조와 같은 기준을 함께 만족시키고 아우를 수 있는 편집의 지혜, 수업의 구조화가 요구된다 하겠다.

(2) 사고 교육으로서의 국어교육

고정관념의 양면성에 대해서는 이미 언급한 바 있다. 또한 착시와 관점의 차이로 나누어 보는 것도 제안한 바 있다. 여기서는 고정관념에 우리가 어떻게 접근해야 하는지 그 방향성을 문제 삼고자 한다.

고정관념의 극복, 또는 발상의 전환이란 말을 우리는 익히 들어 왔다. 그러나 그 말이 사고의 자유, 개성의 자유 쪽으로만 작동되는 말은 결코 아니다. 창의적 사고, 문제 해결력 같은 말들이 그렇게 순진하지만은 않다는 것이다. 고정관념만이 사고의 경제를 위한 것이며, 그것만이 정치적 권력을 행사하는 것은 더더욱 아니다.

창조라는 말이 가장 극적으로 들리는 곳은 이제 예술이 아니라 기업이다. 이른바 창조 경영이란 이름 아래 수많은 어록들이 인구에 회자되는 판이다. 뿐만 아니라 발상의 전환, 창의적 사고, 긍정적 사고, 이 모든 것이 최근 베스트셀러 목록을 석권하는 이른바 성공학 도서들의 키워드이다. 활동지에 인용된 바 있는 지글러의 책도 마찬가지이다. 아프리카에 시장 조사를 간 신발 세일즈맨의 이야기, 절에 가서 빗을 파는 판매원의 이야기 따위도 언제나 강조하는 것은 고정관념의 타파, 인식의 확장, 인식의 전환 같은 것들이다.

이처럼 고정관념의 극복이란 문제가 아이들의 창의성을 자극하기도 하겠지만, 그것이 대개 인식의 문제에만 그칠 때는 도구화되기 쉽고, 이를 정치나 윤리의 문제로 확장할 때는 그 자유함을 잃고 계몽성이 그 자리를 대신할 가능성이 크다. 이번 수업이 인식론에서 출발하여 윤리학 혹은 정치적 올바름의 문제로 나아간 것에 대해 필자는 당연하면서도 높이 평가하고 싶다. 다만 고정관념의 양면성을 말미에 언급하거나 모든 것이 마음 탓이라고 하는 것만으로는 부족하다. 극복해야 할 고정관념과 존중해야 할 고정관념을 스스로 깊이 생각해 보고 토론하도록 하는 일이 그래서 필요하다.

물론 성공을 위한 창조적 사고가 결코 불필요하다거나 나쁘다고 보지는 않는다. 하지만 창의성이 소수 특정인들의 선천적인 능력이 아니며 누구나 창의성을 개발할 수 있으리라는 선의의 기대가 혹시 또 하나의 새로운 억압을 강제하지는 않을지 생각해 봄 직하다. 기발함만이 미덕은 아닌데도 아이들은 저도 모르게 기발함을 추구하고 개그맨처럼 그것이 인기의 요소가 되기도 한다. 하지만 그것이 절로 주어지는 것도 아니고 아무에게나 쉽게 주어지는 것도 아니다. 기발한 문제 풀이는 정공법이 아니다. 고정관념을 극복하는 것 역시 상식을 통해 상식을 넘어서는 방식을 취해야 옳다. 그런 방법론이 결여되면 항상 반짝이는 아이디어만 기대하다가 절망하고 만다.

우리가 국어교육 또는 인문교육에서 기대하는 창의적 또는 문제 해결적 사고와 글쓰기는 이런 것이어야 하지 않을까? 하늘 아래 새로운, 기발한 그 무엇을 만들어 내는 것도 아니고, 고정관념을 깨기 위해 첨단의 새로운 발명 발견을 동원하는 것도 아닌, 건전한 상식의 회복 말이다. 그것을 어떻게 논리화하고 조직하여 언어로 표현하는가? 그것이 목표요, 거기까지가 주어진 몫이 아닐까?

III. 결론

90분에 걸친 중등학교 국어 수업에 대한 비평이 이와 같다. 이것이 과연 기술, 해석, 평가가 잘 이루어진 범례라 할 수 있을지는 모르겠으나, 이 수업 비평을 위해 들인 공이 시나 소설 몇 편 비평할 때보다 훨씬 컸다는 점은 분명히 말할 수 있다. 그만큼 부담스럽고 힘이 든다. 하지만 우리 학교 현장 수업이 진작 이만한 비평의 대상으로 간주되어 왔더라면 학계는 물론이고, 교사와 예비 교사들의 수업에 대한 안목이 지금보다는 훨씬 높고 다양해졌을 것이다. 학계는 교육 내용에만 주목했지 교육 현장에 눈을 돌리지 않았으며, 현장 교사들 역시 교육 내용만 공부했지 수업 자체에 대해서는 제대로 배운 적이 없었다. 국어과 교사들의 한결같은 이야기는, 훌륭한 국어 수업을 위해 '국어'만 공부했지, '수업'은 본 적도, 배운 적도 별로 없다는 것이다. 주변에서 늘 벌어지고 있는 것이 수업인데, 그것을 대학에서도 학교 현장에서도 보고 배운 적이 없다는 것, 이런 상태에서 수업 전문성 신장이란 헛된 구호에 불과해질 따름이다.

교사 연수에서 필자는 이 수업 동영상 자료와 이 수업 비평문을 함께 보면서 교사들 스스로 이 수업에 대한 비평문을 제출해 보라고 권한다. 그러고 나서 자신의 수업을 공개하고, 타자의 수업을 공유하면서 이런 비평 활동을 지속해 보라고 권유한다. 교사들은 수업을 잘하길 희망한다. 교원 평가 때문이 아니라 수업이 자신의 존재 이유이기 때문에, 자신이 행복해지기 위해서라도 부단히 수업 전문성을 신장하길 원하고 있다.

거듭 말하거니와, 수업 비평은 수업의 절차나 양적 지표에 무관심한 것도 아니지만 거기에 매이지도 아니한다. 수업 비평은 형식에 무관심하거나 내용에만 치중하는 것이 아니라 교수법적으로 형식화된 내용에 더 많은 관심을 갖는다. 수업 비평은 교사에게 교훈이나 대안을 제시하는 데 무관심하지는 않지만 교사의 수업을 통해 오히려 비평가와 독자들이 새로운 것을 배우는 데에도 중요한 관심을 갖는다. 수업 비평은 해당 교사에게 처방을 제공하는 데 관심이 없는 것은 아니지만 해당 수업을 공유한 많은 교사들로 하여금 수업을 보는 안목을 공유하게 하는 데 더 큰 관심을 갖는다고 말할 수도 있다. 수업 비평은 객관화와 일반화에 무관심하지는 않지만 주관과 상호주관성을 강조하기 때문에 오히려 논쟁적인 성격에 더 가깝다고 보아야 한다. 동일한 수업에 대한 여러 전문가의 다양한 비평과 논쟁이 이어지길 희망하는 이유가 여기에 있다.

| 참고문헌 |

김영천(1997), 네 학교 이야기: 한국 초등학교의 교실 생활과 수업, 서울: 문음사.

김승현, 박재현(2010), 국어 수업 도입부의 소통 전략 연구, 국어교육연구, 서울대학교 국어교육연구소, 163-195쪽.

김은성(2009), 문법 교수 학습 방법 구체화를 위한 수업 의사소통 양상 연구, 국어교육학연구, 36, 국어교육학회, 287-317쪽.

박태호(2005), 국어 수업, 어떻게 볼 것인가: 수업 대화 분석과 과정 중심 쓰기 수업 장학, 국어교육학연구, 24, 국어교육학회, 5-28쪽.

박태호(2008a), 직접 교수 읽기 수업 동영상 평가: 단일 교사의 단일 차시 수업을 중심으로, 한국초등국어교육, 36, 한국초등국어교육학회, 219-238쪽.

박태호(2008b), 수업의 명료성과 국어 수업 사례, 국어교육, 125, 한국어교육학회, 163-191쪽.

박태호(2008c), 초등학교 좋은 국어 수업의 보편적 조건과 수업 사례, 청람어문교육, 37, 청람어문교육학회, 81-113쪽.

박태호(2008d), 개선해야 할 초등 국어 수업 문화와 교사 대응, 청람어문교육, 38, 청람어문교육학회, 7-36쪽.

서근원(2003), 수업을 왜 하지?, 서울: 우리교육.

신헌재(2005), 국어 수업 관찰과 비평의 방향, 한국초등국어교육, 27, 한국초등국어교육학회, 5-20쪽.

이재승(2005), 국어 수업 평가의 기준, 초등국어교육연구, 5호, 대구경북초등국어교육학회, 123-162쪽.

이정숙(2003), 초등학교 국어 수업 평가 항목 설정에 관한 연구, 청람어문교육, 27, 청람어문교육학회, 1-38쪽.

이정숙(2005), 문화 현상으로서의 국어 수업 비평, 한국초등국어교육, 29, 한국초등국어교육학회, 277-313쪽.

이종각(1995), 교육인류학의 탐색, 서울: 하우.

이주섭(2002), 국어과 교육 내실화 방안 연구: 좋은 수업 사례에 대한 질적 접근, 학교교육내실화방안 연구(II), 한국교육과정평가원.

이혁규(2006), 수업 보기, 수업 읽기, 수업을 보는 안목에서 시작하는 수업 개선: 우리교육아카데미자료집, 서울: 우리교육.

이혁규(2008), 수업, 비평의 눈으로 읽다, 서울: 우리교육.

이혁규, 이경화, 이선경, 정재찬, 강성우, 류태호, 안금희, 이경언(2007), 수업, 비평을 만나다, 서울: 우리교육.

임찬빈, 노은희(2006), 수업 평가 매뉴얼: 국어과 수업 평가 기준, 서울: 한국교육과정평가원.

정재찬(2001), 질적 연구의 국어교육적 의의, 제15회 학술발표대회논문집, 국어교육학회.

정재찬(2003), 문학교육의 사회학을 위하여, 서울: 역락.

정재찬(2006), 국어 수업 비평론, 국어교육학연구, 25, 국어교육학회, 389-420쪽.

조영달 편(1999), 한국 교실수업의 이해, 서울: 집문당.

조영달(2000), 한국 교과 교실 수업 연구(질적)의 반성과 지향: 미시기술적 수업 연구를 중심으로, 교과교육학연구, 4(1), 한국교과교육학회.

조용환(1999), 질적 연구: 방법과 사례, 서울: 교육과학사.

최지현(2005), 중등학교 국어과 수업 평가의 한 방향: 사범대학과 중등학교의 연계를 중심으로, 국어교육학연구, 24, 국어교육학회, 65-96쪽.

이혁규

세 가지 시선으로 수업 읽기
: 초등 사회 문화재 수업에 대한 수업 비평

I. 들어가며

필자가 수업 비평 작업을 처음 시도한 것은 2005년이다. 그 후 4년 동안 《초등 우리교육》과 《중등 우리교육》에 동료 교수들과 함께 수업 비평을 연재하였다. 이때 연재한 비평문들을 묶어서 《수업, 비평을 만나다》라는 공저와 《수업, 비평의 눈으로 읽다》라는 단독 저서를 냈다. 몇 편의 논문을 통해서 수업 비평에 대한 몇 가지 이론적 작업도 진행하였다. 이런 과정을 통해서 수업 비평이라는 장르가 학계에서 작은 연구의 흐름으로 자리 잡게 되었으며, 현장 교사들에게도 어느 정도 대중화되었다.

그러나 여전히 수업 비평은 이론적·실천적 면에서 해결해야 할 많은 과제를 안고 있다. 수업 비평의 개념과 방법에 대한 이론적 작업뿐 아니라 수업 비평에 참여하는 자발적 비평 공동체를 창출하는 것도 중요한 과제 중에 하나이다. 이런 여러 과제 중에서 필자의 관심을 오랫동안 사로잡고 있었던 것은 수업 비평의 유형을 정립하는 작업과 함께 이런 유형에 기반하여 하나의 수업을 보는 다양한 비평 작업을 실제 수행하는 일이다. 수업 활동은 다양한 의미를 함축하고 있는 삶의 형식이며, 그 의미들을 풍부하게 읽어 내기 위해서는 다양한 읽기가 활성화될 필요가 있다고 보기 때문이다.

유사한 필요 때문에 인간 삶의 여러 활동 영역에서 비평 작업이 수행되고 있으며, 다양한 비평 유형도 개발되었다. 가장 대표적인 것이 문학 비평일 것이다. 문학 영역에는 헤아리기 어려울 정도로 많은 비평 유형들이 존재한다. 그리고 이런 비평 유형들은 문학 작품의 의미를 풍부하게 해독하는 데 나름의 고유한 기여를 한다. 문학 비평만큼 활성화되어 있지 않을지는 모르지만 미술 비평, 음악 비평, 연극 비평 등 다른 활동 영역들도 다양한 비평 장르들을 발전시켜 가고 있다. 이에 비해서 수업 비평의 경우 이제 비평의 유형화 가능성에 대한 초보적 논의가 시작되고 있는 수준이다.

본 연구는 수업 비평의 유형화 작업에 대한 관심에 기반하여 하나의 수업 사례에 대한 다양한 비평의 가능성을 탐색하고 실제 시도하는 데 목적이 있다. 이를 위해 필자가 선택한 수업은 황영동 교사의 문화재 수업이다. 이 수업은 2003년 10월에 서근원 박사가 경기 광주 남한산 초등학교에서 현장 관찰을 하는 동안에 촬영하여 필자에게 소개해 준 수업으로, 필자가 최초로 수업 비평문을 작성한 수업이기도 하다.

필자가 이 수업을 택한 이유는 여러 가지 시선에서 읽기가 가능한 소재라고 보기 때문이다. 우선, 이 수업은 기존 문화재 수업과 상당히 다른 특징을 가지고 있다. 따라서 문화재 수업에 대한 새로운 사유를 촉발하기에 좋은 수업이다. 비평적 관점에서 보면 기존의 수업 실천과 다른 대안적 수업 실천의 의미를 비판적으로 해독할 필요가 있는 수업인 셈이다. 둘째, 이 수업은 내용 전달의 오류와 같은 흥미로운 비평적 이슈를 지니고 있다. 내용 전달의 오류는 흔히 수업에서 매우 중요한 결함으로 인식된다. 그러나 이 수업의 전체적인 맥락에서 살펴볼 때 이 결함은 수업의 자율성이나 교수법적 변화와 같은 주제와 연결되는 흥미 있는 논의거리를 제공한다. 셋째, 이 수업 실천이 관찰자인 교사들에게 논쟁적으로 비친다는 점이다. 이런 방식의 수업 운영을 매우 좋게 여기는 교사들이 있는가 하면 이런 수업 운영에 대해서 불편함을 느끼는 교사들도 있다. 어떤 교사들은 이 수업에서 깊은 영감을 받는 반면, 어떤 교사들은 거부감을 표출한다는 사실 자체가 이 수업의 논쟁적 성격을 드러내며, 수업의 이런 논쟁적 특성은 이 수업이 다양한 읽기의 가능성을 내포하고 있음을 드러낸다. 전체적으로 볼 때 이 수업은 풍부한 읽기를 연습할 수 있는 다성적 텍스트의 특성을 지니고 있다.

따라서 필자는 이 수업을 소재로 하나의 수업 사례에 대한 다양한 읽기 작업을 시도해 보고자 한다. 이를 위한 이론적 선행 작업으로 수업의 텍스트성을 고찰하고 수업 비평의 유형화 작업에 대한 기존 논의를 살펴보았다. 그리고 초등 사회 문화재 수업의 의미 해석을 위해서 세 가지 관점을 택하여 수업 읽기를 시도하였다. 마지막에는 이런 다양한 수업 읽기가 수업 해석과 수업 실천에 대해 가지는 함의를 논의하였다. 이 연구는 수업을 효율성의 관점에서 편협하게 이해하는 기존의 수업 관찰에 대한 대안 모색이라는 차원에서 의미가 있다. 다만, 필자의 역량 부족으로 이 다성적 텍스트의 의미를 모두 담아내지 못하고 세 가지 시선에만 한정하여 논의한 점은 이 연구의 제한점이라고 하겠다.

II. 수업의 텍스트성과 수업 비평의 유형

1. 수업의 텍스트성과 비평의 가능성

수업 비평에 대한 관심이 늘어나고 있지만 아직도 수업이 비평의 대상이 될 수 있는지에 대한 회의적인 시선도 존재한다. 수업이 다양한 의미 해석이 가능한 하나의 텍스트라는 사실을 받아들일 때 비로소 수업 비평도 자연스럽게 정립될 수 있다. 그래서 정재찬(2006), 이혁규(2007) 등은 수업 비평의 개념을 정립하면서 수업 현상을 하나의 텍스트로 파악하고 있다. 그런데 텍스트란 무엇인가? 일반적으로 문학 비평에서 텍스트의 의미는 구체적인 문학 작품, 혹은 모든 씌어진 문서나 인쇄된 문서를 지시하는 용어로 사용된다(한국문학평론가협회, 2006a: 1010). 그러나 오늘날 텍스트는 이런 전통적인 용어보다 훨씬 다의적인 의미로 사용된다. 즉, 해석이 필요한 의미 함축적인 대상은 모두가 텍스트라고 명명할 수 있다.

그러나 텍스트의 개념이 이렇게 확장된다고 하더라도 수업 현상을 비평하는 문제가 곧바로 해결되지는 않는다. 비평의 대상은 일반적으로 공개된 예술 작품이며 동시에 반복적으로 재현이 가능한 고정된 대상인 경우가 대부분이기 때문이다. 수업 현상은 많은 경우 공개되지도 않을뿐더러 한 차례의 수행 활동 이후에는 소멸되기 때문에 다른 비평 활동의 대상과 비교하여 온전한 텍스트성을 담보하고 있다고 보기 어렵다. 따라서 수업 현상이 비평 대상으로서의 텍스트성을 확보하기 위해서는 공개되어야 하고 동시에 수업 현상이 기록되어 보존됨으로써 고정화될 필요가 있다. 해석학자 Paul Ricoeur는 텍스트의 개념을 논의하면서 이런 문제를 심도 있게 다루었다. 특히, 주목할 점은 Paul Ricoeur가 씌어진 문헌으로서의 텍스트의 개념을 의미 있는 인간 행동으로까지 확장하고 있다는 점이다. 이런 확장된 텍스트의 개념은 행위의 구성물인 수업 비평에도 유의미한 시사점을 줄 수 있다. 연구자는 Paul Ricoeur의 텍스트 개념이 수업 현상의 텍스트성과 다양한 비평 가능성에 대한 우리의 이해를 심화시켜 준다고 본다. 그의 논의를 따라가 보자.

우선, Paul Ricoeur는 텍스트를 글쓰기에 의해 고정된 모든 종류의 담화라고 정의하고 있다. 그는 말하기와 글쓰기를 명료하게 구분한다. 글쓰기를 통해서 언어-사건으로서의 담화는 사라지는 것을 면히고 텍스트로부터 고정화된다. 그리고 이런 고정화를 통해서 화자의 의도와 분리된 텍스트의 자율성이 확보된다. 텍스트는 이제 대화 상황의 문맥을 넘어서서 불특정 다수의 잠재적인 독자에게 읽힐 수 있는 열린 작품이 된다(1986, 박병수, 남기영 역, 2002: 225-246).

Paul Ricoeur는 이러한 텍스트의 개념을 의미 있는 행위에로 확장한다. 즉, 글쓰기를 통해서 담화 상황이 고정화되는 것과 마찬가지로 행위를 고정된 텍스트로 다루는 수많은 상황에서 행동은 그 시간성과 현장성의 제약에서 벗어나 누구든지 언제 어디서나 그 의미를 해석할 수 있는 상태가 된다. 이렇게 행위가 고정된 텍스트가 되고 나면 텍스트가 그 저자로부터 분리되는 것과 같은 방식으로 하나의 행동은 그 행위자와 분리되어 그 자체의 결과를 낳으며 행위자의 의도와 행동의 의미는 구분되게 된다. 또한 의미 있는 행동은 최초의 상황에 대한 관련성을 뛰어넘어서 새로운 관련성을 획득한다. 어떤 경우에 그 관련성은 전시대적이다. 끝으로 인간 행동의 의미는 불확정 범위의 잠재 독자에게 개방되는 열린 작품으로서 의미를 지닌다. 즉, Paul Ricoeur에게 텍스트는 ① 의미의 고정, ② 저자의 심적 의도와의 단절, ③ 비실물적 지시들의 현시顯示, ④ 수신자 범위의 보편성 등을 특징으로 한다(1986, 박병수, 남기영 역, 2002: 237-246).

그의 텍스트 개념을 수업 비평에 적용해 보자. 수업 비평이 가능하려면 수업 활동이 우선 하나의 텍스트로 정립되어야 한다. 수업 행위는 교사와 학생 간의 직간접적인 대화의 연속이다. 이런 담화 상황에서 교사와 학생 외에 타자가 개입하는 경우는 좀처럼 존재하지 않는다. 그리고 이런 교실 상황은 한 차례 연행된 다음에 사라지고 만다는 점에서 비평의 대상이 되기 어렵다. 수업 현상이 비평의 대상이 되기 위해서는 기록이라는 행위를 통과해야 한다. 즉, 교실에서 일어나는 교사와 학생의 상호작용은 기록의 과정을 통해서 분석 가능한 텍스트가 된다. 수업 현상이 기록됨으로써 교사와 학생과의 관계, 그리고 교사와 학생과의 관계에서 나타나는 지시 대상으로서의 세계는 불특정 다수의 독자들에게 열린 해석이 가능한 텍스트성을 확보한다.

그런데 이런 텍스트성의 정도는 기록 매체의 특성에 따라서 상이하다고 할 수 있다. 교실 사건은 기록됨으로써 소멸되지 않고 보존될 가능성을 얻지만 어떤 기록 매체도 교실 사건 그 자체를 완벽하게 보존할 수 없다. 관찰 기록지, 녹음기, 비디오카메라 등은 상이한 정도로 교실 사건을 기록하며 그에 따라 원 사건에 함축된 정보가 저장되는 정도도 달라진다. 동시에 기록은 정확한 재현과도 거리가 있다. 많은 기록들이 기록자의 관점에 의해서 영향을 받을 뿐 아니라 기록 매체의 물리적 속성에 의해서도 영향을 받는다. 그러므로 기록을 통한 텍스트화의 과정은 수업 비평을 가능하게 하는 동시에 수업 비평의 최초 한계를 설정해 준다.

어쨌든 기록을 통해 고정화됨으로써 수업 현상은 교사와 학생의 의도가 교환되는 즉시적 상호작용의 상황을 넘어서서 과거·현재·미래의 세계에 열린 해방된 텍스트가 된다. 그리고 수업 의미 읽기로서의 수업 비평은 최초의 참여자인 교사와 학생에게 수업 현상이 무엇을 의미하는지를 파악하는 것을 넘어서는 새로운 지평을 획득한다. 즉, 수업 비평은 기록된 수업 현상이 지시하는 세계의 의미를 탐색하는 다양한 여정으로 변화한다. 그 과정에는 텍스트 해석에 참여하는 독자들의 해석의 지평이 끊임없이 투영된다. 그리고 텍스트와 독자의 해석의 지평이 융합되는 방식만큼의 다양한 비평 유형이 탄생할 수 있다. 텍스트의 의미를 행동의 차원에까지 확장하고 있다는 점에서, 그리고 텍스트가 고정화된 이후에 열린 텍스트로서 계속적인 해석에 개방된다는 점을 지적함으로써 Paul Ricoeur는 수업 비평 작업 및 비평 가능성에 대한 많은 시사점을 제공해 주었다.

Paul Ricoeur의 텍스트 개념이 주는 시사점을 수업 비평 작업과 연관시켜 다시 정리해 보자. 수업 비평 작업은 교사와 학생들에 의해서 즉시적으로 구성되는 수업 현상을 비디오 혹은 기타의 기록 매체를 통해서 고정화하는 것에서 시작한다. 이렇게 고정화된 수업 현상은 교사와 학생이라는 구체적인 교실 현장의 참여자를 넘어서, 관심을 가진 다양한 독자가 그 의미 해석 과정에 참여할 수 있는 텍스트가 된다. 그리고 이 수업 텍스트의 잠재적인 의미는 어떤 특권화된 독자에 의해서도 그 의미 해석이 최종적으로 종결될 수 없다. 즉, 각자의 선이해를 가진 해석자들이 텍스트와 마주 대할 때마다 텍스트의 잠재적인 의미가 현실화되는 열린 텍스트이다. 그리고 열린 텍스트의 의미를 드러내는 비평 작업은 수업 현상의 객관적인 의미를 드러내는 작업도 저자의 주관적인 의미를 드러내는 작업도 아니다. 오히려 객관과 주관이 상호 교섭하며 변증법적으로 통합되는 과정이다. 이를 통해 텍스트의 의미가 드러나는 동시에 해석자의 자기 이해도 증가한다.

2. 수업 비평의 유형에 대한 기존 논의

Paul Ricoeur의 텍스트 개념을 분석함으로써 우리는 수업의 텍스트성과 다양한 읽기의 가능성에 대해서 사유하였다. 그런데 다양한 읽기가 가능하기 위해서는 수업 비평의 방식에 대한 유형화 작업이 어느 정도는 필요하다. 이 때문에 수업 비평 개념이 등장한 이후에 수업 비평의 유형화를 모색하는 시도가 있어 왔다(정재찬, 2006; 이혁규, 2007; 2008; 김순희, 2009). 정재찬(2006)은 문학 비평의 개념을 원용하여 수업 비평의 유형화를 시도하였다. 문학 비평은 문학 텍스트에 대해서 전통적으로 크게 네 개의 초점을 설정해 왔다. 텍스트와 세계의 관계에 주목하는 반영론적 관점 혹은 모방론적 관점, 텍스트와 작가의 관계에 주목하는 표현론적 관점, 텍스트와 독자의 관계에 주목하는 효용론적 관점, 텍스트 그 자체에 주목하는 존재론적 관점이 그것이다. 이런 분류 방식을 수업 비평에 응용한다면 반영론적인 관점은 교육과정, 교과서를 비롯한 제반 교육적 이슈 혹은 교육과 연관된 현실 세계와 관련하여 수업을 읽는 것이다. 표현적인 관점에서는 수업 활동을 전개하는 교사의 성장 과정, 교육관, 콤플렉스, 수업 의도 등 다양한 심리분석적 주제가 해당될 것이고, 효용론적인 관점에서는 독자-학생들의 반응, 영향 관계, 만족도, 변화 가능성 등이 다루어질 수 있고, 존재론적 관점에서는 수업 그 자체의 구성과 조직, 결, 흐름 등에 주목하게 될 것이다.

이혁규(2007; 2008)는 이런 문학 비평적 관점을 중요하게 고려하면서도 미술 비평이나 연극 비평과 같은 다른 비평 장르들도 참조해야 할 필요성을 언급하였다. 그리고 수업 비평의 다양한 초점을 다음과 같이 예시하였다. 의도와 연행을 구분 기준으로 할 때 의도에 초점을 맞춘 수업 비평과 연행에 초점을 맞춘 수업 비평, 수업의 맥락, 교과 내용, 행위자를 기준으로 할 때 수업 맥락에 초점을 맞춘 비평, 교과 내용에 초점을 맞춘 비평, 행위자에 초점을 맞춘 비평이 있을 수 있다. 행위자에 초점을 맞추는 비평의 경우는 다시 교사 중심의 비평, 학생 중심의 비평, 교사와 학생의 상호작용을 중심으로 하는 비평 등이 가능하다. 비평의 초점은 여기에 한정되지 않는다. 수업이 일어나는 공간을 분석하는 공간 비평, 수업이 전개되는 시간의 특질을 분석하는 시간 비평도 가능하며, 수업 비평에 대한 독자의 반응을 분석하는 수용자 비평도 생각해 볼 수 있다.

김순희(2009)는 수업 비평의 유형을 수업을 보는 차원과 그것을 표현하는 차원이라는 두 축으로 나누어서 논하고 있다. 수업을 보는 차원과 관련하여서는 김순희도 정재찬과 유사하게 문학 비평을 원용하고 있다. 즉, 문학 비평에서 가장 일반적으로 통용된다고 하는 Abrams의 비평의 좌표를 활용하고 있다. 그러나 김순희(2009: 194)는 Abrams가 예술 작품을 세계, 예술가, 청중과 평면적으로 관련시켜 논의하는 것을 수업의 특성에 비추어서 다음과 같이 다소 수정하고 있다.

예를 들면, 문학은 텍스트이지만 수업은 실제 행위, 행위의 구성물이다. 문학 작품의 제작자는 작가라는 단일 행위 주체이지만 수업은 교사와 학생이라는 이중 행위 주체이다. 물론 수업의 전체적인 계획을 교사가 주도한다는 점에서 교사에게 제작자로서의 기능이 다소 편중될 수는 있으나 학생의 행위에 따라 수업의 양상과 의미가 달라진다는 점에서 학생 역시 수업 현상의 주요 구성자에 해당된다. 더불어 Abrams의 비평의 분류 도식에 따르면 수업에서의 수업 내용(교과)의 위상이 상대적으로 약화되는 결과를 초래하게 된다. Abrams의 비평의 분류 도식에 따르면 수업 내용(교과)은 '세계'의 축과 관련되어 언급될 수 있다. 작품이 담아내고 있는 대상을 통칭해서 '세계'로 제시한 것이므로 수업에서 담아내는 것에 해당하는 수업 내용(교과)을 이 범주에 포함시키는 것은 적절하다고 할 수 있다. 그러나 이는 수업 내용(교과)이 수업(현상) 활동을 위한 기본적인 요소에 해당된다는 점과 수업 내용(교과) 자체가 다시 '세계'로 지칭되는 축과 연결될 수 있다는 점을 고려하지 못한다는 점에 한계가 있는 것이다. 즉, 수업(현상)의 독특성으로 인해 발생되는 다층적 차원을 일차원적인 Abrams의 비평의 좌표로 제시하기에는 제한점을 가지는 것이다.

이런 문제의식에 기반하여 김순희는 Abrams의 좌표를 수정하여 수업을 보는 차원(대상성)을 수업, 교과, 교사, 학생으로 대체하여 도식화하고 있다. 이어서 김순희는 수업을 표현하는 차원으로 Eisner의 교육 비평의 네 가지 차원을 원용하여 기술적, 해석적, 규범적, 주제적 비평의 네 가지 수준을 제시하고 있다. 김순희의 시도는 수업 비평의 유형에 대한 본격적인 논의를 전개한 것이라는 점에서 의미가 있다. 그러나 자신이 문제를 제기한 사항, 즉 수업 현상이 고정된 텍스트가 아니라 행위의 구성물이라는 점, 행위의 주체와 객체를 기본적인 요소로 하여 형성된다는 점, 그리고 수업의 주체와 객체가 다시 이를 반영하는 세계에 영향을 받는다는 점 등이 어떤 식으로 구체적인 수업 비평의 유형과 수업 비평 작업 속에서 고려될 수 있는지에 대해 충분히 발전된 논의를 전개하지는 못했다. 향후 수업 활동의 독특성을 고려한 비평 유형에 대한 이론적 논의가 더 심화될 필요가 있겠다.

III. 열린 텍스트로서의 초등 사회 문화재 수업 읽기

1. 수업 읽기를 위한 탐색

수업 비평의 유형화에 대한 논의는 이제 막 시작 단계이다. 그것도 주로 문학 비평의 유형을 응용하는 수준에서 크게 벗어나지 못하고 있다. 그리고 김순희의 논의처럼 수업 활동이 행위의 구성물이기 때문에 문학 비평과 같이 고정된 텍스트를 대상으로 한 비평과 구분되어야 한다는 문제 제기도 있지만 이런 논의가 문제 제기 수준을 넘어서 수업 비평의 고유한 유형화 작업으로 심화되지 못하고 있다. 인접 비평 영역과 다양하게 교류하면서 이론적·실천적 도움을 받아야 하지만 어떤 영역의 비평 활동으로부터 상대적으로 더 많은 도움을 받을 수 있는지에 대한 논의도 아직은 초보적 수준에 머물고 있다. 수업 비평의 유형화에 대한 논의가 더 확장되려면 수업 활동의 특성에 대한 정확한 이해에 기반을 둔 비평 유형의 이론화 작업이 수행되어야 한다. 그러나 이 논문에서는 이 논의를 더 진전시키지는 않으려고 한다. 이 논문의 주된 목적은 이론화 작업이 아니며, 문화재 수업이라는 구체적인 수업 텍스트에 적합한 다양한 읽기를 모색하는 데 무게 중심이 있기 때문이다. 필자의 작업은 문화재 수업을 구체적으로 들여다보면서 이를 읽어 내는 다양한 방법들을 모색하는 일종의 자료-의존적data-driven 천착의 과정이라고 볼 수 있다.

필자는 문화재 수업을 보고 최초의 읽기를 시도하였을 때 이 수업의 의미를 세 가지 대립적 이미지 — 사실 암기 대 질문하기, 탐구하기 대 상상하기, 닫힌 결론 대 열린 결론 — 로 파악하였다. 황 교사의 수업이 한국의 교실 현장에서는 드물게 나타나는 질문과 상상과 열린 결론이 있는 교실로 보였기 때문이다. 이후 황영동 교사의 수업 비디오를 반복적으로 보고, 또 많은 교사들과 함께 이 수업에 대해 이야기를 나누는 과정에서 이 수업의 다른 의미를 드러내야 할 필요성을 느꼈다. 전통적인 관점으로 이 수업을 보는 교사들의 시선을 드러내는 것도 의미 있겠다는 생각과 함께 황 교사의 실수에 의해서 야기된 문제 — 금관의 직경 — 의 교과적 의미를 드러내는 문제에도 관심이 갔다.

그래서 여러 해 동안 이 수업의 의미를 다양한 시선에서 읽어 내는 복수의 비평문을 써야 하겠다는 생각을 하였다. 그러나 시선의 앵글들을 어떻게 설정해야 할지 결정하기가 어려웠다. 한동안은 Sünkel(1996, 권민철 역, 2005: 94-95)이 '교수적 삼각형'이라고 부른 세 가지 요소를 중심으로 수업 읽기를 구상하였다. 즉, 교사의 의도와 행동의 의미를 읽어 내는 것, 학생의 의도와 행동의 의미를 읽어 내는 것, 양자의 상호작용의 소재인 교과 내용의 의미를 읽어 내는 것 등을 생각했다. 여기에 이 수업 현상의 사회적 의미를 읽어 내는 것을 더할 수 있겠다고 생각했다.

그러다가 어느 순간 이런 접근법이 작위적이라는 느낌을 받았다. 수업 비평은 텍스트가 열어 놓는 세계에 귀를 기울이는 작업이라고 생각하기 때문이다. 그래서 논리적인 분류 범주에 따라서 접근하는 방식 대신에 수업 현상 자체가 던져 주는 대화에 귀를 기울이는 방식을 택하게 되었다. 즉, 이 수업 텍스트가 독자인 나에게 가장 흥미롭게 다가오는 지점들을 중심으로 이야기를 구성하기로 했다. 그것이 지금부터 전개해 가고자 하는 세 가지 시선이다. 첫째, 나는 이 수업 사태가 수업을 전통적으로 읽는 독자에게 어떻게 보일까 하는 점에 관심을 갖고 있다.

이 시선은 수업 현상에 대한 우리 시대의 일반적 독자의 눈을 가시화해 보고 싶은 욕망과 관련이 있다. 둘째, 나는 이 문화재 수업을 구상하고 실행한 황 교사에 대한 관심을 계속 이어 가지 않을 수 없었다. 수업은 교사와 학생의 공동 창작물이다. 그러나 수업 사태의 전개에서 교사와 학생이 동등한 책임을 공유하지는 않는다. 오케스트라 연주가 모든 연주자의 협연을 필요로 하지만, 그럼에도 그 성공과 실패에 대한 책임의 상당 부분을 지휘자가 담당하는 것과 유사하다고 해야 할까? 이와 관련하여 나는 매우 논쟁적인 수업을 구상하고 실행하는 황 교사에 대한 일종의 전기적 이해가 필요하다고 본다. 셋째, 이 수업 사태의 교과적 의미이다. 특히 황 교사의 작은(?) 실수는 필자에게 상당한 고민거리를 안겨 주었다. 이런 고민의 일단을 필자는《수업, 비평의 눈으로 읽다》에서 '교수적 변환 혹은 교수적 허구'라는 짧은 글을 통해 표현한 바가 있다. 그 글의 고민을 조금 더 확장해 보고자 한다.

우선, 황 교사의 문화재 수업을 접하지 못한 독자들을 위해서 이 수업이 어떻게 전개되었는지를 비교적 객관적으로 기술하고자 한다. 아래의 수업 묘사는 필자의 비평문에 담긴 내용을 옮긴 것이다. 비평의 관점에 따라서 수업 묘사도 달라져야 하지만 지면 관계상 하나의 수업 묘사만 제공하고자 한다. 이 수업 묘사만으로도 세 가지 시선이라는 후속 작업을 하는 데 큰 어려움이 없을 것으로 판단했기 때문이기도 하다.

2. 수업 기술: 문화재 수업 들여다보기[1]

도입부는 여느 수업과 다르지 않았다. 교사는 아이들에게 배운 내용

• • •

1 이 내용은《초등 우리교육》2005년 4월호에 실린 비평문 속의 '수업 기술' 부문을 다시 인용한 것이다. 이 부문은 필자의 단행본에도 실려 있음을 밝혀 둔다.

을 질문하는 것으로 수업을 열었다. 수업 주제는 '문화재 속의 비밀 캐기(Ⅱ)'이다. 수업 주제를 칠판에 기록한 후 교사는 아이들에게 교과서를 덮으라고 말했다. 그리고 천마총과 그 속에서 출토된 문화재 사진 네 장(향로, 천마도, 금관, 허리띠)을 모둠별로 나누어 주었다. 나누어 준 사진을 살펴보느라고 교실 분위기가 잠시 소란해지자 교사는 받은 자료들을 책상 위에 엎어 놓게 했다.

교사의 주의 집중 신호로 교실 안이 조용해지고 아이들이 교실 앞에 설치된 TV 화면에 시선을 모으자 본격적인 수업이 시작되었다. 화면에는 '사진을 보고 생각을 해 보기'라는 설명 글과 함께 학생들에게 나누어 준 문화재 자료가 제시되고, 그 하단에는 '무엇을 생각해야 할까? 질문 만들어 보기'라는 글이 적혀 있었다.

교사 무엇을 생각해야 할까? 어떻게 생각해야 할까? 지금부터 이 그림을 보면서 무엇을 생각하면서 보아야 할지 한 사람씩 발표해 보기로 해요. 선생님이 먼저 예를 들어 보겠어요. 이거 주인은 누구일까?

학생 1 아, 그거 내가 발표하고 싶었는데…….

교사 그거 발표하려고 했었어요? 또 생각나는 것 하나씩 발표해 봅시다.

학생 2 언제 만들어졌는가?

교사 맞아요. 언제 만들어졌을까? 또 그 다음?

학생 3 (천마도의 그림을 가리키면서) 이것 같은 경우에는 왜 이것이 여기 그려져 있을까?

교사 (학생의 반응에 호응하면서) 맞아요. 왜 여기에 그려져 있을까? 선생님이 여러분의 생각을 돕기 위해서 참고로 말하면(모니터의 그림을 가리키면서) 이거, 이거, 이거는 어디서 온 것 같아요?

학생들 무덤!

교사 이게 무덤이야?

학생들 예, 무덤이에요.

교사 잠깐만요. 선생님 생각을 한번 보세요. 단순한 것에, 당연한 것에
의문을 가져 보세요. 이것을 무덤이라고 생각하지 말고 처음 본 것이라
고 생각하고 의문을 가져 보세요.

이 이후의 대화에서도 교사는 몇 번에 걸쳐서 "여러분, 당연한 것을
당연한 것으로 받아들이지 말고 의문을 가져 보세요. 단순한 것에 의
문을 가져 보세요."라고 강조했다. 교사의 이 말은 이 수업 전체를 이
해하는 화두처럼 느껴졌다. 교사의 지시에 대해 학생들은 다음과 같은
다양한 질문으로 화답했다.

"어떻게 사용했을까?", "무엇을 하는 데 썼을까?", "언제 썼을까?", "왜 사
용했을까?", "저것의 재료는 무엇일까?", "왜 이렇게 만들었을까?", "어디서
만들었을까?", "이건 무슨 동물일까?"

교사는 학생들의 질문에 대해 일일이 "좋습니다.", "중요한 질문입
니다." 등의 긍정적인 반응을 했다. 이런 상호작용을 통해 화면에 제시
된 문화재들이 당연한 것에서 의문스런 대상으로 충분히 변했다고 생
각했을 때쯤에 책상 위의 문화재 사진을 뒤집어서 그 문화재가 무엇인
지 모둠별로 토의하게 했다. 그리고 교사는 제시된 문화재 사진 중 금
관의 크기가 직경 15cm, 높이 24cm라는 점을 특별히 지적하면서 그
의미에 대해서도 생각하도록 했다.
이후 약 10분 동안은 모둠별 토의가 이루어졌다. 학생들은 매우 활
발하게 문화재에 대한 이야기를 주고받았다. 진짜 문화재를 발굴하려
고 들어간 역사가나 탐험가처럼 이들은 시종 열정적으로 비밀을 캐는
데 몰두했다. 이런 열기가 가득한 교실 속을 교사는 질문하고 답하고
조언하면서 항해했다. 그리고 잠시 후 발표가 시작되었다. 가위바위보
로 발표할 사람을 정하는 학생들의 모습이 보였다. 발표할 순서는 교

사가 정했다. 교사는 첫 발표 모둠을 지명한 후 그 다음 모둠부터는 듣는 태도가 좋은 모둠 순서로 발표시키겠다고 했다. 두 모둠의 발표 내용을 사례로 제시해 본다.

> 1 모둠 저희는 여기(고분)가 제사를 지내던 곳이라고 생각하거든요. 그리고 여기에서 이런 것(금관)도 발견되었는데요, 이런 것은 신의 제물이거나 제사를 지낼 때 복장으로 사용되었던 것 같아요. 그리고 이것(향로)은 향을 피우거나 제물을 태우는 데 사용했을 것 같고, 그리고 이것(천마도)은 벽화를 그려서 신의 모습을 그려 놓은 것 같아요.

> 2 모둠 이것(금관)은 왕의 왕관이고요. 그리고 밑에 있는 기다란 줄 같은 것은 왕관만 쓰면 허전할 것 같아서 귀걸이라고 생각하고요. 그리고 이것(향로)은 고구마나 감자나 밤 같은 것을 쪄 먹는 것이라고 생각하고요. 그리고 이것(천마도)은 왕을 지키던 수호신이 타던 말이나 아니면 왕을 지키는 저승마라고 생각해요.

학생들은 모둠에서 저마다의 상상력을 동원해 논의한 내용을 설명했다. 교사가 평소에 학생들의 호기심을 자극하면서 도전적이고 창의적인 교실 분위기를 조성했기 때문인지 학생들의 대답은 기발하면서도 창의적이었고 동시에 엉뚱했다. 예를 들어, 향로에 대해 학생들은 '향을 피우는 그릇', '제물을 태우는 데 사용했던 그릇', '고구마나 감자를 쪄 먹는 그릇' 등 여러 가지 의견을 제시했다. 천마도에 대해서도 '왕이 말 타고 싸우던 모습을 그렸다', '저승마이다', '신의 모습을 그려 놓은 것 같다', '왕의 몸에 귀신이 들어가서 장난을 치지 않도록 벽화를 넣었을 것이다'라는 다양한 의견이 나왔다.

교사는 이런 생각들을 무시하거나 억누르지 않고 대부분 존중하고 격려했다. 그리고 학생들의 발표 중에서 금관의 크기에 관한 대립되는 의견을 칠판에 적어서 이를 주요한 논쟁 대상으로 부각시켰다. 즉, 교사는 "옛날 사람들은 머리 크기가 지금보다 작았을 것이라고 생각하기 때문에 금관은 왕의 것"이라고 발표한 조와 "금관의 크기가 작기 때문에 금관의 주인은 왕자였을 것"이라고 생각한다는 조의 의견을 대립시켰다.

금관의 크기를 실감 나게 보여 주기 위해서 교사는 실물 크기의 대통령 사진에 금관을 씌운 이미지를 화면에 보여 주었다. 화면의 모습이 우스꽝스러운 듯 교실은 웃음바다가 되었다. 양복을 말쑥하게 차려입은 대통령의 머리에 금관을 올려놓은 모습은 묘한 대조를 이루면서 학생들의 상상력을 더욱 자극했다. 교사는 금관의 크기를 다시 환기시키기 위해서 두꺼운 종이로 만든 모형 금관을 제시했다. 실물 크기의 금관은 작아서 교사의 머리에 들어가지 않았다. 금관을 머리 위에 올려놓고 교사가 걸음을 옮기자 그 모형은 이내 머리 뒤로 떨어졌다. 교실은 다시 폭소의 도가니로 변했다. 고조된 분위기 속에서 학생들은 "왕관을 끈을 사용해 귀에 묶었다.", "왕은 빨리 걸을 필요가 없어서 왕관이 떨어지지 않았을 것이다.", "진짜 왕관은 금이라 무거워서 잘 안 떨어졌을 것이다." 등 나름의 다양한 의견을 냈다.

학생들이 충분히 자기 의견을 말했다고 판단한 후에 교사는 "이것은 순전히 선생님 생각입니다."라고 말하면서 몇 가지 가설을 제안했다. 첫째는 금관이 어린이의 것이라는 가설, 둘째는 옛날 신라에서는 왕의 머리를 인공적으로 뾰족하게 했다는 가설, 셋째는 그냥 장식용으로 만들었다는 가설을 칠판에 적었다. 교사가 뾰족한 머리 모양을 칠판에 그리자, 학생들은 또다시 폭소를 터트렸다. 교사의 기발한 제안은 "왕관을 거꾸로 썼을 것"이라는 의견 등 학생들의 다양한 상상력을 자극했다.

여러 가지 엉뚱한 발언으로 터져 나온 폭소를 정돈시킨 후 교사는 다시 "순전히 선생님 생각"이라는 것을 강조하면서 자신은 두 번째라고 생각한다고 주장했다. 즉 옛날 왕은 어릴 때 머리 모양을 눌러서 납작하게 만들었다는 기록이 남아 있으며 그렇게 뾰족하게 만들면 왕관을 잘 쓸 수 있다는 설명을 한 후에 학생들에게 자신의 이런 생각에 동의할 수 있는지를 물었다. 그러자 많은 수의 학생들은 허공에 가위 표시를 하면서 동의할 수 없다고 소리를 질렀다. 교사의 가설을 기각할 수 있다는 사실 자체에 학생들은 고무되어 있는 듯했다. 인상적인 것은 자신이 제시한 가설을 학생들이 대부분 거부하는데도 교사는 전혀 개의치 않는 표정이라는 점이었다.

교사는 금관의 장식이나 모양에 대해서 아무도 질문을 하지 않았다는 점을 지적하면서 다시 논의 주제를 금관의 모양으로 바꾸었다. 이전과 마찬가지로 학생들은 금관의 모양에 대해 다양한 상상의 날개를 폈다. 금관의 모양이 "나무 같다.", "어떤 대장이 힘을 쓰고 있는 모양이다."라는 의견이 나왔다. 금관의 크기에 대해서는 다양한 상상을 허용했던 것과는 약간 어감이 다르게 교사는 이번에는 다소 사실적인 설명을 했다.

즉 옛날 사람들이 그림을 그리거나 벽화를 그릴 때는 자기가 본 것을 많이 그리거나 자기 주변에 있는 것을 많이 그렸다는 주장을 학생들에게 말했다. 그리고 화면에 신라 시대의 또 다른 금관과 사슴의 뿔, 나뭇가지 등 유사한 모양을 제시하면서 신라의 금관과 유사한 금관이 러시아 지방에서도 발견되었다는 것도 간략한 지도를 보여 주면서 설명했다. 교사의 그림을 보고 한 학생이 "러시아에 왕관이 있었으니까 우리나라 땅이 넓었던 것 같다."는 그럴듯한 가설을 제시했다. 이에 대해 교사는 "그런 이야기일까?" 하고 반문한 후 신라 사람들이 여기(러시아)에서 온 것이 아닐까 하는 의심이 든다는 말로 금관의 모양에 대한 이야기를 끝맺었다.

왕관에 대한 이야기가 끝난 후에 수업 소재는 천마도에 대한 이야기로 넘어갔다. 교사는 학생들과 이야기를 주고받은 후에 어떤 책의 내용을 읽어 주었다. 교사는 "여러분이 그렇게 생각해도 되고 안 해도 된다."는 말을 하면서 아래의 책 내용을 읽어 주었다. 이후에 교사는 그림 속의 동물이 말이 아니고 상상의 동물로서 귀신이나 잡귀를 쫓는 것이라는 다른 의견도 있다고 덧붙였다.

말은 새와 함께 영혼을 하늘로 날라 주는 역할을 하는 것으로 믿어졌다. 그리하여 신라 사람들은 무덤에 직접 말을 묻어 버리는 경우도 있었다. 이 사진은 지금부터 약 1,500여 년 전의 고분인 경주 천마총에서 나온 것으로 실제로 말을 묻는 시기가 지난 다음에 그림을 묻었던 시기로 보인다.

이제 수업은 종반부로 접어들었다. 교사는 지난 시간에 배웠던 문화재를 화면에 보여 주면서 천마총이 왕의 무덤이라고 확실하게 말하지 않은 이유를 백제의 무령왕릉을 왕릉이라고 확실히 말했던 것과 대비시켜서 학생들에게 그 까닭을 물었다. "아! 뭔지 알겠다." 하고 몇몇 학생들이 의기양양하게 말했다. 두 가지 고분을 대비시킴으로써 교사는 기록이 남아 있는 문화재와 그렇지 않은 문화재의 차이에 학생들이 주목하게 했다. 이를 통해서 기록이 없는 문화재는 다양한 상상력을 동원해 의문을 제기하고 탐구해야 한다는 점을 강조했다.

수업을 마무리하면서 교사는 "앞으로 문화재 공부를 어떻게 해야 할까?", "앞으로 무엇을 더 어떻게 공부하면 좋을까?" 하고 물었다. "문화재를 실제로 만들어 보았으면 한다.", "실제로 가서 보아야 한다.", "뒷산에 가서 유물들을 찾아본다.", "의문을 가지고 어림잡아서 생각을 해 본다." 등 학생들은 다시 다양하게 대답했다. 교사는 마지막 학생의 말을 받아서 다음과 같이 의문을 가지는 것이 아주 중요하다는 점을 재차 강조하면서 수업을 마쳤다.

교사 의문을 가진다는 것은 아주 중요합니다. 선생님도 어릴 때 저 왕관의 크기가 왜 15cm밖에 안 되었는지 아주 궁금했어요. 다른 사람들은 그럴 수도 있지 생각했는데……. 거기에는 굉장한 비밀들이……. 지금 선생님이 여러분에게 말할 수 없는 복잡한 비밀들이 숨어 있긴 한데……. 그런 것도 여러분이 의문을 가지고 나름대로 공부해 보는 것이 아주 좋을 것이라고 생각됩니다. 자, 오늘 여기에서 마치겠습니다.

3. 세 가지 시선으로 수업 읽기

(1) 수업의 효율성을 중시하는 시선

수업은 선세대가 후세대에게 바람직하다고 생각하는 문화와 가치를 전달하는 활동이다. 그런데 공교육 상황에서는 전달되는 문화와 가치를 개인이 정하기는 어렵다. 현대 공교육은 교육과정을 정하는 제도적 절차를 통해 전달해야 할 내용의 공적 성격을 담보하고자 노력하고 있다. 교육과정의 능동적인 실행자로서의 교사의 역할이 강조되고 있기는 하지만 교사들은 교육 내용을 스스로 결정하는 데 상당한 제약을 받고 있다. 교사는 교육 내용을 결정하는 문제에 관여하기보다는 정해진 내용을 전달하는 효율적인 전달자의 역할을 요구받는다. 이를 위해 교사는 효율적인 수업 기법을 익혀서 잘 활용할 수 있어야 한다.

수업의 효율성을 측정하기 위해서 주로 사용되는 것은 계량화 가능한 체크리스트이다. 이러한 체크리스트에 기반을 둔 수업 관찰 방법은 교실 수업을 바라보는 주류의 시선이다. 따라서 이런 입장에서 수업을 관찰하는 것은 우리 시대의 주류 전통에 터하여 교실 수업을 바라보는 일종의 입법 비평立法 批評이라고 볼 수 있다. 필자가 아는 한 한국에서 효율적인 교사의 보편적 행동 특성을 발견하기 위해 대규모의 체계적 연구가 수행된 적은 없다. 그 대신에 외국의 교사 효과성 혹은 과정-산출 연구의 결과들이 다양한 형태로 소개되고 여기에 우리의 문화적

표 3-3 일반적인 수업 관찰 체크리스트를 이용한 황영동 교사의 수업 평가

관찰 영역	항목	관찰 내용 분석	평점					특기 사항
			5	4	3	2	1	
학습 계획	1	교과의 특질에 맞게 지도안이 작성되었는가?		∨				
	2	단원의 목표 파악이 구조적으로 잘 되었는가?			∨			
	3	교재 연구가 충실하고 본시의 주안점이 뚜렷한가?			∨			
	4	본시의 학습량이 적절하게 계획되었는가?		∨				
교사의 지도력	5	학습문제 제시가 학습 동기를 유발할 수 있는가?	∨					
	6	학생 중심의 자율적인 학습으로 유도하였는가?	∨					
	7	학생의 흥미가 배려되고 있는가?	∨					
	8	학생의 개인차가 잘 고려되고 있는가?		∨				
	9	교사의 태도, 용어, 발문이 바람직한가?				∨		
	10	학습의 집단화, 개별화를 조화 있게 도모하였는가?	∨					
학생 활동	11	학습 의욕과 참여도는 높았는가?	∨					
	12	활동력과 토의 및 발표력은 어떠하였는가?		∨				
	13	학습장 사용이 잘 되고 있는가?			∨			
판서	14	판서 내용의 타당도는 높은가?				∨		
	15	판서의 양은 적절하고 구조화되었는가?				∨		
	16	양과 질은 적절하고 적시에 제시되었는가?				∨		
자료 활동	17	학생들이 자료를 효과적으로 활용하였는가?		∨				
	18	학습 환경 조성을 잘하였는가?			∨			
학습 결과	19	형성 평가의 내용이 본시 목표 확인에 합당한가?				∨		
	20	본시 학습목표의 도달도는 어떠하였는가?		∨				

특성이 더해져서 교사의 수업을 지도하는 중요한 원리로 정착된 것으로 보인다. 그리고 무엇이 좋은 수업인지에 대한 이런 명시적 혹은 묵시적인 원리들은 공개 수업이나 수업연구대회 수상작에서 가장 잘 드러난다. 일반적으로 사용되는 체크리스트를 하나 택하여 황 교사의 수

업을 한번 살펴보자.[2]

우선, 황 교사의 수업에서 우수하다고 판단된 항목들을 살펴보자. 전체적으로 볼 때 학생의 흥미나 참여와 관련된 항복들이 높은 점수를 받고 있다. 교사는 학생들이 흥미 있게 참여하도록 수업을 이끌어 갔으며 학생들도 의욕을 가지고 열심히 참여하였다. 교사가 개별 학생에게 많은 질문을 던지고 또 금관의 용도에 대해서는 모둠별 활동으로 탐구하도록 하는 등 개별 활동과 집단 활동이 비교적 조화롭게 구성되었다.

그러나 학습 계획의 측면에서는 교과서를 너무 많이 재구성했기 때문에 이것이 교육과정의 정신이나 단원 목표를 제대로 반영한 것인지 판단하기가 쉽지 않다. 우선 수업의 목표가 무엇인지가 분명하지 않다. 황 교사는 수업의 앞부분에서 전시 학습을 상기하고 이번 시간의 학습목표를 제시하는 데 10분 넘는 시간을 할애하고 있다. 이번 수업의 주제는 '문화재 속의 비밀 캐기'이다. 그런데 문화재 속의 비밀이 무엇이며 그것을 어떻게 캔다는 말일까? 수업 목표를 행동적인 용어로 명료하게 표시하지 않았음인지 황 교사의 수업 목표가 무엇이며 그것이 달성되었는지를 확인하기가 관찰자에게 쉽지 않다.

그리고 수업의 이곳저곳에서 체계성이 부족하다는 느낌을 받는다. 도입부에서는 각 모둠별로 문화재 사진을 나누어 주었다가 학생들이 그것을 살펴보느라고 떠들기 시작하자 다시 덮어서 책상 위에 올려놓으라고 하는 장면이 나타났으며, 전개부에서는 대통령의 사진을 제시하여 학생들의 흥미와 웃음을 자아내게 한 것까지는 좋았으나 그 이후 사진을 제거하지 않아서 엉뚱한 장면에서 학생들이 폭소를 터뜨리는 등 학생들의 주의가 흩트려졌다. 이런 체계적이지 못한 수업 운영으로 수업이 다소 매끄럽지 못하게 진행되었다. 특히, 중반부에는 학생들의

• • •

2 〈표 3-3〉의 수업 관찰 체크리스트는 변영계, 김경현(2005), 《수업 장학과 수업 분석》, 308쪽에 수록되어 있는 체크리스트이다. 필자는 한국의 평균적인 교사 혹은 장학진이라고 스스로 가정하고 이 체크리스트를 이용하여 황 교사의 수업에 대한 평가를 해 보았다.

엉뚱한 질문과 대답으로 인해 모두가 너무 웃는 바람에 수업이 크게 소란해졌다. 그럼에도 불구하고 황 교사는 교실 통제에 사용되는 일반적인 방법들을 거의 사용하지 않아 수업이 대단히 어수선하게 진행되었다. 학생들과의 상호작용 패턴을 살펴보면 특정한 학생에게 여러 차례 발언 기회를 주는 반면, 손을 들지 않는 학생에게는 발언할 기회를 부여하지 않는 등 교육적 배려도 부족해 보인다. 판서의 경우, 칠판 글씨도 예쁘지 않고 구조화도 잘 되어 있지 않다.

이 수업의 목표 제시 부분이 모호했는데 이런 모호성이 수업의 종결부까지 이어졌다. 교사는 명시적인 형성 평가를 실시하지 않았으며 "앞으로 문화재 공부를 어떻게 해야 할까?"라는 질문으로 수업을 정리하였다. 이 장면에서 교사가 기대한 답은 '문화재에 대해서 의문을 가지고 나름대로 생각을 전개해 보는 것'이었을 것이다. 그러나 아이들은 "문화재를 실제로 만들어 보았으면 한다.", "실제로 가서 보아야 한다.", "뒷산에 가서 유물들을 찾아본다." 등 다소 동떨어진 대답들을 주로 하였다. 교사의 수업 의도를 받아들인다고 하더라도 이 수업이 수업 목표를 성공적으로 달성한 수업이라고 볼 수 있을까?

(2) 수업 지휘자인 교사 읽어 내기[3]

수업을 읽는 다른 시선 중 하나는 교사의 의도와 행동을 읽어 내는 것이다. 교사는 수업을 구성하는 가장 중요한 행위자 중 하나이다. 학생들과의 끊임없는 교섭을 통해서 수업이 진행되기는 하지만 수업의

* * *

3 이 부문은 수업 비디오 자체만으로 수업 읽기를 시도하지 않고 교사의 의도를 충분히 알아내기 위해서 교사에 대한 면담 자료, 교사가 실제 작성한 글들을 추가적으로 참고하였다. 즉, 참조한 자료의 범위가 수업 텍스트보다 더 확장되었다. 이와 관련하여 '대상 텍스트'와 '자료 텍스트'라는 구분을 이해할 필요가 있다(이 개념 구분의 이해를 위해서는 박영민(2003), 《과정 중심 비평문 쓰기》, 32-46쪽 참조). '대상 텍스트'는 비평의 대상이 되는 작품을 의미한다면, '자료 텍스트'는 대상 텍스트를 이해하기 위한 참조 자료들을 의미한다. 깊이 있는 비평문을 쓰기 위해서는 '대상 텍스트'뿐 아니라 '자료 텍스트'에 대한 충실한 리뷰가 필요하다고 하겠다.

실제 구성에서 교사가 차지하는 지위는 그 어떤 학생들의 영향력보다 크다. 교향곡의 성공적 연주가 참여하는 모든 연주자의 개인기와 합주 능력에 의존하지만 그 전체를 이끄는 지휘자의 존재 없이는 불가능한 것과 유사하다고 해야 할까!

그 점에서 교사의 의도와 행위를 중심으로 수업을 읽어 내는 것은 수업 읽기의 매우 중요한 통로이다. 물론 여기에는 한두 가지 검토해야 할 문제가 있다. 교사에게 문학 작품의 작가나 미술가와 같은 의미에서 저자의 지위를 부여할 수 있는가 하는 점이다. 교사에게는 교육과정과 교과서라는 따라야 할 표준이 존재한다. 교사가 이런 제도적 규범들을 얼마나 따라야 하는가는 문화마다 다르며, 한국의 경우는 이런 제도적 규범이 교사에게 가하는 제약의 정도가 영미권에 비해서 훨씬 크다고 할 수 있다. 창조적 작업이 장려될 뿐 아니라 그런 작품 제작을 활동의 중요한 본질로 삼는 예술 활동과 달리 교사의 수업 활동은 제도화된 공적 전통에 의해서 상당한 제약을 받는다. 이 점에서 예술가로서의 교사라는 은유는 제한적인 의미를 지닐 수밖에 없다.

그럼에도 불구하고 오늘날 교사의 교육과정과 교과서 재구성 능력은 점점 더 중요해지고 있으며, 교사에게 이런 능력이 필요하다는 것에 대부분의 학자들이 동의하고 있다. 필자는 이런 재구성의 관점에서 황영동 교사의 수업에 대해서 높은 평가를 하는 비평문을 작성한 바가 있다. 그런데 황 교사가 이런 형태의 수업 재구성을 하게 된 이유는 무엇일까? 이 질문에 대한 답을 얻기 위해서는 교사의 생애사에 대한 정보가 필요하다. 특히 황 교사와 같이 교육과정이나 교과서를 상당한 정도로 재구성해서 가르치는 경우에는 교사의 전기적 배경과 수업관을 파악하는 것이 수업 이해에 매우 중요하다. 황 교사의 의도를 파악하기 위해서 필자는 한 차례의 인터뷰를 행하였고, 그가 기록한 두 편의 글을 읽었다. 그리고 수업도 반복해서 관찰하였다. 이를 통해서 황 교사의 수업에 영향을 미쳤다고 판단되는 한두 가지 사건을 발견할 수 있었다. 그 첫 계기는 초등학교 3학년까지 거슬러 올라간다.

초등학교 3학년 때 외판원으로부터 역사책을 선물 받았다. 일문당에서 나온 《한국의 역사》라는 책이다. 이 책을 읽고 역사에 흥미를 갖게 되었다. 그 뒤에 역사와 관련된 책을 꾸준히 읽었다. 그 결과 때문인지 대학교 들어가서 내가 역사에 대한 시각이 있다는 것을 발견했다. 책 읽기를 통해서 그런 시각을 갖게 되었다. 책을 다양하게 읽으니까 역사적 사실을 해석하는 것이 사람마다 다르다는 것을 발견했다. 삼국통일도 그렇고 병자호란에 등장하는 구국이라는 말도 당시에는 그런 시각이 아니었다. 문화재 같은 것도 본질적인 가치가 있는 것도 있지만 대부분은 현재적인 시각에서 중요성을 부여한 것이 많다고 생각한다. 나의 이런 시각이 수업에서 많이 드러났고 아이들도 재미있게 잘 따라왔다. (면담 자료)

황 교사는 책 읽기의 경험을 통해서 역사 과목이 사실 그 자체를 가르치는 것이 아니라 역사에 대한 다양한 관점을 갖게 하는 것임을 깨닫게 되었다고 한다. 결정적인 경험까지는 아니지만 한국교원대학교 대학원을 다니면서 김한종 교수 등 몇몇 교수들을 통해 역사교육에 대한 여러 이야기를 접하면서 자신의 생각이 정당하다는 것을 발견하고 자신감이 더 생겨났다. 그러나 그런 의식의 형성 과정이 지속적으로 자기 확신을 강화하는 과정은 아니었다. 오히려 끊임없이 회의하는 과정이었다고 한다. 그러나 지금의 관점에서 보면 그런 회의는 적절했던 것이라고 황 교사는 생각하고 있었다. 황 교사의 기억 속에 있는 또 다른 장면 하나는 초등학교 때의 공개 수업 장면이다. 이에 대해서 다음과 같이 적고 있다.

내 머릿속에는 오랫동안 기억에 남는 수업 한 장면이 있다. 6학년 때 담임 선생님께서 국어과 공개 수업을 했다. 6.25전쟁 때 백마고지에서의 치열한 전투 장면이 자세하게 나오고 눈을 다쳐 앞을 못 보는 병사가 처절하게 지뢰 스위치를 찾아 눌러 적군을 격퇴하고는 감동의 눈물을 흘리는 내용이었다. 그리고 그 공개 수업에서는 미리 준비된 질문과 준비된 답, 좀 더 정확하게 말하면 연습한 장면을 연기하였다. 내가 그 수업을 기억하는 것은 그곳에서 내가 병사로 있었다면 두려워서 벌벌 떨었을 것이라고 생각했지만 선생님의 질문에 난 준비된 대답인 "그 병사의 나라를 지키는 애국 정신을 본받아 나도 그런 군인이 되고 싶습니다."라고 말했기 때문이다. 난 수업 내내 정해진 그 답을 외웠고 혹시라도 틀리게 답할지 모른다는 걱정을 했다. 지금 생각해 보면 그 수업은 짜고 치는 고스톱 같았다. 그리고 지금 우리 교육 현장에서의 공개 수업은 여전히 짜고 치는 고스톱인 경우가 많다. 난 고스톱을 좋아하지만 한 번도 짜고 친 적은 없다.[4]

아마도 이런 경험은 초등학교 시절 황 교사만 했던 경험은 아닐 것이다. 과거나 지금이나 공개 수업은 목표를 향해서 직선 주로를 달리는 경주와 유사하다. 수업의 목표를 방해할 수 있는 잡음은 말끔히 제거되어야 하며, 주어진 시간에 목표를 무리 없이 달성하기 위해서 교사는 수업을 방해하는 우연성을 가능한 한 제거하려고 한다. 이것이 가능하려면 교사는 자신의 계획대로 학생들이 행동하도록 강요해야 하며, 때로 이런 강요는 교사가 원하는 정답을 말하도록 학생들을 사전에 훈련시키는 것으로 귀결된다. 황 교사는 이런 관행에 동원되었던 유쾌하지 않았던 기억을 상기하고 있다.

이런 유쾌하지 않은 경험을 자신의 학생들에게 재생산하지 않기 위해서 황 교사가 강조하는 것은 '생산적인 공부하기'이다. 생산적인 공부하기는 교사가 제시하는 질문에 대해서 정답을 말하는 소극적인 역

- - -

4 이 인용 내용은 필자의 수업 비평문에 대한 답글 형식으로 쓴 황영동 교사의 〈내 수업의 전제들〉에 실려 있는 에피소드이다. 단행본 《수업, 비평을 만나다》와 《수업, 비평의 눈으로 읽다》에 모두 수록되어 있다.

할을 학생들에게 요구하는 것이 아니라 지식을 생산하고 공유하는 적극적인 역할을 하기를 기대한다. 그리고 그 중심에는 학생들 스스로가 생성하는 질문이 자리하고 있다.

수업에 참여하는 학생들의 가장 적극적인 지적 생산 활동이 바로 질문하기가 아닐까 생각한다. 질문은 앎에 대한 적극성을 가질 때 생겨날 수 있다. 질문 만들기는 능동적으로 학습 활동이 일어나게 할 수 있다. 수업에서 누구든지 적극적으로 질문하고 대답하는 것을 지향한다. 질문이 생겨나지 않는 사회 수업은 무미건조한 사막 같은 수업이라고 생각한다. 단순하게 정보의 확인성 질문도 있을 수 있고, 좀 더 적극적으로는 생각이 다름을 묻는 질문이 있다. 또한 공감하는 질문, 상대방에 대한 이해의 질문도 있다. 다양한 질문을 생산하는 것이 이 수업의 핵심이다.[5]

황 교사의 트레이드마크라고 볼 수 있는 '자유로운 질문하기'는 문화재 수업에서도 잘 드러난다. 황 교사는 천마총에서 발굴된 몇 장의 문화재를 보여 주면서 수업을 시작한다. 그 화면에는 '사진을 보고 생각을 해 보기'라는 글씨의 제목이 적혀 있고, 문화재의 사진이 제시되며 그 하단에는 '무엇을 생각해야 할까? 질문 만들어 보기'라는 글이 적혀 있었다. 이 화면은 문화재 수업의 분위기를 상징적으로 잘 보여 준다. 교사가 질문을 제기하고 학생이 답을 하는 것이 아니라 교사는 학생들이 문화재 사진을 보고 스스로 질문을 만들어 보기를 장려한다. 그리고 학생들이 상식적인 생각과 정답에 갇히는 것을 교사는 경계한다. 이 이후의 대화에서도 황 교사는 몇 번에 걸쳐서 "여러분, 당연한 것을 당연한 것으로 받아들이지 말고 의문을 가져 보세요. 단순한

• • • •

것에 의문을 가져 보세요."라고 강조했다. 황 교사의 이 말은 이 수업 전체를 이해하는 화두처럼 느껴졌다. 황 교사의 수업은 이처럼 교사의 전기적 삶의 지반에서 흘러나오는 구성물인 셈이다.

(3) 수업의 교과적 의미 드러내기[6]

Paul Ricoeur가 올바르게 지적하였듯이 인간 행동의 의미는 행위자의 의도를 넘어서 있다. 일단 그것이 텍스트로 고정화되면 행위자의 의도를 넘어서서 다양한 해석이 가능한 하나의 세계를 열게 된다. 사실 이 수업은 그런 의미의 수업 읽기를 제공하는 재미있는 텍스트이기도 하다. 황 교사는 이 수업을 통해서 학생들이 질문을 생성하게 하고 생성한 질문에 대해서 나름의 답을 찾아가도록 격려하고 있다. 이 과정에서 중요한 모티프로 등장하는 것이 금관의 크기이다. 황 교사는 금관을 중요한 소재로 선택한 이유에 대해서 학생들의 흥미 요소를 언급하였다.

재미있는 수업을 하면 아이들은 대체로 스스로 공부하려는 경향을 보여 준다. 어, 그거 재미있겠다. 한번 해 볼까? 그런 생각을 갖게 된다. 빗자루를 보여 주면서 생각하라고 하면 어른들은 청소를 생각하지만 아이들은 날아다닐 궁리를 한다. 아이들은 늘 어떻게 하면 재미있을까를 연구한다. 요즘 아이들에게 재미없음은 죄악 같다. 지적 재미를 불러일으키는 것은 교사의 몫이다. (면담 자료)

재미있는 수업을 위해서 교과서를 재구성하는 것은 황 교사에게 필연적인 작업이다. 특히 황 교사는 감정이입이나 스토리 전개가 가능

· · ·

6 수업의 '교과적' 의미를 드러내는 데는 여러 가지 측면과 차원이 존재할 것이다. 이 글에서는 금관의 직경에 대한 오류가 야기한 사태에 주로 초점을 두어서 논의를 전개하였음을 밝혀 둔다. 이 수업의 다른 교과적 의미는 《수업, 비평의 눈으로 읽다》에 수록된 〈문화재 수업의 새로운 가능성 열기〉를 참조하기 바란다.

한 수업을 설계하기를 좋아한다. 그런데 문화재 수업의 재구성 과정에서 황 교사는 의도하지 않은 실수를 하였으며 이로 인해서 논쟁할 만한 가치가 있는 중요한 이슈가 하나 등장하였다. 수업의 가장 중요한 소재라고 할 수 있는 금관의 직경이 사실과 다른 것이다.[7] 사실로서의 역사가 아니라 탐구와 상상으로서의 역사를 강조한다고 하더라도 그 대상이 되는 역사적 소재에 관한 사실 정보에 오류가 있는 수업을 하였다면 우리는 이 수업을 어떻게 평가해야 할까? 역사 수업으로서 가치가 전혀 없다고 해야 할까? 아니면 학생들이 유의미한 역사적 상상과 탐구의 경험을 했다는 것에 비추어 이 수업을 정당화해야 할까? 이런 판단은 이 한 시간의 수업에 대한 정당화에 그치지 않는다. 만약 이 수업을 정당화하는 것이 가능하다면 이 수업 아이디어를 문화재 수업에 대한 보편화 가능한 하나의 사례로 제시할 수는 있는 것일까?

필자는 몇 가지 개념을 활용하여 이 문제를 논의해 보고자 한다. 수업을 잘하려면 교사에게 풍부한 내용 지식이 있어야 한다. 그러나 내용 지식을 잘 갖추는 것은 필요조건에 불과하다. 수업을 잘하기 위해서 필요한 지식의 목록에 대해서는 이미 여러 학자들이 다양한 논의를 해 왔다. 그중에서 강조되는 것이 내용 지식과 교수 방법에 대한 지식의 결합 영역인 교수학적 내용 지식Pedagogical Content Knowledge: PCK이다.

• • •

7 황 교사의 설명과 달리 천마총 금관의 직경은 20cm이다. 그리고 신라 금관의 용도에 대해서는 여러 가지 의견이 있으나, 장례용 부장품이라는 것이 다수설이다('금관은 죽은 자의 것이었다', 〈역사스페셜〉 제86회 참조). 예컨대, 정수일은 금관의 용도에 대해서 다음과 같이 언급하고 있다. "금관을 놓고 논란이 가장 많은 것은 용도 문제다. 어떤 학자는 외관과 내관을 분리해서, 화려하고 장중한 외관은 공식 행사용이고 내관은 일상용이라고 주장하나, 대부분 학자들은 일괄하여 의례용인가 실용품인가, 아니면 장례용인가를 놓고 논한다. 무게가 1킬로그램 이상인 데다 관테가 약하고 전체 구조도 든든하지 않아서 행사용 예관이나 평시 신분을 알리는 위세품(威勢品) 따위의 실용품으로는 보기 어렵다. 이에 비해 금관이 피장자의 머리만이 아니라 얼굴 전체를 감싸고 있고, 피장자의 발치에 함께 묻혀 있는 금동신발은 바닥에 스파이크 같은 장식이 있어서 실용성은 없으며, 또 다른 부장품인 금제 허리띠 무게가 4킬로그램이나 되어, 이것 역시 패용일 수는 없을 것이다. 이러한 점들을 감안할 때, 금관은 장례용 부장품일 가능성이 높다("신라의 금관", '문명교류기행 17', 〈한겨레〉, 2004년 10월 5일)."

오늘날 교수학적 내용 지식은 교사의 전문성을 이야기할 때 전 세계적으로 많이 언급되는 핵심적 개념이다.

이런 교수학적 내용 지식에 비추어 볼 때 이 수업은 어떤 의미를 가지고 있을까? 교수학적 내용 지식은 내용과 교수 방법의 물리적 결합이 아니라 화학적 결합을 뜻한다. 화학적 결합이라는 말은 특수한 내용 영역에 적합한 특수한 교수 방법이 존재함을 말한다. 그런데 화학적 결합이라는 말을 사용할 때조차도 가르쳐야 할 바람직한 내용 지식이 실체로서 존재한다는 생각이 관성적으로 강하게 지배하고 있어 교수 경험에 기반하여 가르치는 내용 자체가 변화할 수 있다는 생각을 대개는 하지 않는다.

교수학적 변환이라는 개념도 유사한 특성을 가진다. 교수학적 변환은 지식이 가르쳐지기 위해서 겪어야 하는 일련의 변형된 양상을 말한다. 필자의 판단에 의하면 교수학적 변환이라는 말은 가르쳐야 할 지식의 구조와 내용이 비교적 명료한 수학 교과에서 상대적으로 자주 사용되는 말이다. 그런데 이 개념을 사용하여 작성된 수학교육 논문들을 보면 모학문으로서의 수학을 잘 전달해야 한다는 생각이 강한 것 같다. 즉, 교수학적 지식이 학문적 지식과 반드시 일치하기를 원하지는 않지만 양자가 본질에 있어서 다르지 않기를 희망하면서 변환시키고자 한다(이경화, 1996; 김민정, 2002). 따라서 극단적인 교수 현상에 대한 연구처럼 학생에게 내용을 전달하는 과정에서 발생하는 왜곡과 오류에 대한 연구가 상대적으로 많다.

그러나 이런 관성적 사고를 벗어난다면 유의미한 학습을 경험하도록 하기 위한 교육적 고려 속에서 최초에 의미 있다고 생각한 내용 자체가 달라지는 사태도 얼마든지 가능할 수 있다. 즉, 교수 활동을 내용의 전달이라는 관점이 아니라 의미 있는 학습 경험의 구성과 재구성이라는 관점에서 접근한다면 애초의 학문적 내용을 적극적으로 변환하거나 재창조하는 것이 가능하지 않을까?

이와 관련지어 황 교사의 수업에 대한 변호를 시도해 보고자 한다. 우선 필요한 것은 사고의 전환이다. 구성주의적 인식론의 등장 이후 학습 내용은 그 자체로서 중요한 것이 아니라 학생들의 학습을 자극하는 소재라는 생각이 보편화되고 있다. 이런 교육학적 사고가 황 교사의 실수를 정당화해 줄 수 있는 여지는 없을까? 이에 대해서 양미경의 논의를 인용하여 하나의 가능성을 검토해 보고자 한다.

양미경(2003: 133-165)은 새로운 교과관에 대한 논의를 하면서 교과서는 최신 지식을 담기보다는 지금까지 인류가 거쳐 온 질문과 대답의 과정을 다루는 일종의 흐름이 있는 서술 방식을 택하는 것이 바람직하다고 보았다. 이런 맥락하에서 양미경은 학문계에서는 천동설이 이미 낡은 이론일지는 모르지만 교육 현장에서는 천동설을 가르치는 것이 어떤 국면에서는 교육적으로 정당화될 수도 있다고 주장한다. 이런 입장을 받아들인다면 황 교사가 현재 학계의 정설이 아닌 내용을 가르치는 것이 어느 정도 정당화될 수 있지 않을까? 과거의 낡은 이론이라고 할지라도 특정한 발달 단계에 있는 학생들의 사고를 자극하는 교육적 활동에 의미 있게 활용될 수 있다면, 어쩌면 개개인의 지적 성장도 인류가 오랫동안 축적해 온 사고의 궤적을 따라 발달하는, 즉 개체 발생이 계통 발생을 밟는 것이 아닐까? 그리고 이것은 특정 발달 단계에 있는 학습자들이 학문계의 입장에서 보면 이미 구시대적인 내용을 배우는 것을 교육적으로 정당화할 수도 있지 않을까?

그런데 개체 발생이 계통 발생을 밟는다는 은유를 받아들인다고 하더라도 금관의 직경에 관한 오류와 이에 근거한 추론이 정당화될 가능성은 크지 않다. 황 교사는 학계에서 한때나마 공인되었던 과거의 정설을 가르치는 것이 아니라 단순한 실수에 기반하여 수업 아이디어를 구상하고 있기 때문이다. 역사적 사실의 엄밀성을 중시하는 학자들이라면 이런 오류에 기초한 수업을 받아들이기 어려울 것이다.

그러나 역사 수업이 역사적 사실 그 자체를 아는 것 못지않게 학습자의 역사적 상상력과 사고를 키우는 것을 목적으로 하고 이런 목적을 위해서 '가공된' 가상적 역사를 교사가 창출해 내는 것이 정당화될 수는 없을까? 그런데 이런 논리가 성립할 수 있으려면 학문적인 내용을 아동의 심리나 발달 단계를 고려하여 변환한다는 논리 이상의 접근이 필요하다. 학문적 지식을 전달한다는 소극적 태도를 넘어서 교육 활동의 능동적 자율성을 인정하고 교육적 고려에 의해서 학문계의 지식을 전혀 새롭게 창출할 수 있는 가능성을 인정할 필요가 있는 것이다. 필자가 보기에 《수업 현상학》에서 Sünkel(1996, 권민철 역, 2005: 77-78)이 언급한 '수업의 자율화'라는 개념은 이와 연관지어 살펴볼 수 있는 개념이 아닌가 한다.

Sünkel은 수업의 발생사를 구안하면서 최초의 수업은 의미 있는 대상 세계를 배우기 위해서 등장하였다고 주장한다. 즉, 수업 현상은 대상 세계에 종속적이다. 그러나 때로 수업 현상의 대상이 되는 세계가 사라진 이후에도 교육적 고려나 목적 때문에 수업 현상은 계속 존속할 수 있다. 예를 들어, 라틴어 수업은 라틴어를 사용하는 고대 공동체가 소멸되어 더 이상 현실적인 대상 세계로 존재하지 않음에도 불구하고 '형식도야'라는 정당성을 부여받았기 때문에 수업 현상으로 존재할 수 있다. 이렇게 대상 세계로부터 독립하여 수업 활동이 독자적으로 존재하거나 발전해 가는 것을 Sünkel은 '수업의 자율화'라고 불렀다. Sünkel의 이 개념은 좁게는 수업 활동, 넓게는 교육 활동이 대상 세계에 종속됨이 없이 스스로의 판단에 의해서 창출되고 지속되는 자율적 세계일 수 있음을 보여 준다.

이 개념을 좀 더 적극적으로 활용한다면 황 교사가 사실에 대한 잘못된 기억 혹은 잘못된 해석에 기반해서 진행한 수업조차 정당화할 수 있는 가능성이 열리지 않을까? 이 수업에서 학생들은 금관의 크기에 대해서 자유롭게 상상을 하였고 그런 상상에 기반하여 다양한 답을 제시하였다. 그리고 금관의 크기뿐 아니라 금관의 모양에 대해서도 다양한 상상을 하고 나름의 추론을 하였다. 물론, 학생들의 추론은 매우 초보적인 수준에 머물고 있으며 객관적인 증거에 기반하여 자신의 주장을 하고 있다고 보기는 어렵다. 그리고 이런 추론의 결과로서 도달한 것이 학계에서 공인된 정설이라고 보기도 어렵다. 한마디로 역사적인 추론이나 탐구라고 보기는 상당히 어렵다. 그럼에도 불구하고 학습자들은 재미있게 역사를 공부하였으며 앞으로 역사를 더 공부해야 되겠다는 생각을 가지게 되었다. 그렇다면 역사적 사실에 대한 하나의 오류가 발생하였고 그 오류가 수업의 중요 추론에 개입된다는 사실만으로 이 수업을 폐기 처분해야 할까?

물론 구체성에 기반하고 사실을 중시할 수밖에 없는 역사 영역의 교과적 특성을 고려해 볼 때 이 오류를 그냥 넘어가기는 쉽지 않아 보인다. 그런데 만약 이 오류가 교사의 실수가 아니라 '의도된 오류'라고 가정한다면 사태는 어떻게 달라질까? 교사가 금관의 직경에 대한 정확한 지식을 가지고 있고 금관의 용도에 대한 학계의 정설과 여러 이견에 대해서도 충분히 알고 있다. 그럼에도 불구하고 교사는 금관의 직경이나 학계의 정설을 그대로 소개하지 않는 것이 가능하다. 교사는 학생들의 사고를 자극하기 위해서 갈등과 긴장을 야기해야 한다고 생각을 하였으며, 이와 관련하여 금관의 직경을 의도적으로 축소하여 수업의 소재로 활용하였다고 하자. 그리고 이런 교사의 의도가 성공적으로 수행되어 학생들이 재미있는 상상과 탐구 활동을 수행하였다고 하자. 이 경우 그런 수업을 교육적으로 타당화할 수는 없을까?

필자는 '의도된 오류'라는 새로운 조건을 도입한다면 이 수업이 훌륭한 역사 수업 — 특히 초등 역사 수업[8] — 으로 정당화될 수도 있다

• • •

8 예컨대, 최용규 외(2009), 《살아 있는 역사 수업》을 보면, 살아 있는 역사 수업이 되기 위한 조건으로 '역사를 실감하게 하는 수업', '역사 학습에 대한 능동적인 참여', '학생 스스로의 의미 구성과 공유'의 세 가지를 제시하고 있다. 그리고 초등 역사 수업의 원리로는 '역사를 이야기로 배운다', '살아 있는 역사로 느낀다', '역사를 생각해야 한다', '역사를 해 본다'의 네 가지를 제시하고 있다. 이런 내용들은 대체로 황영동 교사의 수업 운영과 일치한다고 필자는 생각한다.

고 본다. 오늘날 교육에서 강조되는 것은 역량에 기반을 둔 교육이다. 역량에 기반을 둔 교육이란 과거에 얼마나 많이 배웠는지를 중시하는 것이 아니라 정보가 범람할 뿐 아니라 쉽게 변화하는 현실 속에서 불확실한 정보들을 활용하여 나름의 결론을 도출할 수 있는 학습 능력을 중시하는 교육이다. 이런 역량 중심 교육의 입장에서 볼 때도 황 교사의 수업은 새로운 역사 수업이 지향해야 할 하나의 사례일 수 있다. 물론, 이 경우에도 교사는 종국에는 금관의 직경에 대한 정확한 정보 및 금관의 용도에 대한 다수설도 설명함으로써 교사의 수업 구성이 학생들의 역사적 사고와 상상력을 고취시키기 위해서 교육적으로 설계된 하나의 가상이라는 것도 알려 주어야 할 것이다.

그리고 이런 정당화 작업은 다소 수동적인 교수학적 변환이라는 개념보다는 '교육의 자율성'이나 '수업의 자율성'을 더 적극적인 의미로 해석하고 받아들여야 할 필요성을 제기한다. '의도적 오류'를 포함한 수업 아이디어의 구상과 실행이 여러 교사와 교육 공동체에 의해 받아들여지고 반복적으로 실행된다면, 사문화된 라틴어를 교실에서는 여전히 교육적 목적에서 배우는 것과 유사하게 대상 세계와 독립적인 역사 수업의 내용을 구성하는 요소로 자리 잡을 수 있을 것이기 때문이다. 다만 의도된 오류 혹은 대상 세계와 독립된 자율적인 수업 활동의 세계를 창출하는 것이 무한적으로 허용될 수는 없을 것이다. 자율적인 수업 활동의 창출이 가능하기 위해 교사는 수업 사태에 필요한 모든 지식 영역에 대해서 상당한 정도의 식견과 경험을 가지고 있어야 한다. 그리고 이런 식견과 경험을 획득하기 위해서는 광범위한 배경 지식과 함께 수업 현장에서 만나는 학습자의 경험에 대한 끊임없는 성찰이 필요하다.

IV. 새로운 수업 실천을 위한 수업 비평의 가능성

필자는 초등 사회 문화재 수업에 대해서 세 가지 수업 읽기를 시도하였다. 이제 이 작업을 통해서 필자가 좀 더 명료하게 경험한 수업 비평의 의미를 드러내는 것으로 글을 마무리하고자 한다. 앞에서도 말했지만 수업 비평은 수업 현상을 다양한 의미 해석이 가능한 열린 텍스트로 가정한다. 이 말은 여러 차례 강조할 필요가 있다. 필자는 수업 활동이 선대의 문화유산과 가치가 다음 세대에 전달되는 일의적 의미의 삶의 형식으로 축소될 수 없다고 본다. 무엇이 바람직하고 지향할 만한 가치 있는 삶인지에 대한 물음을 본질적으로 내장할 수밖에 없는 한, 수업 실천은 다양한 의미의 해석과 실천이 끊임없이 유동하고 교섭되고 실천되고 변형되는 장일 수밖에 없다. 그리고 올바른 수업 실천에 대한 고민은 언제나 이런 다양한 의미 해석과 실천의 장으로서의 수업 현상에 대한 민감성을 요청할 수밖에 없다.

그러나 언제부터인가 우리 교육 현장에서는 수업 실천에 대한 다양한 의미 해석과 실천을 권장하기보다는 화석화된 일의적인 수업 독해만이 지배적으로 관철되고 있다. 우리는 이런 관행을 공개 수업이나 수업연구대회에서 특히 자주 목도한다. 평소에 다양한 수업 실천을 모색하던 교사들조차도 수업을 공개하거나 연구 수업을 하게 되면 수업에 대한 전통적인 관점에 일의적으로 포섭되어 꼭두각시처럼 연기되는 수업을 전개한다. 이런 현상을 볼 때마다 필자는 수업 실천의 개선, 즉 '새로운 수업 하기'가 '새로운 수업 보기'와 매우 밀접한 연관성을 가지고 있음을 반복적으로 확신하곤 한다. 수업 현상의 다양한 의미를 읽어 내는 눈을 갖지 않고는 기존의 기계적인 수업 실천에서 탈피하기가 어렵기 때문이다. 새로운 수업 실천이 가능하기 위해서는 수업을 보는 눈의 전환이 선행되거나 적어도 병행되어야만 한다.

이런 작업과 관련하여 수업 비평이 수업을 개선하려는 여타 장르에 비해서 우위에 있다고 필자는 본다. 수업 비평은 교사와 학생 사이에서 연행되고 소멸되는 일회적 수업 실천을 기록하여 다양한 의미 해석이 가능한 텍스트로 변환하고 이에 대한 다양한 읽기를 가능하게 한다. 그리고 특정한 수업 실천에 관심을 가지는 많은 독자들이 스스로 비평가로 참여하거나 혹은 전문 비평가가 산출한 비평문의 독자로 참여할 수 있도록 함으로써 수업 현상의 의미 이해와 해석 과정에 공동체적으로 관여할 수 있게 된다. 이를 통해 수업 현상의 잠재적 의미는 새롭게 쓰이고 새롭게 읽혀지면서 현실로서 현현된다.

필자는 이런 수업 비평에의 참여 과정이 일종의 자기 이해가 텍스트에 의해서 확장되고 변형되는 과정이라는 Paul Ricoeur(1981, 윤철호 역, 2003: 252-255)의 견해에 동의한다. 수업 현상을 비평한다는 것은 수업 현상 속의 교사와 학생의 심리적 의도를 추적하는 작업에 머무는 것도, 나의 주관적인 선이해의 구조를 수업 이해를 위해 투영하는 것도 아니다. 그것은 수업 텍스트 앞에서 자기 자신을 새롭게 이해하는 과정이다. 즉, 자신을 텍스트에 노출시키고 텍스트로부터 확장된 자아를 수용하는 문제이다. Paul Ricoeur는 이를 '자아'가 텍스트의 '주제'에 의해 구성되는 과정이라고 보았다. 교육학적 의미로 이것을 번역해 보면 수업 비평 활동은 수업 현상이 열어 주는 세계를 전유專有, Aneignung하는 활동이며 자아를 재구성하는 자기 교육의 과정이다. 이런 자기 교육의 과정을 통해서 우리는 수업 현상에 대한 새로운 실천가이자 해석자로서 거듭날 수 있다. 알려진 고정된 기준에 의해서 수업 활동을 재단하고 평가하는 여타의 수업 실천과 비교하여 볼 때 수업 비평의 이런 자기 교육적 측면은 새로운 수업 실천을 위한 필수적인 통로이지 않을까 한다.

| 참고문헌 |

김민정(2002), 지리 수업에서의 교수학적 변환에 근거한 극단적인 교수 현상 연구, 석사학위 논문, 한
　　국교원대학교.
김순희(2009), 수업 비평의 유형에 대한 논의, 수업 연구와 교사의 성장II-현장 수업 연구 공동체를 찾
　　아서: 청주교육대학교 교육연구원-한국교원교육학회 공동학술대회 자료집.
김욱동(1996), 《광장》을 읽는 일곱 가지 방법, 서울: 문학과 지성사.
박영민(2003), 과정 중심 비평문 쓰기, 서울: 교학사.
박철희, 김시태(1988), 문예비평론, 서울: 문학과비평사.
변영계, 김경현(2005), 수업 장학과 수업 분석, 서울: 학지사.
양미경(2003), 교육과정 및 교수 방법, 서울: 교육과학사.
이경화(1996), 교수학적 변환론의 이해, 수학교육학연구, 6(1), 대한수학교육학회, 203-213쪽.
이혁규(2007), 수업 비평의 필요성과 방법에 대한 탐색적 논의, 교육인류학연구, 10(1), 한국교육인류
　　학회, 155-185쪽.
이혁규(2008), 수업, 비평의 눈으로 읽다, 서울: 우리교육.
이혁규(2010), 세 가지 시선으로 수업 비평하기: 초등 사회 문화재 수업을 사례로, 수업 실천에 대한 반
　　성과 전망: 청주교육대학교 교육연구원-한국교육인류학회 공동학술대회 자료집, 141-160쪽.
이혁규, 이경화, 이선경, 정재찬, 강성우, 류태호, 안금희, 이경언(2007), 수업, 비평을 만나다, 서울: 우
　　리교육.
정재찬(2006), 국어 수업 비평론, 국어교육학연구, 25, 국어교육학회, 389-420쪽.
최용규, 외(2009), 살아 있는 역사 수업, 파주: 교육과학사.
한국문학평론가협회 편(2006a), 문학 비평 용어 사전(상), 서울: 국학자료원.
한국문학평론가협회 편(2006b), 문학 비평 용어 사전(하), 서울: 국학자료원.
황영동(2008), 수업, 만남과 대화가 있는 아름다운 동행: 작은 학교 수업 이야기, 미간행 강의 자료.
Sünkel, W.(1996), *Phänomenologie des unterrichts*, 권민철 역(2005), 수업현상학, 서울: 학지사.
Ricoeur, P.(1981), *Hermeneutics and the human sciences: Essays on language, action, and
　　interpretation*, 윤철호 역(2003), 해석학과 인문사회과학, 서울: 서광사.
Ricoeur, P.(1986), *(Du) texte a' l'action*, 박병수, 남기영 역(2002), 텍스트에서 행동으로, 서울: 아카넷.

나귀수

수학 수업 비평의 실제

I. 들어가며

　수업 비평은 주로 교과교육 전문가들에 의해 시작되어 이론화와 현장에서의 구체화를 향해 나아가고 있는 단계에 있는 분야이다. 수업 현상을 비평적으로 바라보는 전통은 2000년대부터 시작되었다. 그 이유는 수업 현상을 바라보는 대안적 관점이나 개념들이 복권되거나 새롭게 등장했고, 수업 현상을 보는 대안적 연구 방법론이 등장했으며, 수업 현상을 촬영하고 편집하고 유통할 수 있는 영상 촬영 기술과 웹 기반 환경이 형성되었기 때문이다(이혁규, 2009).

　수업 비평은 수업 현상을 보는 대안적 관점이나 개념으로서 학교 현장의 교사들에게 상당한 설득력을 얻고 있는 것으로 파악된다. 최근 학교 현장의 교사들은, 경기도의 중등수업비평교육연구회, 배움과 나눔의 공간 다온, 제천교육지원청의 수업비평연구동아리 등을 구성하여 '보여 주기식 수업'이 아닌 '일상적인 수업'을 함께 비평하는 활동을 통해 자신들의 수업을 개선하려는 활동들을 하고 있다. 그러나 수학 수업과 관련된 수업 비평에 대한 연구는 매우 미흡하게 이루어지고 있는 실정이다.

본 연구의 목적은 이러한 상황에서 수학교육 연구자 또는 수학교육 전문가라고 할 수 있는 본 연구자에 의한 수학 수업 비평의 실제를 제공하는 것이다. 또한 초등학교 수학 수업을 바라보는 하나의 관점을 제공함과 더불어 초등학교 수학 수업의 질을 향상시키는 데에 간접적인 수준에서나마 일조하고자 하는 것이 본 연구의 목적이라고 할 수 있다.

II. 선행 연구 고찰

수업을 비평적으로 바라보는 관점은, 교육 현상을 예술 작품을 비평하는 것과 같은 방식으로 평가해야 한다고 주장한 Eisner(1979; 1985)에게서 그 뿌리를 찾을 수 있다. Eisner는 교육과정 및 학교 프로그램 평가자는 교육 현상을 보고 교육 활동의 질을 판단할 수 있는 '교육적 감식안'을 지녀야 한다고 주장하였다. 여기에서 '감식안'은 복잡하고 미묘한 특징을 섬세하게 식별하는 능력을 의미한다. Eisner는 감상과 비평을 구분하였는 바, 감상은 사물에 대한 경험을 깨닫고 느끼며 이해하는 개인적이고 사적인 차원의 활동인 반면에, 비평은 자신이 이해한 바를 바르고 새로운 시각에서 그 의미와 가치에 대해 판단을 내리는 사회적이고 공적인 활동이다.

Eisner가 교육에서의 비평적 평가를 주장하게 된 배경에는 행동주의 심리학에 근거한 목표 중심 평가나 경영적 평가의 한계에 대한 비판이 존재한다. Eisner에 따르면, 행동주의 심리학에 근거한 평가는 교육 현상을 수량화, 단순화시킴으로써 개별 교육 현상의 고유성을 무시하고, 미리 설정된 목표에 대해 과도하게 의존함으로써 현재 발생하고 있는 교육 현상을 간과하고 경시하는 결과를 초래한다. 또한 행동주의 심리학에 근거한 평가는 교육의 개별화와 인간화를 저해하며, 교육의 질적인 측면을 경시하게 되는 결과를 초래한다.

Eisner는 비평적 관점에서의 교육 평가를 위해서는 평가자의 교육적, 평가적 전문성 확보가 필수적이라고 주장하였다. 또한 평가자의 전문성이 평가 결과의 타당성과 합리성을 확보해 주는 가장 중요한 요건임을 강조하였다. 교육 평가에 대한 이러한 Eisner의 주장은 수업을 평가하는 방식에도 그대로 적용될 수 있다. 개별 수업을 미리 설정된 목표나 준거에 따라 평가하는 대신에, 개별 수업이 위치하고 있는 맥락과 현상을 비평적으로 해석함으로써 수업의 질적이고 예술적인 측면을 살려 넬 수 있는 것이다. 이때 수업을 비평하는 비평가의 교육적 감식안이 매우 중요하며, 비평가의 교육적 전문성이 수업 비평 결과의 타당성과 합리성을 보장해 준다고 할 수 있다.

한편, 수업 비평에 대해서는 다양한 정의가 존재한다(곽영순, 2003; 유정애, 2003; 이혁규, 2007; 정재찬, 2006). 여기에서 대표적으로 두 연구자의 정의를 살펴보면, 먼저 정재찬(2006)은 "수업 비평은 교육 텍스트이자 일종의 문화예술 텍스트로서 수업 텍스트를 대상으로 인문학과 사회과학, 아울러 예술과 과학의 양면적 가치를 종합적으로 고려하면서 기술과 해석과 평가를 주축으로 행하는 비판적이고 창조적인 글쓰기"라고 정의하였다. 이혁규(2007)는 "수업 비평은 교사와 학생들이 함께 구성해 가는 수업 현상을 하나의 분석 텍스트로 하여 수업 활동의 과학성과 예술성, 수업 참여자의 의도와 연행, 교과와 사회적 맥락 등을 종합적으로 고려하면서 수업을 기술, 분석, 해석, 평가하는 비판적이고 창조적인 글쓰기"로 잠정적으로 정의하였다.

본 연구에서는 이혁규의 수업 비평의 정의를 근거로 수업 비평을 실시하였다. 다시 말해서, 수학교육 전문가라고 할 수 있는 본 연구자의 수학교육적 관점에 비추어 김○○ 교사의 수학 수업(수업 동영상)과 수업지도안을 분석 텍스트로 하여 수업 활동의 과학성과 예술성, 수업 참여자의 의도와 연행, 수학 교과와 사회적 맥락 등을 종합적으로 고려하면서 수업을 기술, 분석, 해석, 평가하고자 하였다.

수학과에서 수업 비평과 관련된 대표적인 글은 이경화(2007a; 2007b)를 들 수 있다. 이경화(2007a)는 김초롱(가명) 교사가 실시한 3학년 〈도형 움직이기〉 단원에 대해 '도형 움직이기 단원의 딜레마'라는 제목으로 수업 비평을 실시하였다. 이경화는 '도형 움직이기 단원의 딜레마'에서 가르칠 지식의 확인, 장면 1-오른쪽 위로 옮기기, 장면 2-불투명 종이 사용, 장면 3-기준 도입, 장면 4-용어 창안, '가르칠 지식'과 '가르친 지식', 도형 움직이기 단원을 가르치기 어려운 이유 등을 중심으로 수업을 비평하였다. 또한 이경화(2007b)는 정희망(가명) 교사가 실시한 3학년 〈분수〉 단원에 대해 '구체로부터 추상으로 나아가는 고된 여정'이라는 제목으로 수업 비평을 하였다. '구체로부터 추상으로 나아가는 고된 여정'에서는 추상적인 분수 개념 도입, 분수 수업 장면(생활에서 똑같이 나누어 본 경험, 색종이 접기 활동, 패턴 블럭과 점판, 분수의 도입), 구체로부터 추상으로 가는 길(1단계: 생활 속의 구체물, 2단계: 반구체물-도형, 패턴 블럭과 점판, 3단계: 추상화-분수의 도입) 등을 중심으로 수업을 비평하였다.

나귀수(2009)는 초등학교 현직 교사 11명을 대상으로 교사들의 수학 수업 비평의 특징과 주요 측면을 조사하는 연구를 수행하였다. 연구 결과, 초등학교 교사들은 수업을 있는 그대로 이해하고 기술하면서 수업을 비평하였으며, 교사들의 수학 수업 비평은 상황적이고 맥락적이고 수학 교과 특수적인 것으로 나타났다. 또한 초등학교 교사들이 수학 수업 비평에서 주로 주목하는 측면은, 수학적 의사소통, 학생들의 수학적 사고 활성화를 위한 교사의 발문, 과제 제시의 적절성, 학생들의 동기 유발, 학생들의 인지 수준에 적합한 구체적 조작 활동, 교사의 수학적 용어 사용 및 수학적 행동의 적절성, 학생의 수학적 사고 시간의 배려, 선수 학습 내용 상기, 귀납적 추론 경험 제공, 수학적 용어 설명의 적절성, 학생들의 돌발 질문에 대한 교사의 대처, 교사의 일상적 언어 사용의 적절성, 학습목표 제시, 교사의 반복 설명, 수업 시간에 인터넷 활용의 적절성, 학습 활동 순서 안내의 적절성 등으로 나타났다. 한편, 교사들은 수업을 비평하는 동시에 자신의 수업을 성찰하였으며, 보여 주기 위한 수업이 아닌 일상적인 수업의 관찰 및 비평이 매우 중요함을 지적하였다.

한편, Simon & Tzur(1999)는 '수업 비평'이라는 용어를 사용하지 않고 '수업 해설'이라는 용어를 사용하였지만, 본 연구에서 말하고 있는 수업 비평과 거의 동일한 활동을 강조하였다. Simon & Tzur는 수학 교사의 수업 실제 연구를 위한 대안적인 방법으로 '연구자의 관점에서 수학 교사의 수업 해설하기'를 제안하였다. Simon & Tzur는 이러한 방법을 통해 교사가 현재 가지고 있지 못하는 미흡한 측면이 아닌 교사가 현재 가지고 있는 훌륭한 측면에 주목할 수 있다고 주장하였다. 또한 교사가 실시하는 수업 의제 측면들을 해설하는 방식으로 교사의 수업을 이해할 필요가 있다고 주장하였다. 더불어 이와 같은 수업 해설의 방법론을 통해 수학 교사의 현재 수업의 특징을 파악할 수 있으며, 동시에 수학 교사의 지속적인 전문성 발달의 관점에서 수업을 해석할 수 있다고 주장하였다.

III. 연구 방법 및 절차

1. 연구 방법 및 연구 대상

Creswell(1998)은 정성적 연구를 자전적 생애사(a biographical life history,

현상학ᵃ phenomenology, 근거 이론 연구grounded theory study, 민족지학적 연구ethnography, 사례 연구case study의 다섯 가지 유형으로 분류하였다. 여기에서 사례 연구는 '하나의 실례, 현상 또는 사회적 단위에 대한 집중적이고 전체적인 묘사이며 분석(Merriam, 1998)'으로 정의할 수 있다. 본 연구에서는 김 교사에 의한 수학 수업이라는 하나의 사례 또는 현상에 대해 집중적이고 전체적으로 기술하고 비평하고 있다. 따라서 본 연구는 정성적 연구 중에서 사례 연구에 속한다고 할 수 있다.

본 연구에서의 비평의 대상이 된 수업은 다음과 같은 절차로 선정되었다. 본 연구자는 '수학교육 전문가에 의한 수학 수업 비평'을 실시하기 위하여 우수한 수학 수업으로 선정된 수업들을 1차적으로 살펴보았다. 본 연구자가 1차적으로 살펴본 수업들은 경기도교육연구정보원[1]에 탑재된 수학 수업 10개와 대구광역시교육연구정보원에 탑재된 수학 수업 11개였다. 본 연구자는 이러한 21개의 수업 중에서 김 교사의 수학 수업을 비평하기로 결정하였으며, 그 이유는 김 교사가 다른 교사들에 비해 독특한 지도 방식을 취하고 있는 것으로 파악되었기 때문이다(구체적인 내용은 IV장 참고). 본 연구자는 김 교사를 전혀 알지 못하며, 단지 김 교사의 수업 동영상과 수업지도안을 바탕으로 본 비평문을 작성하였다.

2. 자료 수집 및 자료 분석

본 연구에서 김 교사의 수학 수업을 비평하기 위해 수집한 자료는 수업 동영상 자료, 수업 후에 동료 교사들과 장학관을 대상으로 한 김 교사의 수업 설명 동영상 자료, 수업지도안 자료 등이다. 이러한 자료

* * *

1 경기도교육연구정보원은 경기도교육연구원으로 바뀌었으며 당시 제공하던 수업 동영상은 현재 서비스하지 않고 있다.

들은 모두 대구광역시교육연구정보원 웹사이트[2]를 통해 수집하였다.

정성적 연구의 자료 수집 방법에는 문서 자료, 참여 관찰 자료, 서술적 관찰 자료, 면담 자료, 서술적 설문 조사 자료 등이 있다(이용숙, 1999). 본 연구에서는 문서 자료로서 수업지도안 자료를, 서술적 관찰 자료로서 김 교사의 수업 동영상 자료를, 그리고 면담 자료로서 수업 설명 동영상 자료를 활용하였다. 본 연구에서는 수업 동영상 자료, 수업 설명 동영상 자료, 수업지도안 자료 등의 다양한 자료를 활용하여 수업을 비평함으로써, 정성적 연구에서 강조하는 삼각검증법triangulation을 추구하고자 하였다.

본 연구에서는 Spradley(1980, 이희봉 역, 1988)가 제안한 '기술적 관찰descriptive observation → 집중 관찰focused observation → 정선 관찰selective observation'의 단계를 거쳐 수업 비평의 최종적인 주제를 추출하였다. 기술적 관찰 단계에서는 특별한 질문이나 관점 없이 김 교사의 수학 수업이 어떻게 진행되는가를 전체적으로 관찰하였다.

집중 관찰 단계에서는 우리나라 수학과 교육과정에서 제시하고 있는 성취 기준과 교수 학습 방법상의 강조점(교육인적자원부, 2007; 교육과학기술부, 2010), 여러 수학교육학 이론가와 연구자들의 강조점과 제안점(강완, 1991; 강완 외, 2013; 김수환 외, 2009; 남승인, 신준식, 2004; 이경화, 1996; Brousseau, 1997; Bruner, 1960; Chevallard, 1980; NCTM, 2000; Reys, et al., 2007, 강문봉 외 역, 2001; Skemp, 1989) 등에 초점을 맞추어 김 교사의 수업을 관찰하고 분석하였다. 집중 관찰 단계에서 추출된 수업 비평의 주제는 김 교사의 수업 모형의 재구성, 관계적 이해의 강조, 구체적 조작 활동, 귀납적 추론 활동, 수학적 의사소통의 강조, (몇십 몇)÷(몇)의 계산 원리 지도를 위한 김 교사의 독특한 지

. . .

2 이러한 자료들은 대구광역시교육연구정보원(media.edunavi.kr/vodBoard/list.do?ct_id=694&menu_seq=27)에서 살펴볼 수 있다.

도 방식 등이었다.

정선 관찰 단계에서는 집중 관찰 단계에서 추출한 주제들이 김 교사의 수학 수업에서 어떻게 다루어지고 있는가를 더욱 집중적으로 관찰하여 수업 비평의 초점을 더욱 좁히는 연구 활동을 하였다. 집중 관찰 단계에서 추출된 수업 비평의 주제들과 관련된 수업 동영상을 선택적으로 관찰하면서, 이 부분들이 김 교사의 수업에서 활용되고 있는 2007개정수학과교육과정에 따른 초등학교 3학년 교과서와 교사용 지도서(교육과학기술부, 2011a; 2011b)에서 어떻게 다루어지고 있는가를 함께 분석하였다. 이러한 과정을 거쳐 수학 수업 모형의 재구성, 관계적 이해의 추구, 수학적 의사소통의 활성화, 김 교사의 교수학적 변환 등을 수업 비평의 최종적인 주제로 추출하였다.

선행 연구 고찰에서 살펴본 바와 같이, Eisner(1979; 1985)에 따르면, 본 연구에서 수학 수업을 비평하는 본 연구자의 수학교육적 전문성이 본 연구의 수학 수업 비평 결과의 타당성과 합리성을 보장해 준다고 할 수 있다. 본 연구자는 수학교육 분야에서 박사학위를 취득하였으며, 중학교 수학 교사로서 5년, 수학교육 분야 연구원으로서 4년, 대학에서 수학교육을 강의하는 교수로서 10년의 경력을 가지고 있고 다양한 수학교육 연구 논문을 산출하였으므로 수학교육 전문가라고 할 수 있다.

IV. 수학 수업 비평의 실제

이 장에서는 '기술적 관찰 → 집중 관찰 → 정선 관찰' 단계를 따라 수업 비평의 최종적인 주제로 추출된 수학 수업 모형의 재구성, 관계적 이해의 추구, 수학적 의사소통의 활성화, 김 교사의 교수학적 변환 등을 중심으로 한 수학 수업 비평을 제시하고자 한다.

표 3-4 원리 탐구 수업 모형

단계	교수 학습 활동
도입	• 선수 학습 상기 및 동기 유발 • 학습목표 확인
새로운 문제 상황 제시	• 새로운 문제 상황을 제시함으로써 학생들의 인지적 갈등 상황을 유도한다.
수학적 원리의 필요성 인식	• 이전에 습득한 지식을 활용하여 문제 해결 방법을 탐색함으로써 일반적인 수학적 원리의 필요성을 인식한다.
수학적 원리가 내재된 조작 활동	• 학습해야 할 수학적 원리가 내재되어 있는 조작 활동을 한다.
수학적 원리의 형식화	• 수학적 원리를 형식화한다.
익히기 및 적용하기	• 형식화한 수학적 원리를 익히고 적용한다.
정리 및 평가	• 학습 내용 정리 및 형성 평가 • 차시 예고

1. 수학 수업 모형의 재구성

김 교사는 2007개정수학과교육과정에 따른 3학년 2학기 4단원 〈나눗셈〉의 총 10차시 중에서 7차시에 해당하는 수업을 실시하고 있다. 수업 내용은 '내림이 있고 나머지가 있는 (몇십 몇)÷(몇)의 계산'이다. 김 교사는 수업지도안에서 자신의 수업 모형을 '원리 탐구 학습'이라고 제시하고 있다(대구광역시교육연구정보원, 2012). 김 교사의 수업지도안 및 수업 동영상을 살펴보면, 김 교사는 초등학교 수학과 교사용 지도서에 제시된 '원리 탐구 수업 모형'과 '귀납적 추론 수업 모형'을 결합하고 재구성하여 '원리 탐구 학습 모형'을 활용하고 있음을 알 수 있다.

초등학교 수학과 교사용 지도서에 따르면, 수학과에서 '원리 탐구 수업 모형'은 〈표 3-4〉에 제시된 단계로 진행된다(교육과학기술부, 2009).

한편, 김 교사의 '원리 탐구 학습 모형'에 따른 수업은 다음의 〈표 3-5〉와 같이 진행된다(대구광역시교육연구정보원, 2012).

표 3-5 김 교사의 '원리 탐구 학습 모형'

학습 단계	학습 요항	교수 학습 활동
문제 파악	학습문제 접근	• 이야기 자료를 활용하여 학습문제 접근하기
	학습문제 확인	• 학습문제 확인하기
예상	유추	• 선수 학습으로 유추 단서 제공하기
	어림하기	• 어림으로 계산하기
	구체물 조작하기	• 구체물로 조작하여 33÷2 계산하기 • 구체물로 활동한 것을 여러 가지 방법으로 나타내기
검증	해결 방법 발표	• 해결 결과 발표 및 토의하기
	해결 결과 확인	• 문제 해결 결과 확인하기
	잠정적 원리 발견	• 나눗셈의 몫과 나머지를 구하는 잠정적 원리 발견하기
일반화	타당성 검토	• 발견한 원리로 비슷한 문제 해결하기
	원리 확정	• 원리 확정하기
적용	형성 평가	• ppt 자료, 화이트보드를 활용하여 나눗셈의 몫과 나머지를 　구하는 골든벨 놀이 하기
	수준별 학습	• 수준별 학습하기
	정리 및 차시 예고	• 학습 내용 정리

　김 교사의 수업은 크게 '문제 파악 → 예상 → 검증 → 일반화 → 적용'의 단계로 진행된다. 문제 파악 단계는 다시 학습문제 접근과 학습문제 확인의 순서로 진행되며, 예상 단계는 다시 유추, 어림하기, 구체물 조작하기의 순서로 진행된다. 검증 단계는 다시 해결 방법 발표하기, 해결 결과 확인하기, 잠정적 원리 발견하기의 순서로 진행되며, 일반화 단계는 다시 타당성 검토, 원리 확정의 순서로, 또한 적용 단계는 형성 평가, 수준별 학습, 정리 및 차시 예고의 순서로 진행된다.

　김 교사의 수업 단계를 수학과 교사용 지도서에 제시된 원리 탐구 수업 모형과 비교해 보면, 먼저 문제 파악 단계의 학습문제 접근과 학습문제 확인은 원리 탐구 수업 모형의 도입 및 새로운 문제 상황 제시 단계에 해당한다. 예상 단계의 유추와 어림하기는 원리 탐구 수업 모형의 수학적 원리의 필요성 인식 단계에 해당하며, 예상 단계의 구체물 조작하기는 원리 탐구 수업 모형의 수학적 원리가 내재된 조작 활동 단계에 해당한다. 검증 단계의 해결 방법 발표, 해결 결과 확인, 잠정적 원리 발견, 그리고 일반화 단계의 타당성 검토와 원리 확정은 원리 탐구 수업 모형의 수학적 원리의 형식화에 해당한다. 마지막으로 적용 단계의 형성 평가, 수준별 학습, 정리 및 차시 예고는 원리 탐구 수업 모형의 정리 및 평가 단계에 해당한다.

김 교사가 교사용 지도서에 제시된 원리 탐구 수업 모형을 재구성한 방식은 매우 훌륭하고 바람직하다고 판단된다. 김 교사는 예상 단계의 유추에서 이전 시간에 학습한 36÷2와 이번 시간에 학습하는 33÷2의 같은 점과 다른 점을 학생들이 탐색하도록 지도하고 있는데, 여기에서 김 교사의 훌륭한 수학 수업 아이디어를 확인할 수 있다. 또한, 김 교사는 예상 단계의 어림하기에서 33÷2의 몫을 학생들이 어림하도록 지도하고 있는데, 이것은 덧셈, 뺄셈, 곱셈, 나눗셈에서 계산을 하기 전에 계산 결과를 어림할 것을 지속적으로 강조하고 있는 수학과 교육과정의 강조점(교육인적자원부, 2007; 교육과학기술부, 2010)을 수업에서 구체적으로 구현한 것이라고 할 수 있다.

김 교사는 예상 단계의 구체물 조작하기에서 매스링크라고 하는 구체물 조작 활동을 통하여 33÷2의 몫을 구하도록 한 후, 구체물로 활동한 것을 그림과 식 등의 여러 가지 방법으로 나타내도록 지도하고 있다. 김 교사의 수업지도안 및 수업 동영상을 살펴보면(대구광역시교육연구정보원, 2012), 김 교사가 '구체물 → 반구체물 → 수학적 추상화'의 순서로 학생들을 지도하고 있음을 확인할 수 있다. '구체물 → 반구체물 → 수학적 추상화'는 '활동적 표현Enactive representation → 영상적 표현Iconic representation → 기호적 표현Symbolic representation'에 대응되며, 이것은 Bruner(1960)의 EIS 이론이 수업에서 구체적으로 구현되는 것이라고 할 수 있다. 또한 김 교사는 구체물 조작 활동을 통해 알게 된

33÷2의 몫과 나머지를 구하는 원리를 다음과 같은 다양한 수학적 식
으로 표현하여 지도하고 있다.

$$
\begin{array}{r}
1\,6 \\
2\,\overline{)\,3\,3} \\
2 \\
\hline
1\,3 \\
1\,2 \\
\hline
1
\end{array}
\qquad
\begin{aligned}
20 \div 2 &= 10 \\
13 \div 2 &= \;\,6 \cdots 1 \\
\hline
33 \div 2 &= 16 \cdots 1
\end{aligned}
\qquad
33 \div 2 = 16 \cdots 1
$$

　김 교사의 수업에서 가장 인상적인 부분은 교사용 지도서의 원리
탐구 수업 모형의 '수학적 원리의 형식화' 단계를 재구성한 부분이다.
김 교사는 '내림이 있고 나머지가 있는 (몇십 몇)÷(몇)'의 계산 원리
를 형식화하기 위해서, '구체적 조작 활동을 통한 해결 방법 발표하기
→ 해결 결과 확인하기 → 잠정적 원리 발견하기 → 타당성 검토하기
→ 원리 확정하기'의 여러 하위 단계로 수업을 진행하고 있다. 이 부
분은 중요한 초등학교 수학 수업 모형 중의 하나로 인식되고 있는 '귀
납적 추론 모형(교육과학기술부, 2009)'의 일부 단계를 원리 탐구 수업
모형의 '수학적 원리의 형식화' 단계에 적용한 것이라고 할 수 있다.
귀납적 추론 모형은 '도입 → 관찰 및 실험 → 추측하기 → 추측의 검
증 → 발전 → 정리 및 평가'의 단계로 진행된다. 김 교사의 수업에서
'잠정적 원리 발견하기 → 타당성 검토하기 → 원리 확정하기'가 바
로 귀납적 추론 모형의 '추측하기 → 추측의 검증 → 발전'과 거의 유
사하며, 이 부분에서 김 교사의 뛰어난 수학 수업 역량을 확인할 수
있다.

　이상에서는 김 교사의 수학 수업 모형 재구성에 대해 살펴보았는데,
김 교사는 다양한 수학 수업 모형에 대해 심도 깊은 지식을 바탕으로
실제 수업에서 수학 수업 모형을 재구성하여 의미 충실한 방식으로 활

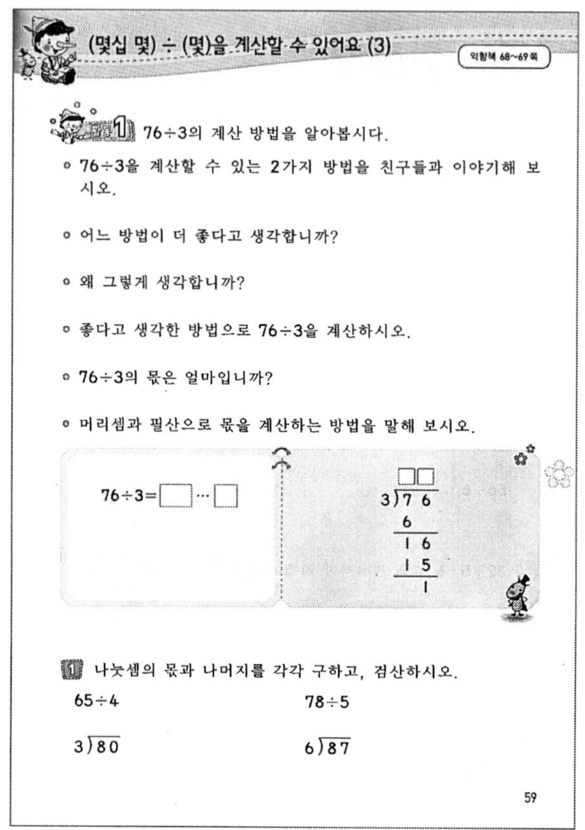

용하고 있다. 수학과 교사용 지도서에 제시되어 있는 수학 수업 모형들은 매우 기본적인 수업 모형들이다. 교사가 이러한 수업 모형들에 대한 정확한 이해를 바탕으로 실제 수업에서 학생들의 수학적 사고 활성화를 위해 수업 모형들을 의미 있게 활용하는 것은 매우 중요하다. 더욱이, 교사가 기본적인 수학 수업 모형들에 대한 심도 깊은 이해를 토대로, 여러 수업 모형들을 결합하거나 재구성하여 교사 자신이 처한 수업 상황에 맞는 '친상황적' 수학 수업 모형을 만들어 가는 일은 더욱 중요하다고 할 수 있다. 김 교사의 수학 수업 관련 지식 이해 및 실제

적용 역량은, '내림이 있고 나머지가 있는 (몇십 몇)÷(몇)의 계산'에 해당하는 초등학교 3학년 수학 교과서의 내용(〈그림 3-1〉 참고)과 비교하면 더욱 확연하게 드러난다(구체적인 내용은 IV장 4절 참고).[3]

2. 관계적 이해의 추구

김 교사의 수업 내용인 '내림이 있고 나머지가 있는 (몇십 몇)÷(몇)의 계산'에 해당하는 2009개정수학과교육과정의 성취 기준은, '나누는 수가 한 자리 수인 나눗셈의 계산 원리를 이해하고 그 계산을 할 수 있으며, 나눗셈에서 몫과 나머지의 의미를 이해한다'이다(교육과학기술부, 2009). 수학과 교육과정의 성취 기준에 따르면, 학생들이 단지 나눗셈 계산을 할 수 있는 것이 아니라, 나눗셈의 계산 원리를 이해하면서 계산을 할 수 있는 것이 중요하다.

수학적 지식은 크게 개념적 지식conceptual knowledge과 절차적 지식procedural knowledge으로 분류할 수 있다. 개념적 지식은 수학의 개념concept, 원리, 법칙 등을 포함하는 지식이며, 절차적 지식은 수학의 기능skill, 알고리즘 등을 포함하는 지식을 일컫는다. 수학적 원리의 이해를 위해서는 개념적 지식이 체계적으로 형성되어야 하며, 절차적 지식은 그 배경이 되는 수학적 원리의 이해가 뒷받침될 때에 더욱 의미 충실한 지식이 된다. 김 교사의 수업 내용에서 나눗셈의 계산 원리는 개념적 지식에 해당하며, 나눗셈 계산을 수행하는 것은 절차적 지식에 해당한다.

개념적 지식과 절차적 지식을 함께 갖춘 학생은 Skemp의 '관계적

• • •

3 김 교사가 수업을 실시한 2012년에 학교 현장에서 사용된 초등학교 3학년 수학 교과서와 교사용 지도서는 2007개정수학과교육과정에 따른 교과서이다. 2009개정수학과교육과정에 따른 새 교과서는 초등학교 1~2학년군은 2013년, 3~4학년군은 2014년, 5~6학년군은 2015년부터 학교 현장에서 활용된다.

표 3-6 김 교사의 학습목표(대구광역시교육연구정보원, 2012)

학습목표	· 내림이 있고 나머지가 있는 (몇십 몇)÷(몇)의 계산 원리를 이해한다. (지식)
	· 내림이 있고 나머지가 있는 (몇십 몇)÷(몇)의 계산 과정을 구체물로 조작하고 계산할 수 있다. (기능)
	· 구체물 활용이나 수학적 의사소통에 적극적인 태도를 지닌다. (태도)

이해' 상태에 있다고 할 수 있지만, 개념적 지식은 모르는 채 절차적 지식만 갖춘 학생은 '도구적 이해' 상태에 있다고 할 수 있다(Skemp, 1989). 다시 말해서, 나눗셈의 계산 원리를 이해하고 계산을 할 수 있는 학생은 관계적 이해 상태에 있지만, 반면에 나눗셈 계산의 원리는 이해하지 못한 채 단지 나눗셈 계산 절차를 암기하여 기계적으로 계산을 수행하는 학생은 도구적 이해 상태에 있는 것이다.

학생들에게는 개념적 지식보다 절차적 지식을 습득하는 것이 더 쉬운 일이다. 왜냐하면 절차적 지식은 몇 단계의 절차를 외워서 단계별로 그것을 수행하기만 하면 되지만, 개념적 지식에 대해서는 보다 심층적인 수학적 사고와 수학적 이해가 필요하기 때문이다. 그러므로 교사는 절차적 지식과 함께 절차적 지식의 이면에 숨어 있는 개념적 지식을 학생들이 이해할 수 있도록 지도할 필요가 있다. 즉, 학생들이 도구적 이해 상태를 넘어서서 관계적 이해 상태에 도달할 수 있도록 지도할 필요가 있는 것이다.

이러한 맥락에서 김 교사의 수업은 매우 큰 강점을 갖는다. 김 교사는 수업지도안에서 학습목표를 〈표 3-6〉과 같이 제시하고 있다. 김 교사는 내림이 있고 나머지가 있는 (몇십 몇)÷(몇)의 계산 원리의 이해와 계산 수행을 주요 학습목표로 설정하고 있다.

김 교사는 이와 같이 설정한 학습목표에 일관되게, 실제 수업에서도 학생들이 내림이 있고 나머지가 있는 (몇십 몇)÷(몇)의 계산 원리를 이해하는 데에 많은 노력을 기울이고 있다. 김 교사는 학생들이 계산

그림 3-2 '내림이 있고 나머지가 있는 (몇십 몇)÷(몇)의 계산' 교사용 지도서 내용(교육과학기술부, 2011b)

■ **활동 1**
- 76÷3을 계산할 수 있는 2가지 방법을 친구들과 이야기해 보시오. 학생들은 동수누감 나눗셈 방법으로 계산하는 것과 동분제 나눗셈 방법으로 계산하는 것을 생각하게 될 것이다.
- 어떤 학생들은 동분제 나눗셈 방법이 더 좋다고 말할 것이고 다른 학생들은 동수누감 나눗셈 방법이 더 좋다고 말할 것이다. 그 이유는 다음에서 생각할 수 있다.

[1] 동수누감 나눗셈 방법 : ① 먼저, 70에서 3씩 빼면 23번 뺄 수 있고 나머지 1이 된다. ② 다음, 나머지 1과 6을 더하면 7이 된다. ③ 마지막으로, 7에서 3씩 빼면 2번 뺄 수 있고 나머지 1이 된다. ④ 결과적으로, 76에는 3씩 25번 뺄 수 있고 나머지 1이므로 76÷3=25 ⋯ 1이 된다.

[2] 동분제 나눗셈 방법 : ① 먼저, 십 모형 7개를 3곳으로 똑같게 나누면 한 곳에 십 모형 2개씩이고 십 모형 1개가 남는다. ② 다음, 남은 십 모형 1개를 낱개 모형 10개로 바꾼다. ③ 그다음, 바꾼 낱개 모형 10과 6을 더하면 16개가 된다. ④ 마지막으로, 낱개 모형 16개를 3곳으로 똑같게 나누면 한 곳에 5개씩 되고 나머지 1개가 된다. ⑤ 결과적으로, 76을 3곳으로 똑같게 나누면 한 곳에 25씩이고 나머지 1이므로 76÷3=25 ⋯ 1이 된다.

- 학생들은 그들이 좋다고 생각한 방법으로 76÷3을 계산해 본다.

   동분제 나눗셈 방법과 동수누감 나눗셈 방법 중에서 어느 방법을 강요해선 안 된다. 가장 좋은 방법은 학생들이 2가지 방법을 각자 경험해 보고, 어느 방법이 좀 더 쉽고 간단하고 편리하고 빠른지를 스스로 판단하여 결정하도록 기회를 주어야 한다.

■ **방법**
- 76÷3의 계산은 내림이 있고 나머지가 있기 때문에 조금 복잡하다고 생각할 수도 있지만 동수누감 나눗셈 방법과 동분제 나눗셈 방법을 생각하여 쉽고 편리한 방법으로 나눗셈을 계산하도록 한다.

■ **익히기 1**

65÷4=16 ⋯ 1 (검산) 4×16+1=65	78÷5=15 ⋯ 3 (검산) 5×15+3=78
80÷3=26 ⋯ 2 (검산) 3×26+2=80	87÷6=14 ⋯ 3 (검산) 6×14+3=87

4. 나눗셈 **191**

원리를 이해하는 것을 돕기 위해 다양한 활동을 시도하고 있다. 먼저, 구체물 조작 활동을 통해 알게 된 33÷2의 해결 방법을 모둠 구성원들끼리 토의함으로써 친구의 해결 방법이 학생 자신의 해결 방법과 어떻게 다른지 생각하며 듣고 질문함으로써, 자신의 해결 방법을 보충하고 자신이 해결한 방법이 맞는지 확인하도록 한다. 다음으로 모둠의 구성원들과 토의하여 내림이 있고 나머지가 있는 (몇십 몇)÷(몇)의 몫과 나머지를 구하는 잠정적 원리를 발견하도록 한 후, 발견한 잠정적 원리로 46÷3과 같은 비슷한 문제를 해결하도록 지도함으로써 학생들이 잠정적 원리의 타당성을 검토하도록 한다. 마지막으로 잠정적 원리를 확정하여 내림이 있고 나머지가 있는 (몇십 몇)÷(몇)의 몫과 나머지를 구하는 원리를 수학 학습장에 적으면서 이해하도록 지도하고 있다.

   이와 같은 수업 과정을 통해 김 교사가 내림이 있고 나머지가 있는 (몇십 몇)÷(몇)의 계산 원리를 학생들이 충분히 탐색하도록 수업을 진행하고 있음을 확인할 수 있다. 김 교사의 이러한 지도 방식은 "구체적 조작 활동과 탐구 활동을 통하여 학생 스스로 개념, 원리, 법치을 발견하고 이를 정당화하게 한다."는 수학과 교육과정의 교수 학습상의 강조점(교육과학기술부, 2010; 교육인적자원부, 2007)을 실제 수업에서 충실하게 구현하고 있다는 점에서 더욱 가치 있다고 판단된다. 또한 김 교사의 수업은 내림이 있고 나머지가 있는 (몇십 몇)÷(몇)의 계산 방법을 익히고 계산을 잘 수행하는 데에 집중하기 쉬운 '보통의 또는 일상적인' 수업의 문제점을 잘 극복하고 있는 수업이라고 판단된다.

수학 교과서나 교사용 지도서(〈그림 3-1〉, 〈그림 3-2〉 참고)에 나눗셈의 계산 원리의 적극적인 교수 학습과 관련하여 그 내용이 미흡하게 기술되어 있다는 점을 고려하면, 김 교사가 나눗셈의 계산 원리를 지도하기 위해 시도한 수업은 그 가치가 더욱 빛난다고 할 수 있다(구체적인 내용은 IV장 4절 참고).

3. 수학적 의사소통의 활성화

김 교사의 수학 수업의 강점 중의 하나는 수학적 의사소통이 의미 충실하게 활성화되고 있다는 것이다. 김 교사의 수학 수업에서는 교사와 학생 사이의 의사소통과 학생과 학생 사이의 의사소통이 매우 활발하게 구현되고 있다.

김 교사가 수업 전에 실시한 학생들의 선수 학습 실태 조사를 보면, 예를 들어 57÷3과 같이 '받아내림이 있고 나머지가 없는 (몇십 몇)÷(몇)의 계산'을 수행할 수 있는 학생들은 22명 중에서 19명(88.4%)으로 나타났다(대구광역시교육연구정보원, 2012). 반면에 수학적 원리나 개념을 잘 표현하고 적극적으로 의사소통에 참여하는 학생들은 11명(50.0%)으로 나타났다. 김 교사는, 원리나 개념을 수학적 용어로 표현하는 활동에 어려움을 느끼며 전체 학생들 앞에서 자신이 발견한 원리를 설명할 때 목소리가 작거나 소극적으로 참여하는 학생이 있는데, 이는 자신의 답이 틀릴 수도 있다는 데서 오는 두려움과 틀린 답을 말했을 때 학급 친구들의 반응에 대한 두려움 때문이라고 학생들이 응답했다고 기술하고 있다.

이와 관련하여 김 교사는 수업지도안에서 다음과 같이 기술하고 있다.

우리 반 학생들은 의사소통 활동에 개인차가 심해 의사소통에 매우 적극적인 학생이 있는 반면 거의 말 없이 앉아 있는 경우도 있다. 특히 모둠 활동에서보다는 전체를 대상으로 해결 과정을 설명하는 일에 두려움을 느끼는 경우가 많이 있어 이에 대한 대책도 필요하다. …… 단원의 학습 후 수학 편지 쓰기 활동으로 나눗셈의 원리를 다른 사람에게 설명하게 함으로써 원리를 확실히 익히도록 한다. 수업 시 오류가 발생하였을 경우 학생 상호 간의 협의를 통해 해결하도록 하며, …… 열린 발문을 통하여 자신의 생각을 자유롭게 말할 수 있도록 하며, 허용적인 학급 분위기와 칭찬을 통해 자신의 생각을 자유롭게 말할 수 있는 분위기를 조성한다. (대구광역시교육연구정보원, 2012)

실제로 김 교사의 수업 동영상을 살펴보면, 학생들은 구체물 조작을 통해 알게 된 해결 방법을 모둠 친구들에게 발표하고, 나의 방법과 모둠 친구들의 방법이 어떻게 다른지 생각하고 듣고 질문하고, 자신의 해결 방법을 보충하는 활동을 한다. 또한 구체물 조작 활동을 통해 발견한 나눗셈의 몫과 나머지를 구하는 잠정적 원리를 모둠 친구들과 토의한 후 학습장에 적어 보는 활동을 한다. 김 교사의 수학 수업에서 독특한 점은, 학생들이 모둠별 활동을 할 때 각 모둠의 학생들이 모둠별로 큰 소리로 의사소통을 하기 때문에 교실 전체가 매우 소란스러워진다는 것이다. 학생들은 이러한 방식으로 모둠별 의사소통을 하는 것에 매우 익숙해 있었다. 김 교사는 전체 학생들을 대상으로 할 때 수학

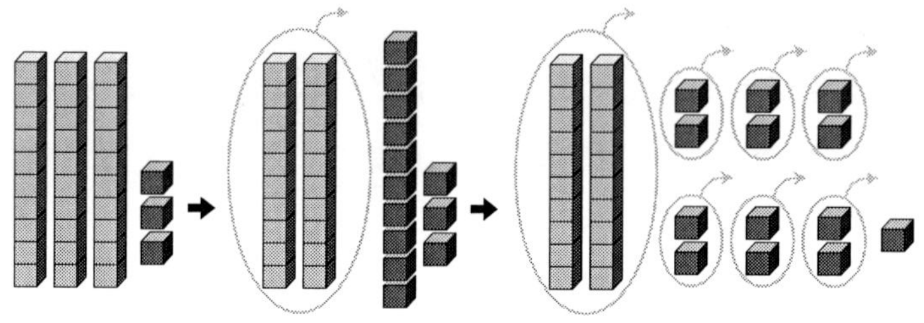

적 의사소통에 두려움을 느끼는 학생들이 보다 작은 규모의 모둠 활동에서 수학적 의사소통에 적극적으로 참여하도록 하기 위해, 이러한 소란스러움을 수학 교실에서 적극적으로 활용하고 있는 것으로 판단된다. 따라서 김 교사의 수학 수업에서의 소란스러움은, 수학적 과제에 대한 다양한 문제 해결 방법이나 수학적 원리를 탐색하기 위한 소란스러움이란 점에서 '생산적이고 의미 있는 소란스러움'이라고 할 수 있다.

김 교사의 수업에서 모둠별로 학생들끼리의 의사소통 활동이 끝난 다음에는 학생들과 교사의 수학적 의사소통이 이루어진다. 교사와 학생들이 함께 참여하는 수학적 의사소통을 통해 모둠별로 발견한 해결 방법이나 잠정적 원리를 정돈하게 되는데, 이 과정에서도 교사와 학생들 사이의 수학적 의사소통이 매우 충실하게 이루어짐을 확인할 수 있다.

이러한 활동은 '수학적 아이디어를 말과 글로 설명하고 시각적으로 표현하여 다른 사람과 효율적으로 의사소통할 수 있게 한다', '수학적 아이디어를 표현하고 토론하며 다른 사람의 수학적 아이디어와 사고를 이해하는 과정을 통해 의사소통의 중요성을 인식하게 한다'는 수학과

교육과정(교육인적자원부, 2007; 교육과학기술부, 2010)의 강조점을 실제 수학 수업에서 구현하고 있다는 점에서 매우 가치 있다고 할 수 있다.

4. 더 살펴보기: 김 교사의 교수학적 변환

다른 모든 수학 수업과 마찬가지로, 김 교사의 수업에도 제한점이 존재하는 것이 사실이다. 그러나 이하에서 기술되는 수업의 제한점은 김 교사의 수업에서만 나타나는 독특한 현상이 아닐 것으로 판단된다. 2012년에 초등학교 현장에서 활용되고 있는 2007개정수학과교육과정에 따른 초등학교 3학년 교과서와 교사용 지도서가 내포하고 있는 제한점으로 인해, 학교 현장의 수학 수업에서 필연적으로 발생할 수밖에 없는 제한점이 김 교사의 수업에서도 나타나고 있는 것으로 해석된다.[4]

2007개정수학과교육과정에 따른 초등학교 3학년 교과서와 교사용 지도서에서는 자연수의 나눗셈을 계산할 때, 학생들이 두 가지의 나눗셈 방법, 즉 동수누감 나눗셈 방법과 등분제 나눗셈 방법으로 계산하도록 하고 있다(〈그림 3-1〉, 〈그림 3-2〉 참고). 초등학교 3학년 교과서를 살펴보면, 76÷3을 계산할 수 있는 두 가지 방법을 친구들과 이야기해

· · ·

4 〈그림 3-1〉과 〈그림 3-2〉의 초등학교 3학년 교과서와 교사용 지도서에서는, '내림이 있고 나머지가 있는 (몇십 몇)÷(몇)의 계산'을 지도할 때, 학생들이 동수누감 나눗셈 방법과 등분제 나눗셈 방법의 두 가지 방법으로 계산을 한 다음, 학생들이 좋다고 생각하는 방법으로 나눗셈을 계산하도록 제안하고 있다. 이러한 제안에 따르면, 어떤 학생이 동수누감 나눗셈 방법이 더 좋다고 생각한다면, 예를 들어 99÷2를 계산할 때, 90에서 2씩 45번 뺀 다음 남아 있는 9에서 2씩 4번 빼어서 99÷2의 몫은 49이고 나머지는 1이라는 방식으로 나눗셈을 계산하도록 지도하라는 것이다. 이 학생에게 '내림이 있고 나머지가 있는 (몇십 몇)÷(몇)의 계산'을 계속해서 이와 같은 동수누감 방법으로 해결하도록 지도하는 것이 과연 교육적으로 바람직한가에 대한 수학교육 전문가들의 심층적인 논의가 필요하다. 왜냐하면 '내림이 있고 나머지가 있는 (몇십 몇)÷(몇)의 계산'의 지도에서는, 학생들이 계산의 원리를 이해하고 이것을 토대로 세로식이라는 수학적 표현으로 형식화한 다음, 세로식을 활용하여 나눗셈을 효율적으로 수행하도록 지도하는 것이 바람직한 방향인 것으로 여러 선행 연구에서 주장되고 있기 때문이다(김수환 외, 2009; 남승인, 신준식, 2004; Reys, et al., 2007).

보고 어느 방법이 더 좋다고 생각하는지, 그리고 좋다고 생각하는 방법으로 76÷3을 계산하도록 진술하고 있다. 교사용 지도서에서도, 학생들이 동수누감 나눗셈 방법과 등분제 나눗셈 방법으로 계산하는 것을 생각하도록 하고, 학생들이 좋다고 생각하는 방법으로 나눗셈을 계산하도록 하고, 어느 한 가지 방법을 학생들에게 강요해서는 안 된다고 언급하고 있다(교육과학기술부, 2011b). 교사용 지도서에서는 76÷3을 계산하는 동수누감 나눗셈 방법을 다음과 같이 기술하고 있다.

동수누감 나눗셈 방법: ① 먼저, 70에서 3씩 빼면 23번 뺄 수 있고 나머지 1이 된다. ② 다음, 나머지 1과 6을 더하면 7이 된다. ③ 마지막으로, 7에서 3씩 빼면 2번 뺄 수 있고 나머지 1이 된다. ④ 결과적으로 76에는 3씩 25번 뺄 수 있고 나머지 1이므로 76÷3 =25⋯1이 된다.

김 교사가 수업에서 다루고 있는 33÷2의 나눗셈을 교사용 지도서의 설명에 따라서 동수누감 방법으로 지도한다면 다음과 같게 된다. ① 먼저, 30에서 2씩 빼면 15번 뺄 수 있다. ② 다음, 3에서 2씩 빼면 1번 뺄 수 있고 나머지 1이 된다. ③ 결과적으로 33에는 2씩 16번 뺄 수 있고 나머지 1이므로 33÷2 =16⋯1이 된다.

그러나 김 교사는 교사용 지도서에 제시된 방법으로 동수누감 나눗셈을 지도하지 않고 있다. 김 교사는 33÷2의 동수누감 나눗셈을 〈그림 3-3〉을 활용하여 지도하고 있다. 김 교사는 십 모형 2개를 묶어서 먼저 뺀 다음, 남아 있는 십 모형 1개를 낱개 모형 10개로 분해하여 원래의 낱개 모형 3개와 합한 후, 낱개 모형 13개에서 2씩 6번을 빼는 방식으로 동수누감 나눗셈을 지도하고 있다.

김 교사가 동수누감 나눗셈 지도 방법은 46÷3의 동수누감 나눗셈을 다루는 다음의 수업 대화록을 보면 더욱 분명하게 드러난다.

교사 여러분이 찾은 원리대로 풀어 보세요. 다 했어요?

학생들 네~

교사 누구 답 한번 말해 볼 사람?

학생 저요~

교사 지우?

지우 몫은 15이고, 나머지는 1입니다.

교사 여러분도 그렇게 했어요?

학생들 네~

교사 그러면 선생님하고 확인 한번 해 봅시다. 아까는 똑같이 나누는 것으로 했으니까, 이번에는 묶어서 덜어 내는 것으로 해 볼게요. 처음에 뭐 하라고 했나요?

학생들 십의 자리~

교사 십의 자리부터 묶어서 덜어 내겠습니다. 4개 중에서?

학생들 3개.

교사 그렇죠. 3개를 묶어 덜어 내겠습니다. 몇 번 덜어 냈어요?

학생들 한 번.

교사 한 번 덜어 냈죠. 한 번. 한 번 덜어 냈는데(칠판의 나눗셈 세로식에서 몫을 쓰는 십의 자리에 1을 쓰면서) 왜 여기다 적어 줬을까요?

학생들 십의 자리니까~

교사 십의 자리니까 열 번 덜어 낸 거랑 같죠. 한 번 덜어 냈으니까, 4개 중에서 3개를 덜어 냈습니다. 그럼 몇 개 남았어요?

학생들 16개.

교사 십 모형 1개랑 낱개 6개, 16개 남았죠? 남은 십의 자리와 일의 자리를 합쳐서 나누라고 하네요. 그럼 합쳐서 나눠 보겠습니다. 몇 개씩?

학생들 2개씩.

교사 2개씩?

학생들 3개씩.

교사 자, 한번 세어 보세요.

학생들 두 번, 세 번, 네 번, 다섯 번.

교사 다섯 번 덜어 내고 나니까 내가 가진 16개 중에서 15개를 덜어 내고
한 개가 남았습니다. 그래서 나머지는 1이죠. 자 여러분이 아까 한 것과
답이 맞네요. 우리가 찾은 원리가 맞으니까 원리 확정해도 되겠다, 그치?

김 교사는 46÷3의 동수누감 나눗셈 방법을 다음과 같이 설명하
고 있다. 먼저 십 모형 4개 중에서 3개를 묶어 덜어 내면 1번 덜어 낼
수 있다. 십의 자리에서 3개를 1번 덜어 낸 것은 3씩 10번 덜어 낸 것
과 똑같으므로 십의 자리에 1이라고 쓴다. 이제 남아 있는 십의 자리
에 있는 10개와 일의 자리의 6개를 합치면 16개가 된다. 16개에서 3씩
5번 덜어 내면 1이 남는다. 그러므로 몫은 15이고 나머지는 1이다. 수
업에서 학생들이 동수누감 나눗셈을 할 때 계속해서 김 교사의 방식처
럼 동수누감 나눗셈 방법을 설명하는 것으로 보아, 김 교사는 이 단원
전체에서 동수누감 나눗셈 방법을 지도할 때 계속해서 이러한 방법을
활용한 것으로 판단된다.

수업 대화록에서 확인할 수 있듯이, 김 교사는 동수누감 나눗셈에
대한 이와 같은 방법을 활용하여 학생들이 발견한 '나머지가 있는 (몇
십 몇)÷(몇)의 계산'에 대한 잠정적 원리의 타당성을 검토하였다. 학
생들이 발견한 잠정적 원리는 '① 10의 자리에 있는 수부터 먼저 나
눈다. → ② 남은 십의 자리에 있는 수와 일의 자리의 수를 합쳐서 나
눈다. → ③ 나누어지지 않는 수는 나머지이다'였으며, 이것은 비록 수
학적으로 완벽하게 표현되지는 않았지만 수학적으로 옳은 나눗셈의
계산 원리이다.

이상에서 살펴보았듯이, 김 교사의 동수누감 나눗셈 방법과 교사용
지도서에 제시된 동수누감 나눗셈 방법에는 큰 차이가 있다. 그러나
등분 나눗셈 방법에서는 김 교사의 지도 방법과 교사용 지도서의 방법

이 정확하게 일치한다. 등분 나눗셈 방법에서는 김 교사의 지도 방법과 교사용 지도서의 방법이 정확하게 일치하는데, 왜 동수누감 나눗셈 방법에서는 그 차이가 이토록 크게 나타나는 것일까? 이러한 의문점에 대한 답은 김 교사의 수업에서 찾을 수 있다.

김 교사는 등분 나눗셈 방법과 동수누감 나눗셈 방법의 양자 모두를 활용하여 학생들이 발견한 잠정적 원리가 타당함을 설명하려고 시도하였다. 등분 나눗셈 방법으로는 학생들이 발견한 잠정적 원리가 자연스럽게 도출된다. 또한 김 교사의 동수누감 나눗셈 방법으로도 학생들이 발견한 잠정적 원리가 자연스럽게 도출된다. 그러나 교사용 지도서에 제시된 동수누감 나눗셈 방법으로는 학생들이 발견한 잠정적 원리를 도출할 수 없다. 다시 말해서, 교사용 지도서에 제시된 동수누감 나눗셈 방법은 나눗셈의 계산 원리에 들어맞지 않는다.

한편, '동수누감'이라는 아이디어의 본래 의미에 더욱 충실한 것은, 김 교사의 동수누감 나눗셈 방법이 아니라 교사용 지도서의 동수누감 나눗셈 방법이다. 김 교사의 동수누감 나눗셈 방법은 '동수누감'이라는 아이디어의 본래 의미에서 많이 벗어나 있다고 할 수 있다. 그렇다고 해서 김 교사의 동수누감 나눗셈 방법을 수학적으로 옳지 않은 방법으로 치부하고 김 교사가 '동수누감'이라는 아이디어를 잘못 해석했다고 비난하는 것은 온당하지 않다. 왜냐하면 김 교사는 나눗셈의 계산 원리를 학생들이 이해하도록 하기 위해 동수누감 나눗셈 방법에 대한 교사 나름의 '교수학적 변환(강완, 1991; 이경화, 1996; 강완, 백석윤, 1998; Brousseau, 1997; Chevallard, 1980)'을 시도했고, 교사의 교수학적 변환에서 견지할 필요가 있는 '인식론적 경각심'을 잘 유지하고 있는 것으로 판단되기 때문이다.

교사의 교수학적 변환 및 '인식론적 경각심'의 유지는 수학 수업을 실시하는 교사에게 필수적으로 요구되는 양식이다(강완, 1991; 이경화, 1996; 강완, 백석윤, 1998; Brousseau, 1997; Chevallard, 1980). 여기에서 '교수학적 변환'은 학문으로서의 수학 지식을 배우고 가르치기 위한 교수학적 수학 지식으로 변형하는 것을 의미한다. 교사의 입장에서 교과서에 제시된 지식을 자신의 수업에서 가르치기 위한 목적으로 변형하는 것도 '교수학적 변환'에 포함된다. 또한 '인식론적 경각심'은 지식을 전달하는 과정에서 그 표현 형식과 의미가 변질되고 왜곡되기 쉽기 때문에 지식의 의미를 손상시키지 않기 위해서는 그 의미가 변질되지 않도록 정신을 가다듬고 경계하는 마음을 가져야 함을 의미한다(강완, 1991; 이경화, 1996; 강완, 백석윤, 1998; Brousseau, 1997; Chevallard, 1980).

수학 교과서나 교사용 지도서를 맹신하고 무비판적으로 수용하여 그것을 그대로 수업에 옮기는 교사의 태도는 개선이 필요한 부분이다. 수학 교과서와 교사용 지도서를 비판적 안목으로 해석하여 잘못된 부분이 있으면 수정하고 개선하여 수업을 실시하는 것이 교사의 올바른 양식이라고 할 수 있다. 이러한 입장에서 보면, 김 교사는 수학 수업을 실시하는 교사로서 매우 훌륭한 양식을 지니고 있다고 할 수 있다. 특히, 앞에서 언급하였듯이, '내림이 있고 나머지가 있는 (몇십 몇)÷(몇)의 계산'을 다루는 2007개정수학과교육과정에 따른 초등학교 교과서와 교사용 지도서의 내용이, 수학과 교육과정에서 강조하고 있는 '학생들 스스로의 계산 원리의 발견'을 거의 구현하지 못하고 있다는 문제점을 고려하면, 김 교사의 수업 재구성 방식과 동수누감 나눗셈 지도 방법은 수학교육적으로 논의할 가치가 있다고 할 수 있다.

V. 결론 및 제언

본 연구에서는 내림이 있고 나머지가 있는 (몇십 몇)÷(몇)의 계산을 학습 내용으로 하는 김 교사의 수업을 대상으로 수학 수업 비평을 실시하였다. 본 연구에서 실시한 수학 수업 비평의 의의를 제시하면 다음과 같다.

첫째, 수학 수업 비평을 통해 현장 교사에 의한 의미 충실한 수업 모형 재구성의 양상을 확인할 수 있었다. 김 교사는 '문제 파악 → 예상 → 검증 → 일반화 → 적용'의 단계로 수업을 진행하였다. 김 교사의 수업에서 '문제 파악'은 교사용 지도서(교육과학기술부, 2009)에 제시된 원리 탐구 수업 모형의 '도입' 및 '새로운 문제 상황 제시' 단계에, '예상'은 '수학적 원리의 필요성 인식' 및 '수학적 원리가 내재된 조작 활동' 단계에, '검증' 및 '일반화'는 '수학적 원리의 형식화' 단계에, 그리고 마지막으로 '적용'은 '정리 및 평가' 단계에 상응하였다. 또한, 김 교사의 수업에서 '검증'은 '구체물 조작 활동을 통한 해결 방법 발표하기 → 해결 결과 확인하기 → 잠정적 원리 발견하기'의 순서로 진행되었으며, '일반화'는 '타당성 검토 → 원리 확정'의 순서로 진행되었다. 여기에서 '잠정적 원리 발견하기 → 타당성 검토하기 → 원리 확정하기'는 바로 교사용 지도서에 제시된 귀납적 추론 모형(교육과학기술부, 2009)의 '추측하기 → 추측의 검증 → 발전' 단계를 원리 탐구 수업 모형에 결합한 것이라고 할 수 있다.

김 교사가 이와 같이 교사용 지도서에 제시된 수업 모형을 재구성한 것은, 학생들이 (몇십 몇)÷(몇)의 계산 원리를 충실히 이해하면서 계산 방법을 익히도록 도와주기 위한 것이었음을 IV장에서 이미 확인하였다. 또한 김 교사의 수업에서 학생들이 수학적 지식과 수학적 활동을 의미 충실하게 경험하고 있음도 이미 확인하였다. 교실 수업이 이루어지는 상황 맥락을 고려하고 수업에서 다루고 있는 지식이나 활동의 내용이 학생들의 진정성 있는 경험으로 이어지는 수업을 '친상황적 수업'이라고 할 때(박윤경, 2010; 임진영, 2009), 김 교사의 수업 모형은 현장 교사에 의한 '친상황적 수업 모형'의 하나라고 할 수 있을 것이다.

둘째, 수학 수업 비평을 통해 우리나라의 수학과 교육과정 및 다양한 수학교육 이론에서 강조하고 있는 사항들이 학교 수업에서 구체적으로 어떻게 구현될 수 있는가를 확인할 수 있었다. 우리나라의 수학과 교육과정과 여러 선행 연구들에서는 관계적 이해의 추구, 수학적 의사소통의 활성화, 귀납적 추론, 구체적 조작 활동, 수학적 의사소통 등을 지속적으로 강조하고 있다(강완 외, 2013; 교육과학기술부, 2010; 교육인적자원부, 2007; 김수환 외, 2009; 남승인, 신준식, 2004; NCTM, 2000; Reys, et al., 2007; Skemp, 1989). 본 논문에서 비평한 김 교사의 수학 수업에서는 이와 같은 강조점들이 수학 수업에서 구체적으로 실현되고 있었다.

수학과 교육과정과 여러 선행 연구들에서는 이러한 강조점들이 선언적이거나 이론적인 수준에서 주장되는 것이라고 할 수 있다. 김 교사가 이렇게 이론적으로 강조되고 있는 사항들을 학교 현장의 수업에서 실제로 구현하는 모습을 수업 비평을 통해 확인한 것은 매우 가치 있고 중요한 일이라고 할 수 있다.

셋째, 김 교사의 수학 수업에 대한 비평을 통해 (몇십 몇)÷(몇)의 계산에 대한 2007개정수학과교육과정에 따른 초등학교 수학 교과서와 교사용 지도서의 내용을 수학교육적으로 심층적으로 논의할 필요성을 확인하였다. (몇십 몇)÷(몇)의 계산과 관련하여, 학생들이 계산의 원리를 이해하고 계산을 할 수 있도록 지도하는 것은 수학교육에서 매우 강조되고 있는 사항이다(강완 외, 2013; 교육과학기술부, 2010; 김수환 외, 2009; 남승인, 신준식, 2004; NCTM, 2000; Reys, et al., 2007). 김 교사는 (몇십 몇)÷(몇)의 계산 원리를 학생들이 이해하도록 돕기 위하여 교사용 지도서에서 제시하고 있는 방식과 다른 방식으로 학생들을 지도하였다.

현재 활용되고 있는 2007개정수학과교육과정에 따른 초등학교 3학년 교과서와 교사용 지도서에서는 (몇십 몇)÷(몇)의 계산 방법으로서 '동수누감 나눗셈 방법'과 '등분제 나눗셈 방법'을 강조하고 있다(교육과학기술부, 2011a ; 2011b). 한편, 나눗셈이 이루어지는 '상황'에는 등분제 상황과 측정하는 포함제 상황이 있으며(강완 외, 2013 ; 김수환 외, 2009 ; 남승인, 신준식, 2004), 우리나라의 수학과 교육과정에서는 학생들이 나눗셈이 이루어지는 상황을 알 것을 지속적으로 강조하고 있다(교육인적자원부, 2007 ; 교육과학기술부, 2010). 등분제 상황이란 주어진 대상을 몇 부분으로 똑같이 나누었을 때 부분의 크기, 즉 몫이 얼마인지를 묻는 상황이며, 포함제 상황은 측정 상황으로서 주어진 대상을 일정한 단위로 측정하면 몇 단위나 되는지, 몇 단위가 포함되는지 즉, 단위의 수를 묻는 상황이다(김수환 외, 2009). '동수누감'은 '포함제' 상황 중에서 나눗셈의 몫이 자연수이고 나머지는 0인 특별한 경우이다.[5]

2007개정수학과교육과정에 따른 초등학교 3학년 교과서와 교사용 지도서에서 강조하고 있는 '동수누감'이나 '등분제'는 나눗셈이 이루어지는 '상황'으로서 의미를 갖는 것이지, 나눗셈을 수행하는 '방법'으로서 의미가 있는 것은 아니다. 2007개정수학과교육과정에 따른 초등학교 수학 교과서와 교사용 지도서 개발자들은, 나눗셈이 이루어지는 '상황'을 나눗셈을 계산하기 위한 '방법'으로 오해한 것은 아닌지 깊이 있게 성찰할 필요가 있다고 판단된다.

수학과 교육과정에 제시된 수학적 지식을 교과서에서 구현하는

• • •

5 나눗셈이 이루어지는 포함제 상황의 문제 2가지를 예로 들어 보자. 먼저, '한 바퀴가 2km인 달리기 트랙이 있다. 유수가 이 트랙을 따라 4km를 달렸다면 유수는 트랙을 몇 바퀴 달린 것입니까'라는 포함제 상황의 나눗셈 문제를 고려해 보자. 이 문제에서 주어진 대상 4km를 일정한 단위 2km를 기준으로 측정하면 2단위가 되므로 $4 \div 2 = 2$가 되어 유수는 트랙을 2바퀴 달린 것이다. 한편 이 문제는 '4-2-2=0이므로 $4 \div 2 = 2$'라는 식으로 동수누감으로 설명이 가능하다. 다음으로, '한 바퀴가 2km인 달리기 트랙이 있다. 민우가 이 트랙을 따라 3km를 달렸다면 민우는 트랙을 몇 바퀴 달린 것입니까'라는 포함제 상황의 문제를 고려해 보자. 이 문제에서 주어진 대상 3km를 일정한 단위 2km를 기준으로 측정하면 $1\frac{1}{2}$단위가 되므로 $3 \div 2 = 1\frac{1}{2}$이 되어 민우는 트랙을 $1\frac{1}{2}$바퀴 달린 것이다. 그러나 이 포함제 문제는 동수누감으로 설명이 불가능하다. 따라서 동수누감은 포함제 상황 중에서 몫이 자연수이고 나머지는 0인 경우에만 설명이 가능한 특별한 경우인 것이다.

과정에서 교과서 개발자에 의한 교수학적 변환은 필연적으로 발생할 수밖에 없다. 이러한 교수학적 변환의 과정에서 교과서 개발자들은 '인식론직 경각심'(강완, 1991; 이경화, 1996; 강완, 백석윤, 1998; Brousseau, 1997; Chevallard, 1980)을 견지할 필요가 있다. 한편, 2009개정수학과교육과정에 따른 새로운 수학 교과서가 현재 개발되고 있으며, 초등학교 3학년의 경우 2014년부터 새로운 수학 교과서가 학교 현장에서 활용될 계획이다. 위에서 언급한 2007개정수학과교육과정에 따른 초등학교 3학년 수학 교과서가 (몇십 몇)÷(몇)의 계산과 관련하여 안고 있는 제한점이 새로운 교과서에서는 개선되어야 할 것이다.

본 논문에서 비평한 김 교사의 수학 수업은 다른 모든 수학 수업과 마찬가지로 제한점이 존재하는 것이 사실이다. 그러나 김 교사의 수학 수업은 제한점보다는 강점과 배울 부분이 훨씬 많은 매우 훌륭한 수업이라고 할 수 있다. 예비 교사뿐만 아니라 현직 교사도 김 교사의 수업에 나타나고 있는 훌륭한 수업 아이디어와 수업 방법을 학습하고 이해하여, 본인의 실제 수학 수업에 적용해 볼 것을 권하는 바이다.

| 참고문헌 |

강완(1991), 수학적 지식의 교수학적 변환, 수학교육, 30(3), 한국수학교육학회, 71-89쪽.

강완, 백석윤(1998), 초등 수학교육론, 서울: 동명사.

강완, 나귀수, 백석윤, 이경화(2013), 초등 수학 교수 단위 사전, 서울: 경문사.

곽영순(2003), 질적 연구로서 과학 수업 비평: 수업 비평의 이론과 실제, 서울: 교육과학사.

김수환, 박성택, 신준식, 이대현, 이의원, 이종영, 임문규, 정은실(2009), 초등학교 수학과 교재 연구, 파주: 동명사.

교육과학기술부(2009), 초등학교 수학과 교사용 지도서 2-2, 교육과학기술부.

교육과학기술부(2010), 2009개정수학과교육과정, 교육과학기술부.

교육과학기술부(2011a), 초등학교 수학 3-2, 교육과학기술부.

교육과학기술부(2011b), 초등학교 수학과 교사용 지도서 3-2, 교육과학기술부.

교육인적자원부(2007), 수학과 교육과정, 서울: 대한교과서주식회사.

나귀수(2009), 초등학교 교사의 수학 수업 비평의 특징에 대한 연구, 학교수학, 11(4), 대한수학교육학회, 583-605쪽.

남승인, 신준식(2004), 초등 교사 교육을 위한 수학 프로그램 적용 및 확산 연구, 서울: 교육인적자원부.

대구광역시교육연구정보원(2012), '내림이 있고 나머지가 있는 (몇십 몇)÷(몇)의 계산' 수업지도안 및 수업 동영상, 대구광역시교육연구정보원(media.edunavi.kr/vodBoard/list.do?ct_id=694&menu_seq=27).

박윤경(2010), 친상황적 수업 모형 개발의 필요성과 의미, 한국교육심리학회 2010년도 제2차 학술대회 발표논문집, 한국교육심리학회.

유정애(2003), 체육 수업 비평, 서울: 무지개사.

이경화(1996), 교수학적 변환론의 이해, 수학교육학연구, 6(1), 대한수학교육학회, 203-213쪽.

이경화(2007a), 도형 움직이기 단원의 딜레마, 이혁규 외(2007), 수업, 비평을 만나다, 서울: 우리교육, 96-112쪽.

이경화(2007b), 구체로부터 추상으로 나아가는 고된 여정, 이혁규 외(2007), 수업, 비평을 만나다, 서울: 우리교육, 116-131쪽.

이용숙(1999), 교육 연구에서의 질적 자료의 분석, 이용숙, 김영천(1999), 교육에서의 질적 연구: 방법과 적용, 서울: 교육과학사, 107-186쪽.

이혁규(2007), 수업 비평의 필요성과 방법에 대한 탐색적 논의, 교육인류학연구, 10(1), 155-185쪽.

이혁규(2009), 수업 비평의 개념과 위상, 수업 연구와 교사의 성장, 새로운 모색: 청주교육대학교 교육연구원 2009년도 제2차 학술대회 논문집, 청주교육대학교 교육연구원.

임진영(2009), 친상황성의 맥락주의적 해석, 수업 연구와 교사의 성장, 새로운 모색: 청주교육대학교 교육연구원 2009년도 제2차 학술대회 논문집, 청주교육대학교 교육연구원.

정재찬(2006), 국어 수업 비평론, 국어교육학연구, 25, 국어교육학회, 389-420쪽.

Brousseau, G.(1997), *Theory of didactical Situations in Mathematics*, Dordrecht: Kluwer Academic Publishers.

Bruner, J. S.(1960), *The Process of Education*, New York: Vintage.

Chevallard, Y.(1980), The Didactics of Mathematics: Its Problematic and Related Research, *Researches en Didactique des Mathematiques*, 1, 146-157.

Creswell, J. W.(1998), *Qualitative Inquiry and Research Design-Choosing Among Five Traditions*, Thousand Oaks, Calif.: Sage.

Eisner, E. W.(1979), *The educational imagination. on the design and evaluation of school programs*, New York: Macmillan.

Eisner, E. W.(1985), Connoisseurship, criticism and the art of education, *The encyclopaedia of informal education*, www.infed.org/thinkers/eisner.htm.

Merriam, S. B.(1998), *Qualitative research and case study applications in education*, John Wiley & Sons Inc, 강윤수 외 역(2005), 정성연구 방법론과 사례 연구, 서울: 교우사.

NCTM(2000), *Principle and standards for school mathematics*, Reston, VA: The National Council of Teacher of Mathematics, Inc, 류희찬 외 역(2007), 학교 수학을 위한 원리와 규준, 서울: 경문사.

Reys, R. E., Lindquist, M. M., Lambdin, D. V. & Smith, N. L.(2007), *Helping children learn mathematics*, N.Y.: John Wiley & Sons Inc, 강문봉 외 역(2003), 초등 수학 학습 지도의 이해, 서울: 양서원.

Simon, M. A. & Tzur, R.(1999), Explicating the Teacher's Perspective From the Researchers' Perspectives: Generating Accounts of Mathematics Teacher's Practice, *Journal for Research in Mathematics Education*, 30(3), 252-264.

Skemp, R. R.(1989), *Mathematics in the primary school*, London: Routledge.

Spradley, J.(1980), *Participant Observation*, N.Y.: Holt, Rinehart and Winston, 이희봉 역(1988), 참여 관찰 방법, 서울: 대한교과서.

초등 문학 수업에서
교과 내용 지식의 의의 연구
: 민담 수업을 중심으로

조용훈

I. 시작하며

전문가의 사전적 의미는 '어떤 분야를 연구하거나 그 일에 종사하여 그 분야에 상당한 지식과 경험을 가진 사람'이다. 우리는 일반적으로 전문가로 의사, 변호사, 과학자 등을 떠올린다. 그렇다면 교과 전문가로서 교사는 교과에 상당한 지식과 경험을 가지고 교육에 종사하는 사람을 의미할 것이다(이선경, 2013: 75). 각 교과를 잘 가르치기 위해서는 교과에 대한 지식이 당연히 필요하다는 것이다.

교과 지식이 교수법의 가장 중요한 요건이라는 주장은 초등의 경우 의문이 들 수도 있다. 초등은, 교과 내용 지식의 중요성이나 비중이 중등에 비해 상대적으로 낮기 때문이다. 이는 초등과 중등의 교육과정이나 수업 방식 등의 차이에서 오는 것이기도 하다. 속단하긴 그렇지만, 중등의 경우 '무엇을' 전달할 것인가 하는 내용 지식적 측면을 강조한다면, 초등은 '어떻게' 전달할 것인가 하는 교수 방법을 더욱 고민한다는 것이다.[1] 그런데 초등 역시 교과 지식의 중요성을 간과해서는 안 된다. 교과 내용 지식이 수업의 목표를 달성하기 위한 필수적 조건이라고 판단하기 때문이다. 과연 그런가. 이 글에서는 교과 내용 지식이, 수업 목표를 달성하는 데 어떤 영향을 미치는지 초등학교 국어 문학 수업을 예로 들어 분석하여 그 타당성을 검토하고자 한다.

교과 내용 지식이란 가르치려는 영역의 사실을 포함하여 개념에 대한 지식을 말한다. 그리고 이는 학생들에게 가르치고자 하는 내용을 포함한 배경적 지식까지를 망라한다(설규주, 2009: 31). 교과 내용 지식은 수업에서 온전히 발휘되거나 표현될 수 없다. 교사가 실제 수업에서 활용하는 내용 지식은 극히 일부에 불과할 수 있기 때문이다. 그러나 학생들에게 정보를 전달하고 구성하기 위해 풍부하고 깊은 배경지식이 필요한 것은 당연하다. 그래야 사전적 뜻풀이 수준에 그치지 않고 개념의 원리와 사용되는 맥락, 적절한 사례 등을 일관되게 제시할 수 있기 때문이다.

이런 맥락에서 국어과의 교과 내용 지식은 국어 수업에 대한 지향과 내용의 포괄적 지식을 뜻한다고 하겠다. 국어과 교육과정과 교과서 그리고 수업 내용 전반에 관한 지식을 포괄한다는 것이다. 특별히 수업에 초점을 맞출 때는 국어 수업 지식이라 지칭하기도 한다. 이처럼 교과 내용 지식은 국어 수업의 목표와 목적을 설정하려는 교사들의 지식과 신념에 큰 영향을 미친다.[2] 풍부한 교과 내용 지식이 성공적인 수업 운영을 위해 매우 중요한 역할을 한다는 것은 어쩌면 당연한 것이다(김병수, 2013: 12-13).

강조하지 않아도 교사는 교과 내용 지식에 대한 장악이 무엇보다 요

. . .

1 이 글에서 분석한 초등 국어 수업에서, 민담에 관한 내용 지식을 수업에 어떻게 적용할 것인가를 고민하기보다 '교육연극'이라는 수업 형식에 더욱 집중하는 것도 이와 무관하지 않다고 생각한다.
2 이 글에서는 영역 특정적 교수학적 내용 지식(Domain Specific PCK)에 가깝게 사용되는 경우가 많다.

청된다. 신을진(2011)은 학생들이 교사를 신뢰하는 중요한 판단 기준이, "'교과 내용에 대해 얼마나 전문적인가', '학생을 어떻게 호의적으로 대하는가', '언어적으로 얼마나 유창한가'" 등이라고 밝힌 바 있다.[3] 이는 교과 전문가로서의 자질이 교사에게 가장 기본적으로 요구되는 조건이라는 것을 말해 준다. 교과 내용 지식은 수업을 위해 당연히 전제돼야 한다는 것이다.[4]

교과 내용 지식과 수업의 성취도를 꼭 연계할 필요는 없을 것이다. 그러나 학습목표를 달성하는 중요한 요건임에 틀림없다. 교과 내용 지식이 수업에 미치는 영향력을 초등학교 국어 문학 수업을 중심으로 검토하여 그 중요성을 강조하는 것도 이런 이유에서 비롯된다.

II. 분석 방법과 대상

1. 질적 분석과 수업 비평

이 글에서 관찰한 수업은 초등학교 4학년을 대상으로 한 국어 수업이다.[5] 이 수업은 청주교육대학교에서 주최한 '창의적 수업 사례 공모전' 제1회 대회에서 대상을 수상했다.[6]

이 수업을 분석의 대상으로 선택한 것은 수업 공모전 수상작답게 긍정적 평가를 받은 수업임에도 불구하고 몇 가지 중요하게 검토해야

• • •

3 신을진(2011)은 좋은 교사 수업 축제의 일환으로 교사들과의 수업 나누기 현장에서 발표한 글(《수업에서 교사의 정체성 찾기》)에서 이를 강조했다. 현장 교사와 함께한 자리여서 이러한 주장은 설득력이 강하다고 할 수 있다.

4 좋은 수업에 대해 끊임없이 연구하고 수업의 질을 개선하기 위해 노력하는 Hilbert Meyer도 좋은 수업을 위해서는 교과 내용 장악력이 당연 전제돼야 한다고 강조한 바 있다(2009, 송승남, 정창호 역, 2011). 굳이 언급하지 않아도 교사의 교과 내용 지식이 수업의 질을 향상시킨다는 데에 이견이 없으리라 판단된다.

할 사항이 발견되기 때문이다. 잠깐 언급하자면 이렇다. 수업을 진행한 교사는 교육연극적 수업 방식을 도입하여 학생들의 적극적 참여를 이끌었고 수업은 시종일관 활기차게 진행됐다. 학생들의 몰입도 역시 높았다. 특히 교육연극 모형에 의한 수업은, 예술성이 수업의 중요한 특성임을 강조한 Eisner의 '수업 예술론'을 상기시키기에 충분했다(이재남, 2011: 22). 인지와 감성이 통합되고 다양한 감각적 반응을 몸짓으로 표현하는 표상 형식이 특히 돋보였다는 것이다. 다소 왁자지껄하고 산만해 보이지만 수업을 몸으로 연기하며 수업에 몰두하는 학생들의 모습은 이목을 끌기에 충분했다.

사실 이런 성향의 수업은 과학적이고 공학적으로 수업을 분석하거나, 인과성과 상관성을 중시하는 기존의 수업 관찰에서는 제대로 그 의미를 부여받기 어려웠다. 수업의 표준화와 효율성 등을 강조하면, 이 수업은 단일화하기 어렵고 평가하고 측정하는 데 애로가 있기 때문이다. 따라서 수업을 특정 관점으로 관찰하고 그것의 효과성을 강조하기보다 생태적이고 맥락적인 관점에서 수업을 관찰할 필요성이 제기돼 왔던 것이다. 교사와 학생이 공동으로 구성하는 수업의 제 상황을

• • •

5 강원도 소재의 초등학교에서 김○○ 교사가 2010년에 진행한 수업이다. 4학년 읽기 교과서 중 7단원 〈삶의 향기〉의 6차시 중 4차시 수업이다. 표는 〈교수 학습 과정안〉에서 제시된 학습목표와 모형이다.

일시	2010. ○○. ○○(수요일)	대상	4학년 ○반 (남 16, 여 14, 계: 30명)	수업 교사	김 ○○
단원	7. 삶의 향기			차시	4/6
본시 주제	배경과 인물의 특성을 생각하며 이야기 읽기			교과서	141~145쪽
학습목표	다양한 맥락에 따른 배경과 인물의 특성을 생각하며 이야기를 읽을 수 있다.				
수업 모형	맥락 중심 교육연극 학습 모형		학습 형태	(전체, 모둠, 개별) 혼용	
학습 자료	학습목표 제시, (장면이 적힌 종이), 어려운 낱말 조사 학습지, 또 다른 내가 되어 학습지, PPT 자료, 상황카드				

6 수업 사례 공모전은 미래 지향적인 대안적 수업 사례를 확산하고자 2010년부터 청주교육대학교와 한국교원대학교에서 공동으로 개최하고 있다. 초등은 청주교육대학교가, 중등은 한국교원대학교에서 입상자를 발표하고 있다. 창의적이고 혁신적인 수업 실천 모형을 발굴하고, 교사의 성찰이 담긴 수업 실천 이야기와 사례를 통해 교사의 전문성 향상을 촉진하는 것을 목적으로 한다.

입체적으로 관찰하고 그것의 의미를 드러내기 위한 질적 방법이 부각된 것은 이와 무관하지 않다 하겠다. 수업을 비평적으로 접근하는 수업 비평 방식 역시 이와 맥을 같이한다. 질적 분석은 수업의 제 맥락을 면밀히 관찰하므로 비평적 수업 관찰 방식과 유사하다 하겠다. 수업의 의도와 연행에 초점을 맞추거나, 수업의 맥락 혹은 교과 내용에 초점을 맞추는 것 등이 그것이다(이혁규, 2008: 19).

이처럼 질적 연구에 의해 수업의 제 맥락을 구체적으로 분석하고 해석하여 그것의 의미를 드러내는 비평적 수업 보기는 이제 어느 정도 익숙하다.[7] 이미 많은 연구자들에 의해 비평적 수업 분석이 시도됐고 그것의 의의 역시 강조돼 왔기 때문이다. 이를 유형화하면, 수업 비평의 이론적 토대를 마련하고 수업 현상을 총체적으로 분석하고 평가하거나(이혁규 외, 2007; 이혁규, 2008)[8], 수업 비평에 의한 초·중등 수업 사례를 분석하고 그 의의를 강조한 것(정재찬, 2010a; 2010b), 나아가 수업 비평을 메타 비평한 연구(심영택, 2010), 그리고 학부생을 대상으로 수업 비평적 관찰을 시도하고 그 사례를 분석한 연구(엄훈, 2012)에 이르기까지 실로 다양하다. 여기서 운위하지 않은 연구까지 거론한다면 그야말로 수업을 비평적 관점에서 면밀히 관찰하는 방식은 이제 전혀 낯설지 않다.

이 글 역시 이런 방식에 의거해서 수업을 관찰했다. 전술한 것처럼 예술적 측면이 두드러진 수업이기도 하고, 특별히 교과 내용 지식과 수업과의 관계를 검토하기에 좋은 사례라고 판단했기 때문이다. 수업의 제 맥락을 면밀하게 분석하고 그것의 의의를 드러내기 위해서는 질적 분석이 필요하다는 것은 아무리 강조해도 지나치지 않을 것이다.

· · ·

7 Eisner로 대표되는 수업의 예술성 강조와 그것의 질적 연구에 관해서는 박승배(2006)를 참고하면 좋을 것이다.

8 이혁규는 수업 비평을 정초하고 이를 기반으로 수업의 제 맥락을 면밀하게 분석해 왔다. 국내에서 수업 비평을 이론화하고 이를 실천하는 데 크게 기여했다(이혁규 외, 2007; 이혁규, 2008; 2013).

(1) 수업의 전개와 개관

관찰한 수업의 주제는 '배경과 인물의 특성을 생각하며 이야기 읽기'이고, 학습목표는, '다양한 맥락에 따른 배경과 인물의 특성을 생각하며 이야기를 읽을 수 있다'이다. 수업을 진행한 김○○ 교사는 본격적으로 수업을 시작하기 전, 학생들의 흥미와 호기심을 자극하기 위해 〈구미호〉 이야기로 분위기를 조성한다. 약식으로 등장인물을 연기하며 학생들과 눈을 맞추고 학생들 사이를 지나며 이야기 속으로 학생들을 끌어 들인다.

분위기가 고조될 즈음 〈구미호〉는 옛날이야기이므로 상상 속에서나 가능한 내용을 담고 있다고 설명한다. 그래서 배경도 알 수 없고 모호하며, 신비로운 사건과 행동을 통해 독자들에게 흥미와 재미를 전달한다고 강조한다.[9] 이런 이유로 우리가 옛날이야기를 읽을 때 특별히 유의해야 할 점이 있으며, 과연 그것이 무엇일까를 학생들에게 묻는다. 학생들이, '배경과 인물의 특성'이라고 답하자 교사는 고개를 끄덕이며 학습목표를 칠판에 제시했다.

교사는 수업의 제재인 〈꽁지 닷 발 주둥이 닷 발〉(이하 〈꽁지〉로 통일하겠다)을 소개하며 본격적인 탐구를 개시했다. 〈꽁지〉는, 괴물새에게 납치된 어머니를 구하려는 아들의 모험과 역경이 다양한 공간에서 펼쳐지므로 배경을 잘 고려해서 읽어야 인물의 삶에 대해 잘 이해할 수 있다는 점을 거듭 주지시켰다.[10] 본격적인 이해를 돕기 위해 교사는 학생들이 〈꽁지〉를 맥락에 따라 꼼꼼히 살피게 한다. 이야기를 문단으로

• • •

9 이런 까닭에 이왕이면 도입부에 다양한 장소와 상황에 따라 인물의 행위와 생각이 변화되는 작품을 소개해서 호기심을 자극했더라면 좋았을 것이다. 아니면 배경이, 인물의 행동이나 성격에 영향을 미친다는 전 차시의 수업 내용을 자연스레 환기해도 좋았을 것이다. 〈구미호〉는 상상의 시간과 공간에서 전개되는 이야기인데 설화라는 것을 설명하려는 의도로만 예시된 것 같아 아쉽다.

10 아들은 어머니를 구하기 위해 논과 밭 그리고 산비탈을 경유하여 험악하고 위험한 산 속까지 도달해야만 한다. 각각의 장소에서 농부, 다람쥐, 까마귀 등을 만나고 그들이 부과하는 과제를 해결해야 비로소 괴물새와 대면한다.

구분하고[11], 시간적 배경은 동그라미, 공간적 배경은 네모로 표시할 것을 주문한다. 재차 그 이유를, 배경이 인물과 사건에 영향을 끼치기 때문이라며 강조한다. 문단을 나누고 모둠 구성을 마치자 교사는 학생들과 이야기를 소리 내서 읽기 시작한다. 단순한 내용 파악의 독서가 아니라 돌려 읽으며 학생들이 어려워하는 단어(삭정이, 도꼬마리) 등을 풀이하고 이야기 안으로 초대한다. 특징적인 것은, 연극적인 낭송을 유도하여 학생들을 상황 속으로 자연스레 이끈다는 점이다. 연희적 읽기는 이야기의 제 맥락을 파악하는 데 효과적이다.[12]

낭송을 마치자 교사는 모둠별로 본격적인 연극적 활동에 돌입한다. 각 모둠은 모둠원의 성별과 학습 능력을 고려해서 구성했으며, 교탁 옆에 학생들이 즉흥극을 시연할 수 있는 공간도 마련했다. 연극적 수업은 활기차게, 다소 숨 가쁘게 진행됐다. 그리고 어느새 종착역을 향했다. 교사는 수업을 정리하면서 재차 배경과 인물의 특성을 고려하면서 이야기를 읽을 때 효과가 배가된다는 점을 거듭 강조한다. 그렇게 수업을 마감하며 이 글을 읽고 각자 느낀 점을 발표하도록 질문했다. 학생들은, '효도를 하자', '어머니를 사랑하자', '용감한 마음을 갖자', '도구를 이용하자', '부모님을 사랑하자' 등으로 답했다. 자신이 기대한 내용과 상이한 답변을 학생들이 발표하자, 교사는 거듭 '다양한 맥락에 따른 배경과 인물의 특성을 생각하며 읽자'고 제안했다. 이를 강조하기 위해 재차 이 시대의 특성이 무엇이라고 생각하는지 물었다.

* * *

11 그런데 학생들이 문단을 자율적으로 구분하기 전에 미리 일곱 문단으로 나누라고 안내해서 아쉽다. 비록 단락이 구분돼 있어도 크게 다르지 않다.

12 이야기 구성 요소에 주목해서 작품을 이해할 때 5학년 문학 영역의 성취 기준 즉, 사건 전개와 인물의 관계 역시 파악할 수 있다는 교과의 위계도 고려한 듯하다. 김 교사는 수업을 5단계로 구성한다. 옛날이야기의 세계로 초대하는 동기 유발 단계인 〈옛이야기 속으로〉를 시작으로, 학생들과 제재를 꼼꼼히 돌려 읽고 등장인물의 생각을 묻는 〈맥락 읽기〉, 이후 각 모둠이 이야기를 즉흥극으로 재연하는 〈맥락 정교화하기〉, 교과서에 수록되지 않았으나 제재의 종결부를 채우는 〈맥락 만들기〉, 제재를 고려하며 다른 상황 속 인물이 되어 보는 〈맥락 점검하기〉가 그것이다. 김 교사는 '맥락'을, 교육과정에 제시된 그대로, '말과 글을 이해하고 표현할 때에 작용하는 사회 문화적 요소들의 집합체'로 이해하고 수업에 적용한다.

학생들은 '옛날 옛적'이라고 짧게 답하고 수업은 마무리됐다.

교사와 학생이 일체돼 활기차게 전개된 수업. 그런데 좀 이상하지 않은가. 학습목표를 성공적으로 달성했다는 확신이 들지 않는다. 학생들이 '효도를 하자', '어머니를 사랑하자' 등으로 주제를 피력하고 있기 때문이다. 바르게 살기 위한 도덕 지침서도 아닌 바에야 더욱 그렇다. 교사는 효도를 하자는 것을 학습목표로 정하지 않았고 이를 강조하지도 않았다. 나아가 '용감한 마음을 갖자', '도구를 이용하자'라는 대목에선 고개가 갸우뚱해진다. 이외에도 교사가 이야기 속 인물이 생존했을 법한 시기의 환경과 그 시대적 특징을 질문했는데 학생들의 답은 교사의 예상을 벗어났다. 학생들은 그저 '옛날 옛적'이라고 막연하게 답했다. 이는 교사가 원했던 답변은 아니다. 교사는 민담의 일반적 배경을 확인하려는 것이 아니라 〈꽁지〉의 제 맥락에 따른 배경과 인물의 관계를 탐구하려고 계획했기 때문이다. 그런데도 이런 결과를 초래한 이유는 무엇일까. 수업 모형과 학습목표의 관계, 교과 내용 지식의 활용 등을 구체적으로 검토하면서 확인해 보자.

(2) 수업 형식과 학습목표

그런데, 학생들이 효도를 하자 등의 견해를 피력한 것도 무리는 아닐 것이다. 학생들은 이야기를 통한 계몽적 교육에 익숙해 있기 때문이다. 이런 까닭에 교사가 기대한 결과를 얻지 못한 것이 솔직한 귀결이라는 생각도 든다. 그러므로 교사가 더욱더 교과서에 수록된 제재의 특성을 사회 문화적 맥락과 연계하고 이를 수업에 반영했더라면 하는 아쉬움이 남는다. 교사가 거듭 강조한, 즉 배경과 인물의 특성을 생각하며 이야기를 읽어야 한다면, 주인공이 왜 그런 배경에 놓이게 됐고, 어떻게 난관을 극복했으며, 그것의 의미는 무엇인지 등에 대해 주목했어야 한다는 것이다.

이는 사회 문화적 요소들을 고려한 맥락 중심의 수업을 전개하겠다는 교사의 의도에 부합하는 것이기도 하다. 왜냐하면 맥락 중심의 읽기는 제재와 연관된 역사적 사회적 상황은 물론, 제재를 낳고 그것을 향유해 온 공동체의 가치와 신념 등의 요소를 모두 포함하는 것이기 때문이다. 교사는 맥락 중심 수업을 통해서 학생들이 텍스트를 사회 문화적 배경과 연결 짓고 그것의 의미를 탐구할 수 있다고 기대했던 것 같다. 교육연극 학습 모형을 수업에 적용한 것도 이 때문이다. 이 수업 모형은 학생들이 서로의 생각을 교환하며 인물의 성격을 파악하고 이를 극화하는 방식을 통해 학생들의 수업 참여도와 몰입도를 높이는 데 적절하다. 교사가 각 모둠원들의 재연을 통해 배경과 인물 간의 관계를 몸소 체험토록 유도하고, 캐릭터로 분한 학생들을 인터뷰하며 인물의 행동과 심리적 상태를 확인한 것도 이 때문이다.

이처럼 김 교사 수업의 특징은, 연극적 활동을 도입해 학생들이 이야기를 몸으로 추체험하고 등장인물과 동화하도록 이끈다는 데 있다. 교육연극에서 자주 활용하는 '핫시팅hotseating'을 활용하여 배경에 따라 인물의 심리와 행동이 변한다는 사실을 강조하는 것도 이를 잘 반영한다. 이처럼 연극 기법이 적용된 수업은 시종일관 활기에 넘쳤다. 학생들은 이야기 속 인물들로 분해 적극적으로 수업에 임했고 게임처럼 즐겁게 몰입했다.[13]

그런데 이런 장점에도 불구하고 수업의 연극적 형식과 그 효과에 지나치게 경도돼 수업은 오히려 한계를 노출했다. 그것은 다음과 같다.

첫째, 본말이 전도됐다. 학습목표를 달성하기 위해 적용한 수업 모형이 오히려 수업의 목적이 되는 결과를 초래했다는 것이다. 학생들

---

13 김 교사는 다양한 교과에서 종종 이런 수업 방식을 적용해서 학생들과의 호흡이 척척 맞는다. 이렇게 진행되는 수업을 제대로 이해하기 위해서는 '타블로', '핫시팅', '마임' 등의 교육연극의 기법에 대한 설명이 필요할 것이다. 그런데 이 글의 관점은, 〈꽁지 닷 발 주둥이 닷 발〉의 교과 내용 지식과 수업의 관계에 초점을 맞추는 것이므로 이 정도 언급하는 것에 그치기로 한다. 아무튼 중요한 것은 어떤 학습 모형을 적용하든지 학업 성취를 달성할 수 있는 수업을 전개해야 한다는 것이다.

은 연극적 활동이 배경과 인물의 특성을 알기 위한 유용한 방법이 아니라, 제재는 그저 연극을 위한 대본으로 인식한 것 같다. 학생들은 학습의 내용과 목표는 망각한 것처럼 연희적 게임에 몰입했기 때문이다. 수업의 목표와 무관하게 연극적 흥미와 재미만을 초래한 것은 아닌가 우려했던 것은 이 때문이다.

물론 교사는, 이 모형이 특정한 시간과 공간에서 발생하는 사건과 이를 마주한 인물의 행위가 긴밀히 연계되고 있다는 것을 체감케 하는 것이었다. 거듭 감정을 실어 연기하라는 주문은 이를 잘 말해 준다. 교사는 배경에 따른 인물의 특성과 사건을 깊이 있게 이해하는 능력을 기르게 하겠다고 수업 계획에서도 밝힌 바 있다.[14] 교사는 학습의 목표와 이유를 학생들이 자연스럽게 찾고 해결하기를 기대했던 것이다. 그러나 연희 중심의 수업은 목표에 부합하지 못했다고 판단된다. '부모님께 효도를 하자', '도구를 잘 사용하자'는 학생들 소감이 이를 증명한다. 교사도 이에 대해서 자신이 일방적으로 수업을 진행했고 좀 더 다양한 사고를 유도하지 못했다고 수업 후 안타까운 심정을 드러냈다.[15]

둘째, 활동의 부하가 크다. 활동이 지나쳐 시간 내에 학생들이 학습 내용을 확인하고 목표에 집중하는 것을 어렵게 했다. 수업은 화려했지만 학생들은 주어진 활동을 숨 가쁘게 좇기에 바빴다. 교사도 거듭 우려를 표명했듯이 이 수업 모형은 정교하게 계획하지 않으면 산만하고 어수선하게 전개될 것이 당연했다. 제재를 모둠별로 돌려 읽고 핫시팅을 통해 등장인물의 심정을 인터뷰하며, 나아가 타블로를 만들고 모둠별로 즉흥극을 재연하는 이 모든 과정은 활동 과잉이다. 과유불급

• • •

14 이는 김 교사가 수업 공모전 때 작성해서 제출한 글(《창의적 수업 결과 보고서》)에서 단원의 개관 그리고 계열에 대해 본인이 밝힌 학습목표이다. 그래서 수업 시, "인물이 언제 그렇게 하였다는 지적에 그치기보다는 인물이 바로 그때 어떤 까닭과 어떤 방식으로 그 일을 하였다는 식으로 구체화하여 인물과 사건을 연계"시키겠다고 그 의도를 밝혔다(5-6쪽 참조).
15 김 교사의 글(《창의적 수업 결과 보고서》, 12쪽)에 그런 아쉬움이 배어 있다.

이다. 그런데 교사는 여기서 그치지 않고 학생들에게 후속 이야기까지 완성해 한 문장씩 기술하도록 요구했다. 초등 4학년 학생들이 감당하기엔 학습의 부하가 상당하다. 이런 이유로 수업은 시종일관 쫓기듯 전개됐고 그래서 학생들이 학습의 목표나 내용을 정리하고 확인하기란 애초에 불가능해 보였다.

시간의 부족은 학생들이 상황을 파악하고 이해하기 전에 교사가 개입해서 내용을 설명하고 빨리 전개하는 방식으로 나타났다. 예컨대 주인공 아들이 처해 있는 공간이 바위산이면, "아들이 가고 있는 길이 험난해요?" 하며 위험성을 부각시키고 학생들의 동의를 얻어 내는 모습 등이 그것이다. 교사의 개입은 간헐적으로 계속 이어졌다. 아들 역을 한 학생에게, "하나 물어볼게요. 힘들지 않나요? 지금 논도 30리를, 엄청나게 큰 논에 모를 심고 줄에 매달려서 고추밭을 맸는데 괜찮나요?" 하고 묻는 것은 그 좋은 예이다. 이는 학생들의 자유로운 생각을 제한할 우려가 있으므로 유의했어야 했다. 시간에 쫓기다 보니 형식적인 질문과 답변도 많이 발견됐다.

셋째, 수업 형식보다 교과 내용 지식의 활용을 고민해야 했다. 민담은 사회적 맥락이 강조된 장르이다. 아들이 납치된 어머니를 찾아 길을 떠나 과제를 완수해야 하는 탐색담으로서의 특성, 나아가 이런 이야기가 회자된 이유, 그것이 갖는 사회적 기능과 의의 등을 고려했어야 했다. 아울러 '거대한 새', '까치', '다람쥐' 등의 동물 외에 '논', '밭' 등의 공간에서 아들이 해결해야 하는 과제의 성격 등에 착목했었더라면 어땠을까 한다. 특히, 새에게 납치된 어머니를 찾기 위해 모험을 떠나는 탐색 모티프에 관한 설명은 아무리 강조해도 지나치지 않는다.

교사 역시 이를 수업에 녹여 내지 못한 것을 후회한 바 있다. 한 학생이 과제의 성격과 그 의미를 물었을 때, 적절히 조언하지 않은 것이 그것이다. "'그냥 가르쳐 주면 되지 왜 굳이 일을 시키고 가르쳐 주었는가?'에 대한 질문을 별로 대수롭지 않게 여기고 지나간 것이다. 가

만히 생각해 보니 그 인물이 '무엇을 어떻게 했느냐?'는 표면적인 질문보다 '왜 그렇게 했느냐?'란 본질적인 질문이었다는 것을 간과했다. 내가 초점을 둔 것은 아들은 어떻게 살았고 누구를 만나 무엇을 받아 어머니를 찾으러 갔는가에 대한 내용을 아이들이 정확하게 알게 해 주어야 한다는 것에 급급했다. 그래서 수업 전반에 걸쳐 다양한 아이들의 반응에 미처 적극적으로 반응하지 못한 채 지나쳐 버린"[16] 것이 못내 아쉽다는 견해를 피력한 것은 이를 잘 말해 준다. 학습목표를 달성하기 위해선 먼저 제재의 내용 지식을 수업에 잘 적용해야 한다고 거듭 강조하는 것은 이 때문이다. 그렇다면 민담의 교과 내용 지식은 무엇인가. 이에 관해 구체적으로 검토해 보자.

III. 교과 내용 지식과 문학 수업

1. 제재의 배경과 인물

'옛날이야기'는 설화, 즉 신화, 전설, 민담 중 민담을 지칭할 때가 많다. 선남선녀가 아닌 장삼이사가 등장하는 민중의 이야기이기 때문이다. 그런데 '옛날이야기', 혹은 '옛이야기'라는 명칭은 엄밀히 학술적 용어라기보다 시대 구분에 의해 부여돼 자연스럽게 통용된 것이다. 따라서 이 글에서는 〈꽁지〉를 옛날이야기가 아니라 민담으로 지칭하기로 한다. 민담은 신성해서 당연히 믿어 온 신화도 아니고, 특정한 시간과 공간이 명시되고 증거물까지 제시하며 진실을 강조하는 전설도 아니다. 신성성은 이미 약화·속화됐고 사실성을 중요한 조건으로 표방하지 않는다. 그보다는 신화나 전설의 모티프를 계승하고 허구적 상

16 김 교사의 성찰(〈창의적 수업 결과 보고서〉, 9쪽)은 시사하는 바가 크다 하겠다.

상력을 가미해서 민중들이 처한 현실적 고난을 극복하려는 희망을 담는다. 위대한 개인보다 대개 평범하고 일상적인 인물(동물도 포함한)이 등장하는 소박한 삶을 내용으로 하는 것은 이 때문이다.[17]

따라서 민담의 주인공은 초월적인 신이나 영웅이 아닌 평범한 개인이다. 〈꽁지〉의 경우 그저 '아들', '어머니' 등으로 지칭되는 인물이 등장하는 것도 이런 맥락에서 자연스럽다. 민담의 주인공은 비록 초월적이거나 비범한 지략의 소유자는 아니지만 선량함이 강점이다. 이 선량함이 자신과 가족 혹은 공동체를 구하는 데 일조한다. 주인공이 주로 효자와 효녀로 등장해서 난관을 극복하는 것은 이 때문이다.[18]

평범한 인물의 등장처럼 시간과 공간 역시 평범하고 모호하다. '옛날 옛날에', '옛날 옛날 아주 먼 옛날에' 등으로 시작한다. 장소 역시 어느 산골이나 시골 혹은 바닷가 등이면 그만이다. 개연성이 떨어지는 어처구니없는 사건과 직면해도 그것은 그저 주인공에게 주어진 것이다. 그리고 그는 자신에게 부여된 과제를 해결해야만 한다. 그런데 문제는 그 과제의 성격이다. 과제의 대부분은 실현 불가능한 것들이다. 이는 엄혹한 현실 속에서 어처구니없이 희생을 강요당하는 그들의 실상이 비유적으로 표현됐기 때문이다. 그래서 민담은 강퍅한 현실

. . .

17 교사가 설화의 종류와 특징 등을 학생들에게 꼭 가르칠 필요는 없을 것이다. 다만 교사는, 민담이 민중들의 피폐한 삶과 무관하지 않으며, 그러한 사회 문화적 맥락을 반영해서 수업을 전개할 때 주인공이 처한 배경과 그것이 갖는 의미를 학생들에게 잘 전달할 수 있을 것으로 판단된다. 맥락 중심의 수업을 지향한다면 이는 더욱 강조돼야 할 것이다.

18 〈꽁지〉는, 어버이를 죽인 괴물을 퇴치하여 원수를 갚는다는 내용의 설화인 〈조마구 설화〉의 일종으로 불린다. 제목도, 〈주둥이 닷 발 꽁지 닷 발 된 짐승〉, 〈꼬랭이 닷 발 주딩이 닷 발〉, 〈꼬리 닷 발 주둥이 닷 발 괴물〉, 또는 그냥 〈조마구 설화〉 등으로 지칭된다. 구조는 유지하면서 지역과 상황에 따라 내용상 미세한 차이가 있다. 교과서에 실린 제재는 알려진 것 중 하나이다. 그래서 유사한 내용의 설화가 계승되면서 나타나는 변이 양상에 대한 간략한 설명도 수업 중에 가능할 것이다. 예컨대 어머니가 아닌 어버이인 부모 모두 납치되거나, 아들이 아니라 오누이가 모험을 떠나는 것, 혹은 주인공을 시험하는 장소와 인물에 따라 과제의 차이가 드러나는 것 등이 그렇다. 이 밖에도 괴물이 거주하는 공간도 미묘한 차이를 보이고 괴물을 처치하는 과정도 수확물의 내용에 따라 조금씩 달라진다. 이에 관해서는 교사가 수업 상황에 적절하게 피드백을 주는 것이 좋을 것이란 판단이 든다.

과 늘 대면하는 민중들의 삶을 유비하고 있다는 점에서 오히려 진실하다. 그들은 비현실적인 우연을 통해 난관을 극복하거나 체념과 패배마저 풍자와 해학으로 승화시켜 왔던 것이다.

〈꽁지〉는 바로 이런 민담의 특성을 잘 보여 준다. 아들은 아무 이유도 없이 괴물새에게 납치된 어머니를 구하기 위해 길을 떠난다. 왜 납치됐는지를 묻기보다 어떻게 구할 것인가가 중요하다. 그리고 그는 다양한 공간에서 직면하는 위기를 성실함을 무기로 묵묵히 타개한다. 이처럼 〈꽁지〉는 반드시 길을 떠나 주어진 과제를 완수해야 하는 아들의 탐색담을 근간으로 한다. 수업은 그 점을 강조해야 한다.

2. 탐색의 과제와 해결 방안

아들은 어머니를 구조하기 위해서 몇 가지 주어진 과제를 잘 완수해야 한다. 첫 번째 과제는 광대한 30리 논에 모를 심는 것이다. 이를 수락한다면 어머니의 행방을 알려 주겠다고 농부가 제안한다. 아들이 과제를 마치자 농부는 비로소 어머니가 납치된 방향을 알려 주고 볏짚을 태운 재를 한 되 싸 준다. 이런 식으로 아들은 산비탈 고추밭에서 밭을 매고 고춧가루 한 봉지를, 벌레 한 소쿠리를 산 속 까치에게 잡아 주고 삭정이 한 단을, 벼랑 근처 다람쥐에게 상수리 한 말을 주고 도꼬마리 한 줌을 얻는다. 아들은 과제를 완수해야 비로소 어머니가 납치된 곳의 정보를 얻을 수 있다. 혹독한 노동 없이는 정보를 얻을 수 없다.[19] 과제를 해결하는 가장 큰 덕목은 영웅적 지략이나 능력이 아니라 오직 선량한 마음에서 비롯된 성실성이다.

. . .

19 이는 학생이 교사에게 "그냥 가르쳐 주면 되지 왜 굳이 일을 시킨 후 알려 주나요" 하고 질문한 것과 무관하지 않다. 그런데 교사는 이에 대해 반응하지 않았다. 학생은 민담의 주인공이 종종 겪는 과제와 그 해결 방식을 묻고 있었던 것이다. 여기서 우리는 교과 내용 지식이 얼마나 중요한 것인가를 또 확인하게 된다.

이때 중요한 것은 언급했듯이 거대한 새를 비롯하여 왜 까치이고 다람쥐인가, 왜 논이고 밭인가 하는 것이다. 민담은, 불확정하고 모호한 상황과 비논리적인 사건 속에 민중들의 애환과 소망을 담기 때문에 대상에 대한 설명이 꼭 필요하다. 논에서 모를 심고 밭에서 김을 매는 것은 농촌의 생존 방식이다. 그런데 아들은 산골에 거주하는 나무꾼이다. 그런 그에게 처음 맡겨진 과제가 논일과 밭일이라는 것은, 이곳이 민중 대부분의 삶이 영위되는 공간인 까닭이다. 과제를 완수하면 다시 거슬러 위험한 산악 지대로 향한다. 아들은 삭정이, 도꼬마리 등을 획득하며 산골 민중들의 빈곤한 삶을 재연한다.

논에서 산비탈의 고추밭으로, 고추밭에서 다시 험악한 산악 지대로, 이윽고 가파른 벼랑을 지나야 한다. 혈혈단신 산악 지형을 헤매고 가시넝쿨 빽빽한 깊은 산 속에서 쓰러지고 일어서는 혹독한 과정을 감내해야 한다. 이런 혹독한 삶이 민중의 피폐하고 비참한 삶을 명시적으로 드러낸다는 것은 자명하다. 허리춤, 소매, 귀주머니, 그리고 어깨에 수확물을 짊어 나르는 고단한 삶이 바로 그것이다.[20]

그러므로 이 수업이 목표하는, 배경이 인물의 행동에 영향을 미친다는 것을 달성하기 위해서는 이와 같은 과제 해결의 과정과 내용을 파악하고 숙지하는 교수 학습 방안이 필수적으로 요청돼야 했다고 판단된다. 공간과 인물에 관한 다음의 질문이 수업 활동에 내포돼야 한다는 것이다.

첫째, 왜 논인가? 어머니와 아들은 산골에서 궁핍하게 생활한다. 그런데 아들은 납치된 어머니를 찾기 위해 생소한 공간인 논에 처음 당도해 과제를 부여받는다. 그런데도 그는 낯선 기색 없이 익숙하게 모를 심는다. 왜 아들은 처음 논에 도착했을까.

· · ·

20 아들이 처한 혹독한 상황을 통해 환난이 개인에 국한된 것이 아니라, 전 민중에게 해당하는 사회적 차원의 것임을 드러낸다. 그래서 괴물처럼 커다란 새는 민중들의 소박한 삶을 위협하는 그 모든 것, 예컨대 탐관오리이든 이를 방조한 부패한 사회제도 등을 비유한다고 할 수 있다.

둘째, 왜 밭인가? 밭은 평지인 논에서 산악 지형으로 향하는 길목에 위치해 있다. 평지와 산악 지형을 이어 주는 가교, 요컨대 사다리 역할을 한다. 아울러 비탈인 까닭에 고추를 따는 사람은 줄에 매달릴 수밖에 없다. 아들도 그런 자세로 밭일을 해야 한다. 이는 무엇을 의미하는가.

셋째, 왜 동굴인가? 아들은 험악한 산 속을 배회하고 병풍처럼 펼쳐진 산맥을 통과한다. 가파른 벼랑을 곡예하듯 지나 가시넝쿨 가득한 산을 위태롭게 등정해야 겨우 동굴에 당도한다. 왜 어머니는 동굴에 갇혔는가.

넷째, 왜 괴물새인가. 괴물새는 왜 어머니를 납치했는가?

다섯째, 왜 까치이고 다람쥐인가? 까치는 예로부터 길조로 알려져 왔다. 한국인들이 가장 사랑하는 조류로 사랑받아 왔다. 비록 저녁에 우는 까치는 불길함을 전하기도 하지만 대체로 길조의 역할을 한다. 다람쥐 역시 천연기념물로 제정될 만큼 희귀하고 매력적인 대상으로 사랑받아 왔다.

여섯째, 왜 '재', '고춧가루', '삭정이', '도꼬마리'를 보상물로 받았는가? 아들의 여정은 마치 이들 물건을 획득하기 위한 여정처럼 보인다. 아들이 획득한 물건들은 인간이 자연으로부터 경작하고 채취하는 것들이다. 그것은 생존을 영위하는 데 중요한 대상이다. 그리고 그것이 괴물을 퇴치하는 용도로 사용된다. 그 이유는 무엇인가.[21]

이처럼 아들은 자신이 처한 공간에서 생존할 수 있는 능력을 스스로 체득해야 한다. 이 때문에 이 이야기는 아들이 감내해야 하는 고통의 입사식을 담고 있다고 해도 과언이 아니다. 성인으로 성장한다는 것

• • •

21 이외에도, 시간이 허락한다면 다음 차시에서라도 〈꽁지〉와 유사한 〈조마구 설화〉류를 소개하며 공통점과 차이점을 발견하게 한다든지, 아울러 구조는 유사하면서도 내용상 차이를 보이는 민담 (대개 아들이 아버지를 찾는 유형, 〈동명왕 신화〉, 〈금강산 호랑이〉 등)을 소개하며 〈꽁지〉의 특징 등을 설명해 주는 것은 어떨까 한다.

은 가혹한 사회적 제도와 맞서야 한다는 당위를 부여한다고 볼 수 있기 때문이다. 이렇게 탐색담과 입사식담은 동전의 양면인 경우가 빈번하다. 아들은 가혹한 시련을 인내하고 슬기롭게 극복해서 어머니를 구해야 한다. 그때 비로소 성인으로 성장할 수 있는 것이다.

3. 입사, 유사 죽음과 재생

아들은 노동을 통해 얻은 것들을 활용해 괴물새 두 마리를 퇴치한다. 비로소 최종 임무를 완수하고 어머니와 귀환한다. 〈꽁지〉가 입사담과 성취담을 모두 내포하는 이유는 이 때문이다. 그렇다면 여기서 우리는 또 궁금해진다. 왜 어머니인가 하는 것이다. 대개의 민담 속 주인공들은 아버지를 찾는 혹독한 탐색을 통해 자기 정체성을 찾고 공동체를 이끌 능력과 자질을 획득한다. 이런 능력을 통해 공동체의 평화를 가져오기도 한다. 이때 성인으로서의 사회 편입 역시 자연스럽게 달성된다. 그런데 〈꽁지〉처럼 어머니를 구하고 사회에 편입되는 이야기는 많지 않다. 그러므로 어머니를 구하고 귀환한다는 내용은 보다 많은 설명과 이해를 요구한다.

이야기 속 어머니는, 구원의 모성성과는 거리가 있어 보인다. 오히려 누군가의 도움을 기다리는 나약한 존재이다. 마치 어머니는 아들의 효심이 어느 정도인지 시험하기 위해, 아들로 하여금 집을 떠나 혹독한 시련과 모험으로 이끄는 역할을 자임하는 듯하다. 이는 종종 신화에서 어머니가 구세주가 아니라 죽음이나 슬픔의 근원처럼 등장하는 것과 무관하지 않을 것이다.[22] 우리의 경우 이런 이야기가 많이 전승되진 않는다. 그런데 주인공이 어머니로부터 분리되고 유폐돼, 유사 죽

• • •

22 어머니의 역할이 우리에겐 생소해도 외국의 경우 심심치 않게 발견된다(Amstrong, 2005, 이다희 역, 2005 : 60).

음을 겪은 후 새롭게 태어나는 통과의례나 신화 등은 세계적으로 널리 분포돼 있다.

종종 사회 공동체는 통과의례를 준비하는 청소년에게 죽음을 각오한 위험으로 이끈다. 그리고 그 과정은 모태로부터의 분리와 그것의 극복으로 외현된다. 장차 부모로부터 독립하기 위해서는 스스로의 노력에 의한 새 출발이 필요한 것이다. 이런 점에서 이 이야기에 첩첩산중 가장 위험한 곳에 깊숙이 자리한 동굴이 등장하는 것은 자연스럽다. 동굴은 아들이 죽을 고비를 거치고 마침내 도착하는 공간이며 새롭게 태어나는 자궁을 상징하기 때문이다.

아들은 동굴에서 어머니와 상봉하고 탈출해야 한다. 이는 마치 산도를 지나 세상에 자신을 드러내는(Amstrong, 2005, 이다희 역, 2005: 58) 또 다른 출산의 과정을 비유한다. 동굴은 재생을 위한 상징적 공간이다. 그러니까 아들은 두 번의 출생을 거쳐야 비로소 성인으로 성장해 사회에 편입된다. 어머니로부터의 출산이 생물학적인 차원의 것이라면 두 번째 출생은 사회적 차원의 것이라 할 수 있다. 물론, 살핀 것처럼 그 과정은 단순치 않다. 어머니 뱃속에서 출산하기 전의 상태인 태아로 퇴행하는 가역적인 죽음의 상태를 경험하고 새롭게 거듭나야 하기 때문이다. 태아의 상태로 역행하는 것은 새로운 출생을 위해 기필코 돌아가야 할 무無의 상태에 다름 아니다. 다시 태어나려면 예견된 위험을 각오하고 어머니의 자궁으로 되돌아가야 하는 것이다(Vierne, 1987, 이재실 역, 1996: 42). 〈꽁지〉가 우리에겐 드물지만 어머니의 존재가 부각된 독특한 제재라는 점을 강조할 필요가 있는 것이다.

어둡고 습기찬 동굴은 생을 소생시키는 대지와 연계된다. 〈꽁지〉는 이러한 신화적 모티프가 잔존해 있는 것이 특징이다. 아들은 이처럼 죽음의 위협을 극복하고 귀환해서 두 번째 출생을 경험한다. 그렇다면 이 이야기는 농경사회에서 사내아이가 성인으로 성장하기 위해서 갖춰야 할 자질과 성품에 대한 것, 즉 입사식담이라 할 수 있다.

Ⅳ. 나가며

지금까지 4학년 국어 수업을 통해 교과 내용 지식의 중요성을 검토했다. 이 글에서 분석한 수업은 시종일관 활기차고 즐겁게 진행됐고 그것이 매력이라는 점은 부인할 수 없다. 아이들과 혼연일체돼 수업을 진행하는 교사의 태도와 열성은 분명 장점으로 부각돼야 마땅하다. 그럼에도 불구하고 아쉬움이 남는 것은 어쩔 수 없다. 수업의 목표를 달성하기 위한 교수 학습 활동이 성공적으로 전개됐는가라고 질문한다면 과연 긍정적인 답변을 할 수 있을까. 학생들은 분명 수업에 몰입했으나 이상하게도 배경과 인물의 행동에는 관심이 없어 보였다. 그래선지 수업은 이야기에 등장하는 배경을 소개하고, 아들이 그 공간에서 겪은 행위와 심리 상태를 소개하는 데 그쳤다는 느낌을 받았다. 모험이 전개되는 공간의 특징, 그것이 주인공의 행동에 미치는 영향 관계를 좀 더 면밀하게 살펴보는 것이 보다 중요했다는 것이다. 이는 맥락을 추체험하는 연극적 방식이 이 수업에서 내용이 아니라 형식적 원리로 나타났기 때문이다. 연희성이 강조되고 민담이 갖는 맥락적 성찰이 수업의 내용 요소로 반영되지 않은 것이 이유로 제시될 수 있을 것이다. 그리고 이는 자연스레 교과 내용 지식의 중요성을 떠올리게 한다.

각각의 장소에서 주인공이 취한 행동(여기서는 주로 노동)과 그것의 의미, 그리고 그 결과, 예컨대 획득한 보상물 등이 이야기에서 갖는 중요한 의미 등을 좀 더 부각했으면 좋았을 것이다. 수업 중에 학생이, "왜 농부는 아들에게 일을 시키나요? 그냥 납치된 장소를 알려 주면 되는데" 하고 의문을 제기하자 교사가 전혀 반응하지 않고 다음 활동으로 이행한 것은 내내 아쉬운 대목이다. 학생의 질문이야말로 교사가 강조한 학습목표와 부합한 것이기 때문이다. 다양한 맥락에 따른 배경과 인물의 특성을 이해하고 장차 이를 다른 상황과 연계 짓는 수업

이므로 더욱 그렇다. 설정한 학습목표는, 민담의 특징과 성격을 반드시 고려해서 교수 학습 방법을 설계했어야 했는데 그렇지 못했다. 그렇다고 이 글에서 필자가 피력한 대안적 견해를 모두 수업에 적용하라는 뜻은 아니다. 한 시간 안에 이를 실천하기란 어렵다. 다만 교과 내용 지식을 활용한 수업이 필요하다는 것만은 강조하고 싶은 것이다.

민담의 공간이 갖는 특성, 그 공간에서 행해진 사건과 그 해결 방식 등에 대한 설명 없이 이야기에 등장하는 '배경'이 '인물'에게 어떤 영향력을 행사하는지 파악하기 어렵다. 이는 제재를 둘러싼 다양한 맥락에 대한 이해, 그리고 이를 수업에 적용할 수 있는 교과 내용 지식의 중요성을 새삼 느끼게 한다. 다만 하나의 수업만을 관찰하고 이를 주장했다는 점에서 비판을 받을 수 있다. 그런 점에서 한계를 갖는 것은 사실이다. 이를 개선하고 신뢰성을 획득하기 위해선 다양한 수업 사례를 찾고 논지를 보다 강화하는 후속 작업이 요청된다.

| 참고문헌 |

고미례(2009), 신임 과학 교사의 교과 교육학 지식(PCK)의 발달에 관한 사례 연구, 박사학위 논문, 부산대학교.

김병수(2013), 국어 수업 분석을 통한 예비 교사와 경력 교사의 PCK 연구, 새국어교육, 97, 한국국어교육학회, 7-36쪽.

김태현(2012), 교사, 수업에서 나를 만나다, 서울: 좋은교사.

박승배(2006), 교육 비평: 엘리어트 아이즈너의 질적 연구 방법론, 서울: 교육과학사.

박영민(2003), 과정 중심 비평문 쓰기, 서울: 교학사.

서근원(2007a), 수업에서의 소외와 실존: 교육인류학의 수업 이해, 서울: 가람문화사.

서근원(2007b), 수업을 왜 하지?(2판), 서울: 우리교육.

설규주(2009), 초등 사회과 수업에 나타난 내용 교수 지식(PCK) 분석 연구, 사회과교육, 48(2), 한국사회과교육연구학회, 29-51쪽.

신을진(2011), 수업에서 교사의 정체성 찾기, 좋은 교사 수업 축제 강의 자료.

심영택(2010), 수업 비평적 글쓰기 방법에 관한 연구, 국어교육학연구, 39, 국어교육학회, 379-402쪽.

엄훈(2012), 수업 비평 수업의 사례 분석: 예비 교사들의 국어 수업 비평 텍스트를 중심으로 , 한국초등국어교육, 50, 한국초등국어교육학회, 359-385쪽.

이선경(2013), 과학 교사의 수업 전문적 지식: PCK와 실천적 지식, 청주교육대학교 교육연구원 주최 학술대회, 75-83쪽.

이재남(2011), 수업 예술론: Eisner의 수업 예술성과 그 실천 양태, 서울: 미래희망.

이혁규(2008), 수업, 비평의 눈으로 읽다, 서울: 우리교육.

이혁규(2013), 수업, 누구나 경험하지만 누구도 잘 모르는, 서울: 교육공동체 벗.

이혁규, 이경화, 이선경, 정재찬, 강성우, 류태호, 안금희, 이경언(2007), 수업, 비평을 만나다, 서울: 우리교육.

정재찬(2010a), 수업 비평적 관점을 통한 초등 국어 수업 사례 연구, 한국초등국어교육, 44, 한국초등국어교육학회, 107-139쪽.

정재찬(2010b), 수업 비평적 관점을 통한 중등 국어 수업 사례 연구, 국어교육학연구, 39, 국어교육학회, 467-504쪽.

함영기(2010), 수업 전문성의 재개념화를 위한 실천적 탐색, 파주: 한국학술정보.

사토 마나부(2000), 授業を變える學校が變わる, 손우정 역(2011), 수업이 바뀌면 학교가 바뀐다, 서울: 에듀니티.

사토 마나부(2010), 教育の方法, 박찬영 역(2011), 아이들을 어떻게 가르칠 것인가, 서울: 살림터.

Amstrong, K.(2005), *A short history of myth*, 이다희 역(2005), 신화의 역사, 서울 : 문학동네.

Meyer, H.(2009), *Was ist guter Unterricht*, 송승남, 정창호 역(2011), 좋은 수업이란 무엇인가, 서울: 삼우반.

Mollenhauer, K.(1985), *Vergessene Zusammenhänge: über Kultur und Erziehung*, 정창호 역(2005), 가르치기 힘든 시대의 교육, 서울: 삼우반.

Vierne, S.(1987), *Rite, Roman, Initiation*, 이재실 역(1996), 통과제의와 문학, 서울: 문학동네.

수업 비평의 관점에서
음악 수업 '읽기' 및 '쓰기'

김향정

I. 서론

기존의 생산성과 효율성에 기반한 객관주의적 교육관에서 21세기의 구성주의, 지식 기반 사회 같은 교육 가치의 변화는 수업을 정의하는 시각, 이에 따라 수업을 읽고 쓰는 방법의 변화를 가져왔다. 변화된 수업의 정의에 의하면, 수업은 교사와 학습자의 상호작용에 의해 시공간을 맥락적으로 엮어 가는 역동적이고 창의적인 활동이다. 이때 교사는 기능인이기보다는 예술인에 가깝고 교사와 학생이 만들어 낸 수업은 하나의 예술 작품이기 때문에 교사와 학생이 창조해 낸 수업인 예술 작품을 읽고 쓰는 방법은 평가가 아니라 비평의 형식이 보다 적합하다. 이는 수업을 읽고 쓰는 방법에 대한 변화를 반영하는 것으로, 우리나라에서는 수업 비평이라는 형식이 자생적으로 등장하면서 교육학을 기반으로 한 각 교과별 적용 및 방법론들이 활발하게 논의되고 있다. 본 연구에서도 변화된 수업의 관점에서 음악 수업의 무엇을 어떻게 읽고, 그것을 어떻게 표현할 것인가에 대한 논의를 시도하고자 한다. 그리고 수업을 읽고 쓰는 방법의 형태를 가시화하고 하나의 모델로서 그 틀을 제시하고자 하는 것이다.

수업 비평과 관련, 이혁규(2007: 167)는 "교사와 학생들이 함께 구성해 가는 수업 현상을 하나의 분석 텍스트로 하여 수업 활동의 과학성과 예술성, 수업 참여자의 의도와 연행, 교과와 사회적 맥락 등을 종합적으로 고려하면서 수업을 기술, 분석, 해석, 평가하는 비판적이고 창조적인 글쓰기"라 하였다. 또 정재찬(2006: 397)은 "수업 비평이란 교육 텍스트이자 일종의 문화 예술 텍스트로서의 수업 텍스트를 대상으로 삼아 기술과 해석과 평가를 주축으로 행하는 비판적이고 창조적인 글쓰기"라고 정의하기도 한다. 즉, 수업 비평은 수업에서 나타나는 다양한 현상을 읽고 이를 기술, 분석, 해석, 평가하는 과정을 거쳐 창조적인 글쓰기로 마무리되는 작업이다. 결국 수업 비평은 글쓰기라는 행위를 포함하며 결과적으로는 수업 비평문과 같은 의미로도 쓰인다.

수업 비평이 꼭 글쓰기이어야 하는가에 대한 의견은 분분하다. 글쓰기라는 부담감이나 비평이라는 용어가 주는 중압감, 그리고 비평 틀이 일정하지 않은 데서 오는 작성에 대한 자신감의 부재 때문이다. 대안으로서 서로의 비평적 안목을 나누고 진지하게 토론하는 것은 허용할 만하지만 자칫 간담회 형식으로 변화하면서 책임지지도 않을 순간순간의 단상만 오고 갈 우려가 적지 않기(정재찬, 2010: 114) 때문에 글쓰기 단계는 수업 비평에서 꼭 필요한 과정이다. 쓰기를 통한 자기 표현물을 거치지 않고는 어떻게 이해하고 읽었는지(감식안) 알아내기가 어렵고 소통하는 것은 더더욱 어렵다. 따라서 본 연구의 논제인 '수업 비평의 관점에서 음악 수업의 읽고 쓰기'라는 것은 "음악 수업이 내포하는 복합적 의미를 수업 비평의 방법으로 이해하고 읽어 내어 이를 적합하게 번역하고 표현해 내는 것"이라 말할 수 있다. 자기가 읽어 낸 것을 보다 적합하게 번역하여 표현해 내는 방법을 살피는 연구라 할 수 있다.

　수업 비평의 목적은 세 가지로 요약할 수 있다. 첫째는 교육적 감식안을 드러내거나 읽는 것이며, 둘째는 수업 당사자 또는 다른 관찰자와의 수업에 대한 이해와 소통이다. 셋째, 수업의 문제를 해결하고 수업 전문성을 함양하는 것이다. 대다수의 음악 수업을 통한 관찰 연구들은 음악 수업에서 갖는 문제의식이나 그 문제의 해결 방안, 수업 전문성 함양이라는 세 번째 목적에 초점을 맞춘다. 음악 수업에서 문제의식을 갖고 이를 해결하고자 하는 연구, 예컨대 수업을 관찰할 때 교사에게 집중하느냐 또는 학생에게 집중하느냐(인식)에 따라 그 관찰 결과의 변화 유무 및 양상(Berg et al., 2002; Duke & Henninger, 2002; Yarbrough & Henley, 1999), 또는 수업과 관련하여 다양한 지식과 정보의 질과 양에 따라 관찰 시 차이 연구(Henninger, 2002), 음악 수업 관찰을 통해 교사의 언어적 지시, 교사의 시범 연주, 학생의 연주, 교사와 학생의 대화 등이 전체 시간에서 차지하는 비율을 계산한 연구(Colprit, 2000) 등이 있으며, 우리나라에서도 직접적으로 수업 개선에 목적을 두는 수업 관찰 실태 분석 및 관찰 도구 제작 등(현경실, 1999; 2000; 함희주, 2005; 김명숙, 2006; 김지희, 2009; 박은영, 2012)이 바로 이러한 목적에 부합하는 연구들이다. 특히 이들의 연구 방법의 대부분은 기존에 개발되어 있는 관찰 분석표나 연구자가 제작한 관찰 도구를 기반으로 하는 양적 관찰의 방법을 주로 적용하며, 이 중 두어 편의 연구는 서술형의 담화 보고서 형태 같은 질적 방법을 혼합하여 쓰고 있다.

　수업 비평의 관점에서 수업을 읽고 쓰는 수업 비평문은 본질적으로 첫째, 둘째 목적이 우선하며 위의 연구들과 차별성을 갖는 점도 바로 이 부분이다. 하나의 예술 작품인 수업의 읽고 쓰는 방법은 평가가 아니라 비평의 형식이 보다 적합하며, 수량화되고 객관적 판단에 의한 양적 방법이 아니라 인문학적, 예술적 판단에 의한 질적 관찰의 방법이 적합함을 나타낸다. 수업을 읽고 그 읽은 내용을 비평문의 형식으로 표현해 낸 비평문 안에서 관찰자의 안목이 드러나며 표현해 낸 사실과 비평을 통하여 수업자는 물론 타 관찰자와 서로 이해하고 소통하는 것이 일차적 목적이라는 것이다.

그러나 수업 비평이 객관적 증명의 차원이 아닌 인문학적 비평의 차원이라지만 기준과 잣대가 없이 개인의 느낌과 기분만을 적는다면 감상문과 다르지 않다. 또한 비평적 글쓰기는 논리성과 체계성, 구성 요소 등을 요구하며 이러한 잣대로 수업 현상에 내재된 가치를 판단한다(심영택, 2010: 384). 따라서 수업 비평적 글쓰기 방법을 구체적으로 제시하여 수업에서 무엇을 읽고 이를 수업 비평문에 어떻게 써야 하는지에 관하여 논함으로 예비 교사나 경력 교사들의 수업 비평의 과정에 도움이 되고자 한다.

II. '읽기'와 '쓰기'의 담론

1. '읽기'와 '쓰기'의 정의

'읽기'의 사전적 정의는 '글을 바르게 읽고 이해하는 일'이라고 할 수 있다. 사전적 정의로 보는 '읽기'는 '텍스트'를 대상으로 하는 인지적 과정의 의미로 한정되어 있지만 우리가 사용하는 '읽기'는 '표정을 읽다', '날씨를 읽다', '행간을 읽다'와 같은 징후indice, 기호sign, 상징 symbol 및 문자ecriture, 예술 작품의 시각적 이미지까지 포함한 광범위한 의미로 쓰인다. 수업 읽기는 수업을 대상으로 하여 이러한 포괄적 의미를 살피는 과정이라 할 수 있다. 우리는 흔히 수업을 '본다' 또는 '관찰한다'라고 말한다. 물론 보기는 시각만을 의미하는 것이 아니라 인간의 모든 감각과 그 감각에 의해 감지되는 질을 가리키는 말이다

수업 장면, 기타 자료	읽기	쓰기
・관련 수업 자료 ・교사 인터뷰 및 자기 수업 이야기	① 도구에 기반한 읽기 　(객관적 증명의 차원) ② 수업 비평의 눈으로 읽기 　(인문학적 비평의 차원)	・체크리스트, 서술형 관찰지, 　컴퓨터 프로그램을 활용한 도구, 　기타 평정척 도구로 쓰기 ・편지, 수업 비평문 쓰기

(Eisner, 1998, 박병기 외 역, 2001: 117). 다만 '수업을 본다'라고 했을 때, 수업 안에서 교사와 학생 간의 다의미적인 상호작용의 총체를 파악하는 인지가 결합된 판단보다는 보는 행위 자체를 중심으로 감지되는 감각적 형태에 머무는 듯하다. 또, '관찰한다'는 〈그림 3-4〉의 ①과 같이 도구에 의한 관찰의 의미가 부각된다. 곤충이나 별자리 관찰에서처럼 '관찰'은 현미경이나 천체망원경이라는 도구를 사용하는 의미가 짙어 '관찰한다'의 의미는 〈그림 3-4〉의 ①과 ②의 의미를 모두 포함하지 못하는 듯하다. 결국 그림 보기나 영화 보기, 그림 관찰이나 영화 관찰보다는 그림 감상, 영화 감상이 적절해 보이는 것과 마찬가지로 수업을 예술 작품으로 지칭하는 추세에 비추어 볼 때 수업 감상이 좀 더 적합한 표현으로 보이나 아직까지 수업 감상이라는 용어는 좀 낯선 것이 사실이다. 따라서 본 연구 안에서의 '읽기'는 "수업이 내포하는 복합적 의미를 다양한 방법으로 이해하기" 정도로 개념화하였다.

　한편, '쓰기'는 관찰자가 보고 이해한 바, 즉 유형의 형태(체크리스트나 여러 가지 도구)에 옮겨 적거나 또는 글로 표현하여 개인의 견해를 드러내는 과정이다. '쓰기' 전前 과정은 개인의 본 바와 이해한 바가 드러나지 않은 상태로 아직 관찰자 내부, 인식 안에 존재하며, '쓰기'를 통하여 읽은 내용이 구체화되고 표면화된다. 이러한 의미에서 '쓰기'는 말하기를 포함한 '표현하기'라고 할 수 있으며 수업 후의 협의회나 수업 장학 혹은 컨설팅에서 결과물로 제시되는 부분이기도 하다.

결국 감각적·인지적 현실인 읽기와 감각적·인지적 현실의 복제품인 쓰기의 실체는 같아서 의미에 있어서는 읽기=쓰기이다. 즉, 수업의 읽고 쓰기라는 것은 "수업이 내포하는 복합적 의미를 다양한 방법으로 이해하고 이를 가장 사실에 적합하게 번역하여 표현해 내는 것"이라 말할 수 있다. 읽기와 쓰기의 내용과 목적은 일치하며, 차이점은 개인이 이해한 바가 관찰자 내부에 있는가, 밖으로 표현되었는가라고 밝힌 바 있다. 정리하면 '읽기'와 '쓰기'의 방식은 두 가지로, 하나는 도구에 기반한 읽기와 쓰기이다. 무엇을 보라는 렌즈를 지정하고 고정시켜 본 것에 한해 어떻게 보았는지를 지정한 도구(체크리스트 등 정량 척도 도구)에 옮겨 쓰는 방식 즉, 양적 관찰이다. 이에 반해 다른 하나는 관찰자의 관점에 기반한 읽기와 쓰기이다. 본 대로, 자신의 관점대로 보고 이를 편지, 수업 비평문, 자유로운 대화 등의 형태로 표현하는 방식, 즉 질적 관찰이다.

수업 '읽기'라는 용어 선택에 대한 논의를 바탕으로, 읽기와 쓰기의 관계, 읽기와 쓰기의 방법 등을 살펴보았다. 본 연구에서는 수업을 '예술 작품'으로 보는 연구자의 기본적 시각, 그리고 음악 수업은 음악적 표현을 나타내는 몸짓, 표정 등 비언어적 방법이 더 많이 사용되며, 상호 소통에서 일반 교과와는 다른 과정적 언어 방식으로 사용된다는 점(최은식, 2001)에서 질적 방법의 읽기와 쓰기를 적용하였다.

2. 수업 읽기의 요소 및 내용

'아는 만큼 보인다'라는 말이 의미하는 바와 같이 수업에서 무엇을

수업 읽기 요소	구체적 내용
교사 이해 & PCK 기반의 교사 능력	교사의 교과 지식 및 기술, 교과 재구성 및 전환, 지도 방법 및 전략, 교사에 대한 이해
수업 내용에 대한 이해와 분석	수업 목표 및 전개 과정, 구성 내용, 수업 과정안, 교재 및 보충 자료 분석
수업 참여자의 의도 및 연행	교사와 학생의 상호작용, 학생의 수업 참여 및 학습 과정, 교사의 피드백, 개별화 전략, 학생 이해
수업 전체의 맥락적 이해	수업 환경, 수업 자료, 수업 분위기, 지속성과 일관성, 상황 민감성

볼 것인가, 무엇이 보이는가는 관찰자의 수업 전문성과 관련한 능력에 기반한다. 수업 비평의 내용 및 질은 수업 전문성과 비례하여 나타나는 것이지만 수업 비평문에서 어떻게 그것을 효과적으로 드러낼 수 있을까와 관련한 가이드라인은 아직 수업 전문성이 길러지지 않은 예비 교사나 처음 수업 비평문을 접하는 교사들에게는 매우 유용하다. 수업 비평이 수업을 보는 데에 있어 주어진 도구와 관점에 의하지 않고 관찰자의 관점에 기반하여 보고 이해하는 것이라 할지라도 효과적으로 무엇을 어떻게 볼 것인가와 관련하여서는 일정 부분 합의가 필요하다는 의미인 것이다. 그 내용을 이혁규 외(2011)의 '수업의 과학성과 예술성 논의'를 들어 설명할 수 있다. 수업 비평의 관점이 예술성에 기반함은 더 말할 필요가 없다. 그러나 예술성과 더불어 좋은 수업을 구성하는 여러 가지 요인들 즉, 해당 수업의 교과 목표 및 내용에 관한 지식과 이해, 교사의 교과 지식 및 기술, 교수 학습 전략 등 과학성이라는 범주에서 접근함도 중요하다. 이와 함께 엄훈(2011: 220-232)은 수업에 대한 안목을 규정함에 '감식안의 감식', 'PCK'[1], '주체로서의 교사', '단위와 맥락', 전환을 의미하는 '경험과 지식의

---

1 Pedagogical Content Knowledge, 교수학적 내용 지식.

재구성' 그리고 효과적인 지식의 표현 방법으로서 '표상 형식과 형상화'를 제시하였다. 또한 심영택(2010: 382-383)은 교육적 감식안이라는 표현을 사용하면서 수업 내용을 볼 줄 아는 능력, 개성적인 수업과 수업 분위기를 읽을 줄 아는 능력, 수업 장면을 기술하는 능력, 분석하는 능력, 해석하는 능력으로 구분하였다. 위의 연구자들은 모두 수업 비평이라는 과정 안에서 읽기와 쓰기를 동시에 다루면서 이를 안목으로 규정하고 있다. 다만 엄훈의 경우, 지식으로 수업 '보기'의 내용이 강조되어 있다면, 심영택의 경우는 수업 보기의 구체적인 내용을 강조하기보다 이를 기술, 분석, 해석하는 '쓰기'와 관련된 내용을 강조하고 있다.

이들을 바탕으로 연구자는 수업 읽기에 해당하는 요소 및 구체적 내용을 다음과 같이 정리하였다. PCK를 기반으로 하는 교사 능력 및 교사 이해, 수업 참여자(교사와 학생)의 의도 및 연행, 수업의 구체적인 내용에 대한 이해와 분석, 전체적인 수업 분위기의 맥락적 이해이다. 수업 읽기에서의 요소 및 요소에 따른 구체적인 내용은 〈표 3-7〉과 같다.

3. 수업 비평문 쓰기의 구성 및 방법

수업 현상의 무엇What에 해당하는 내용을 어느 정도 가시화하여 개략적으로 살펴보았다. 다음은 쓰기의 과정이자 수업 비평의 마지막 단계로 비평문이라는 결과물이 나타난다. 이 과정 또한 어떻게How 구성하고 쓰는 것인지가 분명해질수록 수업 비평문을 쓰는 부담은 줄어들 것이라 생각한다. 어떻게 구성하고 쓸 것인가와 관련하여 앞에서 인용한 이혁규와 정재찬의 수업 비평의 개념으로 돌아가 보면, 수업 비평은 '기술, 분석, 해석, 평가를 기반으로 한 창조적인 글쓰기'라는 공통적인 종결어를 만난다. 따라서 수업 비평적 관점에서 쓰기의 형식은

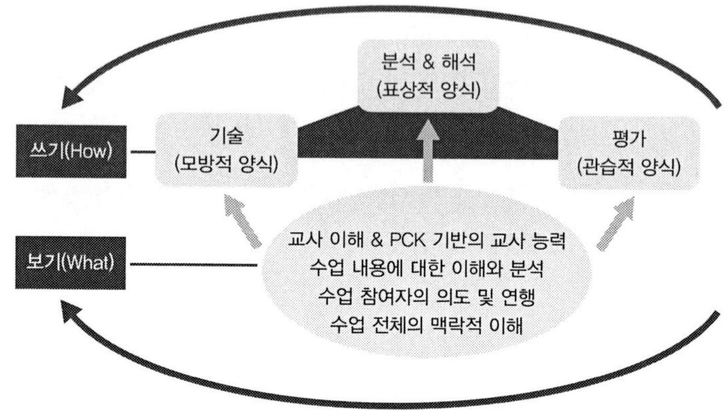

기술, 분석, 해석, 평가로 구성되는 것이 타당해 보인다. 같은 맥락에서 Eisner(1994, 박승배 역, 2003: 107-109)는 어떤 질적 경험을 감지하고 소통하기 위해서 세 가지의 표상 형식form of representation의 선택이 필요함을 강조하였다. 그 표상 형식은 모방적 양식, 표현적 양식, 관습적 양식이다. 수업 비평문은 Eisner가 말하는 '질적 경험을 감지하고 소통하기 위함'이라는 지향점이 같기 때문에 이 양식을 비평문에 대입시킴은 무리가 없어 보인다.

먼저 모방적 양식mimetic mode은 모방을 통하여 의미를 전달하는 것으로 질적 세계의 표면적 특징, 즉 수업에서 보여 주는 것, 수업을 통해서 본 것을 모방하여 있는 그대로를 충실히 기록하는 기술적descriptive 방법이라 할 수 있다. 이와 함께 엄훈(2011: 230-231)은 "오감을 통해 감지되는 수업의 분위기와 아우라, 교사의 열정, 학생들이 경험하는 다양한 것들을 효과적으로 표현하기 위해서는 본 것을 충실하게 묘사하는 방법만으로는 부족하여 해석 및 분석, 느낌을 부여한 은유와 소설적 기법이 필요하다."고 말한다. 이는 표현적 양식expressive mode에 해당하는 것으로 기술적 방법과 대조되는 해석 및 분석에 해당한다. 마지막 관습적 양식conventional mode은 동일한 문화 공동체 안에서 통용되는 방식으로 언어와 상징으로 표현된다. 즉 교육이라는 같은 관심사를 가지며, 가르치는 일, 연구하는 일과 같이 지향점이 같은 사람들이 갖는 관습적인 판단과 비판, 그리고 평가 등으로 해석할 수 있다. 무엇보다도 언어와 상징이라는 평가 방식에서 기존의 객관적 차원의 양적 관찰에서 나타나는 평가와는 구별된다.

위에서 살펴본 수업 비평 관점에서의 읽기 및 쓰기를 정리하면 〈그림 3-5〉와 같다. 수업 비평문에서의 구성 요건이나 잣대는 수업 비평의 논리를 뒷받침하는 역할을 한다. 즉 '기술, 분석, 해석, 평가'라는 구성적 틀, 그리고 그 안에 무엇What이라는 어느 정도 가시화된 내용이 담김으로써 단순히 개인의 느낌과 기분에 의한 감상문과의 차별성을 갖는다. 여기에 균형 잡힌 어조를 유지하며 정확하고 적절한 단어를 선별하여 사용하는 능력, 사회 문화적 자본의 축적으로 개성이 드러나면서 논리적이고 체계적인 글쓰기 능력이 갖춰져 있다면 더할 나위 없이 바람직하겠다.

III. 음악 수업 비평문

수업을 읽고 쓰기에 있어 해당 수업의 학습목표나 지도 계획과 같은 사전 정보는 매우 유용하다(Henninger, 2002: 38). 교과서, 보충 교재 및 수업 과정안, 혹은 수업 전사 자료 등을 통해서 수업과 관련한 많은 정보를 얻을 수 있고 이러한 자료들은 수업을 바로 보고 정확하게 읽게 한다. 뿐만 아니라 수업 전 혹은 수업 후의 교사 면담이나 교사의 자기 수업 이야기 같은 자료는 그 수업을 보다 깊게 들여다보고 이해하는 계기를 마련해 줄 수 있다. 따라서 본 연구는 교사의 자기 수업 이야기와 수업과 관련한 정보들을 간략하게 적음으로 수업 비평문을 작성하기에 앞서 수업에 대한 보다 원활한 소통을 위한 기초 자료를 제시하였다.

1. 수업 사례[2]

본 연구의 수업 사례는 초등학교 음악 수업으로 A 교사는 교육대학에서 음악 심화를, 교육대학원에서 음악교육으로 석사를 취득하였으며 교직 경력은 14년째로 현재 음악 전담 교사를 맡고 있다. 이 학교는 ○○광역시의 공단 지역에 위치하여 전체적인 학생들의 구성을 볼 때, 맞벌이 부부나 편부/편모, 조손 가정의 아이들의 비율이 다른 지역보다 상대적으로 높으며, 경제적 수준은 다른 지역에 비해 낮은 것으로 나타난다. 수업을 읽고 쓰는 과정에서, 먼저 수업 사례들의 제반 자료들을 수집하고 수업 동영상은 전사하였다. 수업을 관찰하기 전, 수업 과정안, 교사의 자기 수업 이야기, 기타 보충 자료를 읽고 전체적인 윤곽을 파악하였다. 이를 바탕으로 수업을 관찰한 후 전체적인 수업 내용을 기술하였고, 전사 자료와 함께 4~5회 더 동영상을 전체적으로, 또는 부분적으로 나누어 관찰하면서 교사의 수업 의도 및 의미들을 도출하였다.

(1) 수업 교사의 자기 수업 이야기

A 교사는 자기 수업 이야기에서 다음과 같이 밝히고 있다.

A 교사: 교직 10년쯤 접어들었을 때 음악 심화 과정을 나왔다는 이유로 합창 지도, 합주 지도 등을 거의 매년 하다 문득 느낀 한 가지. 내가 지금

* * *

2　김향정(2013), 〈초등학교 예비 교사들의 음악 수업 비평 양상〉의 수업 사례를 적용하였다.

음악 수업은 어떻게 하고 있지? 합창, 합주도 중요하지만 정작 교사의 생명은 수업이 아닐까 하는 생각과 함께 지난 나의 교직 생활을 되짚어 보았다. 그냥 도입 - 전개 - 정리의 흐름에 맞추어 배운 대로 익힌 대로 한 것은 아닌지, 나만의 아이디어는 어디에 있는지 등을 고민해 보았다.

자기 수업 이야기에 의하면 A 교사는 음악 교사로서의 역할보다는 특별활동 지도에 시간과 노력을 할애한 것에 대한 자기반성적 성찰을 하고 있으며, 수업에서 자신의 능력과 색을 드러낼 수 있는 방법을 고민하였다.

그리하여 지금은,

A 교사: 교과서에 나오는 다양한 제재곡들을 단순히 제재곡 익히기에 급급하지 않고 주제 중심으로 생각하며, 창의·인성적 측면에 관심을 기울이고 있다.

요즘 교육계의 화두인 창의·인성적 측면을 중요시함과 동시에 음악 교육에 있어 제재곡 중심의 가창 활동에 머무르기보다는 개념 중심의 음악 수업을 지향하는 것으로 읽힌다.

본 수업 설계와 관련하여 교사는,

A 교사: 교과서에는 달랑 한 페이지인 '자연의 소리'라는 제재로 보통 이럴 경우 자연의 소리는 어떤 것들이 있을까란 물음과 함께 몇 가지 살펴보고 그냥 지나갈 것이다. 그러나 나는 이 제재에 캐논이라는 연주 형식을 적용해 보았다. 이 제재는 5학년 제재이고 캐논이라는 형식은 4학년에 살짝 언급된다. 〈동네 한 바퀴〉라는 제재곡 옆에 캐논 감상곡이 나오면서 캐논 연주 형식을 알게 되는데 실제로 학생이 캐논을 연주하는 것이 아닌 점에 착안, 5학년에서 한번 연주해 보도록 했다. 머리로 아는 것과 실제로 연

주하는 것은 엄청난 차이임을 모두 알 것이다. 자연의 소리를 다양한 방법으로 찾아보고 우리나라의 봄, 여름, 가을, 겨울의 4계절에서 찾을 수 있는 소리로 확대하여 다양한 말 리듬을 찾고 신체로 연주하고 나중에는 악기를 적용해 보는 것이다. 완벽한 연주는 아니어도 캐논이라는 형식을 이해하고 다양한 악기를 연주해 봄으로써 학생들의 음악적 창의력 또한 한 단계 올라갈 것이라 본다.

앞에서 설명한 바와 같이 A 교사는 음악적 개념 중심의 수업, 활동과 음악적 개념이 통합된 수업에 초점을 맞추고자 하며 말 리듬, 신체 악기, 악기 연주 등 통합 활동의 적용을 염두에 둔 것으로 보인다. 이로써 본인이 지향하는 창의·인성교육에 기여하는 음악 수업을 설계하고자 함이 드러난다.

(2) 수업 교재 및 보조 자료

A 교사의 수업은 K 교과서 32쪽에 제시된 〈생활이랑 음악이랑〉 단원으로 '자연의 소리'라는 제목 아래 파도 소리, 물 흐르는 소리, 새소리, 천둥소리를 나타내는 네 장의 사진이 한 면의 $\frac{2}{3}$ 정도에 배치되어 있다. 그 밑으로 '자연이 만들어 내는 소리에 귀 기울여 봅시다', '자연의 소리를 말, 그림 또는 신체로 친구들에게 전달해 봅시다', '음을 느

그림 3-6 교재 및 과정안

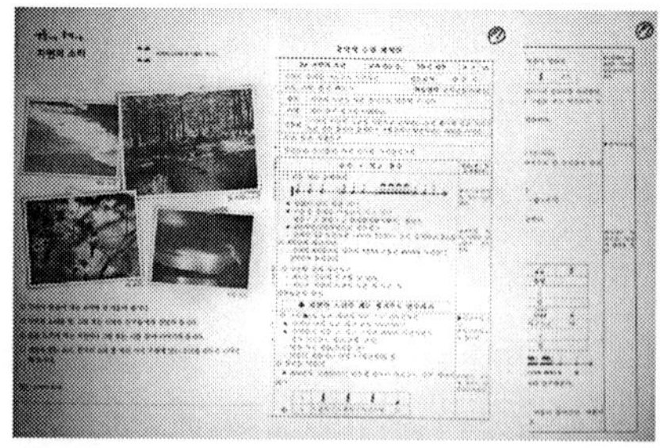

그림 3-7 수업 전사 자료

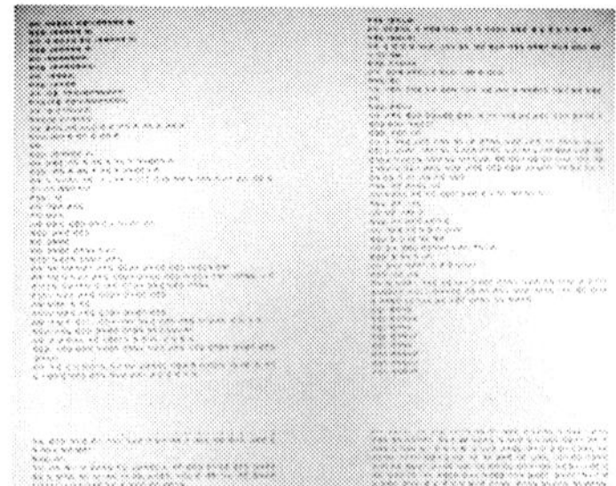

끼게 하는 사진이나 그림 또는 시를 찾아 이야기해 봅시다', '계절에
맞는 소리, 한국의 소리 등 여러 가지 주제에 맞는 소리에 대하여 이야
기해 봅시다'라는 활동 내용이 제시되어 있다.

과정안은 전형적인 도입 – 전개 – 정리로 되어 있으며, 활동 1, 2,
3은 나타나지 않는다. 도입의 첫 단계인 수업 열기에서는 신체 동작
리듬 찬트로 시작한다. 리듬 만들어 돌림노래 하기 – 학습문제 찾기
(자연의 소리를 캐논 형식으로 연주하기) 이후 전개로 넘어가 말 리듬 만
들기(계절에 적합한 소리로 아이엠그라운드 게임) – 각 모둠별 활동(계절
에 관련된 소리로 리듬꼴 만들고, 악기, 신체 악기, 신체 동작으로 연주한다)
– 모둠별 활동 변환(직소) – 연주하기(모둠별 연습 후 전체 캐논 형식으로
연주)를 활동한다. 마지막으로 학습 정리하기에서 '캐논은 ~이다'라
는 물음에 대한 답을 유도하고 지금까지의 다양하고 반복적인 활동을
통해 캐논이 무엇인지에 대해 체감하고 음악적 개념을 내재화시키도
록 정리한다. 자연 풍경 사진, 창작 리듬판, 까혼 악기 등 다양한 자료
가 제시되어 있으며, 리듬꼴 창작에서도 다양한 자료를 제시하여 학생
들에게 도움이 되게 한다든가, 연습 시 구체적인 방법, 주의 사항 등이
자세하게 기술되어 있다.

(3) 비평문 쓰기
가. 수업 기술^{記述}

대상 수업이 이루어진 음악실은 보통 교실의 1.5배 정도의 크기에
교사가 음악 전담을 맡으면서 바닥을 장판으로 교체하여 아이들이 신
체 활동을 하고 악기 연주를 하는 등 활동 중심의 수업을 하는 데 부족
함이 없도록 구조화시켰다. 24명의 아이들로 구성된 해당 수업에서는
책상, 의자가 없는 상태에서 교과서나 필기도구 등도 없이 교사를 중
심으로 둥글게 둘러앉은 형태로 시작한다. 교사가 교실 앞으로 나오면
서 수업 시작을 알리고("시작할게요, 다 같이") 둥글게 둘러앉은 아이들

사이로 들어가 같이 앉은 교사는 신체 동작 리듬 찬트를 시작한다. '짝 짝짝짝짝 짝'에 학생이 받아서 '짝짝짝짝짝 짝' 하면 교사는 "아! 박수 소리 좋다!"로 답한다. 교사의 '똑딱똑딱똑딱똑'에 이어 학생들이 '똑 딱똑딱똑딱똑' 하고, 다시 교사가 무릎을 치면서 '탁탁탁탁탁탁탁' 하면 학생도 '탁탁탁탁탁탁탁'으로 답하는 형식이며, 리듬에 변화를 주면서 활동을 하였다.

교사는 지금 계절이 무슨 계절인지 묻고 가을과 관련된 가사를 한 번 만들어 보자고 제안한다. 단풍잎, 알록달록 등 아이들과 주고받는 대화 가운데 '단풍잎 단풍잎 알록달록 알록달록 단풍잎'이라는 가사를 만들었다. 처음에는 두 모둠(12명씩)으로 나누고 두 마디를 뒤따라가는 돌림노래를 하고, 다음에는 네 모둠(6명씩), 여덟 모둠(3명씩)으로 나누어 한 마디를 뒤따르는 돌림노래를 이어 간다. 이어 가는 동안 "잎 잎 잎 잎 나오죠?", "이렇게 반복해서 하는 거 뭐라고 하는지 아는 사람?" 하고 질문을 한다. 아이들은 오스티나토, 캐논, 돌림노래 등의 답을 하고 교사는 "자연의 소리를 가지고 캐논으로 연주하기. 자연의 소리를 무슨 형식으로?"라고 재차 물어 캐논 형식으로 연주하기라는 학습목표를 제시하였다. "지금 맞고 있는 계절을 비롯 봄, 여름, 가을, 겨울에 떠오르는 자연은 뭐가 있을까?"를 질문하고 생각하게 한 다음, 시계 방향으로 돌아가며 4박의 아이엠그라운드 게임을 한다. 이어 "자연에서 들을 수 있는 소리는 또 뭐가 있을까"를 질문하고 한 가지씩 생각하게 한 다음 다시 같은 방식으로 게임을 계속하였다.

이후 6명을 한 모둠으로 구성하고, 각 모둠을 봄, 여름, 가을, 겨울로 이름 붙인 다음, 각 계절에 맞는 말 리듬을 만들도록 하였다. 각 모둠에서 봄은 '파릇파릇 (쉼) 뿅!', 여름은 '철썩철썩 철썩철썩', 가을은 '알록달록 바스락 부스럭', 겨울은 '(쉼) (쉼) 뽀드득 뽀드득'으로 정하였다. 그리고 그 자연의 소리 리듬꼴을 리듬 카드에 붙이는 활동을 하였다. 이어서 각각의 모둠들은 무릎 치기로, 팔 동작으로, 박수로, 발로 리듬을 표현하는 연습 후에 캐논으로 연주하였다. 교사는 이 활동 후, 주의 집중을 시킨 다음에 봄, 여름, 가을, 겨울 각 모둠을 2명씩 짝짓게 하고 각 계절에서 2명씩 네 계절이 모두 만나 8명이 한 모둠으로 구성되는 과정을 설명하였다. 이 과정에서 교사가 모둠을 정해 주는 것이 아니라 학생들이 2명씩 짝을 지어 네 계절이 모두 만나면 자리에 앉도록 하였다. 사계절, 8명이 한 모둠으로 구성된 세 개의 모둠에 신체 동작, 말 리듬, 악기 연주 팀으로 각기 정해 주고, 봄 – 여름 – 가을 – 겨울의 리듬꼴을 모두 연결하여 연습하는 시간을 갖게 하였다. 어느 정도 숙달이 된 상태를 확인한 교사는 교사의 까혼 기본 박에 맞추어 앞 모둠의 두 마디 뒤를 쫓아가는 캐논 형식의 연주를 하였다. 두세 번 연습 끝에 어느 정도 연주에 성공하였고, 교사는 까혼 대신 지휘에 맞춰 연주를 하도록 시도하였다. 마무리 단계에서 처음 수업 시작 때와 마찬가지로 빙 둘러앉은 다음에 "오늘 우리가 공부해 본 것은 자연의 소리를 어떤 형식으로 표현해 본 거였어요?"라고 묻고, 아이들은 "캐논"이라 답한다. 그리고, '캐논은 ~다'라고 얘기할 수 있는지 묻고, 아이들은 반복, 돌림노래로 답하고 "이걸 잘 연주하기 위해서 뭐가 필요했어?"라는 물음에 "협동이 필요하다."고 답하였다. A 교사는 "캐논은 반복이다. 돌림노래다. 오늘 우리가 한 것은 자연의 소리다."로 마무리 짓고 수업을 끝맺었다.

나. 수업 분석 및 해석

교과서가 없으며, 모둠별 리듬 짓기를 제외한 별다른 시각적 자료나 칠판의 판서도 없지만 교사는 시종일관 자신감에 넘치며 수업의 흐름이 매끄러워 교사의 수업 운용 능력의 탁월함이 읽혀진다. 수업이 녹화되고 있음에도 불구하고 앵글 앞에서 리듬에 맞추어 춤을 추는 두어 명의 아이들 모습에서 전체적인 음악 수업의 분위기를 읽을 수 있어 신선하였다.

먼저, 관찰자는 교사의 수업 계획안과 교과서 제재를 확인하였다. 이 수업의 제재인 '자연의 소리'는 교재에 제시되어 있는 내용과 과정으로 수업을 전개한다면 교사에 따라 다르겠지만 5~10분 정도의 간단한 언급으로 마무리될 수도 있고, 어떤 경우는 음악 교과서의 전형인 악보가 없음으로 해서 생략하고 넘어가도 별 무리가 없어 보이는 내용일 수도 있다. 그러나 교사는 자연이 만들어 내는 소리에 귀 기울여 보고 말, 악기, 신체로 표현해 보며 캐논 연주를 통하여 캐논 형식의 음악적 개념을 익히게 하는 과정으로 전개하였다. 또한 캐논 형식은 초등학교 4학년 교과서의 한쪽 부분에 감상곡으로 수록되어 있는 관계로 교사들이 캐논 형식을 중요하게 가르치지 않고 있기 때문에 교사는 4학년 수업을 기반으로 5학년에서 캐논을 연주하고 이해하는 과정까지를 연계했다. 수업 구성이 돋보이는 대목이다. 이는 교사 전문성이나 수업 문화 개선이라는 측면에서 강조되고 있는 교육과정 및 교과서의 창의적 재구성의 한 예라 할 수 있다.

또, A 교사는 시선을 압도하는 현란한 수업 목표의 제시나 수업 중의 하이테크한 공학적 적용 없이도 계속되는 활동을 따라가다 보면 아이들이 어느새 캐논이라는 음악적 개념을 익혀 내면화하는 통합적 학습 전략을 구사하고 있다. 이는 음악과 교육과정의 지도 방법에서 제시되어 있는 활동과 이해 영역의 통합이라는 측면에서도 매우 바람직하다. 수업의 정리 단계에서도 교사가 캐논의 개념적 정의를 정리해 주는 대신 아이들과 함께 '캐논은 ~이다'라고 은유적으로 표현해 보는 과정이 매우 인상적이다. 기존의 익숙한, 너무 익숙하다 못해 식상한 수업 문화를 넘어서는 하나의 시도를 만날 수 있었다.

음악 교과적 측면에서 중요한 관찰 포인트는 오르프 지도법과 협동학습 이론의 하나인 직소 모형의 적용이다. 교육과정과 교과서 재구성이라는 창의적 측면과 함께 오르프 지도법이나 직소 모형의 적용 또한 A 교사의 창의성이 드러나는 부분이다. 수업의 전체에서 가락을 적용한 부분이 없기 때문에 노래하기가 생략되었지만 말 리듬, 신체 동작, 악기 연주, 그리고 수업의 곳곳에서 드러나는 즉흥 연주와 함께 오르프 지도법을 적절하게 적용하고 있다. 6명씩으로 구성되어 활동하던 네 개의 봄, 여름, 가을, 겨울 모둠이 다시 2명씩 계절 전문가들로 나누어져 세 개의 모둠을 구성하였다. 각각의 계절로부터 2명씩 모여 8명이 하나의 모둠으로, 세 개의 모둠이 만들어진 것이다.

또, 부분 부분에서 매우 교육적인 교사의 실천을 만난다. 수업 초반부 둥글게 둘러앉은 상태에서 아이엠그라운드 게임으로 자연의 소리를 생각해 보고 넷째 박에 순서대로 얘기한다. 먼저 교사가 | ♪ ♪ ♪ (졸졸)|을 선창하고, 효창이, 미정이…… 계속적으로 이어지는데 중간에 머뭇거리면서 자기 차례에 응답하지 못하는 아이가 있다. 이때 교사는 "괜찮아요. 생각이 나지 않으면 앞에서 했던 것도 좋아요." 하면서 끊지 않고 계속적으로 무릎 치기 - 손뼉치기 - 손가락 튕기기를 진행하고, 몇 차례의 시도 끝에 "자, 다시 갈게요."라고 말한다. '교실은 실수하는 곳'이며 우리가 실수를 해도 누군가가 고쳐 주고 누군가는 가르쳐 주는 곳이라는 것(Hiroaki Fukazawa, 2011: 294)을 교사가 직접 증명하는 모습이 매우 감동적이다.

또한 능숙한 교사의 수업이라 할지라도 통제나 규칙, 제제와 같은 안전장치가 없는 한 아이들 모두를 수업 시간 내내 집중하게 하는 것은 거의 불가능에 가깝다. 이 수업에서도 악기 문제로 다투는 아이, 몸을 가만히 두질 못해 엎어지고 드러눕는 아이 등 자유로운 영혼을 가진 아이들을 여럿 만날 수 있었다. 교사는 자리를 바꾸게 하거나 이름을 불러 중지시키기도 하지만 그때뿐, 수업 시간 중간중간 이어진다. 잠깐 화면에 잡힌 교사의 '휴' 하는 한숨 소리는 수도자의 고행과 다르지 않아 보였다. 그러나 관찰자는 수업 교사의 적극적인 통제나 제제가 없는 이유가 궁금해진다. 대다수의 다른 학생에게 피해가 가기 때문일까? 수업에 도움이 되지 않은 행동이지만 그 아이는 나름대로의 의미 있는 경험을 하고 있다 판단한 걸까? 아니면 요즘 아이들이 다중 수행 능력이 뛰어나다고 하던데 이런 일탈된 행동 가운데에서도 수업에 참여하고 있다고 생각하는 걸까? 이런 이유를 끄집어내면서 수업 교사에게 내놓을 질문거리를 만들어 보았다. 이런 경우, 어떤 것이 정답인지에 대한 논의는 불필요해 보인다. 수업의 맥락에서 교사가 결정할 문제이고 전적으로 교사의 교육 철학과 닿아 있지 않을까 싶다.

다. 평가

좋은 수업에도 불구하고, 옥의 티라고 하나? 수업에서 두 가지가 관찰자의 눈에 의문으로 비추어졌다. 그중 하나는 모둠별 활동을 중지시키거나 주의를 환기시킬 때 교사가 사용하는 방법이었다. 교사가 까혼으로 2박 계통의 '♪ ♪ ♩ (교사) | 여기를(아이들)' '♪ ♪ ♩ (교사) | 보세요(아이들)' 리듬을 치면 이 소리를 들은 아이들은 같은 리듬 패턴으로 '여기를 보세요'를 따라 하면서 교사를 향하여 집중하였다. 이러한 모습은 초등의 여느 수업에서나 쉽게 발견되는데, 어김없이 이 수업에서도 4~5번 반복되어 관찰되었다. 이는 아이들을 통제하는 방식으로 클릭만 하면 원하는 대로 결과물을 보여 주는 '디지털화된 연출'(윤양수, 2011)이라는 느낌이다. 이 느낌은 수업의 전체적인 기조와 사뭇 달라 전체적인 수업과의 부조화를 경험하게 하였다. 통제와 규율의 수업 시그널이 갖는 효율성을 십분 수긍한다 해도 통제의 메커니즘에 수동적인 주체로 길들여지는 아이들의 모습이 조금 불편하다.

다른 하나는, 모둠 활동의 구성과 구성원을 다루는 문제이다. 모둠 활동을 매끄럽게 이끌어 가는 일은 어렵고 또 손이 많이 가는 일 중의 하나이다. 어떤 모둠은 적극적이고, 무엇이든 잘하는 여자아이들을 중심으로 구성되어 모둠 활동이 매우 잘 이루어지는 반면, 소극적이거나 표현력이 부족한 남자아이들을 중심으로 구성된 모둠의 경우는 눈에 띄게 활동이 위축되고 원만하게 이루어지지 않기 때문이다. 아이들은 동성끼리 모둠을 구성하는 것을 자연스러워한다. 특히 같은 학급의 아이들은 이미 어떤 아이들과 만나야 활동이 잘 이루어진다는 것을 알고 있는 상황에서 적극적으로 의사를 드러내는 아이들끼리 모둠을 구성할 가능성이 높음은 어렵지 않게 예상할 수 있다. 이 수업에서 캐논 연주를 위한 직소 모형으로 모둠 구성을 할 때 아이들에게 구성을 맡겼기 때문에 이러한 현상이 더욱 분명하게 드러났고, 결국 모둠 활동이 소극적이거나 거의 이루어지지 않는 모둠이 발생했다. 더구나 한 모둠은 주어진 과제마저 도전감이 떨어지는, 지금까지 했던 말 리듬을 연결하는 정도여서 다른 모둠에서의 악기 연주, 신체 표현과 같은 새로움을 시도하는 과정과는 달랐던 것이 전체적인 모둠 활동의 부진으로 이어진 듯하다. 이런 경우를 예상하여 교사가 적극적으로 모둠 구성에 개입을 하거나 모둠 구성원을 살펴서 활동의 내용을 달리 지정하여 주는 것도 하나의 방법이 아닐까 한다.

관찰자는 오늘 아이들의 특성이 있는 그대로 드러나고, 교사 개인의 특이성과 수업 감각이 제대로 드러나는 팥빙수와 같은 신선한 수업을 만났다. 얼음 따로, 팥 따로, 과일 따로였던 아이들이 교사의 실행에 의해 녹여지고 섞여져서 시원함으로 다가왔다.

즉, 교과서의 제재인 '자연의 소리'를 소재로 말 리듬을 찾고, 신체 동작을 하고, 악기를 적용하여 캐논을 연주해 봄으로써 캐논에 대한 음악적 개념을 알게 하는 것이 A 교사의 수업 목표이다. 교과서에서 제시되는 내용보다는 교육과정 중심, 교과서는 재료의 의미로 보면서 재구성한 것이 특징이 될 수 있다.

2. 논의

수업 비평의 관점에서 수업을 읽고 쓰는 과정은 엄훈(2011)의 '감식안의 감식'이라는 표현이 매우 적절한 듯하다. 즉, 교사가 수업을 설계하고 실행하는 과정에서 자신의 감식안을 반영한다면 관찰자는 다시 자신의 관점에서 수업자의 감식안을 감식해 내기 때문이다. 관찰자는 타자의 감식안을 자신의 감식안으로 해석하기 때문에 자신의 감식안의 관점이 무엇보다 중요하다. 수업에서 무엇을 볼 것인가와 관련한 구체화된 감식안의 관점을 앞서 밝힌 바 있다. 어쩌면 수업 전문성[3]과 동일하게 취급할 수 있는데 사실 수업 전문성의 요소들을 판단하는 데에 있어 유/무나 상/하와 같은 양적 판단의 결과를 전제하는 경우가 많다. 그러나 감식안은 이러한 능력을 판단하는 것을 기반으로 자신의 취향이나 교육적 철학에 의해 옳다/그르다, 선호한다/선호하지 않는다와 같은 질적인 자신의 견해를 드러내는 과정이 포함된다. 예컨대, 뭔가 통제가 필요한 듯하고 어수선한 수업 분위기에 대해 '수업에서는 아이들의 활동도 교사의 통제 아래 정돈되고 안정적이어야 된다'고 보는 견해가 있는 반면, '학생들 위주의 활동은 자유로운 분위기 안에서 이루어져야 하므로 어느 정도의 어수선한 분위기는 바람직한 것이다'라고 보는 견해도 있는 것이다. 또한 교사의 일사 분란한 통제 방식에 대해 수업의 효율이라는 측면에서 긍정적으로 판단하는 경우와 함께 그렇지 않다고 보는 견해도 같은 맥락이라 볼 수 있다.

본 비평문을 작성하기에 앞서 수업에서 분명하게 드러나지 않는 교사 자신의 이해 부분, 즉 반성적 성찰이나 수업에 대한 고민 등을 교사의 자기 수업 이야기를 통해 살펴보았으며, 수업의 내용 분석을 위해서 교사의 교수 학습 과정안 및 수업의 보충 자료를 참고하였다. 수업을 보다 정확하고 심도 있게 들여다보기 위하여 전사 자료를 검토하였고 이후 수업 동영상을 수차례 시청하였다. 연구자가 작성한 수업 비

• • •

3 연구자의 이전 연구에서 '수업 전문성'의 요소를 '교육학 지식', '교과 지식', '수업 전략 지식', '학생 이해 지식', '자기 이해 지식'으로 밝힌 바 있다.

평문은 〈그림 3-5〉에서와 같이 '쓰기'의 형식인 '기술', '분석 및 해석', '평가' 세 가지 틀을 중심으로 구성하였다. 비평문의 구체적인 내용은 '읽기'에서 제시한 교사 이해 및 PCK 기반의 교사 능력, 수업 내용에 대한 이해와 분석, 수업 참여자의 의도 및 연행, 수업 전체의 맥락적 이해를 중심으로 살펴보고 기술하였다. 먼저, '기술'에서는 수업을 있는 그대로 모방하여 묘사하였다. 수업의 전체적인 전개나 구성을 설명하고 정리하는 과정이기도 하며 수업을 보지 않은 이도 수업을 이해할 수 있도록 돕기 위한 의도가 포함되어 있다.

'분석 및 해석'에서는 수업 전문성 요소에 의한 과학성에 기반하여 분석하고, 관찰자의 개인적인 의견, 선호를 바탕으로 현상을 해석하는 등 표현적 양식을 채용하여 기술하였다. 예를 들어 실수하는 아이들을 격려하고 이끌어 주는 모습에 교육적인 교사의 실천을 만나고, 오르프 지도법 및 협동학습 이론의 직소 모형 같은 다양한 교수 전략에서 교사의 PCK 능력이 우수함을 읽을 수 있었다. 수업 목표의 학년 연계성 및 음악적 개념 지도를 위한 '캐논'이라는 수업 목표의 재구성이 탁월하였으며 목표를 달성하기 위한 활동이 수업 과정 및 내용에서 충실하게 드러남을 기술하였다. 수업 참여자들의 연행에 있어 수업이 녹화되고 있음에도 불구하고 리듬에 맞춰 춤을 추는 아이들이 주는 신선함, 여전히 관습적인 수업의 규칙에 얽매이지 않는, 싸우고 엎어지고 드러 눕는 자유로운 영혼의 아이들, 이에 대한 교사의 고행자와 같은 한숨들을 볼 수 있었다. 수업을 맥락적으로 읽어 보았을 때, 책걸상이 없고 교과서가 없는 교실, 전체적으로 어수선하고 정신없어 보였지만 궁극적으로 수업의 주인은 아이들이며, 수업이 끝났을 때는 캐논이라는 음악적 개념이 인지적이 아닌 음악적으로 체화되어 내재화되는 과정을 기술하였다.

마지막 '평가'에서는 관습적 양식에 의해 언어와 상징 방식을 사용하여 기술하였다. 평가라는 측면이 긍정/부정, 자신의 의견 등 어떤 것이나 포함되지만 연구자는 수업에서의 바람직한 측면을 '분석 및 해석'에서 많은 부분 다루었기 때문에 평가에서는 좀 아쉬웠던 부분이나 이해가 필요했던 부분에 내해서 기술하였다. 즉, 통제와 규율이 갖는 시그널의 효율성에도 불구하고 교사의 '연출' 방식에 대한 불편함과 활동의 구성, 구성원을 다루는 방식에 대한 문제 제기를 하였다. 또한 전체적인 수업을 평가하기 위해 얼음 따로, 팥 따로, 과일 따로인 아이들과 교사의 실행이 함께 어우러져 섞이고 녹여져 시원함으로 다가오는 '팥빙수'라는 상징적 표현을 빠뜨리지 않았다.

　　연구자의 비평문은 관찰자의 한 사람으로서 개인에 한정된 의사 표현이며 감식안이다. 또한 한정된 지면 관계로 많은 얘기를 생략하고 미루어 둔 것도 있다. 어떤 사람에게는 중요하지만 다른 사람에게는 덜 중요할 수도 있는 상황과 장면이 있을 수도 있다. 따라서 그 비평문에 누구나 동의해야 할 필요가 없으며, 강요할 수도 없는 것이다. 수준 높고 설득력 있으며 예술적인 글쓰기를 원하는 것은 글쓴이 누구나 갖는 욕심이지만 자신의 수업 비평문에 가해지는 평가와 비판 또한 본인이 책임져야 할 몫이다. 다만 연구자가 제시한 수업 비평문은 수업을 정확하게 보고 연구자의 음악적 안목을 드러내면서 수업자, 또는 다른 수업 관찰자와 소통하기 위함이라는 데에 의미를 두고자 한다.

IV. 요약 및 제언

　　본 연구는 교사들의 예술 작품이라 할 수 있는 수업에서 무엇을, 어떻게 읽고 적절하게 번역하여 쓰느냐와 관련하여 수업 비평문을 작성하는 구체적인 방법들을 제시하였다. 교육학적·음악적 지식, 수업 전략 등 수업 전문성이 통합적으로 갖춰진 관찰자는 그 수업에 대한 깊은 이해가 가능하다. 다만 수업 비평이나 수업 비평문은 수업 전문성이 갖춰진 교사만이 할 수 있는 활동이 아니기 때문에 수업 비평문의 작성과 관련한 유형화된 기준과 형태가 제시된다면 비평문의 작성에 망설임이 있거나 어려움을 느끼는 예비 교사, 일반적인 교사에게도 유용할 것이라는 필요성에서 출발하였다.

먼저, 본 연구에서 견지하는 '읽기'와 '쓰기'의 의미를 되짚어 보았고, 읽기가 관찰자의 내부에 있는 인식이라면 '쓰기'는 '읽기'의 내용을 가장 적절한 방법으로 관찰자 외부로 끄집어내어 자신의 색을 덧입혀 번역하는 일이라 밝혔다. 무엇을 읽을 것인가와 관련하여 교사 이해와 PCK 기반의 교사 능력, 수업 내용에 대한 이해와 분석, 수업 참여자의 의도 및 연행, 수업 전체의 맥락적 이해 요소로 구분하여 각각의 요소에 해당하는 구체적인 내용을 제시하였다. '쓰기'에서는 '읽기'로 인식한 구체적인 내용들을 기술(모방적 양식), 분석 및 해석(표상적 양식), 평가(관습적 양식)라는 세 가지 틀로 구성하고, 이를 바탕으로 A 교사의 음악 수업에 대한 비평문을 작성하였다. 예시한 연구자의 수업 비평문은 개인적인 의사 표현이며 감식안이기 때문에 이 비평문에 누구나 동의해야 할 필요가 없음을 밝힌 바 있다. 이러한 이유로 같은 수업에 대한 다양한 수업 비평문, 하나의 수업 비평문에 대한 반비평문, 특히 관찰자적 입장의 수업 비평문에 대한 수업자의 반비평문은 수업의 성찰과 소통이라는 의미에서 매우 가치 있는 일이다. 현재 수업 현장에서 이루어지고 있는 공동 수업 설계나 연구 수업 후 이루어지는 협의회 등에서 이러한 수업 비평의 활동들은 바람직하며 지속적으로 지원, 발전시켜야 함이 강조되는 이유이다.

수업 비평, 수업 비평문은 수업의 질적 관찰의 유용한 방법론으로 자리 잡아 가고 있다. 수업 비평문에서 자신의 안목을 드러내고, 타자와 소통하며, 이와 더불어 수업 전문성이 길러지는 목적에 부합되는 활동이 되기 위해서는 다음과 같은 지속적인 관심과 활동이 필요함을 제언한다.

첫째, 수업 '보기'에 있어 교사의 교육 철학이나 가치를 이해하기 위하여 교사의 자기 수업 이야기 및 면담이 필수적이다. 또 수업과 관련한 다양한 자료를 검토하고 종합적으로 바라보는 넓은 시각의 보기가 필요하다.

둘째, 수업은 직접 참여해서 보기가 가장 바람직하지만 이와 함께 비평문을 작성하기 위해서는 수업을 여러 번 자꾸 보고, 깊게 보고, 낯설게 보는 작업이 필요하다.

셋째, 무엇보다도 수업 비평문 '쓰기'의 기회를 많이 갖는 것이 바람직하며, 작성 후 다른 교사와의 협의나 대화 공동체 안에서 서로의 의견을 교환하고 수업 교사의 의도를 확인하는 과정이 후속적으로 이루어져야 한다.

넷째, 감식안의 기본적인 요소 중 하나는 과학성과 지식으로서 수업 보기이다. 이에 수업 전문성과 관련된 지식 및 능력을 기르는 것은 수업 비평문의 질적 수준을 높이는 데에 매우 중요한 요건이 된다.

마지막으로 학교 안에서 내 수업을 열고 다른 교사를 내 수업에 초대하는 일, 다른 교사의 수업을 사랑과 관심의 눈으로 보고 격려하며 배우는 일 등 수업을 예술적으로 보고 쓰는 일, 즉 수업 관찰의 의미 및 방법에 대한 보다 폭넓은 관심과 논의를 확장시켜 나가는 것이 필요하다. 이 과정에서 수업 비평이라는 방법론이 적용되어 수업 비평문을 통한 따스한 소통이 이루어지고 확대 적용되기를 바라는 바이다.

| 참고문헌 |

김명숙(2006), 초등학교 음악 수업 실태 분석, 음악교육연구, 30, 한국음악교육학회, 31-52쪽.

김지희(2009), 초등학교 음악 수업 관찰·분석 연구: 초등 음악 교사와 음악 교과 전담 강사를 중심으로, 석사학위 논문, 이화여자대학교.

김향정(2013), 초등학교 예비 교사들의 음악 수업 비평 양상, 음악교육연구, 42(3), 한국음악교육학회, 97-124쪽.

박은영(2012), 수업 관찰과 면담을 통해 살펴본 유아 음악 활동 실태 및 개선점, 예술교육, 10(2), 한국예술교육학회, 1-19쪽.

심영택(2010), 수업 비평적 글쓰기 방법에 관한 연구, 국어교육학연구, 39, 국어교육학회, 379-402쪽.

엄훈(2011), 지식으로 수업 보기, 그 관점과 방법, 국어교육, 135, 한국어교육학회, 215-242쪽.

윤양수(2011), 수업 비평의 눈으로 수업 보기, 수업 전문성 향상을 위한 교사 연수 프로그램, 청주교육대학교 교육연구원, 7-25쪽.

이혁규(2010), 수업 비평의 개념과 위상, 교육인류학연구, 13(1), 한국교육인류학회, 69-94쪽.

이혁규, 엄훈, 정정인, 신지혜(2011), 수업의 과학성과 예술성 논의와 수업 비평, 열린교육연구, 20(2), 한국열린교육학회, 305-325쪽.

정재찬(2006), 국어 수업 비평론, 국어교육학연구, 25, 국어교육학회, 389-420쪽.

정재찬(2010), 수업 비평적 관점을 통한 초등 국어 수업 사례 연구, 한국초등국어교육, 44, 한국초등국어교육학회, 108-139쪽.

최은식(2001), 음악 교사의 교수 행동에 있어서 비언어적 교수 방법 변인의 상호 관련성 및 효과에 관한 연구, 음악교육연구, 20(1), 한국음악교육학회, 175-199쪽.

함희주(2005), 초등학교 음악 수업 관찰 방법 적용 연구, 음악교육연구, 29, 한국음악교육학회, 185-214쪽.

현경실(1999), 초등학교 음악 수업의 실태 조사, 음악교육연구, 18(1), 한국음악교육학회, 51-79쪽.

현경실(2000), 초등학교 음악 수업의 실태 조사II, 초등교육연구논총, 15(1), 대구교육대학교 초등교육연구소, 99-124쪽.

Berg M. H., Woody R. H. & Bauer W. I.(2002), Cognitive processes of pre-service music teachers during observation of music instruction, *Music Education Research*, 4(2), 275-287.

Colprit, E. J.(2000), Observation and analysis of suzuki string teaching, *Journal of Research in Music Education*, 48(3), 206-221.

Duke R. A. & Henninger J. C.(2002), Teachers' verbal corrections and observers' perceptions of teaching and learning, *Journal of Research in Music Education*, 50(1), 75-87.

Eisner, E. W.(1994), *Cognition and curriculum reconsidered*(2nd ed.), 박승배 역(2003), 인지와 교육과정, 서울: 교육과학사.

Eisner, E. W.(1998), *The enlightened eye: Qualitative inquiry and the enhancement of educational practice*, 박병기 외 역(2001), 질적 연구와 교육, 서울: 학이당.

Henninger, J. C.(2002), The effects of knowledge of instructional goals on observations of teaching and learning, *Journal of Research in Music Education*, 50(1), 37-50.

Hiroaki Fukazawa(2011), Improvement of subject teaching through lesson study: group formation based approach, *Lesson Study in japan*, NASEM, 293-305.

Yarbrough C. & Henley P.(1999), The Effect of Observation Focus on Evaluations of Choral Rehearsal Excerpts, *Journal of Research in Music Education*, 47(4), 308-318.

4부

수업 비평의 활용

수업 비평문에 나타난 초등 영어
예비 교사들의 교육적 안목 탐색

강성우

I. 서론

전국 10개 교육대학에서 예비 교사들에게 필수적으로 부과되는 초등 영어 교사 교육과정은 대개 9~13학점으로 이루어져 있다. 이 과정은 크게 영어 기능 강좌와 초등 영어 학습과 교수법 등을 다루는 이론 강좌, 그리고 초등 영어 수업 능력을 향상하기 위한 강좌로 구성되어 있다. 영어 기능 강좌는 예비 교사들의 영어 능력을 향상시키기 위한 영어 기능 과목들로 영어 말하기, 교실 영어 등에 초점을 두고 4년 간 5~8학점 정도 제공된다. 초등 영어 학습과 교수법 관련 강좌와 수업 능력 향상을 위한 강좌는 각각 2 혹은 3학점 강좌로 이루어진다. 수강 시기는 대학별로 차이가 있어 연구자의 학교를 예를 들어 설명하면 2학년에게 초등 영어 교수법 강좌를, 3학년에게 수업 능력 향상을 위한 강좌를 제공한다. 이와 함께 4년간 11주 정도의 초등학교 실습을 통해 현장에서의 수업 경험을 쌓는다.

영어 기능 강좌를 제외하면 단지 4~5학점만이 영어 교수 능력 함양과 관련 있는 강좌이다. 이는 모든 과목에 대한 교수법 이론과 수업 능력을 길러야 하는 교대 교육과정상 어쩔 수 없는 측면이 있다지만 영어 수업 능력을 개발하기에는 많이 부족하다. 예비 교사들이 개별적으로 가지는 수업 능력 개발 기회를 보면 문제는 더욱 심각하다. 대개 심화 과정별로 수업을 같이 듣는데 한 반에 30명이 넘는 학생들이 수강을 한다. 학생들의 수업 능력을 향상하기 위해서는 모의 수업을 해 보고 잘한 점과 개선할 점을 파악하여 수업 능력을 개선해 나가야 하는데 학생들이 많다 보니 1회나 많으면 2회 정도 모의 수업을 해 보게 되고 주로 동료 학생들이 수업하는 것을 보고 자신의 수업에 대해 성찰하게 된다.

예비 교사들의 동료 수업 관찰을 통한 성찰은 다른 학생들로부터 다양한 수업 방법 혹은 아이디어를 얻는 장점이 있는 반면 두 가지 한계를 가진다. 우선, 예비 교사들은 엇비슷한 실력들을 가지고 있고, 실제 현장에서 학생들을 가르친 경험이 적기 때문에 동료 수업으로부터 무엇을 성찰하고 무엇을 배워야 할지 모르는 경우가 있다. 수업을 제대로 보기 위해서는 교수 방법에 대한 지식과, 수업 현장에 대한 지식, 수업 내용에 대한 지식 등을 바탕으로 수업 행위를 종합적으로 판단할 수 있는 교육적 안목(Eisner, 1983)이 필요하다. 교육적 안목의 개발과 수업 경험은 밀접한 관련을 가진다. 일반적으로 수업 경험이 많으면 수업자 나름대로의 교육적 안목을 발달시키게 된다. 하지만 예비 교사들의 경우는 대학에서 배운 것과 약간의 모의 수업 경험이 전부라 충분히 완성된 안목을 지녔으리라 생각되지 않는다. 두 번째 문제는 대학 교실에서의 모의 수업은 현장성이 떨어진다는 것이다. 대학에서의 모의 수업은 동료 대학생들을 대상으로 하는 것이어서 학생들의 반응과 상황이 실제 현장과 매우 다르기 때문에 동료 수업 관찰을 통해서 교수 능력과 교육적 안목을 키우는 데 한계가 있다.

이 연구는 교육대학의 양성 과정 중에 있는 예비 초등 영어 교사들의 영어 수업에 대한 안목을 조사하고 이로부터 교육대학의 영어 교사 양성 과정에 주는 시사점을 찾고자 했다. 예비 교사들의 수업에 대한 안목에 대해 조사하기 위해서 예비 교사들에게 수업 비평문을 작성하게 하고 수업 비평문을 분석하였다. 수업 비평은 최근에 시작된 교사교육의 한 방법으로 수업 관찰자로 하여금 수업에 대한 비평 글을 쓰도록 하고 이 과정 속에서 수업을 보는 관찰자의 안목을 드러내고 공유하는 과정 속에서 관찰자의 교육적 안목을 신장시키고자 하는 방법이다.

II. 문헌 연구

1. 초등 영어 예비 교사 교육 연구

초등 영어 교사가 갖추어야 할 자질로는 영어 구사 능력과 아동을 대상으로 적절하게 가르칠 수 있는 영어 교수 능력과 영어에 대한 전문적 지식(Hammerly, 1986; 김영태, 2004), 그리고 교육과정에 대한 이해(나경희, 2010)를 들 수 있다. 교사 양성 과정을 개선하고자 하는 선행 연구들은 영어 예비 교사들이 이러한 자질을 효과적으로 함양할 수 있는 교육과정에 초점을 두거나(윤여범 외, 2007; 김재혁 외, 2004), 주요 자질들을 효과적으로 교수할 수 있는 방안을 제안하고 있다.

초등 영어 교사에게 요구되는 자질로 가장 많이 관심을 받고 연구된 것은 적정한 수준의 영어 사용 능력과 영어를 잘 가르칠 수 있는 교수 능력이다. 예비 초등 영어 교사들의 수업 능력을 향상시키기 위한 연구도 두 필수 능력에 집중되어 왔다. 예비 교사들의 영어 사용 능력 관련 연구를 먼저 살펴보겠다. 민덕기 외(2004)는 교사들에게 요구되는 영어 사용 능력은 영어 능력이 미숙한 어린 아동과 상호작용하면서 이해 가능한 입력comprehensible input을 제공할 수 있는, 일종의 특수 목적 영어English for a specific purpose로 교실 영어 사용 능력이라 하고 이를 측정할 수 있는 도구를 개발, 적용한 것과 함께, 교실 영어 사용 능력을 개발할 수 있는 영어 강좌를 교대 교육과정에 둘 것을 제안했다. 김재혁(2004)도 예비 교사들의 영어 능력을 개발하기 위한 교실 영어 강좌의 필요성을 주장했다.

한편 주어진 과정 속에서 학생들의 교실 영어를 향상시키고자 한 연구들도 있었다. 이윤(2004)은 예비 교사들에게 스스로의 교실 영어에 대해 분석하게 하고 이를 기록함으로써 자신들의 영어 사용과 학습에 대해 성찰토록 했으며, 김인옥(2007)은 학생들이 작성한 수업지도안에 나타난 영어 오류를 분석하고 학생들이 이를 수정함으로써 교실 영어 능력을 개발하도록 하는 연구를 수행하였다. 하지만 단지 7~9학점 정도의 영어 강좌만 제공되고 한 반에 30여 명의 학생(일부 교대의 경우 분반을 통해 15명 내외로 조정함)들이 같이 있는 상황에서 실질적인 교실 영어 사용 능력의 증진은 대학이 아니라 예비 교사들의 개인적인 노력과 시간 투자에 달린 형편이다.

예비 교사들의 교수 능력은 먼저 교수 학습 이론을 습득하고, 모의 수업이나 현장에서의 실습을 통해 반성적 성찰을 거치면서 발전한다(Richard, 1998; Woods, 1996). 교사들에게 필요한 영어 능력에 대한 연구에 비해 교수 능력에 대한 연구는 많지 않다(박영예, 2007). 특히 예비 교사들에게 필요한 교수 학습 이론에 대한 연구는 거의 이루어지지 않았으며, 교육대학의 이론 강좌에서는 주로 초등 영어 교육과정 내용과 일반적인 언어 교수 학습 이론 및 방법을 다루고 있다.

예비 교사들의 교수 능력을 증진시키기 위한 연구는 주로 대학에서의 모의 수업이나 현장에서의 수업 실습 경험에 초점을 두고 이루어졌다. 박영예(2009)는 대학에서의 모의 수업에 대한 반성적 성찰의 분석을 통해 예비 교사들이 모의 수업을 하면서 영어, 제스처, 학생을 대하는 것, 교수 자료 준비 등 거의 모든 면에서 어려움을 겪고 있는 것을 확인하였다. 박영예는 또한 이들의 어려움을 도와주기 위해 예비 교사들이 수업에 참고할 수 있는 수업 동영상들을 모아서 에듀넷www.edunet4u.net 등에 탑재하여 학생들이 보고 참고할 수 있도록 할 것과 모의 수업 기회의 확대와 반성적 수업 성찰을 교사 양성 과정에 포함할 것을 제안했다. 장경숙과 박미애(2005)는 예비 교사들이 수업 실습을 통해 수업 능력을 보다 효율적으로 배양할 수 있는 수업 장학 모형을 개발하였다. 김재혁(2008)은 초등 현장에서의 교육 실습 경험을 통해 예비 교사들의 영어 수업에 대한 인식이 변화되었는가를 조사하는 연구를 실시하였다. 그는 예비 교사들이 교육 실습 경험을 한 후에는 대학에서의 모의 수업 강좌와 수업 분석을 다루는 강좌에 대한 만족도가 높아졌으며, 이론 과목에 대한 만족도가 낮아졌음을 발견했다. 또한 교육 실습 전보다 대학에서 배운 지도법을 교실 수업에 적용할 수 있을 것이란 응답이 줄어들었음을 발견했다. 이는 예비 교사들이 이론적 강의보다는 수업 능력과 직접적으로 관련된 모의 수업 혹은 수업 관찰 경험을 보다 더 필요로 하고 있다는 것을 알 수 있다.

2. 수업 비평

수업 비평은 2000년대 들어와서 교사 교육에 새로이 시도되고 있는 방법으로, 이론적 틀을 갖추어 가고 있는 분야이다. 지난 10년간, 국어·과학·사회교육 분야에서 예비 교사 혹은 교사 교육을 위해 시도되고 있었지만 아직 영어교육 관련해서는 시도되지 않았다.

비평은 본래 음악, 미술, 연극, 문학 등의 예술 작품에 대해 전문가가 자신의 이해 또는 견해를 대중과 소통하기 위해 글로 나타낸 것이다. 독자들은 이 비평문을 읽고 작품에 대한 이해를 심화하기도 하고 예술 작품을 보는 안목을 개발하여 나간다. 수업 비평은 수업을 하나의 예술 작품으로 취급한다. 예술 비평에서 전문가가 작품에 대한 비평을 하듯이 수업 전문가가 수업을 보고 수업에서 드러난 특징, 주제, 생각할 점 등을 독자들이 읽기 쉽게 해설하는 것이다.

수업 비평을 예술 비평과 비견해서 생각하는 것은 수업에서 일종의 예술성을 찾을 수 있기 때문이다. 수업이 비록 "물리적 시간과 공간 속에서 약속된 내용(지식, 기능, 전략)을 계약 당사자들(교사와 학생)이 주고받는 활동"이지만(심영택, 2010), 수업은 교사마다, 또 같은 교사라도 학생 집단에 따라, 그리고 물리적 환경에 따라 다르게 전개된다. 수업은 학생, 교과 내용, 교사, 교실 등이 복합적, 역동적으로 얽혀 전개되는 과정이다. 교사는 주어진 교과 내용을 가르치더라도 학생들의 수준과 이해 정도, 성격 등을 파악하고 주어진 환경을 고려하여 학습을 극대화할 수 있는 방안을 찾아서 수업을 하게 된다. 즉, 학습을 위한 교사의 창의력이 발휘되며 이는 수업 교사만의 작품이 된다. 마치 오케스트라의 지휘자가 곡에 대한 자신의 해석을 바탕으로 자신만의 연주를 만들어 내는 것과 같다.

수업은 교사가 단순히 교수법을 익혀서 되는 것이 아니다. 이재남(2011)은 Collingwood(1938)가 말발굽 만드는 기술과 시 창작을 비교하여 설명한 것을 인용하여 말발굽을 만드는 것은 뚜렷한 용도를 목적으로 특정한 기술을 절차대로 적용하는 것이고, 시 창작 같은 예술 창작은 절차 및 계획이 중요한 것이 아니라 마지막 작품의 완성 정도(미적 가치)가 중요한 것이며 기술은 미적 가치를 만들기 위한 필수적 수단이라 하였다. 수업은 학습이라는 목표를 두고 교사가 다양한 기술을 접목, 융합하여 최대한의 효과를 내는 과정으로 보았다. 교수법은 단지 하나의 수단, 즉 기술에 해당하며 이 기술을 어떻게 적용하느냐에 따라 수업이 달라진다.

음악을 듣는 모든 사람이 지휘자의 해석을 이해하는 것은 아니다.

음악 전문가는 자신의 음악에 대한 이해를 바탕으로 비평문을 작성하여 대중과 소통한다. 대중은 이 비평문을 읽고 음악에 대한 이해를 심화한다. 수업을 제대로 비평하기 위해서는 교육 전문가로서의 이해가 필요하다. Eisner(1983)는 이를 교육적 안목이라 했다. 교육적 안목은 교육 현상의 복잡하고 미묘한 특징을 섬세하게 구분할 수 있는 능력으로, 교육적 안목을 갖춘 교육 전문가는 수업의 독창성, 예술성을 읽어낼 수 있고 수업으로부터 제기되는 교육 현상의 문제점들을 인식하고 이를 비평문을 통해 다른 사람과 소통할 수 있다. 교육 전문가는 자신의 안목을 통해 수업을 해석하고 이를 비전문가들이 이해할 수 있도록 비평문을 작성한다.

초등학교 수업은 보통 40분 혹은 80분 동안 진행된다. 따라서 수업 비평문을 작성하기 위해서는 수업에서 진행된 여러 수업 사태에 대해서 적절하게 소개하면서 수업에서 고려해야 할 만한 혹은 눈여겨볼 만한 일이나 주제를 끌어내어 설명하는 과정이 필요하다. 이혁규(2007)는 수업 비평문 작성의 다섯 가지 단계를 설명했다.

첫 단계는 사전 준비 단계이다. '아는 만큼 보이고 보는 만큼 안다'라는 말처럼 수업을 자세히 보기 위해서는 수업에 관련된 다양한 자료를 확보하는 것이 중요하다. 수업이 진행되는 교실의 물리적 환경(기자재, 영어 전용실, 주변 환경 등), 학생들의 영어 성취 정도, 교사의 경력, 교사가 영어 전담 교사인지 담임인지의 여부 등 수업에 영향을 줄 수 있는 모든 요인들에 대해 조사해야 한다. 그리고 수업을 보기에 앞서 교사가 수업을 어떻게 진행할지에 대해 알 수 있도록 수업지도안을 공부해야 한다.

다음은 수업 관찰 및 촬영하기 단계이다. 수업 관찰은 직접 교실을 방문하여 참관하거나 수업 녹화 영상을 본다. 수업 녹화 영상을 보는 것보다는 수업을 직접 참관하는 것이 교실 현장에서 진행되는 일을 정확하게 느낄 수 있다. 하지만 시간을 내어 현장에 가는 노력을 필요로 한다. 수업을 참관하면서 수업의 흐름과 중요한 수업 사태에 대해 메모를 하지만 모든 것을 기록할 수 없으므로 나중에 녹화된 동영상을 보고 분석한다.

세 번째는 관련 자료 수집 분석 및 수업 전사하기 단계이다. 비평가는 참관과 녹화를 병행하여 수업을 이해하는 데 필요한 자료를 추가로 수집한다. 수업 중에 있었던 일에 대해 교사와 학생들과 면담을 통해 이해 및 확인한다. 수업을 보다 자세히 이해하기 위해서는 녹화된 자료를 전사하는 작업이 필요하다. 1시간 분량의 수업을 전사하는 것은 매우 많은 시간과 노력이 드는 일이라, 시간적인 여유가 없을 때는 중요한 부분만 전사할 수도 있다. 전사 과정은 비평가로 하여금 수업의 작은 부분에 주목하도록 하고, 이를 바탕으로 전체에 대한 이해를 심화할 수 있도록 해 준다. 전체에 대한 심화된 이해는 순환적으로 작은 부분을 더 잘 이해할 수 있도록 해 준다.

네 번째 단계는 수업의 중심 주제 부각시키기 단계이다. 수업에서는 수많은 현상이 발생한다. 비평가는 수업의 세세한 모든 것을 밝히고 평을 하는 것이 아니라 수업에서 생각해야 할 주제를 도출해서 독자들에게 설명하는 것이 필요하다. 비평가는 교육적 감식안을 통해 강조하고 싶은 주제, 고려해 볼 만한 가치 있는 것을 도출해 내야 한다. 주제를 도출하는 것은 수집된 자료와 수업 전사를 반복해서 읽고 분석하면서 주제를 도출하는 귀납적 방식일 수도 있고 비평가의 전문가적 직관에 의할 수도 있다. 비평가의 직관이라 해도 수업과 관련성이 떨어지는 주제를 제시할 수 없다. 비평가의 직관을 수집한 자료와 수업 분석을 통해 얻은 자료로 보충해야 한다.

마지막으로 수업 비평문 작성하기 단계이다. 비평문 작성은 전문가마다 선호하는 양식이 따로 있겠지만, 대개 수업 장면 기술, 수업 장면 해설, 수업 비평의 관점(주제) 등 세 부분으로 나뉜다. 수업 비평은 수업을 본 사람뿐만 아니라 수업을 보지 않은 사람도 대상으로 하기 때문에 수업 장면에 대한 기술과 해석이 필수적이다. 수업의 모든 사태를 기술할 수 없으므로 비평가는 자신이 말하고자 하는 주제와 관련된 부분을 발췌하여 제시한다. 비평 주제는 비평가의 전문가적 견식이 드러나고 비평문의 방향이 결정되는 매우 중요한 부분으로 비평문의 맨 앞에 오기도 하고 맨 뒤에 오기도 한다(이혁규, 2007).

3. 예비 교사 교육으로서의 수업 비평

수업 비평을 제대로 하기 위해서는 전문가의 교육적 안목이 필요하다. 교육적 안목을 갖추었다는 것은 수업 내용과 교육과정을 이해하며, 교사와 학생 간의 상호작용과 학생과 학생과의 상호작용을 해석할 수 있으며 이에 대한 적절한 교육적 해석을 할 수 있다는 것이다. 전문가들이 작성한 수업 비평은 많은 사람들이 읽고 수업 혹은 교육 현상에 대해 다시 생각해 보는 것과 함께 전문가의 안목을 공유함으로써 비평을 읽은 사람도 교육적 안목을 같이 개발하는 장점이 있다. 이혁규(2007)는 이를 '해석의 순환'이라 하고 수업 비평 읽기는 수업에 대한 논의를 풍부하게 하고 독자들이 수업을 보는 안목을 키울 수 있다고 했다.

전문가로서의 안목을 갖추지 못한 비전문가들의 수업 비평은 수업 방법 혹은 접근법, 교육과정 등 수업으로부터 드러나는 문제를 다루는 데 있어서 전문가들과 차이가 난다. 예비 교사들은 수업의 세계에 갓 입문한 초보자들이다. 비록 아직 충분한 안목을 갖추지 못하였어도 이들이 하는 비평문 쓰기 작업은 필연적으로 수업에 대한 생각과 스스로의 수업 능력에 대한 반성적 성찰을 통해서 이루어진다. 그리고 이들의 비평 글을 통해 예비 교사들이 교육대학의 교육과정 속에서 어느 정도의 안목을 형성하게 되었는지도 알 수 있다. 엄훈(2011)은 수업 비평 글쓰기 자체가 지닌 교육적 효과에 주목하였다. 그는 수업 비

평 작성 과정은 "수업을 대상으로 세부와 전체를 통일적으로 바라보고
대상 수업의 특성을 가장 잘 드러낼 수 있는 주제를 포착하고, 주제를
중심으로 수업 현상들에 균형 잡힌 의미를 부여하는 능력이 글쓰기의
과정"을 통해서 만들어져 간다고 했다. 즉, 비평문 작성을 통해서 초보
교사 혹은 예비 교사들이 수업에서 논할 가치가 있는 것을 찾아서 드
러내는 교육적 안목을 개발할 수 있다는 것이다. 수업 비평의 이러한
교육적 특성은 수업 비평의 새로운 교사 교육 수단으로의 가능성을 암
시한다.

III. 연구 방법

1. 참여자와 비평문 작성

수업 비평은 2010년 10월에 진행되었으며 청주교육대학교 영어교
육과 3학년 학생 65명이 참여하였다. 이들 중 비평문을 제출하지 않거
나 비평문을 단순히 피상적 수준으로 작성한 16명을 제외하고 49명의
비평문을 탐색적으로 분석하였다. 예비 교사들은 1학년 때 3학점의 영
어 기능 강좌를 수강했고 2학년 때 초등 영어 학습과 교수 이론에 관
한 강좌, 초등 영어 교수법을 수강했으며 3학년 1학기에 모의 수업을
통해 초등 영어 수업 능력을 기르는 '초등 영어 수업 실습' 강좌를 수
강하였다. 수업 비평을 한 3학년 2학기에는 교실 영어 사용 능력 증진
을 위한 '교실 영어 실습' 강좌를 수강 중이었다. 즉, 수업 비평에 참여
한 예비 교사들은 초등 영어 교수 학습에 관한 기본적 이론을 학습하
였고 모의 수업을 통해 수업 능력을 익힌 상태이다. 또 영어교육을 심
화 과정으로 하는 학생들이어서 영어 수업에 대한 관심이 다른 심화
과정의 학생들보다는 많으리라 생각되었다.

수업 비평문 작성은 학생들에게 반드시 해야 하는 과제로 부과하지
는 않았다. 학생들에게 수업을 보는 안목이 어느 정도인지 알아보고
같이 수업에 대해 이야기함으로써 수업에 대한 안목을 넓히기 위한 것
이라 알리고 수업에 대해 토론하기 전에 수업 비평문을 작성하라고 하
였다.

비평 대상 수업(이하 대상 수업)은 청주교육대학교 초등교육지원센
터 웹사이트 cjedu.cje.ac.kr의 수업 자료실에 탑재하고 학생들이 보도록
했다. 초등교육지원센터의 수업 자료실은 수업 동영상을 보여 주는 것
뿐만 아니라 학생들에게 수업 비평이란 무엇인지와 수업 비평의 방법
과 절차를 안내하고 학생들이 수업을 보면서 비평 활동에 필요한 내
용을 기술할 수 있는 공간과 수업 비평을 적을 수 있는 공간을 제공하
였다. 또한 수업을 보는 도중에 메모할 수 있는 공간을 제공하여 학생
들이 수업을 보다가 필요한 장면에 메모를 할 수 있었다. 이 사이트는
또한 메모한 것이나 비평한 것을 예비 교사들끼리 서로 보고 참고하거
나 코멘트를 할 수 있는 기능을 제공했지만 예비 교사들은 이 기능을
사용하지 않았다.

2. 대상 수업

대상 수업은 2005년 충남 천안의 한 초등학교에서 진행된 6학년
8단원, 〈What will you do this summer?〉 1차시와 2차시 수업이었다.
이 수업은 《초등 우리교육》의 〈다시 시작하는 수업 읽기〉에서 다루었
던 수업이다. 이 코너는 자신의 수업을 공개하고 전문가의 의견과 평
을 들어 보고 싶은 교사들이 《우리교육》에 신청하면 관련된 전문가가
교실에 가서 수업을 보고 녹화를 한 후 수업 비평을 잡지에 게재하는
형식으로 진행되었다. 대상 수업의 동영상은 연구자가 비평 전문가로
참여하면서 얻었다.

표 4-1 대상 수업 1차시 수업 진행

활동	설명
인사하기	
동영상 보기	교사가 직접 만든 동영상 시청. 옆 반 아이 2명이 등장인물로 나옴. 여름방학에 다이어트를 한다는 등, 교과서보다 학생들에게 유의미한 표현들이 사용되었음. 하지만 학생들의 발음은 유창하지 못하고 오류가 포함되어 있음.
학습목표 확인	동영상 내용 점검과 함께 학습목표 확인함. 학습목표: 방학 동안 하고 싶은 일을 묻고 대답할 수 있다.
Spy Code Game	모둠 활동. 교사가 단원의 주요 단어의 철자를 알파벳 번호로 바꾸어 불러 주면(예: a는 1번, z는 26번) 모둠원들이 같이 단어를 맞힘.
교과서 CD-Rom 동영상	동영상을 보고 내용 확인 후 대사를 학급 전체가 따라 함.
받아쓰기	교과서 동영상 대본을 나누어 줌. 대본에는 빈칸이 있음. 학생들은 동영상을 보면서 빈칸을 채워 넣음.
Listen and Repeat	몇 명의 학생들이 일어나서 동영상의 대사를 따라 한다.
그림 카드 보며 듣기, 말하기	주요 표현에 대한 그림 카드들(9장)을 보며 'I'll ~'을 연습한 후 교사가 학생 전체에게 'What will you do this summer?'라고 물으면서 그림 카드를 하나 보여 준다. 학생들은 그림 카드를 보며 'I'll ~'을 연습한다. 주요 표현: 'ride my bike', 'visit my grandparents', 'play soccer' 등.
Bingo Game	앞 활동의 카드 9장을 학생들 각자 3×3으로 배열하고 교사가 한 학생에게 'What will you do this summer?'라고 물어 학생이 대답하면 대답에 맞는 그림을 뒤집어 카드를 배열하는 빙고 게임.
정리	카드를 들고 돌아다니면서 모둠 혹은 개별 학생에게 카드를 제시하고 'What will you do this summer?'라고 묻고 학생들은 카드에 맞게 대답함.

대상 수업이 진행된 초등학교는 천안시의 변두리 지역에 위치하였고 사교육을 받는 학생들이 많지 않은 환경이었다. 수업은 영어 전담 교실에서 1, 2차시 연속해서 진행되었다. 7차교육과정 영어 국정교과서의 1차시는 "Look and Listen"(애니메이션을 보고 단원의 학습목표 인지하기), "Listen and Repeat"(목표 표현의 정확한 발음 익히기), "Let's Play"(목표 표현을 적용한 반 전체 활동)로 구성되었고, 2차시는 "Look and Speak"(동영상으로부터 추출한 2~3장의 사진을 보고 상황과 대사를 짐작한 후 말해 보기), "Listen and Repeat"(정확한 발음 익히기), "Let's

표 4-2 대상 수업 2차시 수업 진행

활동	설명
Fry Pan game	단원의 주요 동사(study, play, ride 등)를 모둠별로 하나씩 고른 후 모둠별로 박자를 치면서 자신의 모둠 단어를 외치는 게임.
학습목표 확인	학습목표 읽고 활동 안내. 학습목표: 시제를 활용하여 방학 동안 하고 싶은 일을 말할 수 있다. 　　　　　간단한 문장을 읽을 수 있다.
말하기 게임	모둠 활동: 두 모둠이 교실 앞으로 나온다. 칠판에는 단원의 그림 카드가 일렬로 배열되어 있다. 모둠 대표가 그림들의 양 끝에 선다. 반 학생 전체가 'What will you do this summer?'라고 하면 모둠 대표들이 자기 쪽 그림부터 보면서 'I'll ~' 패턴을 사용하여 대답한다. 가운데 그림에서 두 모둠 대표가 만나면 가위바위보를 하고 진 모둠은 다른 모둠원이 나와서 첫 그림부터 다시 묻고 대답해야 한다. 그림을 모두 말한 조가 이긴다.
동영상 보기	1차시에서처럼 옆 반 아이가 나와서 방학 계획을 말하는 동영상을 보고 내용 점검을 한다.
Let's read	CD-Rom 타이틀을 이용해 교과서에 제시된 읽기 문장을 읽는다.
Spinner Game	모둠 활동: 스피너를 돌려서 나오는 문장을 읽는 게임. 스피너에는 단원 주요 표현인 "I'll ride my bike." 등 여덟 문장이 적혀 있음. 각 문장별로 점수가 있어 많은 점수를 얻는 사람이 이기는 게임.
정리	교사가 칠판에 문장들을 보여 주며 전체에게 읽힌 다음 개별 학생에게 읽힘.
종료	학생들이 교실을 나가기 전에 잘한 학생들에게 스티커를 나누어 준다.

Read"(목표 표현이 들어간 대화문 읽기), "Let's Play(2)"(목표 표현을 연습할 수 있는 모둠 활동)로 구성되었다. 하지만 대상 수업을 한 교사는 교과서의 활동 순서대로 수업을 진행하지 않고 내용을 재구성하여 수업을 진행하였다. 〈표 4-1〉과 〈표 4-2〉는 1차시와 2차시의 수업 활동에 대한 설명이다.

3. 메타 비평 방법

49명의 예비 교사의 수업 비평 글에 나타난 수업 관찰 안목을 분석하기 위해 탐구적 내용 분석 방법(Bogdan & Biklen, 1998; 김재빈, 정정인, 2010)을 사용하였다. 기본 과정은 다음과 같다. 정독 → 비평 항목 도출 → 비평 항목 확인 → 비평 항목별로 비평 사항 정리 → 비평 안목 분석. 이 과정 속에서 네 번의 비평문 정독이 있었으며 세 번의 비평 항목 도출과 확인 과정이 있었다. 예비 교사들이 작성한 비평문에는 수업의 진행에 대한 기술이 많이 포함되었는데, 평이나 특별한 언급이 없는 단순한 기술 부분은 분석 대상에서 제외하였다. 첫 번째 작업으로 예비 교사들이 어떤 비평을 하였는지 그리고 어떤 비평 항목 도출이 가능한지 보기 위해 먼저 49개의 수업 비평문을 정독하면서 비평 항목에 대한 메모를 했다. 두 번째, 이를 다시 읽으면서 수업 비평문에 나타난 비평 항목을 도출하고 목록을 만들었다. 세 번째, 비평문을 다시 읽으면서 항목별로 예비 교사들이 어떤 언급을 하였는지 정리하였다. 네 번째, 다시 한 번 정독하면서 정리한 사항을 확인하였다. 마지막으로 비평 항목별로 정리한 사항을 바탕으로 예비 교사들의 교육적 안목을 분석하였다.

수업 비평에 대한 메타 비평 연구는 결과를 일반화시키는 데 있어 태생적인 문제점을 안고 있다. 첫 번째 문제는 수업의 특이성 문제이다. 비평가는 수업에서 다루는 주제 및 차시에 따라 특정한 형태의 수업만을 관찰할 수밖에 없다는 것이다. 극단적인 예를 들면 말하기 수업에 대한 메타 비평을 하면서 예비 교사들의 문자 지도에 대한 안목을 조사할 수 없다. 두 번째 문제는 비평과 수업의 다면성이다(엄훈, 2011). 이는 수업 방식과 안목의 다양성을 의미하는 것으로 같은 내용과 같은 교수법 심지어 같은 교사가 수업을 두 번 하더라도 수업이 완전히 똑같이 이루어지지는 않는다. 이와 마찬가지로 같은 수업이라도 비평가에 따라 다른 해석이 내려질 수 있다. 어떤 비평가는 긍정적으로 평가하는 것을 다른 비평가는 부정적으로 평가할 수 있다. 따라서 본 연구에서는 예비 교사들이 어떤 비평 항목에 대해 좋다 혹은 나쁘다고 하는 가치판단의 여부보다 예비 교사들은 어떤 점에 관심을 기울여 수업을 관찰하며, 그들의 수업에 대한 판단 근거가 영어교육적 관점에서 합당한지를 중점적으로 봄으로써 예비 교사들의 교육적 안목을 탐색하고자 했다.

IV. 결과

예비 교사들의 비평문은 13개의 비평 항목으로 정리할 수 있었다. 13개의 비평 항목을 다시 유관 항목끼리 묶어서 범주화하였다. 〈표 4-3〉은 비평 항목과 비평 항목을 범주화한 결과이다. 비평 항목에서 출발하여 범주화하였기 때문에 비평 항목을 왼쪽에, 범주를 오른쪽에 표시하였다. 수업 비평 항목은 크게 '수업 설계', '수업 실행', '학생들의 학습', '교실 영어' 등 4개의 범주로 정리되었다. 교사의 '수업 실행'과 관련된 비평 항목들이 가장 많았는데, 이들을 분류할 때, '교수 기술', '수업 운영', '수업 분위기' 등의 3개의 범주로 정리할 수 있었고 이 3개의 범주는 다시 '수업 실행'의 대범주로 정리하였다. 이러한 분류는 논의의 편의를 위한 것으로 항목들 간의 그리고 범주 간의 경계가 명확하지 않을 수 있다.

표 4-3 비평문에 나타난 비평 항목과 비평 범주

비평 항목	비평 항목 분류 소범주	비평 항목 분류 대범주
차시 구성, 교수 내용(언어 기능), 활동 내용		수업 설계
학습 정도 점검, 개별지도	교수 기술	수업 실행
상호작용, 약속 체계. 보상 체계, 수업 진행	수업 운영	
흥미도 및 참여도, 관계	수업 분위기	
학생들의 연습		학생들의 학습
영어		교실 영어

1. '수업 설계' 범주 관련 예비 교사들의 비평

'수업 설계' 범주로 분류된 비평 항목들은 '차시 구성', '교수 내용', '활동 내용' 3개 항목이다. 수업 비평은 비평가와 비평 대상 수업의 특성에 따라 달라지는데(엄훈, 2011), 비평 대상 수업이 게임을 많이 활용하고 교과서의 구성과 달리 1차시부터 문자 언어 학습을 많이 하였기 때문에, 많은 예비 교사들이 이에 대해 언급하였다. 〈표 4-4〉는 '수업 설계' 범주에서의 비평 항목과 비평 내용을 정리한 것이다. '차시 구성'은 한 단원의 구성과 관련된 비평 항목으로 비평 대상 수업의 구성과 교과서 구성을 비교하여 언급하거나 차시별 활동 안배에 관해 언급한 내용이다. '교수 내용'은 수업 시간에 교수된 읽기, 발음 등과 같은 언어 기능에 관한 비평을 나타내고 '활동 내용'은 교사가 준비한 활동들에 대한 평인데, 비평 대상 수업이 특히 게임을 많이 사용했기 때문에 예비 교사들이 게임에 대한 평을 많이 하였다.

'수업 설계' 관련해서는 총 49명의 예비 교사 중 42명(86%)이 평을 하였다. 이들 중 대부분은 '교수 내용'과 '활동 내용'에 대한 평을 하였고, 전체적인 내용 구성을 교과서와 비교하거나 차시별 활동 안배 측면('차시 구성')에서 비평한 학생은 6명밖에 되지 않는다. 이는 예비 교사들이 수업 개개 활동에 대한 판단은 일반적으로 하지만 수업 전체에서 활동들 간의 연계성을 파악하거나 교과서의 활동 구조와 비교하여 인식하는 안목은 갖추지 못했음을 의미한다. 예비 교사들 대부분(41명, 84%)은 '교수 내용'이나 '활동 내용'에 대한 평을 하였다. 특히 '활동 내용'에 대한 평이 많았는데, 이는 비평 대상 수업의 주요 특징인 교사가 제작한 동영상과 게임에 대해 집중되었다. 동영상에 대해 평한 예비 교사들(23명, 47%)은 모두 수업 교사가 학생들과 만든 동영상이 흥미 유발에 매우 효과적이었다고 평가했다. 게임에 대해서는 36명(74%)의 예비 교사들이 언급했는데, 긍정적 반응과(13명, 27%)

표 4-4 '수업 설계' 관련 비평 항목들

비평 항목	비평 내용	빈도
차시 구성 (교과서와의 비교 혹은 차시별 활동 안배)	재구성이 학습목표 달성을 위해 잘됨(교과서와 비교하여 평가하지 않음).	3
	받아쓰기는 1차시 활동으로 적절하지 않지만 나머지 활동은 잘됨.	1
	1차시 활동은 목표 표현을 따라 하기로 연습하고 2차시에는 게임을 통해 연습함.	2
교수 내용 (언어 기능)	쓰기도 같이 지도했어야 함.	2
	받아쓰기를 통한 문자 지도는 못하는 아이들에게는 너무 어려움.	2
	받아쓰기 좋음.	2
	문장 읽기가 의미를 생각하지 않고 단순한 소리 내어 읽기가 됨.	1
	발음 지도가 단순한 따라 하기이고 발음 방법 설명이 없음.	1
	발음 지도가 좋음.	5
	발음 정확성을 너무 강조함.	2
활동 내용	동료 학생 등장 동영상이 흥미 유발 및 학습목표 제시에 매우 효율적이었음.	23
	일부 게임은 목표 표현 익히기에 비효율적이고 적절하지 못했음.	5
	모든 학생들이 참여하지 못한 게임들이 있었음.	11
	가르치는 것보다 게임 활동이 너무 많아 학습이 제대로 되지 않았음.	7
	많은 게임으로 수업이 활기차게 진행됨.	13

부정적 반응(23명, 47%)이 모두 나왔다. 긍정적 반응을 보인 예비 교사들은 초등학생들이 게임을 통해 수업에 적극적으로 참여함을 보았으며, 게임 활동 진행을 자세히 들여다보고 학생들이 어떤 연습을 하는가를 살펴본 예비 교사들은 게임이 소수의 학생만 발화 연습을 하게 하거나 같은 표현을 기계적으로 연습하도록 한다고 비판하였다(이에 대한 것은 '표현 연습' 비평 항목에서 다시 설명하겠다).

'교수 내용' 항목에서는 4명이 받아쓰기에 대해 언급했으며, 8명이 수업에서 나타난 발음 지도에 대해 언급했다. 받아쓰기와 발음 지도는 예비 교사들이 교수법 강좌에서 배웠어도 실습보다는 이론적으로 학습했고, 모의 수업에서 많이 접해 보지 않았을 활동이라 많은 예비 교사들이 평을 할 것이라 예상했는데 많은 학생들이 이에 대해 평을 하지 않았다. 예비 교사들이 아직 이에 대해 많은 관심이 없거나 특이한 점을 발견하지 못했기 때문일 수 있다. 예비 교사들의 반응은 긍정적 반응과 부정적 반응이 골고루 나타났다. 받아쓰기에 대해 긍정적 반응을 보인 예비 교사들은 이들이 생각하지 못했던 새로운 활동이라고 했으며, 부정적 반응을 보인 학생들은 1차시 첫머리에 받아쓰기를 시키는 것은 학생들에게 무리라고 했다.

2. '수업 실행' 관련 예비 교사들의 비평

'수업 실행' 관련 예비 교사들의 비평은 '교수 기술', '수업 진행', '수업 분위기' 등의 소범주로 분류되었다. 이들 각각을 분리해서 살펴보겠다.

(1) '교수 기술' 관련 비평

예비 교사들의 평에서 교사의 학습 점검에 관한 평과 개별지도에 관한 평을 각각 '학습 정도 점검'과 '개별지도'로 항목 명을 정하고 이 두 항목을 '교수 기술'이라는 소범주로 묶었다. '개별지도' 항목과 '학습 점검 정도' 항목에서 학생들의 학습 미진에 대한 언급이 많았는데 이는 이들이 오류를 보이는 몇몇 학생들에게 주목했기 때문이다. 비평 대상 수업 전반부에서는 새로운 표현을 익히는 부분이기 때문에 반 전체 혹은 모둠이 같이 목표 표현을 발화하는 연습을 했다. 이때는 개별적인 학습 정도가 드러나지 않고 모두들 큰 소리로 같이 대답하기 때문에 학생들이 목표 표현을 모두 학습한 것으로 나타났다. 하지만 수업 후반부부터 교사가 개별 학생을 시켜 보자 말을 더듬거나 제대로 답을 못 하는 학생들이 많았다. 예비 교사들은 모두 다 잘하고 있다고

표 4-5 '교수 기술' 범주에서의 비평

비평 항목	세부 언급	빈도	예비 교사 수
학습 정도 점검	교사가 학생들의 학습 정도를 확인하지 않았다.	3	8
	학습을 완전히 못 한 학생이 있다(개별지도 필요성 언급하지 않음).	5	
개별지도	문장 발화 개별지도를 잘했다.	3	18
	발음 개별지도를 잘했다.	5	
	발음 정확성 강조가 지나치다.	2	
	학습 부진 학생들의 개별적 지도가 필요했다.	7	
	학습 부진 학생들을 개별적으로 시키지 말고 순회 지도를 통해 지도했어야 했다.	3	

생각하고 있다가 개개 학생들이 답을 잘하지 못함을 발견하고 많이 놀란 것 같다.

또한, 전체적으로 이 반의 분위기가 활기차기 때문에 학생들이 수업을 잘 따라가는 것처럼 보이지만, 랜덤으로 학생들을 개인별로 발표시킬 때 더듬거리거나 어려워하는 학생들이 많아 보였기 때문에 학습 성취 부분에서 예상했던 것과 달라 깜짝 놀라기도 하였다. (예비 교사 31)

37%(18명 = '학습 정도 점검'에서 8명 + '개별지도'에서 10명)의 예비 교사들이 학습을 충분히 하지 못한 학생들이 있다고 언급했다. 이 중 5명은 단순히 학습을 충분히 하지 못한 학생이 있다고 했고, 3명은 교사가 이들의 학습 정도를 제대로 확인하지 않았다고 했다. 또한 7명의 예비 교사들은 교사가 이들에게 개별적으로 지도를 더 해야 한다고 자신의 의견을 제시하였고 3명은 학습이 미진한 아이들은 교사가 전체 학생들 앞에서 세우고 시키기보다는 순회 지도를 통해 지도했어야 했다고 언급했다. 한편, 교사의 발음 지도 및 문장 발화 지도에 관심을 둔 예비 교사들(8명)은 교사의 개별지도가 잘 되었다고 판단했다.

위의 결과로부터 약 반 정도(26명)의 예비 교사들이 수업을 볼 때 교사가 개별 학생에게 관심을 가지는지를 눈여겨봄을 알 수 있었다. 4차시로 이루어진 한 단원에서 학습은 4차시를 거치는 동안 점진적으로 이루어지기 때문에 1차시와 2차시에 완전한 수행을 보여 주지 못하는 학생이 있는 것은 매우 일상적인데 상당수의 예비 교사들이 이에 관심을 보였다. 또한 8명의 예비 교사들은 교사가 학생들의 발화를 도와주면서 지도하는 것에 관심을 보였다. 이러한 개별지도에 대한 관심은 교실 수업 경험이 별로 없는 예비 교사들이 어떻게 학생들을 지도해야 하는가에 대한 관심 정도를 나타낸다고 볼 수 있다.

(2) '수업 운영' 관련 비평

'상호작용', '약속 체계', '보상 체계', '수업 진행' 등의 비평 항목은 '수업 운영' 소범주로 묶었다. 이들은 모두 교사가 수업을 이끌어 가는 기술과 관련된 항목들이다. 이 중 '약속 체계'는 교사가 학생들과 일정한 신호를 주고받는 약속 체계로 교사가 'Eyes on me'라고 하면 학생들이 'Eyes on you' 하고 외치는 약속 신호를 말한다. 많은 교사들이 이러한 약속 체계를 학생들의 주의를 환기하거나 한 활동에서 다른 활동으로 전환하면서 학생들을 집중시키기 위해 사용한다. '보상 체계'는 교사가 좋은 수행을 보인 학생들에게 보상을 함으로써 학생들이 수업 활동에 집중할 수 있도록 하는 장치이다. 대상 수업에서 많은 게임이 사용되었기 때문에 교사는 스티커와 모둠 점수제를 활용하였으며 이와 함께 칭찬 혹은 감탄 등의 언어적 보상을 사용했다. '수업 진행' 항목은 예비 교사들이 수업 교사의 수업 진행에 대한 평을 한 것이다.

'수업 운영' 관련해서는 44명(90%)의 예비 교사들이 평을 하였는데, 이는 많은 예비 교사들이 수업 실습 강좌에서 조별로 수업을 1~2회 정도 해 본 것을 제외하고는 영어 수업 경험이 거의 없어 실제로 현장에서 교사들이 수업을 어떻게 운영하는가에 관심이 많음을 반영하는

표 4-6 '수업 운영' 관련 수업 비평

비평 항목	비평 내용	예비 교사 수	
		비평	항목
수업 진행	수업 진행이 매끄러웠다.	3	17
	교사–학생의 좋은 관계가 수업 진행에 도움이 되었다.	6	
	약속 체계와 보상 체계가 도움이 되었다.	8	
상호작용	질문–대답 혹은 과제 부여–실행하기 등의 상호작용이 잘됨.	12	
약속 체계	효과적으로 잘 사용하였다.	10	
보상 체계	스티커와 모둠 점수제를 잘 활용하였다.	9	11
	스티커와 모둠 점수제는 잘 활용하였지만 칭찬 등의 언어적 보상은 다양하지 못했다.	2	

것이다. 앞의 '교수 기술' 범주에서와는 달리 '수업 운영' 관련해서는 예비 교사들의 비평이 거의 같은 의견을 보였다.

'수업 진행'에 관해서 17명이 언급했는데 이들 모두는 수업이 매끄럽게 잘 진행되었다고 했으며, 이들 중 6명은 교사가 학생과 좋은 관계를 형성하고 있는데 이것이 교사가 수업을 진행하는 데 많은 도움을 주었다고 했고 8명은 교사가 약속 체계 혹은 보상 체계 등을 잘 활용하여 수업을 매끄럽게 진행하였다고 했다. '상호작용'에 대해서는 12명이 언급했는데 이들 모두 교사와 학생 사이에 매우 많은 질문–대답 형식 혹은 과제 부여–실행하기 등의 상호작용을 가졌다고 응답했다. '약속 체계'와 관련해서는 10명이 잘 사용되었다고 했다. '보상 체계'에 대해서 응답한 11명 모두는 스티커와 모둠 점수제 사용이 매우 효과적이었다고 응답했고, 이 중 2명은 교사의 언어적 보상(칭찬)이 "Excellent!"와 "Good!"밖에 없어 매우 단조롭다고 했다.

(3) '수업 분위기' 관련 수업 비평

수업 분위기 관련해서는 예비 교사들이 비평 대상 수업에서 나타난

표 4-7 22명의 교사들이 언급한 '흥미도 및 참여도'에 기여한 요인들

흥미도 및 참여도에 기여한 요인들	빈도
상호작용	2
약속 체계	4
게임	10
자체 제작 동영상	16
다양한 활동	7
관계	6

학생들의 '흥미도 및 참여도'에 대해 35명이, 교사와 학생과의 '관계'에 대해 8명이 평을 했다. 예비 교사들이 '관계'에 대해 평을 한 것은 매우 의외였다. 일반적인 비디오 수업 관찰에서는 교사와 학생의 친밀도 정도가 쉽게 판단되지 않는다. 예비 교사들의 이러한 반응은 수업 비평 전에 연구자가 수업을 소개하면서 수업 교사가 전담 교사인데 학생들과 자주 만날 수 없는 한계를 극복하고자 사이버 공간에서 학생들에게 과제도 내 주고 질문에도 답해 준다고 설명한 것과 수업에서 나타난 교사의 편안한 말투("이거 봐라!", "쌈빡하게 다시 해 보자." 등), 교사가 학생들의 이름을 모두 부르며 상호작용하는 모습에서 교사와 학생의 관계가 매우 좋다고 생각한 것이라 생각된다. 8명 중 6명은 교사와 학생의 좋은 관계가 학생들이 수업에 적극적으로 참여하게 하는 데 기여했다고 평했다.

'흥미도 및 참여도'에 대해 평한 모든 예비 교사들(35명)은 긍정적인 평을 했다. 이 중 13명은 단순히 흥미도 혹은 참여도가 좋았다고 하고 이유를 밝히지 않았지만, 나머지 22명은 흥미도 및 참여도에 기여한 요인들에 대해 언급하였다. 〈표 4-7〉은 22명의 평을 정리한 것인데, 예비 교사들은 앞서 언급한 관계 이외에도 보상 체계, 다양한 활동, 동영상 자료, 게임 활용 등이 학생들의 흥미도와 참여도를 높였다고 생

각한 것을 알 수 있다. 특히 수업 교사가 학생들과 만든 동영상과 교사가 자주 활용한 게임이 가장 많이 언급된 요인이었다.

3. 학생들의 '표현 연습' 관련 예비 교사들의 비평

33명(67%)의 예비 교사들이 비평 대상 수업에서 나타난 학생들의 표현 연습에 대해 언급했다. 이 중 21명의 예비 교사들은 표현 연습에 대해 부정적 의견을 내놓았고 12명은 긍정적 평을 하였다. 〈표 4-8〉은 예비 교사들이 학생들의 연습에 대해 언급한 것을 정리한 것이다. 부정적 의견 제시가 많은 것이 예비 교사들이 비평 대상 수업을 나쁘게 평가한 것을 의미하지는 않는다. 대체적으로 연습의 양이 많고 활기찬 수업이었다고 평가했으며 다만 활동의 일부가 좀 더 좋게 개선되어야 한다고 언급했다.

다양한 표현을 익히려 그림 카드를 이용해서 여러 가지 활동으로 배워 본 것은 좋았지만 어쩐지 본문 암기식의 예전 영어교육의 느낌이 있었다. 실제로 친구가 무엇을 하고 싶은지를 묻고 대답하면서, 모르는 표현을 (꼭 공부하기 등 교육적 측면이 아니더라도) 알아서 내 계획 말할 수 있기 등의 활동이 있었으면 어땠을까 한다. (예비 교사 40)

'표현 연습'에 대한 예비 교사들의 평에서 두드러진 것은 13명의 예비 교사들이 수업에서 보인 연습이 모두 기계적 반복 연습에 치중하고 학생들이 자신의 여름방학 계획에 대해 말해 보는 유의미한 활동이 없었다고 평한 것이다. 언어 연습에서 학생들이 자신을 표현하면서 표현을 체득할 수 있도록 하는 것은 매우 좋은 연습이고 필수적이다. 이러한 연습은 특정한 표현을 배우면서 바로 자신을 표현하는 방식으로 할 수도 있고 교과서에서처럼 단원 끝에서 적용 연습을 할 수도 있다. '제

표 4-8 표현 연습에 관한 예비 교사들의 의견

긍정/부정	예비 교사들의 평	예비 교사 수
긍정적 의견	다양한 활동을 통해 재미있게 패턴 연습을 했다.	6
	표현을 익히기에 적절한 연습을 했다.	1
	게임 중심으로 즐겁게 연습했다.	2
	즐겁게 연습했다.	3
부정적 의견	유의미한 표현 연습 없이 기계적 반복만 있었다.	10
	연습은 많았는데 유의미한 연습이 이루어지지 않았다.	3
	너무 지나치게 정확성에 치중한 연습이다.	2
	소수만 참여한 연습이 있었다.	2
	못하는 아이들이 있었다. 연습이 부족했다.	2
	개별 연습이 부족했다.	1

시|presentation – 연습practice – 표현production' 단계에 따라 구성된 교과서는 1차시와 2차시에서는 목표 표현을 반복적으로 연습하고 마지막 차시에 가서 학생들이 배운 표현을 바탕으로 자신의 생각에 맞게 표현해 보도록 되어 있다. 따라서 교과서를 따르는 1차시와 2차시 수업에서는 목표 표현을 익히는 연습을 하기 때문에 학생들이 자기 의견을 표현할 기회가 없거나 매우 적다. 예비 교사들이 1차시와 2차시의 수업에 있어 연습의 유의미성 부족을 지적한 것은 이들이 아직 교과서의 구조를 충분히 파악하지 못하고 있거나, 비록 교과서의 구조가 그렇다 해도 교사가 학생들이 자신의 의견을 표현할 수 있는 기회를 조금이라도 주어야 했다는 의미일 수도 있다. 유의미성 부족을 지적한 13명 중 5명은 후자에 속하였다. 하지만 나머지 8명은 자세한 설명을 제공하지 않아 어디에 속하는지 알 수 없었다.

다만 한 가지 아쉬운 점은 교과서상의 내용만을 집중적으로 연습한 것이었다. 우리나라 학생들의 특징이 교과서 영어만을 학교에서 강조하다 보니 실제로 영어로 말할 기회가 생겨도 교과서와 내용이 다르면 꿀 먹은 벙어리가 되는 것이다. 따라서 본 수업도 이러한 현상을 예방하기 위해 충분히 구문 연습을 한 후에는 짧게라도 자신의 여름방학 계획에 대해 말해 볼 수 있는 기회를 마련해 주었으면……. (예비 교사 8)

4. 영어에 관한 비평

예비 교사들은 TEE^{Teaching English in English}의 중요성에 대해 잘 알고 있다. 학교 현장에서도 영어로 영어 수업을 해야 함을 알고 있고, 교육 대학에서 모의 수업을 하면서 영어로 수업할 것을 요구받았고, 초등 교원 임용 시험에서도 영어 수업을 시연해야 하기 때문에 적정한 수준의 교실 영어 사용 능력을 갖추는 것에 대해 많은 요구를 느끼고 있다. 따라서 이들이 교사의 영어 사용에 많은 관심을 보일 것으로 예상되었다. 하지만 예상과 달리, 49명 중 19명(39%)의 예비 교사들만이 교사의 영어 사용에 대해 언급했다. 이 중 15명이 교사의 영어 사용에 대해 적절했다고 응답했고 4명은 교사의 영어에 오류가 많거나 우리말을 무분별하게 사용하였다(1명)고 했다. 한편 5명의 예비 교사들은 교사의 우리말과 영어의 배합이 학생들을 이해시키는 데 적절하였다고

표 4-9 영어 사용에 대한 예비 교사들의 비평

예비 교사들의 평	예비 교사 수
우리말과 영어를 적절해 배합하여 사용했다.	3
교사의 영어에 오류가 많다.	3
교사의 영어에 오류가 좀 있었지만 우리말과 영어를 적절히 배합하여 사용했다.	2
영어 사용이 적절했다.	6
오류가 좀 있지만 학생 수준에 맞는 영어를 사용했다.	4
영어에 오류가 있고 우리말 사용이 무분별했다.	1

평하였다. 또한 이들은 영어로만 영어 수업을 하는 것보다 필요한 경우 우리말을 사용하여 설명하는 것이 좋다고 생각한다고 밝혔다. 하지만 언제 영어를 사용하는 것이 좋을지에 대해서는 알아 가야 할 과제라는 의견도 제시했다.

V. 논의

이 연구는 예비 교사들의 영어교육적 안목을 조사하고자 예비 교사들이 동영상으로 녹화된 수업을 보고 작성한 수업 비평문을 탐색적으로 분석하였다. 앞의 연구 방법에서 설명했듯이 비평문에 대한 탐색적 메타 분석은 방법론적으로 비평의 다면성 문제와 수업의 특이성 문제를 내포한다. 따라서 수업 비평을 대상으로 한 메타 분석은 나타난 것만 볼 수 있다. 이러한 한계에도 불구하고 예비 교사들의 비평으로부터 이들이 관심을 두고 있는 부분과 그곳에서 나타난 교육적 안목을 알아볼 수 있었다.

예비 교사들의 비평을 주제별로 정리하니 총 13개의 비평 항목으로 정리되었다. 다시 이들을 관련 있는 것끼리 묶어 '수업 설계', '수업 실행', '학생들의 학습', '교실 영어' 등 4개의 범주로 정리하였다. 비평 항목의 정리는 앞의 〈표 4-3〉에 제시하였다. 비평문 분석에서 나타난 특징은 다음과 같다.

비평에 참여한 예비 교사들은 아직 수업을 보다 큰 틀, 즉, 단원이나 교과서의 구조 속에서 이해하는 시각이 부족한 것으로 보인다. 49명 중 단지 6명(12%)만이 비평 대상 수업을 교과서와 비교하거나 차시별 활동 안배에 대해 언급했다. 예비 교사들은 아직 수업 경험이 많지 않고 수업을 한 차시 단위로 하고, 한 단원을 구성해 본 경험이 별로 없기 때문에 한 단원의 전개 과정(제시 – 연습 – 표현)을 충분히 이해하지

못한 것으로 보인다. 이는 교육대학의 초등 영어 예비 교사 교육과정
에서 교과서의 전개 과정에 대한 학습을 더욱 강조할 필요성을 제기
한다.

비록 수업을 교과서의 전개 과정 속에서 보는 안목은 부족했지만 반
이상(67%)의 예비 교사들은 학생들이 수업 시간에 하는 영어 연습에
대해 주의 깊게 보았다. 특히 27%의 예비 교사들은 수업에서 나타난
연습이 기계적 반복뿐이고 학생들이 자신에 대해 표현해 보는 유의미
한 연습이 없다고 비판하였다. 이들의 비판이 수업에서 보여 준 반복
연습이 '제시 - 연습 - 표현'의 전개 과정에서 — 학생들이 정확한 표
현을 익히는 — 연습 단계의 일부임을 이해하지 못하고 나온 것일 수
있지만 교사가 연습 활동을 학생들에게 보다 유의미하게 만들어야 하
는 중요성을 이해한 것이다. 나머지 학생들은 연습의 질에 대해 직접
적으로 평을 하지 않아 이들의 인식 수준에 대해 알 수 없지만, 연습이
영어 수업의 주된 부분이므로 학생들이 어떤 연습을 거치는지 생각하
도록 하는 훈련을 할 필요가 있다.

예비 교사들은 '수업 운영' 범주에서 많은 평을 하였다(90%). 특히
71%의 예비 교사들이 수업에서 나타난 '흥미도 및 참여도'에 대해 평
을 하였다. 비평 대상 수업의 특성 때문이겠지만 특이한 것은 수업에
서 나타난 좋은 흥미도와 참여도에 기여한 주 요인들로 활동의 재미
뿐만 아니라 교사와 학생의 관계, 약속 체계, 보상 체계 등을 언급한
것이다. 이는 아직 한 학급에서 수업을 이끄는 경험이 부족한 예비 교
사들이 수업 교사가 사용한 여러 가지 장치들을 눈여겨보았음을 의미
한다. 예비 교사들이 교육대학에서 하는 모의 수업은 실제 수업과 달
리 동료 예비 교사들을 대상으로 하는 수업이어서 약속 체계나 보상
체계의 효용성을 느끼기 어렵다. 특히 약속 체계는 — 적어도 연구자
가 담당하는 강좌의 — 모의 수업에서 거의 사용되지 않는다.

약 반 정도(53%)의 예비 교사들은 수업에서 교사가 전체 학생을 지

도하는 것뿐만 아니라 개개 학생에 관심을 두어야 한다는 것을 인식하고 있음을 보였다. 이들은 교사가 학생들을 개별지도를 하였는가에 대해 언급했다. 이는 비평 대상 수업에서 표현 오류를 보이는 학생들이 많아서 예비 교사들의 관심을 끌었기 때문일 것이지만, 예비 교사들이 전체 학생뿐만 아니라 개개 학생에도 관심을 기울여야 한다는 것을 인지하고 있다는 것은 매우 고무적이다.

비평문 분석에서 특히 연구자의 예상을 벗어난 것은 교실 영어 사용에 대한 평이다. 연구자는 예비 교사들이 TEE에 대해 상당한 부담을 느끼고 있으리라 생각해서 교사의 교실 영어 사용에 대한 평이 많이 나오리라 예상했는데 단지 39%의 예비 교사만이 교실 영어 사용에 대해 언급했으며 이들 대부분은 교사의 영어에 오류가 좀 있지만 학생들과 적절한 상호작용을 하였다고 평했다. 아마 대부분의 예비 교사들이 수업 교사의 영어 사용이 일반적으로 기대하는 수준에서 크게 벗어나지 않아 비평의 대상에 포함시키지 않았다고 추측된다.

VI. 결론

이 연구의 목적은 교육대학의 양성 과정에서 길러지는 초등 영어 예비 교사들의 교육적 안목을 파악하고, 교육대학의 영어 교사 양성 과정에 대한 시사점을 찾고자 하는 것이었다. 비록 이 연구에서 사용된 비평문 분석이 여러 가지 제한 속에서 행해졌지만 예비 교사들의 교육적 안목에 대해 몇 가지 확인할 수 있었다. 첫째는 대다수의 예비 교사들이 수업을 교과서의 학습 전개 과정(제시 – 연습 – 표현) 속에서 보는 안목이 부족하다는 것을 알 수 있었다. 교과서 구조를 이해하는 것은 수업을 비평할 때뿐만 아니라 수업을 구안할 때 각 차시별로 그리고 각 활동별로 어떤 언어 학습 기능을 수행하는가를 이해하는 기초가 되기 때문에 매우 중요하다. 교육대학의 영어 교사 양성 관련 강좌에서 이에 대해 한층 더 강조할 필요성이 있다.

한편 비평문의 분석을 통해 예비 교사들이 실제로 수업을 운영하는 기술, 즉 수업을 재미있게 꾸미고 원활하게 진행하기 위해 필요한 것들에 높은 관심이 있다는 것을 알 수 있었다. 교육대학의 영어 교사 양성 과정에서 학생들이 필요로 하는 기능 및 기술을 모두 배양하려고 하지만 제한된 시수로 예비 교사들에게 충분한 훈련과 연습을 제공하지 못하고 있다. 예비 교사들이 필요한 기능을 익히는 가장 좋은 방법은 모의 수업을 통해서 직접 필요한 기능을 훈련하는 것이지만 시수의 제약을 받는 상황에서 이는 가능하지 않다. 차선책은 예비 교사들에게 좋은 수업 동영상을 많이 보도록 하고 이를 통해 필요한 기능 및 기술을 배우도록 하는 것이다.

예비 교사들이 수업 동영상을 최대한 활용할 수 있도록 하기 위해선 수업 전문가의 안내가 필요하다. 정규 강좌에서 수업 비평은 수업 동영상을 최대한 활용하기 위한 하나의 방안이 될 수 있다. 수업 비평문 쓰기는 예비 교사들의 교육적 안목을 신장시키는 기능을 할 수 있다 (엄훈, 2011). 비평문을 쓰는 것은 비평가의 생각을 객관화하여 글로 표현하는 것이다. 즉 개인적인 판단을 다른 사람들에게 공개하는 공적인 텍스트로 만드는 것이다(이혁규, 2007). 이 과정 속에서 예비 교사들은 자신의 생각이 과연 올바른가에 대해 생각하게 되고, 자신의 생각을 뒷받침할 이론적, 경험적 근거를 찾게 된다. 수업 전문가는 이러한 과정이 잘 일어날 수 있도록 예비 교사들을 안내해야 한다.

수업 비평 연구는 최근에 시작되었고 영어교육 분야에서는 이 연구가 처음일 것이다. 이 연구에서 예비 교사들의 수업 비평문 분석을 통해 예비 교사들의 교육적 안목을 탐색해 보았지만 수업 비평문 쓰기를 교사 양성 과정에 포함할 것을 보다 강력히 주장하기 위해서는 수업 비평 글쓰기가 예비 교사들의 교육적 안목 신장에 도움이 된다는 실험적 근거가 있어야 한다. 이는 예비 교사들에게 몇 회의 연속적인 수업 비평 글쓰기를 통해서 교육적 감식안이 어떻게 신장되는가를 조사해 보면 알 수 있을 것이다.

끝으로 수업 비평문 쓰기의 단점에 대해 언급하고자 한다. 글쓰기는 매우 어렵다. 공적인 텍스트를 만들기 위해서 자신의 생각을 정연하게 표현해야 한다. 2011년 7월의 열린교육학회 학술대회 중 한 분이 자신의 수업 비평문 쓰기 일화를 소개하였다. 그는 어느 고등학교 교장인데, 다른 교사의 수업을 보고 비평문을 쓰는 데 2주가 걸렸다고 한다. 2주에 걸쳐 작성한 비평문을 수업 교사에게 전하자 그 교사가 "아니 교장 선생님, 이런 걸 뭐하러 쓰시느라 고생하십니까? 그냥 몇 마디 하시면 될 것을."이라고 말했다고 한다. 이는 배울 것은 많고 시간은 부족한 교육대학의 교육과정에서 수업 비평을 도입하는 데 있어 하나의 장애 요인이 될 수 있다.

| 참고문헌 |

김영태(2004), 초등 영어 교과 교육 전담 교사 양성 프로그램 개발, 영어교육연구, 16(2), 팬코리아영어
　　교육학회, 127-158쪽.
김인옥(2007), 수업 시연과 영작 테스트에 나타난 초등 예비 교사의 교실 영어 오류 분석, 초등영어교
　　육, 13(2), 한국초등영어교육학회, 5-32쪽.
김재빈, 정정인(2010), 초등학교 교사의 과학 수업 비평 관점에 관한 연구, 한국과학교육학회지, 30(8),
　　한국과학교육학회, 1084-1096쪽.
김재혁(2004), 영어 능력 계발 중심의 초등 영어 교사 교육 모형, 영어교육연구, 16(2), 팬코리아영어교
　　육학회, 181-208쪽.
김재혁(2008), 초등 영어 수업실습이 예비 교사들의 영어 지도 인식에 미치는 효과, 초등영어교육,
　　14(2), 한국초등영어교육학회, 5-22쪽.
김재혁, 김영숙, 선규수, 박선호, 오마리아, 조영임(2004), 초등 교사 교육을 위한 교과 교육 프로그램
　　개발, 서울: 교육인적자원부.
나경희(2010), FLint 수업 관찰 분석법을 통한 예비 영어 교사의 수업 시연 활동에 관한 연구, 영어영문
　　학연구, 52(1), 한국중앙영어영문학회, 151-169쪽.
민덕기, 강성우, 이강섭, 양창모(2004), 외국어 및 정보화 능력 자격 인증제 도입 연구, 서울: 교육인적
　　자원부.
박영예(2007), 예비 초등 영어 교사 교육에서 모의 수업의 적용 방안, 초등영어교육, 13(1), 한국초등영
　　어교육학회, 49-74쪽.
박영예(2009), 모의 수업을 통한 예비 초등 영어 교사의 반성적 교수 활동 분석, 신영어영문학, 42, 신
　　영어영문학회, 203-230쪽.
심영택(2010), 수업 비평적 글쓰기 방법에 관한 연구, 국어교육학연구, 39, 서울대학교 국어교육연구소,
　　379-402쪽.
윤여범, 임희정, 김혜리, 민덕기, 홍경선, 오마리아, 박미애(2007), 교육대학교 영어교육과 표준 심화과
　　정 개발 연구, 초등영어교육, 13(1), 한국초등영어교육학회, 95-125쪽.
엄훈(2011), 온라인 수업 비평 시스템을 활용한 비평적 실천 사례 연구, 한국열린교육학회 학술대회 논
　　문집, 한국열린교육학회, 57-70쪽.
이윤(2004), 자가 오류 분석과 diary 쓰기를 통한 교육대학생의 교실 영어 사용 능력 신장 방안, 초등영
　　어교육, 10(2), 한국초등영어교육학회, 127-157쪽.
이재남(2011), 수업 예술론: Eisner의 수업 예술성과 그 실천 양태, 서울: 미래희망.
이혁규(2007), 수업 비평의 필요성과 방법에 대한 탐색적 논의, 교육인류학연구, 10(1), 한국교육인류
　　학회, 155-185쪽.
장경숙, 박미애(2005), 예비 교사 수업 장학 모형 개발을 위한 기초 연구, 초등영어교육, 11(2), 한국초
　　등영어교육학회, 33-60쪽.
Bogdan, R. & Biklen, S.(1998), *Qualitative research for education: An introduction to theory
　　and methods*(3rd ed.), Boston: Allyn and Bacon.
Collingwood, R. G.(1938), *The principles of art*, Oxford: Clarendon Press.
Eisner, E. W.(1983), The art and craft of teaching, *Educational Leadership*, 40(4), 4-13.
Hammerly, H.(1986), *Synthesis in language teaching: An introduction to linguistics*, Blaine,
　　WA: Second Language Publication.

Richard, J. C.(1998), *Beyond training*, Cambridge: Cambridge University Press.

Woods, D.(1996), *Teacher cognition in language teaching*, Cambridge: Cambridge University Press.

교사의 자기주도적 수업 전문성 신장을 위한 온라인 수업 비평 시스템 구축

신지혜, 이혁규, 엄훈, 정정인

I. 서론

최근 교사의 수업 전문성과 관련된 논의들이 이론적인 수준뿐만 아니라 수업 현장을 중심으로 활발하게 전개되고 있다. 교원 평가제의 도입으로 학교 현장에서는 의무적인 수업 공개와 수업협의회가 이루어지고 있으며, 교사의 수업 개선을 목적으로 하는 수업 컨설팅, 수업 멘토링 등이 지방 교육청 단위로 실시되고 있다(이화진 외, 2006; 이화진 외, 2007; 최승현 외, 2008). 그러나 수업 컨설팅이나 멘토링은 수업 개선을 원하는 교사와 전문가 혹은 멘토 사이에 개별적으로 이루어지고 있어, 교수 실제의 핵심인 수업에 대한 집단적 전문성을 형성하기에는 어려움이 있다.

이에 대한 대안으로 최근에 수업 비평이라는 개념이 부각되고 있다. 수업 비평은 수업을 새로운 눈으로 보고 다양하고 깊이 있게 이해하기 위한 방법이며, 생산적이고 열린 대화를 통해서 수업을 보는 우리의 안목을 함께 성장시킬 수 있는 길에 대한 모색의 결과이다. 수업 비평이라는 개념을 활용하면 교사들의 수업에 대한 감식안과 비평 능력을 증가시킬 수 있고 이는 수업 실천 개선에도 연결될 수 있다. 그리고 비평은 본질적으로 소통과 대화를 촉진하기 때문에 고립적이고 개인주의적인 교사 문화를 바꾸는 데도 기여할 수 있다(이혁규, 2007).

수업 비평을 비롯한 수업 컨설팅, 수업 멘토링 등에서 다양한 목적으로 촬영한 수업 동영상은 실제 수업 현상에 대한 심층적 분석 자료로서 유용하게 활용되고 있다(곽영순, 2010; 이혁규, 2010b; 천호성, 2008). 이처럼 수업 관찰과 분석, 이해에 있어서 수업 동영상의 중요성이 강조되고 있다. 정부 산하 기관 및 학술단체, 시·도교육청은 교사의 수업 전문성을 높이기 위한 자료를 개발, 보급하여 왔으며, 2000년대 중반 이후에는 특정 교사의 교실 수업 장면 전체나 일부를 촬영한 수업 동영상을 웹을 통해서 제공하기 시작했다. 이에 따라 실제 교실 수업을 연구하고 교사의 수업 전문성 신장을 지원하기 위해서 수업을 촬영한 동영상이 활용되고 있으며, 전국적으로 구축되어 있는 인터넷 망을 통해 교사들이 동료 교사들의 수업을 관찰하고 이런 관찰을 바탕으로 자신의 수업을 개선할 수 있는 계기가 마련되었다.

하지만 수업에 대한 관심이 증대되고 있는 이 시기에 현재 서비스되고 있는 온라인 수업 동영상들이 다양한 관심과 목적에 맞게 제공되고 있는지는 의문이다. 온라인 수업 동영상을 포함하여 교사를 위하여 다양한 온라인 자료를 제공하고 있는 정부와 시·도교육청의 교수학습지원센터에 개발 및 보급되어 있는 웹 DB에 대한 교사들의 활용 실태에 대한 종합적인 조사, 발표도 미흡하며 티나라 등 현장 교사들의 활용 빈도가 높은 민간 기업체의 웹 DB에 비해서 낮은 평가 결과를 보이고 있다(이동원, 2005; 강은주, 이미자, 2005). 온라인 학습 환경에서 사용의 용이성과 유용성은 만족도와 학습 효과에 영향을 미치는 직접적 요인이다(이상곤, 이지연, 2007). 그러므로 수업 동영상에 대한 온라인 서비

스 제공 시에는 이를 필요로 하는 대상의 특성과 수업 동영상 관찰과
분석의 목적에 따라서 다양한 수업을 선택하여 활용할 수 있도록 해야
할 것이다. 그러나 현재 온라인상에 공개된 수업 동영상들은 전통적
인 관점에 따라 우수 수업으로 평가 및 선정되어 탑재되고 있다. 기존
의 수업 평가 및 관찰 방식은 교사의 교수 행위의 개선이나 교원 평가
를 목적으로 하기 때문에 정형화된 분석 항목에 대한 양적 관찰이 주
로 이루어진다. 이처럼 수업을 보는 관점이 경직되어 있기 때문에 우
리가 만나는 온라인 수업 동영상은 내용이나 형식 면에서 유사한 경향
을 보인다. 다양한 시선으로 접근할 수 있는 수업 비평의 관점에서 좋
은 수업이라고 이해되는 각양각색의 특징적 수업이 웹을 통해 공개될
때, 이 같은 한계를 극복할 수 있을 것으로 기대된다. 또한 다양한 유
형의 수업과 그에 대한 해석이 함께 제시될 때 수업에 대한 더 활발한
소통과 논의가 가능해짐으로써 수업 동영상 서비스의 질 또한 높아질
것으로 생각된다.

따라서 이 연구에서는 기존의 온라인 수업 동영상 사이트에 탑재된
수업 동영상들의 내용적 특성과 수업 동영상 관찰 및 분석을 위한 온
라인 사이트의 사용 환경을 분석하여, 기존 사이트들이 가진 장점을
이어받고 그 한계를 보완하여 수업 비평과 결합된 온라인 수업 동영상
데이터베이스를 구축하고자 하였다.

II. 이론적 배경

1. 자기주도적 교수 역량과 수업 비평의 관계

이상적인 교사에 대해서는 입장이나 연구 전통 등에 따라 '선량한
피고용자 모형', '준 교수 모형', '전인 모형', '혁신자 모형', '반성적 실

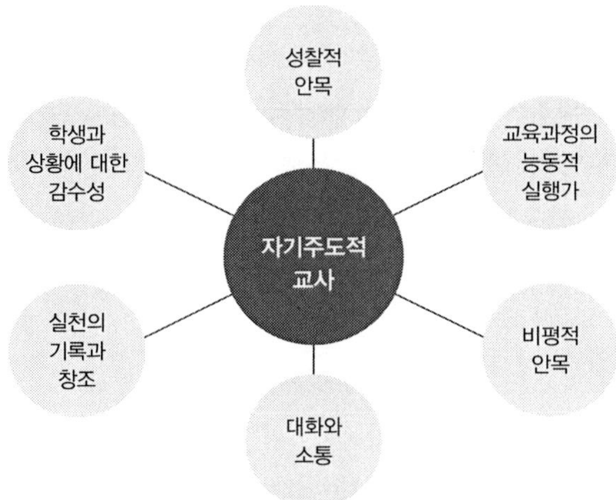

행가 모형'(Schwartz, 1996. 김찬종, 2009에서 재인용)과 같은 다양한 모형이 제시되어 왔다. 이는 훌륭한 교사의 모습에 대한 기대가 시대와 입장에 따라서 변화되어 왔음을 잘 보여 준다. 연구자들이 소속된 대학에서는 2008년부터 반성적 패러다임에 기반하여 교사의 자기주도적 교수 역량 강화를 위한 전문성 신장 체제를 구축하기 위한 연구를 단계적으로 수행하고 있다. 여기에서 '자기주도적 교수 역량'이란 연구자들이 기존의 수업 문화와 교사 수업 역량의 문제점을 개선하기 위해 구안한 개념이다. 자기주도적 교사는 교육과정의 능동적인 실행자이며, 자신의 수업 실천을 끊임없이 관찰하여 개선하는 성찰적 안목을 가진 존재라고 할 수 있다. 또한 학생과 상황에 대한 민감한 감수성을 가지고 친상황적인 수업을 하는 교사이며, 예술적 감식안과 비평 능력을 가지고 새로운 수업 실천을 기획할 수 있는 비평적 안목을 가진 교사이다(김현진 외, 2010). 이처럼 수업에 대한 성찰과 실천을 통해 길러진 감식안을 바탕으로 자신의 수업 실천을 기록하고 관리하고 동료 교사와의 대화와 소통을 통해 함께 수업 전문성을 신장시켜 나아갈 수 있는 능력을 자기주도적 교수 역량이라고 할 수 있다. 〈그림 4-1〉은 자기주도저 교사의 개념을 나타내고 있다.

수업 비평은 수업 평가나 장학 등 기존의 수업 전문성 향상을 위한 여타 제도들의 문제점에 대한 대안적 성격으로 대두된 최근의 개념이다. 즉, 수업 비평을 한다는 것은 전통적 관점에서 경시되거나 무시되던 수업의 예술적 측면에 대해 다시 생각해 보는 일이다. 동시에 현재 우수 수업으로 대표되는 전통적 관점에서의 좋은 수업의 획일성을 벗어나서 수업을 보는 다양한 관점을 찾아내려는 시도이기도 하다. 이 밖에도 수업 비평에서 중시하는 것은 공개와 소통, 그리고 사물을 보는 감식안의 성장이다(이혁규, 2007). 수업을 분석하는 다른 제도와 비교를 통한 수업 비평의 개념에 대한 잠정적 정의는 다음과 같다.

> 수업 비평은 교사와 학생들이 함께 구성해 가는 수업 현상을 하나의 분석 텍스트로 하여 수업 활동의 과학성과 예술성, 수업 참여자의 의도와 연행, 교과와 사회적 맥락 등을 종합적으로 고려하면서 수업을 기술, 분석, 해석, 평가하는 비판적이고 창조적인 글쓰기라고 정의할 수 있다. (이혁규, 2007: 167)

McCutcheon(1979)은 교사의 수업 전문성 신장에 있어서 교육 비평이 교사 교육, 장학, 평가, 연구에 폭넓게 활용될 수 있다고 하였다. 이와 같은 교육 비평의 활용 방안은 수업 비평에도 동일하게 적용된다. 특히 교사 교육 분야에서 수업 비평은 현장 교사의 수업 사례를 발굴하여 그 의미를 해석해 내는 공유와 소통의 과정을 통해서 수업에 대한 안목을 성장시킴으로써 예비 교사와 현장 교사의 수업 전문성을 신장하는 데 유용하게 활용될 수 있다.

특히 자기주도적 교수 역량 가운데 수업 현상을 깊이 이해하는 비평적 능력, 자신의 수업 실천을 기록하고 관리하는 능력, 그리고 대화하고 소통하는 능력은 수업 비평에 있어서도 중요시되는 조건이다. 이러한 수업 비평 조건과 가능성에 주목하여 온라인상에 수업 비평의 실험과 소통의 장을 마련함으로써 교사 스스로 수업을 개선할 수 있는 자기주도적 교수 역량을 강화시키는 것이 이 연구의 궁극적인 목적이라고 할 수 있다.

2. 수업 동영상을 이용한 수업 전문성 신장

온라인 수업 동영상은 전달 매체가 다양한 형태의 인터넷 단말기로 바뀌면서 학습자가 시간과 공간에 구애받지 않고 원하는 내용을 학습할 수 있다는 데 의의가 있다. 현재 전국적으로 구축되어 있는 인터넷망이 학생들의 학습을 돕고 교사들의 전문성을 향상시키는 중요한 통로로 이용되고 있다.

미국에서도 오랫동안 수업 동영상 기반의 프로그램을 통하여 교사들의 교실 수업을 지원해 왔으며, 예비 교사 교육에도 활용해 왔다(Van Es & Sherin, 2008; Santagata & Stigler, 2007). 교실의 수업 상황을 그대로 담은 수업 동영상은 예비 교사 교육에도 유용하게 활용된다. 수업 동영상은 예비 교사 교육 과정에서 배우는 지식을 그들이 언젠가 현장에 적용하게 될 지식과 연결시켜 줄 수 있다. 또한 수업 동영상은 예비 교사들에게 현장에 대한 그림을 그릴 수 있는 공통의 경험을 제공함으로써, 그들이 교실 실제에 대한 묘사와 토론을 위한 공유된 언어를 개발하도록 돕는다. 그리고 수업 동영상은 반복해서 재생할 수 있고 디지털 방식으로 접근하기 때문에 그 자리에서 보고 듣는 것 외에 성찰과 분석의 깊이를 더해 줄 수 있다(Santagata & Stigler, 2007).

수업 동영상은 수업에 관한 상황과 맥락 안에서 이해하고 해석하기 위해 필요할 때 바로바로 재생시켜 가면서 분석이 가능할 뿐만 아니라 기록을 장기간 보존하는 데도 매우 효과적인 자료이다. 수업 컨설팅에 있어서 수업 동영상을 반복해서 보는 것이 가능해서 교수 성과, 수업 기술 등을 면밀하게 분석할 수 있고, 또한 언어적 교수 기술 개선을 도와주는 데도 큰 효과가 있어 수업 분석의 도구로서 가장 많이 활용되고 있다(천호성, 2005; 2008). 멘토링의 경우에도, 수업 동영상을 관찰하고 수집된 데이터를 활용하여 탐색 질문을 던짐으로써 멘토와 멘티 사이에 수업에 대한 진정한 대화가 가능해진다는 장점이 있다(Van Es & Sherin, 2008). 멘토와 멘티 간의 협의회에서 수업 장면을 출발점으로 하여 대화를 시작하고 집단 토론을 통해 집중적으로 검토하였으며, 이러한 과정을 통하여 참여 교사의 개인적, 집단적 발전을 촉진하는 것으로 나타났다(곽영순, 2010).

이처럼 교실의 수업 상황을 그대로 촬영한 수업 동영상은 객관적인 기록 자료로서, 그리고 수업에 대한 깊이 있는 이해와 성찰을 위하여 매우 중요한 의미를 가진다. 수업은 문화적 활동이며, 가르치는 과정의 속도를 늦추고 비판적으로 분석할 때 쉽게 그 문화적 타성에서 벗어날 수 있다. 현장 교사의 새로운 수업 실천을 위한 거울로서 수업 동영상의 역할은 점점 더 커질 것으로 보인다. 수업 동영상이 온라인을 통해 제공됨으로써 수업자 개인의 성찰을 넘어서 많은 교사와 예비 교사들의 수업 전문성 신장에 기여하게 될 것을 기대할 수 있다.

하지만 현재 온라인에 제공되는 수업 동영상이 교수 실제의 핵심인 수업에 대한 집단적 전문성을 형성하기에 충분한지에 대한 검토가 필요하다. 이러한 점에 비추어 볼 때, 우선 위에 언급한 수업 컨설팅이나 멘토링은 수업 개선을 원하는 교사와 전문가 혹은 멘토 사이에 개별적으로 이루어진다. 또한 일부 연구를 통해서만 수업 동영상에 대한 분석 과정이나 방법이 제시되고 있을 뿐 개별 수업 사례 및 이에 대한 논의 과정이 공유되기는 어렵다. 또한 인터넷에 공개된 수업 동영상들이 어떠한 절차로 선정되었는지, 그 수업 동영상에 나타난 수업 현상이 어떠한 면에서 의미가 있는지에 대한 정보 제공이 충분히 이루어지고 있는지에 대한 확인이 필요하다.

3. 수업 비평에서 수업 동영상과 비평문의 역할

수업 비평의 실질적인 방법과 절차를 밝힌 연구는 매우 제한적으로 이루어지고 있다. 이혁규(2010b)는 수업 비평에 대한 자전적 경험을 바탕으로, 수업 비평의 방법을 다섯 단계로 구분하여 제시한 바 있다. 이러한 수업 비평의 방법과 과정에서 수업 촬영은 수업을 관심 있는 다수가 접근할 수 있는 공적 텍스트로 전환하는 의미를 지닌다. 공개되지 않는 예술 작품에 대한 비평 작업이 의미를 갖기가 어려우며, 이에 비추어 볼 때 수업 촬영은 비평 작업을 가능하게 하는 매우 중요한 토대가 된다(이혁규, 2007). 이렇게 촬영된 수업 동영상은 그 수업을 이해하기 위해 가장 중요한 분석의 대상이 된다. 관찰과 촬영에 병행하여 수업 상황을 이해하기 위한 추가 자료(교사가 수업 중에 사용한 각종 교수 자료, 수업 과정에서 산출된 학생 활동 자료)들도 있지만 수업 분석의 중심 자료는 수업 동영상이다. 동영상 전사와 반복 관찰을 통해 깊이 있는 이해를 하게 된다. 이처럼 수업 비평에 있어서 수업 동영상은 새로운 발견과 비평문의 주제 선정을 위한 필수 자료이다.

한편, 현장에서 이루어지는 수업 비평에서 수업 동영상이나 비평문의 활용 방식에 대한 고려도 필요하다. 실제 수업 비평에 대한 현장의 실천은 교사 학습 공동체의 형태로 이루어지고 있다. 교사 학습 공동체의 수업 비평 활동을 살펴보면, 수업 동영상 촬영과 공유에서 시작하여, 동영상 전사와 관찰, 수업에 대한 대화 및 토론을 거쳐 수업 비평문을 작성하는 절차로 이루어진다. 수업 비평의 대상이 되는 수업의 공개와 촬영의 결과인 수업 동영상은 수업 비평의 전제이자 공동의 목표인 수업 개선을 위한 중요한 실마리이다. 수업에 대한 분석 및 이해를 위해서 수업 동영상은 수차례 반복 관찰된다. 수업 비평 공동체에서는 비평문 작성을 위해서 수업 동영상과 수업에 대한 토론, 대화의 기록들이 재차 참조되고, 글쓰기의 과정과 결과에 대한 공유를 통해 재토론 작업이 추가로 진행되기도 한다(신지혜, 2011).

　그런데 앞에 제시한 전문가의 수업 비평 사례는 단행본이나 연구물로 공개되고, 수업 비평 공동체의 수업 비평을 위한 자료, 과정과 결과물(비평문)은 온라인 카페 등의 공간을 통해서 공동체 내에서만 공유되고 있다. 따라서 시간과 공간의 제약 없이 온라인 공간에서 수업 비평의 과정과 결과를 나눌 수 있다면 수업 비평의 확산과 이를 통한 수업 전문성 신장에 기여할 수 있을 것이다.

III. 온라인 수업 비평 시스템 개발 방법 및 과정

1. 온라인 수업 비평 시스템 개발의 기본 방향

　온라인 수업 비평 시스템 계획 및 설계에서는 다음과 같은 요소들을 고려하였다. 첫째, 교육용 웹사이트의 거시적 평가 준거를 검토하여(김미량, 2003), 연구자들이 소속된 학교의 초등교육지원센터 기존 서버와 홈페이지에 연동될 수 있도록 하였다. 둘째, 수업 동영상 탑재를 통해서 교사의 수업 지원 서비스를 제공하고 있는 정부 및 지방자치단체의 교육청 사이트와 연구기관의 웹사이트에 탑재된 수업 동영상의 내용적 특성과 수업 동영상 관찰 및 분석을 위한 지원 체계를 분석하여, 장점을 이어받고 한계점이 보완되도록 하였다. 마지막으로 수업 비평의 개념과 방법 및 절차를 고려하여, 수업 비평의 과정에서 만들어지거나 참조되는 자료들을 최대한 활용하고 편리하게 올리거나 내려받을 수 있도록 계획하였다.

(1) 교육용 웹사이트 및 온라인 자료로서의 적절성 검토

　연구자들이 소속된 대학의 교육연구원 초등교육지원센터 홈페이지

표 4-10 교육용 웹사이트의 거시적 평가 준거(김미량, 2003: 46)

대분류	중분류	관련 요소
교수 설계	정보	체계성, 구조화, 편의성, 단순성, 친절성, 정확성, 매력성
	제시 방식	편의성, 요약·정리, 매력성, 접근성, 일관성, 분량의 적절성, 심미성, 가독성
	상호작용	무결성, 학습자 주도성, 이해 가능성, 역동성, 용이성, 연계성
내용	과정 소개	최적성, 목적성, 포괄성, 안내의 친절성
	과정 내용	전문성, 신뢰성, 정확성, 저작권, 객관성, 현재성, 최신성, 관리, 권위성, 유용성, 풍부성, 관련성, 매력성
	평가	피드백
지원 및 운영	기술 물리적 환경	안정성, 기능성, 신속성, 편의성, 접근성, 보완성
학습자	학습자 측면	접근성, 친절성, 항해의 용이성, 항해의 적절성 등

cjedu.cje.ac.kr는 예비 교사의 수업 지원을 위주로 운영되고 있으며, 기존에 연구된 수업 관찰 및 분석 방법, 실행 연구 등에 대한 안내를 제공하고 있다. 김미량(2003)은 교육용 웹사이트에 대한 거시적 평가 기준을 크게 교수 설계, 내용, 지원 및 운영, 학습자 측면으로 나누어 〈표 4-10〉과 같이 관련 요소를 세분화하였으며, 요인 분석을 통하여 중요 평가 요인을 제시하였다. 중요 평가 요인은 정보 제공 방식의 매력성, 과정 내용의 유용성과 권위, 웹 기술 환경의 품질, 화면 구성 및 멀티미디어 기술의 다양성, 과정 내용 소개 방법의 적절성, 검색의 용이성이었다. 이와 같은 평가 준거 및 중요 요인을 검토한 결과 지원 및 운영 측면과 교육 대상인 학습자의 접근성 및 항해의 용이성 등의 측면에서 온라인 수업 동영상 시스템을 기존 홈페이지에 연동시키는 것이 바람직하다고 판단하였다.

(2) 탑재 대상 수업 동영상 및 비평문의 선정

온라인 수업 비평 시스템에 탑재할 수업 동영상 및 수업 비평문은 기존 온라인 수업 동영상에 대한 내용적 특성에 대한 분석 결과를 바탕으로 하여, 각 교과 전문가(교수, 강사) 및 수업 비평 공동체가 찾아낸 일상의 의미 있는 수업 동영상과 비평문을 우선적으로 제공하는 것으로 하였다. 또한 소속 대학에서 주최한 '교사의 창의적 수업 사례 공모전'에 출품되어 입상한 수업 동영상과 관련 자료 역시 탑재하여 예비 교사 교육 및 현장 교사 직무 연수에 활용하고 다양한 수업 비평문을 축적할 수 있도록 하였다. 이때 기존에 출판되거나 다른 방식으로 공개된 수업 동영상과 비평문은 저작권을 고려하여 제외하였다.

(3) 수업 비평의 방법 및 절차 고려

앞에서 언급하였듯이 온라인 수업 동영상은 여러 제도와 방법에 따라 다양하게 활용될 수 있으며, 본 연구의 목적은 수업 비평에 적합한 온라인 시스템을 구축하는 것이다. 따라서 시스템의 계획에서 중요하게 고려되어야 할 점은 수업 비평의 과정과 방법이라고 할 수 있다. 현재까지 수업 비평의 절차에 대한 연구는 제한적이다. 그 가운데 이혁규(2010b)는 자전적 경험을 바탕으로, 수업 비평의 방법을 '수업과의 만남을 위한 사전 준비 → 수업 관찰 및 촬영하기 → 관련 자료 수집·분석 및 수업 전사하기 → 수업의 중심 주제 부각시키기 → 수업 비평문 작성하기'의 다섯 단계로 구분하여 제시하였다. 현장에서 이루어지는 수업 비평 공동체의 활동을 살펴보면 '수업의 중심 주제 부각' 단계가 '수업에 대한 토론'으로 대체될 수 있을 것으로 판단된다(신지혜, 2011). 따라서 이와 같은 수업 비평의 각 단계를 고려하여 관련되는 자료 유형을 파악하고 이를 목록화하여 자료별로 웹에서 구현될 기능을 고려하였다.

2. 온라인 수업 비평 시스템 개발 과정

온라인 수업 비평 시스템 개발 기간은 약 6개월이 소요되었다. 2010년

3~5월에는 기존의 수업 동영상이 탑재된 온라인 사이트 사례를 조사하여, 현황과 문제점을 파악하였으며, 수업 비평의 유형과 과정을 고려한 온라인 시스템을 계획하였다. DB 구축과 프로그램 구현은 연구자들의 사전 계획에 따라 인터넷 프로그래밍 전문 업체에서 수행하였으며, 온라인 수업 비평 시스템의 구현이 6월에 시작되어 9월에 개발 완료되었다.

온라인 수업 비평 시스템은 연구자들의 소속 대학 교육연구원 초등교육지원센터 홈페이지의 기존 메뉴의 수정 및 보완, 재배치 작업을 통하여 연동되도록 하였다. 수업 동영상 올리기와 비평문 쓰기, 그리고 동영상과 비평문에 대한 의견 달기(대화 기능) 등이 중심 기능으로 개발되었다. 이후 1개월 동안 수업 동영상 올리기와 비평문 쓰기와 같은 기본 기능에 대한 연구진들의 테스트가 이루어졌으며, 테스트 결과는 시스템 수정 및 보완을 통해 적용되었다.

IV. 온라인 수업 비평 시스템 구축

1. 온라인 수업 동영상 현황 분석

이동원(2005)은 정부의 e-learning 체제 구축 방안에 따라 각 단위별 교수학습개발센터, 교수학습지원센터, 교수학습도움센터의 홈페이지에 구축된 콘텐츠 개발 및 보급 사례를 분석한 바 있다. 이때 제시된 사례는 정부기관 단위로 한국교육학술정보원 중앙교수학습센터(에듀넷)와 한국교육과정평가원 교수학습개발센터가, 시·도교육청 단위로는 각 시·도별 교육정보(과학)연구원 교수학습지원센터가 제시되었으며, 티나라, 에듀피아 등 민간 기업체의 웹 DB가 또 하나의 단위로 분류되어 분석되었다. 이 연구에서는 이동원의 분류 단위를 기본으로 하

였으나, 민간 기업체의 웹사이트는 접근이 용이하지 않고 대학의 연구
기관의 수업 지원 사이트와는 성격이 다르다는 이유로 분석 대상에서
제외하였다.

수업 비평과 결합된 온라인 수업 동영상 데이터베이스를 구축하기
위하여 교육과학기술부와 지방 교육청의 교육정보원 및 인터넷 방송
을 통해 제공되는 수업 동영상에 대한 분석을 수행하였다. 검토한 사
례는 다음 〈표 4-11〉과 같다. 국내 사례의 경우 대부분 연구대회 입상
작이나 우수 수업 동영상을 비슷한 방식으로 탑재하고 있었다. 지방

표 4-11 온라인 수업 동영상 서비스 사례[1]

구분	사이트 이름 및 주소	탑재 동영상 선정 근거
국내 중앙정부	교육과학기술부 우수 수업 동영상(good.edunet4u.net)	우수 수업
	한국교육학술정보원 중앙교수학습센터 (www.edunet4u.net)	국내/외 우수 수업
지방 교육청 교육정보원 및 인터넷 방송	전남교수학습지원센터(www.jnei.go.kr)	우수 수업
	서울시 서부교수학습도움센터 (www.seobussem.or.kr)	수업 시연 발표 대회 자료
	대전교육포털 영상자료실 (www.edurang.net/enview/portal)	일반 수업 자료
	인천교수학습지원센터(www.edu-i.org)	우수 수업
	광주교육인터넷방송GEB(gebs.gen.go.kr)	우수 수업
	울산교수학습지원센터 (te.ulsanedu.kr)	우수 수업
	전라남도 인터넷교육방송(jnei.or.kr/v22/)	영상 대회 자료
	부산광역시교육연구정보원 (westudy.busanedu.net/index.htm)	우수 수업
	대구교육미디어센터(itv.edunavi.kr/root/start.do)	우수 수업

• • • •

1 논문 작성 후 변경된 사이트에 대한 정보는 업데이트하였으며, 서울시 서부교수학습도움센터와
   전라남도 인터넷교육방송은 현재 서비스하지 않고 있다.

교육청의 경우는 교육정보원이나 인터넷 방송국 등의 별도 사이트에서 수업 동영상을 제공하고 있었다.[2] 교육 정보 제공의 대상을 학생, 교사, 일반으로 구분지어 관리하며, 수업 동영상은 대부분 교사를 위한 메뉴에 구성되어 있다.[3]

인터넷 동영상의 메타데이터는 교육 콘텐츠를 효과적으로 설명하기 위한 정보 요소로서 동영상 콘텐츠의 서비스, 유통, 관리 등의 모든 범위를 포함하는 정보 요소들로 구성된다. 메타데이터의 핵심 요소로서 제목, 내용(설명), 저자(교사), 저작권, 카테고리, 교과목 분류, 동영상 URL, 첨부 자료 URL, 등록일자 등이 있다(강윤희 외, 2007; 강윤희, 2007). 사례에서 검토한 수업 동영상에 대해 제공되는 정보는 과목 및 학년, 제목, 재생 시간, 날짜, 작성자, 관련 자료, 검색 기록(이용 횟수, 추천) 등으로 저작권을 제외하면 메타데이터로서 핵심 요소들을 대부분 포함하고 있었다.

(1) 수업 동영상들의 내용적 유사성[4]

기존의 수업 동영상 제공 사이트에 탑재된 수업은 대부분 연구대회의 입상작이나 각 기관에서 우수 수업으로 선정된 수업들이다. 현재 거의 모든 시·도교육청에서 수업연구대회를 하고 있다. 수업연구대회는 교사들의 수업 실천 능력 증진을 위해 개최되며, 수상 교사들은 수업 장학 활동을 하기도 한다. 대개 도 단위로 시행되는 수업연구대회의 출품 수업들은 전국적으로 유사한 특성을 보인다. 우선 수업의 구조와 요소의 배치에 있어서 수업의 내용과는 관계없이 공통적인 특성이 나타난다. 도입, 전개, 정리라는 큰 틀을 공유하고 있을 뿐 아니라

• • •

2 이 연구에서는 온라인에서 다양한 명칭(스타 수업, 명품 수업, 우수 수업 사례 등)으로 제공되는 수업들을 우수 수업으로 대표하여 표기하였다.
3 예: Home 〉 선생님 〉 영상 수업 지원 자료
4 이혁규(2010a)의 학술대회 발표문 일부를 정리하여 제시하였음.

각 단계별로 동기 유발, 세 가지 활동, 형성 평가 및 차시 예고 등이 공통되게 드러난다. 일부 우수 수업 동영상은 관찰자들이 이러한 구조적 흐름과 수업의 요소를 파악하기 용이하도록 편집되어 있기도 하다. 또한 우수 수업 속에서 교사의 다양한 수업 테크닉을 확인할 수 있다. 그런데 많은 경우 이런 수업 운영의 테크닉이 수업 내용에 대한 깊이 있는 이해에 기반한 수업 실천을 압도하는 경향을 보인다. 그리고 역시 수업 내용에 대한 이해에 앞선 활동의 과잉에서 한계를 나타내기도 한다. 또한 온라인의 우수 수업들은 앞의 특성들과 상이한 차원의 특성으로 수업 이론의 역사에 비추어 통시적 차원에서 파악해 보면, 현재의 우수 수업에는 '목표 – 달성 – 평가'라는 교육과정에 대한 초창기 견해를 포함하여 행동주의 교육학의 영향뿐 아니라 학습자 중심 교육, 협동학습, 활동 중심 교육, 프로젝트 학습, 수행 평가와 같은 비교적 최근에 강조되는 수업 이론의 경향들도 혼재되어 있다.

이와 같이 온라인 수업 동영상들은 구조와 형식, 다양한 교수 학습 방법, 수업의 기저에 깔린 이론들의 혼재 등과 같은 면에서 정형화된 특성을 보인다. 하지만 정작 이러한 공통적 특성을 분석해 낼 수 있는 첨부 자료와 수업에 대한 해설조차 매우 빈약하게 제시되어 있다. 수업 동영상 이외에 그 수업이 어떤 맥락에서 무엇을 주안점으로 두고 설계되었는지에 대한 수업자의 의도를 파악할 수 있는 자료가 미흡하고, 그 수업들이 어떤 관점과 기준에서 좋은 수업으로 평가되었는지 알 수 없는 경우가 대부분이다.

따라서 앞으로 개발될 온라인 동영상 탑재 사이트는 우수 수업의 정형성을 벗어나 다양한 내용과 형식을 가진 수업들을 발굴 및 촬영하여 수업의 내용과 의미를 충분히 이해할 수 있는 자료 및 설명, 비평문 등과 함께 제시할 필요가 있다고 판단된다. 일상의 현장 수업의 의미를 발견할 수 있고, 교사의 일상에서 쉽게 재현하고 재생산될 수 있는 창의적인 수업을 제공하는 것이 요구된다. 또한 연구기관 및 대학의 정체성을 반영하는 것이 필요하다. 즉, 예비 교사의 수업 전문성을 지원할 수 있도록 수업 실습 동영상과 이에 대한 동료 및 전문가의 비평문도 함께 참조하도록 하는 것이 바람직하다고 생각된다. 이처럼 다양한 의미에서 좋은 수업의 사례를 풍부하게 제시하고 그 수업이 어떤 측면에서 어떻게 좋은지 안내를 하는 통로가 될 수 있도록 온라인 수업 비평 시스템을 개발해야 할 것이다.

(2) 온라인 시스템의 형식적인 특성

검토한 사례 대부분의 동영상 인터페이스 구성은 제목이나 아이콘을 클릭하면 새로운 VOD 전용 창이 뜨게 되어 있고, 처음 접속할 때 각 사이트에서 제공하는 시스템에 맞게 프로그램을 설치한 후 이용이 가능하였다. 동영상의 재생 방식은 스트리밍 서비스를 기본으로 하는 일반적인 미디어플레이어의 기능 구성과 같았으며, 다음 〈그림 4-2〉와 같이 서울 서부교육청 하나의 사례에서만 책갈피 기능이 제공되어 원하는 구간을 찾아가 재생이 가능하도록 지원하고 있었다.

이처럼 기존의 온라인 사이트에서 제공되는 수업 동영상은 기본적인 정보는 모두 갖추고 있으나 관련 자료로서 동영상 스크립트(전사)를 제공하는 곳은 없으며 수업에 대한 수업자의 해설이나 관찰자의 설명이 제시된 사례는 없었다. 또한 3개의 사이트(교육과학기술부, 청주교육대학교, 전남교수학습지원센터)의 댓글 기능을 제외하면 수업 동영상에 대한 대화 수단이 부재하였다.

교육과학기술부에서 제시한 자료 제시형 웹사이트 평가 기준을 비롯한 교육 및 문화 콘텐츠 제공 웹사이트 평가 기준에서는 설계 부분에서 사용하기 쉽고 편리한가, 필요한 경우 적절한 대화 수단이 제공되는가, 화면이 깔끔하고 보기 좋은가, 감각기관이 쉽게 인식할 수 있는 글자, 소리, 영상이 제공되는가 등을 중요한 기준으로 제시하고 있다(김영습, 2002 ; 유재옥, 2006). 이러한 기준에 비추어 볼 때 기존의

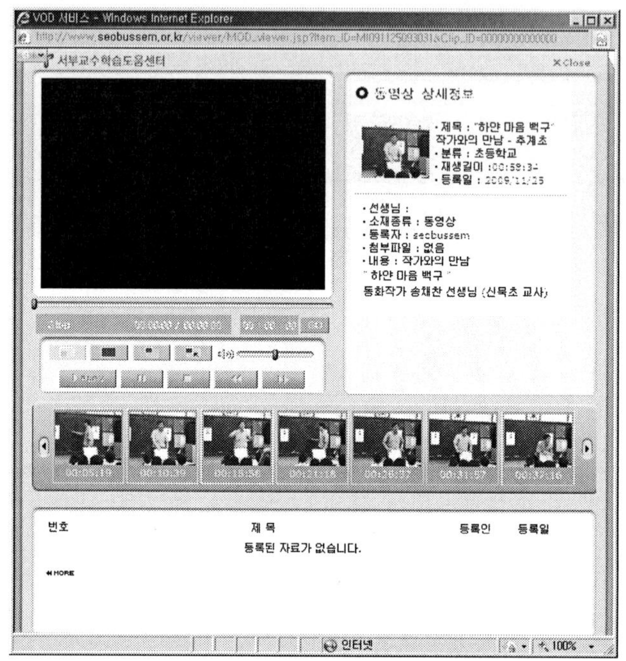

온라인 수업 동영상 서비스는 대화 수단 제공의 측면에서 미흡한 부분이 있다고 판단된다. 따라서 이 연구에서 구축되는 온라인 수업 비평 시스템의 개발에 있어서는 이러한 점에 유의할 필요가 있다고 보았다.

2. 온라인 수업 비평 시스템 구축

(1) 수업 비평의 과정을 고려한 모듈 설계

온라인 수업 비평 시스템 계획과 설계에서 중점을 둔 사항은 두 가지이다. 첫째는 수업 비평의 과정과 방법을 고려하는 것이다. 이 연구에서는 이혁규(2010b)가 제시한 수업 비평의 단계에 따라 웹에 올

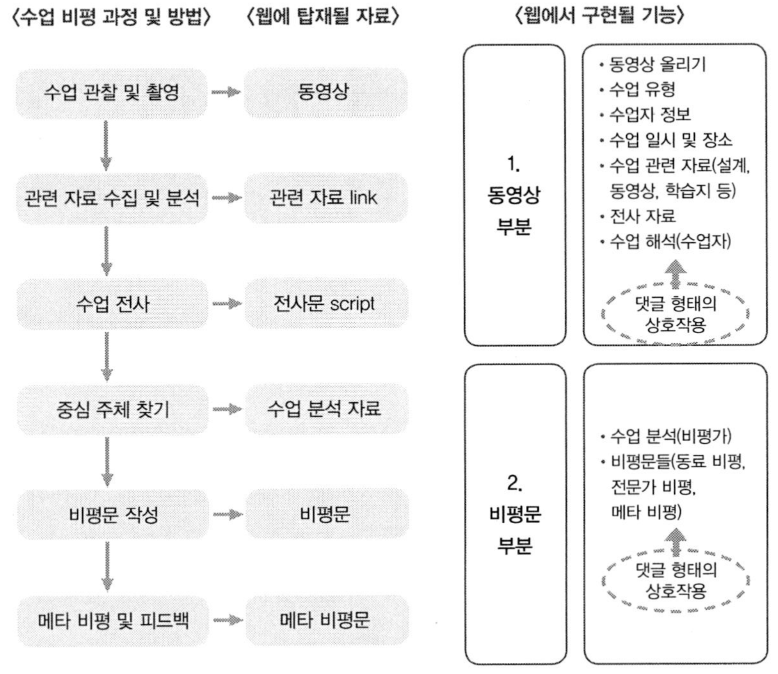

라갈 자료를 목록화하여 자료별로 웹에서 구현될 기능을 고려하였다. 예를 들면 수업을 촬영하여 생긴 결과물인 동영상을 탑재할 때, 수업자의 설명과 지도안, 관련 교수 자료 및 학생 자료 등이 직접 입력, URL을 통한 링크, 파일 첨부의 형식으로 동영상과 함께 업로드될 수 있도록 계획하였다. 또 비평의 과정에서 정리되는 결과물로서 수업 전사script와 수업 기술discription 등의 내용도 업로드하거나 입력할 수 있도록 하였다. 둘째는 온라인상에서 수업 동영상과 비평문 각각에 대한 상호작용(대화)이 가능하도록 하는 것이다. 수업 동영상이 재생되는 동안에 관찰자가 지정한 시점에 동영상에 대한 의견이 등록되도록 하고, 등록된 의견들은 목록화하여 보여질 수 있도록 하였다.

동영상의 구체적인 지점에 대한 의견 등록은 다른 사람이 수업 동영상을 관찰할 때 또 다른 참조가 되기 때문에 의견을 공유하고 소통하는 역할을 담당할 수 있다. 동영상과 마찬가지로 비평문 부분에도 의견과 답글 등을 입력할 수 있도록 하여 비평문의 필자와 독자의 상호작용이 가능하도록 하였다. 이로써 동영상 관찰자는 비평문의 필자가 되거나 독자가 될 수 있으며, 독자로서도 비평에 참여가 가능해진다. 〈그림 4-3〉은 수업 비평의 과정과 상호작용을 고려한 온라인 수업 비평 시스템 계획 과정을 보여 준다.

(2) 수업 동영상과 비평문의 연계

한 차시의 수업이 이루어지기 위해서 교사가 고려해야 할 사항은 한두 가지가 아니다. 따라서 그 수업을 이해하기 위해서도 많은 참조와

그림 4-4 수업 동영상과 수업 해설 및 여러 유형의 수업 비평문 연계

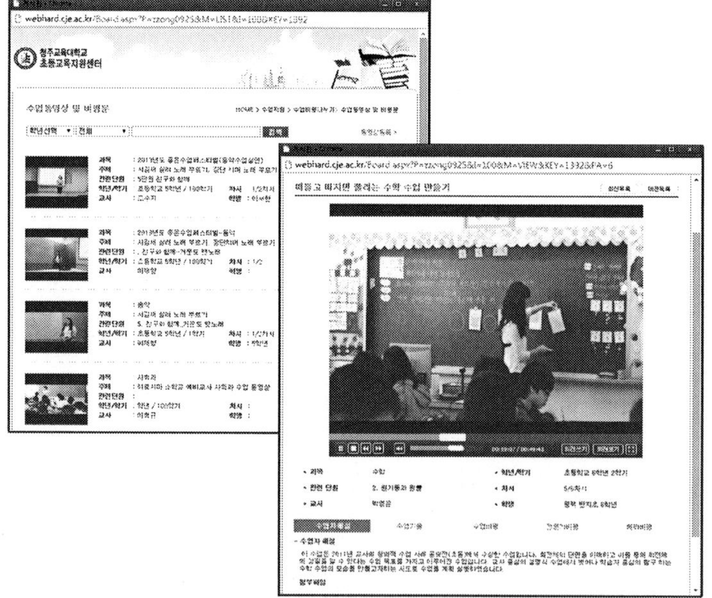

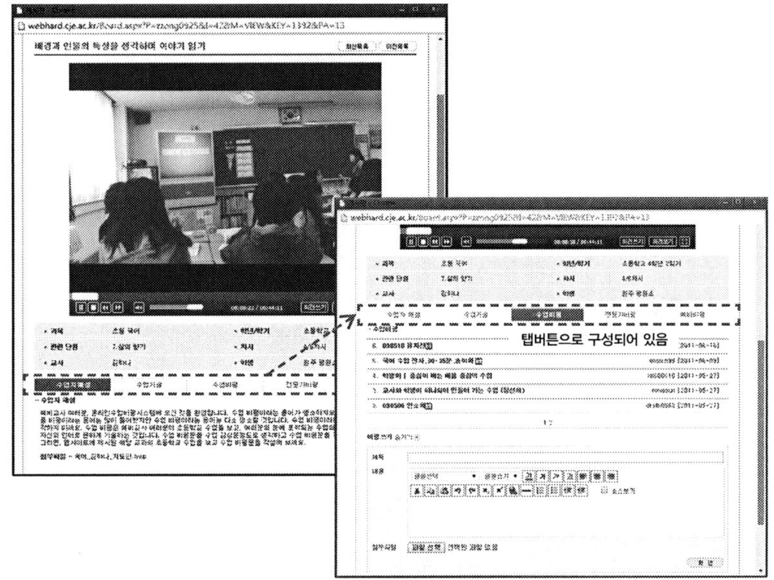

관찰자의 노력이 필요하다. 하지만 기존의 수업 동영상 제공 사이트들에 탑재된 수업 동영상들과 함께 첨부되는 참조 자료들은 수업지도안과 교사가 수업 진행을 위해 사용한 자료 정도가 고작이다. 그 수업이 어떤 맥락에서 무엇을 주안점으로 두고 설계되었는지에 대한 수업자의 의도를 파악할 수 있는 자료는 미흡하다. 또한 그 수업들이 어떤 관점과 기준에서 좋은 수업으로 평가되었는지 알 수 없는 경우가 대부분이다. 온라인으로 수업을 관찰할 때 동영상 창이 따로 뜨게 되면 그나마 있는 수업 설명 자료들을 함께 참조하기가 쉽지 않다.

수업 비평의 방법으로 수업을 관찰하면 수업을 보는 사람의 관점마다 다른 해석이 가능하고, 의미의 재구성 방식도 다양하다. 따라서 하나의 수업에 대해서 여러 가지 유형의 수업 비평문이 나올 수 있고, 같은 유형이라고 하더라도 필자마다 해석과 글쓰기가 달라지므로 다양한 수업 비평문이 가능하다. 따라서 이 연구에서 개발한 온라인 수업 비평 시스템에서는 수업 동영상과 수업자의 수업 해설, 다양한 필자들의 수업 비평문을 하나의 창에서 함께 볼 수 있도록 하였다(〈그림 4-4〉 참조). 즉 수업 동영상이 재생되는 동안 같은 페이지 하단에서 수업자의 수업 해설, 수업 분석의 결과물로서 수업 기술, 수업 비평의 유형에 따라 (동료들의) 수업 비평, 전문가 비평, 메타 비평 등의 목록을 확인하고 원하는 내용을 선택하여 볼 수 있도록 하였다. 〈그림 4-5〉와 같이 탭 구성 방식으로 원하는 탭을 클릭하면 활성화되는 창들을 달리해서 볼 수 있다.

(3) 대화 기능 강화

앞에서 지적한 바와 같이 기존 수업 동영상 제공 사이트에는 수업자 및 해설자와 관찰자, 관찰자들 사이에 의견을 나누고 소통할 수 있는 대화 통로가 부재하였다. 이러한 미흡한 점을 보완하기 위해서 본 연구에서 개발한 온라인 수업 비평 시스템에서는 수업 동영상과 비평문에 대한 의견 달기 기능을 제공하였다. 〈그림 4-6〉과 같이 수업 동영상을 관찰하는 중 언제라도 관찰자가 원하는 시점에 의견을 입력할 수 있도록 하였으며, 입력된 내용은 의견을 낸 사람의 아이디와 함께 시

그림 4-6 동영상 관찰 중 의견 입력　　　　그림 4-7 수업 비평문과 의견 게시 조회

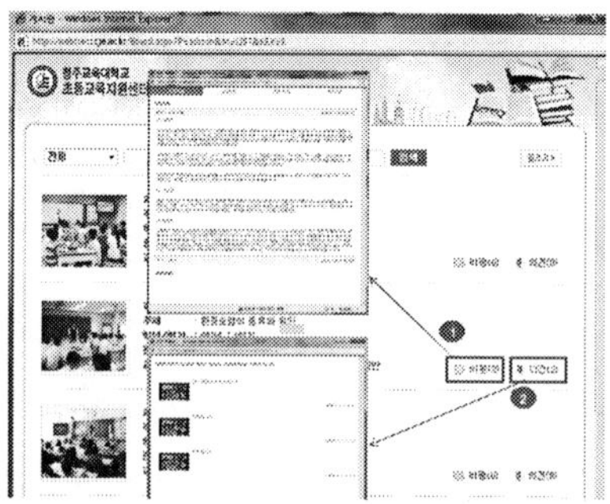

간순으로 목록화되어 나타나며, 이 관찰자들은 수업 동영상 관찰과 함께 이 목록의 의견들을 참조할 수 있다. 〈그림 4-7〉에서 보이는 바와 같이 수업 비평 게시판의 첫 화면에 제시되는 목록에서 몇 건의 의견이 있는지 알 수 있도록 의견 수가 표시되도록 하였다. 또한 각 비평문에도 의견을 제시할 수 있도록 하여 수업과 비평문에 대한 견해를 나누고, 이러한 결과물을 참조하여 메타 비평문 작성에도 도움이 될 수 있도록 구성하였다.

(4) 전문가 검토 및 기본 기능 테스트 시행

온라인 수업 비평 시스템은 계획 단계와 개발 과정에서 교사의 자기주도적 교수 역량 강화 관련 연구에 참여하고 있는 10여 명의 의견을 지속적으로 반영하였다. 인터넷 프로그램 개발 업체의 중간 보고와 최종 보고 시 본 대학의 컴퓨터교육과의 전공 교수 1인의 자문을 받았으며, 연동된 기존 홈페이지 개발 및 관리자와 협력하여 과제를 수행하였다.

시스템 개발이 1차적으로 완료된 시기는 2010년 7월 말이며, 이후 2주간 테스트 기간을 갖고 연구진 4인이 동영상 업로드, 동영상 조회(보기 및 비평하기), 웹하드 관리 및 접근, 회원 관리, 설문 조사 등 5개의 기본 기능을 실험하고 미비점을 검토하여 수정 및 보완 요구 사항을 작성하였다. 주요하게 수정 및 보완이 필요한 사항은 '홈페이지(사용자 페이지) 상에서 동영상 등록하기 기능'과 '수업 동영상 등록 시 웹하드 창 화면 이동 등 단계의 중복 없이 쉽게 등록할 수 있도록 해야 한다는 점' 등으로 사용자의 편리성을 높이는 것이었다. 이와 같은 과정으로 8월 말까지 세부 기능별로 오류를 수정하고 보완이 가능한 부분에 대해서는 추가적인 프로그래밍 작업이 이루어졌다. 이후 1주일 정도의 최종 테스트를 거쳐 11개 세부적인 오류에 대하여 수정 작업을 수행하고 9월에는 최종적으로 온라인 수업 비평 시스템 개발을 완료하였다.

표 4-12 연수 프로그램 활용 후 사용자 만족도

표 4-12 연수 프로그램 활용 후 사용자 만족도

만족도	사용 안 함	매우 만족	만족	보통	불만족
빈도(명)	10	3	15	9	2
비율(%)	25.6	7.7	38.5	23.1	5.1

(5) 사용성 평가

온라인 수업 비평 시스템은 개발 완료 이후 대학 내에서 수업 비평과 관련된 강의와 교육역량강화사업 등 예비 교사 교육에 적극적으로 활용되고 있으며, 교내에 자발적으로 구성된 현장 교사의 수업 비평 공동체의 학습 활동을 지원하고 있다. 또한 연구진이 기획하고 운영하고 있는 〈비평의 눈으로 수업 보기〉, 〈수업 보기를 통한 수업 컨설턴트 양성 과정〉 등의 연수 프로그램에서 중요한 교육 지원 자료로 활용되고 있다.

최근의 〈수업 보기를 통한 수업 컨설턴트 양성 과정〉 연수 프로그램에서는 본 시스템을 활용하여 온라인 수업 동영상 관찰 및 비평문 제출 과제를 병행하여 진행하였으며, 이에 대한 사용자 만족도 조사 결과, 〈표 4-12〉와 같이 만족 이상의 응답 비율이 45%가 넘는 것으로 나타났다.[5] 불만족 사유를 분석해 본 결과 I-pin 인증 방식의 회원 가입 절차가 까다롭고 연결 및 로그인이 원활하지 않았던 기술적인 문제가 있는 것으로 나타났으며, 이는 본 시스템이 연결되어 있는 초등교육지원센터 홈페이지의 회원 가입 방식과 절차에 대한 보완을 통해 해결해야 할 것으로 보인다. 이 밖에도 현재 탑재된 수업 동영상 사례가 초등학교 수업에 국한되어 있다는 문제점이 지적되었으며, 이는 추후 더 다양한 수업 사례 발굴과 탑재를 통해 보완할 수 있을 것으로 판단

* * *

[5] 강제성이 없이 부여된 과제였기 때문에 불참자 비율이 높았으며, 이처럼 온라인 과제에 참여하지 않은 응답자를 제외하면 만족도는 더 높은 것으로 판단할 수 있다.

된다. 이러한 시스템 사용에 대한 만족도 조사 결과는 아직 기초 단계로 추후 예비 교사와 현장 교사, 그리고 연구자 등 다양한 시스템 사용자들의 사용성 평가가 이루어질 필요가 있으며, 그 결과를 기초로 시스템의 유용성과 효과를 충분히 검증할 수 있을 것으로 생각된다.

V. 결론

교사 및 예비 교사의 수업 전문성을 신장시키기 위한 여러 수업 지원 제도에서 수업 동영상의 활용이 확대되고 있으며, 전국적으로 구축되어 있는 인터넷 망이 교사들의 수업 전문성을 신장시키는 중요한 통로로 부상하고 있다. 특히 전국 16개 시·도교육청과 연구기관에서 교사들의 수업 장면을 촬영하여 웹을 통해서 제공하기 시작했다. 이를 통해 많은 교사들이 동료 교사들의 수업을 관찰하고 이런 관찰을 바탕으로 자신의 수업을 개선할 수 있게 되었다.

그동안 많은 연구들이 한국 학교의 장학 문화가 폐쇄적이고 고립적임을 반복적으로 지적해 왔다. 이로 인해서 학교 내에서 동료 교사들 상호 간에 수업을 공개하고 상호 학습을 통해서 공동 성장을 할 수 있는 가능성이 별로 없었다. 그런데 인터넷 인프라가 전국적으로 구축되고 많은 교육청에서 우수 수업 동영상을 올리면서 단위 학교를 넘어서서 수많은 수업에 접근할 수 있는 가능성이 활짝 열리게 되었다.

그러나 현재 여러 교육청에서 제공되고 있는 온라인 수업 동영상들은 가능성과 함께 한계도 가지고 있다. 우수 수업 동영상이라고 많은 수업을 올려놓고 있지만 왜 우수한지, 어떤 측면에서 우수한지에 대한 설명이 전혀 없는 동영상들이 대부분이다. 거기에다가 탑재되는 수업들은 대부분 천편일률적이라고 느낄 만큼 유사한 특성을 가지고 있다. 또한 수업을 이해하고 종합적인 해석을 하기 위해 필요한 참조 자료들

을 충분히 제공하지 못하고 있으며, 수업 동영상에 대한 대화 수단이
부재하여 온라인 대화 공동체 안에서 수업에 대한 논의가 활발히 진행
되지 못하는 아쉬움이 있었다.

이에 본 연구에서는 자기주도적인 교수 역량과 수업 비평의 관계에
대한 이론적 검토를 토대로 수업 비평을 활용하여 자발적이고 집단적
으로 수업 전문성 향상을 위한 공유와 소통의 장을 마련하기 위하여,
기존의 온라인 수업 동영상 사이트의 장점을 이어받고 그 한계를 보완
하기 위해서 수업 비평과 결합된 온라인 수업 동영상 데이터베이스를
구축하였다. 또한 그동안의 연구진의 연구를 통하여 발굴된 다양한 수
업 동영상과 이에 대한 비평 사례를 축적할 수 있도록 수업 동영상을
비롯한 수업 비평 관련 자료들을 효율적으로 모으고 관리할 수 있는
온라인 공간을 마련하고자 하였다. 따라서 축적된 수업 비평 사례들을
검토하고, 약 6개월에 걸쳐서 DB 구축 방법을 계획, 시스템을 제작 및
구현하였다.

이와 같은 과정으로 개발된 온라인 수업 비평 시스템은 기존 사이트
와 비교하여 두 가지 다른 특징을 가지고 있다. 하나는 탑재된 수업 동
영상들의 특징이 기존 우수 동영상들과 다소 상이하다는 것이다. 연구
자들은 21세기 정보화 시대의 교육 환경에 적합한 수업이 무엇인지에
대한 이론적 성찰에 바탕을 두고 다양한 유형의 우수 수업 사례를 발
굴하여 탑재함으로써 우수 수업의 개념을 재구축하고자 하였다. 둘째
로 수업 동영상이 수업에 대한 깊은 질적 분석을 하는 비평문과 결합
되어 제시된다는 것이다. 수업 관찰자는 수업 동영상과 비평문을 비교
하면서 수업의 특질을 깊이 있게 이해할 수 있게 된다. 이렇게 비평과
결합된 온라인 수업 동영상은 온라인을 통해서 수업에 대한 연구와 소
통이 이루어지는 21세기 정보화 사회의 수업 전문성 신장의 한 중요
한 사례라고 할 수 있다. 셋째, 수업 비평이 수업 비평 공동체 안에서
이루어지는 수업 문화 운동이라고 전제할 때, 온라인상에서 수업 사례

를 공동으로 관찰하고 그 수업에 대해서 대화할 수 있는 기능을 마련한 점은 자발적이고 자기주도적인 교사들에게 시간과 공간의 제약 없이 수업 사례와 수업에 대한 깊이 있는 해석을 공유하고 소통할 수 있는 공간과 체계를 지원한다는 데 적지 않은 의의가 있다고 하겠다. 즉 전국의 자발적인 교사들이 온라인 수업 비평 시스템을 통하여 수업 연구 공동체를 구성할 수 있는 계기를 마련하고, 수업에 대한 집단적이고 비평적인 안목의 신장을 통해 자기 수업의 개선 가능성을 높였다는 것에 중요한 의미가 있다.

이와 같이 마련된 온라인 수업 비평 시스템을 활동 공간으로 삼아 기존 수업 비평 공동체와 대학의 자발적 수업 비평 실험 공동체, 연구 협력 학교 등 다양한 수업 비평 공동체 간 네트워크가 이루어진다면, 좋은 수업에 대한 풍성한 논의가 형성될 수 있을 것이다. 이와 더불어 온라인 대화 공동체 구축을 위한 실험 등 온라인 수업 비평 시스템의 활용 방법 및 활용 결과에 관한 후속 연구의 확산이 가능해질 것으로 기대한다.

• • •

현재 청주교육대학교 온라인 수업 비평 사이트는 그다지 원활하게 작동하고 있지 않다. 서버 용량, 기술적인 뒷받침, 전담 인력의 부족 등 단일 대학에서 운영하기에는 다소의 한계가 있다는 것이 그동안의 운영 경험이다. 그럼에도 불구하고 이 논문을 제시하는 이유는 수업 비평이 주로 동영상으로 촬영된 수업을 대상으로 한다는 독특성을 고려할 때 온라인 웹사이트와 같은 인터페이스가 꼭 필요하다고 보기 때문이다. 다중이 접근할 수 있는 온라인 인터페이스를 통해서 수업 실천가와 수업 연구자가 상호 소통적 대화 공간을 창출할 수 있으면 이는 수업 실천에 대한 해석 공동체의 형성을 매우 용이하게 할 것이다. 현재와 같이 왜 우수 수업인지도 알 수 없는 현장 수업을 아무런 설명 없이 올려 놓는 방식 대신에 비평과 메타 비평을 포함한 수업에 대한 다양한 대화가 촉발될 수 있는 온라인 웹사이트가 다양하게 개발되었으면 좋겠다. 도교육청과 같은 예산과 인력이 뒷받침되는 기관에서 대학과 같은 연구기관과 결합하여 온라인 웹사이트를 운영하면 바람직할 것이다. 하나 더 제안을 하자면 외국의 교육기관과 협정을 맺어 외국의 좋은 수업 동영상을 전문가의 해석과 함께 탑재하고 비평적 대화의 소재로 쓰는 것도 한국의 수업 방식을 성찰하고 혁신하는 데 좋은 자극이 될 것이다.

| 참고문헌 |

강윤희, 이재원, 장익(2007), 교육 정보 인터넷 동영상 개발 및 관리를 위한 상호 연계 모델 설계, 한국 정보기술학회논문지, 5(2), 한국정보기술학회, 15-21쪽.

강윤희(2007), 인터넷 동영상 공동 활용을 위한 메타데이터 기반 교육 정보 통합 방안 연구, 한국정보 기술학회 하계학술대회 논문집, 한국정보기술학회, 12-17쪽.

강은주, 이미자(2005), ICT 활용 교육을 위한 에듀넷 수업 자료 평가 및 개선 방안, 교육공학연구, 21(1), 한국교육공학회, 63-94쪽.

곽영순(2010), 멘토링 전후의 초임 과학 교사의 수업 특징 변화, 한국지구과학회지, 31(4), 한국지구과 학회, 403-417쪽.

김미량(2003), 교육용 웹사이트 평가를 위한 준거의 개발 및 적용, 컴퓨터교육학회논문지, 6(1), 한국컴 퓨터교육학회, 41-54쪽.

김순희(2009), 교사의 반성적 수업 실천을 위한 방안 탐색, 한국교원교육연구, 26(2), 101-121쪽.

김영습(2002), 교육 사이트의 평가 도구 개발 및 적용, 석사학위 논문, 대전대학교.

김찬종(2009), 교사 연수와 수업 전문성 발달, 교육연구와 실천, 75, 서울대학교 교육종합연구원, 67-90쪽.

김현진 외(2010), 예비 교사의 수업 능력 개발을 위한 교육 방안, 서울: 한국교육과정평가원.

신지혜(2011), 수업 전문성 신장을 위한 수업 비평 공동체에 관한 연구, 열린교육연구, 19(2), 한국열린 교육학회, 71-97쪽.

엄훈(2010), 수업 비평 개념에 대한 대안적 탐색, 교육과정평가연구, 13(2), 한국교육과정평가원, 79-101쪽.

유재옥(2006), 국내 문화 콘텐츠 제공 웹사이트에 관한 평가, 한국비블리아학회지, 17(2), 한국비블리 아학회, 43-64쪽.

이동원(2005), 초등 사회과 수업 지원을 위한 웹DB 개선 방안, 사회과교육, 44(4), 한국사회과교육연 구학회, 45-65쪽.

이상곤, 이지연(2007), 온라인 학습 환경에서의 공동체 의식의 역할에 관한 탐색적 연구, 교육문화연구, 13(1), 인하대학교 교육연구소, 81-98쪽.

이혁규(2007), 수업 비평의 필요성과 방법에 대한 탐색적 논의, 교육인류학연구, 10(1), 한국교육인류 학회, 151-185쪽.

이혁규(2010a), 현장의 우수 수업 특성에 대한 문화 비평, 학교 수업에 대한 반성과 실천: 한국교원대-청주교육대학교 교육연구원 공동학술대회 자료집, 171-188쪽.

이혁규(2010b), 수업 비평의 방법과 활용: 자전적 경험을 중심으로, 열린교육연구, 18(4), 한국열린교 육학회, 271-300쪽.

이화진 외(2005), 2005 KICE 교수학습개발센터 콘텐츠 개발 운영: 내용 교수법(PCK) 및 온라인 수업 장학 지원 프로그램 개발을 중심으로, 연구보고 RRI 2005-1, 서울: 한국교육과정평가원.

이화진, 김민정, 권점례(2007), 초등 초임 교사의 수업 전문성 발달 자료 개발 및 지원 방안 연구, 연구 보고 RRI 2007-4-1, 서울: 한국교육과정평가원.

이화진, 오은순, 송현정, 전효선, 강대현, 홍선주(2006), 수업 컨설팅 지원 프로그램 및 교과별 내용 교 수법(PCK) 개발 연구, 연구보고 RRI 2006-1, 서울: 한국교육과정평가원.

천호성(2005), 사회과 교실수업 분석의 방법과 과제, 시민교육연구, 37(3), 한국사회과교육학회, 231-253쪽.

천호성(2008), 수업 컨설팅을 통한 교실 수업 지원 방안에 관한 연구, 사회과교육, 47(3), 한국사회과교육연구학회, 109-134쪽.

최승현, 강대현, 곽영순, 장경숙(2008), 교과별 내용 교수 지식(PCK) 연구(II): 중등 초임 교사 수업 컨설팅을 중심으로, 연구보고 RRI 2008-3, 서울: 한국교육과정평가원

McCutcheon, G.(1979), Educational Criticism: Methods and Application, *Journal of Curriculum Theorizing*, 1(2), 5-25.

van Es, E. A. & Sherin, M. G.(2008), Mathematics techers' "learning to notice" in the context of a video club, *Teaching and Teacher Education*, 24(4), 244-276.

Santagata, R. & Stigler, J. W.(2007), The role of lesson analysis in pre-service teacher education: an empirical investigation of teacher learning from a virtual video-based field experience, *Journal of Math Teacher Education*, 10, 123-140.

수업 전문성 신장을 위한
수업 비평 공동체에 관한 연구

신지혜

I. 들어가며

교육개혁과 관련된 대부분의 논의는 학교 현장에서의 교수 학습의 질 향상을 궁극적인 목적으로 하고 있다. 또한 최근 교사 교육 관련 연구들은 학습자로서의 교사의 특성에 주목하고 있으며, 교사의 자발적인 학습을 촉진할 수 있는 다양한 방안을 마련하는 데 관심을 두고 있다. 이와 같은 교사의 전문성 개발을 통한 교육개혁은 지속적이고 자발적인 방식으로 이루어져야 하며, 이때 교사는 개혁의 대상이 아닌 주체가 되어야 한다는 인식이 공감을 얻고 있다(박순경, 2003; 서경혜, 2005). 교사 전문성을 신장시키기 위한 교사들 스스로의 노력은 교육개혁의 밑받침이 될 수 있으며, 이러한 변화를 위한 '교사 학습teacher learning'의 중요성과 필요성이 부각되고 있다(소경희, 2009).

특히 학교 현장에서 교사가 수행하는 다양한 업무 가운데 수업은 교사 전문성의 핵심이 되는 기술이다. 따라서 교사는 전문가로서 교수 실제^{teaching practice}를 이해하고 변화시키기 위해 지속적인 탐구심을 가져야 한다(NCTM, 2007. 나귀수, 2010에서 재인용). 하지만 우리 교사 사회는 교수 실제의 핵심인 수업에 대한 집단적 전문성을 형성하기가 어려운 조건하에 있다. 교사가 개인주의적인 학교 풍토와 고립된 환경 속에 처해 있기 때문이다(이혁규, 2007). 이러한 현장의 상황에 대한 이해와 개선을 위하여 수업과 관련된 교사의 전문성 발달에 대한 일련의 연구들이 교사 공동체를 통해 연구되어 왔다(이선숙, 2005; 서경혜, 2008; 전화영, 2009; 최수일, 2009).

그러나 아직까지 이러한 노력들은 학교와 교사 사회의 문화 풍토를 바꾸는 데까지 이어지지 못하고 있다. 이러한 상황의 개선을 위하여 최근에 수업 비평이라는 개념이 부각되고 있다. 수업 비평은 생산적이고 열린 대화를 통해서 수업을 보는 우리의 안목을 함께 성장시킬 수 있는 길에 대한 모색의 결과이다. 수업 비평이라는 개념을 활용하면 교사들의 수업에 대한 감식안과 비평 능력을 증가시킬 수 있고 이는 수업 실천 개선에도 연결될 수 있다. 그리고 비평은 본질적으로 소통과 대화를 촉진하기 때문에 고립적이고 개인주의적인 교사 문화를 바꾸는 데도 기여할 수 있다(이혁규, 2007; 2008). 수업 비평 관련 연구들을 살펴보면, 수업 비평의 필요성, 수업 비평의 관점, 수업 비평의 개념, 수업 비평의 유형, 수업 비평의 활용 등을 중심으로 다양한 논의가 생산되고 있다(류현종, 2004; 이정숙, 2005; 정재찬, 2006; 이혁규, 2007; 2010a; 2010b; 강현석, 2007; 김순희, 2009; 엄훈, 2010). 이렇게 수업 비평에 대한 관심이 증가하면서 교육 현장에서도 실제로 수업 비평 작업을 수행하고자 하는 교사들의 연구 모임이 증가하고 있다(최수일, 2009; 신지혜, 2010).

하지만 수업 비평과 관련된 일련의 이론적 연구들에 비하여 수업 비평을 실천하고 있는 현장의 구체적인 활동 양상과 수업 비평이 교사와 그들이 속한 공동체에게 실제 어떤 역할을 하고 의미를 가지는

지에 대한 연구는 미비한 상황이다. 따라서 수업 비평의 과정과 방법이 현장에서 어떻게 이루어지고 있는가에 대한 실천적 논의를 발전시키고, 이를 통해서 수업 비평을 수행하려는 교사 및 연구자들에게 실질적인 도움이 되며 수업 비평의 효과적인 확산 방안 마련에 기여할 수 있는 연구가 필요하다. 이 연구는 이러한 필요를 바탕으로 수업 비평을 실천하려는 교사와 연구자들에게 수업 비평을 위한 공동체 구축과 활동의 방법을 알리고, 수업 비평이 교사의 수업 전문성 향상에 기여하는 바를 찾는 것을 목적으로 한다.

이를 위하여 연구자는 수업 비평을 실천하고 있는 공동체들 가운데 3개의 현장 사례를 소개하고, 각 수업 비평 공동체의 활동과 경험에 대한 이해를 통하여 수업 비평의 가능성 및 교사 학습에 있어서 수업 비평의 역할과 의미를 탐색해 보고자 하였다. 구체적으로는 다음과 같은 연구 질문들을 해결하고자 하였다. 첫째, 수업 비평 공동체의 활동의 실제는 어떠한가? 둘째, 공동체에 참여하는 구성원들은 수업 비평을 어떻게 인식하고 있는가? 셋째, 수업 비평 공동체의 구성원들에게 있어 학습 공동체 참여의 의미는 무엇인가?

II. 수업 비평을 위한 공동체 구축의 필요성

1. 수업 비평의 개념 및 수업 비평의 방법

수업 비평은 수업 평가나 장학 등 기존의 수업 전문성 향상을 위한 여타 제도들의 문제점에 대한 대안적 성격으로 대두된 최근의 개념이다. 즉, 수업 비평을 한다는 것은 전통적 관점에서 경시되거나 무시되던 수업의 예술적 측면에 대해 다시 생각해 보는 일이다. 동시에 현재 우수 수업으로 대표되는 전통적 관점에서의 좋은 수업의 획일성을 벗어나서 수업을 보는 다양한 관점을 찾아내려는 시도이기도 하다. 이 밖에도 수업 비평에서 중시하는 것은 공개와 소통, 그리고 사물을 보는 감식안의 성장이 있다(이혁규, 2007). 수업을 분석하는 다른 제도와 비교를 통한 수업 비평의 개념에 대한 잠정적 정의는 다음과 같다.

> 수업 비평은 교사와 학생들이 함께 구성해 가는 수업 현상을 하나의 분석 텍스트로 하여 수업 활동의 과학성과 예술성, 수업 참여자의 의도와 연행, 교과와 사회적 맥락 등을 종합적으로 고려하면서 수업을 기술, 분석, 해석, 평가하는 비판적이고 창조적인 글쓰기라고 정의할 수 있다. (이혁규, 2007; 167)

위의 개념 정의가 잠정적이라는 이유는 수업 비평이 아직 이론적으로 자리를 찾아가고 있는 현재 진행형의 현상이요 개념이기 때문이다. 이혁규(2007)는 이러한 개념들이 현재 진행되고 있는 수업 비평과 관련된 활동을 적절히 기술해 내거나 혹은 그 규범적인 지향점을 잘 드러내고 있는지는 여전히 열린 질문이며, 앞으로 관련 연구가 해야 할 과제로 보았다. 따라서 수업 비평의 개념과 방법에서 나타나는 수업에 대한 종합적 고려와 질적 분석, 창조적 글쓰기 등이 현재 진행되고 있는 수업 비평과 관련된 활동에서 실제적으로 어떻게 드러나고 있는지 살펴보는 수업 비평 현상에 대한 연구가 필요하다. 수업 비평 현상을 밝힌 연구로는 이혁규(2010b)가 제시한 수업 비평의 방법에 대한 연구가 있다.[1] 이 외에도 몇몇의 학자들이 수업 비평 현상이나 실질적인 방법들에 대해서 논하고 있기는 하지만 대부분 교과 전문가나 비평 전문가로서 교사 이외의 일반 독자들까지 고려한 비평문 사례나 자전적 경험에서의 수업 비평 방법을 제시하는 데 그치고 있다.

• • •

1 이혁규(2010b)는 수업 비평에 대한 자전적 경험을 바탕으로 수업 비평의 방법을 다섯 단계로 구분하여 제시한 바 있다.

한편 엄훈(2010)은 수업 비평이 수업 비평 공동체 안에서 이루어지는 수업 문화 운동이라고 재개념화함으로써 수업 비평의 개념 안에 공동체를 포함시킨 바 있다. 특히 이혁규(2010a)는 위와 같은 수업 비평의 개념과 방법에 대한 정교한 이론 정립과 함께 현장에서의 실천 방안으로서 비평 공동체의 필요성을 주장하였다. 이와 더불어 김순희(2009)는 교사의 반성적 수업 실천을 위해서는 실제 수업의 맥락에서 지속적으로 제공되는 능동성을 전제한 탐구의 장과 학습 공동체를 통한 상호 협력이 기본적인 조건으로 요구됨을 확인하였다. 결국 수업 비평이 현장에서 교사들의 수업 전문성 신장을 위한 실천 방안으로 자리 잡기 위해서는 공부 모임, 즉 학습 공동체 형태의 집단적 실천을 통해 이루어지는 것이 바람직하다고 할 수 있다. 실제 교사들이 수업 비평문이나 전문가의 비평 방법만을 읽고 학교 현장에서 수업 비평을 실천하는 것을 기대하기는 어렵다. 또한 전문가들의 비평문에 수업의 주체인 교사들의 인식이나 실질적이고 고유한 수업 비평의 방법들을 담는 것에도 한계가 있다. 따라서 교사 학습 공동체를 통해서 일어나고 있는 수업 비평을 비롯한 수업 전문성 신장을 위한 실천적 노력들에 대해 좀 더 실질적이고 구체적인 논의가 필요하다.

2. 교사 학습 공동체로서 수업 비평 공동체

교사의 학습에 대한 전통적 관점에서는 교사의 배움의 형태는 연수라고 할 수 있으며, 이러한 전문 지식에 대한 학습은 현장의 실천에 큰 도움을 주지 못했다. 이러한 전통적인 현직 연수의 한계를 극복하는 대안으로 교사 학습 공동체Teacher Learning Community: TLC가 제시되었다(서경혜, 2008). 학습 공동체의 개념은 '학습'을 수행하는 대상과 '학습'이 일어나는 범위에 대한 규정에 따라 매우 다양한 폭을 가지고 정의된다(최성우, 2004). 일반적으로 학습 공동체는 학습을 목적이자 매개로 하여 만난 사람들을 단위로 하여 학습이라고 하는 인간의 행위에 의해 관계 맺어지고, 그 공동체의 구성, 유지, 발전에 학습이 핵심적인 기능을 담당하는 집단을 말한다(한숭희, 2000; 윤창국, 2002). 학습 공동체의 구성원들은 물리적, 정신적인 공간 속에서 집합적인 지식을 창출하고 개인 학습자로서 지적으로 성장할 수 있다(Bielaczyc & Collins, 1999; 강명희, 임병노, 2002). 최수일(2009)은 학습 공동체에 대한 여러 관점과 연구자들의 논의를 종합하여 "학습을 주 목적으로 하는 개인들이 자발적 또는 자연적으로 모인 하나의 단위로서 구성원들이 협력적으로 상호작용하며 학습에 새로운 가치를 부여하고 이를 통해 학습 활동을 전개해 가는 집단"으로 정의하였다.

Hasegawa는 교사 모임에 의한 전문성 개발 패러다임에서는 전문성 개발에 관해 교사의 자율적인 선택, 결정, 참여 및 결과에 대한 책임의 권한이 교사에게 주어져야 함을 강조하며, 교사의 자발성과 책임을 기반으로 하는 새로운 형태의 '교사 학습 조직teacher study group'을 이상적인 전문성 개발의 형태로 제시한다고 하였다(2002. 전화영, 2009: 29에서 재인용). 특히 교사의 수업 전문성 개발과 관련하여 Little(1990)은 학습에 대한 교사 간 공유된 가치 및 교수 학습 활동에 관련된 교사들의 풍부한 대화 및 협동을 근간으로 하는 교사 학습 공동체가 수업 개선에 상당한 효과를 가져올 수 있다고 주장하였다. 조영달(1999) 역시 교사는 동료 교사와의 대화를 통해, 그리고 자신과 다른 교사의 수업을 관찰하고 서로 반성적인 대화를 나눔으로써 서로의 수업 능력을 성장시킬 수 있다고 하였다.

한편 Dufour(2004: 6)는 교사 학습 공동체라는 말이 거의 모든 종류의 교사 모임에 사용되고 있으며, 이러한 사용이 용어가 지닌 의미를 모두 다 잃게 할 수도 있다고 지적한다. 이는 많은 용어들이 그렇듯이 학습 공동체의 개념이 관점에 따라 매우 다양하게 해석되고 특징 지워질 수 있기 때문이다. 따라서 모호한 교사 학습 공동체의 개념을 정의

함에 있어 여러 가지 특성을 살펴보고, 그 가운데 연구 대상이 되는 수업 비평 공동체와 관련된 특성에 초점을 맞추는 일이 필요한 것으로 생각된다.

Faris에 의하면 학습 공동체가 전통적인 공동체와 다르게 누구에게나 열려 있으며 지역의 인적·사회적 자본을 중요한 자산으로 인정하고 동원한다. 그리고 다른 공동체와의 학습 네트워크를 구축하기 위해 학습 기술learning technology을 이용한다는 특징을 가진다(2003. 최성우, 2004: 74에서 재인용). 서경혜(2008; 2009)에 의하면 교사 학습 공동체는 가치, 생각, 정서, 규범을 공유하는 교사들의 결속으로, 교사의 학습 및 학생의 학습 증진을 지향한다. 학습은 협력의 과정을 통하여 이루어지는 것이며, 학습과 실천의 분리 대신 반성적 실천을 통한 학습이어야 한다는 것이다. 서경혜(2008)의 연구에서 나타난 교사 학습 공동체의 학습은, 이론과 실천에 대한 협력적 고찰, 공동의 전문 지식 구성, 공동의 전문 지식 실천, 공동의 지식 실천에 대한 협력적 반성, 공동의 전문 지식 재구성의 순환적 양상을 보였다. 협력과 반성적 실천을 통해 교사 학습 공동체 구성원들은 서로의 경험, 전문 지식, 실천을 교류하고 공유하며 공동의 지식을 구성, 발전시켰고 그들의 전문성을 향상시켰다.

앞의 논의를 종합해 보면 수업 비평 현상에 대한 연구로서 수업 비평을 학습의 대상이나 방법으로 활용하는 것을 목적으로 하여 모인 교사 학습 공동체에 대한 연구의 보완이 요구되며, 교사 학습 공동체를 통하여 이루어지는 수업 비평과 관련된 활동들이 수업 비평 이론들을 실제적으로 어떻게 드러내고 있는지 살펴볼 필요가 있음을 알 수 있다. 이 연구는 수업 비평의 방법을 통해 수업 개선을 실천하고 있는 학습 공동체에 대한 관찰과 분석을 바탕으로 위의 이론적 논의를 바탕으로 추론한 수업 비평 공동체의 특성들을 확인하고, 이들이 공동체에서 수행하는 실제적인 활동과 경험이 갖는 의미를 탐색하고자 한다.

III. 수업 비평 공동체에 대한 참여 관찰

1. 연구 대상

본 연구자가 소속된 대학에서는 2008년부터 반성적 패러다임에 기반하여 교사의 교수 역량 강화를 위한 전문성 신장 체제를 구축하기 위한 연구를 단계적으로 수행하고 있다. 그 가운데 본 연구자는 수업 비평 개념의 가능성에 주목하여 교사 스스로 수업을 개선할 수 있는 자기주도적 수업 역량 강화 방안을 찾는 연구에 참여하고 있다. 특히 수업 비평 사례 발굴 및 축적을 위하여 수업 비평 혹은 수업 관찰, 수업 연구 등의 개념을 토대로 수업에 대해 공부하고 반성적 실천을 실행하고 있는 5개의 공동체를 찾아 공동체 활동을 관찰하고, 좋은 수업과 수업 비평문을 수집하였다.

그리고 수업 비평의 개념 및 교사 학습 공동체의 특성에 대한 이론적 검토를 바탕으로 본 연구자는 수업 비평 공동체를 다음과 같이 정의하였다. 수업 비평 공동체는 수업 비평을 학습의 목적으로 하거나 학습의 방법으로 활용하는 교사 학습 공동체라고 할 수 있다. 즉, 집단적 모임을 통해 수업 비평을 실천하는 장에서 교사 개인은 공동체의 구성원으로서 존재하며, 수업 현상과 이에 대한 분석과 관련된 다양한 자원을 공유한다. 수업 비평 공동체는 이와 같은 참여와 공유를 바탕으로 비판적인 협력학습을 통하여 공동의 목적(수업 개선, 자기 실행 연구)을 실천하는 집단이다.

이 연구는 이와 같은 수업 비평 공동체에 대한 개념 정의를 바탕으로 수업 비평 사례 발굴 과정에서 찾은 5개의 수업 비평 모임 가운데 3개의 공동체에 대한 질적 사례 연구이다. 5개의 모임 가운데 모임의 성격이 현저히 다르거나 본 연구자의 참여 관찰 횟수가 2회 미만으로 충분한 관찰과 분석이 이루어지지 못한 2개 모임을 제외한 다음과 같은 3개의 모임을 본 연구의 연구 대상으로 선정하였다.[2] 연구 대상은 역사교육연구소 내에 있는 '역사수업연구분과'와 충남 천안·아산 지역 수업 연구 모임인 배움과 나눔의 공간 '다온', 대전 동화중학교의 '수업비평연구회'이다. 이들 3개의 공동체를 대상으로 관찰 및 면담, 문헌 및 온라인 자료를 수집하고 분석하였다. 수업 비평 공동체의 경험과 활동을 토대로 의미를 찾기 위해서 연구자는 모임 구성원들의 이야기가 녹음된 내용을 듣고 이를 전사하고 함께 수집한 문헌 자료를 참고하여 여러 차례 살펴본 후, 모임의 형성 과정과 학습 공동체의 의미에 초점을 두고 이야기를 재구성하여 기술하는 작업을 수행하였다. 연구자와의 면담에 참여한 구성원과 참관 및 면담 일자는 다음 〈표 4-13〉, 〈표 4-14〉와 같다.

2. 자료 수집 및 연구 방법

연구자는 질적 연구의 전통을 따라서 사례 연구를 수행하고자 하였다. 2010년 3월부터 약 5개월 동안 수업 비평을 실천하고 있는 위의 3개 공동체들의 모임에 참석하여 활동을 관찰하였다. 관찰과 함께 모임의 구성원을 연구 참여자로 하여 면담을 실시하고 그 내용을 녹음하여 전사록을 작성하였다. 이와 더불어 각 면담과 참관 후 모임 참관 내용을 기록하였으며, 관찰자와 질문자로서 일지를 작성하였다. 이외에도 각 공동체의 홈페이지 활동 게시물과 구성원들이 작성한 비평문 등

• • •

2 수업 비평 사례 발굴 과정에서 찾은 수업 비평 공동체는 본 연구의 대상인 3개의 공동체 외에 경기도 중등수업비평교육연구회, 전국수학교사모임 수학교실관찰연구모임이 있다. 경기도 중등수업비평교육연구회의 경우는 모임의 형성 과정과 활동 방식에 있어서 다른 모임과 차이를 보이고 현재에도 참여 관찰 연구가 진행 중에 있기 때문에 본 연구의 대상에서 제외되었다. 또한 수학교실관찰연구모임은 모임의 구성원(회장)이 이미 그 모임을 대상으로 참여 관찰 연구를 통해 박사 학위 논문(최수일, 2009)을 작성하여 발표한 바 있기에 1회의 모임 참관 이후 그 논문을 연구의 참고 자료로 활용하는 것으로 대신하였다.

표 4-13 면담 참여 구성원

공동체 이름	면담 참여 구성원	교직 경력	비고
역사교육연구소 (역사수업연구분과)	A 교사	16~20년	휴직 중, 박사과정
	B 교사	11~15년	석사과정 파견
	C 교사	11~15년	석사과정 파견
	D 교사	16~20년	석사과정 파견
배움과 나눔의 공간 '다온'	E 교사	16~20년	
	F 교사	21~25년	
	G 교사	16~20년	
대전 동화중학교 '수업비평연구회'	H 교사	26~30년	연구회장

표 4-14 모임 참관 및 면담 일자

공동체 이름	인터뷰 및 참관 대상	날짜	장소
역사교육연구소 (역사수업연구분과)	A 교사 인터뷰	3월 25일(목)	교원대
	분과 모임 참관	3월 26일(금)	역사교육연구소
	A 교사 외 3명(B, C, D) 인터뷰	4월 21일(수)	교원대
	분과모임 참관(수업 이론 공부)	5월 28일(금)	역사교육연구소
	분과모임 참관(발표회 준비 과정)	6월 18일(금)	역사교육연구소
배움과 나눔의 공간 '다온'	E, F 교사 인터뷰 및 연구 모임 (수업 보기) 관찰	3월 30일(화)	천안 사무실
	G, F 교사 인터뷰 및 연구 모임 (1차 토론) 관찰	4월 6일(화)	천안 사무실
	G, F 교사 인터뷰 마무리 및 연구 모임(비평문 발표) 관찰	4월 27일(화)	천안 사무실
대전 동화중학교 '수업비평연구회'	H 교사 인터뷰	4월 1일(목)	대전 동화중
	대전 배움의 공동체 연수 참관 H 교사 인터뷰	5월 31일(월)	대전 유성생명과학고

을 분석 대상의 연구 자료로 수집하였다.

구체적인 자료 수집 방법은 집단 및 개인 면담 내용을 메모하는 동시에 녹음하여 전사록을 작성하였다. 3개의 수업 비평 공동체 가운데

표 4-15 수집 및 활용 자료

공동체 이름	자료	수량 및 형태
역사교육연구소 (역사수업연구분과)	A 교사 외 3명 인터뷰 녹음 파일 및 전사본	2건 / 총 100분
	분과 모임 참관 일지	3건
	연구회 발표문	3건
	홈페이지 게시물	2009년 2월 ~ 2010년 9월
배움과 나눔의 공간 '다온'	E 교사 외 2명 인터뷰 녹음 파일 및 전사본	3건 / 총 140분
	모임 참관 일지	3건
	수업 비평문	약 20건
	공동체 연수 자료 및 비평문 모음집	2권
	홈페이지 게시물	2009년 12월 ~ 2011년 2월
대전 동화중학교 '수업비평연구회'	H 교사 인터뷰 녹음 파일 및 전사본	2건 / 총 90분
	연수 및 수업협의회 참관	2건
	연구회 보고서	1권

역사교육연구소와 다온의 수업 비평 모임은 온라인에 활동 공간을 두고, 모임에서 이루어지는 활동의 과정과 결과를 공유하고 있다. 연구자는 모임일 전후로 이 두 공동체의 온라인 게시판을 확인하여 각 공동체의 활동 패턴과 모임 후기, 수업 전사록, 수업 비평문 등의 자료를 수집하였다. 이 밖에도 각 모임에서 정리하여 발간하는 연구회 보고서, 연수 자료집, 비평문 모음집 등을 확보하여 분석을 위한 자료로 활용하였다. 3개의 공동체에 대한 참여 관찰을 통하여 수집된 자료 목록은 〈표 4-15〉와 같다.

매회 모임 관찰 및 구성원 면담 시에 녹음된 자료를 연구자의 메모를 참고하여 작성한 전사본을 바탕으로 온라인 및 문헌 자료와 연구자의 관찰 일지 등을 함께 분석하였다. 전사본을 수차례 읽은 후 전체 내용을 질문 영역에 따라 구분하였다. 작성한 전사본은 일부 연구 참여자

(면담 대상)들의 검토를 거쳤으며, 연구 질문과 밀접한 관계가 있는 내용은 소영역, 중간영역, 대영역으로 코딩 과정을 거쳤다. 이를 바탕으로 연구 질문과 연구자가 의미 있다고 생각되는 부분에 초점을 두어 수업 비평 공동체의 활동의 실제와 각 공동체의 참여자들에게 수업 비평 및 공동체 활동이 갖는 의미를 찾아 재구성하는 작업을 수행하였다.

IV. 수업 비평 공동체 참여 경험의 의미

1. 공동체의 수업 비평 활동의 실제

수업 비평을 위해서는 적어도 1인 이상의 수업 관찰자(비평가)가 필요하다. 수업자는 본인의 수업에 대해 충분히 설명할 수 있는 기회를 가져야 하며, 비평가는 수업을 기술, 분석, 해석, 평가하여 수업에 대해 이해한 바를 글쓰기를 통해 독자에게 이야기할 수 있는 기회를 필요로 한다. 또한 예비 교사나 현장 교사들에게 수업 비평 전문가가 기대하는 바는 집단적인 안목의 성장이며, 문화 운동으로의 자리매김이다. 바로 여기에서 수업 비평은 필연적으로 공동체와 만난다(신지혜, 2010). 이 절에서는 세 공동체의 형성과 구성원 현황에 대하여 간단히 소개하고, 각 공동체가 수업 비평을 만나는 과정에서 해 온 활동과 특징적으로 드러나는 경험을 중심으로 수업 비평 공동체가 실제 수업 비평과 관련된 활동들을 어떻게 전개해 왔는지 살펴보고자 한다.

(1) 수업 비평 공동체의 구성 및 활동 현황

연구의 대상이 되는 세 개의 수업 비평 공동체의 형성 및 구성 현황은 다음과 같다. 역사교육연구소는 대학의 전문가와 교과 및 교육 분야의 연구자들, 현장 교사들이 함께 모여 역사교육의 발전을 위해 여러 가지 주제로 연구 활동을 수행하는 연구(학습) 공동체이다. 현재의 역사수업연구분과는 처음에는 '수업 비평'이라는 이름을 달고 역사교육연구소의 출범과 함께 모임을 시작하였다. 2009년 2월 첫 모임을 시작으로 모임은 한 달에 한 번, 매월 넷째 주 금요일에 정기적으로 열리고 있다. 모임의 준비 과정 및 첫 모임에 참여한 회원 10명으로 시작해서 현재는 13명의 구성원이 활동하고 있으며, 그중 7~8명은 모임에 지속적으로 참여하고 있다. 회원들이 활동하는 이유는 다양하지만 공동체가 함께 공유하고 있는 가장 큰 이유는 '수업을 잘하고 싶은 것', 즉 자기 수업의 향상을 위해서이다.

천안·아산 지역 수업 연구 모임인 '다온'은 2003년 12월에 결성된 모임이다. 교육개혁이나 대안학교 운동에 대한 고민과 인문학 및 철학 서적을 함께 읽고 이야기하는 동아리이자 글쓰기를 위한 모임이기도 했다. 이러한 기존의 공부 모임은 정체를 겪게 되었고, 2005년 12월부터 《우리교육》을 계속 구독하던 중 《우리교육》에 실린 수업 비평문들을 보고, 거기에서 감흥을 얻어서 2006년 12월부터 모임의 활동 내용을 수업 비평으로 전환하였다.[3] 현재 다온의 수업 비평 모임에 고정적으로 나오는 회원은 6명으로 모두 초등학교 교사이며, 그중 2명은 수업 비평 모임과 독서 모임에 같이 참여하고 있다. 그 외에도 다온에서 기획하는 연수나 워크숍에 참가했던 경험이 있는 교사들이 각 텀term 별[4], 워크숍별로 수업 비평 세미나에 참여하기도 한다. 워크숍 및 세미나는 보통 4주 단위로 기획되며, 각 주제별로 누구나 신청하여 참가할 수 있고, 봄과 가을 텀은 각각 세 번 정도의 워크숍이나 세미나가 열

* * *

3 그 당시는 수업 비평뿐만 아니라 여러 가지로 수업에 대한 관심이 제고되던 시기였고, 안팎의 요구에 따라 수업 비평, 수업 이해 및 수업 기술 등에 관한 책들이 출간되었다. 독서 활동과 함께 글쓰기를 필수로 하던 모임은 이 같은 수업과 관련된 책을 읽다가 수업 비평의 형태로 모임을 진행하기 시작했다.

4 봄, 여름, 가을, 겨울의 계절 단위로 보통 봄, 가을은 3개월 정도의 기간이고 여름과 겨울은 방학 기간의 집중 워크숍을 포함한다.

린다. 방학 기간에는 수업 비평에 대한 기획 연수를 통해 모임을 활성화하고, 수업 비평을 홍보하고 확산시키는 활동을 하기도 했다.

2장에서 언급하였듯이 연구자들이 수업 비평이 하나의 수업 문화로 자리매김하기 위해서 꼭 필요한 단계의 실천으로 제시하는 것이 단위 학교 차원의 수업 비평 공동체의 형성과 운영이다. 대전 동화중학교의 수업비평연구회는 바로 이러한 단위 학교 내에 자발적으로 형성된 수업 비평 공동체의 사례이다. 교과별, 주제별의 다양한 교사 모임에 참여하여 10년 이상 활동해 오던 H 교사는 《수업, 비평을 만나다》에서 동기를 얻어서 2007년 동화중학교에서 자발적으로 참여한 11명의 교사와 함께 수업비평연구회를 만들었다. 연구회가 만들어진 직접적인 계기는 대전교육과학연구원의 교과교육연구회 공모 사업이었으며, 이를 통해 재정적 지원이 바탕이 되어 올해까지 3년 연속 모임이 지속되고 있다. 자발적 동료 장학을 통해서 수업 개선을 실천하는 것이 연구회의 목표이다. 모임에 참가하는 회원 수는 11명에서 시작하여 2009년까지 14명이 활동하다가, 3명의 전근으로 2010년에는 다시 11명의 회원이 모임에 참여하고 있었다.

(2) 자발적 수업 공개와 촬영

공동체마다 구체적인 수업 비평 활동과 진행 방식은 조금씩 다르지만 세 공동체 모두 구성원들의 자발적인 수업 공개와 관찰에서 모든 활동이 시작되고 있었다. 이처럼 수업 비평의 대상이 되는 수업의 공개는 수업 비평의 전제이자 공동의 목표인 수업 개선을 위한 중요한 실마리이다. 하지만 공동체가 만들어지는 초기에는 온라인에 공개된 우수 수업이나 개별적으로 구한 다른 교사의 수업을 관찰하고 분석하는 것으로 시작되는 경우가 많다. 수업 비평에 대한 이론적 지식을 나누는 과정 속에서 구성원들 간에 공동체 의식이 형성되기 전까지는 본인의 수업을 공개하는 것은 그동안의 폐쇄적인 수업 문화로 인해 부담스러운 일이었고 이러한 인식을 바꾸기 위한 노력과 용기 있는 시도의 과정이 필요했기 때문이다.

연구 참여자들은 수업이 이루어지는 교실 현장에 참석해서 수업을 직접 관찰하는 것에 대한 필요성은 느끼고 있지만 대부분 다른 학교에서 근무하고 있는 현장 교사이기 때문에 직접 수업을 보기에는 어려움이 있다. 단위 학교 기반의 공동체인 경우에도 본인의 수업 시간이 비어 있는 경우에만 동료의 수업 관찰이 가능하다. 따라서 세 공동체 모두 수업자 본인이 직접 수업을 촬영하고, 동영상 파일을 공개하는 것이 일반적이다. 이렇게 촬영된 수업 동영상은 모임 전에 미리 공유하거나 모임에서 함께 시청함으로써 구성원 모두에게 공개되고 공유된다.

(3) 동영상 전사와 토론을 통한 수업 분석

연구 대상인 3개의 모임 가운데 역사교육연구소와 다온에서는 수업 동영상 촬영 및 공개 후에 수업 동영상에 대한 전사 작업이 이루어지고 있었다. 하나의 수업에 대해 3~4명이 각각 10여 분 분량을 전사하고 취합한 전사록이 마련되면, 수업자와 함께하는 수업 대화 및 토론의 과정이 이어졌다. 수업에 대한 전사 이외에 판서 내용도 정리하여 수업 분석 자료로 활용되는 사례도 있었다.

이렇게 전사록을 비롯한 수업 분석 자료들을 바탕으로 수업에 대해 토론하는 시간은 보통 1회에 3시간을 넘기며 이어지는데, 구성원들의 대화 내용은 대상 수업과 수업자에 집중되어 있으며, 본 연구자에게는 충격적일 만큼 전문적이고 날카로운 비판의 장으로 보였다. 쉬지 않고 진행되는 수업과 교과, 교수법에 대한 대화에 대하여 역사교육연구소의 A 교사는 함께 모여 이야기하는 3시간 동안에 압축적인 이야기를 담아내지 못한다면 들인 노력에 비해 얻는 것이 많지 않기 때문에 집중도가 높다고 설명했다.

L 교사의 수업에 대해 다른 선생님들이 쏟아 내는 질문은 상당히 구체적이고 집요하게 보였다. A 교사는 차시 구성에 대한 자신의 의견과 질문을 수차례 반복했다. Y 교사는 L 교사가 수업을 위해 준비한 이승만에 대한 논문과 수업에서 사용한 말이 너무 어렵다는 문제를 제시했다. 다른 구성원들 역시 제각기 자신의 관심사와 의견을 거침없이 드러내며, 많은 질문들을 퍼부었다. 비평이라는 용어가 무겁고 비판적이라고 거부한 모임이 맞나 싶을 정도로 이들의 실제 대화 내용은 생각 이상으로 비판적이었다. (연구자 일지, 2010년 3월 26일)

다온 역시 동영상 전사를 바탕으로 한 토론에 많은 시간과 노력을 할애하고 있었으며 또한 이 과정을 즐기고 있었다. 다온의 구성원들은 토론을 통해 다양한 시선을 접하고 논쟁하는 과정을 통해서 수업에 대한 안목을 변화시킬 수 있다는 점을 경험을 통해 믿게 되었으며, 따라서 토론회를 수업 비평에서 반드시 거쳐야 할 중요한 과정으로 생각하고 있었다.

수업 토론회는 워크숍의 하이라이트이다. 수업에 대한 생각과 메모, 질문과 문제의식, 비평의 주제와 개인 공부 등을 풀어 놓고 두세 차례 정도 토론회를 진행한다. 긴장된 분위기가 즐겁고, 시종 활기차게 진행된다. 두서없이 늘어놓자면 호기심, 관점의 차이, 이질적인 시선, 논쟁과 공감, 공부의 강도, 자기 발견 등을 한꺼번에 경험할 수 있다는 점에서 즐거운 시간임에 틀림없다. (윤양수, 2009: 54)

반면 동화중학교의 수업비평연구회는 비판적 토론의 방법보다는 서근원(2008)의 수업 대화 워크숍의 방법을 빌려 수업자를 불편하게 하지 않는다는 원칙하에, 자신의 의견 제시 없이 수업자에 대한 구체적인 질문에 초점을 두고 수업을 이해하려는 노력을 실천하고 있다. 동화중학교 수업비평연구회 모임에서 가장 중요하게 생각하는 활동과 과정 역시 이러한 수업 대화로 채워지는 시간이라고 하였다.

수업 동영상에 대한 전사 여부와 토론의 강도에 있어서 차이를 보이기는 하지만 세 공동체가 함께 수업을 분석하기 위해 거치는 과정과 방법은 수업을 더 잘 이해할 수 있도록 하기 위한 것이다. 모임 전에 동영상을 여러 차례 반복하여 보거나 전사록을 작성함으로써 수업을 꼼꼼히 들여다보게 된다. 또한 수업자와 충분한 대화를 거치면서 수업 당시의 맥락과 수업자의 의도를 깊이 이해하게 된다. 수업을 이해하기 위한 대화의 방법은 비판적 토론이나 수업 대화의 질문법이 사용되고 있다. 동영상 전사와 수업의 맥락을 파악하기 위한 노력이 협력적 실천을 통해 이루어지고 있으며, 이 과정에서 구성원들은 기존의 수업 관찰에서 보지 못하던 것을 보게 되고 수업을 더 잘 이해하게 되었다고 한다.

"피드백이 있는 거랑 없는 경우랑 되게 다른 것 같아요. 그동안의 비디오 비평문 같은 경우는, 수업자 의도에 대해 면담도 못 하죠, 수업하고 말아 버리니까. 그러니까 저희가 오해할 소지가 좀 있는데, 지금 같은 경우, 내부자 비평은 속 얘기도 많이 하고, 수업자 대화나 다른 방식으로 아이들에게 간접적으로 얘기하는 걸 할 수가 있으니까 그게 이제 달라진 점일 거고." (E 교사, 다온, 2010년 3월 30일)

(4) 글, 쓰기와 나누기

수업에 대한 분석 및 이해가 끝나면 구성원들 각자 혹은 지정된 1인의 동료(비평가)가 본인의 관점이 드러나는 글을 쓰게 되고 이는 모임의 구성원 모두와 공유된다. 이때 글쓰기의 정도는 간단한 소감문이 될 수도 있고 더 깊은 사유의 시간과 수차례의 퇴고 과정을 거친 비평문일 수도 있다. 세 공동체 가운데 다온은 유일하게 글쓰기의 결과를 비평문이라 칭하며, 비평문 쓰기 작업을 필수로 삼고 있다. 그렇다고 다온 이외의 다른 공동체들이 글쓰기 작업을 하지 않는 것은 아니다. 역사교육연구소 내에서 분과 발표회를 기회로 각각 2명의 수업자와 수업 관찰자가 짝을 이루어 분과 내에서 관찰하고 연구한 수업에 대한 평을 원고로 작성하여 발표한 바 있다. 동화중학교 수업비평연구회 역시 수업 대화에서 다루어진 내용을 바탕으로 연구일지 형식의 글이 작성되어 연구회 보고서에 수록되어 있음을 확인할 수 있었다.

어떠한 형식이 되었든 글쓰기를 위해서 수업 동영상과 수업에 대한 토론, 대화의 기록들이 재차 참조되고 있었다. 글쓰기 역시 한 번에 그치지 않고, 글쓰기의 과정과 결과에 대한 공유를 통해 재토론 작업이 추가로 진행되었다. 글쓰기 이전에 이루어진 수업에 대한 분석과 토론 과정에서 이미 각자 글의 주제가 조금씩은 드러난다. 구성원 간의 현재 상황과 맥락, 각자의 관심사와 문제의식을 공유하고 있기 때문에 각자의 주제와 주장의 논거가 조금 더 명확해질 수 있도록 도움을 주고받는 과정이라고 볼 수 있다. 또한 각 공동체가 가진 공동의 문제의식과 모임의 목표를 확인하는 기회가 되기도 한다.

> 작년에 수업비평분과(지금은 역사수업연구분과로 개명하였다.)를 소개해 주신 선생님을 따라 함께 참여하게 되고, 지난 10여 년 동안 마무리하지 못했던 논문 쓰기를 다시 시작하면서 수업을 바라보는 눈이 조금씩 바뀌기 시작했다. 밖에서 들여다보고 평가하는 수업 외부자의 눈에서 안에서 소통하고 이해하려는 수업 참여자의 눈으로. 물론 아직도 평가자의 눈에서 자유롭지는 않으나 수업자의 '동료'이자 교육을 실천하는 '동반자'로서 수업을 이해하고 선생님을 이해하는 것이 수업 연구의 출발이라는 생각은 뚜렷해졌다. (J 교사, 이해의 눈으로 수업을 마주하는 즐거움, 역사교육연구소 게시판, 2010년 6월 23일)

글쓰기의 필요성을 느끼고 성찰적인 글쓰기를 하고 싶다는 생각은 가지고 있지만, 글쓰기를 필수로 하는 공동체나 그렇지 않은 공동체 모두에게 글쓰기는 부담스러운 일이다. 본인의 수업을 보여 주는 것 이상으로 자신을 드러내야 하기 때문이다. 특히 아직까지 모임이 시작 단계에 있는 경우 구성원들은 수업에 대한 관점이 정립되고 공부를 많이 해야 비평문으로서 의미 있는 글을 쓸 수 있을 것이라고 생각하고 있었다.

> "딜레마죠. 보아하니 쉽지도 않고, 가자니 죽겠고. 그런 것 같아요. 제가 보기엔. (웃음) 그런데 글을 생각만 하면 탁 쳐서 써낼 수 있는 사람이 있을지 모르겠지만…… 쓸 때마다 고통스럽죠. 힘들죠. 그런데 그 고통이 전부가 아니니까 매달리고 쓰게 되고 그런 건데……." (G 교사, 다온, 2010년 4월 6일)

> "글쓰기는 일단 제가 그 수업을 보는 눈이 좀 만들어져야 되는데, 지금 만들어지는 과정이라 생각하고 글쓰기를 한다면 좀 부담스러울 것 같아요. 어떻게 수업을 바라보는 게, 그리고 제 수업도 보고 그렇게 쓰겠지만, 아직은 어떤 식으로 그 수업을 바라보고 글을 써야 할까라는 부담감은 있어요." (D 교사, 역사교육연구소, 2010년 4월 21일)

> 글쓰기는 여러 가지 모습의 나를 드러내는 것이라 참 어렵습니다. 에구구. 어쨌든 다 썼습니다. 지난번 의견을 받아들여 수정하여 쓰다 보니 글이 좀 길어진 것 같습니다. (J 교사, 이해의 눈으로 수업을 마주하는 즐거움, 역사교육연구소 게시판, 2010년 6월 23일)

2. 각 공동체의 수업 비평에 대한 인식

엄훈(2010)은 수업 비평에 대한 학문적 담론으로부터 귀납적으로 수업 비평에 대한 관념의 유형을 분류하였으며, 이때 분류한 수업 비평에 대한 관념들은 상호 보완적이며 논자의 관점과 초점화에 따라 동일 현상이 달리 표상된 것이라고 보았다. 담론을 생성해 낸 논자들의 학문적 기반과 각자의 관심에 따라서 수업 비평의 실제가 다르게 해석되고 정의 내려진 것이라 할 수 있다. 전술하였듯이 이 연구에서도 세 학습 공동체의 수업 비평 활동, 즉 수업 비평 현상을 살펴보면 절차와 방법상에 있어서는 대체적으로 비슷한 양상을 보인다. 하지만 각 공동체마다 강조하는 부분과 경험이 다르다는 것도 알 수 있다. 각 공동체의 형성 배경과 구성원의 특성, 지향점에 따라서 그들이 현재 공통적으로 하고 있는 수업 비평에 대한 인식을 달리하기 때문이다. 그렇다면 세 공동체 고유의 정체성은 무엇이고 이에 따른 수업 비평에 대한 인식은 어떤 것일까?

(1) 주체적인 수업 개선을 위해 연구하는 것

역사교육연구소는 전국역사교사모임이라는 큰 규모의 공동체에서 활동 경험이 풍부한 교사들이 모여서 만든 연구 공동체이다. 역사 교과라는 특성상 이미 역사를 보는 눈, 즉 역사관을 다양하게 다루면서 보는 눈의 중요성과 의미를 잘 알고 있는 교사와 연구자들이 수업 비평에 관심을 가지고 분과 모임을 만들었다. 이러한 역사교육연구소의 수업비평분과 회원들은 첫 모임 때부터 1년여간 분과 명칭에 대한 고민을 함께 하면서 모임을 진행하였다. 이름은 지시하는 대상을 대표하는 상징 기호로서 중요한 의미를 가진다. 어떤 것에 대한 이름 짓기는 그 대상에 대해 정체성을 부여하는 과정이다. 이어령(1992)에 의하면 이름 짓기를 한다는 것은 문화의 차이를 나타내는 것이고, 이러한 차이는 개인이나 집단의 정체성을 만들어 내는 것이다(신지혜, 2009). 회원들은 한 해 동안 여러 책을 보며, '수업을 보는 것'에 대한 의미를 이해하려는 노력을 하였고, 동영상 수업을 보고 토론을 하기도 하고, 수업 관련 학술 세미나와 전문가와의 좌담을 나누는 등의 과정으로 활동을 진행하였다. 수업과 연구의 주체로서의 정체성을 찾는 과정이었다. 그러한 활동 가운데 수업 비평에 대한 인식도 명확해지고 모임의 방향성을 정할 수 있었다고 한다. 역사교육연구소의 수업 연구 모임은 '수업 비평'이라는 분과 이름이 자신들이 해 온 작업들과 앞으로 하고자하는 바를 제대로 나타내지 못한다고 결론짓고, 역사수업연구분과로 이름을 바꾸었다. 그렇다면 그들이 인식한 수업 비평은 어떤 것일까? A 교사는 영화를 촬영하는 감독의 예를 들면서 수업 비평과 현재 모임의 활동의 차이를 설명하였다. 비평이라는 단어 자체의 무거움도 부담스럽지만 수업자, 즉 교사가 수업을 통해 자신을 성찰하며 길러야 할 실천적 지식과 비평가의 관점에서 기르는 지식 자체에는 차이가 있다는 것이다.

분과명 개칭과 관련한 논의 중에는 '수업 개선'이라는 선택도 포함되었는데, 이때 연구자는 수업의 개선이 분명히 이 모임의 목적이기는 하지만, '개선'이라는 단어가 갖는 기존의 부정적 이미지, 즉 장학이나 평가와 연결성이 높은 용어에 대한 거부를 엿볼 수 있었다. 또한 어디까지나 자발적이고 자율적이며 서로의 수업을 보는 것과 함께 이야기 나눔에 초점이 맞추어져 있는 것이지, 평가가 강조된 외부의 시선은 아니라는 것을 알 수 있었다. 결국 수업을 주관하는 수업 주체의 입장에서 생각하면 비평이라는 것은 3자의 눈이다. 따라서 역사교육연구소에서의 수업 비평은 주체적인 수업 개선을 위한 수업 연구 방법이라고 할 수 있다.

"영화를 찍는 촬영 감독이나 연출자의 고민이 자기 영화를 얼마큼 더 성숙되고 좋은 영화로 끌어올리느냐에 맞추어져 있다면, 비평가가 이렇게 비평한 게 도움이 되는 거죠. '아! 나는 이런 생각으로 수업을 했지만, 이 수업이 이렇게 보여지는구나. 이런 부분을 이렇게 개선해야 되는구나'라는 게 이렇게 들으면 도움이 되지만, 자기가 비평가의 식견과 그런 걸 넓히기 위한 것이 1차 목적은 아닌 거잖아요. 그래서 수업 비평보다는 수업 연구가 조금 더 포괄적이지 않을까." (A 교사, 역사교육연구소, 2010년 3월 25일)

역사교육연구소의 선생님들은 수업 의도를 이해하려는 노력을 많이 하는 것 같다. 수업의 주체로서 수업자에 대한 애정이 많이 느껴진다. (연구자 일지, 2010년 5월 28일)

(2) 비판적 감수성을 통해 수업을 읽고 쓰는 것

다온은 수업을 바라보는 다른 방식들과 비교해서 수업 비평이 가지는 고유한 특성으로 다양성과 개방성을 들었다. 수업을 바라보는 시선과 평가 방식에 있어서 틀이 정해져 있지 않고 다양한 방법을 인정한다는 점에 가치를 두었다. 또 다온의 수업 비평 방식이 가지는 특징으로 인문학적 시선을 강조하였는데, 이는 이 모임이 수업 비평 이전에 교육학 이외에도 인문학과 철학 서적을 탐독하고 공부하는 모임으로 진행한 경험과 관계가 있는 것으로 판단된다. 앞에서 공동체의 활동으로 다룬 글쓰기의 의미 이외에도 다온이 수업 비평의 고유한 개념으로 이야기한 것은 비평에 담겨 있는 비판적인 시선이 있다. 다온은 토론 환경이나 사유의 환경을 일상적으로 받아들인 사람들, 즉 비판을 받아들일 수 있는 감수성을 가진 사람들에게는 비판이 문제되지 않는다고 말한다. 이렇듯 다온의 구성원들에게 수업 비평 과정에서의 비판은 모두에게 합의된 개념이고 일상적인 문화인 것처럼 보인다.

다온의 토론 과정에서 가장 많이 언급되는 것은 '이야깃거리'이다. 토론의 과정뿐만 아니라 수업 동영상을 보면서부터 이야깃거리를 찾는 일이 시작된다. 그리고 그 이야깃거리가 수업과 관련한 이론이나 인문, 사회, 문화 전반과 어떻게 연결되는지 열심히 찾아보고 고민한다. 그리고 이러한 고민은 글쓰기를 염두에 두고 있기 때문에 더욱 깊어지고 다양해진다. 비평문은 수업 비평 전 과정의 결과물이다. 거기에는 구성원마다 수업을 바라보는 시선이 담기고, 공부의 강도 및 생각의 깊이와 폭이 드러난다. 이처럼 다온이 수업 비평의 개념 안에서 글쓰기를 찾아내고 강조하는 이유는 글쓰기를 통한 사고의 훈련과 신체화를 경험한 바 있기 때문이다. 글 속에는 모임의 구성원 개인과 공동체의 정체성과 함께 수업 비평의 과정에서 공부한 모든 것이 담긴다. 그리고 글쓰기와 글 나누기 과정 그 자체를 통해서 변화를 꾀하고 성장해 나가는 경험을 하게 되는 것이다. 이러한 경험은 자신을 드러내는 것에 대한 부담감을 덜게 하고, 더 많이 공부하고 깊이 생각하게 하는 자극이 된다.

"수업 비평에서 개념의 내포를 얘기한다면 빼놓을 수 없는 성분이 글쓰기가 아닐까, 그런 생각을 해요. 그리고 누구나 다 비평문 수준의 그런 글을 쓸 필요는 없지만, 글쓰기 일반하고 크게 다르지 않은데, 글쓰기가 사람을 많이 훈련시키잖아요. 변화시키고. 사고의 훈련뿐만 아니라 글쓰기는 어떤 삶의 방식까지도 바꿔 놓기도 하고. 그게 신체화되는 거죠. 그래서 그게 빼놓을 수 없는 성분 가운데 하나인데, 다양한 수준에서 글쓰기를 시도할 수 있을 것 같아요. 꼭 비평문 수준의 글로 정리가 될 수 있는 그런 글쓰기가 아니라 자기하고 대결하는 거니까. 그런 수준에서. 자기를 넘어서기 위해서 공부하는 거지, 전문가 수준이 되기 위해서 공부하는 게 아니니까."
(G 교사, 다온, 2010년 4월 6일)

결국 다온에게 있어서 수업 비평은 다양하고 폭넓은 시선으로 수업의 안과 밖을 넘나드는 것이며, 이를 위해 하나의 수업과 관계된 서로 다른 관심과 주장을 기탄없이 이야기하는 것은 일상의 문화이다. 여기에서 이러한 비판의 힘을 추진력으로 삼아서 더 넓고 깊은 수업 이야기를 만들어 내고 그것을 글로 옮기는 과정에서 삶의 방식까지도 바꿔는 경험을 통해 쌓은 믿음을 엿볼 수 있다.

　　"다양성을 인정하는 거죠. 비평이라는 게 워낙 다양하게 나올 수 있는 거
니까. 그 열려 있다는 게 큰 차이점인 것 같구요. 그리고 …… 컨설팅 같
은 경우가, 말이 컨설팅이지 사실 숙제거든요. 근데 저희 같은 경우는 그렇
지는 않고, 수업 비평 진행하면서 교사들끼리 하는 것도 있고. 그 다음에
인문학적 시선이 들어가 있다는 것도 큰 차이점이 되겠죠." (E 교사, 다온,
2010년 3월 30일)

　　"비판적인 시선, 부정적인 뉘앙스가 들어 있기 때문에 약간 꺼리는 사람
들도 있는데, 그것은 비판적인 시선의 힘을 보지 못하는 거죠. …… 물론
당장 머리가 아니라 가슴으로 생각하면 박히죠. 근데 그러한 토론 환경이
나 사유의 환경 속에서 일상적으로 그런 삶을 사는 사람들은 다를 것 같아
요, 감수성이나 받아들이는 방식이. 그래서 …… 여기서 비평의 시선이나
글쓰기 어느 하나를 포기해 버리면 그걸 온전히 수업 비평이라고 보기는
어려울 것 같아요." (G 교사, 다온, 2010년 4월 6일)

(3) 개혁의 시작, 단절의 벽을 넘어 나누는 수업 이야기

　　동화중학교에서 수업비평연구회가 만들어진 직접적인 계기는 대전
교육과학연구원의 교과교육연구회 공모 사업이었다. 모임의 주제와
내용을 수업 비평으로 정한 것은 회장인 H 교사가 《수업, 비평을 만
나다》에서 깨달음을 얻었기 때문이다. 여러 교사 공동체를 만들고 참
여한 경험이 있는 그는 같은 학교 내에서도 닫혀 있는 서로의 교실을
열고 함께 이야기를 나누어야 할 필요성에 크게 공감했고, 자발적으로
참여한 11명의 교사와 함께 수업비평연구회를 만들게 된다. 본격적인
수업에 대한 이야기를 같은 학교에 있는 교사들끼리 나눠 보자는 생각
이었고, 이렇게 단절된 수업의 벽을 넘는 것으로 시작해서 참교육을

실천해 보려는 교육개혁을 위한 노력이었다.

하지만 본 연구가 진행되는 동안 동화중학교의 수업비평연구회의 관심은 수업 비평을 넘어서 배움의 공동체 시스템으로 확대되었다. 동화중학교의 수업비평연구회는 수업 비평을 시작으로 수업과 교실, 학교 혁신을 위한 새로운 개혁적 논의들을 차례로 접하고 이를 실험해 왔다. 수업 비평이나 교육인류학적 수업 대화 모형에 대한 이론적 토대 위에 학습자 중심의 배움을 촉진할 수 있는 활동적인 수업을 개발하고 실천하는 것에 중점을 두자고 했지만, 구체적인 아이디어를 얻는 데 실패하였다. 그러던 중 이우학교에서 주관한 '일본 배움의 공동체 탐방 연수'를 통해서 새롭고 구체적인 수업 연구 시스템을 접하게 되고, 초·중·고 통합형의 수업 연구 모임을 새롭게 만들었다. 지금은 '대전 배움의 공동체 교과교육연구회'로 명칭을 바꾸고 단위 학교 차원을 넘어서 수준과 교과를 통합한 지역적 학습 공동체로의 확장을 꾀하고 있다. 대전 지역의 모임으로서 네트워킹이 이미 시작된 것이다. H 교사는 여기에서 더 나아가 학교 개혁에 대한 아이디어를 나누는 '새로운 학교 대전 네트워크'에 참여하면서 공교육 현장을 바탕으로 자신이 속한 여러 공동체의 구성원 및 그들의 활동 내용을 연결시키고 체계화하려는 노력을 하고 있다. 아이들과 수업에 대한 관심에서 시작한 단위 학교 내의 소모임이 '배움의 공동체'라는 시스템을 만났고, 지역의 다른 공동체들과 연결되면서 현실적인 적용과 체계화를 위한 실천이 이루어지고 있는 것이다.

"동화에서 시작된 수업에 대한 고민이 올해 초·중·고의 여러 학교로 확산되고 지역 네트워크를 형성해서 …… 이제 구체적인 단위 학교 차원에 이 시스템을 가져가는 거죠." (H 교사, 동화중학교, 2010년 4월 1일)

지금까지 살펴본 바에 의하면 각 공동체별로 구성원들이 가진 수업 비평에 대한 인식은 공동체의 특성에 따라 다음과 같이 정리된다. 역사교육연구소는 연구자와 현장 교사의 수평적 협력이 일어나는 곳으로 외부 및 위에서의 시선에 대한 거부감이 강한 편이다. 또한 수업자의 주체성을 매우 중요한 가치로 생각해서 수업자의 의도를 이해하려는 노력이 많이 엿보였고, 수업을 만들어 가는 교사의 입장을 영화 촬영 감독의 그것에 대비시켰다. 한편 인문학 토론 모임으로 시작한 다온은 토론과 글쓰기 과정에서의 경험을 통해 비판의 힘을 믿고 있으며, 비판은 다온만의 일상 문화로 구성원들을 힘들게 하지 않고 익숙한 것으로 자리 잡았다. 글쓰기를 통한 앎의 체험과 이로 인한 삶의 변화 역시 구성원들이 공유하고 있는 경험적 가치라고 하겠다. 따라서 다온에게 있어서 수업 비평이란 비판적 감수성을 가지고 수업이 가진 다양한 의미들을 따져 보고 표현해 내는 작업이며, 그 과정에서 성찰을 통해 스스로 성장해 갈 수 있도록 해 주는 삶의 방식이다. 마지막으로 동화중학교의 수업비평연구회에게 수업 비평은 공교육 혁신과 학습자 중심의 배움이 일어나는 공동체를 마련하는 데 있어 초기에 필요했던 이론적 바탕이자 고립된 교사 문화 속의 단절된 벽을 허무는 개척의 장치였던 것으로 보인다.

수업 비평의 개념 인식은 주체성과 관점의 다양성 정도가 모아지는 개념 요소라고 할 수 있으며(엄훈, 2010), 비평을 받아들이는 관점에 따라 공동체별로 다음과 같은 차이를 보였다. 역사교육의 발전을 위해서 다양한 주제에 대한 연구 활동을 수행하는 연구 공동체를 기반으로 하는 역사교육연구소의 경우, 수업 비평이란 수업 주체의 입장에서 수업을 개선하기 위해 연구하는 것이다. 이는 엄훈(2010)이 분류한 수업 비평의 개념 가운데 '수업 연구 방법으로서의 수업 비평'에 해당된다고 할 수 있다. 역사교육연구소의 관점과 초점이 외부가 아닌 내부의 평등한 시선과 수업자의 입장에서 수업을 개선하는 방법을 연구하는 것에 맞춰져 있는 것과 관련된다. 반면 인문학 토론과 글쓰기 훈련을 통해 비판의 문화를 일상화한 다온에게 수업 비평이란 비판적 감수성과 인문학적 상상력을 동원해 수업에 대한 다양한 읽기와 쓰기를 실험하는 것이다. 따라서 그들의 수업 비평 활동에 있어서 비평문 쓰기의 비중이 큰 편이다. 이러한 다온의 인식 역시 담론으로부터 유형화된 관념과 맞물린다. 바로 '비판적 글쓰기로서 수업 비평'이 그것이다. 마지막으로 단위 학교 기반의 수업 비평 공동체인 동화중학교의 수업비평연구회에게 있어 수업 비평의 의미는 고립적이고 개인주의적인 교사 문화 속에서 수업에 대한 이야기를 통해 단절을 끊고 교육개혁을 도모하는 개척의 수단이라고 할 수 있다. 이러한 인식은 수업 비평의 가치를 '수업에 대한 이야기의 생산과 소통'에 두는 학문적 담론과 맥락을 같이한다(서근원, 2003; 류현종, 2004; 강현석, 2007; 엄훈, 2010).

3. 교사에게 수업 비평 공동체 활동의 의미

(1) 수업을 보는 눈이 바뀌는 경험

수업 비평의 중요한 역할 중 하나는 수업을 보는 안목을 높일 수 있다는 것이다(이혁규, 2007). 그리고 이러한 안목은 수업을 많이 보고 분석해 보는 과정 속에서 키워 나갈 수 있는 것이다. 따라서 수업을 보는 눈은 수업 비평의 경험 속에서 변화하는 것이 당연하고, 그 변화는 경험의 지속 기간과 관계가 깊을 것으로 생각된다. 수업 비평 공동체의 활동과 경험 속에서 수업을 바라보는 관점의 변화를 파악하는 것은 수업 비평의 중요한 역할을 확인하는 작업이라 할 수 있다.

수업을 바라보는 관점은 얼마나 많은 수업을 보았는가에 따라 달라질 수 있을 것이다. 즉 수업을 보고 분석해 내는 경험의 횟수 및 기간과 연관지어 생각할 수 있다. 수업 비평 활동을 시작한 지 1년을 조금 넘긴 역사교육연구소 역사수업연구분과 회원들은 대부분 수업 연구

모임을 하면서 수업을 보는 관점이 다양해졌다고 말한다. 수업을 보고 분석하고, 대화하는 과정에서 다른 사람의 관점을 듣고 '아, 저렇게 볼 수도 있구나' 하는 경험을 하게 되고, 이러한 경험이 쌓이면서 수업을 보는 시각이 다양해지는 것이다.

"음…… 명확해지기도 하고, 좀 다양해지기도 한 것 같아요. 그러니까 처음에는 저희가 직접 관찰한 수업 자체가 얼마 안 되었기 때문에 주로 교사의 교과 내용 설명에 많이 치우쳐지는 거죠. 교사의 교과 내용 설명이 뭐 자연스럽다, 저 주제를 설명할 때 굉장히 좋은 사례다 뭐 이 정도로. 그런데 조금 더 넓어져서 교실의 교사가 분장은 어떻게 했고, 칠판이나 이런 상황은 어떻게 했고, 그게 몇 교시였고, 뭐 이런 우리가 맨 처음에 필요 없다고 생각했던 분야도 중간중간에 같이 얘기로 나오게 되고……. 그런 부분은 없지 않아 있는 것 같아요. 아직도 시작 단계이기 때문에 이러이런 걸로 교실 수업을 보자 하고 합의된 관점이 아직 모아진 것은 없지만요."(A 교사, 역사교육연구소, 2010년 3월 25일)

반면, 3년 동안 수업 비평과 관련된 다양한 경험을 한 다온의 E 교사는 그동안의 모임의 활동 과정을 통해서 안목이 훈련되고 시선이 넓어졌다고 자평하였다. G 교사 역시 보지 않던 것을 보게 되고, 고민하지 않던 것을 고민하게 만드는 것이 수업 비평이라고 한다. 특히 G 교사는 수업들 속에서 공통적으로 가지고 있는 수업 문화를 발견하려는 노력을 많이 하며, 이제까지 생각해 내지 못했던 수업과 관련된 상상력의 변화를 찾고자 한다고 하였다. 이는 단순히 수업을 많이 보았기 때문에 생긴 변화는 아니다. 수업 안팎으로 연결시킬 수 있는 이야깃거리를 찾고 토론과 글쓰기를 위한 공부의 과정 속에서 훈련되고 얻어진 결과라고 생각된다.

"수업을 바라보는 관점 자체가 달랐던 점도 많이 있구요. 확실히 비평이라는 것 자체가 받아들이기가 좀 뭔가 회의적인 지점이 있었죠. 그런데 궁극적으로는 잘된 것 같아요. 안목이 확실히 변했으니까. 초기의 안목과 지금의 수업을 바라보는 안목의 차이. 개인적으로도 훈련이 된 것 같아요. 일단 교수 내용이 중점이 많이 돼요. 교수 방법이나 기술적인 이런 측면보다 학습 영역에 관해 좀 중점을 두고 있고, 그리고 아까도 말씀드린 것처럼 그 내용 자체가 수업적인 용어보다 비평이라는 용어가 담고 있는 것도 있으니까 좀 더 넓게 시야를 가지고. 그리고 저번에 가족 수업을 하나 했거든요. 그럴 때 가족 수업 내용에 관해서도 이야기하지만, 좀 넓게 가족주의에 대해서 얘기할 수도 있고, 그렇죠. 좀 넓은 시선으로 바라보려고 해요. 인문학적 시선이 많이 포함되게 글을 쓰려고 하고, 그렇게 바라보려고 하고요."
(E 교사, 다온, 2010년 3월 30일)

동화중학교의 H 교사는 수업을 보는 관점과 관련해서 아이들이 중심이 되는 수업으로의 변화를 이야기하였다. 전반적인 수업을 진행해 가는 데 필요한 여러 기술과 능력, 즉 교수 학습 과정, 판서, 말과 시선, 질의응답과 모둠 구성 등을 어떻게 전개해서 효과적이고 의미 있는 수업을 만드는가가 초기의 관심이었다. 그러다가 교과교육연구회에 참여하고 교사들과 수업에 관련된 대화를 하면서 아이들이 중심이 되는 수업이 수업 목표를 달성하는 데 효과적이라는 것을 알게 되었다고 한다. 하지만 여전히 구체적이고 이론적인 관점의 부족함은 느껴졌고, 그러한 부족함을 이혁규 외(2007)의 《수업, 비평을 만나다》, 서근원(2003)의 《수업을 왜 하지?》 등의 책들을 연구회 회원들과 함께 보면서 채워 왔다고 한다. 이렇게 수업 기술에서 아이들에게로 옮겨진 시선은 배움의 공동체 시스템으로까지 연결되었다.

"처음 시작할 때에는 나의 수업 기술적인 측면에 많은 신경을 쓴 거예요.

…… 그런데 연구회를 하면서 선생님들하고 연구를 할 때는 아이들이 중심이 되는 수업이 좀 더 효과적이고 수업 목표를 달성하는 데 실질적인 도움이 된다는 것을 알게 된 거죠. 왜냐하면 그런 수업을 하다 보면 아이들이 굉장히 즐거워하고 적극적으로 참여해서 재미있어하고." (H 교사, 동화중학교, 2010년 4월 1일)

이와 같이 활동 기간과 공동체의 관심사에 따라 변화의 정도와 방향은 다르지만 세 공동체의 구성원들은 모두 수업 비평의 경험을 통해 수업에서 이전과 다른 것을 보는 눈을 갖게 되었음을 확인할 수 있었다. 따라서 교사들이 수업 비평 활동을 통해 얻는 첫 번째 수확은 수업에 대한 다양한 관점과 관점의 변화에 대한 체감이다.

(2) 공유와 협력을 통한 생존과 성장

전통적으로 교사 사회에서 동료 교사들 사이의 관계는 무관심을 특징으로 하며, 교사들의 사회화는 개인주의적이라고 보는 견해가 우세하다. 그러나 Lortie(1975, 진동섭 역, 1993: 330)에 의하면 한편으로는 교사들의 관계가 전문적 성취에는 중요한 영향을 미치거나, 동료 교사들의 규범이 초임 교사들에게 영향을 준다고 밝힌 연구도 있다. 따라서 교사들 사이의 관계를 단순히 양자택일의 관점에서 단순화시켜 기술하는 것은 위험하다. 교사들은 서로를 유용한 아이디어의 원천으로 보고 있으며 교실 밖의 협력은 광범위하게 일어난다. 이처럼 교실 밖에서 일어나는 교사들 관계는 다양한 측면에서 이해되어야 하며, 협력의 이유와 양상, 그 범위 역시 단정적으로 제시하기는 어렵다.

그럼에도 불구하고 연구자가 세 공동체의 사례를 통해서 교사 학습 공동체 활동의 가장 큰 의미라 주장할 수 있는 바는 '함께 성장하는 것'이다. 여기에서 성장은 교사로서 전문성을 향상시키는 것과 일맥상통한다고 볼 수 있다. 그리고 이 성장을 위한 필수 조건은 공유, 즉 깨달음과 배움을 나누는 것이다. 혼자 하는 공부는 어렵기도 하지만 독단에 빠질 수도 있다. 수업을 공개하고 함께 이야기하면 등잔 밑이 어두워서 놓치는 부분도 찾아서 채울 수 있고, 같은 생각을 만나면 격려를 얻을 수도 있다. 공동체 구성원들이 수업에 대한 대화를 나누면서도 가장 공감하는 바는 '좋은 수업'에는 하나의 정답이 없다는 것이다. 그럼에도 좋은 수업을 위해 필요한 것이 있다면 성공한 경험이든 실패한 경험이든 고민을 함께 나누는 소통의 장이며, 그들은 이 사실을 명확히 알고 있다.

바람직한 수업과 학교를 만들기 위해서 서로가 경험과 지혜를 모아서 현재의 문제를 풀어 가는 것이 공동체 활동의 목적이고 쉽지 않은 과정 속에서 뜻을 같이하는 동료 교사들과 아이들을 만나는 일은 교사에게 직업적 보람이 된다. 동화중학교의 S 교사는 모임의 궁극적인 목적은 교사 전문성 향상을 넘어 아이들의 행복한 배움과 성장에 있으며 또한 동료 교사 및 아이들과의 만남 속에서 얻는 행복 역시 교사의 학습 공동체 활동에서 빼놓을 수 없는 의미라고 말하고 있다.

"많이 도움이 되었죠. 도움이 되었고, 우리가 목표는 교사의, 교사로서의 전문성. 거기에는 여러 가지가 있겠죠. 수업 전문성뿐이겠어요? 생활 지도 전문성, 학급 운영 전문성, 총체적으로. 하지만 궁극적인 목적은 아이들의 행복한 배움과 성장에 있다고 봅니다. …… 교사에게는 직업적 보람을 흠뻑 안겨 주죠. 아까도 얘기했지만, 동료 교사들과의 만남, 아이들과의 만남. 그 속에서 우선 행복을 느낄 수 있으니까. 수업을 바라보는 관점들이 수업 비평 모임을 통해서 조금씩 조금씩 성장한다고 그랬잖아요. 그래서 아이들의 행복한 배움과 성장뿐만 아니라 교사의 행복한 배움과 성장에도 큰 도움을 주고 있다고 봅니다." (H 교사, 동화중학교, 2010년 4월 1일)

"생존 방법이죠. 가르치는 걸 업으로 삼은 사람인데, 남은 어떻게 가르치고 있는지, 자기가 가르치는 방법이 나름 뭐…… 아 이 주제는 뭐다 이렇게 가르치는 게 먹혔다 이런 게 있으면 공유하는 게 맞다고 저는 생각을 하거든요. 그런 의미에서 모이는 그 자체가 그냥 생존이죠." (A 교사, 역사교육연구소, 2010년 3월 25일)

"저는…… 수업 비평 전부터 이미 지역 모임을 오랫동안 했는데, 그 지역 모임에서 활동하는 만큼 제가 좀 그 지역 모임과 같이 성장한다고 해야 할까? 그런 생각은 항상 했었어요. 만약에 내가 그런 모임을 하지 않고 따로 했더라면, 배움의 욕구는 있으니까 어떻게든 또 했겠지만, 좀 달랐을 것 같긴 해요. 확실히. 다른 사람들의 생각도 많이 듣고, 그럴 기회가 많으니까." (C 교사, 역사교육연구소, 2010년 4월 21일)

교사 개인과 공동체의 성장을 위한 필수 조건은 공유와 협력이다. 지금까지와 같은 집단적 노력과 실천이 없었다면 수업에 대한 안목의 성장과 구성원 개인의 수업 전문성 향상은 현재와는 매우 먼 이야기가 되었을지도 모른다. 사실 동화중학교와 같이 단위 학교에 구성되지 않은 이상 대부분의 교사 학습 공동체는 매회 모임 때마다 전국 규모의 이동 거리를 달려와 참석해야 하는 단순한 어려움도 크다. 본 연구에서 관찰한 수업 비평 공동체는 참여자 모두가 매번의 모임을 위해서 수업 비평에 관련된 다양한 작업 및 고민 — 전사, 토론문(이야깃거리), 독서와 발제, 비평문 등과 함께 모임의 운영과 관련한 사항을 수행해야만 하는 머리 아픈 모임이다. 각 구성원들이 제때 제 역할을 하지 못하면 제대로 진행되기 어렵다. 따라서 개인의 일정에서부터 고민과 글쓰기의 수준까지 물리적, 정신적 에너지를 많이 투입해야 제대로 굴러가고 많이 얻을 수 있는, 개인이 갖는 부담이 매우 큰 모임이다.

안타깝게도 대부분의 교사들에게 수업에 대해 진지하고 심도 깊은 이야기를 할 수 있는 시간이나 공간이 마땅히 없다는 것이 우리의 현실이다. 하지만 세 공동체 내에는 구성원들 대부분에게 수업에 대해서 제대로 이야기할 수 있는 유일한 공간과 시간이 마련되어 있다. 이 모임은 구태의연한 학교의 일상 흐름에 밀려가지 않기 위해 놓을 수 없는 끈이다. 따라서 이러한 유일한 선택을 유지하고 지금까지의 경험과 흐름을 깨지 않기 위해서 구성원들은 부단한 노력을 기울이고 있다. 그리고 이러한 노력은 함께 만들어 가는 리듬으로 나타난다. 결국 수업 비평 공동체에 참여하여 얻어 가는 교사 개인의 성장과 수업 전문성 향상 못지않게 그 결과를 얻기 위해 수행하는 수평적이고 집단적인 협력 그 자체가 수업 비평 공동체의 유지와 발전을 위해 중요한 밑받침이 되며, 구성원들의 삶에 있어서 소중하고 의미 있는 경험이 되고 있는 것이다.

"학교에서 보면 다른 얘기들은 많이 하는데, 수업에 대해서는 거의 얘기를 하지 않아요. 그래서 나오는 거고, 수업에 대해서 깊이 있는 것도 좋지만 수다 수준이라도 그렇게 할 수 있는 거에 의미가 있다고 생각하구요. 아까도 말씀하셨듯이 수업에 대해서 고민할 수 있는 시간이 주마다 있다는 거, 그게 의미 있다고 생각하거든요."(F 교사, 다온, 2010년 4월 6일)

"같이 공부하는 사람들이 리듬을, 공조의 리듬을 만들어 간다는 게, 여기도 반짝거리고 저기도 반짝거리면서, 같이 반짝이는 리듬을 만드는 거지, 애는 불 꺼 놓고 있고 애는 반짝거리고 있고 하면, 리듬이 만들어지겠어요? 힘만 빠지는 거지. 반짝거리는 사람도 힘 빠지는 거고, 불 꺼 놓고 있는 사람도 힘 빠지는 거고…… 그런 게 공조의 리듬들이 깨지는 순간들이죠." (G 교사, 다온, 2010년 4월 6일)

V. 결론 및 제언

지금까지 교육학계에 이루어진 많은 연구와 교육개혁을 위한 시도는 교사의 전문성 개발과 신장에 초점이 맞춰졌다. 교사의 수업 전문성 신장에 있어서 교육 비평은 교사 교육, 장학, 평가 연구에 폭넓게 활용될 수 있다는 점에서 중요하다(McCutcheon, 1979). 교육 비평의 활용 방안은 수업 비평에도 동일하게 적용된다. 특히 교사 교육에 있어서 수업 비평은 현장 교사의 수업 사례에서 공유와 소통의 과정을 통해 의미를 해석해 낸다는 점에서 수업에 대한 안목을 성장시킬 수 있으며, 이는 예비 교사와 현장 교사의 수업 전문성을 신장하는 방법으로 유용하게 활용될 수 있다(이혁규, 2010b). 또한 최근엔 교사의 수업 전문성 향상의 중요성이 부각되고 있고, 전문성 개발에 있어서 협력의 필요성이 강조되고 있다. 이러한 맥락에서 수업 비평을 위한 공동체 구축은 필요하고 중요하다. 이와 더불어 현장에서 이루어지는 수업 비평은 정교한 수업 비평 관련 이론의 실천적 논의를 뒷받침한다는 점에서도 의미를 가진다. 이러한 필요성에 따라, 본 연구는 자발적으로 구성된 수업 비평 공동체 세 곳의 사례를 중심으로 질적 연구를 수행하였다. 연구의 주요 목표는 수업 비평 공동체 활동의 실제를 살펴보고, 수업 비평에 대한 참여 구성원의 인식과 참여 의미를 탐색하는 것이다.

연구 결과 수업 비평 공동체의 공통적인 활동 양상은 '수업 동영상의 공유', '전사록 작성과 공동체 토론을 통한 수업 분석', '수업에 대한 글쓰기 및 나누기'로 이루어지고 있었다. 이와 같은 수업 비평 공동체가 공통적으로 지향하고 있는 공동의 목적은 수업 개선, 즉 수업 전문성 신장이었으며, 글쓰기를 포함한 수업 현상에 대한 비평 작업은 처음부터 끝까지 공유와 협력을 통해 이루어졌다. 또한 수업 비평 공동체 활동의 모든 내용과 과정은 참여 구성원에게 학습의 대상이었고,

학습은 실천을 통해 구현됐다.

따라서 수업 비평의 과정에서 이루어지는 활동은 그 자체로 상호작용이라고 할 수 있으며, 그 양상은 공유된 가치와 목적을 이루기 위한 비판적이고 실천적인 협력이다. 그리고 수업 공동체 활동에서 나타나는 이러한 공유와 협력의 기반에는 수평적 관계에 대한 의지와 신뢰가 자리하고 있다는 점에서 중요한 의미를 갖는다. 수평적 관계에 대한 믿음은 교사 개인의 공동체 참여를 자발적이고 적극적으로 만든다. 또한 자신의 수업을 기꺼이 공유하고 비판이 가진 부정적인 이미지를 긍정적인 힘으로 받아들이게 한다. 이는 수업 비평이 가진 수평적 시선이 동료 장학을 통한 수업 개선에 긍정적이고 바람직한 기여를 하고 있음을 말해 준다. 더불어 전문성 개발을 통한 교육개혁이 지속적이고 자발적인 방식으로 이루어져야 한다는 최근의 논의들을 뒷받침하는 것이기도 하다.

수업 비평 공동체의 여러 활동 가운데 글쓰기는 대부분의 구성원에게 부담스러운 일이지만, 궁극적으로 수업 비평에 있어서 필요한 활동이라는 점에는 모두 동의하고 있었다. 이는 참여 구성원들이 글쓰기 활동을 실질적이고 지속적으로 수행하면서 그 의미를 긍정적으로 체득한 결과로 보인다. 따라서 다양한 수업 비평문 사례를 개방하고, 공동의 글쓰기 방법을 개발하여 현장에 제공하는 것은 수업 비평을 보편적이고 어렵지 않은 현장의 실천으로 확산시키기 위해 필요한 부분이다. 특히 수업 비평 공동체의 결과물에 대한 발표와 출간의 기회가 주어질 때 구성원들의 의견 교환과 협력이 증가할 가능성이 높다. 비평문 사례 개방과 발표의 기회 부여를 위한 다양한 온·오프라인의 장의 제공과 연결 방안에 대한 후속 연구가 필요하다. 이 밖에 일반 교사를 비롯한 수업 비평의 독자들에게 비평문이 비평 전문가의 전유물이 아닌 개인의 반성적 실천으로서의 과정 또는 결과임을 수용할 수 있게 할 필요가 있으며, 이를 위해 부담 없는 작업부터 시작해 글쓰기가 몸에 배인 즐거운 작업이 되게 하는 방안을 고민할 필요도 있다.

한편, 수업 비평 공동체의 수업 비평에 대한 참여 구성원의 인식은 공동체의 정체성에 따라 다르게 나타났다. 역사교육연구소의 역사수업연구분과는 연구와 수업에 대한 주체성을 강하게 나타내는 연구 공동체로, 이들은 수업 비평을 수업을 이해하고 개선하기 위한 연구 방법으로 인식하고 있었다. 다온은 비판적 토론과 글쓰기에서 얻은 앎을 삶으로 변화시키는 것에 의미를 두는 공동체로, 이들은 수업 비평을 비판적 글쓰기와 공유를 통해 구성원이 상호 협력하여 성장하도록 하는 삶의 방식으로 이해하고 있었다. 동화중학교의 수업비평연구회는 공교육 혁신과 학습자 중심의 배움이 일어나는 공동체를 마련하는 동력으로 수업 비평을 활용하였으며, 그러한 의미에서 여기서 인식하는 수업 비평은 수업에 대한 이야기를 생산해 내는 장이었다. 연구자는 이와 같이 세 공동체가 가진 각각의 다른 경험과 정체성에 따라 각각 '수업 연구 방법으로서의 수업 비평', '비판적 글쓰기로서 수업 비평', '수업에 대한 이야기의 생산과 소통' 등으로 수업 비평에 대한 개념 인식이 달라진다는 것을 발견하였다. 이러한 점은 수업 비평 현상과 수업 비평에 대한 관념의 비교를 통하여 수업 비평을 받아들이는 주체성과 관점에 따라 수업 비평의 개념 요소가 분류됨을 밝힌 바 있는 엄훈(2010)의 이론적 논의 결과를 뒷받침한다. 또한 본 연구에서는 드러나는 수업 비평 활동의 방법과 절차가 유사해 보인다 하더라도, 공동체의 태생적 기반과 구성원들의 지향에 따라 다양하게 인식되고 활용된다는 점을 발견했다. 이는 수업 비평이 고정된 목표와 효과를 넘어서, 공동체에 따라 유연하게 적용되고, 다양하게 활용됨으로써, 보다 창의적인 결과를 내는 활동으로 진화할 수 있다는 가능성을 내포한다.

수업 비평 공동체의 실천이 수업 전문성 신장, 특히 반성적 패러다임을 기반으로 하는 자기 성찰적 교수 역량을 키우는 데 있어서 갖는 의미는 '수업을 보는 안목의 변화'와 '공유와 협력을 통한 성장'이다.

아직 시작 단계에 있는 공동체는 이론 연구와 다른 수업을 보고 대화를 나누면서 다양한 관점을 접하고 있었으며, 강도 높은 수업 비평 활동을 전개해 온 공동체의 구성원들의 안목은 훈련되고, 폭과 깊이가 넓어졌음을 확인할 수 있었다. 초기에 수업 기술적인 측면에 맞추어져 있던 초점은 점차 아이들 이해와 수업 안팎의 문화 현상 발견으로 이어지고 있었다. 이처럼 수업 비평 공동체에서의 활동을 통하여 교사들은 관점의 변화와 안목의 성장을 경험하고 있었다. 이러한 점은 보다 다각적인 방법으로 자료를 수집하고 파악할 필요가 있으나, 본 연구는 연구 참여자들의 제보 이외에 이러한 수업에 대한 감식안이 어떤 형태로 훈련되고 변화가 이루어지는지 확인하지 못하였다는 한계를 가진다. 이러한 미비점은 앞으로 수업 비평과 관련된 후속 연구를 통해서 보완할 필요가 있다.

교사들이 여러 어려움 속에서도 공동체의 유지와 발전을 위해 필요한 여러 활동과 역할을 수행하는 중요한 이유는, 수업 비평 공동체의 특징인 협력과 공유를 통해서 개인이 전문성을 갖추고 성장한다는 것을 경험하였기 때문이다. 이러한 경험에 대한 믿음을 바탕으로 수업 비평 현상이 끊임없이 실천의 장인 교실에 반추되고 교실을 넘어서서 단위 학교와 지역의 학교 개혁으로 이어진다면, 현재의 개인주의적이고 단절되어 있는 학교와 교사 사회의 문화 풍토를 바꾸는 데 적지 않은 기여를 할 수 있다. 따라서 수업 비평과 교사 학습 공동체 활동에 대한 긍정적인 경험과 구체적 실행 방안을 확산시킬 필요가 있으며, 이를 교사 교육과 수업 연구, 수업 장학 등 다양한 형태와 접목하여 활용하는 방안에 대해서도 고민해야 할 것이다.

지금까지 살펴본 바와 같이 이 연구는 수업 비평이 현장 교사들에게 수업 전문성 신장을 위한 유용한 도구로 활용될 수 있으며, 공동체 구성과 관련 활동을 통해 구체적으로 이루어질 수 있는 실천 방안임을 밝혔다는 점에서 의미를 갖는다. 또한 수업 비평 현장의 현상을 연구

함으로 수업 비평의 개념과 방법에 대한 이론 정립을 뒷받침했다는 점에서도 가치가 있다. 수업 비평을 학습 및 연구 주제로 하여 형성된 수업 비평 공동체의 활동은 수업 전문성 신장을 위한 현장 사례로서 앞으로 수업 비평을 공부하고 공동체를 만들어 갈 교사들에게 실질적인 도움이 되며, 교사 학습 공동체 활동에 참여를 유도하여 수업 비평의 확산에 기여할 수 있을 것이다.

| 참고문헌 |

강명희, 임병노(2002), 지식기반사회의 학교 개혁을 위한 학습 공동체 접근, 교육패러다임의 변화와 교육공학적 실천: 2002년도 한국교육공학회 춘계학술대회, 275-293쪽.

강현석(2007), 교사의 실천적 지식으로서의 내러티브에 의한 수업 비평의 지평과 가치 탐색, 교육과정연구, 25(2), 한국교육과정학회, 1-35쪽.

김순희(2009), 교사의 반성적 수업 실천을 위한 방안 탐색, 한국교원교육연구, 26(2), 한국교원교육학회, 101-121쪽.

나귀수(2010), 초등학교 수학 수업 학습 공동체 활동에 대한 연구, 수학교육학연구, 20(3), 대한수학교육학회, 373-395쪽.

류현종(2004), 초등학교 역사 수업에서 만난 두 '아우라': 예술 비평 관점을 통한 수업 비평, 사회과교육, 43(1), 한국사회과교육연구학회, 113-148쪽.

박순경(2003), 교육과정 탐구 주제로서의 교사 전문성 논의에 대한 대안적 관점, 교육학연구, 41(2), 한국교육학회, 75-92쪽.

서경혜(2005), 반성과 실천: 교사의 전문성 개발에 대한 소고, 교육과정연구, 23(2), 한국교육과정학회, 285-310쪽.

서경혜(2008), 학교 밖 교사 학습 공동체에 대한 사례 연구, 한국교원교육연구, 25(2), 한국교원교육학회, 53-80쪽.

서경혜(2009), 교사 전문성 개발을 위한 대안적 접근으로서 교사 학습 공동체의 가능성과 한계, 한국교원교육연구, 26(2), 한국교원교육학회, 243-276쪽.

서근원(2003), 수업을 왜 하지?, 서울: 우리교육.

서근원(2008), 수업 개선의 대안적 방안 탐색: 교육인류학의 수업 대화, 아시아교육연구, 9(1), 서울대학교 교육연구소, 95-132쪽.

소경희(2009), 교사 학습(teacher learning) 이해를 위한 이론적 기초 탐색, 교육과정연구, 27(3), 한국교육과정학회, 107-126쪽.

신지혜(2009), 환경교육적 관점에서 본 이름 짓기에 따른 대중의 이해와 행동, 박사학위 논문, 서울대학교.

신지혜(2010), 수업 비평 공동체의 경험 이해, 수업 실천에 대한 반성과 전망: 청주교육대학교 교육연구원 학술발표대회 자료집, 199-226쪽.

엄훈(2010), 수업 비평 개념에 대한 대안적 탐색, 교육과정평가연구, 13(2), 한국교육과정평가원, 79-101쪽.

윤양수(2009), '다온' 수업 비평 워크숍 활동 사례, 수업 연구와 교사의 성장 II-현장 수업 연구 공동체를 찾아서: 청주교육대학교-한국교원교육학회 공동학술대회 자료집, 51-72쪽.

윤창국(2002), 학습 공동체 논의의 유형과 특성에 관한 연구, 석사학위 논문, 서울대학교.

이선숙(2005), 교과별 교사모임을 통한 교사의 전문성 개발에 관한 연구, 석사학위 논문, 서울대학교.

이어령(1992), 이어령의 기업문화 강연 시리즈(3): 숨어 있는 수염(中) - 이름 짓기, 한국논단, 36, 한국논단, 120-130쪽.

이정숙(2005), 문화 현상으로서의 국어 수업 비평, 한국초등국어교육, 29, 한국초등국어교육학회, 277-313쪽.

이혁규(2007), 수업 비평의 필요성과 방법에 대한 탐색적 논의, 교육인류학연구, 10(1), 한국교육인류학회, 155-185쪽.

이혁규(2008), 수업, 비평의 눈으로 읽다, 서울: 우리교육.

이혁규(2010a), 수업 비평의 개념과 위상, **교육인류학연구**, 13(1), 한국교육인류학회, 69-94쪽.

이혁규(2010b), 수업 비평의 방법과 활용: 자전적 경험을 중심으로, **열린교육연구**, 18(4), 한국열린교육학회, 271-300쪽.

이혁규, 이경화, 이선경, 정재찬, 강성우, 류태호, 안금희, 이경언(2007), **수업, 비평을 만나다**, 서울: 우리교육.

전화영(2009), 과학 교사 학습 공동체의 현황과 참여 교사의 수업 전문성: '신나는 과학을 만드는 사람들'을 중심으로, 박사학위 논문, 서울대학교.

정재찬(2006), 국어 수업 비평론, **국어교육학연구**, 25, 국어교육학회, 389-420쪽.

조영달 편(1999), **한국 교실수업의 이해**, 서울: 집문당.

최성우(2004), 대학에서의 학습 공동체 활성화 방안 탐구, *Andragogy Today: International Journal of Adult & Continuing Education*, 7(2), 한국성인교육학회, 71-91쪽.

최수일(2009), 수업 분석 학습 공동체 활동을 통한 수학 교사의 전문성 제고에 관한 연구, 박사학위 논문, 서울대학교.

한숭희(2000), **학습혁명**, 서울: 매일경제신문사.

Bielaczyc, K. & Collins, A.(1999), Learning communities in classrooms. In C. Reigeluth(ed.), *Instructional design theories and models: A new paradigm of instructional theory*, Lawrence Erlbaum Associates, 269-292.

Dufour, R.(2004), What is "professional learning community"?, *Educational Leadership*, 61(6), 6-11.

Little, J. W.(1990), The Persistence of Privacy: Autonomy and Initiative in Teachers' Professional Relations, *Tecahers College Record*, 91(4), 509-536.

Lortie, Dan. C.(1975), *School Teacher: A sociological study*, the University of Chicago Press, 진동섭 역(1993), **교직 사회: 교직과 교사의 삶**, 서울: 양서원.

McCutcheon, G.(1979), Educational Criticism: Methods and Application, *Journal of Curriculum Theorizing*, 1(2), 5-25.

| 표와 그림 목록 |

[표]

[그림]

1부

2부

3부

4부

| 글의 출처 |

• 1부 •

1. 이혁규(2010), 수업 비평의 개념과 위상, 교육인류학연구, 13(1), 한국교육인류학회, 69-94쪽.

   * 이 논문은 2008년 정부(교육과학기술부)의 재원으로 한국학술진흥재단의 지원을 받아 수행된 연구임(KRF-2008-411-J04102).

2. 엄훈(2010). 수업 비평 개념에 대한 대안적 탐색, 교육과정평가연구, 13(2), 한국교육과정평가원, 79-101쪽.

   * 이 논문은 2008년 정부(교육과학기술부)의 재원으로 한국학술진흥재단의 지원을 받아 수행된 연구임(KRF-2008-411-J04102).

3. 이혁규, 엄훈, 정정인, 신지혜(2012), 수업의 과학성과 예술성 논의와 수업 비평, 열린교육연구, 20(2), 한국열린교육학회, 305-325쪽.

   * 이 논문은 2008년 정부(교육과학기술부)의 재원으로 한국학술진흥재단의 지원을 받아 수행된 연구임(KRF-2008-411-J04102).

4. 김남수, 황세영(2013), 우리나라 수업 전문성 신장 활동의 탐색: 문화역사활동이론의 관점에서, 한국교원교육연구, 30(4), 한국교원교육학회, 163-188쪽.

   * 이 논문은 2012년 정부(교육과학기술부)의 재원으로 한국연구재단의 지원을 받아 수행된 연구임(NRF-2012S1A5A2A03034690).

• 2부 •

1. 이혁규(2010), 수업 비평의 방법과 활용: 자전적 경험을 중심으로, 열린교육연구, 18(4), 한국열린교육학회, 271-300쪽.

   * 이 논문은 2008년 정부(교육과학기술부)의 재원으로 한국학술진흥재단의 지원을 받아 수행된 연구임(KRF-2008-411-J04102).

2. 심영택(2010), 수업 비평적 글쓰기 방법에 관한 연구, 국어교육학연구, 39, 국어교육학회, 379-402쪽.

3. 엄훈(2011), 지식으로 수업 보기, 그 관점과 방법, 국어교육, 135, 한국어교육학회, 215-242쪽.

   * 이 논문은 2008년 정부(교육과학기술부)의 재원으로 한국학술진흥재단의 지원을 받아 수행된 연구임(KRF-2008-411-J04102).

4. 심영택(2013), 수업 비평적 담화 방법의 원리 탐색, 화법연구, 23, 한국화법학회, 311-346쪽.

   * 이 논문은 2011년 정부(교육과학기술부 인문사회연구역량강화사업)의 재원으로 한국연구재단의 지원을 받아 수행된 연구임(NRF-2011-413-B00002).

5. 엄훈(2012), 수업 비평 수업의 원리에 대한 성찰, 국어교육연구, 30, 서울대학교국어교육연구소, 141-170쪽.

   * 이 논문은 2011년 정부(교육과학기술부 인문사회연구역량강화사업)의 재원으로 한국연구재단의 지원을 받아 수행된 연구임(NRF-2011-413-B00002).

·3부·

1. 정재찬(2010), 수업 비평적 관점을 통한 중등 국어 수업 사례 연구, 국어교육학연구, 39, 국어교육학회, 467-504쪽.

2. 이혁규(2011), 세 가지 시선으로 수업 읽기: 초등 사회 문화재 수업에 대한 수업 비평, 시민교육연구, 43(1), 한국사회과교육학회, 157-184쪽.

   * 이 논문은 2008년 정부(교육과학기술부)의 재원으로 한국학술진흥재단의 지원을 받아 수행된 연구임(KRF-2008-411-J04102).

3. 나귀수(2013), 수학 수업 비평의 실제, 학교수학, 15(2), 대한수학교육학회, 369-387쪽.

4. 조용훈(2014), 초등 문학 수업에서 교과 내용 지식의 의의 연구: 민담 수업을 중심으로, 새국어교육, 99, 한국국어교육학회, 375-397쪽.

   * 이 논문은 2011년 정부(교육과학기술부 인문사회연구역량강화사업)의 재원으로 한국연구재단의 지원을 받아 수행된 연구임(NRF-2011-413-B00002).

5. 김향정(2014), 수업 비평의 관점에서 음악 수업 '읽기' 및 '쓰기', 학습자중심교과교육연구, 14(9), 학습자중심교과교육학회, 65-85쪽

   * 이 논문은 2011년 정부(교육과학기술부 인문사회연구역량강화사업)의 재원으로 한국연구재단의 지원을 받아 수행된 연구임(NRF-2011-413-B00002).

·4부·

1. 강성우(2011), 수업 비평문에 나타난 초등 영어 예비 교사들의 교육적 안목 탐색, 영어영문학연구, 53(3), 한국중앙영어영문학회, 21-46쪽.

   * 이 논문은 2008년 정부(교육과학기술부)의 재원으로 한국학술진흥재단의 지원을 받아 수행된 연구임(KRF-2008-411-J04102).

2. 신지혜, 이혁규, 엄훈, 정정인(2011), 교사의 자기주도적 수업 전문성 신장을 위한 온라인 수업 비평 시스템 구축, 한국초등교육, 22(2), 서울교육대학교 초등국어교육연구소, 127-145쪽.

   * 이 논문은 2008년 정부(교육과학기술부)의 재원으로 한국학술진흥재단의 지원을 받아 수행된 연구임(KRF-2008-411-J04102).

3. 신지혜(2011), 수업 전문성 신장을 위한 수업 비평 공동체에 관한 연구, 열린교육연구, 19(2), 한국열린교육학회, 71-97쪽.

   * 이 논문은 2008년 정부(교육과학기술부)의 재원으로 한국학술진흥재단의 지원을 받아 수행된 연구임(KRF-2008-411-J04102).

교육공동체 벗

교육공동체 벗은 협동조합을 모델로 하는 작은 지식공동체입니다.
협동조합은 공통의 목적을 가진 사람들이 모여서 만든
권력과 자본으로부터 독립된 경제조직입니다.
교육공동체 벗의 모든 사업은 조합원들이 내는 출자금과 조합비로 운영됩니다.
수익을 목적으로 하지 않기에 이윤을 좇기보다
조합원들의 삶과 성장에 필요한 일들과
교육운동에 보탬이 될 수 있는 사업들을 먼저 생각합니다.
정론직필의 교육전문지, 시류에 휩쓸리지 않는 정직한 책들,
함께 배우고 나누며 성장하는 배움 공간 등
우리 교육 현실에 필요한 것들을 우리 힘으로 만들고 함께 나누고 있습니다.

조합원 참여 안내

출자금(1구좌 일반 : 2만 원, 터잡기 : 50만 원)을 낸 후 조합비(월 1만 원 이상)를 약정
해 주시면 됩니다. 조합원으로 참여하시면 교육공동체 벗에서 내는 격월간 교육전문
지《오늘의 교육》과 조합 회지 〈벗마을 이야기〉를 받아 보실 수 있습니다. 출자금은 종
잣돈으로 가입할 때 한 번만 내시면 됩니다. 조합을 탈퇴하거나 조합 해산 시 정관에
따라 반환합니다. 터잡기 조합원은 벗의 터전을 함께 다지는 데 의미와 보람을 두며
권리와 의무에서 일반 조합원과 차이는 없습니다. 아래 홈페이지나 카페에서 조합 가
입 신청서를 내려받아 작성하신 후 메일이나 팩스로 보내 주세요.

홈페이지 communebut.com
카페 cafe.daum.net/communebut
이메일 communebut@hanmail.net
전화 02-332-0712, 070-8250-0712
팩스 0505-115-0712

교육공동체 벗을 만드는 사람들

※하파타 순

후쿠시마 미노리, 황호연, 황진원, 황지영, 황정하, 황정일, 황정인, 황정원, 황정욱, 황이경, 황은복, 황윤호성, 황승욱, 황순임, 황봉희, 황미숙, 황기철, 황금희, 황규선, 황귀남, 황고운, 황경희, 홍유지, 홍용덕, 홍순성, 홍세화, 홍성은, 홍성구, 홍석근, 홍미영, 현복실, 현미열, 허효인, 허진혁, 허은실, 허수욱, 허성균, 허보영, 함점순, 함영기, 한학범, 한지희, 한정혜, 한은숙, 한영욱, 한영선, 한승희, 한승모, 한소영, 한성찬, 한봉순, 한민혁, 한만중, 한날, 한기현, 한경희, 하혜영, 하정호, 하인호, 하외정, 하승우, 하승수, 하순배, 하광봉, 탁동철, 최희성, 최현근, 최현우, 최현미a, 최현미b, 최창기, 최진규, 최주연, 최종순, 최종민, 최정윤, 최정아, 최인섭, 최은희, 최은혜, 최은정, 최은아, 최은순, 최은숙a, 최은숙b, 최은미, 최은경, 최윤미, 최원혜, 최용기, 최영식, 최영락, 최연희, 최연정, 최애영, 최애리, 최승훈, 최슬빈, 최선영a, 최선영b, 최봉선, 최보람, 최병우, 최미영, 최미선, 최미나, 최미경, 최문정, 최문선, 최동혁, 최대현, 최기호, 최광용, 최광락, 최고봉, 최경미, 최경련, 채효정, 채현숙, 채종민, 채옥엽, 차용훈, 진현, 진주형, 진유미, 진웅용, 진영효, 진영준, 진수영, 진만현, 진낭, 지향수, 지정순, 지은미, 지윤경, 지수연, 주윤아, 주순영, 주수원, 주경희, 조희정a, 조희정b, 조형숙, 조향미, 조해수, 조하늘, 조진희, 조진석, 조지연, 조준혁, 조주원, 조정희, 조인재, 조용현, 조윤성, 조원배, 조용진, 조영현, 조영옥, 조영실, 조영선, 조영란, 조여은, 조여경, 조수진, 조성희, 조성진, 조성연, 조성실, 조성대, 조선주, 조석현, 조석영, 조상희, 조미라, 조문경, 조두형, 조경원, 조경애, 조경아, 조경삼, 제남모, 정희영, 정희선, 정홍윤, 정혜령, 정현주a, 정현주b, 정현숙a, 정현숙b, 정혜래나, 정춘수, 정철성, 정진영a, 정진영b, 정진규, 정종민, 정재학, 정인영, 정이든, 정은회, 정은주, 정은균, 정유진a, 정유진b, 정유숙, 정유섭, 정원석, 정용주, 정영현, 정영수, 정애순, 정애숙, 정수연, 정선희, 정상희, 정부교, 정보라a, 정보라b, 정미옥, 정미라, 정명욱, 정명영, 정득년, 정기진, 정광호, 정광필, 정광일, 정관모, 정경진, 정경원, 전혜원a, 전혜원b, 전정희, 전유미, 전상보, 전보선, 전병기, 전민기, 전미학, 전미옥, 전미영, 장효영, 장홍월, 장혜진, 장혜옥, 장혜경, 장현주, 장주섭, 장종성, 장재화, 장재혁, 장인수, 장은하, 장은미, 장윤영, 장원영, 장영희, 장영경, 장시준, 장슬기, 장선아, 장상욱, 장병학, 장도현, 장근영, 장군, 임혜정, 임현숙, 임향신, 임한철, 임지영, 임중혁, 임종길, 임정은a, 임정은b, 임전수, 임양미, 임수진, 임성빈, 임성무, 임선영, 임상진, 임명택, 임동헌, 임덕연, 임금록, 이희옥, 이효진, 이화현, 이화숙, 이호진, 이혜정, 이혜숙, 이혜린, 이형환, 이형빈, 이현주, 이현종, 이현익, 이현민, 이현, 이혁규, 이향숙, 이한진, 이태영a, 이태영b, 이태구, 이충악, 이충근, 이초록, 이창진, 이진희, 이진주, 이진숙, 이지혜, 이지ున, 이지향, 이지영a, 이지영b, 이지연, 이준구, 이주희, 이주탁, 이주영, 이종찬, 이종은, 이정희a, 이정희b, 이정희c, 이정현, 이정윤, 이정연, 이재형, 이재익, 이재두, 이인사, 이응휘, 이은희, 이은진, 이은주a, 이은주b, 이은주c, 이은욱, 이은영a, 이은영b, 이은숙, 이은경, 이윤주, 이윤엽, 이윤승, 이윤선, 이윤미a, 이윤미b, 이윤경, 이유진, 이월녀, 이원님, 이운서, 이우진, 이용환, 이용석a, 이용석b, 이용상, 이용기, 이영화a, 이영화b, 이영호a, 이영호b, 이영혜, 이영주a, 이영주b, 이영아, 이영선a, 이영선b, 이영상, 이연진, 이연주, 이연숙, 이아리따, 이신희, 이승헌, 이승태, 이승윤, 이승열, 이승연, 이승아, 이슬기a, 이슬기b, 이순임, 이수정, 이수미, 이소형, 이성원, 이성숙, 이성수, 이성구, 이설희, 이선희, 이선표, 이선용, 이선영, 이선애, 이선미, 이상훈, 이상직, 이상원, 이상영, 이상미, 이상대, 이상균, 이분자, 이보선, 이보라, 이병준, 이병재, 이병곤, 이법희, 이민재, 이민아, 이민욱, 이민수, 이민동, 이미옥, 이미영, 이미연a, 이미연b, 이미숙a, 이미숙b, 이미라, 이미, 이명형, 이매남, 이동훈, 이동철, 이동준, 이동범, 이동갑, 이도종, 이도연, 이덕주, 이남숙, 이난영, 이나경, 이기영, 이기규, 이근희, 이근철, 이근준, 이근영, 이균호, 이교열, 이광연, 이관형, 이계삼, 이경진, 이경욱, 이경언, 이경아, 이경림, 이건진, 이갑순, 융동은, 윤지형, 윤종원, 윤우람, 윤영훈, 윤영인, 윤영백, 유여강, 윤승용, 윤석, 윤상혁, 윤병일, 윤규식, 육신혜, 유효성, 유은아, 유영길, 유성희, 유상상, 유근란, 위양자, 원지영, 원종희, 원윤희, 원성제, 우창숙, 우지영, 우완, 우수경, 우성조, 우경숙, 오혜원, 오현진, 오중근, 오정희, 오정분, 오은정, 오은경, 오율주, 오유진, 오승훈, 오세희, 오세연, 오세란, 오상철, 오민식, 오명환, 오동석, 오경숙, 염정화, 염정신, 여희영, 여태전, 엄창호, 엄지선, 엄재홍, 엄영숙, 엄기호, 엄귀영, 양희선, 양해준, 양지선, 양은주, 양순숙, 양운신, 양영희, 양애정, 양선화, 양선형, 양서영, 양상진, 양동기, 안효빈, 안혜초, 故안혜영(명예조합원), 안찬율, 안지현, 안지윤, 안준철, 안정선, 안정민, 안재성, 안윤숙, 안용덕, 안옥수, 안순억, 안선영, 안상태, 안경화, 심항일, 심은보, 심승희, 심수환, 심동우, 심규장, 심경일, 신희정, 신홍식, 신혜선, 신충일, 신창호, 신창복, 신중휘, 신은정, 신은숙, 신은경, 신유준, 신영숙, 신소희, 신미옥, 신귀애, 신관식, 송화원, 송호영, 송혜란, 송현주, 송진아, 송정은, 송윤희, 송용석, 송승훈, 송순재, 송송이, 송명숙, 송근희, 손호만, 손현아, 손진근, 손재덕, 손은경, 손소영, 손미, 손명선, 소수영, 성현주, 성현석, 성주연, 성유진, 성용혜, 설은주, 설원민, 선미라, 석경순, 서혜진, 서혜로, 서정homelessness, 서인선, 서ون직, 서유수, 서우철, 서예원, 서승일, 서명숙, 서금자, 서근원, 서경훈, 서강선, 상형규, 복헌수, 복준수, 변현숙, 변규석, 백홍미, 백현희, 백인식, 백영호, 백승범, 백기열, 배희철, 배희숙, 배진희, 배주영, 배정원, 배일호, 배이상헌, 배영진, 배아영, 배성호, 배기표, 배경내, 방은아, 방성억, 방득일, 반영진, 박희진, 박회영, 박효정, 박효수, 박환조, 박혜숙, 박형진, 박형일, 박현희a, 박현희b, 박현주, 박현숙, 박현선, 박춘애, 박춘배, 박철호, 박진환, 박진숙, 박진수, 박진교, 박지희, 박지홍, 박지인, 박지원, 박지선, 박지나, 박종호, 박중하, 박정현, 박정아, 박정미, 박재현, 박은하, 박은아, 박은성, 박은경a, 박은경b, 박윤희, 박용빈, 박옥주, 박옥균, 박영실, 박영미, 박영대, 박신자, 박숭철, 박숙현, 박수현, 박수진a, 박수진b, 박수연, 박소영a, 박소영b, 박성혜, 박성규, 박선희, 박선혜, 박선영, 박상준, 박복선, 박범이, 박미희, 박명희, 박명진, 박명숙, 박래훈, 박동준, 박도정, 박덕수, 박대성, 박노해, 박노한, 박나실, 박고형준, 박계도, 박경화, 박경진, 박경주, 박경이, 박건형, 박건진, 민형기, 민애경, 민병성, 미류, 문희영, 故문홍빈(명예조합원), 문진숙, 문지훈, 문용석, 문영주, 문न창, 문순옥, 문수현, 문수영, 문수경, 문세이, 문성철, 문봉선, 문미정, 문명호, 문경희, 모은정, 모영화, 명수민, 마연주, 마승희, 럼보, 류형우, 류창모, 류지남, 류정림, 류재향, 류원정, 류우종, 류영애, 류명국, 류경원, 도정철, 도인정, 데와 타카유키, 노영필, 노영민, 노상경, 노미화, 노미경, 노경미, 남효숙, 남주형, 남유미, 남유경, 남원호, 남예린, 남선우, 남미자, 남동현, 남궁역, 날맹, 나규화, 김희정, 김희옥, 김흥규, 김훈태, 김효정, 김효승, 김환희, 김홍규, 김혜영, 김혜미, 김혜림, 김형우, 김형영, 김형렬, 김형근, 김현진, 김현준, 김현주, 김현조, 김현정, 김현영, 김현실, 김현선, 김현경, 김현, 김현택, 김필임, 김태정, 김태욱, 김춘성, 김창진, 김찬영, 김진희a, 김진희b, 김진숙, 김진명, 김진, 김지훈, 김지현, 김지연a, 김지연b, 김지양, 김지미, 김지광, 김중미, 김준휘, 김준연, 김준산, 김주기, 김종현, 김종원, 김종욱, 김종성, 김종만, 김정희, 김정현, 김정주, 김정식, 김정섭, 김정삼, 김정기, 김정규, 김재황, 김재원, 김재민, 김장환, 김인순, 김이은, 김이상, 김이민경, 김은희a, 김은희b, 김은파, 김은진, 김은영, 김은아, 김은섭, 김은식, 김은숙, 김은남, 김은규, 김은경, 김윤창, 김윤호, 김윤정, 김유진, 김유정, 김우영, 김우경, 김용만, 김용관, 김용기, 김요한, 김영희, 김영진a, 김영진b, 김영주a, 김영주b, 김영주c, 김영자, 김영아, 김영순, 김영삼, 김연정, 김연일, 김연오, 김연미, 김애숙, 김애령, 김시내, 김승규, 김순희, 김순천, 김수현a, 김수현b, 김수진a, 김수진b, 김수진c, 김수정a, 김수정b, 김수정c, 김수정d, 김수경, 김소희a, 김소희b, 김소영, 김세호, 김성진, 김성중, 김성애, 김성숙, 김성수, 김성보, 김설아, 김선희, 김선우, 김선산, 김선구, 김선경, 김석준, 김석규, 김상희, 김상정, 김상일, 김상숙, 김상남, 김상기, 김봉석, 김보현, 김병희, 김병훈, 김병주, 김병섭, 김병기, 김범주, 김방년, 김민화, 김민제, 김민경, 김민수a, 김민수b, 김민곤, 김미향a, 김미향b, 김미정, 김미숙, 김미라, 김무영, 김묘선, 김명화a, 김명희b, 김명섭, 김록성, 김동현, 김동춘, 김동일, 김동이, 김도형, 김도현, 김도연, 김도석, 김대현, 김대성, 김다희, 김다영, 김남철, 김남규, 김기오, 김기연, 김규항, 김규태, 김규리, 김광명, 김고종호, 김경호, 김경일, 김경엽, 김경연, 김경숙a, 김경숙b, 김경미, 김가영, 김가연, 기호철, 기형훈, 기세라, 기선인, 금현진, 금현욱, 금명순, 권혜영, 권현영, 권재욱, 권자영, 권이근, 국찬석, 구희숙, 구자숙, 구완회, 구수연, 구본희, 구미숙, 꽹이눈, 광흠, 곽혜영, 곽현주, 곽진경, 곽노현, 곽노근, 곽경미, 공현, 공은미, 공영아, 고효선, 고춘식, 고은정, 고은미, 고영주, 고영아, 고병헌, 고병연, 고민경, 강현주, 강현정, 강태식, 강지영, 강준희, 강이진, 강은정, 강영일, 강영구, 강순원, 강수미, 강수돌, 강성호, 강성규, 강선희, 강석도, 강서형, 강봉구, 강병용, 강곤, 강경미, 강경모

2016년 5월 17일 기준 1,058명